張大可
韓兆琦 等注譯

新譯資治通鑑

(十七)

宋紀六—十三

三民書局印行

國家圖書館出版品預行編目資料

新譯資治通鑑(十七) / 張大可,韓兆琦等注譯.－－
初版一刷.－－臺北市: 三民, 2017
冊;　公分.－－(古籍今注新譯叢書)
ISBN 978-957-14-6235-6　(平裝)
1. 資治通鑑 2. 注釋

610.23　　105022866

© 新譯資治通鑑(十七)

注 譯 者　張大可　韓兆琦等
責任編輯　陳榮華
美術設計　李唯綸
發 行 人　劉振強
著作財產權人　三民書局股份有限公司
發 行 所　三民書局股份有限公司
地址　臺北市復興北路386號
電話　(02)25006600
郵撥帳號　0009998-5
門 市 部　(復北店) 臺北市復興北路386號
(重南店) 臺北市重慶南路一段61號
出版日期　初版一刷　2017年1月
編　　號　S 034190
行政院新聞局登記證局版臺業字第〇二〇〇號

ISBN　978-957-14-6235-6　(平裝)

http://www.sanmin.com.tw　三民網路書店

新譯資治通鑑 目次

第十七冊

卷第一百二十四

宋紀六 起玄黓敦牂（壬午 西元四四二年），盡柔兆閹茂（丙戌 西元四四六年），凡五年。

【題 解】本卷寫宋文帝元嘉十九年（西元四四二年）至二十三年共五年間的劉宋與北魏等國的大事。主要寫了魏主數道北伐柔然至鹿渾谷，太子晃勸魏主乘其不備，迅速出擊，尚書令劉絜勸魏主持重，結果使柔然遁走，魏徒勞無功；寫了魏尚書令劉絜的奸詐險惡，因勸阻魏主伐柔然未果遂必欲置魏軍於大敗，他篡改魏主的命令而造成了諸將的因失期被殺；又派人襲擾魏軍，又將失利之罪加之崔浩；又欲俟魏主失敗不歸後，改立樂平王，甚至圖謀稱帝等等，最後奸謀揭穿，被滅三族；寫了魏主拓跋燾迷信道教，寵用道士寇謙之，親自往受符籙，修築靜輪宮以接天神；同時又嚴厲地排斥沙門，先是下令凡私養或藏匿沙門巫覡者，「沙門、巫覡死，主人門誅」；後又在謀臣崔浩的支持下誅滅長安沙門，焚毀經像，並下詔全國一律照長安行事。太子晃勸阻不從，乃故意緩下詔書，使各地沙門得以躲避並轉移藏匿經像；寫了魏國境內盧水胡的頭領蓋吳興兵作亂，與安定諸胡、河東蜀戶相互呼應而嚴重一時，最後被魏將陸俟所平定；未幾，安定盧水胡劉超又反，陸俟乃單騎赴任長安，以智謀平定劉超之亂而還；寫了宋文帝劉義隆送別其弟劉義季到兗州赴任，故意延誤吃飯時間以教育其弟知人間飢苦，戒以節儉御物；寫了劉宋的不良分子孔熙先鼓動朝廷近臣范曄等圖謀作亂，欲殺害文帝而改立被流放於江州的權臣劉義康，結果因徐湛之叛變告密，孔熙先、謝綜、范曄等被殺，而徐湛之、臧質諸人因與帝室的關係深密而被放過；寫了魏主縱兵寇宋青、兗、冀三州，至清東始還，殺掠甚眾，宋文帝諮訪群臣，何承天建議收縮邊方，實行寓兵於民，建立兵民一體的邊境力量，改變國家養兵、派兵遠戍的做法；寫了林邑王范陽邁遣使入貢於劉宋，而又寇盜不絕，劉宋派檀和之、宗慤往討之。范陽邁用大象迎戰，宗慤等乃仿製獅子之形以應之，范陽邁大敗而走，宋軍所獲極多，宗慤一無所取，還家之日，衣櫛蕭然；此外還寫了武都、仇池地區與吐谷渾地區的動亂與反覆爭奪，與魏國的大臣李順被崔浩進言所殺，宋將劉真道、裴方明因在平定仇池時貪匿金寶、善馬被劉宋政權處死等等。

太祖文皇帝中之中

元嘉十九年（壬午　西元四四二年）

春，正月甲申❶，魏主❷備法駕❸，詣道壇❹受符籙❺，旗幟盡青。自是每帝即位皆受籙。謙之❻又奏作靜輪宮❼，必令其高不聞雞犬，欲以上接天神。崔浩❽勸帝為之，功費萬計，經年不成。太子晃❾諫曰：「天人道殊，卑高定分❿，不可相接，理在必然。今虛耗府庫，疲弊百姓，為無益之事，將安用之！必如謙之所言，請因東山萬仞之高⓫，為功差易⓬。」帝不從。

夏，四月，沮渠無諱⓭為[1]將萬餘家，棄敦煌西就沮渠安周⓮。未至，鄯善王比龍⓯畏之，將其眾奔且末⓰，其世子⓱降於安周。無諱遂據⓲鄯善，其士卒經流沙⓳渴死者大半。

李寶(20)自伊吾(21)帥眾二千入據敦煌(22)，繕脩城府，安集故民(23)。沮渠牧犍之亡(24)也，涼州人闞爽據高昌(25)，自稱太守。唐契為柔然(26)所逼，擁眾西趨高昌，欲奪其地。柔然遣其將阿若追擊之，契敗死，契弟和收餘眾奔車師前部王伊洛(27)。時沮渠安周屯橫截城(28)，和攻拔之，又拔高寧、白刃[2]二城，遣使請降於魏。

甲戌(29)，上(30)以疾愈，大赦。

五月，裴方明(31)等至漢中(32)，與劉真道[3]分兵攻武興(33)、下辨(34)[4]、白水(35)，皆取之。楊難當(36)遣建節將軍苻弘祖(37)守蘭皋(38)，使其子撫軍大將軍和將重兵為後繼。方明與弘祖戰于濁水(39)，大破之，斬弘祖。和退走，追至赤亭(40)，又破之。難當奔上邽(41)，獲難當兄子建節將軍保熾。難當以其子虎為益州(42)刺史，守陰平(43)，聞難當走，引兵還至下辨。方明使其子肅之邀擊(44)之，擒虎，送建康(45)，斬之，仇池平(46)。以輔國司馬(47)胡崇之為北秦州(48)刺史，鎮其地。立楊保熾為楊玄後(49)，使守仇池。魏人遣中山王辰(50)迎楊難當詣平城(51)。秋，七月，以劉真道為雍州(52)刺史，裴方明為梁、南秦(53)二州刺史，方明辭不拜(54)。

丙寅(55)，魏主使安西將軍古弼(56)督隴右(57)諸軍及殿中虎賁(58)與武都王楊保宗自祁山[59]南入，征西將軍漁陽皮豹子[60]等〔5〕與琅邪王司馬楚之[61]督關中[62]諸軍自散關[63]西入，俱會仇池。又使譙王司馬文思[64]督洛、豫[65]諸軍南趨襄陽，征南將軍刁雍[66]東趨廣陵[67]，移書徐州[68]，稱[69]為楊難當報仇。

甲戌晦[70]，日有食之。

唐契之攻闞爽也，爽遣使詐降於沮渠無諱，欲與之共擊契。八月，無諱將其眾趨高昌。比至[71]，契已死，爽閉門拒之。九月，無諱將衛興奴夜襲高昌，屠其城[72]，爽奔柔然。無諱據高昌，遣其常侍氾雋奉表詣建康[73]。詔以無諱都督[74]涼・河・沙[75]三州諸軍事、征西大將軍、涼州刺史、河西王。

冬，十月己卯[76]，魏立皇子伏羅[77]為晉王，翰為秦王，譚為燕王，建為楚王，余為吳王。○甲申[78]，柔然遣使詣建康。

十二月辛巳[79]，魏襄城孝王盧魯元[80]卒。

丙申[81]，詔魯郡[82]修孔子廟及學舍，蠲墓側五戶課役[83]以供灑掃[84]。

李寶遣其弟懷達、子承奉表詣平城[85]，魏人以寶為都督西垂[86]諸軍事、鎮西大將軍、開府儀同三司[87]、沙州牧、敦煌公，四品以下，聽承制假授[88]。

雍州刺史晉安襄侯劉道產[89]卒。道產善為政，民安其業，小大豐贍，由是民間有襄陽樂歌[90]。山蠻[91]前後不可制者皆出[92]，緣沔為村落[93]，戶口殷盛[94]。及卒，蠻追送至沔口[95]。未幾，羣蠻大動[96]，征西司馬朱脩之[97]討之，不利。詔建威將軍沈慶之[98]代之，殺虜萬餘人。

魏主使尚書李順[99]差次羣臣[100]，賜以爵位。順受賄，品第不平[101]。是歲，涼州人徐桀告之[102]，魏主怒，且以順保庇沮渠氏[103]，面欺誤國，賜順死[104]。

二十年（癸未　西元四四三年）

春，正月，魏皮豹子進擊樂鄉[105]，將軍王奐之等敗沒。魏軍進至下辨，將軍強玄明等敗死。二月，胡崇之與魏戰於濁水，崇之為魏所擒，餘眾走還漢中。將軍姜道祖兵敗，降魏，魏遂取仇池。楊保熾走。

丙午[106]，魏主如恆山之陽[107]。三月庚申[108]，還宮。

壬戌[109]，烏洛侯國[110]遣使如魏。初，魏之居北荒也，鑿石為廟，在烏洛侯西北，以祀其先，高七十尺，深九十步。及烏洛侯使者至魏，言石廟具在，魏主遣中書侍郎李敞詣石廟致祭，刻祝文於壁而還。去平城四千餘里。

魏河間公齊[111]與武都王楊保宗[112]對鎮雒谷[113]，保宗弟文德[114]說保宗，令閉險自固以叛魏，或以告齊。夏，四月，齊誘執保宗，送平城，殺之。前鎮東司馬[6]苻達[115]、征西從事中郎任朏等遂舉兵立楊文德為主，據白崖[116]，分兵取諸戍[117]，進圍仇池，自號征西將軍、秦[118]・河・梁三州牧、仇池公。

甲午[119]，立皇子誕[120]為廣陵王。○丁酉[121]，魏大赦。○己亥[122]，魏主如陰山[123]。

五月，魏古弼發上邽、高平[124]、汧城[125][7]諸軍擊楊文德，文德退走。皮豹子督關中諸軍至下辨，聞仇池解圍，欲還。弼遣人謂豹子曰：「宋人恥敗，必將復來。軍還之後，再舉為難，不如練兵蓄力以待之。不出秋冬，宋師必至，以逸待勞，無不克矣。」豹子從之。魏以豹子為仇池鎮將。○楊文德遣使來求援。秋，七月癸丑[126]，詔以文德為都督北秦・雍二州諸軍事、征西大將軍、北秦州刺史、武都王。文德屯葭蘆城[127]，以任朏為左司馬，武都、陰平[128]氐多歸之。

甲子[129]，前雍州刺史劉真道、梁・南秦二州刺史裴方明坐破仇池減匿金寶及善馬[130]，下獄死[131]。

九月辛巳[132]，魏主如漠南[133]。甲辰[134]，捨輜重，以輕騎襲柔然，分軍為四道：樂安王範、建寧王崇[135]各統十五將出東道，樂平王丕督十五將出西道，魏主出中道，中山王辰督十五將為後繼。

魏主至鹿渾谷[136]，遇敕連可汗[137]。太子晃言於魏主曰：「賊不意大軍猝至，宜掩其不備，速進擊之。」尚書令劉絜(138)固諫，以為賊營中塵盛，其眾必多，出至平地，恐為所圍，不如須諸軍大集(139)，然後擊之。晃曰：「塵之盛者，由軍士驚怖擾亂故也，何得營上而有此塵乎？」魏主疑之，不急擊。柔然遁去，追至石水(140)，不及而還。既而獲柔然候騎(141)曰：「柔然不覺魏軍至，上下惶駭，引眾北走。經六七日，知無追者，乃始[8]徐行。」魏主深恨之。自是軍國大事，皆與太子謀之。

司馬楚之別將兵(142)督軍糧，鎮北將軍封沓亡降(143)柔然，說柔然令擊楚之以絕軍食。俄而(144)軍中有告失驢耳者，諸將莫曉其故，楚之曰：「此必賊遣姦人入營覘伺(145)，割驢耳以為信耳。賊至不久(146)，宜急為之備。」乃伐柳為城，以水灌之，令凍。城立而柔然至，冰堅滑，不可攻，乃散走。

十一月，將軍姜道盛與楊文德合眾二萬攻魏濁水戍，魏皮豹子、河間公齊救之，道盛敗死。

甲子(147)，魏主還，至朔方(148)，下詔令皇太子副理萬機(149)，總統百揆(150)。且曰：「諸功臣勤勞日久，皆當以爵歸第(151)，隨時朝請(152)，饗宴朕前(153)，論道陳謨(154)而已，不宜復煩以劇職(155)，更舉賢俊以備百官(156)。」十二月辛卯(157)[9]，魏主還平城。

【章　旨】以上為第一段，寫宋文帝元嘉十九年（西元四四二年）、二十年共兩年間的大事。主要寫了魏主拓跋燾迷信道教，寵用道士寇謙之，親自往受符籙，修築靜輪宮，以上接天神，太子晃勸諫，魏主不從；寫魏主數道北伐柔然至鹿渾谷，太子晃勸魏主乘其不備，迅速出擊，尚書令劉絜勸魏主持重，結果柔然遁走，魏徒勞無功，自此太子晃受親重，副理萬機；魏主又下令削釋諸宿將之兵權，令其以閒職悠遊，如日後趙匡胤之手段；寫了魏國大臣李順被魏主所殺；寫了武都、仇池地區的動亂與反覆爭奪，先是宋將劉真道、裴方明討伐氐酋楊難當，殺其將苻弘祖，擒其子楊虎，楊難當北逃上邽，仇池之亂被宋將平息；宋立楊玄之子楊保熾以續楊玄之後，使守仇池；接著魏主拓跋燾數道出兵攻仇池，並攻襄陽、廣陵，聲言為楊難當復仇，結果宋將或敗或死，仇池又被魏軍奪回；寫了宋將劉真道、裴方明因在平定仇池時貪匿金寶、善馬被劉宋政權下獄處死，宋可謂自毀長城；寫了魏將因殺楊玄之子楊保宗，楊保宗之弟楊文德被部下擁立為頭領，楊文德求救於劉宋，宋派將助之攻魏，結果宋將敗死；此外還寫了北涼的殘餘勢力沮渠無諱西據鄯善，又據高昌，奉表詣建康向劉宋稱臣，宋封之為涼州刺史、河西王；寫了敦煌一帶的殘餘勢力李寶奉表詣魏，魏人以寶為沙州牧、敦煌公等等。

【注　釋】❶正月甲申　正月初七。❷魏主　指魏太武帝拓跋燾，明元帝拓跋嗣之長子，西元四二三—四五二年在位。事詳《魏書》卷四。❸法駕　皇帝的車駕之一。據《史記・孝文本紀》之《索隱》曰：「天子鹵簿有大駕、法駕。大駕：公卿奉引，大將軍參乘，屬車八十一乘；法駕：公卿不在鹵簿中，唯京兆尹、執金吾、長安令奉引，侍中參乘，屬車三十六乘。」❹道壇　道士祭天的壇臺。❺受符籙　接受祭天道士所稱的來自上帝的文書。符籙，道教的神職人員詐稱是上帝、神靈賜予的符籙文字，據說可以降妖除怪，去病消災，賜人以福壽，致人以死等等。胡三省引《隋書・經籍志》說：「道士受道之法，初受《五千文籙》，次受《三洞籙》，次受《洞玄籙》，次受《上清籙》。籙皆素書……世所不識。」❻謙之　寇謙之，字輔真，北魏的道士，上谷昌平（今北京市昌平）人，早年在嵩山修道，後改變五斗米道，是「新天師道」的創立者。❼靜輪宮　胡三省引《水經注》：「靜輪宮在道壇東北，道壇在平城東灅水之左。」❽崔浩　字伯淵，清河（今屬河北）人，北魏的謀臣。仕魏主拓跋珪、拓跋嗣、拓跋燾三世，官至司徒。崔浩的謀事百不失一，於破高車、破蕻、破宋等屢見奇效，其弊病在於迷信道教。傳見《魏書》卷三十五。❾太子晃　拓跋晃，拓跋燾的長子。事詳《魏書》卷四下。❿皁高定分　上帝與人類，一上一下，兩不搭界，互不相關。⓫請因東山萬仞之高　意即把這所靜輪宮修建於高高的東山上去。東山，指北魏都城平城東側的高山。萬仞，極言其高。古稱八尺為一仞。⓬為功差易　建造起來還容易一點。差易，略為容易。⓭沮渠無諱　北涼國的主子沮渠蒙遜之子。北涼已在西元四三九年被魏國所滅，沮渠蒙遜之子沮渠牧犍被魏所俘，其弟沮渠無諱還在酒泉、敦煌一帶堅持反魏鬥爭。事跡見《魏書》卷九十九。⓮沮渠安周　沮渠無諱之弟，開始也在酒泉一帶進行抗魏鬥爭，見前途無望，欲引兵西下，擊西域諸國而居之，此時正攻擊鄯善國。事見《魏書》卷九十九。⓯鄯善王比龍　鄯善國的國王名比龍。鄯善是西域國名，都城即今新疆若羌，當時稱扞泥城。⓰且末　西域小國名，都城即今新疆且末，在鄯善國的西南方。⓱世子　義同「太子」，古代帝王、諸侯的嫡長子。⓲據　佔據；佔領。⓳流沙　即今新疆境內羅布泊以東的白龍堆沙漠。⓴李寶　西涼主李暠之孫，西涼被北涼所滅後，李寶隨其舅唐契西奔伊吾，向柔然稱臣，現又乘機返回佔領敦煌。傳見《魏書》卷三十九。㉑伊吾　古地名，也稱「伊吾盧」，舊城在今新疆哈密西四堡。㉒敦煌　在今甘肅敦煌西南。㉓故民　西涼國的故有居民。西涼國的都城開始時曾在敦煌。㉔沮渠牧犍之亡　沮渠牧犍是沮渠蒙遜的繼承者，沮渠無諱之兄。沮渠蒙遜死後，沮渠牧犍繼位為北涼主，於宋文帝元嘉十六年被魏國所滅。事見本書上卷。㉕高昌　西域小國名，都城即今新疆高昌，在今新疆吐魯番城東，今其古城堡尚巍然聳立。㉖柔然　古族名，也叫「蠕蠕」或「芮芮」，當時活動在今蒙古國境內，隨水草畜牧，區域廣大。事見《魏書．蠕蠕傳》。㉗車師前部王伊洛　車師前部國的國王名伊洛。車師前部，也稱車師前國，是古西域國名，都城交河，在今新疆吐魯番西北。㉘橫截城　具體方位不詳。胡三省引李延壽曰：「高昌國有四十六鎮，交河、田地、高寧、白刃、橫截等，餘不具載。」㉙甲戌　四月二十八。㉚上　此指宋文帝劉義隆。㉛裴方明　劉宋文帝時期的將領。傳見《宋書》卷四十七。㉜漢中　郡名，郡治即今陝西漢中。時氐族頭領楊難當進攻劉宋，佔據漢中，裴方明為反擊楊難當而到達漢中地區。事見本書上卷。㉝武興　郡名，郡治在今陝西略陽，當時被楊難當所佔據。㉞下辨　縣名，縣治在今甘肅成縣西，當時被楊難當所佔據。㉟白水　郡名，郡治即今四川北部青川東北的白水岸邊。㊱楊難當　氐族首領楊玄之弟。楊玄死後，楊難當奪楊玄子楊保宗的政權而自立。拓跋燾封楊難當為南秦王。事詳《宋書》卷九十八、《魏書》卷一百一。㊲符弘祖　胡三省以為「符」當作「苻」。㊳蘭皋　古城名，在當時的將利縣境內，在今甘肅成縣的北方約二百里。㊴濁水　古城名，在今甘肅成縣西南，酈道元以為即上文所說的白水城。㊵赤亭　在今甘肅成縣西南。㊶上邽　古縣名，縣治在今甘肅天水市，秦州的州治所在地，當時屬於魏國。㊷益州　此指東益州，州治在今陝西略陽。㊸陰平　郡名，郡治在今甘肅文縣西。㊹邀擊阻截；伏擊。(45)建康　劉宋的都城，即今江蘇南京。(46)仇池平　楊難當在仇池地區所掀起的叛亂被平息。仇池，郡名，郡治在今甘肅成縣西北的洛谷鎮。這一帶是氐羌楊氏佔據一百多年的根據地，如今被劉宋的將領所平定。(47)輔國司馬　輔國將軍劉道產的司馬官。司馬是將軍的高級僚屬，在軍中主管司法。(48)北秦州　州名，州治在今甘肅成縣西北。(49)立楊保熾為楊玄後　永初中，宋武帝封氐族頭領楊盛為武都王。盛死，其子玄繼立。玄死，楊難當廢玄子楊保宗自立。楊保宗後來接受魏太武帝的封號為武都王，故此劉宋立保宗之弟保熾為楊玄的後嗣，仍在仇池地區為一方之主。(50)中山王辰　拓跋辰，被封為中山王。(51)平城　北魏的都城，舊址在今山西大同的東北側。(52)雍州　州名，州治長安，在今西安北側。但劉宋的雍州州治實際是在今湖北襄樊之襄陽區。(53)梁南秦　二州名，劉宋的梁州州治、南秦州州治都在今陝西漢中。(54)不拜　不接受任命。(55)丙寅　閏五月二十一。(56)古弼　北魏的名將，累官至侍中、吏部尚書、尚書令。傳見《魏書》卷二十八。(57)隴右　指隴山以西地區，約當今之甘肅六盤山以西，黃河以東的部分。(58)殿中虎賁　護衛宮廷與護衛帝王出行的勇武之士。虎賁，如虎之奔騰，以象其勇。(59)祁山　山名，在今甘肅禮縣東。(60)皮豹子　北魏名將。傳見《魏書》卷五十一。(61)司馬楚之　司馬榮期之子，司馬懿之弟司馬馗的後代，在晉代世襲為琅邪王，因家族多被劉裕所殺而投歸魏國，長期與劉宋作對。傳見《魏書》卷三十七。(62)關中　地區名，相當於今陝西中部的渭水流域。因其東有函谷關，南有武關，西有散關，北有蕭關，故稱「關中」。(63)散關　也叫大散關，古代的軍事要塞，在今陝西寶雞西南的大散嶺上。(64)司馬文思　司馬休之之子，司馬懿之弟司馬遜的後代，在晉代世襲為譙王。因其父司馬休之忠於晉王朝，被劉裕打敗，父子一道投歸魏國，長期與劉宋作對。傳見《魏書》卷三十七。(65)洛豫　北魏所置的二州名，洛州州治在今河南洛陽，豫州州治在今河南滎陽西北的虎牢關舊址。(66)刁雍　原晉人，因其父刁逵被劉裕挾私所殺，故刁雍逃歸北魏，被任為征南將軍，與劉裕不共戴天。傳見《魏書》卷三十八。(67)廣陵　即今江蘇揚州，當時為南兗州的州治所在地。(68)移書徐州　向徐州地區發布討伐劉宋的檄文。移，原是文體名，與「檄」意同，即討伐某人、某派別、某集團的公告。這裡用如動詞，意即發布。徐州，州治彭城，即今江蘇徐州。(69)稱　聲稱；以……為名義。(70)甲戌晦　這個月的最後一天，即閏五月二十九，是甲戌日。按，閏五月晦為三十日乙亥。此處疑記載有誤。(71)比至　等到到達……時。(72)屠其城　將其城中人通通殺光。(73)奉表詣建康　意即向劉宋稱臣，歸降於劉宋。(74)都督　總統；總指揮。(75)涼河沙　三州名，涼州的州治即今甘肅武威，河州的州治枹罕，在今甘肅臨夏西北，沙州治所即今甘肅敦煌。(76)十月己卯　十月初六。(77)皇子伏羅　拓跋伏羅，與下文拓跋翰、拓跋譚、拓跋建、拓跋余，其傳皆見《魏書》卷十八。(78)甲申　十月十一。(79)十二月辛巳　十二月初九。(80)襄城孝王盧魯元　盧魯元是北魏名臣，被封為襄城王，孝字是諡。很受拓跋燾的敬重，累官至錄尚書事。傳見《魏書》卷三十四。81丙申　十二月二十四。82詔魯郡　命令魯郡，主語是劉宋朝廷。魯郡的郡治即今山東曲阜。83蠲墓側五戶課役　免除孔子墓周圍的五戶人家的賦稅、勞役。蠲，免除。課役，賦稅及徭役。84以供灑掃　使免除了賦稅、勞役的五戶人家，專門負責孔子墳墓的保護與祭祀。85奉表詣平城　意即表示歸服，願向魏國稱臣。86西垂　西部邊疆。指今之甘肅西部與新疆一帶地區。87開府儀同三司　古代的加官名，意思是讓他享有像三司一樣的隆重待遇，可以開設官署，自己聘請僚屬。儀，儀仗、儀式，指表面上所有的一切華貴排場，但沒有三司的任何實權。三司，也稱三公，即司馬、司徒、司空。88四品以下二句　可以用魏國皇帝的名義在自己的管理區域內自由任命四品以下的官員。承制，秉承皇帝的旨意，亦即用皇帝的名義。假授，意即任命、授予。假，給予。89晉安襄侯劉道產　劉裕的族弟，文帝時代有政績的地方官，曾任雍州刺史、輔國將軍，被封為晉安侯，死後諡曰襄。傳見《宋書》卷六十五。90襄陽樂歌　當時的地方歌謠名，見郭茂倩《樂府詩集》。劉道產任雍州刺史，劉宋的雍州州治在襄陽，故當地百姓作歌，以襄陽為名。91山蠻　此指今湖北北部山區的各少數民族。92前後不可制者皆出　歷來不服當地政府管轄的百姓現在都自動地下山來。93緣沔為村落　沿著漢水搭起房子，形成村落。沔，水名，即漢水。94殷盛　眾多。95沔口　也稱夏口，漢水入長江的匯口，即今湖北武漢的漢口區。96羣蠻大動　胡三省曰：「道產卒未幾而群蠻作亂，後之人不能容養之也。」97朱脩之　東晉功臣朱序之孫，為宋將守滑臺，艱苦卓絕，城破被俘，受魏人欽敬，後又輾轉逃回，累遷至江夏內史，又為征西司馬。傳見《宋書》卷七十六。征西司馬，即征西將軍的司馬，在軍中主管司法。98沈慶之　劉宋時期的名將，初建功於破謝晦之亂。傳見《宋書》卷七十七。99李順　北魏的名將，初以定策破柔然有功，又出使著節於北涼，最後被崔浩所譖殺。傳見《魏書》卷三十六。100差次羣臣　評定與排列魏國群臣的功績大小與官爵高低。差次，排列次序。101品第不平　評定與排列得不公平。102涼州人徐桀告之　北涼主沮渠蒙遜滅西涼時，得到一和尚名曇無讖，魏主燾令蒙遜送該和尚至平城，蒙遜請於李順，先是不送，後又將其殺死。徐桀所告即此事。但恐此事的背後有崔浩的挑動。103順保庇沮渠氏　魏主欲討伐北涼，李順與其他數大臣極力反對，暢言北涼地區之荒涼無水草，無法行軍；即使滅其國，取其地也毫無用處云云，詳見本書上卷十六年。結果魏主聽崔浩之言，滅北涼而還。104賜順死　李順暢言北涼無水草的確是掩蓋事實，但李順於魏國確實有大功，崔浩故意陷害，也罪在不赦。詳情見《魏書・李順傳》。105樂鄉　方位不詳，疑當作「廣鄉」，廣鄉在今甘肅兩當東北，在下文所說的下辯東北方，與文章敘事的方位相合。106丙午　葛曉音以為應作「丙子」，因《魏書・世祖紀》及《北史・魏紀》載，這年春正月庚午，魏主「行幸中山。二月丙子，車駕至於恆山之陽。」故此「丙午」當是「丙子」之誤」。其說可從。丙子，二月初五。107恆山之陽　北嶽恆山的南面。

恆山在今山西渾源城的東南面。(108)三月庚申　三月二十。(109)壬戌　三月二十二。(110)烏洛侯國　古代北方少數民族的小國名，故地約在今吉林西北部的洮兒河、嫩江流域。胡三省注：「烏洛侯國在地豆干國北，去代四千五百餘里。地豆干在室韋西千餘里，室韋當勿吉之北，勿吉在高麗之北，則烏洛侯東夷也。」(111)河間公齊　拓跋齊，烈帝拓跋翳槐的後代，曾救魏太武帝拓跋燾於危殆，因功拜內都大官。傳見《魏書》卷十四。(112)楊保宗　氐族頭領楊玄之子。楊玄降魏後，被魏太武帝封為征南大將軍、秦州牧、武都王。事詳《魏書》卷一百一。(113)對鎮雒谷　共同分守雒谷。雒谷，也寫作「駱谷」，山道名，在今陝西周至西南，谷長四百餘里，為關中與漢中間的交通要道。(114)文德　楊保宗之弟，當時稱臣於劉宋，宋文帝封為之武都王。事跡見《宋書》卷九十八、《魏書》卷一百一。(115)鎮東司馬苻達　鎮東將軍的司馬官名叫苻達。苻達及下文的任朏均為楊保宗的部下。(116)白崖　即古代的葭萌，在今四川劍閣的東北方，廣元的南方。(117)諸戍　各個軍事據點。南北朝時，北魏在邊要形勝之地駐兵戍守，大者稱鎮，小者稱戍，戍隸屬於鎮。南朝在與北朝交界之地亦置戍。(118)秦　州名，州治即在今甘肅天水市，當時屬於魏國。(119)甲午　四月二十四。(120)皇子誕　劉誕，宋文帝第六子。傳見《宋書》卷七十九。(121)丁酉　四月二十七。(122)己亥　四月二十九。(123)陰山　橫亙在今內蒙古自治區內呼和浩特、包頭以北的東西走向的大山。(124)高平　郡名，郡治即今甘肅固原。(125)汧城　縣名，縣治即今陝西隴縣。(126)七月癸丑　七月十四。(127)葭蘆城　古縣名，也寫作「茄蘆城」，在今甘肅武都東南。(128)武都陰平　二郡名，武都郡的郡治在今甘肅成縣的西北側，陰平郡的郡治在今甘肅文縣城南，當時都為氐族人所聚居之地。(129)甲子　七月二十五。(130)滅匿金寶及善馬　私藏、少報因攻下仇池所得的金銀財寶和好馬。滅匿，私藏、少報。(131)下獄死　胡三省曰：「宋人捨功錄過，自戮良將，宜其為魏人所窺。」(132)九月辛巳　葛曉音曰：「據《魏書・世祖紀》、《北史・魏紀》載，魏太武帝這年『九月辛丑，行幸漠南。』故此『辛巳』當是『辛丑』之誤。」辛丑，九月初三日。(133)漠南　指蒙古高原的大沙漠以南，約當今之內蒙古的北部一帶地區。(134)甲辰　九月初六。(135)樂安王範建寧王崇　拓跋範、拓跋崇，連同下文的樂平王拓跋丕，都是魏明元帝（拓跋嗣）的兒子，魏主拓跋燾之弟。傳見《魏書》卷十六。(136)鹿渾谷　地名，在今蒙古國哈爾和林北。(137)敕連可汗　名吳提，柔然牟汗紇升蓋可汗（大檀）之子。傳見《魏書》卷一百三。(138)劉絜　也作「劉潔」，北魏大臣。傳見《魏書》卷二十八。(139)須諸軍大集　等我們的大部隊全部到達。須，等候。(140)石水　河水名，在今蒙古國的後杭愛省境內。(141)候騎　偵察騎兵。候，窺伺；偵察。(142)別將兵　另率一支軍隊。(143)亡降　逃跑投降。(144)俄而　過後不久。(145)覘伺　窺探。(146)賊至不久　不久敵人就會到來。(147)甲子　十一月二十七。(148)朔方　郡名，郡治在今內蒙古烏拉特前旗東南。(149)副理萬機　協助處理軍國大事。(150)百揆　百官；朝裡朝外的一切官員。(151)以爵歸第　解除軍政大權，只帶著受封的爵號回家為民。152隨時朝請　按季節、按節日進宮朝見皇帝。時，季節；四時。153饗宴朕前　在我跟前一起吃吃喝喝。154論道陳謨　議論議論國家大事，提一提你們的意見、建議。謨，謀略；計謀。155不宜復煩以劇職　不再讓費心勞神的事務去麻煩你們。劇職，費心難辦的職務，這裡實指國家要害部門的職務。156更舉賢俊以備百官　另選一批沒有資歷、沒有功勞，但有辦事能力的新人來組成領導班子。按，日後趙匡胤「杯酒釋兵權」就是用的這一套手段。157十二月辛卯　十二月二十五。

【校記】[1]為　原無此字。據章鈺校，十二行本、乙十一行本、孔天胤本皆有此字，今據補。[2]白刃　原作「白力」。嚴衍《通鑑補》與胡三省注皆作「白刃」，當是，今據改。按，李延壽曰：「高昌國有四十六鎮，交河、田地、高寧、白刃、橫截等，餘不具載。」[3]劉真道　「道」下原有「等」字。據章鈺校，十二行本、乙十一行本、孔天胤本皆無「等」字，今據刪。[4]下辨　原作「下辯」。嚴衍《通鑑補》改作「下辨」，胡三省注及《漢書》亦作「下辨」，今據校正。下同。[5]等　原無此字。據章鈺校，十二行本、乙十一行本、孔天胤本皆有此字，今據補。[6]馬　原無此字。據章鈺校，十二行本、孔天胤本皆有此字，張敦仁《通鑑刊本識誤》同，胡三省注云：「『司』上當有『軍』字，否則『司』下當有『馬』字。」今據三人說，補「馬」字。[7]汧城　原作「岍城」。據嚴衍《通鑑補》及胡三省注，當作「汧城」，今據校正。[8]乃始　據章鈺校，十二行本、乙十一行本、孔天胤本皆作「始乃」。[9]辛卯　原作「丁卯」。據章鈺校，十二行本、乙十一行本、孔天胤本皆作「辛卯」，張瑛《通鑑校勘記》同，今據改。

【語譯】太祖文皇帝中之中

元嘉十九年（壬午　西元四四二年）

春季，正月初七日甲申，北魏太武帝拓跋燾乘坐著皇帝的車駕，前往道士祭天的神壇，接受文書，所用的旗幟一律都是青色。從此以後，北魏每位新皇帝登基時都舉行接受來自上帝的文書的儀式。嵩山道士寇謙之又向太武帝奏請修建靜輪宮，靜輪宮要修得極高，高到以聽不到雞犬之聲為標準，目的是到上面去接近天神。擔任司徒的崔浩也極力勸說太武帝批准寇謙之的奏請，修建靜輪宮所耗費的財物數以萬計，然而修建了一年也沒有建成。皇太子拓跋晃向太武帝進諫說：「上帝與人類原本不同，一個在天上一個在地上，兩不搭界，互不相關，不可能互相結交，這是肯定無疑的。如今耗損了大量資財，使國庫空虛，使百姓疲憊不堪，興建這種毫無益處的建築，將用它作什麼呢！如果一定要像寇謙之所說的那樣將靜輪宮修建得高不聞雞犬之聲，那就把這座靜輪宮修建在具有萬仞之高的東山之上，建造起來還容易一些。」太武帝沒有聽從拓跋晃的勸告。

夏季，四月，沮渠無諱放棄了敦煌城，率領著一萬多家百姓前往西域投靠自己的兄弟沮渠安周。沮渠無諱等人還沒有到達西域，鄯善國王比龍因為懼怕沮渠無諱，便率領著自己的部眾逃往且末去了，比龍的嫡長子則投降了沮渠安周。沮渠無諱遂佔據了鄯善國的領土，沮渠無諱屬下的士兵在穿越沙漠的時候因為找不到水源，被渴死了一大半。

李寶率領二千多名部眾從伊吾出發，向東佔據了敦煌，他維修了敦煌城及其官府，安撫、招集故西涼國的原有居民。

北涼河西王沮渠牧犍滅亡的時候，涼州人闞爽佔據了高昌城，自稱高昌太守。唐契受柔然國的逼迫，在伊吾無法立足，遂帶領部眾向西直奔高昌，準備奪取高昌城。柔然國派遣將領阿若率軍隨後追擊，唐契戰敗被殺，唐契的弟弟唐和招集起殘餘的部眾投奔了車師前部國國王伊洛。當時沮渠安周正率眾屯紮在橫截城，唐和打敗了沮渠安周，佔領了橫截城，又攻克了高寧、白刃二城，然後派遣使者到北魏請求歸降。

四月二十八日甲戌，宋文帝劉義隆因為病體痊癒而大赦天下。

五月，宋國的龍驤將軍裴方明等人率軍到達漢中，與宋國擔任梁州刺史的劉真道分別率軍攻打武興郡、下辨縣、白水郡，將武興、下辨、白水全部攻佔。氐族首領楊難當派遣屬下擔任建節將軍的符弘祖鎮守蘭皋，派遣自己的兒子擔任撫軍大將軍的楊和率領重兵作為符弘祖的後續部隊。裴方明與符弘祖在濁水城下展開激戰，裴方明把符弘祖打得大敗，將符弘祖殺死。撫軍大將軍楊和率軍退走，裴方明率軍追擊楊和，一直追到赤亭，再次把楊和打敗。楊難當一見大事不妙，立即逃奔上邽，宋將裴方明俘虜了楊難當的姪子擔任建節將軍的楊保熾。楊難當任用自己的兒子楊虎為益州刺史，鎮守陰平縣，楊虎聽到自己父親楊難當戰敗逃走的消息，就率領軍隊撤回到下辨縣。裴方明派遣自己的兒子裴肅之在半路伏擊楊虎，將楊虎活捉，押送到宋國的都城建康斬首，楊難當在仇池地區發動的這場叛亂被平息。宋文帝任命在輔國將軍劉道產屬下擔任司馬的胡崇之為北秦州刺史，鎮守北秦州。立楊難當的姪子楊保熾為楊玄的繼承人，派楊保熾鎮守仇池。北魏派遣中山王拓跋辰到上邽迎接楊難當前往北魏的都城平城。秋季七月，宋文帝任命劉真道為雍州刺史，任命龍驤將軍裴方明為梁州、南秦州二州刺史，裴方明推辭，不接受任命。

閏五月二十一日丙寅，北魏主拓跋燾派遣安西將軍古弼率領隴山以西各郡的兵馬以及在殿中擔任護衛的武勇之士、武都王楊保宗從祁山向南進軍，派擔任征西將軍的漁陽人皮豹子等與琅邪王司馬楚之一同率領關中各軍從散關出發向西進軍，全都到仇池會師。又派遣譙王司馬文思統帥洛州、豫州各軍南下襲擊襄陽，派征南將軍刁雍向東進攻廣陵，同時向徐州地區發布討伐劉宋的檄文，以替楊難當報仇雪恨為名義。

閏五月最後一天甲戌日，發生了日蝕。

唐契率領自己的部眾攻打闞爽，闞爽派遣使者向沮渠無諱詐降，想與沮渠無諱共同攻擊唐契。八月，沮渠無諱率領自己的部眾趕往高昌城。等沮渠無諱到達高昌城的時候，唐契已經戰敗身亡，闞爽關閉城門拒絕沮渠無諱入城。九月，沮渠無諱的部將衛興奴在夜間率人偷襲高昌城，攻入城中之後，便將城中的百姓全部殺光，闞爽逃出城後逃奔了柔然國。沮渠無諱佔據了高昌城，他派遣擔任常侍的氾雋攜帶著表章來到宋國的都城建康，向宋國稱臣。宋文帝下詔任命沮渠無諱為都督涼州、河州、沙州三州諸軍事、征西大將軍、涼州刺史、河西王。

冬季，十月初六日己卯，北魏主拓跋燾冊立皇子拓跋伏羅為晉王，拓跋翰為秦王，拓跋譚為燕王，拓跋建為楚王，拓跋余為吳王。〇十一日甲申，柔然國派遣使者前往宋國的都城建康朝見宋文帝。

十二月初九日辛巳，北魏襄城孝王盧魯元去世。

十二月二十四日丙申，宋文帝下詔，命令魯郡修建孔子廟和校舍，免除孔子墓周圍五戶居民的賦稅和勞役，讓他們專門負責孔子墳墓的保護與祭祀。

佔據敦煌的李寶派遣自己的弟弟李懷達、兒子李承帶著表章前往北魏的都城平城，魏主拓跋燾遂任命李寶為都督西垂諸軍事、鎮西大將軍、開府儀同三司、沙州牧、敦煌公，並授予李寶在自己的轄區內以魏國皇帝的名義自由任命四品以下官員的權力。

宋國擔任雍州刺史的晉安襄侯劉道產去世。劉道產善於治理地方，百姓在他的統治下能夠安居樂業，無論是小戶人家還是大戶人家都能夠豐衣足食，因此民間編了〈襄陽樂歌〉來讚美美好的生活。那些躲藏在深山裡的各少數民族現在都主動走出深山，沿著沔水搭建房舍，逐漸形成村落，戶口眾多。等到劉道產去世，那些少數民族都追趕著劉道產的靈柩為他送行，一直送到沔口。劉道產去世不久，這裡的少數民族就發動了大規模叛亂，擔任征西司馬的朱脩之率軍前去鎮壓，作戰失利。宋文帝下詔，命令擔任建威將軍的沈慶之接替朱脩之指揮作戰，沈慶之斬殺俘虜了一萬多人。

北魏皇帝拓跋燾派擔任尚書的李順負責評定與排列群臣功績的大小與官爵的高低，授予群臣爵位。李順因為收受了賄賂，所以對群臣的評定與官爵的排列很不公平。這一年，涼州人徐桀向北魏朝廷告發李順的罪行，魏主拓跋燾勃然大怒，又因為李順有意庇護沮渠蒙遜，於是便認為李順當面欺君誤國，因此令李順自殺而死。

二十年（癸未　西元四四三年）

春季，正月，北魏征西將軍皮豹子進攻宋國所屬的樂鄉，宋國將軍王奐之等戰敗，全軍覆沒。北魏的軍隊遂乘勝進軍，到達下辨縣，宋軍守將強玄明等戰敗被殺。二月，胡崇之率領宋軍與北魏軍隊在濁水城交戰，胡崇之又被魏軍俘虜，殘餘的軍隊逃回了漢中。宋國的另一位將軍姜道祖作戰失敗，竟然投降了魏軍，魏軍於是佔領了整個仇池地區。楊保熾倉惶逃走。

丙午日，北魏皇帝拓跋燾前往恆山南麓。三月二十日庚申，拓跋燾返回平城的皇宮。

三月二十二日壬戌，烏洛侯國派遣使者前往北魏。當初，北魏的先人曾經居住在北方的荒涼地帶，地處烏洛侯國的西北方，他們在那裡鑿山為廟，用以祭祀自己的祖先，開鑿的石廟高七十尺，進深九十步。等到烏洛侯派來的使者到達北魏首都平城的時候，告訴太武帝那些石廟都還存在，拓跋燾於是派遣擔任中書侍郎的李敞前往石廟祭祀祖先，李敞在石廟的牆壁上刻上了祝告的文字之後返回。石廟距離北魏首都平城有四千多里。

北魏河間公拓跋齊與武都王楊保宗分別鎮守雒谷的兩頭，楊保宗的弟弟楊文德勸說楊保宗，讓他據守險要背叛北魏，有人向河間公拓跋齊告密。夏季，四月，河間公拓跋齊誘騙楊保宗，將楊保宗逮捕，派人送往平城，到了平城之後便將楊保宗殺死了。楊保宗的僚屬擔任前鎮東司馬的苻達、擔任征西從事中郎的任朏等於是起兵擁立楊文德為主，佔據白崖，然後派軍隊分別攻取各處的軍事據點，進而包圍了仇池，楊文德自稱征西將軍、秦州、河州、梁州三州牧、仇池公。

四月二十四日甲午，宋文帝立皇子劉誕為廣陵王。〇二十七日丁酉，北魏實行大赦。〇二十九日己亥，北魏皇帝拓跋燾前往陰山一帶巡視。

五月，北魏安西將軍古弼徵調上邽郡、高平郡、汧城縣各處的軍隊進攻楊文德，楊文德率眾退走。北魏征西將軍皮豹子率領關中各軍到達下辨縣的時候，聽說仇池已經解圍，就準備撤軍回國。安西將軍古弼派人對皮豹子說：「宋國人對這次失敗必然感到恥辱，他們一定會捲土重來。我們的軍隊如果撤回之後，再想調動就很困難，不如暫且駐紮在這裡進行訓練，養精蓄銳等待宋軍的反攻。我估計不超過秋冬季節，宋軍一定會到來，我們以逸待勞，就能無往而不勝。」皮豹子聽從了古弼的建議。北魏任命皮豹子為仇池鎮將。〇楊文德派使者到宋國請求派兵救援。秋季，七月十四日癸丑，宋文帝下詔任命楊文德為都督北秦州、雍州二州諸軍事、征西大將軍、北秦州刺史、武都王。楊文德將軍隊屯紮在葭蘆城，任命任朏為左司馬，武都、陰平一帶的氐人多數都歸順了楊文德。

七月二十五日甲子，宋國前雍州刺史劉真道，梁州、南秦州二州刺史裴方明因為瞞報、私藏攻下仇池所繳獲的金銀財寶和好馬而被判罪入獄，竟然死在獄中。

九月辛巳日，北魏皇帝拓跋燾到大沙漠以南巡視。初六日甲辰，拓跋燾捨棄了輜重，率領輕騎兵突然襲擊柔然國，他把軍隊分成四路：樂安王拓跋範、建寧王拓跋崇各自統領十五位將軍從東道進攻，樂平王拓跋丕統率十五位將軍從西路進軍，魏主拓跋燾親率大軍從中路進軍，中山王拓跋辰統帥十五位將領為後續部隊。

北魏皇帝拓跋燾率領中路軍到達鹿渾谷，恰好和柔然國敕連可汗遭遇。太子拓跋晃對魏主拓跋燾說：「柔然賊寇做夢也想不到我們的大軍會突然而至，應當趁其不備，迅速向他們發起進攻。」擔任尚書令的劉絜堅決勸阻，他認為賊寇營壘中塵土飛揚，說明他們的人數一定很多，一旦在平地接戰，恐怕被他們包圍，不如等待各路大軍全部到達以後，再向柔然人發起進攻。拓跋晃說：「敵軍營壘中塵土飛揚，是因為他們的士兵驚慌恐懼、擾攘混亂所引起，否則，為何只有軍營上方有那麼多塵土呢？」魏主拓跋燾猶豫不定，沒有迅速進攻敵人。柔然遂得以趁機逃遁，魏主拓跋燾率軍追趕到石水，沒有追上懊然而返。過後北魏軍隊抓獲了柔然負責巡邏偵察的騎兵，他們說：「柔然不知道魏軍突然到來，上下惶恐驚駭，敕連可汗率眾向北逃跑。連續奔跑了六七天，確信後面已經沒有魏國的追兵之後，才開始放慢速度。」魏主拓跋燾非常悔恨。從此以後，凡是軍國大事都與太子拓跋晃進行商議。

被北魏封為琅邪王的司馬楚之另率一支軍隊負責為魏軍押運軍糧，鎮北將軍封沓叛逃投降了柔然國，他勸說柔然人，讓他們襲擊司馬楚之以斷絕北魏大軍的軍糧供應。不久軍中有人向司馬楚之報告有一頭驢被人割去耳朵，諸將領都不知道其中的緣故，司馬楚之說：「這一定是敵人派遣奸細入營偵察，割下驢耳朵回去作憑證。敵人不久就會到來，我們應當加緊做好戰鬥準備。」於是就近砍伐柳樹建造圍城，又把水澆到木椿上，使木椿凍上厚厚的冰。圍城剛建好柔然的軍隊就到了，柔然人看到司馬楚之用柳樹椿建造的圍城又堅固又光滑，無法攻克，便撤軍而去。

十一月，宋國將軍姜道盛與楊文德會合起來，總計有二萬多人進攻戍守濁水的北魏守軍，北魏皮豹子與河間公拓跋齊率軍趕來援助濁水的守軍，姜道盛戰敗而死。

十一月二十七日甲子，北魏皇帝拓跋燾在返回平城的途中，經過朔方郡時，下詔命令皇太子拓跋晃協助自己處理軍國大事，統領朝廷內外的文武百官。他說：「各位功臣為國家已經操勞了很久，都應當解除軍政大權，帶著自己的爵號回家休養，按照季節、節日進宮朝見皇帝，與我共同飲酒歡聚，談論談論國家的大事，為朝廷出出主意而已，不應該再讓勞心費神的事務去麻煩你們，還要再遴選一批有辦事能力的新人來組成領導班子。」十二月二十五日辛卯，北魏皇帝拓跋燾返回平城。

二十一年（甲申 西元四四四年）

春，正月己亥❶，帝耕藉田❷，大赦。

壬寅❸，魏太子始總百揆，命侍中・中書監穆壽❹、司徒崔浩、侍中張黎❺、古弼輔太子決庶政❻，上書者皆稱臣，儀與表同❼。

古弼為人忠慎質直，嘗以上谷苑囿太廣❽，乞減大半❾以賜貧民。入見魏主，欲奏其事。帝方與給事中❿劉樹圍碁，志不在弼⓫。弼侍坐良久，不獲陳聞⓬。忽起，捽樹頭⓭，掣下牀⓮，搏其耳⓯，毆其背，曰：「朝廷不治⓰，實爾之罪！」帝失容⓱，捨碁曰：「不聽奏事，朕之過也。樹何罪？置之⓲！」弼具以狀聞，帝皆可其奏⓳。弼曰：「為人臣無禮至此，其罪大矣。」出詣公車⓴，免冠徒跣㉑請罪。帝召入，謂曰：「吾聞築社之役，蹇蹶而築之，端冕而事之，神降之福㉒。然則卿有何罪？其冠履就職㉓。苟有㉔[1]可以利社稷、便百姓者，竭力為之，勿顧慮也。」

太子課民稼穡㉕，使無牛者借人牛以耕種，而為之芸田㉖以償之，凡耕種二十二畝而芸七畝，大略以是為率㉗。使民各標姓名於田首㉘以知其勤惰，禁飲酒遊戲者。於是墾田㉙大增。

戊申㉚，魏主詔王、公以下至庶人㉛，有私養沙門㉜、巫覡㉝於家者，皆遣詣官曹㉞。過二月十五日不出，沙門、巫覡死㉟，主人門誅㊱。庚戌㊲，又詔王、公、卿、大夫之子皆詣太學㊳。其百工㊴、商賈㊵之子，當各習父兄之業。毋得私立學校，違者，師死㊶，主人門誅。

二月辛未㊷，魏中山王辰、內都坐大官㊸薛辨㊹、尚書奚眷㊺等八將坐擊柔然後期㊻，斬於都南。

初，魏尚書令劉絜，久典機要㊼，恃寵自專，魏主心惡之。及將襲柔然，絜諫曰：「蠕蠕遷徙無常，前者出師㊽，勞而無功，不如廣農積穀以待其來。」崔浩固勸魏主行，魏主從之。絜恥其言不用，欲敗魏師㊾。魏主與諸將期會鹿渾谷㊿，絜矯詔(51)易其期(52)。帝至鹿渾谷，欲擊柔然，絜諫止之，使待諸將。帝留鹿渾谷[2]六日，諸將不至，柔然遂遠遁(53)，追之不及。軍還，經漠中，糧盡，士卒多死。絜陰使人驚魏軍(54)，勸帝委軍輕還(55)，帝不從。絜以軍出無功，請治崔浩之罪。

帝曰：「諸將失期[56]，遇賊不擊，浩何罪也？」浩以絜矯詔事白帝[57]，帝至五原[58]，收絜[59]，囚之。帝之北行也，絜私謂所親曰：「若車駕不返，吾當立樂平王。」絜聞尚書右丞張嵩家有圖讖[60]，問曰：「劉氏應王，繼國家後[61]，吾有姓名否[62]？」嵩曰：「有姓無名。」帝聞之，命有司[63]窮治[64]，索嵩家[65]，得讖書。事連南康公狄鄰[66]，絜、嵩、鄰皆夷三族[67]，死者百餘人。絜在勢要[68]，好作威福，諸將破敵所得財物，皆與絜分之。既死，籍其家[69]，財巨萬[70]，帝每言之則切齒。

癸酉[71]，樂平戾王丕[72]以憂卒。初，魏主[73]築白臺[74]，高二百餘尺。丕夢登其上，四顧不見人。命術士董道秀筮[75]之，道秀曰：「大吉。」丕默有喜色。及丕卒，道秀亦坐棄市[76]。高允[77]聞之，曰：「夫筮者皆當依附爻象[78]，勸以忠孝[79]。王之問道秀也[80]，道秀宜曰：『窮高為亢[81]。易曰：「亢龍有悔」[82]，又曰：「高而無民[83]」，皆不祥也，王不可以不戒。』如此，則王安於上，身[84]全於下矣。道秀反之[85]，宜其死也。」

庚辰[86]，魏主幸廬[87]。○己丑[88]，江夏王義恭[89]進位太尉[90]，領司徒[91]。○庚寅[92]，以侍中、領右衛將軍沈演之[93]為中領軍[94]，左衛將軍范曄[95]為太子詹事[96]。○辛卯[97]，立皇子宏[98]為建平王[99]。

三月甲辰(100)，魏主還宮。○癸丑(101)，魏主遣司空長孫道生(102)鎮統萬(103)。

夏，四月乙亥(104)，魏侍中、太宰、陽平王杜超(105)為帳下所殺。

六月，魏北部民殺立義將軍衡陽公莫孤，帥五千餘落(106)北走。遣兵追擊之，至漠南，殺其渠帥(107)，餘徙冀、相、定(108)三州為營戶(109)。

吐谷渾王慕利延(110)兄子緯世(111)與魏使者謀降魏，慕利延殺之。是月，緯世弟叱力延等八人奔魏，魏以叱力延為歸義王(112)。

沮渠無諱卒，弟安周代立(113)。

魏入中國以來，雖頗用(114)古禮祀天地、宗廟、百神，而猶循其舊俗(115)，所祀胡神甚眾。崔浩請存合於祀典者(116)五十七所，其餘複重(117)及小神悉罷之。魏主從之。

秋，七月癸卯(118)，魏東雍州(119)刺史沮渠秉(120)謀反，伏誅。

八月乙丑(121)，魏主畋于河西(122)，尚書令古弼留守。詔以肥馬給獵騎(123)，弼悉以弱者給之。帝大怒曰：「筆頭奴(124)敢裁量朕(125)，朕還臺(126)，先斬此奴！」弼頭銳，故帝常以筆目之(127)。弼官屬惶怖，恐并坐誅(128)，弼曰：「吾為人臣，不使人主盤于遊畋(129)，其罪小。不備不虞(130)，乏軍國之用(131)，其罪大。今蠕蠕方彊，南寇(132)未滅，吾以肥馬供軍，弱馬供獵，為國遠慮，雖死何傷！且吾自為之，非諸君之憂也。」帝聞之，歎曰：「有臣如此，國之寶也。」賜衣一襲[133]，馬二匹，鹿十頭。他日，魏主復畋於山北[134]，獲麋鹿數千頭。詔尚書發牛車[3]五百乘[135]以運之。詔使已去，魏主謂左右曰：「筆公必不與我，汝輩不如自[4]以馬運之。」遂還。行百餘里，得弼表曰：「今秋穀懸黃[136]，麻菽布野，豬鹿竊食，鳥鴈侵費，風雨所耗，朝夕三倍[137]。乞賜矜緩[138]，使得收載[139]。」帝曰：「果如吾言，筆公可謂社稷之臣[140]矣！」

魏主使員外散騎常侍高濟[141]來聘[142]。

戊辰[143]，以荊州刺史衡陽王義季[144]為征北大將軍、開府儀同三司、南兗州刺史，以南譙王義宣[145]為荊州刺史。初，帝以義宣不才[146]，故不用，會稽公主[147]屢以為言[148]，帝不得已用之。先賜中詔[149]敕[150]之曰：「師護[151]以在西[152]久，比表求還[153]，今欲聽許，以汝代之。師護雖無殊績，絜己節用[154]，通懷期物[155]，不恣羣下[156]，聲著西土[157]，為士庶所安[158]，論者[159]乃未議遷之[160]。今之回換，更為汝與師護年時一輩[161]，欲各試其能[162]。汝往，脫有一事減之[163]者，既於西夏交有巨礙[164]，遷代之譏[165]，必歸責於吾[166]矣。此事亦易勉[167]耳，無為使人復生評論也！」義宣至鎮[168]，勤自課厲[169]，事亦脩理[170]。

庚辰[171]，會稽長公主卒。

吐谷渾叱力延等請師於魏以討吐谷渾王慕利延，魏主使晉王伏羅[172]督諸軍擊之。

九月甲辰[173]，以沮渠安周為都督涼・河・沙三州諸軍事、涼州刺史、河西王[174]。

丁未[175]，魏主如漠南，將襲柔然，柔然敕連可汗遠遁，乃止。敕連尋卒[176]，子吐賀真立，號處羅可汗。

魏晉王伏羅至樂都[177]，引兵從間道[178]襲吐谷渾，至大母橋。吐谷渾王慕利延大驚，逃奔白蘭[179]，慕利延兄子拾寅奔河西[180]，魏軍斬首五千餘級。慕利延從弟伏念等帥萬三千落降於魏。

冬，十月己卯[181]，以左軍將軍徐瓊為兗州刺史，大將軍參軍申恬[182]為冀州刺史。徙兗州鎮須昌[183]，冀州鎮歷下[184]。恬，謨[185]之弟也。

十二月丙戌[186] [5]，魏主還平城。

是歲，沙州牧李寶入朝于魏，魏人留之，以為外都大官[187]。

太子率更令何承天[188]撰元嘉新曆，表上之[189]。以月食之衝知日所在[190]。又以中星[191]檢之，知堯時冬至日在須女十度[192]，今在斗[193]十七度。又測景校二至[194]，差三日有餘，知今之南至日[195]應在斗十三四度。於是更立新法，冬至徙上三日五時，日之所在，移舊四度[196]。又月有遲疾，前曆合朔，日[6]月食不在朔望[197]。今皆以盈縮[7]定其小餘[198]，以正朔望之日。詔付外詳之[199]。太史令錢樂之等奏，皆如承天所上，唯月有頻三大，頻二小[200]，比舊法殊為乖異，謂宜仍舊。詔可。

【章　旨】以上為第二段，寫宋文帝元嘉二十一年（西元四四四年）一年間的大事。主要寫了魏國直正大臣古弼堅持原則，敢於批逆鱗的三個故事，一個是因為欲奏陳魏主修築苑囿過大不被理睬，而當魏主之面責打侍中劉樹；一個是魏主為打獵之用讓古弼調撥肥壯之馬，古弼只給了一些瘦弱之馬；一個是魏主打獵獲禽獸甚多，欲發民車運載而被古弼駁回。魏主為此稱道古弼「可謂社稷之臣矣」；說「有臣如此，國之寶也」；寫了魏尚書令劉絜的奸詐險惡，因勸阻魏主伐柔然未果遂必欲置魏軍於敗，他篡改魏主的命令而造成了諸將的失期，致拓跋辰、薛辨、奚眷等八大將被殺；又派人襲擾魏軍，又勸魏主棄軍而回，又將失利之罪加之崔浩；又欲俟魏主失敗不歸後，改立樂平王；又圖謀自立為帝等等。最後奸謀揭穿，被滅三族，樂平王亦牽連以憂死；寫劉義隆任其弟義宣為荊州刺史，親自下詔予以懇切教導，嚴格要求，以致平時貪瞀不肖的劉義宣竟也能「勤自課厲，事亦脩理」；此外還寫了吐谷渾地區內叱力延與慕利延兩派勢力對立分爭，叱力延求救於魏，魏助叱力延擊走慕利延；以及魏主拓跋燾雖迷信道教，卻又嚴厲地排斥沙門巫覡，下令凡私養或藏匿沙門巫覡者「沙門、巫覡死，主人門誅」，佛道竟對立到如此程度！

【注　釋】❶正月己亥　正月初三。❷帝耕藉田　宋文帝劉義隆親自耕種藉田。藉田，帝王親自耕種的土地。每逢春耕前，帝王親自到一塊特定的土地上去表演一下耕種土地，以表示他重視農業，為天下農民作榜樣，鼓勵農民努力生產。這塊地上收穫的糧食，用於祭祀宗廟。❸壬寅　正月初六。❹穆壽　北魏大臣。傳見《魏書》卷二十七。❺張黎　北魏大臣，善書計，綜管北魏機要。傳見《魏書》卷二十八。❻決庶政　處理各種政務。庶，眾多。❼儀與表同　大臣給太子上書的格式與禮節，和給皇帝上表的禮節一樣。❽上谷苑囿太廣　在上谷郡建築的皇家獵場過於廣大。上谷郡的郡治在今河北懷來東南。按，胡三省認為此說恐有誤。「蓋上谷距代都甚遠，魏未嘗置苑囿於其地。而道武帝起鹿苑於南臺陰，北距長城，東苞白登，屬之西山，廣輪數十里。天興六年，幸南平城，規度灅南夏屋山背黃瓜堆以建新邑。至天賜三年，遂築灅南宮闕，引溝穿池，廣苑囿。所謂『太廣』者，此也。」錄以備考。❾大半　一大半，有說即三分之二。❿給事中　官名，職務與侍中略同，帝王的侍從官員。⓫志不在弼　心思根本不在古弼身上。志，心思。⓬不獲陳聞　一直未能得到奏事的機會。⓭捽樹頭　揪住劉樹的頭髮。⓮掣下牀　把劉樹從座位上拉下來。掣，拉。牀，此指坐椅。⓯搏其耳　打他的耳光。⓰朝廷不治　皇帝的工作做不好。朝廷，這裡實指魏主拓跋燾。⓱失容　變色，改變了平時的面色。⓲置之　放開他。⓳可其奏　答應了他的請求；採納了他的建議。⓴出詣公車　出了宮門自己到公車署投案。詣，前往；到……去。公車，官署名，上屬衛尉，負責宮前司馬門的警衛和接待臣民的上書。㉑免冠徒跣　古人表示認罪、請罪的樣子。徒跣，赤腳步行。㉒吾聞築社之役四句　大致的意思是說在建造土神廟的時候，勞苦艱難，狼狽無狀；但如果在建好神廟之後，能對神靈規規矩矩、畢恭畢敬地進行祭祀，那麼鬼神仍是能降福給人的。「築社」四句語本《韓非子．外儲說左上》。社，社廟，祭祀土地神的地方。蹇蹶，顛沛造次，勞動時粗魯莽撞的意思。端冕而事之，指身穿祭服，恭敬地進行祭祀。端冕，古代朝服，這裡指身穿祭服。㉓其冠履就職　請戴上帽子、穿好鞋，回去好好工作吧。㉔苟有　如果有；只要有。㉕課民稼穡　督促百姓積極從事農業勞動。課，檢查，這裡即督促的意思。㉖芸田　在田裡除草。芸，通「耘」。㉗以是為率　以此數量作為換工的標準。是，此，指借人耕牛為自己耕地二十二畝，就要為牛的主人除草七畝。率，標準。㉘標姓名於田首　在地頭立上牌子，寫明這塊地是誰耕種的。㉙墾田　開荒而成的可耕之地。㉚戊申　正月十二。㉛庶人　平民百姓。㉜沙門　和尚、尼姑。㉝巫覡　以裝神弄鬼等迷信職業騙人錢財的人。古稱女巫為巫，男巫為覡。㉞皆遣詣官曹　都把他們送交官府集中處理。㉟沙門巫覡死　僧尼、巫覡一律處死。㊱主人門誅　窩藏者滿門抄斬。㊲庚戌　正月十四。㊳詣太學　到太學裡讀書。太學，古代朝廷在國家都城所開辦的最高學府。太學的正式建立是從漢武帝尊儒開始。㊴百工　各種工匠、各種手藝人。㊵商賈　行商為商，坐商為賈，這裡即泛指商人。㊶師死　教師處死。㊷二月辛未　二月初六。㊸內都坐大官　官名，據嚴耀中《北魏三都大官考》，北魏建國之初設外都（坐）大官、內都（坐）大官、中都（坐）大官，總稱三都。職掌均為聽訟察獄，地位很高。至北魏遷都洛陽後廢置。㊹薛辨　葛曉音曰：「據《魏書》及《北史》本傳，薛辨未曾任過三都大官之職，其事應屬其子薛謹，《通鑑》誤記。」㊺奚眷　拓跋珪、拓跋嗣、拓跋燾三朝的名將。傳見《魏書》卷三十。㊻坐擊柔然後期　因在攻打柔然時未能按約定的時間到達而獲罪。㊼久典機要　長期主管國家的要害大權。典，掌管。㊽前者出師　指拓跋燾太延四年（西元四三八年），興師動眾，多路出兵，結果都未見蠕蠕，徒勞無功而還。㊾欲敗魏師　故意想讓魏國的軍隊失敗。㊿期會鹿渾谷　約定日期在鹿渾谷會師。(51)矯詔　假傳詔令；篡改詔令。(52)易其期　改變了會師的時間。易，改變。(53)遠遁　遠遠地逃走了。(54)陰使人驚魏軍　暗中派人對魏軍攻擊、騷擾。陰，暗中。(55)委軍輕還　棄軍獨自逃走。委，丟下。(56)失期　超過約定的期限。(57)白帝　向魏主報告。(58)五原　郡名，郡治在今內蒙古包頭西。(59)收絜　將劉絜逮捕下獄。(60)圖讖　古代巫師或方士所編造的一種預言未來吉凶禍福的文字、圖像、歌謠等等，自秦末、漢代以來這種騙人的把戲越來越多。(61)繼國家後　在當代的皇帝去世後接替為帝。國家，此處以稱現時的皇帝拓跋燾。(62)吾有姓名否　除了有姓，還有名字嗎。意思是打聽圖讖上是否有他的名字，是否該他接替做皇帝。按，「吾」字無理，不成文意，乃沿上文而衍，應削。(63)有司　主管此事的官員。(64)窮治　徹底查辦。窮，追根究底。(65)索嵩家　搜查張嵩之家。索，查；查抄。(66)南康公狄鄰　拓跋狄鄰，被封為南康公。(67)夷三族　夷，滅；殺光。三族，指父族、母族、妻族。或說指父母之親，自身之親，子輩之親。(68)絜在勢要　在劉絜當政掌權的時候。(69)籍其家　抄家後登記其家產。籍，登記；統計。(70)巨萬　萬萬，即今之所謂「億」，單位是銅錢。(71)癸酉　二月初八。(72)樂平戾王丕　拓跋丕，魏太宗拓跋嗣之子，被封為樂平王，戾字是其死後的謚。(73)魏主　這裡指魏太宗明元帝拓跋嗣，西元四〇九—四二三年在位。(74)白臺　在魏都平城之南。《魏書·太宗明元帝紀》載：（泰常二年）「秋七月，作白臺於城南，高二十丈。」(75)筮　用蓍草占卜吉凶。(76)坐棄市　因受某人某事的牽連而被問斬。棄市，古代處決死刑犯常在市場，以表示與市人共棄之，故稱處決犯人曰「棄市」。(77)高允　北魏名臣，字伯恭，歷事北魏五帝，長達五十餘年，官至中書令，進爵咸陽公。傳見《魏書》卷四十八。(78)筮者皆當依附爻象　解釋某一卦的吉凶都要依據每一爻的形象。爻是《周易》中組成卦的基本符號，每一卦由六爻組成。它們摹擬或象徵事物的運動和變化，包含著一定的吉凶休咎。人們利用這些「象」，通過想像，解釋推論人事的變化。分「大象」、「小象」。總釋一卦的為「大象」，解說每卦各爻的稱「小象」。(79)勸以忠孝　意思是卜筮所呈現的卦象是客觀存在，但在解釋這些卦象的時候要結合著思想教育，鼓勵人們為國盡忠，為父母盡孝。胡三省曰：「漢嚴君平卜筮於成都市，人有邪惡非正之問，則依蓍龜為言利害，與人子言依於孝，與人弟言依於順，與人臣言依於忠，各因勢導之以善。高允之言，祖君平之術也。」[80]王之問道秀也　當樂平王將自己所夢見的事物求董道秀卜筮時。[81]窮高為亢　人處於最高的位置，這就是《周易》中所說的「亢」。窮高，至高；最高。亢，高之極；壯之極。[82]易曰二句　《周易・乾卦》中有所謂一條龍要是飛得太高了那就會有危險。悔，《周易》中的用語，表示危險、失敗、挫折等等。[83]高而無民　語見《周易・乾卦・文言》。〈文言〉釋此句意為賢人見其地位過高，志滿意得，便不來輔助。[84]身　指董道秀自身。[85]反之　不僅不勸樂平王謙虛謹慎，反而慫恿他、縱容他。[86]庚辰　二月十五。[87]魏主幸盧　魏主拓跋燾駕臨盧。幸，敬稱帝王的駕臨。盧，其地不詳。胡三省曰：「自南北國分治，人主所至，例不書『幸』。此必誤也。」[88]己丑　二月二十四。[89]義恭　宋武帝劉裕之第五子，文帝劉義隆之弟，元嘉元年被封為江夏王。傳見《宋書》卷六十一。[90]太尉　官名，三公之一，秦漢時為軍政首腦，晉宋時代多為大臣的加官。雖無實際職責，但表現政治地位的崇高。[91]領司徒　兼任為司徒。司徒也是三公之一，主管教化，後來多為大臣的虛銜，地位僅次於太尉。[92]庚寅　二月二十五。[93]沈演之　劉宋的大臣。謙虛好學，通義理，喜《老子》。元嘉中累官至吏部尚書。傳見《宋書》卷六十三。[94]中領軍　中領軍將軍的簡稱，統率護衛朝廷、護衛宮廷的禁兵，兼管其他軍中將領的任命，權力很大。[95]范曄　南朝劉宋的史學家，字蔚宗，官至左衛將軍、太子詹事，著《後漢書》。傳見《宋書》卷六十九。[96]太子詹事　官名，掌管太子宮中的事務。[97]辛卯　二月二十六。[98]皇子宏　劉宏，宋文帝劉義隆的第七子。傳見《宋書》卷七十二。[99]建平王　封地建平郡，郡治即今重慶市巫山縣。[100]三月甲辰　三月初九。[101]癸丑　三月十八。[102]長孫道生　北魏拓跋珪、拓跋嗣、拓跋燾三朝的老臣。傳見《魏書》卷二十五。[103]鎮統萬　統兵屯駐於統萬城。統萬是古城名，夏主赫連勃勃的都城，舊址在今陝西橫山縣西，內蒙古烏審旗南。[104]四月乙亥　四月十一。[105]杜超　北魏明元帝拓跋嗣密皇后杜氏之兄。傳見《魏書》卷八十三上。[106]五千餘落　五千多個部落。當時兵民一體，扶老攜幼，都在軍隊之中。落，部落，古代少數民族分部而居的組織名。[107]渠帥　大帥；大頭領。[108]冀相定　三州名，冀州的州治在今河北冀州，相州的州治即今河北臨漳西南的鄴鎮，定州的州治即今河北定州。[109]營戶　直接受軍營管轄的居民戶。當時戰爭不斷，人口稀少。軍隊為自己方便，常將所俘虜的民戶編歸自己統轄，稱為「營戶」。[110]慕利延　姓慕容，名慕利延。《宋書》、《南史》作慕延。太延二年（西元四三六年）繼兄慕璝為吐谷渾王。事詳《魏書》卷一百一。[111]緯世　唐人為李世民避諱寫作「緯代」。[112]魏以叱力延為歸義王　叱力延奔魏與魏封叱力延為歸義王事，見《魏書》卷一百一〈吐谷渾傳〉。[113]沮渠無諱卒二句　沮渠無諱與沮渠安周皆北涼王沮渠蒙遜之子，沮渠牧犍之弟，沮渠牧犍被北魏打敗被俘亡國後，其弟無諱與安周一直在敦煌與西域的高昌一帶堅持反魏活動，今無諱死，其弟仍繼續堅持反魏。(114)頗用　採用一些。頗，表示不多的意思。(115)猶循其舊俗　主要還是沿用舊的風俗習慣。(116)合於祀典者　與中原地區的古代祀典相一致的部分。(117)複重　意即「重複」。(118)七月癸卯　七月初十。(119)東雍州　州名，州治在今山西聞喜東北。(120)沮渠秉　沮渠蒙遜之子，隨其兄沮渠牧犍降魏後，被任為東雍州刺史。事見《魏書》卷九十九。(121)八月乙丑　八月初三。(122)畋于河西　在黃河的西側地區打獵。畋，打獵。此處之「河西」指今陝西北部與內蒙古鄰近的黃河以西地區。(123)給獵騎　供應打獵的人員騎乘。(124)筆頭奴　罵古弼的話。古弼頭尖，敏正忠謹，明元帝拓跋嗣曾賜其名曰「筆」。拓跋燾常呼之為「筆頭」，時人呼之曰「筆公」。(125)裁量朕　等於說苛扣我、限制我。(126)還臺　意即回到朝廷。當時朝廷的中書省、尚書省，也可以稱中書臺、尚書臺。故回朝也就是回到臺省。(127)以筆目之　把他看成一支筆。(128)恐并坐誅　害怕受牽連一塊被殺。(129)盤于遊畋　充分享受打獵的樂趣。盤，樂；享受……的樂趣。(130)不備不虞　不準備好意想不到的突然需要。不虞，意想不到，意外的需要。(131)乏軍國之用　無法供應軍國大事的需要。(132)南寇　指長江以南的劉宋政權。(133)一襲　一身；一套。(134)山北　平城的北山之北。(135)發牛車五百乘　徵調老百姓的牛車五百輛。發，徵調。乘，原指一車四馬，這裡就指一輛。(136)懸黃　低垂著成熟的穀穗。(137)朝夕三倍　朝夕之間就達三倍。指糧食的損耗而言。(138)乞賜矜緩　求您體恤農民，寬免對牛車的徵調。矜，憐憫。緩，放寬。(139)使得收載　讓他們能把地裡的莊稼趕緊拉回來。(140)社稷之臣　一心為國，與國家同甘苦、共存亡的大臣。(141)高濟　高允的堂叔，年六十七而終。傳見《魏書》卷四十八。(142)來聘　來劉宋友好訪問。古代國與國之間互派使臣友好訪問叫「聘」。因寫史者是站在南朝劉宋的立場說話，所以說「來聘」。(143)戊辰　八月初六。(144)義季　劉義季，宋武帝劉裕的第七子。元嘉元年（西元四二四年）被封為衡陽王。傳見《宋書》卷六十一。(145)義宣　劉義宣，宋武帝劉裕的第六子。元嘉元年被封為竟陵王，八年改封為南譙王。傳見《宋書》卷六十八。(146)不才　不成材；沒有出息。(147)會稽公主　亦作「會稽長公主」，宋武帝劉裕的長女，劉義隆等眾兄弟的大姐。劉義隆對之深加禮敬，家中諸事，大小必詢問之。(148)屢以為言　屢次請求劉義隆任用劉義宣為荊州刺史。荊州地居國都的上游，荊州刺史位高權大，劉裕生前有話，說讓他的幾個兒子都輪流做一任荊州刺史。按排行而言，劉義宣已經被壓了一任了。(149)中詔　不經主管官吏而直接頒行的帝王的親筆詔書。(150)敕　囑咐；告誡。(151)師護　劉義季的小名。(152)在西　在都城的西方，即指荊州，此指劉義季任荊州刺史。(153)比表求還　接連地上表請求回京，因為劉義季也知道其父當年想讓各個兒子都當一任荊州刺史的心思，而且他本人已經超過其兄劉義宣而提前出任了。比，挨著；一連幾次。(154)絜己節用　意即廉潔簡樸。絜己，潔身；本身清廉。絜，同「潔」。(155)通懷期物　意即推心置腹，待人和善。(156)不恣羣下　對僚屬要求嚴格，不放縱。恣，放縱。(157)聲著西土　在荊州聲譽很高。著，彰顯。

(158)為士庶所安　被當地的士大夫和庶民所樂於接受。(159)論者　這裡指朝廷主管人事調動的部門。(160)未議遷之　從未提出調動他。(161)年時一輩　年歲大小差不多。(162)欲各試其能　想看看你們每個人的本事。(163)脫有一事減之　如果出現你在哪一件事上做得不如他。脫，如果；一旦。減之，比不上；不如。(164)既於西夏交有巨礙　既對荊州地區的工作產生重大影響。西夏，胡三省曰：「江左六朝以荊楚為西夏。」(165)遷代之譏　有關調動失誤的批評。遷代，指將劉義季調回，讓劉義宣赴任。譏，批評；非議。(166)必歸責於吾　胡三省曰：「言遷代之際，所任非人也。」(167)亦易勉　也很容易努力做好。(168)至鎮　指到達刺史府與都督府的駐地。(169)勤自課厲　意即嚴格要求自己。課厲，檢查、磨鍊。(170)事亦脩理　各種政務也管理得還可以。(171)庚辰　八月十八。(172)伏羅　魏太武帝拓跋燾的第二子，太平真君三年（西元四四二年）被封為晉王。事見《魏書》卷十八。(173)九月甲辰　九月十二。(174)以沮渠安周句　此句的主語是劉宋朝廷，以沮渠安周能堅持反魏，並對劉宋稱臣故也。(175)丁未　九月十五。(176)尋卒　不久死去。(177)樂都　即今青海樂都，當時為北魏的鄯州州治所在地。(178)間道　小道，隱蔽而不被人知的道路。(179)白蘭　地區名，在今青海都蘭西南的布爾汗布達山一帶，當時是西羌族白蘭部落的聚居之地。(180)河西　這裡指今之甘肅、青海的黃河以西地區，即河西走廊與湟水流域。(181)十月己卯　十月十七日。(182)申恬　字公休，歷事劉裕、劉義隆、劉駿三朝，為將、為地方官都有很好的功勳政績。傳見《宋書》卷六十五。(183)徙兗州鎮須昌　將兗州的州治遷到須昌。沈約曰：「武帝定河南，以兗州治滑臺，文帝元嘉十三年治鄒山，又寄治彭城，此又自彭城徙須昌也。」當時的須昌，在今山東東平西北。(184)歷下　即今山東濟南。(185)謨　申謨，字元嗣，申恬之兄，曾與名將朱脩之共守滑臺，城破被俘，後又逃回劉宋，先後任將軍、內史。傳見《宋書》卷六十五。(186)十二月丙戌　十二月二十五。(187)外都大官　當時魏國有內都大官、外都大官、都坐大官，合稱三都大官，皆掌刑獄。(188)何承天　晉宋時期的文史大臣、天文學家，曾參與改定《元嘉曆》。傳見《宋書》卷六十四。(189)表上之　給皇帝上表並進呈新曆法。(190)以月食之衝知日所在　月蝕時日與月相對，光相掩沒，據此可知太陽所在的位置。(191)中星　古代天文學家把二十八宿分成四方，每方七宿，居中的星叫中星。或，從人的視感覺來說，二十八宿是按照一定的軌道轉動，順次每月在天中的星叫中星。(192)知堯時冬至日在須女十度　推測堯時冬至，太陽在女宿十度的方位。此據《尚書·堯典》中「日短星昴」句推算，因冬至日最短，昴為二十八宿中西方白虎的中星。須女，二十八宿中的女宿。(193)斗　斗宿，二十八宿之一。(194)測景校二至　測定日影以校正夏至和冬至的時間。(195)南至日　即冬至節。(196)移舊四度　何承天所修的《元嘉新曆》，定冬至之日在斗宿十七度半。比原來所用的《景初曆》定冬至之日在斗宿二十一度少，所以說與舊曆比，移了四度。(197)前曆合朔二句　以前的曆法確定的每個月的初一，日蝕、月蝕不在初一、十五。合朔，指每個月的初一。(198)今皆以盈縮定

其小餘　古曆法有大餘小餘，指每年依朔法、至法計算的兩種日數，各用六除，凡不滿六十日的餘數中，整日的稱大餘，不夠一日的奇零數稱小餘。何承天推算每月的朔、望和弦（月半圓時），都定大小餘，使日蝕月蝕必在朔望。盈縮，指用盈減縮加的計算方法確定小餘。199 詔付外詳之　宋文帝下令，將何承天這些制定曆法的主張交給大臣們詳細討論。200 月有頻三大二句　有連續三個月是大盡，有連續兩個月是小盡。

【校記】1苟有　原無「有」字。據章鈺校，十二行本、乙十一行本、孔天胤本皆有「有」字，今據補。2欲擊柔然……鹿渾谷　原無此十七字。據章鈺校，十二行本、乙十一行本、孔天胤本皆有此十七字，張敦仁《通鑑刊本識誤》同，今據補。3牛車　原無「牛」字。據章鈺校，十二行本、乙十一行本、孔天胤本皆有「牛」字，今據補。4自　原無此字。據章鈺校，十二行本、乙十一行本、孔天胤本皆有此字，今據補。5丙戌　原無此二字。據章鈺校，十二行本、乙十一行本、孔天胤本皆有此二字，張敦仁《通鑑刊本識誤》同，今據補。6日　原無此字。胡三省注云：「『月食』上當有『日』字。」其義長，今據補。7盈縮　原作「贏縮」。據章鈺校，十二行本、乙十一行本、孔天胤本皆作「盈縮」，今從改。

【語譯】二十一年（甲申　西元四四四年）

春季，正月初三日己亥，宋文帝劉義隆親自到藉田進行耕種，實行大赦。

正月初六日壬寅，魏國皇太子拓跋晃開始總管文武百官，魏主拓跋燾命令擔任侍中、中書監的穆壽，擔任司徒的崔浩，擔任侍中的張黎以及安西將軍古弼輔佐皇太子處理各種政務，要求大臣給太子上書的時候都要稱自己為臣，格式和禮節與給皇帝上表的禮節相同。

魏國擔任安西將軍的古弼為人忠厚謹慎，樸實正直，曾經因為在上谷郡建築的皇家苑囿過於廣大，致使貧民無地可種，就想請求魏主拓跋燾把上谷郡的苑囿減少一大半，把削減下來的土地賞賜給貧苦百姓耕種。於是便入宮面見魏主拓跋燾，想奏明這件事情。當時魏主拓跋燾正與擔任給事中的劉樹下圍棋，心思全不在古弼身上。古弼侍坐在一旁很久，一直沒有得到奏事的機會。他突然站起來，揪住劉樹的頭髮，把劉樹從座位上拉下來，還搧了劉樹的耳光，用拳擊打劉樹的脊背，說：「朝廷的政務不能及時處理，都是你的過錯！」皇帝拓跋燾立即改變了臉色，他推開圍棋說：「不聽取大臣奏事，這是朕的過錯。劉樹有什麼罪呢？放了他吧！」古弼這才把自己想要奏報的事情詳細地說給魏主拓跋燾聽，魏主拓跋燾對古弼的請求和建議全部批准。古弼謝罪說：「我作為皇帝的臣屬，竟然無禮到了如此的程度，我的罪過真是太大了。」出了宮門之後就立即前往公車署投案自首，他摘下自己的官帽、赤著兩腳請求治自己的罪。魏主拓跋燾把古弼召進宮中，對古弼說：「我聽說在修建神廟的時候，需要光腳赤臂挑土和泥，運磚搬石，並不講究什麼禮節，等到社廟落成之後，在祭祀的時候能夠對神靈規規矩矩、畢恭畢敬，神靈就會為他們降福。如此的話你有什麼罪呢？趕快戴好帽子，穿好鞋襪，回到任上去辦理公務吧。只要是有利於國家、方便百姓的事情，你就只管竭盡全力去做，不要有什麼顧慮。」

太子拓跋晃督促百姓積極從事農業勞動，他讓沒有耕牛的農民借別人的牛進行耕種，然後再到別人的農田裡除草作為借牛的補償，並規定：凡是借別人的牛耕種二十二畝田地，就要替別人清除七畝地的雜草，以此數量作為換工的標準。還讓百姓在地頭立上牌子寫明這塊地是誰耕種的，以便瞭解百姓是勤快還是懶惰，禁止百姓飲酒遊戲。於是開墾的耕地面積大量增加。

正月十二日戊申，北魏太武帝拓跋燾下詔規定王、公以下文武官員一直到平民百姓，凡是私自在家供養和尚、尼姑以及以裝神弄鬼等迷信活動為職業騙人錢財的男女巫師，都要把他們送交官署進行處理。超過二月十五日不送交官署的，不僅尼姑、和尚、男女巫師要被處死，就連供養他們的施主也要滿門抄斬。十四日庚戌，太武帝又下詔王、公、卿、大夫的兒子都要送到太學裡去讀書。其他各種工匠、手藝人、商人的兒子，應當讓他們學習、繼承父兄的職業。不允許私自開辦學校，違反規定的，老師處死，開辦學校的主人滿門抄斬。

二月初六日辛未，北魏中山王拓跋辰以及擔任內都坐大官的薛辨、擔任尚書的奚眷等八位將領因為在出兵攻打柔然的時候未能按約定的時間到達會師地點而獲罪，全被押赴到平城的南郊斬首。

當初，北魏擔任尚書令的劉絜，長期掌管國家的要害大權，他依仗皇帝對自己的寵信，便獨斷專行，太武帝因此對他非常厭惡。等到要襲擊柔然的時候，劉絜勸諫太武帝說：「蠕蠕遷徙無常，前次對柔然用兵，就徒勞無功，不如推廣農耕，廣積糧食，等他們自己送上門來的時候再消滅他們。」而擔任司徒的崔浩卻堅持勸說太武帝御駕親征，太武帝最後採納了司徒崔浩的建議。劉絜因為自己的意見沒有被太武帝採納而感到恥辱，就故意想讓北魏的軍隊作戰失敗。太武帝與各位將領約定日期在鹿渾谷會師，劉絜卻私自篡改詔命，改變了約定的會師日期。太武帝到達鹿渾谷，想要進擊柔然，劉絜勸阻他，以待諸將會合。太武帝停留在鹿渾谷已經六天，而諸位將領還都沒有到達，使得柔然人得以遠遠地逃走，追趕已經來不及。班師途中，經過浩瀚的大沙漠，由於糧食已經吃盡，很多士卒被餓死在途中。劉絜暗中派人對魏軍進行攻擊、騷擾，又勸說太武帝捨棄軍隊獨自返回，太武帝沒有同意劉絜的意見。劉絜遂把出師無功而返的罪名強加在崔浩的頭上，請求太武帝懲治崔浩。太武帝說：「諸將沒有按照約定的日期到鹿渾谷會合，遇上賊寇又沒有襲擊，才導致無功而返，崔浩有什麼罪呢？」崔浩遂把劉絜私自篡改詔書上所規定的會師日期，以致諸將失期的事情報告了太武帝，太武帝到達五原郡時，便逮捕了劉絜，把劉絜囚禁起來。在太武帝北征的時候，劉絜曾經私下裡對自己的親信說：「如果皇帝的車駕不能平安返回，我就擁立樂平王拓跋丕為皇帝。」劉絜聽說擔任尚書右丞的張嵩家裡藏有古代巫師等所編造的預言未來吉凶禍福的文字、圖像，就向張嵩詢問說：「聽說圖讖預言即將由劉姓之人佔有天下，在當代的皇帝去世之後接替為帝，圖讖中除了預言姓氏之外，有沒有名字呢？」張嵩回答說：「圖讖中只提到姓氏，沒有具體的名字。」太武帝聽說這件事情之後，立即命令主管此事的官員深究到底，嚴加懲處，並派人搜查了張嵩的家，果真搜出了讖書。事情牽連到南康公拓跋狄鄰，於是劉絜、張嵩、拓跋狄鄰都被夷滅三族，被殺死的有一百多人。劉絜在當政掌權的時候，喜好作威作福，諸將出征作戰破敵所獲得的金銀財寶等，都必須分一份給劉絜。劉絜死後，抄沒他的家產，登記在冊的家財有億萬錢之多，太武帝每次提到劉絜都恨得咬牙切齒。

二月初八日癸酉，樂平戾王拓跋丕憂慮成疾而死。當初，魏太宗明元帝拓跋嗣建造白臺，高二百多尺。樂平王拓跋丕夢見自己登上了白臺，他站在白臺之上向四周望去不見一個人影。就讓術士董道秀用蓍草為自己占卜吉凶，董道秀占卜之後說：「大吉大利。」拓跋丕雖然默默不語，卻面帶喜色。等到拓跋丕去世後，董道秀也因為受到拓跋丕的牽連而獲罪，被拉到鬧市斬首。高允聽說了這件事情之後說：「凡是為人占卜，向人解釋所占卜之事的吉凶，都應當依照每一爻的形象，勸說人們為國盡忠，為父母盡孝。當樂平王拓跋丕將自己所夢見的事物求董道秀卜筮的時候，董道秀應當說：『人處在最高的位置，這就是《周易》中所說的「亢」。《周易・乾卦》中有所謂：「一條龍要是飛得過高了，那就會有危險」，〈文言〉解釋這句話的意思是：「賢能的人看見他地位過高，志得意滿，便不來輔佐他」，這些都是不祥的預兆，大王不可以不警懼。』這樣的話，樂平王拓跋丕雖然高高在上也會安然無恙，而董道秀自身也能保全性命。然而董道秀卻恰恰相反，他的死也算罪有應得了。」

二月十五日庚辰，北魏太武帝駕臨廬地。〇二十四日己丑，宋國江夏王劉義恭被晉升為太尉，兼任司徒。〇二十五日庚寅，宋文帝任命擔任侍中兼右衛將軍的沈演之為中領軍，任命擔任左衛將軍的范曄為太子詹事。〇二十六日辛卯，宋文帝立皇子劉宏為建平王。

三月初九日甲辰，北魏太武帝從廬地返回平城的皇宮。〇十八日癸丑，北魏太武帝派遣擔任司空的長孫道生統兵屯駐於統萬城。

夏季，四月十一日乙亥，北魏擔任侍中、太宰的陽平王杜超被部下殺死。

六月，北魏北部的人殺死了立義將軍、衡陽公莫孤後，帶領五千多部落向北逃走。北魏太武帝派軍隊進行追擊，一直追到大漠以南，殺死了他們的大頭領，把其餘的人強行遷移到冀州、相州、定州，成為直接接受軍營管轄的居民戶。

吐谷渾王慕容慕利延的姪子慕容緯世與北魏的使者祕密謀劃投降北魏的事宜，被慕利延殺死。當月，慕容緯世的弟弟慕容叱力延等八人逃往北魏，北魏封慕容叱力延為歸義王。

沮渠無諱去世，他的弟弟沮渠安周接替了他的職位。

北魏拓跋氏佔據中原地區以來，雖然也多少採用一些中原地區的古禮祭祀天地、宗廟以及中國傳統的各種神祇，但主要還是沿用他們舊有的風俗習慣，因此所祭祀的胡地神祇很多。擔任司徒的崔浩請求保留與中原地區古代祀典相一致的五十七處場所，其餘重複的以及其他一些小神全部取消。太武帝批准了崔浩的建議。

秋季，七月初十日癸卯，北魏擔任東雍州刺史的沮渠秉起兵謀反，被處死。

八月初三日乙丑，北魏太武帝到黃河的西側地區打獵，擔任尚書令的古弼負責留守京師。太武帝下詔要求把那些肥壯的馬提供給打獵的人員騎乘，而古弼卻違背旨意，為打獵人員提供的全是瘦弱的馬匹。太武帝不禁大怒說：「筆頭奴竟敢限制我，等我回到朝廷之後，先殺了這個奴才！」古弼的頭頂長得有點尖，所以太武帝經常把他看做是一支筆。古弼的下屬都感到非常驚惶恐懼，擔心自己受到牽連一塊被殺頭，古弼說：「我作為臣子，不能讓皇帝充分享受打獵的樂趣，這個罪過很小。而不做好應對突發事件的準備，致使無法供應軍國大事的需要，那樣的罪行可就大了。如今蠕蠕國的勢力正處在強盛時期，長江以南的劉宋政權也沒有被消滅，我把肥壯的馬匹供給軍隊使用，將弱馬提供給狩獵的人員騎乘，是為國家的長遠利益考慮，即使為此而被處死又有什麼遺憾！再說這件事是我自己的主張，各位不必為此擔驚受怕。」太武帝聽到之後，感慨地說：「有這樣忠心耿耿的大臣，真是國家的寶貝啊。」於是賞賜給古弼一套衣服，二匹馬，十頭鹿。

後來有一天，太武帝又到平城北山以北地區去打獵，捕獲到了數千頭的麋鹿。於是便下詔給尚書省的官員，讓他們從百姓當中徵調五百輛牛車來運送這些麋鹿。攜帶詔書的使者走了之後，太武帝對左右的人說：「筆公古弼肯定不會給我調撥車輛，你們不如就用現有的馬匹自己將這些麋鹿運回去。」於是就用馬匹馱著捕獲的麋鹿往回走。走了有一百多里，收到了古弼的奏章，古弼在奏章中說：「如今已經進入秋季，穀穗已經下垂，顏色逐漸變黃，麻和大豆遍布田野，野豬和麋鹿不斷地闖入農田偷吃莊稼，飛鳥大雁也來啄食糟蹋，再加上風雨所造成的損失，朝夕之間就達三倍。請求陛下體恤百姓，寬限、減免對牛車的徵調，使農民能夠盡快把田地裡的莊稼拉回來。」太武帝說：「果然像我預料的那樣，筆公真可謂一心為國，是與國家同甘苦、共存亡的棟樑之臣！」

北魏太武帝派遣擔任員外散騎常侍的高濟到宋國進行友好訪問。

八月初六日戊辰，宋國任命擔任荊州刺史的衡陽王劉義季為征北大將軍、開府儀同三司、南兗州刺史，任命南譙王劉義宣為荊州刺史。當初，宋文帝認為南譙王劉義宣不成材，沒有出息，所以一直沒有任用他，會稽長公主屢次請求宋文帝任用劉義宣為荊州刺史，宋文帝在不得已的情況下才任用劉義宣為荊州刺史。宋文帝先是直接賜給劉義宣親筆詔書，告誡他說：「因為師護在荊州刺史任上的時間太久了，所以他接連上表請求回京，現在我準備答應他的請求，所以讓你去接替他。師護在荊州刺史任上雖然沒有建立什麼特殊的政績，但他潔身自好，為官清廉，生活儉樸，待人推心置腹，為人和善，對僚屬要求很嚴，絕不放縱，所以在西部荊州一帶享有很高的聲譽，受到當地士大夫和平民百姓的擁護，朝廷中主管人事調動的部門從來沒有提出過要調動他。如今讓你前去將他換回京師，還因為你與師護年紀大小差不多，想讓你們各自展示一下自己的才能。你去了之後，倘若有一件事處理得不如師護，既對荊州地區的工作造成重大的影響，而引起人們對這次人事調動失誤的批評，必然把所任非人的責任歸結到我的身上。此事要認真去做也不難做好，希望你努力，不要再引起人們的議論！」南譙王劉義宣到達荊州刺史府與都督府的駐地之後，能夠嚴格要求自己，各項政務也處理得很有條理。

八月十八日庚辰，會稽長公主去世。

被北魏封為歸義王的吐谷渾慕容叱力延等人向北魏請求派軍隊討伐吐谷渾王慕利延，北魏太武帝遂派遣晉王拓跋伏羅率領各軍攻打吐谷渾王慕利延。

九月十二日甲辰，宋國朝廷正式任命沮渠安周為都督涼州、河州、沙州三州諸軍事、涼州刺史，並封他為河西王。

九月十五日丁未，北魏太武帝前往大漠以南進行巡視，並準備襲擊柔然國，柔然敕連可汗郁久閭吳提得知消息後便率領國人遠遠地逃遁了，太武帝這才打消了攻打柔然的念頭。不久，柔然敕連可汗郁久閭吳提去世，他的兒子吐賀真繼位，號稱處羅可汗。

北魏晉王拓跋伏羅率領魏軍到達樂都，然後率領軍隊從隱蔽的小路前往襲擊吐谷渾，大軍前進到了大母橋。吐谷渾王慕利延聞訊後驚惶失措，立即率眾逃往白蘭，慕利延的姪子慕容拾寅逃往黃河以西地區，北魏的軍隊斬殺了吐谷渾五千多人。吐谷渾王慕利延的堂弟慕容伏念等人率領一萬三千多個部落投降了北魏。

冬季，十月十七日己卯，宋文帝任命擔任左軍將軍的徐瓊為兗州刺史，任命擔任大將軍參軍的申恬為冀州刺史。把兗州的治所遷到須昌，把冀州的治所遷到歷下。申恬，是申謨的弟弟。

十二月二十五日丙戌，北魏太武帝回到首都平城。

這一年，沙州牧李寶到北魏的首都平城朝見太武帝，魏國人留下李寶，任命李寶為外都大官。

宋國擔任太子率更令的何承天編著了一本《元嘉新曆》，他上表給宋文帝，同時呈上這本新曆書。何承天根據月蝕發生時日與月相對，光芒被掩沒這一天象而推知太陽所在的位置。又按照中星所在的位置進行推算，測出了古代堯帝時冬至的那一天，太陽在女宿十度的方位，而如今冬至的那一天太陽卻在斗宿十七度的方位。又測定日影以校正夏至和冬至的時間，和古代堯帝時的二至相差了三天多，推算如今的冬至節，太陽應該在斗宿十三四度之間的位置。因此制定新曆法，新曆法的冬至日比原來的《景初曆》向前提前了三天零五個時辰，新曆法冬至的那一天，太陽所在的位置比《景初曆》冬至日太陽在斗宿方向的位置減少了四度。又因為月亮運行有的時候慢，有的時候快，以前曆法規定的每月初一，日蝕月蝕都不在初一、十五。如今都用盈減縮加的計算方法確定出小餘，使日蝕月蝕一定發生在朔日、望日。宋文帝下詔將何承天所編著的新曆法交付給朝中大臣詳細討論。擔任太史令的錢樂之等人上奏，都同意何承天的見解，唯一的缺點是有連續三個月是大盡，有連續二個月是小盡，與舊時的曆法相比出入太大，認為在這一點上應該沿用舊曆法的做法。宋文帝表示同意。

二十二年（乙酉　西元四四五年）

春，正月辛卯朔❶，始行新曆❷。初，漢京房❸以十二律❹中呂上生黃鍾，不滿九寸❺，更演為六十律❻。錢樂之復演為三百六十律，日當一管❼。何承天立議，以為上下相生，三分損益其一，蓋古人簡易之法，猶如古曆周天三百六十五度四分度之一❽也，而京房不悟，謬為六十。乃更設新率[1]，林鍾長六寸一氂，則從中呂還得黃鍾，十二旋宮❾，聲韻無失。

壬辰❿，以武陵王駿⓫為雍州刺史⓬。帝欲經略關、河⓭，故以駿鎮襄陽⓮。

○魏主使散騎常侍宋愔⓯來聘⓰。

二月，魏主如上黨⓱，西至吐京⓲，討徙叛胡⓳，出配郡縣⓴。

甲戌㉑，立皇子褘為東海王㉒，昶為義陽王㉓。

三月庚申㉔，魏主還宮。

魏詔諸疑獄皆付中書㉕，以經義量決㉖。

夏，四月庚戌㉗，魏主遣征西大將軍高涼王那㉘等擊吐谷渾王慕利延於白蘭，秦州刺史代人封敕文㉙、安遠將軍乙烏頭擊慕利延兄子什歸於枹罕㉚。

河西之亡也㉛，鄯善㉜人以其地與魏鄰，大懼，曰：「通其使人㉝，知我國虛實，取亡㉞必速。」乃閉斷魏道㉟，使者往來，輒鈔劫㊱之，由是西域不通者數年。

魏主使散騎常侍萬度歸㊲發涼州㊳以西兵擊鄯善。

六月壬辰[39]，魏主北巡。

帝謀伐魏，罷南豫州入豫州[40]，辛亥[41]〔2〕，以南豫州刺史南平王鑠[42]為豫州刺史。

秋，七月己未[43]，以尚書僕射[44]孟顗[45]為左僕射，中護軍[46]何尚之[47]為右僕射。

武陵王駿將之鎮，時緣沔諸蠻[48]猶為寇[49]，水陸梗礙[50]。駿分軍遣撫軍中兵參軍[51]沈慶之掩擊[52]，大破之。駿至鎮，蠻斷驛道[53]，欲攻隨郡[54]。隨郡太守河東柳元景[55]募得六七百人，邀擊[56]，大破之。遂平諸蠻，獲七萬餘口。涓山蠻[57]最彊，沈慶之討平之，獲三萬餘口，徙萬餘口於建康。

吐谷渾什歸聞魏軍將至，棄城夜遁。八月丁亥[58]，封敕文入枹罕，分徙其民千家還上邽，留乙烏頭守枹罕。

萬度歸至敦煌，留輜重，以輕騎五千度流沙，襲鄯善。壬辰[59]，鄯善王真達面縛[60]出降。度歸留軍屯守，與真達詣平城，西域復通。

魏主如陰山之北，發諸州兵三分之一，各於其州戒嚴[61]，以須後命[62]。徙諸種雜民五千餘家於北邊[63]，令就北畜牧[64]，以餌柔然[65]。

壬寅[66]，魏高涼王那軍至曼頭城[67]〔3〕，吐谷渾王慕利延擁其部落西度流沙。吐谷渾慕璝之子被囊[68]逆戰[69]，那擊破之。被囊遁走，中山公杜豐帥精騎追之，度三危[70]，至雪山，生擒被囊及吐谷渾什歸、乞伏熾盤[71]之子成龍[72]，皆送平城。慕利延遂西入于闐[73]，殺其王，據其地，死者數萬人。

九月癸酉[74]，上餞衡陽王義季[75]于武帳岡[76]。上將行，敕諸子且勿食，至會所設饌[77]。日旰[78]，不至，有飢色。上乃謂曰：「汝曹少長豐佚[79]，不見百姓艱難。今使汝曹識有飢苦，知以節儉御物[80]耳。」

裴子野[81]論曰：「善乎太祖之訓也！夫侈興於有餘，儉生於不足。欲其隱約[82]，莫若貧賤；習其險艱[83]，利以任使[84]；達[4]其情偽[85]，易以躬臨[86]。太祖若能率此訓[87]也，難其志操[88]，卑其禮秩[89]，教成德立[90]，然後授以政事，則無怠無荒[91]，可播之於九服[92]矣。高祖[93]思固本枝[94]，崇樹襁褓[95]，後世遵守[96]，迭據方岳[97]。及乎泰始[98]之初，升明之季[99]，絕咽於衾衽[100]者動數十人[101]。國之存亡，既不是繫[102]，早肆民上[103]，非善誨也[104]。」

魏民間訛言[105]滅魏者吳，盧水胡蓋吳[106]聚眾反於杏城[107]，諸種[5]胡爭應之，有眾十餘萬。遣其黨趙綰來，上表自歸[108]。冬，十月戊子[109]，長安鎮副將[110]拓跋紇帥眾討吳，紇敗死。吳眾愈盛，民皆渡渭奔南山[111]。魏主發高平敕勒騎[112]赴長安，命將軍叔孫拔領攝[113]并、秦、雍[114]三州兵屯渭北[115]。

十一月，魏發冀州民造浮橋於碻磝津[116]。

蓋吳遣別部帥白廣平[117]西掠新平[118]，安定[119]諸胡皆聚眾應之。又分兵東掠臨晉已東[120]〔6〕，將軍章直擊破之，溺死於河者三萬餘人。吳又遣兵西掠，至長安，將軍叔孫拔與戰於渭北，大破之，斬首三萬餘級。

河東蜀[121]薛永宗聚眾以應吳，襲擊聞喜[122]。聞喜縣無兵仗，令憂惶無計。縣人裴駿帥厲鄉豪[123]擊之，永宗引去。

魏主命薛謹之子拔[124]糾合宗、鄉[125]，壁於河際[126]，以斷二寇[127]往來之路。庚午[128]，魏主使殿中尚書[129]拓跋處直[130]等將二萬騎討薛永宗，殿中尚書乙拔將三萬騎討蓋吳，西平公寇提將萬騎討白廣平。吳自號天台王，署置[131]百官。

辛未[132]，魏主還宮[133]。〇魏選六州[134]驍騎二萬，使永昌王仁[135]、高涼王那分將之為二道，掠淮、泗以北[136]，徙青、徐[137]之民以實河北。

癸未[138]，魏主西巡。

初，魯國孔熙先[139]博學文史，兼通數術[140]，有縱橫才志[141]。為員外散騎侍郎[142]，不為時所知，憤憤不得志。父默之為廣州刺史，以贓獲罪，大將軍彭城王義康[143]

為救解得免。及義康遷豫章[144]，熙先密懷報効[145]。且以為天文、圖讖[146]，帝必以非道晏駕[147]，由骨肉相殘[148]，江州應出天子。以范曄[149]志意不滿[150]，欲引與同謀，而熙先素不為曄所重。太子中舍人[151]謝綜，曄之甥也，熙先傾身事之[152]，綜引熙先與曄相識。

熙先家饒於財，數與曄博，故為拙行[153]，以物輸之。曄既利其財，又愛其文藝[154]，由是情好款洽[155]。熙先乃從容[156]說曄曰：「大將軍[157]英斷聰敏，人神攸屬[158]，失職南垂[159]，天下憤怨。小人受先君遺命[160]，以死報大將軍之德[161]。頃人情騷動[162]，天文舛錯[163]，此所謂時運之至[164]，不可推移者也。若順天人之心，結英豪之士，表裏相應[165]，發於肘腋[166]。然後誅除異我[167]，崇奉明聖[168]，號令天下，誰敢不從！小人請以七尺之軀，三寸之舌，立功立事而歸諸君子[169]，丈人以為何如？」曄甚愕然。熙先曰：「昔毛玠竭節於魏武[170]，張溫畢議於孫權[171]，彼二人者，皆國之俊乂[172]，豈言行玷缺[173]，然後至於禍辱哉？皆以廉直勁正，不得久容。丈人之於本朝[174]，不深於二主[175]，人間雅譽[176]，過於兩臣[177]。讒夫側目[178]，為日久矣。比肩競逐，庸可遂乎[179]？近者殷鐵一言而劉班碎首[180]，彼豈父兄之讎[181]，百世之怨[182]乎？所爭[183]不過榮名勢利先後之間[184]耳。及其末[185]也，唯恐陷之不深，發[186]之不早，戮及百口，猶曰未厭⑱⑦。是可為寒心悼懼，豈書籍遠事⑱⑧也哉？今建大勳，奉賢哲⑱⑨，圖難於易⑲⓪，以安易危，享厚利，收鴻名，一旦包[7]舉而有之⑲①，豈可棄置而不取哉！」曄猶疑未決。熙先曰：「又有過於此者，愚則未敢道耳。」曄曰：「何謂也？」熙先曰：「丈人奕葉清通⑲②，而不得連姻帝室⑲③，人以犬豕相遇⑲④，而丈人曾不恥之。欲為之死⑲⑤，不亦惑乎⑲⑥？」曄門無內行⑲⑦，故熙先以此激之。曄默然不應，反意乃決。

曄與沈演之⑲⑧並為帝所知。曄先至，必待演之俱入，演之先至，嘗獨被引⑲⑨，曄以此為怨。曄累經義康府佐⑳⓪，中間獲罪於義康。謝綜及父述，皆為義康所厚，綜弟約娶義康女。綜為義康記室參軍，自豫章還，申義康意⑳①於曄，求解晚隙⑳②，復敦往好⑳③。大將軍府史⑳④仲承祖，有寵於義康，聞熙先有謀，密相結納。丹楊尹徐湛之⑳⑤，素為義康所愛，承祖因此結事⑳⑥湛之，告以密計。道人法略⑳⑦、尼法靜⑳⑧，皆感義康舊恩，並與熙先往來。法靜妹夫許曜，領隊在臺⑳⑨，許為內應。法靜之豫章，熙先付以牋書㉑⓪，陳說圖讖㉑①。於是密相署置㉑②，及素所不善者，並入死目㉑③。熙先又使弟休先作檄文，稱賊臣趙伯符㉑④肆兵犯蹕㉑⑤，禍流儲宰㉑⑥，湛之、曄等投命奮戈㉑⑦，即日斬伯符首及其黨與。今遣護軍將軍臧質㉑⑧奉璽綬迎彭城王正位辰極[219]。熙先以為舉大事宜須以義康之旨諭眾，曄又詐作義康與湛之書，令誅君側之惡，宣示同黨[220]。

帝之燕武帳岡[221]也，曄等謀以其日作亂。許曜侍帝，扣刀目曄[222]，曄不敢仰視。俄而座散，徐湛之恐事不濟，密以其謀白帝[223]。帝使湛之具探取本末[224]，得其檄書、選署姓名[225]，上之。帝乃命有司收掩窮治[226]。其夜，呼曄置客省[227]，先於外收綜及熙先兄弟，皆款服[228]。帝遣使詰問曄，曄猶隱拒[229]。熙先聞之，笑曰：「凡處分[230]、符檄[231]、書疏，皆范所造，云何[232]於今方作如此抵蹋[233]邪？」帝以曄墨迹示之，乃具陳本末。

明日，仗士[234]送付廷尉[235]。熙先望風吐款[236]，辭氣不橈[237]。上奇其才，遣人慰勉之曰：「以卿之才而滯於集書省[238]，理應有異志，此乃我負卿[239]也。」又責前吏部尚書何尚之曰：「使孔熙先年將三十作散騎郎，那不作賊！」熙先於獄中上書謝恩，且陳圖讖[240]，深戒上以骨肉之禍[241]，曰：「願且[8]勿遺棄[242]，存之中書[243]。若囚[244]死之後，或可追錄[245]，庶九泉之下，少塞釁責[246]。」

曄在獄為詩曰：「雖無嵇生琴[247]，庶同夏侯色[248]。」曄本意謂入獄即死，而上窮治其獄，遂經二旬，曄更有生望[249]。獄吏戲之曰：「外傳詹事[250]或當長繫[251]。」

曄聞之，驚喜。綜、熙先笑之曰：「詹事疇昔[252]攘袂瞋目[253]，躍馬顧盼，自以為一世之雄。今擾攘[254]紛紜，畏死乃爾。設今賜以性命，人臣圖主[255]，何顏可以生存！」

十二月乙未[256]，曄、綜、熙先及其子弟、黨與皆伏誅。曄母至市，涕泣責曄，以手擊曄頸，曄色[9]不怍[257]。妹及妓妾來別，曄悲涕流漣。綜曰：「舅殊不及夏侯色[258]。」曄收淚而止。

謝約不預[259]逆謀，見兄綜與熙先遊，常諫之曰：「此人輕事好奇[260]，不近於道，果銳無檢[261]，未可與狎[262]。」綜不從而敗。綜母以子弟自蹈逆亂，獨不出視。曄語綜曰：「姊今不來，勝人多矣。」收籍曄家[263]，樂器服玩，並皆珍麗，妓妾不勝[264]珠翠。母居止單陋，唯有一廚盛樵薪。弟子冬無被，叔父單布衣。

裴子野論曰：「夫有逸羣[265]之才，必思沖天之據[266]，蓋俗之量[267]，則憤[10]常均之下[268]。其能守之以道，將之以禮[269]，殆為鮮乎[270]！劉弘仁[271]、范蔚宗，皆忸志[272]而貪權，矜才以徇逆[273]，累葉風素[274]，一朝而隕[275]。鄉之所謂智能，翻為亡身之具矣。」

徐湛之所陳多不盡[276]，為曄等辭[277]所連引，上赦不問。臧質，熹[278]之子也，先為徐、兗二州刺史，與曄厚善，以為義興[279]太守。

有司奏削彭城王義康爵，收付廷尉治罪。丁酉[280]，詔免義康及其男女皆為庶人，絕屬籍[281]，徙付安成郡[282]。以寧朔將軍沈邵為安成相[283]，領兵防守。邵，璞[284]之兄也。義康在安成，讀書，見淮南厲王長[285]事，廢書歎曰：「自古有此，我乃不知，得罪為宜也。」

庚戌[286]，以前豫州刺史趙伯符為護軍將軍。伯符，孝穆皇后[287]之弟子也。

初，江左二郊[288]無樂[289]，宗廟[290]雖有登歌[291]，亦無二舞[292]。是歲，南郊始設登歌[293]。

魏安南、平南府[294]移書兗州[295]，以南國僑置諸州[296]多濫北境名號[297]，又欲遊獵具區[298]。兗州答移[299]曰：「必若因土立州[300]，則彼立徐、揚[301]，豈有其地[302]？復知欲遊獵具區[303]，觀化南國[304]。開館飾邸[305]，則有司存[306]。呼韓入漢[307]，厥儀未泯[308]。饋餼之秩[309]，每存豐厚[310]。」

【章旨】以上為第三段，寫宋文帝元嘉二十二年（西元四四五年）一年間的大事。主要寫了魏伐吐谷渾，吐谷渾王什歸與慕璝之子被囊被魏軍所擒，另一支吐谷渾王慕利延率眾西渡流沙，攻殺于闐王而據其地，原有的吐谷渾之地遂盡入於魏；寫了西域的鄯善國王為恐被魏所滅而關閉西域交通，魏主派其將萬度歸率軍攻鄯善，鄯善向魏國投降；寫了魏國境內盧水胡的頭領蓋吳興兵作亂，與安定諸胡、河東蜀戶相互呼應而嚴重一時；寫了宋文帝送別其弟劉義季到兗州赴任，故意延誤吃飯時間以教育其弟知人間飢苦，戒以節儉御物；裴子野讚揚宋文帝的能教訓家人以節儉，但不能改變劉宋皇帝自劉裕開始以來的過早地讓其年幼諸子執掌大權，實則使權力落於其身邊野心家之手的嚴重弊病；寫了劉宋的不良分子孔熙先鼓動朝廷近臣范曄等圖謀作亂，欲殺害文帝劉義隆而改立被流放於江州的權臣劉義康，結果因徐湛之叛變告密，孔熙先、謝綜、范曄等被殺，而徐湛之、臧質諸人因與帝室的關係深密而被放過；此外還寫了魏國出兵掠奪劉宋的淮、泗以北，移其民以實河北；以及魏國邊將向劉宋示威，揚言要「遊獵具區」（今太湖一帶），劉宋的兗州刺史以巧妙辭令回敬之等等。

【注釋】❶正月辛卯朔　正月初一。❷新曆　即《元嘉曆》。❸京房　漢元帝時的陰陽五行家，《易》學京氏學的創始人。本姓李，字君明，官至魏郡太守。傳見《漢書》卷七十五。❹十二律　古人使用的十二個定音管，名叫黃鐘、大呂、太簇、夾鐘、姑洗、中呂、蕤賓、林鐘、夷則、南呂、無射、應鐘，可以分別吹出十二個高度不同的標準音。❺中呂上生黃鍾二句　十二律各有固定的音高。律管的長度是固定的，黃鐘管長九寸，其餘的律管依黃鐘為準，按比例縮短，將黃鐘管長三分減一，得六寸，就是林鐘的管長；林鐘管長三分增一，得八寸，就是太簇的管長。以下按此類推。除由應鐘到蕤賓、由蕤賓到大呂都是三分增一以外，其餘都是先三分減一，後三分增一，這就是十二律上下相生的三分損益法。十二律終於中呂，反歸黃鐘。京房認為按此古法，由中呂不能還生到黃鐘律的標準尺寸。但按《月令注》，中呂律長六．一二九七四寸，若上生黃鐘，當不止九寸。據唐孔穎達考證，認為大略可得九寸之數。❻更演為六十律　古人把宮、商、角、徵、羽稱為五聲，它們只有相對音高，在實際音樂中，其音高要用律來確定。用十二律分別確定五聲的音高，一共可得六十聲。京房即據此推出六十律。❼日當一管　錢樂之將三百六十天和三百六十律相配，每天與一個律管相應。❽古曆周天三百六十五度四分度之一　我國古曆以一回歸年為三六五又四分之一日，因而把周天分成三六五又四分之一度。❾十二旋宮　宮、商、角、徵、羽加變徵、變宮，稱為七音，以七音配十二律，每律都可作為宮音，叫做旋相為宮，簡稱「旋宮」。❿王辰　正月初二。⓫武陵王駿　劉駿，劉義隆之子，即日後的孝武帝。被封為武陵王，武陵是郡名，郡治即今湖南常德。⓬雍州刺史　劉宋王朝的雍州州治，即下文所說的襄陽，在今湖北襄樊之襄陽區。⓭經略關河　意即收復關中及黃河流域等一帶地區。經略，經營，這裡即指開關、收復。關，函谷關，關中即今陝西的渭水流域地區。河，黃河，指今山西、河南與河北南部、山東西部等黃河流域的一帶地區。⓮以駿鎮襄陽　襄陽是當時南方朝廷進兵中原的重要橋頭堡。⓯散騎常侍宋愔　宋愔傳見《北史》卷二十六，時任散騎常侍。散騎常侍是帝王的侍從官員，起參謀顧問之用。⓰來聘　來劉宋進行友好訪問。⓱上黨　郡名，郡治在今山西長治北。⓲吐京　也就是漢代的吐軍縣，北魏時是吐京郡的郡治所在地，即今山西石樓。⓳討徙叛胡　討伐叛變的匈奴族，並強制他們搬遷。胡，當時指匈奴族人。⓴出配郡縣　把他們分配到其他各郡縣居住。㉑甲戌　二月十四。㉒皇子禕為東海王　劉禕是劉義隆的第八子，傳見《宋書》卷七十九。被封為東海王，東海郡的郡治即今江蘇東海縣。㉓昶為義陽王　劉昶是劉義隆的第九子。傳見《宋書》卷七十二。義陽郡的郡治即今河南信陽。㉔三月庚申　三月初一。㉕諸疑獄皆付中書　各州郡有疑問的案件一律上交中書省。中書，中央制定政策、制定規章、起草文件詔令的部門。㉖以經義量決　根據儒家經典的說法衡量裁決。袁俊德曰：「魏以夷狄主中國，行事一以華夏為法，蓋欲以華變夷也。」㉗四月庚戌　四月二十二。㉘高涼王那　拓跋那，拓跋孤的玄孫。傳見《魏書》卷十四。㉙封敕文　北魏的將領，時為秦州刺史。秦州的州治上邽，即今甘肅天水市。㉚枹罕　縣名，在今甘肅臨夏東北，當時是河州的州治所在地。㉛河西之亡也　指今甘肅境內的幾個涼國被滅，整個河西走廊落入北魏之手。㉜鄯善　西域國名，國都在今新疆若羌東。㉝通其使人　如果與其通使，或允許他們的使者在鄯善境內通行。㉞取亡　自找滅亡。㉟閉斷魏道　關閉了北魏與西域之間的通道。㊱鈔劫　搶劫。鈔，通「抄」。㊲萬度歸　姓萬，名度歸。㊳涼州　州治姑臧，即今甘肅武威。㊴六月壬辰　六月初五。㊵罷南豫州入豫州　劉宋永初二年（西元四二一年），分淮東之地為南豫州，州治在今安徽和縣；淮西之地為豫州，州治在今安徽壽縣，或在今河南汝南縣。今將其合併，體現了劉宋要鞏固現有的豫州地區，並要收復西晉時豫州舊境的企圖。㊶辛亥　六月二十四日。㊷南平王鑠　劉鑠，劉義隆的第四子。傳見《宋書》卷七十二。南平郡是其封地，南平郡的郡治江安，即今湖北公安。㊸七月己未　七月初二。㊹尚書僕射　尚書令的副職，原設一人，從此改設為左右僕射二人，相當於副宰相。㊺孟顗　字彥重，孟昶之弟。傳見《南史》卷十九。㊻中護軍　劉宋置護軍將軍一人，掌外軍；資歷淺的為中護軍，資歷深的為護軍將軍。㊼何尚之　劉宋的權臣，侍劉裕、劉義隆、劉駿三朝。傳見《宋書》卷六十六。㊽緣沔諸蠻　沔水沿岸的各少數民族。沔水，即今之漢水。㊾猶為寇　緣沔山區的少數民族在劉道產為雍州刺史時，都自動地走出山區，緣沔為村落，安居樂業；劉道產離任後，繼任者為政無方，致群蠻大動，沈慶之討之，殺萬餘人，至今未能平息。㊿水陸梗礙　水路、陸路的交通都被斷絕。(51)撫軍中兵參軍　撫軍將軍的屬官，主管中兵曹。(52)掩擊　突然襲擊。(53)驛道　國家修建的供軍政人員通行，並有驛站為之提供食宿及交通工具的大道。(54)隨郡　郡名，郡治即今湖北隨州。(55)柳元景　劉義隆、劉駿時代的名將。傳見《宋書》卷七十七。(56)邀擊　攔腰襲擊。(57)涓山蠻　涓山地區的少數民族。涓山在今湖北隨州西南。(58)八月丁亥　八月初一。(59)壬辰　八月初六。(60)面縛　縛手於背後，自前只見其面。(61)戒嚴　進入緊急狀態。(62)須後命　等待新命令的到來。須，等候。(63)北邊　北部邊境。(64)就北畜牧　向更北的方向放牧牛羊。(65)以餌柔然　以引誘柔然人前來攻擊掠奪。餌，這裡用如動詞，引誘。(66)壬寅　八月十六。(67)曼頭城　在白蘭地區的東方。(68)被囊　人名，慕璝之子。(69)逆戰　迎戰。(70)三危　山名，在今甘肅敦煌以南。(71)乞伏熾盤　十六國時西秦國的國王，西元四一二—四二八年在位。傳見《魏書》卷九十九。(72)成龍　西元四三一年，夏國主赫連定滅西秦，虜秦民渡河，被吐谷渾國擊敗，成龍在這次戰鬥中陷入吐谷渾。(73)慕利延遂西入于闐　從此吐谷渾的領地全部落入魏國之手。于闐，西域國名，國都在今新疆和田境。(74)九月癸酉　九月十七。(75)上餞衡陽王義季　劉義季是劉裕之子，劉義隆之弟，因其往任南兗州刺史，故文帝為之餞行。劉義季，傳見《宋書》卷六十一。(76)武帳岡　杜佑曰：「武帳岡在建康城廣莫門外宣武場，設行宮殿便坐其上，故名。」武帳，帝王的帷幄周圍設有武器者。語見《史記・汲鄭列傳》。(77)至會所設饌　到了送行的地方再臨時安排做飯。會所，聚會送行的場所。設饌，安排飯食。(78)日旰　天色向晚，超過了吃飯的時間已經很久。(79)少長豐佚　從小到大一向生活在富足安逸之中。佚，此處意思同「逸」。(80)以節儉御物　以儉樸節約管教人、駕御人。(81)裴子野　齊梁時期的史學家，著有《宋論》，下面的引文即出自《宋論》。但《宋論》原本今已佚，存者只有輯本。(82)隱約　艱苦樸素，並由此養成的虛心謹慎。(83)習其險艱　經受過艱苦磨鍊的人。(84)利以任使　容易管理、使用。(85)達其情偽　能明白下屬是真情還是假意的人。情偽，真情與假意。(86)易以躬臨　就能夠更好地去駕御他們。躬臨，親臨其上。(87)率此訓　緊緊地掌握好這一準則。率，遵循；牢牢掌握。(88)難其志操　嚴格地磨礪其意志操守。(89)卑其禮秩　降低他們的待遇等級。(90)教成德立　要等他們所受的教育成功，道德樹立。(91)無怠無荒　到那時他們就不會再懶散、再放縱。(92)可播之於九服　意即可以派他們到全國的各地去做官任職了。九服，意即全國各地。據說西周時代曾將天子所住的京都以外的地區按遠近分成九圈，叫九服，每服的直徑是五百里。對這九個遠近不同的地區實行不同的管理政策，規定它們應盡不同的義務。說見《周禮》，可姑妄聽之。(93)高祖　指宋武帝劉裕。(94)思固本枝　想鞏固自己子孫的特權、地位。(95)崇樹襁褓　把一些尚在襁褓的嬰兒都封為郡王，任為大州刺史。樹，建立，指封王任政。如劉裕滅掉後秦，打下長安，自己要回建康篡皇帝位，留下兒子劉義真鎮守長安時，劉義真年僅十二歲。又，劉義恭任南豫州刺史時年十二；劉義康為豫州刺史時年十二。(96)後世遵守　指劉義隆、劉駿等都照著劉裕的樣子辦。97迭據方岳　一個接一個地高踞於大州刺史的高位。方岳，一方諸侯之長，晉宋時代指大州刺史。如劉義隆任其子劉紹為江州刺史時年十二，任其子劉誕為南兗州刺史時年十二，劉休茂為豫州刺史時年十一，劉休範為下邳太守時年九歲。98泰始　宋明帝劉彧的年號（西元四六五—四七一年）。99升明之季　宋順帝的末年。升明是宋順帝的年號（西元四七七—四七八年）。100絕咽於衽　意即被殺死在床上。絕咽，咽氣；停止呼吸。即死。衽，臥席，此指孩子的幼小，還只能在床上躺著。101動數十人　一殺就是幾十個。動，動不動地；一來就是如此。此指宋明帝劉彧殘酷殺戮其兄孝武帝劉駿子的情景，和蕭道成篡宋後殘酷殺戮劉氏子孫的情景。102既不是繫　既然與此無關。繫，有關係。103早肆民上　過早地讓他們高踞於萬民之上作威作福。肆，放縱；為所欲為。104非善誨也　不是一種好的教訓。這種過早地讓兒子們掌管軍政大權，其實他們也管不了，不過是便宜了他們身邊的那些野心家而已。105訛言　謠言；流言。106盧水胡蓋吳　盧水胡的頭領名叫蓋吳。盧水胡，匈奴族的一個分支，名稱始見於《漢書・蘇武傳》，北魏時住在安定郡，即今甘肅涇川縣一帶地區。107杏城　古城名，在今陝西黃陵西南。108上表自歸　給劉宋朝廷上表，請求歸降於劉宋。109十月戊子　十月初三。110長安鎮副將　葛曉音曰：「北魏採用鎮兵制，地方軍隊分為州郡軍和軍鎮軍。軍鎮武官設都大將為長，下有副將等屬官。這裡指長安所設的軍鎮。」111南山　長安城南的大山，即今之秦嶺。112高平敕勒騎　駐紮在高平軍鎮的敕勒族的騎兵。高平軍鎮即今寧夏固原。敕勒，北方的少數民族名，也稱「鐵勒」，又稱「高車部」，後為突厥所併。113領攝　兼任；兼管。114并秦雍　三州名，并州的州治在今山西太原西南，秦州的州治上邽，即今甘肅天水市，雍州的州治長安，在今西安市區的北部。115渭北　渭河以北。當時的渭河自今陝西西部流來，流經當時的長安城北側，東流匯入黃河。116碻磝津　東晉南北朝時的軍事要地，在今山東茌平西南的古黃河上。117別部帥白廣平　另一個部落的頭領名叫白廣平。118新平　郡名，郡治即今陝西彬縣。119安定　郡名，郡治在今甘肅涇川縣西北側。120臨晉已東　臨晉縣城以東的黃河沿岸地區。臨晉縣的縣治在今陝西大荔東南，東距黃河不遠。121河東蜀　蜀人遷居河東者。河東，郡名，郡治在今山西永濟西南的蒲州鎮。胡三省曰：「蜀人遷居河東者謂之『河東蜀』，居絳郡者謂之『絳蜀』，居關中赤水者謂之『赤水蜀』。」122聞喜　縣名，即今山西聞喜。123帥厲鄉豪　率領、激勵著各鄉的勇敢之士。帥厲，率領、鼓勵。124薛謹之子拔　薛謹之子薛拔。薛謹原是河東地區的大族頭領，後成為拓跋燾的著名地方官，復為將軍從討柔然，因劉絜假傳聖旨失期被殺。傳見《魏書》卷四十二。125糾合宗鄉　聯絡、集合起本鄉本族的一些人。胡三省曰：「宗謂薛之宗族，鄉謂薛之鄉人。」126壁於河際　駐紮在黃河沿線。127二寇　指河東的薛永宗與陝甘交界一帶的蓋吳。128庚午　十一月十五。129殿中尚書　官名，北魏初置，掌管殿內兵馬、倉庫。130拓跋處直　姓拓跋，名處直。131署置　設職任官。(132)辛未　十一月十六。(133)還宮　自陰山返回宮省。(134)六州　指今河北、山西境內和與之鄰近的河南北部、遼寧西南部的六個州，即冀州、定州、相州、并州、幽州、平州。(135)永昌王仁　拓跋仁，拓跋嗣之孫，繼其父拓跋健之爵位為永昌王。傳見《魏書》卷十七。(136)淮泗以北　淮河、泗水以北地區，大體相當於今之江蘇、安徽、山東、河南四省交界的一帶地區，當時屬於劉宋。(137)青徐　二州名，青州的州治即今山東青州，徐州的州治彭城，即今江蘇徐州。(138)癸未　十一月二十八。(139)孔熙先　劉宋文帝時的一個心術不正的文人。事跡附見《宋書》卷六十九〈范曄傳〉。(140)數術　此指天文曆法、占卜吉凶的學問，雜有騙子行徑。(141)有縱橫才志　有一套搬弄是非、煽風點火的陰謀與手段。(142)員外散騎侍郎　掛名的侍從官員，在帝王身邊起參謀顧問之用，劉宋時隸屬於集書省。(143)彭城王義康　劉義康，劉義隆之弟，前因專權跋扈，又與陰謀家劉湛圖謀不軌，被罷職流放豫章郡。事見本書上卷元嘉十七年，與《宋書》卷六十八。(144)遷豫章　發配到豫章郡監管。遷，降職；發配。豫章，郡名，郡治即今江西南昌。(145)密懷報效　意即想組織人把劉義康從發配監管之地解救出來。(146)天文圖讖　天文星象顯示的變化，與圖讖之書的預言所講。圖讖，是一種預言未來以達到某種目的的騙術書，與假借天文星象的變化以鼓動人間動亂的言論，同為古代騙子所習用。(147)必以非道晏駕　一定是不得好死。非道，非正常。晏駕，宮車晚出，隱指帝王之死。(148)由骨肉相殘　是被自己的親人所殺死。(149)范曄　字蔚宗，劉宋時期的史學家，官至左衛將軍、太子詹事。著《後漢書》的紀傳。傳見《宋書》卷六十九。(150)志意不滿　范曄的家族中因有一些醜聞，劉宋的宗室不願與范曄聯姻，故范曄對朝廷不滿。(151)太子中舍人　太子的屬官，執掌文翰。(152)傾身事之　傾盡全力地討好謝綜。(153)故為拙行　故意裝做賭博的技術不精。(154)文藝　文學才華。(155)情好款洽　感情融洽。(156)從容　自然的；不動聲色的。(157)大將軍　指劉義康，原在朝任大將軍之職。自漢武帝以來，歷代都以大將軍為朝廷百官的權力地位最高者，權位在丞相之上。(158)人神攸屬　被所有的神靈與臣民所共同矚目。攸，虛詞，這裡的意思同「是」、「所」。屬，矚目；眾望所歸。(159)失職南垂　失去權位，被拋棄於南方邊陲。垂，同「陲」。邊陲。(160)受先君遺命　接受先父的命令以跟從劉義康。先君，指孔熙先的父親孔默之。(161)德　恩；恩情。(162)頃人情騷動　前不久人心浮動。頃，近來；不久前。(163)天文舛錯　天文星象出現差錯，如日月蝕、彗星出現等。(164)時運之至　指政治變亂的發生。(165)表裏相應　朝外與朝裡聯合行動。(166)發於肘腋　在皇帝的身邊發起變亂。(167)異我　異己分子。(168)崇奉明聖　另擁立一位聖明的皇帝。(169)歸諸君子　把一切功勞都歸於你們皇帝身邊的這幾位顯貴。(170)毛玠竭節於魏武　曹操的部下崔琰本來是忠於曹操的，因受誣陷被曹操所殺，尚書僕射毛玠也是忠於曹操的，因同情崔琰的無辜，又受人誣告被曹操廢黜於家。事見本書卷六十七漢獻帝建安二十一年。(171)張溫畢議於孫權　孫權的部下張溫引薦暨豔任選官。暨豔因好譏彈，受眾人怨恨，被孫權賜死。張溫也因直言，被孫權所廢，死於家中。事見本書卷六十七魏文帝黃初五年。172俊乂　俊傑。乂，才能出眾。173豈言行玷缺　哪裡是因為言論或行動有什麼缺失。174丈人之於本朝　先生您與當今皇帝的親密程度。本朝，指當今皇帝。175不深於二主　不比毛玠與曹操、張溫與孫權的關係更深厚、更緊密。176人間雅譽　臣民之間對於您的讚美與歌頌。177過於兩臣　要比毛玠和張溫的威望高得多。178側目　斜著眼睛看，形容仇恨極深的樣子。179比肩競逐二句　您想跟他們並排競爭，怎麼會取得勝利呢。庸，豈；豈能。遂，勝利；成功。180殷鐵一言而劉班碎首　殷鐵即殷景仁，劉班即劉湛。殷景仁一句話就把劉湛送上了斷頭臺，詳情見本書上卷元嘉十七年。181父兄之讎　殺父殺兄之仇，古代以為是不共戴天的必須要報的仇恨。182百世之怨　即使事過百代也還是要報的仇恨。世，代，通常指三十年。183所爭　所差的；區別只是。184先後之間　誰早了一點，誰晚了一點。185及其末　發展到最後。186發　動手。187未厭　不滿足。188豈書籍遠事　這難道是書本所寫的遙遠的事情。189奉賢哲　擁立聖明的人為皇帝。190圖難於易　用輕便的辦法完成艱難的事業。191包舉而有之　一旦有了這種可以奪取政權、囊括天下的機會。包舉，包而有之。192奕葉清通　累世都有清廉之名。范曄之父范泰、祖范寧、曾祖范汪都有清白的名聲。奕葉，累世。193連姻帝室　與皇室結成姻親。194人以犬豕相遇　有些人竟把你們家族當成豬狗對待。遇，對待。195欲為之死　還想為這樣的朝廷賣命。196不亦惑乎　這難道不是很糊塗的想法嗎。197門無內行　家族裡有醜聞。198沈演之　劉義隆時期的名將。傳見《宋書》卷六十三。199被引　被皇帝接見。200累經義康府佐　范曄曾任劉義康的王府冠軍參軍、右軍參軍等職。201中義康意　向范曄表達劉義康的意思。202晚隙　晚年的矛盾。203復敦往好　重修舊好。204大將軍府史　劉義康王府的僚屬。205徐湛之　徐羨之的姪孫，又為劉義康一黨，但始終為劉宋的貴幸之臣。傳見《宋書》卷七十一。206結事　交結而為之做事。207道人法略　和尚名法略。208尼法靜　尼姑名法靜。209領隊在臺　在宮廷中統領衛隊。210付以牋書　託之為劉義康攜帶書信。牋，文體名，古代寫給王公貴族的書信。211陳說圖讖　中說現在皇帝當死，另有皇帝當立，並說這新皇帝就是身處江州的劉義康。212密相署置　暗中封官許願。213並入死目　都被列入了要處死的黑名單。214趙伯符　宋武帝劉裕的表弟，在朝任領軍將軍。215肆兵犯蹕　縱兵謀殺皇帝。犯蹕，侵犯皇帝的車駕，此處即指殺害皇帝本人。216禍流儲宰　並連帶殺害了皇太子劉劭。儲宰，儲君，即皇太子。按，從孔休文預作的檄文看，他們這一群叛亂分子預謀的是要以聲討趙伯符為名而發動叛亂，在叛亂中要殺害宋文帝劉義隆，並連同殺害太子劉劭。217投命奮戈　豁出性命揮戈討賊。218臧質　臧熹之子，劉義隆的表兄弟，帝室的勳戚。傳見《宋書》卷七十四。219正位辰極　就位做皇帝。辰極，皇位。胡三省曰：「北辰為天極，故以帝位為辰極。」220宣示同黨　把劉義康的意思轉告有關諸人。221燕武帳岡　即前之餞送劉義季赴南兗州刺史任。燕，此處同「宴」。

[222]扣刀目曄　微微拔刀示意於范曄。扣刀，胡三省曰：「拔刀微出鞘為扣刀。」[223]白帝　報告給了文帝劉義隆。[224]具探取本末　全部地弄清叛亂活動的具體安排。[225]得其檄書選署姓名　得到了孔休文起草的作亂檄文，以及他們準備新任命的官員名單。[226]收掩窮治　逮捕起來徹底追查。收掩，突然逮捕。窮治，盤根究底地審問。[227]呼曄置客省　傳范曄進宮，將其安置在客人下榻的住處。客省，客人居住之處。[228]款服　招供認罪。[229]隱拒　隱瞞不承認。[230]處分　指謀反活動的具體安排。[231]符檄　串連活動所使用的證件與叛亂的檄文。符，證件。[232]云何　為何。[233]抵蹋　抵賴。[234]仗士　手執兵器的軍士。[235]送付廷尉　送交給司法部門。廷尉，九卿之一，全國最高的司法長官。[236]望風吐款　問什麼說什麼，順風而下。[237]辭氣不橈　說話的聲音情態沒有任何屈服的意思。[238]集書省　南朝所設的官署，所屬的官員有散騎侍郎、通直員外、給事中、奉朝請、駙馬都尉等，均為散官。[239]我負卿　是我先對不起你。[240]且陳圖讖　並報告了圖讖上是怎麼說的。[241]深戒上以骨肉之禍　懇切地請皇帝警惕身邊親人當中的叛亂分子。[242]願且勿遺棄　請暫且不要丟棄我這封信。[243]存之中書　請把它保存在中書省的檔案裡。[244]囚　指自己。[245]或可追錄　如果其中還有一些能夠讓人回味的東西。錄，記；吸取。[246]少塞釁責　多少能彌補一點生前的罪責。[247]雖無嵇生琴　我雖然不能像魏末的嵇康那樣臨死前索琴顧影而彈奏〈廣陵散〉。嵇康被殺見《晉書》卷四十九。[248]庶同夏侯色　但我仍可以像魏末名士夏侯玄那樣臨死而臉色不變。夏侯玄被殺事見《三國志》卷九。[249]更有生望　又產生了求活的希望。[250]詹事　以稱范曄，范曄下獄前任太子詹事。[251]或當長繫　也許被長期囚禁。[252]疇昔　從前；當初。指策劃造反的時候。[253]攘袂瞋目　捋袖子瞪眼，形容范曄當初慷慨激昂的樣子。[254]擾攘　顛倒反覆，情緒紛亂的樣子。[255]人臣圖主　作為一個臣子，竟然要謀殺皇帝。[256]乙未　十二月十一。[257]不怍　不感到羞愧。[258]舅殊不及夏侯色　舅舅您的表現實在趕不上夏侯玄的樣子。袁俊德曰：「於母不動色，對妻妾悲涕，不唯賊臣，兼是逆子。詞雖佳，比之鴟鴞能言可耳，史載若輩臨終相語，似有憐意，謬哉！」[259]不預　沒參與。[260]輕事好奇　舉動輕率，喜歡獵奇。[261]果銳無檢　果敢銳敏，不知收斂。[262]未可與狎　不能和他太親近。狎，親近；親昵。[263]收籍曄家　抄范曄之家，登記其家產。[264]不勝　多得是；用不完。[265]逸羣超眾。[266]思沖天之據　尋找沖天的依托，指投靠某一權貴。[267]蓋俗之量　一個氣量蓋俗的人。蓋俗，超越世俗，與「逸羣」意同。[268]則憤常均之下　就往往不能心平氣和地生活在一般人的狀態下。憤，憤慨不平。常均，平常人。[269]將之以禮　持之以禮；以禮相持。將，持。[270]殆為鮮乎　恐怕是很稀少的。鮮，稀少。[271]劉弘仁　即劉湛，字弘仁。因與殷景仁作對而叛亂被殺，事見上卷元嘉十七年。傳見《宋書》卷六十九。[272]忸志　隨心放縱而無收斂。胡三省曰：「忸，驕也，玩也，狎也。」[273]侚逆　跟從逆黨。[274]累葉風素　一連幾代的清白家風。[275]一朝而隕　毀於一旦。隕，落；毀。[276]所陳多不盡　問題交代得

很不徹底。(277)辭　口供。(278)熹　臧熹，劉裕的妻弟，佐劉裕破桓玄有大功。傳見《宋書》卷七十四。(279)義興　郡名，郡治即今江蘇宜興。(280)丁酉　十二月十三。(281)絕屬籍　開除出劉氏皇族的名冊。(282)徙付安成郡　遷往安成郡，交由安成郡看管。安成郡的郡治平都，在今江西安福東南。(283)安成相　安成國的丞相，也就是說當時劉義康在名義上還是安成王，但被沈卲所看管。袁俊德曰：「熙先賤義康，陳圖讖而已，未嘗與聞反謀，而廢徙之，且絕屬籍，甚矣，況終殺之乎？」(284)璞　沈璞，晉宋時期的名將沈林子之少子，在宋頗為朝廷所重。事見《宋書》卷一百。(285)淮南厲王長　劉長，劉邦之子，被封為淮南王，漢文帝六年因謀反被流放，途中自殺。傳見《史記・淮南衡山列傳》。(286)庚戌　十二月二十六。(287)孝穆皇后　宋武帝劉裕之母趙氏的諡號。傳見《宋書》卷四十一。(288)二郊　冬至在南郊祀天，夏至在北郊祭地。(289)無樂　沒有合適的音樂可用，因為在西晉末年洛陽陷落時前代相傳的古樂已經丟失。(290)宗廟　在祭祀宗廟的時候。(291)登歌　宗廟舉行祭典時，樂師登堂所唱之歌。(292)二舞　祭祀宗廟時使用的文德之舞與武德之舞。(293)南郊始設登歌　在南郊祭天時，第一次使用登歌。(294)安南平南府　安南、平南二將軍的司令部。(295)移書兗州　向劉宋的兗州刺史發出文告。移書，文體名，表示聲討、問罪的一種文體，性質與檄文大體相同。劉宋的兗州州治在今山東兗州東北。(296)南國僑置諸州　東晉和劉宋政權為安置從中原南渡的人口，在南方設置了許多使用北方地名的州郡如徐州、豫州、潁川郡、新蔡郡等等，稱為僑置的州、郡。(297)多濫北境名號　使用了許多北方地區的名目，意思是諷刺南方政權這種打腫臉充胖子，徒有虛名的妄自尊大。(298)又欲遊獵具區　並威脅、揚言要到江南的具區打獵一回。古代的「具區」即今跨界江蘇、浙江二省的太湖。按，魏國將軍的這種「欲遊獵具區」，與日後金主完顏亮的要「立馬吳山第一峰」意思相同。(299)兗州答移　劉宋的兗州刺史回答魏國將軍的挑釁文書。(300)必若因土立州　如果非有實際地盤，才能使用名目。(301)則彼立徐揚　那麼你們國家所設立的徐州、揚州。(302)豈有其地　也有實際地盤嗎。(303)復知欲遊獵具區　又聽說你們想到具區打獵。(304)觀化南國　想到南國來觀光受教（，那我們會很歡迎）。(305)開館飾邸　建築館驛，裝修府邸。(306)則有司存　都會有人專門負責。有司，負責這方面事務的官員。(307)呼韓入漢　西元前五二年，匈奴呼韓邪單于歸附西漢，到達長安。(308)厥儀未泯　當時接待客人的禮儀都還沒有忘記。(309)餽餼之秩　贈送禮品、供應吃喝的等級。秩，規格；等級。(310)每存豐厚　一定會照著最優厚的規格辦理。

【校　記】[1]新率　原作「新律」。據章鈺校，十二行本、乙十一行本皆作「新率」，今據改。[2]辛亥　原無此二字。據章鈺校，十二行本、乙十一行本、孔天胤本皆有此二字，張敦仁《通鑑刊本識誤》同，今據補。[3]曼頭城　原作「寧頭城」。嚴衍

《通鑑補》改作「曼頭城」，當是，今據改。按，《魏書・世祖紀》作「曼頭城」。《太平寰宇記》卷一百八十八中亦有「曼頭城」條。④達　原作「為」。據章鈺校，十二行本、乙十一行本皆作「達」，今據改。⑤種　原作「眾」。據章鈺校，十二行本、乙十一行本、孔天胤本皆作「種」，張敦仁《通鑑刊本識誤》、熊羅宿《胡刻資治通鑑校字記》同，今據改。⑥已東　原作「巴東」。據章鈺校，孔天胤本作「已東」，胡三省注云：「『巴』當作『已』。」當是，今據改。⑦包　原作「苞」。據章鈺校，乙十一行本作「包」，今據改。⑧且　原無此字。張敦仁《通鑑刊本識誤》有此字，其義長，今據補。⑨色　原作「顏色」。據章鈺校，十二行本、乙十一行本、孔天胤本皆無「顏」字，今據刪。⑩憤　原作「僨」。據章鈺校，十二行本、乙十一行本、孔天胤本皆作「憤」，今據改。

【語譯】二十二年（乙酉　西元四四五年）

春季，正月初一日辛卯，宋國開始頒布實行《元嘉新曆》。當初，漢朝人京房按照古人十二律上下相生的三分損益法，根據中呂管的長度反過來推算黃鐘管的長度不滿九寸，而推演出六十律。錢樂之又在此基礎上將其推演為三百六十律，並將三百六十天和三百六十律相配，每天和一個律管相對應。何承天的理論認為：上下相生，三分損益其一，是古人採用的簡便易行的計算方法，就像古代曆法以一回歸年為三六五・二五天，因而把周天分成三六五・二五度一樣，然而京房在這方面並沒有徹底領悟，因而錯誤地推出六十律。於是重新規定新的音率，使林鐘律管長六寸一釐，如此一來，從中呂律管的長度就可以準確地推算出黃鐘律管的長度，十二旋宮，聲韻恰好相符。

正月初二日壬辰，宋文帝劉義隆任命武陵王劉駿為雍州刺史。宋文帝此時正在謀劃收復關中以及黃河流域等一帶地區，所以任命劉駿為雍州刺史，負責鎮守襄陽。〇北魏太武帝拓跋燾派遣擔任散騎常侍的宋愔為使者前往宋國進行友好訪問。

二月，北魏太武帝前往上黨郡，向西到達了吐京郡，討伐那裡叛亂的匈奴人，把他們全部遷移、發配到其他各郡縣居住。

二月十四日甲戌，宋文帝封皇子劉褘為東海王，劉昶為義陽王。

三月初一日庚申，北魏太武帝返回皇宮。

北魏太武帝下詔各州郡有疑問的案件一律上交給中書省，讓中書省根據儒家經典的說法來衡量裁決。

夏季，四月二十二日庚戌，北魏太武帝派遣擔任征西大將軍的高涼王拓跋那等人率軍前往白蘭襲擊吐谷渾王慕利延，擔任秦州刺史的代郡人封敕文、擔任安遠將軍的乙烏頭率軍前往枹罕攻擊慕利延的姪子慕容什歸。

自從黃河以西地區的幾個涼國被北魏相繼滅亡後，地處西域的鄯善國因為自己的國土與強大的北魏國土接壤，感到非常恐懼，他們說：「如果與魏國互通使節，或是允許魏國的使者在鄯善國境內通行，他們就一定會把我國的虛實情況刺探得清清楚楚，必定會很快地自取滅亡。」於是就關閉了北魏通過鄯善國與西域之間的通道，如果有北魏的使者從鄯善經過，就派人搶劫他們，因此西域和北魏之間的交通斷絕了好幾年。北魏太武帝於是派遣擔任散騎常侍的萬度歸徵調涼州以西的軍隊前往襲擊鄯善。

六月初五日壬辰，北魏太武帝前往魏國的北方進行巡視。

宋文帝謀劃討伐北魏，他撤銷了南豫州，把南豫州併入豫州，六月二十四日辛亥，任命擔任南豫州刺史的南平王劉鑠為豫州刺史。

秋季，七月初二日己未，宋國朝廷任命擔任尚書僕射的孟顗為左僕射，任命擔任中護軍的何尚之為右僕射。

武陵王劉駿準備前往襄陽鎮所赴任，當時沔水沿岸的各少數民族仍然處在叛亂之中，造成水路、陸路交通全部斷絕。劉駿於是便派遣擔任撫軍中兵參軍的沈慶之率領著一支部隊對那些叛軍突然發動襲擊，把叛軍打得大敗。劉駿到達任所後，那些殘餘的叛軍又切斷了驛道，並準備攻擊隨郡。擔任隨郡太守的河東人柳元景招募了六、七百人，進行攔腰截擊，再次將叛軍打得大敗。於是少數民族的叛亂被平息，抓獲了七萬多人。其中涓山的少數民族叛軍力量最強大，被沈慶之率軍討平，沈慶之俘獲了三萬多人，把其中的一萬多人強行遷徙到建康。

吐谷渾守衛枹罕城的慕容什歸聽到北魏的軍隊即將到達的消息，便立即拋棄枹罕城連夜逃跑了。八月初一日丁亥，封敕文進入枹罕城，他把枹罕城中的一千戶居民遷往上邽，留下擔任安遠將軍的乙烏頭鎮守枹罕城。

萬度歸抵達敦煌，他留下軍中的輜重，只率領著五千名輕騎兵穿過大沙漠，前往襲擊鄯善國。八月初六日壬辰，鄯善國王真達反綁著雙手出城向魏軍投降。萬度歸留下部分軍隊屯守鄯善，便押解著鄯善國王真達返回魏國的都城平城，北魏通往西域的道路從此再次被打通。

北魏太武帝前往陰山以北進行巡視，他下令各州徵調本州三分之一的兵力，在各州實行戒嚴，進入緊急狀態，等待新命令的到來。又把五千多家各族民眾遷移到了北部的邊疆地區，讓他們向更北的方向放牧牛羊，以引誘柔然人前來攻擊掠奪，製造消滅柔然人的機會。

八月十六日壬寅，北魏擔任征西大將軍的高涼王拓跋那大軍抵達曼頭城，吐谷渾王慕容慕利延得到消息，便率領他的部落向西穿越沙漠逃走了。故吐谷渾王慕容慕璝的兒子慕容被囊率眾迎戰北魏的軍隊，被高涼王拓跋那的軍隊打敗。被囊率眾逃走，北魏中山公杜豐率領部分精銳騎兵隨後追趕，他們越過了三危山，到達雪山的時候，終於活捉了慕容被囊和吐谷渾慕容什歸、原西秦王乞伏熾盤的兒子乞伏成龍，把他們全都押送到了平城。只有吐谷渾王慕利延向西逃入于闐國，慕利延殺死了于闐國王，佔有了于闐國的領土，這一戰役總計死了好幾萬人。

九月十七日癸酉，宋文帝在武帳岡設宴為衡陽王劉義季餞行。宋文帝在臨行前，告誡前往參加餞行的各位皇子都暫且不要吃飯，到了聚會送行的場所再臨時安排做飯。天色已晚，早已超過了吃飯的時間，而飯食還沒有擺上，各位皇子飢腸轆轆，臉上不由得流露出了痛苦的神色。宋文帝趁機教導他們說：「你們這些人從小到大一直生活在富足安逸之中，從來沒有見到過百姓生活的艱難。如今讓你們知道世上還有飢餓的痛苦，知道以儉樸節約管教人、駕御人。」

裴子野評論說：「宋太祖劉義隆對兒子們的訓教實在是太好了！奢侈，在生活富足的情況下很容易產生，而節儉往往是源於生活物資的匱乏。想讓他艱苦樸素，並由此養成虛心謹慎，不如先讓他貧賤；經受過艱苦磨練的人，才容易管理、使用；能明白下屬是真情還是虛偽的人，才能夠更好地去駕御他們。宋太祖如果能夠始終緊緊掌握好這一準則，嚴格地磨礪他們的意志操守，降低他們的待遇等級，等到他們接受教育成功、道德已經樹立的時候，再授予他們權力，讓他們去處理各種政事，他們就不會再怠惰、再放縱，到那時就可以將他們派往全國各地去做官任職了。宋高祖劉裕為了鞏固自己子孫的特權與地位，便把尚在襁褓之中的嬰兒都封為郡王，任命為大州刺史，宋國後來繼任的皇帝也都照著劉裕的樣子做，遂使一群孩子一個接一個地輪流居於各大州刺史的高位。等到宋明帝劉彧泰始初年、宋順帝劉準升明末年，還只能躺在床上的幼小孩童就被扼斷咽喉而死的動不動就是幾十個。國家的生死存亡，既然不取決於此，而讓子孫過早地高踞於萬民之上作威作福，確實算不上是善於教誨子孫。」

北魏民間謠傳滅魏者吳，盧水胡人的首領名叫蓋吳的在杏城聚眾造反，各種胡人都爭相起兵響應他，蓋吳很快便聚集起了十多萬人。蓋吳派遣他的黨徒趙綰來到宋國的都城建康，上表給宋國朝廷請求歸降宋國。冬季，十月初三日戊子，北魏擔任長安軍鎮副將的拓跋紇率領屬下兵眾前往杏城討伐蓋吳，結果拓跋紇戰敗被殺。蓋吳的部眾卻越來越多，人們紛紛渡過渭河逃入長安城南的大山之中以躲避戰亂。北魏太武帝調動駐紮在高平軍鎮的敕勒族騎兵奔赴長安，命令將軍叔孫拔兼管并州、秦州、雍州三個州的軍隊，屯紮在渭水河的北岸。

十一月，北魏徵調冀州的百姓到黃河的碻磝津建造浮橋。

蓋吳派遣另一個部落的統帥白廣平率領自己的部眾向西攻取新平郡，居住在安定郡的各種胡人也都紛紛起兵響應。蓋吳又分出一部分兵力前往臨晉縣城以東的黃河沿岸地區進行掠奪，被北魏將軍章直擊敗，光是被擠入黃河中淹死的就有三萬多人。蓋吳又派遣軍隊到西邊去掠奪，叛軍到達長安時，北魏將軍叔孫拔在渭河北岸與他們展開激戰，把他們打得大敗，又殺死了三萬多人。

從蜀地遷徙到黃河以東居住的薛永宗聚眾響應蓋吳，他率領黨徒襲擊聞喜縣。聞喜縣由於沒有軍隊駐防，縣令憂慮惶恐卻無計可施。聞喜縣人裴駿率領並激勵各鄉的勇敢之士奮勇抗擊，薛永宗遂率眾退走。

北魏太武帝命令薛謹的兒子薛拔去聯絡、集合自己的族人和鄉人，駐紮在黃河沿線，以切斷黃河以東的薛永宗與駐紮在陝甘交界一帶蓋吳之間的來往通道。十一月十五日庚午，北魏太武帝派遣擔任殿中尚書的拓跋處直等人率領二萬騎兵討伐賊寇薛永宗，派擔任殿中尚書的乙拔率領三萬騎兵討伐叛軍首領蓋吳，西平公寇提率領一萬騎兵去討伐白廣平。蓋吳自稱天台王，還設置了文武百官。

十一月十六日辛未，北魏太武帝從陰山返回平城的皇宮。〇北魏從冀州、定州、相州、并州、幽州、平州這六個州中挑選出二萬名驍勇的騎兵，派永昌王拓跋仁、高涼王拓跋那分別率領，兵分兩路，深入到宋國淮河、泗水以北的廣大地區進行搶掠，強行把青州、徐州的百姓遷徙到黃河以北地區。

十一月二十八日癸未，北魏太武帝前往魏國的西部地區進行巡視。

當初，魯國人孔熙先不僅在文史學方面知識淵博，而且精通天文曆法、占卜吉凶等方面的學問，有一套搬弄是非、煽風點火的陰謀手段。他擔任員外散騎侍郎，不被當時的人看好，因而感到憤憤不平。他的父親孔默之擔任廣州刺史，因為貪贓枉法而被判罪，多虧擔任大將軍的彭城王劉義康多方營救才得以免罪釋放。等到彭城王劉義康被免職發配到豫章郡監管，孔熙先因為對劉義康心懷感激，就想祕密地組織人把劉義康從發配監管之地解救出來，以報答劉義康解救自己父親的恩德。他通過觀察天文星象的變化、研究圖讖之書的預言，認為宋文帝一定會不得善終，而且是因為骨肉之間自相殘殺而死，還認為新皇帝應該出自江州。孔熙先得知范曄對劉宋朝廷心懷不滿，就想拉他作為自己的同謀，然而孔熙先一向不被范曄所重視。擔任太子中舍人的謝綜是范曄的外甥，孔熙先便竭盡全力地討好謝綜，謝綜於是把孔熙先引薦給范曄，使他們互相交往。

孔熙先的家中饒有財富，他多次與范曄賭博，故意裝作賭博的技術不精而把錢物輸給范曄。范曄既貪圖他的錢財，又喜愛他的文學才華，因此兩人的感情便逐漸親密融洽起來。孔熙先遂不動聲色地對范曄說：「大將軍劉義康英明果斷，聰明敏銳，被所有的臣民與神靈所矚目，他失去權位後，被流放到南部邊陲，天下之人無不為此而感到憤怒與怨恨。我接受了先父的臨終囑託，準備以死來報答大將軍劉義康的恩德。近來人心騷動，天文星象出現異常現象，這就預示著政治變亂即將發生，是無法避免的。如果順天意應民心，廣交天下英雄豪傑之士，朝廷內外互相呼應，在皇帝的身邊發起變亂。然後清除異己，另外擁立一位聖明的皇帝，然後號令天下，誰敢不服從呢！我願憑藉自己的七尺身軀，三寸不爛之舌，建此大功，成就大事，而後把功勞歸於您們這幾位在皇帝身邊的顯貴，前輩您認為怎麼樣呢？」范曄聽後感到非常愕然。孔熙先又說：「曹操的部將毛玠也曾經竭盡心力地侍奉過曹操，孫權的部下張溫也曾經在孫權面前知無不言、竭盡忠誠，他們二人，都是國中的傑出人才，哪裡是因為他們的言論或行為有什麼缺失，才遭到災禍受到侮辱呢？都是因為他們太廉潔太正直，不能被人長久所容罷了。前輩您與本朝皇帝的親密程度，並不比毛玠與曹操、張溫與孫權的關係更深厚、更密切，而您在臣民之間所享有的美好聲譽，卻超過了當年的毛玠和張溫。朝中讒佞之徒對您充滿仇恨，斜著眼睛看您已經很久了，您想與他們並肩競爭，怎麼可能成功呢？最近，就因為殷景仁的一句話就把劉湛送上了斷頭臺，難道他們之間有不共戴天的殺父殺兄之仇，有即使事情過去了一百代也不能化解的怨恨嗎？他們所爭的只不過是榮譽、權勢、利益誰在先早得到了一點，誰晚得到了一點罷了。爭鬥到最後，爭鬥的兩方唯恐陷害對方不夠深，動手不夠早，即使殺戮了對方一百口，還要說不解恨、不滿足。這確實讓人感到寒心，感到悲哀和恐懼，這難道是書本上所記載的遙遠的事情嗎？如今要想建立顯赫的功勳，就要擁戴賢能聖明的人為天子，用輕便的辦法完成艱難的事業，如此一來，不僅能使自己轉危為安，而且又能享受厚利，博取美名，一旦有了這種可以奪取政權、囊括天下的機會，怎麼能輕易拋棄而不利用呢！」范曄仍然猶豫不決。孔熙先說：「還有比這更為嚴重的事情，只是我不敢說出來罷了。」范曄問：「你指的是什麼呢？」孔熙先說：「您的祖上累世都享有清廉的好名聲，卻不能和皇家締結姻親，有些人竟然把你們當做豬狗一樣看待，而您不曾為此感到恥辱。反而準備為這樣的朝廷效死賣命，這難道不是很糊塗的想法嗎？」范曄家族裡素有醜聞，所以孔熙先用這樣的話來刺激他。范曄雖然表面上沉默不語，而內心已經下定參與謀叛的決心。

范曄與沈演之都很受宋文帝的寵信。每當進宮拜見皇帝的時候，如果范曄先到宮門，必定等待沈演之到了之後再一同進宮，如果是沈演之先到了宮門，卻經常獨自被皇帝召見，范曄因此而心懷怨恨。范曄曾經累次在劉義康的王府中任職，任職期間曾經得罪過劉義康。謝綜和他的父親謝述，都受到劉義康的厚待，謝綜的弟弟謝約聘娶了劉義康的女兒為妻。謝綜在劉義康手下擔任記室參軍，他從豫章回到京師，向范曄轉達了劉義康的意思，請求消除兩人之間後來的矛盾，重修舊好。在大將軍劉義康王府中擔任僚屬的仲承祖很受劉義康的寵信，他聽說孔熙先陰謀政變的消息，就暗中結交孔熙先。擔任丹楊縣令的徐湛之，一向受到劉義康的寵愛，因此仲承祖也主動結交徐湛之，為徐湛之做事，並把密謀之事告訴了徐湛之。一個名叫法略的和尚、一個名叫法靜的尼姑，都因為感激劉義康往日對他們的恩德，而與孔熙先互相往來。尼姑法靜的妹夫許曜在宮廷中負責統領衛隊，他答應為發動政變做內應。法靜準備前往豫章郡，孔熙先便託法靜為劉義康帶去一封書信，他在這封書信中為劉義康講述圖讖。於是又暗中封官許願，凡是涉及到平素與自己關係不好的，都被列入政變成功後要處死的黑名單中。孔熙先又讓自己的弟弟孔休先撰寫檄文，檄文中說叛臣趙伯符放縱軍人弒殺皇帝，並連帶殺害了皇太子劉劭，徐湛之、范曄等人豁出性命揮戈討賊，當天便斬下了趙伯符的頭顱，消滅了他的黨羽。現在派遣擔任護軍將軍的臧質捧著皇帝璽綬迎接彭城王劉義康回京師即皇帝位。孔熙先認為發動這樣大的政變必須以劉義康的名義曉諭眾人，於是范曄又模仿劉義康的筆跡寫信給徐湛之，命令徐湛之清除皇帝身邊的惡人，並把這封偽造的書信宣示給同謀的有關人員。

宋文帝到武帳岡為衡陽王劉義季設宴餞行的時候，范曄等人密謀在這一天發動叛亂。統領皇宮衛隊的許曜侍奉在宋文帝劉義隆身邊，他微微拔刀出鞘，同時用眼神向范曄示意，而范曄因為恐懼竟然不敢仰視。不久餞行宴會結束，眾人散去，丹楊令徐湛之恐怕事情不能成功，就祕密地把范曄等人準備發動叛亂的陰謀告訴了宋文帝。宋文帝讓徐湛之深入瞭解，全部弄清叛亂活動的具體安排，徐湛之得到了孔休文所起草的作亂檄文以及他們準備任命的亂黨頭目名單，呈交給宋文帝。宋文帝於是命令有關部門立即將那些亂黨逮捕起來，盤根究底嚴加審問。當天夜裡，將范曄傳進宮來，安置在客人的下榻之處，預先在外邊逮捕了謝綜以及孔熙先、孔休先兄弟，他們都對自己的叛亂行為供認不諱。宋文帝派使者去責問范曄，范曄還想隱瞞、抵賴。孔熙先聽說後，笑著說：「凡是謀反活動的具體安排、串聯活動所使用的證件以及叛亂的檄文、書信，都是出自范曄之手，為什麼到現在范曄要如此抵賴呢？」宋文帝於是把范曄的墨跡拿給范曄看，范曄這才全部供出了事情的始末。

第二天，手執兵仗的士兵把范曄押送到負責司法的廷尉那裡。孔熙先問什麼就說什麼，順風而下，說話的聲音情態沒有一點屈服的意思。宋文帝對孔熙先的才氣感到很驚奇，遂派人去安慰勸導孔熙先說：「以你的才能卻滯留在集書省，理應產生異志，是我先對不起你。」又責備前任吏部尚書何尚之說：「讓孔熙先年近三十還在擔任散騎郎，他能不謀反嗎！」孔熙先在獄中上書給宋文帝，感謝皇帝對自己的恩德，並且向宋文帝報告了圖讖上是怎麼說的，態度極為誠懇地請求宋文帝警惕自己身邊親人當中的叛亂分子，他說：「請暫且不要把我的這封信拋棄，希望把它存放在中書省的檔案裡。如果我死之後，人們能從我的這封信裡汲取一些有用的東西，那將使我在九泉之下，或多或少能感到一些對生前罪責的彌補。」

范曄在獄中作詩說：「我雖然不能像魏末的嵇康那樣臨死前索琴顧影彈奏〈廣陵散〉，但我仍可以像魏末名士夏侯玄那樣臨死而臉不變色。」范曄本來認為入獄就會被處死，而宋文帝卻對未遂政變的內幕窮究不捨，所以經過了二十天都沒有動范曄，范曄便又產生了一線生存的希望。獄吏戲弄范曄說：「外邊謠傳你有可能被長期囚禁。」范曄聽後，又驚又喜。謝綜、孔熙先譏笑范曄說：「范詹事當初捋袖子瞪眼睛，跨馬奔馳，左顧右盼，自以為是一代英雄。如今卻神魂顛倒，情緒紛亂，竟然怕死成這個樣子。即使皇帝赦免你不死，作為一個臣子，竟然要謀害自己的君主，還有何臉面活在世上呢！」

十二月十一日乙未，范曄、謝綜、孔熙先以及他們的子弟、黨羽全部被誅殺。范曄的母親來到鬧市的刑場，痛哭流涕地責備范曄，並用手擊打范曄的脖子，范曄沒有一點羞愧的神色。范曄的妹妹和他的伎妾來到刑場向范曄告別，范曄卻淚流滿面。謝綜說：「舅舅的表現確實趕不上夏侯玄的樣子。」范曄這才收住眼淚停止了哭泣。

謝約沒有參與范曄等人的政變陰謀，他看見哥哥謝綜與孔熙先交往，曾經勸諫謝綜說：「孔熙先這個人做事輕率，喜歡標新立異，不走正道，果敢銳敏，不知道收斂，不要和他太親近。」謝綜沒有聽從謝約的勸告而導致敗亡。謝綜的母親認為自己的子弟參與謀逆是自取滅亡，因此只有她不肯出門看望。范曄對自己的外甥謝綜說：「我姐姐不肯前來告別，比別人強多了。」抄了范曄的家，將他的全部家產登記造冊，他家中的樂器、服裝、珍玩，全都很珍貴、華麗，每個伎妾都有數不清、用不完的珠寶翡翠。而他的母親所居住的地方卻很簡陋，只有一個廚房，裡面盛放些柴草。他的姪子在寒冷的冬天也沒有被褥，他叔父的身上也只有單布衣裳。

裴子野評論說：「有超越眾人才能的人，必然要尋找一個沖天的依托，投靠某一權貴，一個氣量超越世俗的人，往往不能心平氣和地生活在一般人的狀態下。這樣的人能夠嚴守正道，持之以禮，恐怕是很少有的！劉湛、范曄，都屬於那種隨心放縱、不知道收斂，而又貪圖權力的人，自負才能而跟從逆黨，一連幾代的清白家風，竟然毀於一旦。一向被稱道的智慧與才能，反而成了殺身的工具。」

徐湛之向宋文帝交代的有關叛亂的事情大多數都不徹底，他被范曄等人的供詞所牽連，但宋文帝還是赦免了他，沒有再追問。臧質，是臧熹的兒子，原先曾經擔任徐州、兗州二州刺史，與范曄親密友善，范曄敗亡後，臧質被改任為義興太守。

有關部門奏請宋文帝削去彭城王劉義康的爵位，把劉義康逮捕起來交付給最高司法部門治罪。十二月十三日丁酉，宋文帝下詔，免除劉義康的爵位，將劉義康及其全家男女老少全部貶為平民，將他們開除出劉氏皇族的名冊，流放到安成郡，交由安成郡看管。任命擔任寧朔將軍的沈邵為安成國的丞相，領兵防守。沈邵，是沈璞的哥哥。劉義康在安成郡，讀書的時候讀到淮南厲王劉長因謀反被流放，途中自殺的故事，便放下書歎息著說：「自古就有這樣的事情，我竟然一點都不知道，得罪也是應該的。」

十二月二十六日庚戌，宋文帝任命前豫州刺史趙伯符為護軍將軍。趙伯符，是孝穆皇后弟弟趙倫之的兒子。

當初，東晉在江東建立政權的時候，冬至在南郊祀天，夏至在北郊祭地，都沒有合適的音樂伴奏，祭祀宗廟時雖然有樂師登堂唱歌，也沒有使用文德之舞和武德之舞。這一年，在南郊祭天的時候第一次使用登歌。

北魏安南將軍府、平南將軍府向宋國的兗州刺史發出通告，指責地處江南的東晉和劉宋政權為安置從中原南渡的人口，在南方地區設置了很多與北方地名相同的州、郡，並威脅、揚言要到江南的具區進行打獵。宋國的兗州刺史對北魏將軍府所發布的挑釁文書給與答覆說：「如果必須擁有實際地盤才能使用名目，那麼你們國家在北方所設立的徐州、揚州，難道也佔有這兩塊地盤嗎？又得知你們準備到具區進行狩獵，想到南國來觀光受教。我們將會建築館驛，裝修府邸，有關接待事宜自然會有人專門負責。呼韓邪單于歸附西漢，當時接待客人的禮儀現在都還沒有忘記。饋贈客人的禮物，供應客人吃喝的等級，我們一定會照著最優厚的規格辦理。」

二十三年（丙戌　西元四四六年）

春，正月庚申❶，尚書左僕射孟顗罷。

戊辰❷，魏主軍至東雍州❸，臨薛永宗壘❹，崔浩曰：「永宗未知陛下自來，眾心縱弛❺。今北風迅疾，宜急擊之。」魏主從之。庚午❻，圍其壘。永宗出戰，大敗，與家人皆赴汾水❼死。其族人安都❽先據弘農❾，棄城來奔❿。

辛未⓫，魏主南如汾陰⓬，濟河⓭，至洛水橋⓮，聞蓋吳在長安北。帝以渭北地無穀草，欲渡渭南，循渭而西，以問崔浩。對曰：「夫擊蛇者先擊其首，首破則尾不能掉。今蓋吳營去此六十里，輕騎趨之，一日可到，到則破之必矣。破吳，南向長安亦不過一日，一日之乏，未至有傷⑮。若從南道，則吳徐入北山⑯，猝未可平⑰。」帝不從，自渭南向長安。庚辰⑱，至戲水⑲。吳眾聞之，悉散入北地山，軍無所獲，帝悔之。二月丙戌⑳，帝至長安。丙申㉑，如盩厔㉒，歷陳倉㉓，還，如雍城㉔，所過誅民、夷㉕與蓋吳通謀者。乙拔等諸軍大破蓋吳於杏城㉖，吳復遣使上表求援㉗。詔以吳為都督關・隴諸軍事㉘、雍州刺史、北地公㉙，使雍、梁二州㉚發兵屯境上，為吳聲援。遣使賜吳印一百二十一紐㉛，使吳隨宜假授㉜。

初，林邑王范陽邁㉝，雖遣[1]使入貢，而寇盜不絕，所[2]貢亦薄陋，帝遣交州㉞刺史檀和之討之。南陽宗愨㉟，家世儒素㊱，愨獨好武事，常言願乘長風破萬里浪。及和之伐林邑，愨自奮㊲請從軍。詔以愨為振武將軍，和之遣愨為前鋒。陽邁聞軍出，遣使上表[3]請還所掠日南㊳民，輸金一萬斤，銀十萬斤。帝詔和之若陽邁果有款誠㊴，亦許其歸順。和之至朱梧戍㊵，遣府戶曹參軍㊶姜仲基等詣陽邁，陽邁執之，和之乃進軍圍林邑將范扶龍於區粟城㊷。陽邁遣其將范毗沙達㊸救之，宗愨潛兵㊹迎擊毗沙達，破之。

魏主與崔浩皆信重寇謙之，奉其道㊺。浩素不喜佛法，每言於魏主，以為佛法虛誕，為世費害㊻，宜悉除之。及魏主討蓋吳，至長安，入佛寺，沙門飲從官酒(47)。從官入其室，見大有兵器，出以白帝，帝怒曰：「此非沙門所用，必與蓋吳通謀，欲為亂耳。」命有司按誅(48)闔寺沙門(49)。閱(50)其財產，大得釀具及州郡牧守(51)、富人所寄藏物以萬計，又為窟室(52)以匿婦女。浩因說帝悉誅天下沙門，毀諸經像(53)，帝從之。寇謙之與浩固爭(54)，浩不從。先盡誅長安沙門，焚毀經像，并敕留臺(55)下四方(56)令一用長安法(57)。詔曰：「昔後漢荒君(58)，信惑邪偽以亂天常(59)，自古九州之中(60)，未嘗有此(61)。夸誕大言(62)，不本人情(63)，叔季之世(64)，莫不眩焉(65)。由是政教不行，禮義大壞，九服之內(66)，鞠為丘墟(67)。朕承天緒(68)，欲除偽定真(69)，復羲、農之治(70)，其(71)一切盪除，滅其蹤跡。自今已後，敢有事胡神(72)及造形像泥人、銅人者門誅(73)。有非常之人，然後能行非常之事，非朕孰能去此歷代之偽物！」有司宣告征鎮諸軍(74)、刺史，諸有(75)浮圖形像(76)及胡經，皆擊破焚燒，沙門無少長悉阬(77)之。太子晃素好佛法，屢諫不聽。乃緩宣詔書，使遠近豫聞(78)之，得各為計。沙門多亡匿獲免，或收藏經像，唯塔廟在魏境者無復孑遺(79)。

魏主徙長安工巧(80)二千家於平城。還，至洛水，分軍誅李閏叛羌(81)。

太原顏白鹿(82)私入魏境，為魏人所得，將殺之，詐云青州刺史杜驥(83)使其歸誠(84)。魏人送白鹿詣平城，魏主喜曰：「我外家也(85)。」使崔浩作書與驥，且命永昌王仁、高涼王那將兵迎驥。攻冀州刺史申恬[86]於歷城，杜驥遣其府司馬夏侯祖歡[87]等將兵救歷城。魏人遂寇兗、青[4]、冀三州[88]，至清東[89]而還，殺掠甚眾，北邊騷動。

帝以魏寇為憂，咨訪群臣。御史中丞何承天上表，以為：「凡備匈奴之策[90]，不過二科：武夫盡征伐之謀，儒生講和親之約。今欲追蹤衛、霍[91]，自非大田淮、泗[92]，內實青、徐[93]，使民有贏儲[94]，野有積穀[95]，然後發精卒十萬，一舉蕩夷[96]，則不足為也[97]。若但欲遣軍追討，報其侵暴[98]，則彼必輕騎奔走，不肯會戰。徒興巨費，不損於彼，報復之役，將遂無已，斯策之最末者也。安邊固守，於計為長[99]。臣竊以曹、孫之霸[100]，才均智敵[101]，江、淮之間不居各數百里[102]，何者？斥候之郊[103]，非耕牧之地，故堅壁清野[104]以俟其來，整甲繕兵以乘其弊[105]。保民全境[106]，不出此塗[107]。要而歸之[108]，其策有四：一曰移遠就近[109]。今青、兗舊民及冀州新附，在界首[110]者三萬餘家，可悉徙置大峴[111]之南，以實內地。二曰多築城邑以居新徙之家，假其經用[112]，春夏佃牧[113]，秋冬入保[114]。寇至之時，一城千家，堪戰之士，不下二千。其餘羸弱，猶能登陴鼓譟[115]，足抗群虜三萬矣。三曰纂偶車牛[116]以載糧械。計千家之資，不下五百耦牛[117]，為車五百兩，參合鉤連[118]以衛其眾。設使城不可固，平行趨險[119]，賊所不能干[120]，有急徵發[121]，信宿可聚[122]。四曰討丁課仗[123]。凡戰士二千，隨其便能[124]，各自有仗。素所服習[125]，銘刻由己[126]，還保[127]輸之於庫[128]，出行請以自新[129]。弓簳利鐵[130]，民不得者，官以漸充之[131]。數年之內，軍用粗備[132]矣。近郡之師[133]，遠屯清濟[134]，功費既重，嗟怨亦深。以臣料之，未若即用彼眾[135]之易也。今因民所利，導而帥之[136]，兵彊而敵不戒[137]，國富而民不勞，比於優復隊伍[138]，坐食糧廩[139]者，不可同年而校[140]矣。」

魏金城邊固[141]〔5〕、天水梁會[142]，與秦、益雜民萬餘戶據上邽東城[143]反，攻逼西城。秦、益二州刺史[144]封敕文拒卻之。氐、羌萬餘人，休官、屠各[145]二萬餘人，皆起兵應固、會，敕文擊固，斬之，餘眾推會為主，與敕文相攻。

夏，四月甲申[146]，魏王至長安。◯丁未[147]，大赦。

仇池[148]人李洪聚眾，自言應王。梁會求救於氐王楊文德[149]，文德曰：「兩雄不並立，若須我者，宜先殺洪。」會誘洪斬之，送首於文德。五月癸亥[150]，魏主遣安豐公閭根[151]帥騎赴上邽，未至，會棄東城走。敕文先掘重塹[152]於外，嚴兵守之，格鬬從夜至旦。敕文曰：「賊知無生路，致死於我[153]，多殺傷士卒，未易克也。」乃以白虎幡[154]宣告會眾，降者赦之，會眾遂潰。分兵追討，悉平之。略陽[155]

人王元達聚眾屯松多川[156]，敕文又討平之。蓋吳收兵屯杏城，自號秦地王，聲勢復振。魏主遣永昌王仁、高涼王那督北道諸軍[157]討之。

檀和之等拔區粟，斬范扶龍，乘勝入象浦[158]。林邑王陽邁傾國來戰，以具裝被象[159]，前後無際。宗慤曰：「吾聞外國有師子[160]，威服百獸。」乃製其形，與象相拒，象果驚走，林邑兵大敗。和之遂克林邑[161]，陽邁父子挺身[162]走。所獲未名之寶，不可勝計，宗慤一無所取，還家之日，衣櫛蕭然[163]。

六月癸未朔[164]，日有食之。

甲申[165]，魏發冀、相、定三州兵二萬人屯長安南山諸谷，以備蓋吳竄逸[166]。丙戌[167]，又發司、幽[168]、定、冀四州十萬人[6]築畿上塞圍[169]，起上谷[170]，西至河[171]，廣縱千里。

帝築北隄[172]，立玄武湖[173]，築景陽山於華林園[174]。

秋，七月辛未[175]，以散騎常侍杜坦[176]為青州刺史。坦，驥之兄也。初，杜預[177]之子耽，避晉亂居河西，仕張氏[178]。前秦克涼州[179]，子孫始還關中。高祖滅後秦[180]，坦兄弟從高祖過江。時江東王、謝諸族[181]方盛，北人晚渡者，朝廷悉以傖荒[182]遇之，雖復人才可施(183)，皆不得踐清塗(184)。上嘗與坦論金日磾(185)，曰：「恨今無復此輩人(186)！」坦曰：「日磾假生(187)今世，養馬不暇，豈辦見知(188)！」上變色曰：「卿何量朝廷之薄(189)也！」坦曰：「請以臣言之。臣本中華高族(190)，晉氏喪亂，播遷涼土(191)，世業相承(192)，不殞其舊(193)。直以(194)南渡不早，便以荒傖賜隔(195)。日磾，胡人，身為牧圉(196)，乃超登(197)內侍，齒列名賢(198)。聖朝雖復拔才(199)，臣恐未必能也。」上默然[7]。

八月，魏高涼王那等破蓋吳，獲其二叔，諸將欲送詣平城。長安鎮將陸俟(200)曰：「長安險固，風俗豪忮(201)，平時猶不可忽(202)，況承荒亂之餘(203)乎！今不斬吳，則長安之變未已(204)也。吳一身潛竄，非其親信，誰能獲之？若停十萬之眾以追一人，又非長策。不如私許吳叔，免其妻子(205)，使自追吳，擒之必矣。」諸將咸曰：「今賊黨眾已散，唯吳一身，何所能至(206)？」俟曰：「諸君不見毒蛇乎？不斷其首，猶能為害。吳天性凶狡，今若得脫，必自稱王者不死，以惑愚民，為患愈大。」諸將曰：「公言是也。但得賊不殺，而更遣之，若遂往(207)不返，將何以任其罪？」俟曰：「此罪，我為諸君任之。」高涼王那亦以俟計為然，遂赦二叔，與刻期(208)而遣之。及期，吳叔不至，諸將皆咎俟(209)。俟曰：「彼伺之(210)未得其便耳，必不負也。」後數日，吳叔果以吳首來，傳詣平城[211]。永昌王仁等[8]討吳餘黨白廣平、路那羅等[9]，悉平之。以陸俟為內都大官。

會[212]安定盧水胡劉超等聚眾萬餘人反，魏主以俟威恩著於關中[213]，復加俟都督秦、雍二州諸軍事，鎮長安，謂俟曰：「關中奉化日淺[214]，恩信未洽[215]，吏民數為逆亂[216]。今朕以重兵授卿，則超等必同心協力，據險拒守，未易攻也。若兵少，則不能制賊，卿當自以方略[217]取之。」俟乃單馬之鎮[218]。超等聞之，大喜，以俟為無能為[219]也。

俟既至，諭以成敗[220]，誘納超女[221]，與為姻戚以招之。超自恃其眾，猶無降意。俟乃帥其帳下親往見超，超使人逆謂俟曰[222]：「從者過三百人，當以弓馬相待，不及三百人，當以酒食相供。」俟乃將二百騎詣超。超設備[223]甚嚴，俟縱酒盡醉而還。頃之[224]，俟復選敢死士五百人出獵，因詣超營[225]，約曰[226]：「發機當以醉為限[227]。」既飲，俟陽醉[228]，上馬大呼，手斬超首。士卒應聲縱擊，殺傷[229]千數，遂平之。魏主徵俟還[230]，為外都大官。

是歲[231]，吐谷渾復還舊土[232]。

【章 旨】以上為第四段，寫宋文帝元嘉二十三年（西元四四六年）一年間的大事。主要寫了魏國的叛變勢力蓋吳求援於劉宋，劉宋授以為雍州刺史，使宋之雍、梁二州為之聲援；寫了魏軍破蓋吳於長安城北，蓋吳逃竄，魏獲其二叔，魏將陸俟建議釋放二叔使之往殺蓋吳，結果蓋吳被其二叔所殺，蓋吳之亂平；未幾，安定盧水胡劉超又反，魏主派陸俟單騎赴任長安，巧妙地用文用武，以智謀平定劉超之亂而還；寫了魏國謀臣崔浩支持魏主拓跋燾誅滅長安沙門，焚毀經像，並下詔全國一律照長安行事，太子晃勸阻不從，乃故意緩下詔書，使各地沙門得以躲避並藏匿經像；寫了林邑王范陽邁雖遣使入貢於劉宋，但仍寇盜不絕，劉宋派檀和之、宗慤往討之。范陽邁傾國迎戰，使用大象於戰場，宗慤等乃仿製獅子之形以應之，范陽邁大敗而走，宋軍所獲極多，宗慤一無所取，還家之日，衣櫛蕭然；寫魏主縱兵寇宋青、兗、冀三州，至清東始還，殺掠甚眾，宋文帝咨訪群臣，何承天建議收縮邊方，實行寓兵於民，建立兵民一體的邊境力量，改變國家養兵，派兵遠戍的章程；寫宋文帝劉義隆與杜預的後代杜坦議論西漢金日磾之為人，杜坦應對如馮唐之對漢文帝，劉義隆默然無語，今乃用之為青州刺史；此外還寫了魏國金城、天水一帶的居民舉兵反魏，又與仇池氐主楊文德相勾結，被秦州刺史封敕文討平等等。

【注 釋】❶正月庚申 正月初六。❷戊辰 正月十四。❸東雍州 州治即今陝西華縣。❹臨薛永宗壘 逼近叛亂勢力薛永宗的營盤。壘，軍營的營盤與其周圍或防禦工事。❺縱弛 放縱、鬆弛。❻庚午 正月十六。❼汾水 今山西境內的大河，北自寧武一帶南流，經太原、臨汾，至河津縣入黃河。❽安都 薛安都，劉宋時期的著名將領。傳見《宋書》卷八十八。❾弘農 縣名，縣治在今河南靈寶城的東北側。❿棄城來奔 放棄弘農城，南逃投靠劉宋。⓫辛未 正月十七。⓬汾陰 縣名，縣治在今山西萬榮西南的廟前村，薛氏家族世代居於此地。⓭濟河 向西渡過黃河。⓮洛水橋 洛水上的橋樑。此洛水指陝西境內的洛水，西北自吳旗一帶流來，經富縣、黃陵，至大荔城南入渭水。⓯未至有傷 不至於使我們的軍隊受到損傷。⓰北山 長安城北的山區。⓱猝未可平 一時半會的再難以平定。猝，突然；迅速。⓲庚辰 正月二十六。⓳戲水 河水名，源出驪山，流經當時長安城東的新豐縣（今臨潼）東，北流入渭水。⓴二月丙戌 二月初二。㉑丙申 二月十二。㉒盩厔 縣名，縣治即今陝西周至東的終南鎮。㉓陳倉 縣名，縣治在今陝西寶雞東。㉔還二句 又從陳倉往回走，東北進入雍縣縣城。

當時的雍縣在今陝西鳳翔南，是春秋戰國時代的秦國都城。㉕民夷　魏國人與魏國境內的少數民族。魏國人指鮮卑人與漢族人。夷，指其他的少數民族。㉖杏城　古城名，在今陝西黃陵西南。㉗上表求援　向劉宋上表求援。㉘都督關隴諸軍事　總管關中、隴右的軍事。都，總。關，關中，指陝西的渭水流域地區。隴，隴右，隴山以西，指今甘肅東部一帶地區。㉙北地公　封號，封地北地郡，郡治在今甘肅慶陽西北。㉚雍梁二州　劉宋的雍州州治在今湖北襄樊的襄陽區，梁州州治即今陝西漢中。㉛紐　此處用作量詞，一紐等於一方。㉜假授　意即任命，授之以職。㉝林邑王范陽邁　林邑國的國王姓范名陽邁。林邑國的都城在今越南廣治北的阿賁浦。范陽邁在位的時間大約在宋武帝永初與宋文帝元嘉年間。㉞交州　州治龍編，在今越南河內東北。㉟宗慤　南陽郡（郡治即今河南南陽）人，劉宋的著名將領。傳見《宋書》卷七十六。㊱家世儒素　家族世代習儒。儒素，儒學事業。孔子被稱為素王，故儒業稱素王的事業。㊲自奮　自己挺身而出。㊳日南　古郡名，郡治在今越南中部的廣治，在林邑國的北側。㊴款誠　真心實意。㊵朱梧戍　劉宋設在朱梧縣的軍事據點。朱梧縣在當時的日南郡內。㊶府戶曹參軍　指交州刺史府掌管土地戶口的官員。㊷區粟城　在當時的日南郡盧容縣（今越南承天的廣田東），是林邑國貯藏武器之地。㊸范毗沙達　姓范，名毗沙達。㊹潛兵　隱蔽出兵。㊺奉其道　信奉他所鼓吹的那一套騙人的說法。㊻為世費害　白白地消耗國家與百姓的物資。㊼沙門飲從官酒　和尚們招待魏主的侍從官員喝酒。飲，招待使之飲用。㊽按誅　查辦、誅戮。㊾闔寺沙門　所有寺廟的和尚。闔，全部。㊿閱　查抄；清點。(51)州郡牧守　州郡兩級的行政長官，州刺史也稱州牧，郡長官稱太守。(52)窟室　地窖。(53)經像　佛經與塑像、圖像。(54)固爭　極力與之辯論、勸阻。僧道前已水火不容，而寇謙之尚為之勸阻者，大概也是出於兔死狐悲，物傷其類吧。(55)留臺　國都平城的中央行政機構。因皇帝不在京城，故稱之曰「留臺」。胡三省注：「魏王出征，太子居守，故謂平城為留臺。」(56)下四方　下詔書給全國各地。(57)一用長安法　一律仿照長安的做法行事。(58)後漢荒君　東漢的桓帝、靈帝之流。荒，荒淫；荒悖。(59)亂天常　搞亂了原來的朝廷與社會秩序。胡三省曰：「佛法自漢明帝時入中國，楚王英最先好之，至桓帝始事浮屠。」(60)九州之中　大中國的區域之內。古稱中國曰「九州」、「九域」、「九有」。(61)未嘗有此　從未有過什麼佛教。(62)夸誕大言　漫無邊際的吹大話。(63)不本人情　不孝父母，不敬君長，有背儒家的忠孝之說。(64)叔季之世　叔世、季世，也就是指一個國家的窮途末路，死到臨頭。(65)莫不眩焉　任何人都被這一套邪說弄得神魂顛倒。眩，被迷惑。(66)九服之內　九州之內；全國各地。九服，意同九州、九域。(67)鞠為丘墟　全變成了一片廢墟。(68)承天緒　繼承祖先的傳統大業。(69)除偽定真　掃除一切虛假的東西，堅持真實可靠的東西。(70)復羲農之治　恢復伏羲氏、神農氏那種風俗淳樸的政治局面。羲，伏羲氏。農，神農氏。都是古代傳說中的很有道德的帝王。(71)其　祈請語、命令語。(72)事胡神　信奉外來的宗教，這裡即指佛教。事，供奉。(73)門誅　滿門抄斬。(74)征鎮諸軍　四征與四鎮將軍，即征東、征西與鎮東、鎮西等等。(75)諸有　凡是存有。(76)浮圖形像　有關佛教的塑像與畫像。浮圖，也寫作「浮屠」，是梵文 Buddha 的簡稱，即佛，也有時指佛教所修的塔。(77)悉阬　全部活埋。(78)豫聞　事先聽到消息。豫，這裡同「預」。(79)無復孑遺　一個沒有留下。孑，一個。(80)工巧　能工巧匠。(81)誅李閏叛羌　討伐居住在李閏城的叛亂羌人，指與蓋吳相呼應作亂者。誅，討；討伐。李閏，也寫作「李潤」，古城名，在今陝西大荔北。(82)太原顏白鹿　劉宋的太原郡人姓顏名白鹿。按，太原郡本屬并州，在今山西境內，當時屬魏。胡三省曰：「江左以郡人南徙者僑立太原郡。元嘉十年，割濟南泰山為太原郡境，屬青州。」(83)青州刺史杜驥　青州的州治即今山東青州。杜驥，劉宋有惠政的地方官，西晉名將杜預的後代。傳見《宋書》卷六十五。(84)使其歸誠　派他來投降魏國人。歸誠，意同「納款」，投誠。(85)我外家也　我外祖父一族的親戚。按，魏主之母姓杜，故稱杜驥為外家。(86)冀州刺史申恬　劉宋的冀州刺史名申恬。冀州本在今河北境內，當時屬魏。此處所說乃指劉宋僑立的冀州，在今山東歷城，即今濟南。申恬，劉宋時期的名將。傳見《宋書》卷六十五。(87)府司馬夏侯祖歡　刺史府的僚屬姓夏侯名祖歡。司馬是軍中掌管刑法的官員。(88)兗青冀三州　即今山東的西部一帶地區。(89)清東　清水以東，約當今之山東中部地區，當時屬於劉宋。清水即濟水，西自巨野澤流來，東北經今濟南，到利津一帶入海，大體相當於現今的黃河。(90)備匈奴之策　對付北方少數民族入侵的辦法。何承天嘴裡說的是匈奴，實際就是指鮮卑人的拓跋魏。(91)今欲追蹤衛霍　如果想學習衛青、霍去病那種大舉征伐。今，這裡有假如、如果的意思。追蹤，效法。衛、霍，指西漢武帝時的名將衛青與霍去病。事見《史記・衛將軍驃騎列傳》。(92)大田淮泗　在淮河、泗水一帶大規模開墾種植。田，農墾，包括民墾與軍墾。淮、泗，淮河、泗水流域，指今江蘇、安徽的中北部地區。(93)內實青徐　加強青州、徐州一帶的防守力量。實，充實，包括軍隊與糧食兩方面。(94)民有贏儲　私家都有豐富的糧食貯藏。(95)野有積穀　公家有很多露天的糧倉。(96)蕩夷　掃平。夷，鏟平。(97)則不足為也　如果能這樣做，那當然是可以的了。不足為，不難做；不難完成。(98)報其侵暴　只是想報復一下他們對我們的騷擾掠奪。(99)於計為長　在各種計策中是最好的。(100)曹孫之霸　曹操與孫權相互爭霸的時代。曹操與孫權爭霸在漢獻帝建安年間（西元一九六—二二〇年）。其實曹丕與孫權也仍是如此。(101)才均智敵　雙方領導者的才能智慧不相上下。敵，相當；對等。(102)不居各數百里　兩國之間隔著幾百里的中間地帶。(103)斥候之郊　這中間地帶是雙方偵察人員出沒之地。斥候，偵察；探子。(104)堅壁清野　雙方都堅守工事，收好原野上的東西，不讓敵方獲得。(105)以乘其弊　窺伺其疲憊而乘隙出擊。(106)保民全境　保護百姓的安寧，保全領土的完整。(107)不出此塗　沒有比這種做法更好的了。(108)要而歸之　歸結其主要精神。(109)移遠就近　把孤懸於遠處的居民與軍事據點，都撤回到能夠有效防守的近處來。(110)界首　邊頭；國境邊上。(111)大峴　大峴山，在今山東臨朐東南。(112)假其經用　借給他們日常生活必需的費用。假，借；給與。經，常；日常。(113)佃牧　種田與放牧。(114)入保　入城而守。保，守城以得安寧。(115)登陴鼓譟　登上城頭，吶喊助威。陴，也稱「女牆」，城上的小牆。(116)纂偶車牛　把百姓的車與牛都搜集起來。纂，搜集。偶，併，兩牛共拉一輛車。(117)五百耦牛　意即一千頭牛。耦，兩牛為一耦。(118)參合鉤連　指將牛車互相連接起來，構成一道外圍的屏障。(119)平行趨險　由平路轉移險要之地。(120)賊所不能干　敵人奈何不了我。干，攔；阻止。(121)有急徵發　有情況緊急，需要徵調人力或物資。徵發，徵調。(122)信宿可聚　一兩天之內就能湊齊。信宿，第二個夜晚。(123)計丁課仗　按照壯丁人數準備武器。課，要求，這裡意即準備、配備。(124)隨其便能　按著自己的使用方便。(125)素所服習　平常一貫使用的東西。服習，熟悉其性能，用起來順手。(126)銘刻由己　想在上面刻上點自己需要的東西或姓名等等，都聽任其便。(127)還保回到城裡，平常不用的時候。(128)輸之於庫　送到武器庫統一保存。(129)請以自新　各自領回兵器，磨礪加工。(130)弓幹利鐵　做箭用的竹桿與打造刀槍的精鐵。(131)官以漸充之　官府逐漸給予補充。(132)粗備　大體齊備。(133)近郡之師　都城建康周圍的一些郡里的軍隊。胡三省曰：「近郡，謂南徐州所領諸僑郡及三吳，近在邦城之中者。」(134)遠屯清濟　如今都讓他們去駐紮在遙遠的濟水一線。(135)即用彼眾　指徵發調用北部沿邊地區的居民。(136)導而帥之　引導他們，率領、驅使他們。(137)兵彊而敵不戒　即使當地這種兵民一體的武裝強大起來，北方的魏國政權也不會特別介意，因為這種武裝不可能像衛青、霍去病那樣長驅直入地大舉進攻魏國。(138)優復隊伍　指優待常備兵，免除常備兵的一切賦稅、勞役等政策。(139)坐食糧廩　指常備兵的一切糧食供應都由國家開支。(140)不可同年而校　極言其兩者之間的利弊懸殊之大。校，同「較」。比較。(141)金城邊固　金城人邊固。金城是郡名，郡治在今甘肅皋蘭西南。(142)天水梁會　天水郡人梁會。天水郡的郡治上邽，即今甘肅天水市。(143)上邽東城　當時天水郡的郡治上邽有東、西二城。(144)秦益二州刺史　魏將封敕文時任秦、益二州刺史。秦州的州治即當時上邽的西城。所謂益州刺史不過是掛名而已，因為益州（州治成都）根本不在魏國境內。(145)休官屠各　北魏管轄下的少數民族名，都是匈奴族的分支。(146)四月甲申　四月初一。(147)丁未　四月二十四。(148)仇池　郡名，郡治在今甘肅成縣西北。(149)氐王楊文德　氐族頭領楊氏，世代在仇池一帶稱雄，此時名義上歸附於劉宋。(150)五月癸亥　五月十一。(151)安豐公閭根　拓跋閭根，被封為安豐公。(152)重塹　多重壕溝。(153)致死於我　和我拼命。(154)白虎幡　晉代朝廷使用的一種宣令罷兵的旗子，上面畫有白虎，垂直懸掛。與現代戰場持白旗表示停戰、講和、投降等等意同。(155)略陽　郡名，郡治在今甘肅秦安東北的隴城鎮。(156)松多川　地區名，其地有松多水，出自隴山，西南匯入秦水。在今陝甘川交界地區。(157)北道諸軍　指屯駐於長安以北的魏國軍隊。(158)象浦　即盧容浦，在日南郡的盧容縣。159以具裝被象　用鐵甲把大象武裝起來。具裝，戰馬的鐵甲。被，披；披掛。160師子　同「獅子」。161遂克林邑　胡三省引《水經注》曰：「林邑國都治典沖，在壽泠縣阿賁浦，西去海岸四十里。」162挺身　脫身；甩開部從而獨自逃跑。163衣櫛蕭然　只有隨身衣服，梳頭髮的篦子。極言其兩袖清風，一無所取的樣子。164六月癸未朔　六月初一是癸未日。165甲申　六月初二。166竄逸　逃脫。逸，逃掉。167丙戌　六月初四。168司幽　二州名，司州的州治在今山西大同，幽州的州治薊縣，即今天津市。169畿上塞圍　國家首都與其郊區四周的界牆。畿上，意即畿內，首都的四郊以內。北魏道武帝拓跋珪曾劃定畿上的範圍：代郡（郡治即今河北蔚縣東北的代王城）以西，善無（今山西右玉）以東，陰館（今山西代縣西北）以北，參合（今山西陽高）以南。170上谷　郡名，治所在今北京市延慶。171西至河　西至今山西與陝西交界的黃河。172北隈　當時建康城北側的隈壩。173玄武湖　在今南京市內的東北部。174華林園　三國時吳國所建，故址在今南京雞鳴山南的古臺城城內。175七月辛未　七月二十。176杜坦　杜驥之兄，一個馮唐式的人物。傳見《宋書》卷六十五。177杜預　西晉的名將，於滅吳國有大功。事見《晉書・杜預傳》。178張氏　指建都於姑臧（今甘肅武威）的前涼政權，是涼州刺史張軌的後代，西晉滅亡後，涼州孤懸於西北，張寔乃割據自保，稱為前涼，西元三一四年建國，歷七世，至西元三七六年被前秦所滅。事見《晉書・張軌傳》。179前秦克涼州　指前秦主苻堅滅前涼，俘去前涼主張天錫，事在西元三七六年。180高祖滅後秦　指宋高祖劉裕滅後秦，擄後秦主姚泓，事在西元四一七年。181王謝諸族　東晉以來居於江東，把持朝廷大權的世家豪族，以王、謝兩家為首，其他還有庾氏、褚氏、顧氏等等。182傖荒　猶今之所謂「土豹子」、「土老冒」等等。胡三省曰：「南人呼北人為傖。荒，言其自荒外來也。」183可施　可任用；可派上用場。184踐清塗　踏上任高官、掌大權，而優哉遊哉，不幹實事的寄生之路。兩晉南北朝時，官職有清濁兩途。清官優閒而不問庶務，由士族擔任；濁官忙於實際事務，由寒族擔任。185金日磾　原是匈奴休屠王的太子，後由於其父被殺，金日磾被沒入漢朝宮廷養馬，由於忠誠馴順，受到了漢武帝的寵幸，被任為顧命大臣。事見《漢書・金日磾傳》。186此輩人　這樣的人，指極端忠誠馴順而言。187假生　假如生活在。188豈辦見知　哪裡能受皇帝賞識。辦，能；有機會。189量朝廷之薄　把當今皇帝估計得如此不能識拔人才。量，估計。朝廷，代指當今皇帝，即自己。薄，淺；沒有眼光。190中華高族　中原地區的高門大族。191播遷涼土　流浪到了涼州地區，今甘肅河西走廊一帶。192世業相承　先輩祖先的事業，我們一直在堅守秉承著。193不殞其舊　從來沒有喪失過原來的傳統與光榮。194直以　只是因為；所差的只是。195便以荒傖賜隔　便把我們看成了土豹子，把我們劃入了另冊。賜隔，予以歧視。196牧圉　養馬人。197超登　破格提拔。198齒列名賢　與當時的賢才們並列一起。齒列，一同排列。199雖復拔才　即使一再選拔人才。按，以上杜坦對宋文帝的言論，頗似漢文帝時的馮唐，見《史記・張釋之馮唐列傳》。⑳陸俟　拓跋燾時代的名將。傳見《魏書》卷四十。201豪忮　雄豪兇狠。202不可忽　不可輕視。203荒亂之餘　兵荒馬亂之後。204未已　永遠不會停止。205免其妻子　赦免吳叔的妻子諸人。206何所能至　他還能跑到哪裡去。207遂往　趁機逃走。208刻期　約定期限。209咎俟　埋怨陸俟。210伺之　尋找機會。211傳詣平城　用驛車送到平城。傳，驛站或驛站的車馬，這裡用如動詞。詣，到。212會　適逢。213威恩著於關中　對關中地區的百姓有大恩。著，顯。214奉化日淺　接受北魏教化的時間還不長。215恩信未洽　朝廷的恩德與威信人們還感受不深。恩信，恩澤、信譽。216數為逆亂　屢屢鬧事造反。217自以方略　自己想辦法，用智慧。218之鎮　前往軍府上任。之，往。219無能為　幹不成什麼。220諭以成敗　給他分析形勢。221誘納超女　假說要娶劉超的女兒為妻。222逆謂俟曰　迎著告訴陸俟說。逆，迎。223設備　設兵防備。224頃之　沒過多久。225因詣超營　趁便來到劉超的營盤。226約曰　與部下眾人約定說。227發機當以醉為限　當你們看我喝醉時就立即動手。發機，撥動弩的機關，這裡即指採取行動。為限，為準。228陽醉　假裝醉酒。陽，這裡同「佯」，假裝。229殺傷　殺死與殺傷。230徵俟還　調陸俟回平城。231是歲　這一年。232復還舊土　又回到他們原來居住的地方。按，去年八月吐谷渾被魏軍打敗，西移入于闐，見本卷元嘉二十二年。舊土，舊境，吐谷渾的舊土在今青海柴達木盆地一帶地區。

【校記】1遣　原作「進」。據章鈺校，十二行本、乙十一行本、孔天胤本皆作「遣」，今據改。2所　原作「使」。據章鈺校，甲十一行本、乙十一行本、孔天胤本皆作「所」，張敦仁《通鑑刊本識誤》、張瑛《通鑑校勘記》同，今據改。3上表　原無此二字。據章鈺校，十二行本、乙十一行本、孔天胤本皆有此二字，張敦仁《通鑑刊本識誤》同，今據補。4兗青　原作「青兗」。據章鈺校，十二行本、乙十一行本、孔天胤本二字皆互乙，今據改。5固　嚴衍《通鑑補》改作「回」。6四州十萬人　原作「四州兵十萬人」。據章鈺校，十二行本、乙十一行本、孔天胤本皆無「兵」字，今據刪。按，前魏發冀、相、定三州兵二萬人，此處不應再發冀州兵；且十萬兵數目過大，以兵築畿又不合理，故去「兵」字義長。7默然　據章鈺校，十二行本、乙十一行本、孔天胤本皆作「嘿然」。8等　原無此字。據章鈺校，十二行本、乙十一行本、孔天胤本皆有此字，今據補。9等　原無此字。據章鈺校，十二行本、乙十一行本、孔天胤本皆有此字，張敦仁《通鑑刊本識誤》同，今據補。

【語譯】二十三年（丙戌　西元四四六年）

春季，正月初六日庚申，宋國擔任尚書左僕射的孟顗被免職。

正月十四日戊辰，北魏太武帝拓跋燾所率領的軍隊抵達東雍州，已經逼近叛亂勢力薛永宗的營壘，擔任司徒的崔浩對太武帝說：「薛永宗不知道陛下親自率領大軍到來，他們軍心放縱、紀律鬆弛。如今北風強勁，應當趕緊出兵進攻他們。」太武帝聽從了崔浩的建議。十六日庚午，北魏軍包圍了叛軍薛永宗的營壘。薛永宗率軍出戰，被魏軍打得大敗，薛永宗與他的家人全部跳入汾河溺水而死。他的族人薛安都原先佔據著弘農，他見薛永宗已死，便放棄弘農城向南逃亡投奔了宋國。

正月十七日辛未，北魏太武帝向南來到汾陰，他向西渡過黃河，到達了洛水橋，聽說叛胡首領蓋吳正在長安以北。太武帝認為渭水以北地區田中沒有穀，荒野裡沒有草，就準備向南渡過渭水，然後沿著渭水向西進軍長安，太武帝就此事徵求司徒崔浩的意見。崔浩回答說：「擊蛇的人首先應該擊打蛇頭，蛇頭被打碎之後蛇尾就不能再擺動。如今叛胡首領蓋吳的軍營距離這裡只有六十里的路程，如果派遣輕騎兵前去，一日就可以到達，而且到達那裡之後一定能夠將蓋吳打敗。打敗了蓋吳，向南奔襲長安也不過一天的工夫，一天的勞乏還不至於使我們的軍隊受到損傷。如果從渭水南岸西向進攻蓋吳，蓋吳就會從容地進入長安城北的山區，一時半會之間就很難將他們平定。」太武帝這次沒有聽從崔浩的意見，堅持從渭水南岸向西進攻長安。二十六日庚辰，魏軍到達戲水。蓋吳的部眾聽到消息，全部分散進入北邊的山地躲藏起來，結果魏軍一無所獲，太武帝非常後悔沒有採納崔浩的意見。二月初二日丙戌，太武帝抵達長安。十二日丙申，太武帝前往盩厔縣，途經陳倉縣，然後從陳倉縣回師，東北進入雍縣縣城，所過之處，凡是參與蓋吳謀反的，不論是漢民還是少數民族的人一律誅殺。殿中尚書乙拔等各路討伐叛胡的軍隊在杏城大敗蓋吳的叛軍，蓋吳又派遣使者給宋文帝上表請求出兵支援。宋文帝劉義隆下詔任命蓋吳為都督關隴諸軍事、雍州刺史、北地公，讓宋國所屬的雍州、梁州二州發兵屯紮在邊境之上，作為對蓋吳的聲援。又派使者賞賜給蓋吳一百二十一枚印信，讓蓋吳根據需要任命官職。

當初，林邑國王范陽邁雖然派遣使者向南朝進貢，然而搶劫偷盜的事件卻不斷發生，使節所攜帶的貢品數量很少也很簡陋，宋文帝遂派遣擔任交州刺史的檀和之率軍討伐林邑王。南陽人宗慤，家族世代學習儒學，唯獨宗慤自幼愛好武功，他常說願乘長風破萬里浪。等到檀和之奉命出兵討伐林邑國的時候，宗慤便挺身而出請求從軍。宋文帝下詔任命宗慤為振武將軍，交州刺史檀和之任命宗慤為前鋒。范陽邁聽說宋國大軍出動，趕緊派使者前往宋國上表請求送還以前所劫掠的日南郡人，賠償一萬斤黃金，十萬斤白銀。宋文帝下詔給檀和之說如果范陽邁果真是誠心誠意，就允許他歸順。檀和之率軍抵達宋國設在朱梧縣的軍事據點之後，便派遣擔任府戶曹參軍的姜仲基等人前往林邑國晉見范陽邁，范陽邁拘捕了他們，檀和之於是率軍前進，把林邑國的將領范扶龍圍困在區粟城。范陽邁派遣屬下將領范毗沙達率軍前往救援范扶龍，宋國振武將軍宗慤隱蔽出兵迎擊范毗沙達，把范毗沙達打得大敗。

北魏太武帝拓跋燾與司徒崔浩都非常信任、敬重道士寇謙之，信奉寇謙之所鼓吹的那一套玩意。司徒崔浩一向不喜歡佛法，經常在太武帝面前議論此事，崔浩認為佛法虛妄怪誕，白白地消耗國家和百姓的資財，給社會造成危害，應當把佛教徹底剷除。等到太武帝討伐叛胡蓋吳到達長安的時候，進入佛寺，寺中的和尚們招待太武帝的侍從官員喝酒。侍從官員進入和尚們的居室，看見裡面有大量的兵器，就出來報告給太武帝。太武帝於是大怒說：「這些兵器不是僧徒所應使用的，他們一定與叛胡首領蓋吳串通一氣，想要謀亂。」遂立即命令有關部門將所有寺廟的和尚全部查辦、誅戮。查抄、清點他們的財產，得到了大量釀酒的器具以及州郡太守、富人寄藏在那裡的數以萬計的財物，他們還挖掘地窖用來藏匿婦女。崔浩趁機勸說太武帝將天下所有僧眾全部誅滅，焚毀各種佛家經典與塑像、圖像，太武帝採納了崔浩的建議。寇謙之堅決反對，與崔浩發生激烈的爭執，而崔浩根本不聽從寇謙之的意見。先是把長安的所有僧眾全部誅殺，焚毀了長安城中所有的佛經、佛像，太武帝還下詔給平城的留守朝廷令其下詔給全國各地，一律遵照長安處理僧徒的辦法辦理。詔書中說：「往昔東漢末年的荒淫君主，因為信奉佛法迷惑了心智而擾亂了朝廷與社會的正常秩序，自古以來在中國的區域中，從來就沒有這種佛教。佛教誇大其詞，荒誕不經，不孝敬父母，不尊敬君長，有悖於儒家的忠孝之說，當一個國家處在窮途末路的時候，任何人都被這一套邪說弄得神魂顛倒。因此而導致政治教化得不到推行，禮樂仁義被破壞，九州之內，全都變成了一片荒丘廢墟。我自從繼承祖先的傳統大業以來，就準備掃除一切虛假的東西，堅持真實可靠的東西，恢復伏羲氏、神農氏時代那種風俗淳樸的政治局面，令其他一切歪理邪說蕩除乾淨，消滅它們的蹤跡。從今以後，有膽敢信奉外來的佛教以及揑造形像泥人、銅人者一律滿門抄斬。有非同尋常的人，然後才能做出非同尋常的事情，除了朕以外，有誰能夠剷除這些歷代流傳的佛教呢！」有關部門要通告四征將軍、四鎮將軍等，以及各州刺史，凡是存有有關佛教徒的塑像與畫像以及佛教經書的，都要將佛像打碎，將佛經燒毀，和尚、尼姑不論年老年少一律活埋。皇太子拓跋晃一向尊崇佛法，他屢次勸阻太武帝拓跋燾，而拓跋燾就是不肯聽從。皇太子拓跋晃便延緩宣布詔書的時間，以便讓遠近寺廟僧徒預先知道消息，各自逃生。因此，很多僧徒得以及時逃匿而免遭殺戮，有的還將佛經、神像收藏起來，只是在北魏境內的塔廟全部被毀壞，一個也沒有留存下來。

北魏太武帝把長安城中的二千家能工巧匠遷徙到北魏的都城平城。在返回平城的路上，到達洛水，又分出一部分兵力去討伐居住在李閏城的叛亂羌人。

宋國管轄之下的太原郡人顏白鹿私自進入魏國境內，被魏國人抓獲，在他就要被殺死的時候，他謊稱自己是宋國擔任青州刺史的杜驥派來向魏國投降的。魏國人把顏白鹿押送到魏國的都城平城，太武帝高興地說：「杜驥是我外祖父家族的親戚。」讓司徒崔浩給宋國青州刺史杜驥寫信，並命令永昌王拓跋仁、高涼王拓跋那率領軍隊前去迎接杜驥。前往歷城攻打宋國擔任冀州刺史的申恬，青州刺史杜驥派遣屬下擔任府司馬的夏侯祖歡等人率領宋軍救援歷城。魏軍趁機進犯宋國的兗州、青州、冀州三個州，一直到達清水以東才撤軍，所到之處殺死搶掠了很多人，宋國北部邊境人心騷動。

宋文帝因為北魏軍隊侵擾北部邊境之事而感到憂慮不安，他向群臣諮詢應對的辦法。擔任御史中丞的何承天上表給宋文帝，何承天認為：「歸納起來，對付北方少數民族入侵的辦法不外乎二個方面：武將所說的全是如何進行征討，文臣主張的是如何締結和親條約。如果想要效法西漢時期衛青、霍去病那種大舉征伐的壯舉，就非得在淮河、泗水一帶大規模開墾種植，充實、加強青州、徐州一帶的防守力量，讓百姓家中都有豐富的糧食儲備，公家又有許多露天的穀倉，然後動員十萬精銳的士兵，一舉蕩平北方，如果能這樣做，那當然是可以的了。如果只是想派遣軍隊隨後追趕討伐，報復一下他們的侵略暴行，那麼他們一定會率領輕騎兵四處奔跑，不肯與我們決戰。使我們白白浪費國家的巨額財物，而對他們來說一點損失也沒有，反而會捲土重來，進行報復，如此循環不已，這是最下等的策略。安定邊疆固守邊境，在各種計策中算是最好的。我認為曹操、孫權相互爭霸的時代，雙方領導人的才能和智慧勢均力敵，不相上下，而使長江、淮河之間隔著幾百里無人居住的中間地帶，為什麼要這樣做呢？因為這個中間地帶是雙方偵察人員的出沒之地，而不是耕田放牧的地方，所以雙方都堅壁清野，隨時等候敵人的到來，同時修整好鎧甲、磨礪好兵器，當窺伺到敵人疲憊的機會，便乘隙出擊。保護百姓的安寧，保全國土的完整，沒有比這種做法更好的了。總而言之，歸納起來有四種策略：第一是把孤懸於遠處的居民與軍事據點都撤回到能夠有效防守的近處來。如今青州、兗州原有的居民和冀州新來歸附的人，在國境邊上居住的就有三萬多戶，可以把他們全部遷移、安置到大峴山以南地區，以充實內地的人口。第二是多修築一些城邑用來安置那些新遷徙過來的人，借給他們日常生活所必需的費用，春夏兩季讓他們耕田、放牧，秋冬兩季則入城防守。賊寇來了的時候，一城之中有一千戶居民，能夠參與作戰的人員不會少於兩千人。其餘的羸瘦病弱人員，還能夠登上城頭吶喊助威，完全可以抵抗三萬強敵的進攻。第三是把百姓的車與牛全都集中起來，每兩頭牛共拉一輛車，為軍隊運載糧食軍械。估算一千戶人家的資產，不會少於一千頭牛，五百輛車，可以將牛車互相連接起來，構成一道外圍的屏障，用來保護民眾。假設不能牢固地堅守城邑，可以由平路轉移到險要之地，賊寇將奈何我不得，一旦情況緊急，需要徵調人力或物資，一兩天之內就可以湊齊。第四是按照壯丁人數準備武器。凡是有二千名戰士的城邑，都要按照每個人的使用習慣，做到人手一件適合自己的兵器。就是平常一貫使用的武器，聽任他們在兵器上面刻上自己需要的東西或是自己的名字，回到城裡不用的時候就把兵器交回到武器庫統一保存，出兵作戰的時候就讓他們各自領回自己的兵器，並要求把兵器磨得鋒利如新。製作弓箭用的竹桿和打造刀槍用的精鐵，民間不容易得到，官府要逐漸給予補充。幾年之內，軍用物資就大體齊備了。都城建康周圍各郡的軍隊，如今都讓他們去駐紮在遙遠的濟水一帶，軍隊支出的費用既大，軍人的勞苦怨恨也深。據我估計，不如在北部沿邊地區徵發調用就近的百姓來保衛邊境更為容易一些。如果照顧民眾的利益，然後去引導他們、驅使他們，即使當地這種兵民一體的武裝力量強盛起來，北方的魏國政權也不會對其特別的介意，這樣一來，國家富強而民不勞苦，比起那種享受國家免除賦稅和勞役等優待、一切糧食供應都由國家負擔的常備部隊來，其優越性簡直不可同日而語。」

北魏金城郡人邊固、天水郡人梁會，與秦州、益州一萬多戶各族民眾一起佔據了上邽東城舉旗造反，他們攻打、逼近了上邽的西城。北魏擔任秦州、益州二州刺史的封敕文率軍將他們擊退。氐族、羌族中有一萬多人，休官族、屠各族有二萬多人，全都起兵響應邊固、梁會，封敕文率軍襲擊邊固，將邊固斬首，邊固的殘餘部眾又推舉梁會為頭領，梁會率領這些部眾繼續與封敕文互相攻擊。

夏季，四月初一日甲申，北魏太武帝拓跋燾抵達長安。〇二十四日丁未，宋國實行大赦。

仇池郡人李洪聚集起一些民眾，宣稱自己應該為王。變民首領梁會向氐王楊文德求救，楊文德說：「兩個英雄不可能同時存在，如果需要我的支援，就應當先殺掉李洪。」梁會於是誘騙李洪，把李洪殺掉，並把李洪的人頭送給了楊文德。五月十一日癸亥，北魏太武帝拓跋燾派遣安豐公拓跋閭根率領騎兵奔赴上邽，他們還沒有到達上邽，梁會就準備放棄上邽的東城逃走。封敕文預先在上邽東城外挖掘了多重壕溝，命令士兵嚴加防守，兩軍短兵相接，從夜間一直格鬥到天明。封敕文說：「賊寇知道自己已經無路可走，所以才與我軍拼命作戰，殺傷了我們的很多士兵，看來戰勝他們並不容易。」於是就用上面畫有白虎的旗子向梁會的部眾宣告：凡是投降的人一律赦免，梁會的部眾立即崩潰。封敕文分兵追趕敗軍，把叛軍全部剿滅。略陽郡人王元達聚集眾人屯紮在松多川，封敕文又把王元達剿滅。

背叛北魏的胡人首領蓋吳集結起殘餘的部眾駐紮在杏城，自稱秦地王，聲勢逐漸振作起來。北魏太武帝派遣永昌王拓跋仁、高涼王拓跋那率領屯紮在長安以北的諸路軍隊討伐蓋吳。

宋國交州刺史檀和之等人攻佔了區粟，斬殺了林邑國將領范扶龍，遂乘勝進入象浦。林邑王范陽邁調集了全國的軍隊前來迎戰，他們把戰馬的鐵甲披在大象身上，組成浩浩蕩蕩，望不到頭看不到尾的象隊。宋國擔任振武將軍的宗慤說：「我聽說外國有一種名叫獅子的猛獸，可以鎮服百獸。」於是就製作了大量的獅子模型，運到陣前與林邑王的大象對抗，大象看見獅子果然受驚逃竄，林邑國的軍隊於是被打得大敗。檀和之遂攻克了林邑國，范陽邁父子脫身逃走。宋軍所繳獲的叫不出名字的寶物多得不可勝數，振武將軍宗慤一無所取，回家的時候，只有隨身的衣服和梳頭用的篦子，再無他物。

六月初一日癸未，發生日蝕。

六月初二日甲申，北魏徵調冀州、相州、定州三州的兵力總計二萬人屯紮在長安城南面的山谷中，以防備蓋吳逃竄。初四日丙戌，又徵調司州、幽州、定州、冀州四州達十萬人在京畿之內修築起與其郊區四周的界牆，界牆從上谷郡開始，向西到達黃河，廣縱上千里。

宋文帝在建康城北側修築堤壩，開挖玄武湖，還在華林園修築景陽山。

秋季，七月二十日辛未，宋文帝任命擔任散騎常侍的杜坦為青州刺史。杜坦是擔任青州刺史的杜驥的哥哥。當初，西晉名將杜預的兒子杜耽，為躲避西晉末年的戰亂移居到黃河以西，在張氏所建立的前涼政權中任職。前秦苻堅滅掉前涼以後，杜耽的子孫開始返回關中居住。宋高祖劉裕消滅了後秦以後，杜坦兄弟跟隨宋高祖劉裕東渡長江來到江東。當時居於江東，把持朝政的王、謝兩大家族勢力強盛，北方中原人凡是較晚渡江依附東晉的，朝廷全都把他們當作土老冒看待，即使他們當中有的人的才能完全可以派上用場，但也不能踏上任高官、掌大權、不幹實事，每日過著悠哉遊哉的清官之路。宋文帝曾經與杜坦一起談論金日磾，宋文帝說：「我深恨如今再也沒有像金日磾那樣的人！」杜坦答覆說：「如果金日磾生在今世，忙著養馬都來不及，哪裡能受到皇帝的賞識呢！」宋文帝馬上變了臉色，說：「你怎麼把當今皇帝估計得如此沒有眼光，不能識拔人才呢！」杜坦說：「就請以我做例子吧。我本是中原地區的高門大族，晉朝皇帝喪失權力，全國戰亂不斷，我的先祖輾轉流離，最後流落到了涼州地區，先輩的事業，我們一直堅守秉承，從來沒有喪失過原來的傳統與光榮。只是因為南渡長江較晚，便把我們看成了土老冒，把我們劃入另冊，予以歧視。金日磾原本是個匈奴人，他在漢朝，最早只是一個養馬人，竟然被破格提拔，得以進入皇宮侍奉皇帝，與當時的名臣賢才並列一起。我朝雖然一再選拔賢才，我認為恐怕未必能像漢武帝那樣。」宋文帝聽後默不作聲。

八月，北魏高涼王拓跋那等人率軍打敗了叛胡首領蓋吳，活捉了蓋吳的二位叔叔，諸將領都主張把他們押送到平城獻功請賞。擔任長安鎮將的陸俟說：「長安地勢險要，城垣堅固，風俗強悍兇狠，清平時節尚且不能輕視，何況是在兵荒馬亂之後呢！如今不殺掉蓋吳，那麼長安的叛變就沒有停止的時候。蓋吳孑然一身潛逃流竄，如果不是他的親信，誰能夠將他擒獲呢？如果留下十萬人馬用來追捕他一個人，也不是好辦法。倒不如私下裡與蓋吳的叔叔協商，答應赦免他們的妻兒，讓他們去追捕蓋吳，一定能將蓋吳捉獲。」諸將領都說：「如今賊寇的黨徒已經潰散，只剩下蓋吳一個人，他還能跑到哪裡去呢？」陸俟說：「各位將軍難道沒有見到過毒蛇嗎？不斬斷毒蛇的頭，毒蛇仍然能夠害人。蓋吳天生兇殘狡猾，如果一旦逃脫，必然宣傳自己稱王是受上天的保佑，所以不會死去，以此來蠱惑愚蠢的百姓，所造成的災禍會更大。」諸將都說：「您說得很對。但是，捉到叛賊不殺掉，反而派遣他去抓捕蓋吳，如果他趁機逃走，一去不返，將由誰來承擔罪責呢？」陸俟說：「這個罪名，就由我來為你們承擔。」高涼王拓跋那也認為陸俟的計策正確，於是便赦免了蓋吳的二位叔叔，與他們約定期限，然後派遣他們去抓捕蓋吳。到了約定的日期之後，蓋吳的二位叔叔卻沒有按期返回，諸將於是都埋怨陸俟。陸俟分析說：「他們尋找機會捉拿蓋吳，只是還沒有機會下手，他們一定不會辜負我們。」過了幾天以後，蓋吳的叔叔果然帶著蓋吳的人頭回來了，於是用驛車把蓋吳的人頭傳送到平城。永昌王拓跋仁等率軍討伐蓋吳的餘黨白廣平、路那羅等，把他們全部討平。北魏擢升陸俟為內都大官。

恰逢居住在安定郡的盧水胡人劉超等聚集了一萬多人起兵造反，北魏太武帝因為陸俟對關中的百姓有大恩，就又擢升陸俟為都督秦州、雍州二州諸軍事，前往鎮守長安，太武帝對陸俟說：「關中地區的百姓接受北魏教化的時間較短，朝廷的恩德與威信人們還感受不深，那裡的官吏和民眾屢次鬧事造反。如果我把重兵交付給你，則劉超等人必然同心協力，據守險要，就不容易將他們攻破。如果帶去的軍隊數量少，就不能制服賊寇，你應當自己想辦法，用智慧來獲取勝利。」陸俟於是單人匹馬前往長安軍府上任。劉超等聽到這個消息，不禁喜出望外，認為陸俟不可能有什麼作為。

陸俟到達長安任所後，立即派人給劉超分析形勢，指明利害關係，為引誘劉超上鉤，陸俟便假說要聘娶劉超的女兒為妻，與劉超結為姻戚關係，以此來招降他。劉超依仗自己人多勢眾，仍然沒有投降的意思。陸俟於是率領自己帳下的親兵親自到劉超的駐地會見劉超，劉超派人迎著陸俟，並告訴陸俟說：「如果跟隨你的超過三百人，我們就用弓箭兵馬來招待你們，如果跟隨你的隨從不超過三百人，我們就用酒食來招待你們。」陸俟便率領著二百名騎兵前往劉超駐地。劉超戒備森嚴，而陸俟縱情飲酒，一直喝到酩酊大醉才返回長安。沒過多久，陸俟又挑選了五百人的敢死隊出去打獵，趁便來到劉超的營壘前，他與部下的眾人約定說：「當你們看到我喝得大醉的時候你們就立即動手。」到達劉超大營之後，就與劉超一起飲起酒來，陸俟假裝喝醉了酒，突然飛身上馬，一邊大聲呼喊，一邊手起刀落砍下了劉超的人頭。跟隨前來的五百名士卒也應聲奮起殺敵，殺死、殺傷了上千人，於是平定了劉超的叛亂。北魏太武帝拓跋燾將陸俟調回平城，任命陸俟為外都大官。

這一年，吐谷渾人又回到他們原來居住的地方。

【研　析】本卷寫宋文帝元嘉十九年（西元四四二年）至二十三年共五年間的劉宋與北魏等國大事，其中令人注意的問題有以下幾個：

其一是何承天修定《元嘉新曆》完畢，上表呈送宋文帝劉義隆，劉義隆讓眾專家討論後，太史令錢樂之代表眾人說：除了極個別的幾個地方還應維持原樣外，大多數的修改都是好的。這是個很專業的問題，我們應該如何認識這件事？王夫之《讀通鑑論》說：「曆法至何承天而始得天，前此者未逮，後此者為一行，為郭守敬，皆踵之以興，而無能廢承天之法也。承天之法，以月食之衝，知日之所在；因日躔之異於古，知歲之有差。以月之遲疾置定朔，以參合於經朔，精密於前人。」山東省檔案局科研所的文章稱此曆說：「這部當時最精密的曆法有許多創造發明：一是創立了定朔算法，使日蝕、月蝕必定發生在朔望日；二是創近距取元法，簡化了古代曆法使用上元積年的煩瑣計算；三是發明了調日法以求得準確的日法和朔餘；四是利用月蝕測定冬至日度，比此前使用的中星法既簡便又趨精密；五是重新測定了二十四節氣晷影的數值，糾正了前代曆法中春分、秋分晷影長度不同的錯誤。何承天的這些創造發明多被後世廣泛採用，而他的《元嘉新曆》作為我國古代的名曆之一，自宋經齊，至南朝梁武帝天監八年（西元五〇九年）才被祖沖之的《大明曆》代替，前後行用達六十五年。」

其二是關於范曄的謀反被殺。范曄只不過是一個太子詹事，位在九卿以下，歷史並未交代此人更有何等的根基，也並未表明此人更有何等的實權，單就這樣一個人，聽受孔熙先一個小丑的挑動，就能讓徐湛之、臧質這些朝廷重臣的後襲所親附？范曄與宋文帝並無切身的利害與仇恨，相反范曄還是「被帝所知」的，怎麼能一下子就要動手謀殺皇帝？再有就是寫到范曄的一些生活細節，也深為人所不齒，諸如范曄就刑前，所謂「曄母至市，涕泣責曄，以手擊曄頸，曄色不怍。妹及妓妾來別，曄悲涕流漣」；又追說「收籍曄家，樂器服玩，並皆珍麗，妓妾不勝珠翠。母居止單陋，唯有一廚盛樵薪。弟子冬無被，叔父單布衣」；又說范曄在獄中曾作詩曰「雖無嵇生琴，庶同夏侯色」，簡直又跟舊時李斯、謝靈運的既無恥、又逞才完全相似。個人對此雖一時找不出多少證據，但總覺得有些牆倒眾人推的痕跡。

其三是魏國直臣古弼直正諫君的三個故事都很生動：一個是當魏主大興土木，奢侈擾民時，古弼「入見魏主，欲奏其事。帝方與給事中劉樹圍棊，志不在弼。弼侍坐良久，不獲陳聞。忽起，捽樹頭，掣下牀，搏其耳，毆其背，曰：『朝廷不治，實爾之罪！』」這個情節如果寫入滑稽列傳是很合適的，但可惜古弼的身分不是俳優。明代袁俊德對此說：「古弼在魏，頗著直聲，然亦何至於君前『起捽侍臣』？古之諫君者伏青蒲、攀殿檻而極矣，何嘗失禮若此乎？」作家的意思是很好的，由於誇張太甚，因而使讀者感到不可信。第二件是魏主畋於河西，命令古弼留守後方事宜。魏主讓古弼調派肥壯的馬匹供應獵場，結果古弼只是選送了一些瘦弱病殘的馬匹敷衍了事。當魏主震怒，古弼的僚屬人人惴恐時，古弼說：「吾為人臣，不使人主盤于遊畋，其罪小。不備不虞，乏軍國之用，其罪大。今蠕蠕方彊，南寇未滅，吾以肥馬供軍，弱馬供獵，為國遠慮，雖死何傷！且吾自為之，非諸君之憂也。」這樣說，道理自然是充分的，但魏主要馬，也不過是充一時之用，而且數量有限，並未因此弱國弱民。古弼如此莊嚴地板起面孔說話，總覺得有些小題大作；寫在一位國家三公的身上，也有些過於瑣碎。第三件是魏主又「畋於山北，獲麋鹿數千頭。詔尚書發牛車五百乘以運之。詔使已去，魏主謂左右曰：『筆公必不與我，汝輩不如自以馬運之。』遂還。行百餘里，得弼表曰：『今秋穀懸黃，麻菽布野，豬鹿竊食，鳥鴈侵費，風雨所耗，朝夕三倍。乞賜矜緩，使得收載。』帝曰：『果如吾言，筆公可謂社稷之臣矣！』」故事很生動，文筆也很好。寫在一個縣令身上很合適，寫在一個宰相身上，就有點使用大炮打蚊子了。

其四是魏太武帝誅滅佛教的故事。魏太武帝拓跋燾與其謀臣崔浩都迷信道教，寵信道士寇謙之，甚至親詣道壇，受其符籙；相反對於佛教與僧尼卻又無端地忌之如仇。魏主先是下詔說：「王、公以下至庶人，有私養沙門、巫覡於家者，皆遣詣官曹。過二月十五日不出，沙門、巫覡死，主人門誅。」不久，又「先盡誅長安沙門，焚毀經像，并敕留臺下四方令一用長安法。詔曰：『昔後漢荒君，信惑邪偽以亂天常，自古九州之中，未嘗有此。夸誕大言，不本人情，叔季之世，莫不眩焉。……朕承天緒，欲除偽定真，復羲、農之治，其一切盪除，滅其蹤跡。……』有司宣告征鎮諸軍、刺史，諸有浮圖形像及胡經，皆擊破焚燒，沙門無少長悉阬之。」真是雷厲風行，乾淨利索，比起當年秦始皇的焚書坑儒要嚴格徹底得多了。對於魏主之所以要這樣做，以及對他們這種做法的評價，明代袁俊德說：「魏主與崔浩皆信重寇謙之，崇道教而疏佛法，適入寺見兵器、窟室、婦女，知藏奸畜穢，有不可勝言者，此魏主之奮然誅沙門也。」這是在說他們的做法是事出有因。尹遂昌說：「自佛入中國，人皆敬奉其法以求福利，未有敢訾之者。至魏主燾乃毅然去之，亦可謂剛正不惑者矣。然世之議者，或以魏主不得其終為毀佛之報，抑不知梁主行奉佛尤篤，得禍尤慘，豈佛獨靈於魏而不靈於梁邪？」這是認為魏主的做法「剛正不惑」，佛教被滅絕是活該。丘瓊山則說：「人君之於民，其賢者、智者固當愛之，不肖者亦當憐之。故民有悖於教、違於理、犯於法者，必先原其心、察其情，而推究其所自。苟上之所不為，而又明有禁令，而民犯之違之，然後罪之誅之，彼固甘心而受也。上之人分明為之，而又無禁令，一旦不分彼此，而施之以一切之刑，則彼固有辭矣。元魏之誅沙門，雖若痛快人心，然未嘗有禁約之令，限斷之期，而即加之以不可復生之刑，使之欲改過而無由，亦云慘矣。況其心偏有所向，非一於扶正教以辟邪說也，安能服其心哉？」這段話有兩層意思，其一是不先行引導教育而突然實行殺戮，不合先王、聖人的教導；其二是寵道教，滅佛教，厚此忌彼，不是一碗水端平。這樣做不能讓人心服。這種說法是有道理的。道教、佛教，都是宣傳唯心主義，這不假；但宗教在社會上究竟起什麼作用，這要看政治家與當政者如何引導。這方面的道理結合下文《周易》一起講。

其五是如何正確地理解《周易》。魏國的樂平王拓跋丕心懷不軌，做夢夢見登上了一個四顧不見人的高臺。他找術士董道秀給他算卦，董道秀說是「大吉」。於是拓跋丕加入了謀反集團，結果拓跋丕作亂被殺，董道秀也被牽連喪了性命。魏國的名臣高允聽說此事而感歎地說：「夫筮者皆當依附爻象，勸以忠孝。王之問道秀也，道秀宜曰：『窮高為亢。《易》曰：「亢龍有悔」，又曰：「高而無民」，皆不祥也，王不可以不戒。』如此，則王安於上，身全於下矣。道秀反之，宜其死也。」說得非常精彩。清代王夫之《讀通鑑論》說：「高允幾於知《易》矣。聖人之作《易》也，使人度也，使人懼也。使人占也，即使人學也。拓跋丕從劉絜而欲謀篡，夢登白臺，四顧不見人，使董道秀筮之，而道秀曰『吉』。此以占為占，而不知以學為占也。允曰：『亢龍有悔，高而無民，不可以不戒。』此以學為占，而不於得失之外言吉凶也。小人之為不善，行且為天下憂，故《易》不為小人謀，而為天下憂。懲小人之妄而使之戢，則禍亂不作，故大義所垂以遏小人之惡者，亦昭著而不隱。知此者鮮矣。朱子乃謂《易》但為筮卜之書，非學者所宜學，何其言之似王安石，而顧出允下也。」實在妙極了！古人之所以如此地重視《周易》，原來《周易》也是可以為現實政治服務的，關鍵就在於你準備怎樣給人講。《周易》如此，佛教、道教也是如此。都是為政治服務，不為這種政治服務，就為別的政治服務，重點在於究竟怎樣做才能對國家民族、對社會發展、對人民大眾起得作用好一些。

此外，本卷所寫的宗慤的故事、陸俟的故事、杜坦回答宋文帝有關金日磾的故事、兗州刺史回答魏國邊將對劉宋威脅挑釁的故事等等，也都寫得生動活潑，使人過目不忘。

卷第一百二十五

宋紀七

起彊圉大淵獻（丁亥 西元四四七年），盡上章攝提格（庚寅 西元四五〇年），凡四年。

【題解】本卷寫宋文帝劉義隆元嘉二十四年（西元四四七年）至二十七年共四年間的劉宋與北魏等國的大事。寫了魏將萬度歸與唐和西討焉耆、龜茲，平定西域；魏主拓跋燾幾次出兵討柔然，柔然屢為魏將拓跋那等所敗，乃踰穹隆嶺而逃，從此柔然衰弱，不敢犯魏塞；寫了沔北諸蠻叛亂，進攻雍州，劉宋政權派沈慶之、柳元景將其平定，悉遷之建康以為營戶；寫了魏主拓跋燾率兵南侵，宋將陳憲奉命守懸瓠，奮勇抵抗，艱苦卓絕；又有臧質、劉康祖率兵救懸瓠，遂破魏兵，魏兵退去；寫了魏國謀臣崔浩專制朝權，又主編魏國國史，因寵用奸小閔湛、郗標，二人吹捧崔浩，慫恿刻國史於石，結果觸怒魏國權貴，致使崔浩被殺，家族被滅；寫了崔浩的下屬高允有先見之明，又能如實承擔自己寫史的責任，並能坦直向魏主進言，從而獲魏主信任。高允公正地評價崔浩為：「以私欲沒其廉潔，愛憎蔽其公直，此浩之責也。至於書朝廷起居，言國家得失，此為史之大體，未為多違」，魏主後來亦悔之曰「崔司徒可惜」；寫了劉宋的妄臣王玄謨以及用事者徐湛之、江湛等迎合、慫恿劉義隆北伐中原，宋文帝劉義隆遂飄飄然，不聽沈慶之等人的堅決反對而以王玄謨為前鋒，出齊、魯入黃河，進攻滑臺；徐州的武陵王劉駿、壽春的南平王劉鑠，亦東西並舉。開始時，魏軍自動退出了一些城鎮，王玄謨等遂進圍滑臺，由於王玄謨優柔無斷，坐失機宜，致使滑臺久攻不克，其後魏主率大軍救滑臺，王玄謨張惶潰逃，全軍喪亡殆盡；這時從襄陽北出的宋將柳元景、薛安都等經由盧氏北攻弘農，俘其太守；又攻陝城、潼關，皆克之，關中豪傑所在蜂起響應，形勢一片大好，但因東線的王玄謨已經慘敗，故柳元景等只好撤回；寫了劉義恭本欲棄彭城南逃，多虧部將張暢堅持，始據城堅守；寫了魏主拓跋燾攻彭城不克，派李孝伯出使彭城，劉義恭、劉駿派張暢出面接待，雙方互逞辭令，張暢以辭令愛國，有學問、有勇氣，可敬亦復可憐，因為南朝所剩的也就是這麼一點可憐的「鬥嘴」了。此外還寫了臧質、沈璞的合作守盱眙，勇敢坦誠，公而無私；寫了魏主拓跋燾的兵臨長江，登瓜步山，與宋帝劉義隆相互饋贈，建議南北分治，互通婚姻，結好息民，由於劉宋內部意見不一，竟未能表態等等。

太祖文皇帝中之下

元嘉二十四年（丁亥　西元四四七年）

春，正月甲戌❶，大赦。

魏吐京胡❷及山胡曹僕渾❸等反。二月，征東將軍武昌王提❹等討平之。○癸未❺，魏主如中山❻。

魏師之克姑臧❼[1]也，沮渠牧犍使人斫❽開府庫，取金玉及寶器。因不復閉❾，小民爭入盜取之，有司索盜不獲。至是❿，牧犍所親及守藏者⓫告之，且言牧犍父子多蓄毒藥，潛⓬殺人前後以百數，姊妹[2]皆學左道⓭。有司索牧犍家⓮，得所匿物。魏主大怒，賜沮渠昭儀⑮死，并誅其宗族，唯沮渠祖以先降得免⑯。又有告牧犍猶與故臣民交通謀反者，三月，魏主遣崔浩就第⑰賜牧犍死，謚曰哀王。

魏人徙定州丁零⑱三千家於平城。

六月，魏西征諸將⑲扶風公處真⑳等八人，坐盜沒軍資㉑及虜掠贓㉒各千萬計，並斬之。

初，上以貨重物輕㉓，改鑄四銖錢㉔。民多翦鑿古錢㉕，取銅盜鑄，上患之。錄尚書事江夏王義恭建議，請以大錢一當兩。右僕射何尚之議曰：「夫泉貝㉖之興，以估貨為本㉗，事存交易㉘，豈假多鑄㉙？數少則幣重㉚，數多則物重。多少雖異，濟用不殊㉛。況復以一當兩，徒崇虛價㉜者邪？若今制遂行㉝，富人之貲自倍㉞，貧者彌增其困㉟，懼非所以使之均壹㊱也。」上卒從義恭議㊲。

秋，八月乙未㊳，徐州刺史衡陽文王義季㊴卒。義季自彭城王義康之貶，遂縱酒不事事㊵。帝以書誚責㊶且戒㊷之，義季猶酣飲自若，以至成疾而終。

魏樂安宣王範㊸卒。

冬，十月壬午㊹，胡藩之子誕世㊺殺豫章太守桓隆之，據郡反㊻，欲奉前彭城王義康為主。前交州刺史檀和之去官歸㊼，過豫章，擊斬之。

十一月甲寅[48]，封皇子渾[49]為汝陰王[50]。

十二月，魏晉王伏羅[51]卒。

楊文德據葭蘆城[52]招誘氐、羌，武都等五郡氐[53]皆應〔3〕之。

二十五年（戊子 西元四四八年）

春，正月，魏仇池鎮將皮豹子[54]帥諸軍擊之[55]。文德兵敗，棄城奔漢中。豹子收[56]其妻子、僚屬、軍資及楊保宗[57]所尚魏公主而還。

初，保宗將叛[58]，公主勸之[59]。或曰：「柰何叛父母之國[60]？」公主曰：「事成，為一國之母，豈比小縣公主哉？」魏主賜之死[61]。○楊文德坐失守，免官，削爵土[62]。

二月癸卯[63]，魏主如定州，罷塞圍役者[64]。遂如上黨[65]，誅潞縣[66]叛民二千餘家，徙西河〔4〕離石[67]民五千餘家于平城。

閏月己酉[68]，帝大蒐于宣武場[69]。

初，劉湛既誅[70]，庾炳之[71]遂見寵任，累遷[72]吏部尚書，勢傾朝野。炳之無文學[73]，性彊急輕淺[74]。既居選部[75]，好詬詈[76]賓客，且多納貨賂[77]，士大夫皆惡[78]之。

炳之留令史二人[79]宿於私宅[80]，為有司所糾[81]。上薄其過[82]，欲不問。僕射何尚之因極陳炳之之短曰：「炳之見人有燭盤(83)、佳驢，無不乞匄(84)；選用不平(85)，不可一二(86)；交結朋黨，構扇(87)是非，亂俗傷風，過於范曄，所少賊一事耳(88)。縱不加罪，故宜出之(89)。」上欲以炳之為丹楊尹(90)。尚之曰：「炳之蹈罪負恩(91)，方復有尹京赫赫之授(92)，乃更成其形勢(93)也。古人云：『無賞無罰，雖堯、舜不能為治。』臣昔啓范曄(94)，亦懼犯顏(95)，苟白愚懷(96)，九死不悔。歷觀古今，未有眾過藉藉(97)，受貨數百萬，更得高官厚祿如炳之者也！」上乃免炳之之官，以徐湛之為丹楊尹。

彭城太守王玄謨(98)上言：「彭城要兼水陸(99)，請以皇子撫臨州事(100)。」

夏，四月乙卯(101)，以武陵王駿(102)為安北將軍、徐州刺史。

五月甲戌(103)，魏以交阯公(104)韓拔為鄯善王，鎮鄯善，賦役其民，比之郡縣(105)。

當兩大錢行之經時(106)，公私不以為便。己卯(107)，罷之。

六月丙寅(108)，荊州刺史南譙王義宣(109)進位司空。

辛酉(110)，魏主如廣德宮(111)。

秋，八月甲子(112)，封皇子彧(113)為淮陽王。

西域悅般國(114) [5] 去平城萬有餘里，遣使詣魏，請與魏東西合擊柔然。魏主許之，中外戒嚴(115)。

九月辛未[116]，以尚書右僕射何尚之為左僕射，領軍將軍沈演之為吏部尚書。

丙戌[117]，魏主如陰山。

魏成周公萬度歸[118]擊焉耆[119]，大破之，焉耆王鳩尸卑那奔龜茲[120]。魏主詔唐和[121]與前部王車伊洛[122]帥所部兵會度歸討西域。和說降柳驢[123]等六城，因共擊波居羅城[124]，拔之。

冬，十月辛丑[125]，魏弘農昭王奚斤[126]卒，子它觀〔6〕襲。魏主曰：「斤關西之敗[127]，罪固當死，朕以斤佐命先朝，復其爵邑[128]，使得終天年，君臣之分[129]亦足矣。」乃降它觀爵為公。

癸亥[130]，魏大赦。

十二月，魏萬度歸自焉耆西討龜茲，留唐和鎮焉耆。柳驢戍主[131]乙直伽謀叛，和擊斬之，由是諸胡咸服[132]〔7〕，西域復平。

魏太子朝于行宮[133]，遂從伐柔然。至受降城[134]，不見柔然，因積糧於城內，置戍而還。

二十六年（己丑　西元四四九年）

春，正月戊辰朔[135]，魏主饗[136]羣臣於漠南。甲戌[137]，復伐柔然。高涼王那出東道，略陽王羯兒[138]出西道，魏主與太子出涿邪山[139]，行數千里。柔然處羅可汗恐懼遠遁。

二月己亥[140]，上如丹徒[141]，謁京陵[142]。三月丁巳[143]，大赦。募諸州樂移者[144]數千家以實京口[145]。○庚寅[146]，魏主還平城。

夏，五月壬午[147]，帝還建康。○庚寅[148]，魏主如陰山。

帝欲經略[149]中原，羣臣爭獻策以迎合取寵。彭城太守王玄謨尤好進言[150]，帝謂侍臣曰：「觀玄謨所陳，令人有封狼居胥[8]意[151]。」御史中丞袁淑[152]言於上，曰：「陛下今當席卷趙、魏[153]，檢玉岱宗[154]，臣逢千載之會，願上封禪書[155]。」上悅。淑，耽[156]之曾孫也。

秋，七月辛未[157]，以廣陵王誕[158]為雍州刺史[159]。上以襄陽外接關、河[160]，欲廣其資力[161]，乃罷江州軍府[162]，文武悉配雍州[163]，湘州入臺租稅[164]悉給襄陽[165]。

九月，魏主伐柔然，高涼王那出東道，略陽王羯兒出中道。柔然處羅可汗悉國內精兵圍那數十重，那掘塹堅守，相持數日[9]。處羅數挑戰，輒為那所敗。以那眾少而堅，疑大軍將至，解圍夜去。那引兵追之九日九夜。處羅益懼，棄輜重，踰穹隆嶺[166]遠遁。那收其輜重，引軍還，與魏主會於廣澤[167]。略陽王羯兒收柔然民畜凡百餘萬。自是柔然衰弱，屏跡[168]不敢犯魏塞。

冬，十二月戊申[169]，魏主還平城。

沔北諸山蠻[170]寇雍州，建威將軍沈慶之帥後軍中兵參軍[171]柳元景、隨郡太守宗愨等二萬人討之，八道俱進。先是，諸將討蠻者皆營於山下以迫[172]之，蠻得據山發矢石[173]以擊，官軍多不利。慶之曰：「去歲蠻田大稔[174]，積穀重巖[175]，不可與之曠日相守[176]也。不若出其不意，衝其腹心，破之必矣。」乃命諸軍斬木[177]登山，鼓譟而前。羣蠻震恐，因[178]其恐而擊之，所向奔潰。

【章　旨】以上為第一段，寫宋文帝劉義隆元嘉二十四年（西元四四七年）至二十六年共三年間的大事。主要寫了魏主殺前已降魏的北涼主沮渠牧犍，滅其族；寫了魏將萬度歸與唐和討焉耆、龜茲，平定西域；寫魏主拓跋燾幾次出兵討柔然，柔然可汗屢為魏將拓跋那所敗，踰穹隆嶺而逃，從此柔然衰弱，不敢犯塞；寫仇池氐帥楊文德據葭蘆城反魏，諸郡氐附之，被魏將皮豹子擊敗，逃奔漢中；寫宋主劉義隆因「貨重物輕」，另鑄質輕而面額小的銅錢，百姓多盜鑄，而令百姓將大錢一以當二，用之一年，上下均以為不便，又廢止此令；寫劉宋庾炳之受寵專政，貪汙暴戾，被何尚之彈劾免官；寫劉義康被貶，終日醉酒而卒；寫胡藩之子欲立劉義康為帝，殺豫州刺史據郡反，被檀和之討平；寫劉宋王玄謨慫恿劉義隆北伐中原，劉義隆聞之飄飄然，並加強襄陽兵力，以做準備；而袁淑亦稱願上封禪書，以迎合劉義隆之欲登封泰山；以及沔北諸蠻叛亂，朝廷派沈慶之、柳元景進兵征討等等。

【注釋】❶正月甲戌 正月二十六。❷吐京胡 生活在吐京郡（郡治即今山西石樓）一帶的少數民族，是匈奴族的一個分支。❸山胡曹僕渾 山胡族的頭領名叫曹僕渾。山胡是北魏治下的少數民族，是匈奴族的一個分支。❹武昌王提 拓跋提，拓跋珪之孫，拓跋曜之子。傳見《魏書》卷十六。❺癸未 二月初五。❻中山 郡名，郡治即今河北定州。❼魏師之克姑臧 魏軍攻克姑臧，沮渠牧犍投降，北涼滅，事在元嘉十六年，拓跋燾太延五年（西元四三九年）。事見本書卷一百二十三。❽斫砍開；砸開。❾因不復閉 取完後不再關閉上鎖。因，接著；而後。❿至是 到今天。⓫守藏者 珍寶倉庫的看守人。⓬潛暗中；私下。⓭左道 歪門邪術，指僧人曇無讖所玩弄的妖術。事見本書卷一百二十元嘉元年。⓮索牧犍家 查抄沮渠牧犍之家。沮渠牧犍被俘後，魏主釋放之，妻以己妹，封以徒有虛名的高官，居住在魏國的國都平城。⓯沮渠昭儀 沮渠牧犍之妹。魏太武帝拓跋燾在滅北涼前，曾娶沮渠牧犍之妹為嬪妃，封之為右昭儀。事見本書卷一百二十二元嘉十年。昭儀，帝王嬪妃的位號名，級別僅在皇后之下。⓰沮渠祖以先降得免 沮渠祖是沮渠蒙遜之子，沮渠牧犍之弟，因先向魏國投降而免死。沮渠祖降魏事見本書卷一百二十三元嘉十六年。⓱就第 到沮渠牧犍家。不逮捕法辦，問斬市頭，派大臣到府宣令讓其自殺，這是給他保全身分、面子。⓲徙定州丁零 強制居住在今河北定州境內的丁零族人搬遷。丁零，古民族名，又稱鐵勒。⓳西征諸將 指到關中地區討伐蓋吳等叛亂勢力的魏國將領。⓴扶風公處真 烈帝拓跋翳槐的後代。傳見《魏書》卷十四。㉑坐盜沒軍資 因盜竊侵吞軍中的物資而獲罪。坐，因……而犯罪。㉒虜掠贓 掠奪敵方倉庫或百姓的資財而據為己有。㉓貨重物輕 貨幣的重量過大，顯得要買的物品不值。㉔改鑄四銖錢 把以前使用的元嘉七年所鑄的四銖錢銷毀，另鑄質輕而面額小的銅錢。當年劉宋鑄四銖錢事，見本書卷一百二十一。㉕翦鑿古錢 把舊用的四銖銅錢磨薄磨小，用其銅屑私鑄小錢。㉖泉貝 泛稱貨幣。遠古時代的貨幣或稱「泉」、或稱「貝」、或稱「布」、或稱「刀」等等，名稱甚多。㉗以估貨為本 目的就是為了買東西使用方便。估貨，估量貨物的貴賤以定錢數多少。㉘事存交易 由進行交易的雙方量情而定。㉙豈假多鑄 哪裡用得著鑄得更多。假，借；需要。㉚幣重 貨幣值錢。㉛濟用不殊 在滿足市場需要上區別不大。㉜徒崇虛價 白白地提高了貨幣的價值。㉝今制遂行 這「以一當兩」的章程一旦施行。㉞富人之貲自倍 有錢人的家產平空翻了一翻。貲，家產；資本。㉟貧者彌增其困 窮人的日子更加困難。彌，更加。㊱非所以使之均壹 這不是縮小貧富距離的辦法。均壹，平均，縮小貧富距離。㊲卒從義恭議 最終還是採納了劉義恭「以一當兩」的建議。㊳八月乙未 八月二十。㊴衡陽文王義季 劉義季，劉義隆之弟，被封為衡陽王，文是其死後的諡。㊵遂縱酒不事事 劉義季任荊州刺史，甚有業績，是劉裕諸子中之佼佼者。因兄義康之貶，遂害怕劉義隆之猜疑，終日沉於醉鄉，以至於死，令人悲慨。㊶誚責 責備。誚，譏；責。㊷戒 勸告，不讓他醉於酒鄉。㊸樂安宣王範　拓跋範，拓跋嗣之子，被封為樂安王，宣字是諡。傳見《魏書》卷十七。㊹十月壬午　十月初八。㊺胡藩之子誕世　胡藩是劉裕的忠實部將，劉裕篡晉的積極支持者。傳見《宋書》卷五十。胡誕世是胡藩的第十六子。㊻據郡反　佔據豫章郡造反。胡藩的家在豫章郡。㊼去官歸　離開交州刺史任回都城建康。㊽十一月甲寅　十一月初十。㊾皇子渾　劉渾，劉義隆的第十子。㊿汝陰王　封地汝陰郡，郡治即今安徽阜陽。(51)晉王伏羅　拓跋伏羅，拓跋燾之子。傳見《魏書》卷十八。(52)葭蘆城　在今甘肅武都東南的白龍江東岸。(53)五郡氐　五個郡的氐族人。楊文德是氐族人，其家族世代為這一帶的氐族頭領，此時受劉宋政權的封賞，故其號召力甚大。(54)仇池鎮將皮豹子　鎮守仇池郡的將軍名叫皮豹子。仇池郡的郡治在今甘肅成縣西，這一帶歷來屬楊氏家族控制，前不久被魏國佔據。皮豹子是拓跋燾時代的名將。傳見《魏書》卷五十一。(55)擊之　攻擊楊文德。此句乃接上一年的「楊文德據葭蘆城招誘氐、羌，武都等五郡氐皆附之」而言。(56)收　收聚；拘管。(57)楊保宗　前一任氐族頭領楊玄之子，楊文德之兄。因其政權被其叔楊難當所奪而逃奔於魏，拓跋燾任之為將軍，妻之以公主。(58)保宗將叛　事見本書上卷元嘉二十年。魏軍打敗劉宋軍佔據仇池地區後，楊保宗與魏將拓跋齊共同鎮守駱谷，楊文德勸其兄楊保宗反魏自立，楊保宗心思不定。(59)公主勸之　嫁給楊保宗為妻的魏國公主勸楊保宗叛魏自立。(60)叛父母之國　叛父母所在的魏國。(61)賜之死　命令這個公主自殺。(62)免官二句　指免去劉宋前所任命的征西大將軍、北秦州刺史、武都王等。(63)二月癸卯　閏二月初一。(64)罷塞圍役者　遣回修築塞圍的役夫。修築塞圍事見本書上卷元嘉二十三年。(65)上黨　郡名，郡治即今山西長治北，黃碾南。(66)潞縣　在當時上黨郡的城東。(67)西河離石　西河郡的離石縣，縣治即今山西離石城。西河是郡名，郡治即今山西臨汾。(68)閏月己酉　閏二月初七。(69)大蒐于宣武場　在建康城的宣武場舉行大規模的閱兵式。大蒐，原意是打獵，這裡即指閱兵。宣武場，在劉宋國都建康城的城北。(70)劉湛既誅　劉湛圖謀殺害劉義隆，改立劉義康而被殺事，見本書卷一百二十三元嘉十七年。(71)庾炳之　庾冰的曾孫，庾登之之弟，曾悠遊於劉湛與殷景仁二政敵之間，而受劉義隆之親信。傳見《宋書》卷五十三。(72)累遷　一路升到。(73)無文學　不懂儒學理論，不工於說話藝術。(74)彊急輕淺　性情急躁，說話隨便。(75)選部　指猶今之銓敘部，主管官吏的選拔任用。(76)詬詈　辱罵。(77)貨賂　賄賂。貨，錢幣；財寶。(78)惡　憎惡；討厭。(79)令史二人　兩個管理文書的小吏。令史是文辦小吏中的最低者，不入品級。(80)宿於私宅　留宿於庾炳之的私家。尚書令史是掌管尚書省文書檔案的人，不應在尚書省長官的私家留宿，以避嫌疑。(81)所糾　所檢舉；所彈劾。(82)薄其過　認為他這種過失很小。(83)燭盤　插燭承蠟的銅盤。(84)乞匄　乞求；向人討要。指愛佔小便宜，貪人財物。(85)不平　不公正。(86)不可一二　極言其多，不可以用一、二數。(87)構扇　編造、煽動。(88)所少賊一事耳　所差的就是沒有造反這一件事了。賊，作亂；謀反。(89)出之　逐出朝廷，改派到地方上去為官。(90)丹楊尹　丹楊郡的最高行政長官。丹楊郡為京城建康所在之郡，名高權大，特別稱尹，不稱太守，如漢代之有京兆尹是也。(91)蹈罪負恩　犯下罪過，辜負皇恩。(92)方復有尹京赫赫之授　欲讓他當上了京兆尹這樣顯赫的大官。尹京，為京兆尹。「尹」字用如動詞。(93)乃更成其形勢　豈不是更給他壯大了聲勢嗎。(94)昔啓范曄　當年彈劾范曄的時候。何尚之彈劾范曄，見本書卷一百二十三元嘉十七年。啓，啟奏；舉報。(95)亦懼犯顏　也曾擔心惹您動怒。(96)茍白愚懷　如果能讓我說出心裡話。(97)眾過藉藉　如今所謂罪行累累。藉藉，縱橫雜亂的樣子，極言其罪過之多。(98)王玄謨　一個紙上談兵，如戰國時趙括一樣的人。傳見《宋書》卷七十六。(99)要兼水陸　地勢重要，位居水陸兩種交通要衝。(100)撫臨州事　指出任徐州刺史。(101)四月乙卯　四月十四。(102)武陵王駿　劉駿，劉義隆之子，即日後的宋孝武帝。傳見《宋書》卷六。(103)五月甲戌　五月初四。(104)交阯公　交阯郡的郡公。交阯郡的郡治龍編，在今越南河內的東北方，當時屬於劉宋。魏封韓拔的領地於此，可謂望梅止渴。(105)賦役其民二句　向鄯善國的居民徵收賦稅、服勞役，與魏國治下的郡縣同樣對待。這樣就比平常的對待屬國要苛刻得多了。(106)行之經時　推行了一段時間。(107)己卯　五月初九。(108)六月丙寅　六月二十六。(109)南譙王義宣　劉義宣，劉裕之子，劉義隆之弟。傳見《宋書》卷六十八。(110)辛酉　六月二十一。(111)廣德宮　魏國皇帝的行宮，在今內蒙古的陰山北。(112)八月甲子　八月二十五。(113)皇子彧　劉彧，即日後的宋明帝。傳見《宋書》卷八。(114)悅般國　西域國名，約當今新疆之伊寧一帶與其臨近的哈薩克斯坦一帶的伊犁河流域地區。(115)中外戒嚴　京城裡與全國各地一律進入緊急狀態。(116)九月辛未　九月初二。(117)丙戌　九月十七日。(118)成周公萬度歸　成周公姓萬名度歸。成周是封地名，在今洛陽的東北部。(119)焉耆　西域國名，國都在今新疆焉耆回族自治縣西南四十里。(120)龜茲　西域國名，國都在今新疆庫車東郊皮郎舊城。(121)唐和　原是西涼主李暠的部下，西涼被北涼所滅後，逃到西域之伊吾城，與車師前部王共滅沮渠安周等，受到魏主之封賞。傳見《魏書》卷四十三。(122)前部王車伊洛　車師前部王姓車名伊洛，當時歸附於魏國。西域有車師前部與車師後部兩個國家，車師前部國的國都交河城，在今新疆吐魯番西北；車師後國的都城務塗谷，在今新疆奇臺西南。(123)柳驢　西域古城名，方位不詳。(124)波居羅城　西域古城名，方位不詳。(125)十月辛丑　十月初三。(126)弘農昭王奚斤　拓跋珪、拓跋嗣、拓跋燾三朝的名將。傳見《魏書》卷二十九。弘農是封地名，在今河南三門峽市西南。(127)關西之敗　指奚斤率軍討伐夏主赫連定於平涼（今甘肅平涼西南），被赫連定打敗被俘事。見本書卷一百二十一元嘉五年。關西，函谷關以西，這裡實指關中地區以西，今之陝西、甘肅鄰近地區。(128)復其爵邑　奚斤原被封為宜城王，因關西之敗被降為庶民，後又起用，先封為公，又封為弘農王。(129)君臣之分　君臣之間的情誼。分，情誼；情分。(130)癸亥　十月二十五。(131)柳驢戍主　柳驢城的守將。戍主，軍事據點的長官。(132)諸胡咸服　各個番邦小國全都歸順降服。(133)朝于行宮　魏太子拓跋晃到拓跋燾的行宮朝見父皇。行宮，今內蒙古陰山以北的行宮。(134)受降城　即當年漢武帝所築的受降城，在今內蒙古烏拉特中後聯合旗城東，白雲諾博的西南。(135)正月戊辰朔　正月初一是戊辰日。(136)饗　宴請；舉行宴會招待眾人。(137)甲戌　正月初七。(138)略陽王羯兒　拓跋珪之孫，拓跋燾的堂兄弟。傳見《魏書》卷十六。(139)涿邪山　一作涿塗山，約當今蒙古人民共和國阿爾泰山脈的東南部一帶。(140)二月己亥　二月初三。(141)丹徒　縣名，在今江蘇鎮江市東南。(142)京陵　即興寧陵，宋武帝劉裕之母孝懿蕭皇后之墓，在當時的丹徒縣城東南。(143)三月丁巳　三月丁卯朔，無丁巳日。此處應為二月丁巳，即二月二十一。(144)樂移者　願意搬遷的人家。(145)以實京口　以充實京口，京口即今江蘇鎮江市。(146)庚寅　三月二十四。(147)五月壬午　五月十七。(148)庚寅　五月二十五。(149)經略　經營、料理，這裡即指攻取、收復。(150)尤好進言　尤其喜歡推波助流地談這方面的事。(151)令人有封狼居胥意　使人產生一種要像當年霍去病大破匈奴，登狼居胥山，祭天以告勝利的感覺。霍去病大破匈奴，封狼居胥山以告勝利的事情在漢武帝元狩四年（西元前一一九年）。詳見《史記・衛將軍驃騎列傳》。封，築土為壇以祭天。狼居胥山，在今蒙古人民共和國烏蘭巴托的東南方。(152)袁淑　字陽原，以文學著稱於時。傳見《宋書》卷七十。(153)席卷趙魏　席卷，極言攻取、收復之輕而易舉。趙、魏，約指今河北的中部、南部，和與之鄰近的山西南部，河南北部一帶地區。趙國的都城通常指今河北邯鄲；魏國的都城可指河南的開封，河北臨漳西南的古鄴城。(154)檢玉岱宗　意即到泰山祭天。古代帝王祭天的文告是寫在玉片串聯的簡冊上，祭天後埋藏起來。檢，在這裡是收斂、埋藏的意思。岱宗，即泰山。(155)願上封禪書　願意寫一篇歌頌您完成封禪大典的文章。秦漢時代把封禪說成是有道德、有功業的帝王所舉行的一種莊嚴大典。封是指登泰山築臺祭天；禪是指在泰山下的某小山拓場祭地。漢武帝搞這一套則是為了祈求長生不死。今天袁淑又來蠱惑劉義隆搞這一套。漢代司馬相如一生懷才不遇，臨死前悄悄地寫了一篇〈封禪文〉留在家裡，與如今袁淑的意思相同。文見《史記・司馬相如列傳》。(156)耽　袁耽，晉代歷史家袁憶松的後代，曾為歷陽太守，以輕舉妄報被免官。傳見《晉書》卷八十三。(157)七月辛未　七月初七。(158)廣陵王誕　劉誕，劉義隆之子。傳見《宋書》卷四十一。(159)雍州刺史　劉宋的雍州州治襄陽，即今湖北襄樊的襄陽區。當時割襄陽、南陽、新野、順陽、隨五郡給雍州。(160)外接關河　意即與北方的魏國領境。關、河，函谷關與黃河。當時皆在魏國境內，離襄陽不遠。(161)廣其資力　充實這裡的備戰物資與軍事實力。廣，擴大；增強。(162)罷江州軍府　撤銷江州都督府。罷，撤銷。(163)文武悉配雍州　將江州都督府的文武官員都配給雍州都督府。(164)入臺租稅　應向朝廷交納的租稅。(165)悉給襄陽　全部地交納給雍州刺史府。(166)穹隆嶺　山名，方位不詳。(167)廣澤　地名，方位不詳。(168)屏跡　躲避起來，不再顯露形跡。(169)十二月戊申　十二月十七。

170 汭北諸山蠻　居住在漢水以北山區的諸少數民族。汭，汭水，即今之漢水。此「汭北」應指今湖北與河南交界一帶的漢水以北地區。171 後軍中兵參軍　後軍將軍屬下的中兵參軍。172 迫　逼近。173 發矢石　射箭與拋擲石塊。174 大稔　獲得了大豐收。175 積穀重巖　在深山裡屯積了許多糧食。176 相守　相持；對陣。177 斬木　砍樹，即所謂披荊斬棘，開闢道路。178 因　趁著。

【校　記】1 姑臧　原誤作「敦煌」。今據嚴衍《通鑑補》改作「姑臧」。2 姊妹　「姊」上原有「況復」二字。據章鈺校，十二行本、乙十一行本、孔天胤本皆無此二字，張敦仁《通鑑刊本識誤》同，今據刪。3 應　原作「附」。據章鈺校，十二行本、乙十一行本、孔天胤本皆作「應」，今據改。4 西河　原作「河西」。胡三省注云：「『河西』當作『西河』。」當是，今據校正。5 悅般國　原作「般悅國」。胡三省注云：「據《北史》，『般悅』當作『悅般』。」當是，今據校正。6 它觀　據張敦仁《通鑑刊本識誤》，「觀」下脫「應」字。按，下文魏主降它觀爵為公，可知它觀襲爵為既成事實，並非「應」襲。7 咸服　據章鈺校，十二行本、乙十一行本、孔天胤本皆作「咸附」。按，諸胡應指各少數民族，上文有討龜茲事，可知並非都歸附，用「服」字義長。8 狼居胥　據章鈺校，十二行本、乙十一行本、孔天胤本皆作「狼居湏」。按，《史記・衛將軍驃騎列傳》有「封狼居胥山，禪於姑衍，登臨翰海。」9 相持數日　原無此四字。據章鈺校，十二行本、乙十一行本、孔天胤本皆有此四字，張敦仁《通鑑刊本識誤》、張瑛《通鑑校勘記》同，今據補。

【語　譯】太祖文皇帝中之下

元嘉二十四年（丁亥　西元四四七年）

春季，正月二十六日甲戌，宋國實行大赦。

生活在北魏吐京郡一帶的匈奴人和山胡族的首領曹僕渾等起兵造反。二月，擔任征東將軍的武昌王拓跋提等人率軍將這場叛亂鎮壓下去。〇初五日癸未，北魏太武帝拓跋燾前往中山郡進行巡視。

當初，北魏的軍隊攻克北涼的都城姑臧的時候，北涼河西王沮渠牧犍派人砍開了府庫的門鎖，取走了裡面的金銀財寶和各種寶器。取完後就沒有再關閉上鎖，當地的小民百姓於是爭相進入府庫偷盜裡面剩餘的財物，有關部門進行抓捕卻一無所獲。到現在，沮渠牧犍的親信以及倉庫的看守人員才向北魏太武帝報告，並說沮渠牧犍父子儲存了大量的毒藥，前前後後暗中毒殺了上百人，他的姐妹們又都學習了一些歪門邪道。有關部門於是查抄了沮渠牧犍的家，果真從他家中藏匿的物品中搜出了從北涼國庫中盜取的財物。太武帝不禁勃然大怒，立即下詔逼令沮渠昭儀自殺，並且將沮渠牧犍的族人全部誅殺，只有沮渠祖因為先向魏國投降而免死。又有人告發沮渠牧犍還在與他過去的屬臣、百姓交往，陰謀造反，三月，北魏太武帝派遣擔任司徒的崔浩到沮渠牧犍的家中宣讀令沮渠牧犍自殺的詔令，沮渠牧犍死後，被謚為哀王。

北魏把居住在定州郡的三千戶丁零族人強制搬遷到都城平城。

六月，魏國西征諸將領扶風公拓跋處真等八人，因為盜竊、侵吞了上千萬的軍用物資和掠奪敵方倉庫及百姓的資財佔為己有而犯罪，全部被處死。

當初，宋文帝劉義隆認為貨幣的重量過大，與所要購買的物品相比，顯得有些不值，於是便將以前使用的四銖錢銷毀，另行鑄造質輕而面額小的銅錢。民間於是就有許多人把舊有的四銖錢磨薄磨小，利用磨下來的銅屑偷偷地鑄造小錢，宋文帝對此事非常擔憂。擔任錄尚書事的江夏王劉義恭建議，請求把一個大錢當做兩個小錢使用。擔任右僕射的何尚之議論說：「貨幣的興起，原本是為了買東西時使用方便，應該由進行交易的雙方量情而定，哪裡用得著多鑄錢幣呢？貨幣的數量少了，貨幣的價值自然就提高了，而一旦貨幣的數量多了，貨物的價格自然就貴了。貨幣數量的多少雖然不同，而貨幣在滿足市場需要方面所起的作用卻是一樣的。何況又要以一個大錢當做兩個小錢，這豈不是白白地提高了貨幣的價值嗎？如果『以一當二』的政策得到施行，那麼有錢人的家產就會憑空翻了一翻，而窮人的日子就會更加貧困，恐怕這不是縮小貧富差別的好方法。」然而宋文帝最終還是採納了劉義恭「以一當二」的建議。

秋季，八月二十日乙未，宋國擔任徐州刺史的衡陽文王劉義季去世。衡陽王劉義季自從彭城王劉義康遭到流放、並被貶為平民以後，遂終日沉於醉鄉，不再過問政事。宋文帝親自寫信給劉義季，對他嚴加責備並且勸告他不要整日沉湎於醉鄉，然而劉義季仍然照樣縱情暢飲，我行我素，以至於引發疾病而死。

北魏樂安宣王拓跋範去世。

冬季，十月初八日壬午，胡藩的兒子胡誕世殺死了豫章太守桓隆之，佔據豫章郡造反，想要擁戴前彭城王劉義康為皇帝。前任交州刺史檀和之離開交州刺史任所返回都城建康的時候，路過豫章郡，襲擊了胡誕世，把胡誕世斬首。

十一月初十日甲寅，宋文帝封皇子劉渾為汝陰王。

十二月，北魏的晉王拓跋伏羅去世。

楊文德佔據著葭蘆城，他招集引誘那些氐族人、羌族人，武都等五個郡中的氐族人全都響應楊文德。

二十五年（戊子　西元四四八年）

春季，正月，北魏擔任仇池鎮將的征西將軍皮豹子率領各軍襲擊武都王楊文德。楊文德被皮豹子所率領的魏軍打敗之後，便拋棄了葭蘆城逃奔漢中。皮豹子逮捕了楊文德的妻兒和僚屬，收繳了他的軍用物資以及楊保宗所娶的魏國公主而後班師。

當初，楊保宗準備背叛魏國而自立的時候，魏國公主也勸楊保宗叛魏自立。有人對魏公主說：「你為什麼要背叛父母所在的國家呢？」魏公主答覆說：「事情如果能夠成功，我就成了一國的國母，豈能和一個小縣公主相提並論呢？」北魏太武帝下令讓魏公主自殺。○楊文德因為喪師、失地之罪，被宋文帝免去官職，撤銷了他武都王的爵位和封土。

閏二月初一日癸卯，北魏太武帝前往定州視察，撤回了在那裡修築塞圍的役夫。隨後又前往上黨郡，誅殺了潞縣參與叛變的二千多家，把西河郡離石縣的五千多戶居民遷徙到京師平城。

閏二月初七日己酉，宋文帝在建康城的宣武場舉行大規模的閱兵儀式。

當初，劉湛被誅殺後，庾炳之便日漸受到宋文帝劉義隆的寵信，一路升遷到了吏部尚書的職位，他的勢力傾動了朝野。庾炳之不懂得儒學，沒有什麼說話藝術，卻又性情強橫急躁，說話隨便。他主管了選拔任用官吏的大權後，就經常喜歡辱罵賓客，而且大量收受財物賄賂，士大夫因此都非常憎惡、討厭他。庾炳之曾經讓兩位擔任尚書令史的小官吏在自己的私宅留宿，結果遭到有關部門的彈劾。宋文帝認為庾炳之所犯的這種過失很小，就想不加過問。擔任僕射的何尚之卻藉這個機會極力揭發庾炳之的短處，何尚之說：「庾炳之如果看見別人有一個插蠟燭的銅盤、或是有一頭好驢，他都要向人家討要；他選拔任用官吏，不公正的事情很多，絕不止一件二件；他結交朋黨，煽動是非，擾亂了民俗，敗壞了社會風氣，比起范曄來有過之而無不及，在他所犯的罪行中，就差沒有謀反這一件事情了。縱然不加罪於他，也應當把他逐出朝廷，改派到地方上去做官。」宋文帝想任用庾炳之為丹楊尹。何尚之說：「庾炳之犯有罪過，辜負了皇恩，結果反倒任用他為京兆尹這樣顯赫的大官，那豈不就更給他壯大了聲勢嗎。古人說：『沒有獎賞、沒有懲罰，即使是唐堯、虞舜那樣的聖主賢君也不能治理好國家。』我當年上奏彈劾范曄的時候，也曾經擔心觸怒陛下，如果能夠讓我全部說出自己的心裡話，即使讓我死上九次我也不感到後悔。歷觀古今，從來沒有罪行累累，接受賄賂數百萬，卻反而像庾炳之這樣得到高官厚祿的人！」宋文帝這才免去了庾炳之的官職，任命徐湛之為丹楊尹。

宋國擔任彭城太守的王玄謨上書給宋文帝說：「彭城地勢重要，位居水路、陸路兩種交通要衝，請求陛下任用皇子為徐州刺史比較穩妥。」

夏季，四月十四日乙卯，宋文帝任命武陵王劉駿為安北將軍、徐州刺史。

五月初四日甲戌，北魏太武帝任命交阯公韓拔為鄯善王，鎮守鄯善，向鄯善國的人民徵收賦稅、服勞役，把鄯善國與魏國治下的郡縣同等對待。

宋國把一枚大錢當做兩枚小錢使用的做法推行了一段時間以後，無論是公家還是私人，都感到很不方便。五月初九日己卯，廢除了這項制度。

六月二十六日丙寅，宋國擔任荊州刺史的南譙王劉義宣被提升為司空。

六月二十一日辛酉，北魏太武帝前往廣德行宮。

秋季，八月二十五日甲子，宋文帝封皇子劉彧為淮陽王。

西域的悅般國距離魏國的都城平城有一萬多里，悅般國派遣使節前往魏國，請求與魏國分別從東西方向聯合攻擊柔然。北魏太武帝答應了悅般國的請求，於是下令京城內外一律進入緊急戰備狀態。

九月初二日辛未，宋文帝任命擔任尚書右僕射的何尚之為左僕射，任命擔任領軍將軍的沈演之為吏部尚書。

九月十七日丙戌，北魏太武帝前往陰山一帶視察。

魏國被封為成周公的萬度歸率領魏軍前往襲擊西域的焉耆國，把焉耆打得大敗，焉耆國王鳩尸卑那逃往龜茲國。北魏太武帝下詔令唐和與車師前部王車伊洛各自率領屬下的軍隊會合成周公萬度歸一同討伐西域。唐和說服柳驢等六個城投降了北魏，趁機共同襲擊波居羅城，將波居羅城攻克。

冬季，十月初三日辛丑，魏國的弘農昭王奚斤去世，由奚斤的兒子奚它觀繼承了奚斤的爵位。北魏太武帝說：「當初弘農王奚斤關西之敗，按照他的敗軍辱國之罪本來應當被處死，我因為奚斤曾經輔佐先朝有功，所以才恢復了他的爵位和采邑，使他能夠頤養天年，君臣的情分已經足夠了。」遂把奚它觀的爵位降為公爵。

十月二十五日癸亥，魏國實行大赦。

十二月，魏國的成周公萬度歸率軍從焉耆出發向西討伐龜茲，他留下唐和鎮守焉耆。柳驢城的守將乙直伽謀反，唐和立即率軍襲擊柳驢城，殺死了乙直伽，於是，各種胡人全都歸順降服，西域再次被平定。

魏國皇太子拓跋晃到太武帝的行宮朝見自己的父皇，遂跟隨太武帝一起討伐柔然。到達當年漢武帝所築的受降城，卻沒有看到柔然人的影子，於是便把糧食儲存在受降城之內，並在受降城設置了守衛的軍隊然後回師。

二十六年（己丑　西元四四九年）

春季，正月初一日戊辰，北魏太武帝在大漠以南擺宴招待群臣。初七日甲戌，再次討伐柔然。北魏高涼王拓跋那率領魏軍從東路進兵，略陽王拓跋羯兒率領一支魏軍從西路進兵，太武帝與皇太子拓跋晃率軍穿過涿邪山，前進了好幾千里。柔然處羅可汗郁久閭吐賀真恐懼魏軍的強大便遠遠地逃遁了。

二月初三日己亥，宋文帝前往丹徒縣，拜謁京陵。三月丁巳日，宋國實行大赦。從各州中招募了數千家願意搬遷的遷移到京口地區，以充實那裡的人口。〇二十四日庚寅，北魏太武帝返回魏國的都城平城。

夏季，五月十七日壬午，宋文帝從丹徒縣返回到京師建康。〇二十五日庚寅，北魏太武帝前往陰山一帶視察。

宋文帝準備攻取、收復中原地區，群臣全都爭先恐後地貢獻攻取中原的策略以迎合宋文帝的心理，希望以此獲取宋文帝對自己的寵信。擔任彭城太守的王玄謨尤其喜歡推波助瀾地談論這方面的事情，宋文帝於是便對侍奉在自己身邊的近臣說：「我觀看了王玄謨的奏章之後，使我頓時產生出一種要像當年霍去病那樣，大破匈奴，登上狼居胥山，祭天以告勝利的豪情壯志。」擔任御史中丞的袁淑進言宋文帝，說：「如今陛下應當首先攻取、收復古代屬於趙國、魏國的廣大地區，然後登上泰山舉行封禪大典，對於我來說，這是千載難逢的好機會，我願意為陛下撰寫一篇封禪大典的文章，歌頌陛下的功德。」宋文帝聽了非常喜悅。袁淑，是袁耽的曾孫。

秋季，七月初七日辛未，宋文帝任命廣陵王劉誕為雍州刺史。宋文帝認為襄陽挨近函谷關、黃河，與北魏接壤，於是就想要充實襄陽的備戰物，增強襄陽的軍事實力，遂撤銷了設在江州的都督府，把江州都督府的文武官員全都劃歸雍州都督府，湘州應該向朝廷繳納的租稅也全部繳納給雍州刺史府。

九月，北魏太武帝出兵討伐柔然，高涼王拓跋那仍然率軍從東路進發，略陽王拓跋羯兒從中路進發。柔然處羅可汗郁久閭吐賀真調集了全國的精兵把高涼王拓跋那裡裡外外包圍了數十重，拓跋那令軍士挖掘壕溝進行堅守，雙方相持了好幾天。處羅可汗屢次出兵進行挑戰，但每次都被拓跋那所率領的魏軍打敗。處羅可汗因為拓跋那所率領的軍隊人數很少卻能堅守，遂懷疑魏國的大軍即將到來，於是就解除了對拓跋那的包圍，連夜撤離。拓跋那率領軍隊隨後緊追，一直追趕了九天九夜。處羅可汗更加恐懼，便拋棄了輜重，翻越過穹隆嶺，遠遠地逃走了。高涼王拓跋那繳獲了處羅可汗所遺棄的輜重，率領軍隊得勝而回，與北魏太武帝率領的軍隊在廣澤會師。略陽王拓跋羯兒也繳獲了柔然大約一百多萬的人口和牲畜。從此以後，柔然國的勢力逐漸衰落下來，遠遠地躲避起來，再也不敢來侵犯魏國的邊塞。

冬季，十二月十七日戊申，北魏太武帝返回京師平城。

居住在沔水以北山區裡的各少數民族到雍州地區進行劫掠，宋國擔任建威將軍的沈慶之率領著擔任後軍中兵參軍的柳元景、擔任隨郡太守的宗慤等總計二萬人討伐這些少數民族，他們兵分八路同時並進。先前，各將領在討伐這些不安分的少數民族的時候，都是在山下安營紮寨，逐步逼近他們，使得這些少數民族得以佔據山頭的制高點，向下放箭、投擲石塊等進行反擊，導致大多數情況下官軍都作戰失利。建威將軍沈慶之對屬下的諸將說：「去年這裡的這些少數民族所種的莊稼全都獲得了大豐收，他們把收穫的糧食全都儲存在深山裡，我們不能與他們展開曠日持久的交戰。不如採取出其不意的戰術，直接進攻他們的心臟地區，一定能夠將他們打敗。」於是命令各軍砍伐樹木、開闢道路，進入山中，他們一面擂鼓吶喊一面奮勇前進。那些少數民族看到這種陣勢，都感到非常的震驚和恐懼，沈慶之等便趁著他們恐懼的機會大舉進攻，軍隊所到之處，那些少數民族便全部四散而逃了。

二十七年（庚寅　西元四五〇年）

春，正月乙酉❶，魏主如洛陽。

沈慶之自冬至春，屢破雍州蠻，因❷蠻所聚穀以充軍食，前後斬首三千級，虜二萬八千餘口，降者二萬五千餘戶。幸諸山犬羊蠻❸[1]憑險築城，守禦甚固。慶之擊之，命諸軍連營於山中，開門❹相通，各穿池於營內，朝夕不外汲❺。頃之，風甚❻，蠻潛兵夜來燒營，諸軍以池水沃火❼，多出弓弩夾射❽之，蠻兵散走。蠻所據險固，不可攻，慶之乃置六戍❾以守❿之。久之，蠻食盡，稍稍⓫請降，悉遷於建康以為營戶⓬。

魏主將入寇⑬，二月甲午⑭，大獵於梁川⑮。帝聞之，敕淮、泗諸郡⑯：「若魏寇小至，則各堅守；大至，則拔民歸壽陽⑰。」邊戍偵候不明⑱，辛亥⑲，魏主自將步騎十萬奄至⑳。南頓㉑太守鄭琨、潁川㉒太守郭道隱[2]並棄城走。○是時，豫州刺史南平王鑠㉓鎮壽陽，遣左軍行參軍㉔陳憲行汝南郡事㉕，守懸瓠㉖，城中戰士不滿千人，魏主圍之。

三月，以軍興㉗，減內外百官俸三分之一。

魏人晝夜攻懸瓠，多作高樓㉘，臨城以射之。矢下如雨，城中負戶以汲㉙，施大鉤於衝車之端㉚以牽樓堞㉛，壞其南城。陳憲內設女牆㉜，外立木柵㉝以拒之。魏人填塹㉞，肉薄㉟登城，憲督厲將士苦戰，積屍[3]與城等㊱。魏人乘屍上城㊲，短兵相接，憲銳氣愈奮，戰士無不一當百，殺傷萬計，城中死者亦過半。

魏主遣永昌王仁將步騎萬餘，驅所掠六郡生口㊳北屯汝陽㊴。時徐州刺史武陵王駿鎮彭城，帝遣間使㊵命駿發騎㊶，齎㊷三日糧襲之。駿發百里內馬得千五百匹，分為五軍，遣參軍劉泰之帥安北騎兵行參軍㊸垣謙之、田曹行參軍㊹臧肇之、集曹行參軍㊺尹定、武陵左常侍㊻杜幼文、殿中將軍程天祚等將之㊼，直趨汝陽。魏人唯慮救兵自壽陽來，不備彭城。丁酉㊽，泰之等潛進擊之，殺三千餘人，燒其輜重，魏人奔散〔4〕，諸生口悉得東走[49]。魏人偵知泰之等兵無後繼[50]〔5〕，復引兵擊之。垣謙之先退，士卒驚亂，棄仗走[51]。泰之為魏人所殺，肇之溺死，天祚為魏所擒，謙之、定、幼文及士卒免者九百餘人，馬還者四百匹。

魏主攻懸瓠四十二日，帝遣南平內史臧質[52]詣壽陽，與安蠻司馬[53]劉康祖[54]共將兵救懸瓠。魏主遣殿中尚書任城公乞地真將兵〔6〕逆拒[55]之，質等擊斬乞地真。康祖，道錫之從兄[56]也。

夏，四月，魏主引兵還，癸卯[57]，至平城。

壬子[58]，安北將軍武陵王駿降號鎮軍將軍，垣謙之伏誅，尹定、杜幼文付尚方[59]〔7〕，以陳憲為龍驤將軍、汝南・新蔡二郡太守[60]。

魏主遺帝書[61]曰：「前蓋吳反逆，扇動關、隴，彼[62]復使人就而誘之[63]。丈夫遺以弓矢，婦人遺以環釧[64]。是曹[65]正欲譎詐取賂[66]，豈有遠相服從之理[67]？為大丈夫，何不自來取之，而以貨誘我邊民？募往者[68]復除七年[69]，是賞姦[70]也。我今來至此土所得多少[71]，孰與彼前後得我民邪[72]？

「彼若欲存劉氏血食[73]者，當割江以北輸之[74]，攝守南度[75]，如此〔8〕當釋江南使彼居之[76]。不然，可善敕[77]方鎮[78]、刺史、守宰[79]嚴供帳之具[80]，來秋當往取揚州[81]。大勢已至，終不相縱[82]。彼往日北通蠕蠕，西結赫連、沮渠、吐谷渾，東連馮弘、高麗，凡此數國，我皆滅之。以此而觀，彼豈能獨立[83]？

「蠕蠕吳提、吐賀真[84]皆已死，我今北征，先除有足之寇[85]。彼若不從命，來秋當復往取之。以彼無足，故不先討耳。我往之日，彼作何計[86]？為掘塹自守，為築垣以自障也？我當顯然[87]往取揚州，不若彼翳行竊步[88]也。彼來偵諜[89]，我已擒之，復縱還。其人目所盡見，委曲善問之[90]。

「彼前使裴方明取仇池[91]，既得之，疾其勇功[92]，己不能容。有臣如此尚殺之，烏得與我校邪[93]？彼非我敵也。彼常欲與我一交戰，我亦不癡，復非苻堅[94]，何時與彼交戰？晝則遣騎圍繞，夜則離彼百里外宿。吳人正有斫營伎[95]，彼募人以來，不過行五十里，天已明矣。彼募人之首，豈得不為我有哉！

「彼公[96]時舊臣雖老，猶有智策，知今已殺盡[97]，豈非天資我邪[98]？取彼亦不須我兵刃，此有善呪婆羅門[99]，當使鬼縛以來耳。」

侍中、左衛將軍江湛[100]遷吏部尚書。湛性公廉，與僕射徐湛之並為上[9]所寵信，時稱江、徐。

魏司徒崔浩，自恃才略及魏主所寵任，專制朝權，嘗薦冀、定、相、幽、并五州之士數十人，皆起家為郡守(101)。太子晃曰：「先徵之人(102)，亦州郡之選(103)也，在職已久(104)，勤勞未答(105)。宜先補郡縣(106)，以新徵者代為郎吏(107)。且守令治民，宜得更事者(108)。」浩固爭而遣之(109)。中書侍郎、領著作郎(110)高允聞之，謂東宮博士(111)管恬曰：「崔公其不免(112)乎？苟遂其非(113)而校勝於上(114)，將何以堪之(115)？」

魏主以浩監祕書事(116)，使與高允等共撰國記(117)，曰務從實錄(118)。著作令史(119)閔湛、郗標，性巧佞(120)，為浩所寵信。浩嘗註易及論語、詩、書，湛、標上疏(121)言馬、鄭、王、賈(122)不如浩之精微，乞收境內諸書，班(123)浩所註，令天下習業(124)。并求敕浩(125)註禮傳(126)，令後生得觀正義(127)。浩亦薦湛、標有著述才。湛、標又勸浩刊所撰國史于石(128)，以彰直筆(129)。高允聞之，謂著作郎宗欽曰：「湛、標所營，分寸之間(130)，恐為崔門萬世之禍，吾徒(131)亦無噍類(132)矣！」浩竟用湛、標議，刊石立於郊壇(133)東，方百步，用功三百萬(134)。浩書魏之先世，事皆詳實，列於衢路(135)，往來見者咸以為言(136)。北人(137)無不忿恚(138)，相與譖浩於帝，以為暴揚國惡。帝大怒，使有司案(139)浩及祕書郎吏等罪狀。

初，遼東公翟黑子有寵於帝，奉使并州(140)，受布千匹。事覺，黑子謀於高允曰：「主上問我，當以實告為，當諱之(141)？」允曰：「公帷幄寵臣(142)，有罪首實(143)，庶或見原[144]，不可重為欺罔[145]也。」中書侍郎崔覽、公孫質曰：「若首實，罪不可測，不如諱之。」黑子怨允曰：「君柰何誘人就死地[146]！」入見帝，不以實對，帝怒，殺之。帝使允授太子經。

及崔浩被收，太子召允至東宮，因留宿。明旦，與俱入朝，至宮門，謂允曰：「入見至尊[147]，吾自導卿[148]脫，至尊有問[149]，但依吾語。」允曰：「為何等事也？」太子曰：「入自知之。」太子見帝，言：「高允小心慎密，且微賤[150]，制由崔浩[151]，請赦其死。」帝召允，問曰：「國書[152]皆浩所為乎？」對曰：「太祖記[153]，前著作郎鄧淵所為。先帝記[154]及今記[155]，臣與浩共為之。然浩所領事多，總裁[156]而已，至於著述，臣多於浩。」帝怒曰：「允罪甚於浩，何以得生？」太子懼曰：「天威嚴重，允小臣，迷亂失次[157]耳。臣曏問[158]，皆云浩所為。」帝問允：「信如東宮所言乎[159]？」對曰：「臣罪當滅族，不敢虛妄。殿下以臣侍講日久，哀臣[160]，欲匄其生[161]耳。實不問臣，臣亦無此言，不敢迷亂。」帝顧太子曰：「直哉！此人情所難，而允能為之。臨死不易辭[162]，信也[163]；為臣不欺君，貞也[164]。宜特除其罪以旌之。」遂赦之。

於是召浩前，臨詰[165]之，浩惶惑不能對。允事事申明，皆有條理。帝命允為詔，誅浩及僚屬宗欽、段承根等，下至僮吏(166)，凡百二十八人，皆夷五族(167)。允持疑不為(168)，帝頻使催切(169)，允乞更一見，然後為詔。帝引使前，允曰：「浩之所坐，若更有餘釁(170)，非臣敢知。若直以觸犯(171)，罪不至死。」帝怒，命武士執允。太子為之拜請，帝意解(172)，乃曰：「無斯人(173)，當更[10]有數千口死矣。」

六月己亥(174)，詔誅清河崔氏與浩同宗者無遠近(175)及浩姻家范陽盧氏、太原郭氏、河東柳氏，並夷其族，餘皆止誅其身(176)。縶浩置檻內(177)，送城南(178)，衛士數十人溲其上(179)，呼聲嗷嗷，聞於行路。宗欽臨刑歎曰：「高允其殆聖乎(180)！」

它日，太子讓允曰：「人亦當知機(181)。吾欲為卿脫死(182)，既開端緒(183)，而卿終不從(184)，激怒帝如此。每念之，使人心悸。」允曰：「夫史者，所以記人主善惡，為將來勸戒(185)，故人主有所畏忌，慎其舉措(186)。崔浩孤負(187)聖恩，以私欲沒其廉潔(188)，愛憎蔽其公直(189)，此浩之責也。至於書朝廷起居(190)，言國家得失(191)，此為史之大體(192)，未為多違(193)。臣與浩實同其事，死生榮辱，義無獨殊(194)。誠荷(195)殿下再造之慈(196)，違心苟免(197)，非臣所願也。」太子動容稱歎。允退，謂人曰：「我不奉東宮指導者(198)，恐負翟黑子(199)故也。」

初，冀州刺史崔賾，武城男崔模(200)，與浩同宗而別族(201)，浩常輕侮之，由是(202)

不睦。及浩誅，二家獨得免。嘖，逞[203]之子也。

辛丑[204]，魏主北巡陰山。魏主既誅崔浩而悔之。會[205]北部尚書宣城公[11]李孝伯[206]病篤，或傳已卒。魏主悼之曰：「李宣城[207]可惜！」既而曰：「朕失言，崔司徒可惜，李宣城可哀！」孝伯，順[208]之從父弟[209]也，自浩之誅，軍國謀議皆出孝伯，寵眷亞於浩[210]。

初，車師大帥車伊洛世服於魏，魏拜伊洛平西將軍，封前部王。伊洛將入朝，沮渠無諱斷其路[211]，伊洛屢與無諱戰，破之。無諱卒[212]，弟安周奪其子乾壽兵，伊洛遣人說乾壽[213]，乾壽遂帥其民五百餘家奔魏。伊洛又說李寶弟欽[214]等五十餘人下之[215]，皆送于魏。伊洛西擊焉耆，留其子歇守城[216]，沮渠安周引柔然兵間道[217]襲之，攻拔其城。歇走就伊洛，共收餘眾，保焉耆鎮[218]，遣使上書於魏主，言：「為沮渠氏所攻，首尾八年[219]，百姓飢窮，無以自存。臣今棄國出奔[220]，得免者[221]僅[12]三分之一，已至焉耆東境，乞垂賑救！」魏主詔開焉耆倉以賑之。

吐谷渾王慕利延為魏所逼，上表求入保越巂[222]，上許之。慕利延竟不至。

上欲伐魏，丹楊尹徐湛之、吏部尚書江湛、彭城太守王玄謨等並勸[223]之。左軍將軍劉康祖[224]以為歲月已晚，請待明年。上曰：「北方苦虜虐政，義徒[225]並起。

頓兵一周[226]，沮向義之心[227]，不可。」

太子步兵校尉[228]沈慶之諫曰：「我步彼騎，其勢不敵。檀道濟再行無功[229]，到彥之失利而返[230]。今料王玄謨等，未踰兩將[231]，六軍[232]之盛，不過往時，恐重辱王師。」上曰：「王師再屈[233]，別自有由[234]，道濟養寇自資[235]，彥之中塗疾動[236]。虜所恃者唯馬，今夏水浩汗[237]，河道流通，汎舟北下，碻磝[238]必走，滑臺[239]小戍，易可覆拔[240]。克此二城，館穀弔民[241]，虎牢[242]、洛陽，自然不固。比及冬初[243]，城守相接[244]，虜馬過河即成擒[245]也。」慶之又固陳不可，上使徐湛之、江湛難之[246]。慶之曰：「治國譬如治家，耕當問奴，織當訪婢。陛下今欲伐國，而與白面書生輩謀之，事何由濟[247]！」上大笑。太子劭[248]及護軍將軍蕭思話[249]亦諫，上皆不從。

魏主聞上將北伐，復與上書曰[250]：「彼此和好日久，而彼志無厭[251]，誘我邊民。今春南巡[252]，聊省我民[253]，驅之使[13]還[254]。今聞彼欲自來，設能至中山[255]及桑乾川[256]，隨意而行，來亦不迎，去亦不送。若厭其區宇[257]者，可來平城居，我亦往揚州，相與易地[258]。彼年已五十，未嘗出戶，雖自力[259]而來，如三歲嬰兒，與[260]我鮮卑生長馬上者果如何哉[261]？更無餘物可以相與，今送獵馬十二匹并氈、藥等物。彼來道遠，馬力不足，可乘。或不服水土，藥可自[14]療也。」

【章　旨】以上為第二段，寫宋文帝元嘉二十七年（西元四五〇年）上半年的大事。主要寫了沈慶之、柳元景平定沔北諸蠻，悉遷之建康以為營戶；寫了魏主南侵，宋將陳憲奉命守懸瓠，奮勇抵抗，艱苦卓絕；又有臧質、劉康祖率兵救懸瓠，遂破魏兵；寫了武陵王劉駿自徐州派兵襲魏軍於汝陽，初戰獲勝，後因無後續跟進而敗，武陵王被降職；寫了魏國謀臣崔浩專制朝權，魏太子亦奈何不得；崔浩主編魏國國史，寵用奸小閔湛、郗標，二人吹捧崔浩，慫恿刻國史於石，結果觸怒魏國權貴，致使崔浩被殺；寫了崔浩的下屬高允有先見之明，又能如實承擔自己寫史的責任，並能坦直向魏主進言，從而獲魏主信任。高允公正地評價崔浩為「以私欲沒其廉潔，愛憎蔽其公直，此浩之責也。至於書朝廷起居，言國家得失，此為史之大體，未為多違」，魏主後來亦悔之曰「崔司徒可惜」；寫了王玄謨、徐湛之、江湛等慫恿劉義隆北伐，沈慶之堅決反對，劉義隆不聽；本段還錄入了魏主致宋文帝之二書，誇敘了魏國的破柔然之功，威脅劉宋應自動退縮於長江以南；又譏諷劉義隆有一裴方明而不能用，而將其殺害，如此忌功害能而尚痴言北伐云云。

【注　釋】❶正月乙酉　正月二十四。❷因　憑藉；依仗。❸幸諸山犬羊蠻　幸諸山上的犬羊族蠻人。幸諸山是山名，在當時的雍州境內。犬羊是沔北山區少數民族中的一種。❹開門　鑿出許多門戶。❺不外汲　用不著到兵營以外去取水，意思是不會受到山中蠻族的狙擊。❻風甚　風颳得很大。❼沃火　澆火使之熄滅。❽夾射　因宋軍的兵營彼此呼應相連，故一旦蠻人來到，前後、左右的營盤都可以朝著蠻人放箭。❾六戍　六個防守據點。❿守　守候，等機會，盯著他們出來。⓫稍稍　漸漸。⓬營戶　附屬於軍隊管轄的一些居民，全家跟隨軍隊活動，不受地方政府管轄。⓭將入寇　準備進攻劉宋王朝。⓮二月甲午　二月初三。⓯梁川　地區名，也就是當時魏國的涼城郡，在今內蒙古的涼城東北。胡三省曰：「後魏天平二年（西元五三五年）置梁城郡於其地，領參合（今內蒙古涼城西南）、旋鴻（今內蒙古豐鎮東北）二縣。」⓰淮泗諸郡　淮河與泗水流域的各郡，此指今江蘇西北部、安徽北部、河南東南部、山東西南的四省鄰近地區。當時設有彭城郡、淮陽郡、濟陰郡、譙郡、汝陰郡、義陽郡，以及下文提到的南頓郡、潁川郡等等。⓱拔民歸壽陽　把這些沿邊郡縣的百姓都向南遷移到今安徽的壽縣一帶。壽陽，也稱壽春，即今壽縣。⓲邊戍偵候不明　邊防據點偵察敵情不仔細。邊戍，邊防據點。偵候，偵察。⓳辛

亥　二月二十。⑳奄至　突然來到。㉑南頓　郡名，郡治在今河南項城西。㉒潁川　郡名，郡治在今河南漯河市東北。㉓南平王鑠　劉鑠，劉義隆之子，被封為南平王。傳見《宋書》卷七十二。㉔左軍行參軍　左軍將軍屬下的代理參軍。行，代理；試用。㉕行汝南郡事　暫時代理汝南郡太守的職務。汝南郡的郡治即今河南汝南縣。㉖懸瓠　古城名，即今河南汝南縣，當時汝南郡的郡治，㉗軍興　軍事動員，全國進入緊急狀態。㉘高樓　攻城用的樓車。㉙負戶以汲　以門板為遮蔽出門汲水，以避樓車上放出的箭。㉚衝車之端　即樓車之頂。衝車，攻城之車，即樓車。㉛以牽樓堞　以拽倒城牆上的望樓與垛口。堞，大城上的小牆。㉜內設女牆　在城倒之處又築起一道小牆。女牆，即堞，原指城牆上的垛口。這裡即指新築的小牆。㉝外立木柵　在小牆之外又立起一些木製的柵欄。㉞填塹　填平了護城河。塹，為防守所挖的濠溝。㉟肉薄　不顧性命地擁上。薄，逼；擁上。㊱與城等　與城牆一樣高。㊲乘屍上城　踩著屍體登上城牆。乘，踩；踏著。㊳所掠六郡生口　指元嘉二十三年（西元四四六年）拓跋仁等寇兗、青、冀三州，大掠北邊所俘獲去的居民。生口，活人。㊴汝陽　郡名，郡治在今河南商水縣西南。㊵間使　祕密使者。㊶發騎　徵調騎兵。㊷齎　攜帶。㊸安北騎兵行參軍　安北將軍武陵王劉駿手下臨時掌管騎兵的參謀。㊹田曹行參軍　臨時主管營田的參謀。㊺集曹行參軍　臨時主管安撫流散的參謀。集，收合、安撫。㊻武陵左常侍　武陵王劉駿的左常侍。胡三省曰：「晉制：王國置左右常侍各一人。宋沿置。」㊼將之　分別統領這五支騎兵。㊽丁酉　四月初七。㊾東走　向東逃回老家，即兗、青、冀一帶。㊿無後繼　沒有後續部隊。(51)棄仗走　扔掉武器逃跑。仗，刀槍等長兵器的總名。(52)南平內史臧質　南平國的行政長官臧質。南平王是劉義隆的兒子劉鑠的封號。內史是諸侯王國的行政長官，其級別相當於郡太守。臧質是劉義隆的表兄弟。傳見《宋書》卷七十四。(53)安蠻司馬　安蠻將軍屬下的司馬官。胡三省曰：「時南平王鑠領（兼任）安蠻校尉，以康祖為司馬。」(54)劉康祖　劉裕功臣劉虔之之子，劉義隆時代的名將。傳見《宋書》卷五十。(55)逆拒　迎頭攔截。(56)道錫之從兄　劉道錫的堂兄。劉道錫事見本書卷一百二十三元嘉十八年。(57)癸卯　四月十三。(58)壬子　四月二十二。(59)付尚方　交給尚方作苦力。尚方，官署名，主管給宮廷製造器物，其下有許多犯人、奴隸從事勞動。(60)汝南新蔡二郡太守　當時劉宋的汝南、新蔡二郡合併為一個衙門，由一個太守統管，郡治即今河南之汝南縣。(61)遺帝書　給劉義隆寫信說。(62)彼　此處的意思猶言「爾」、「爾等」，指劉宋朝廷。(63)就而誘之　前去拉攏引誘他們。就，往，去找。(64)丈夫遺以弓矢二句　對他們的男人，你們送給他們弓矢；對他們的女人，你們送給她們簪環。遺，贈。環釧，耳環與簪子。宋與蓋吳相互溝通事，見本書上卷元嘉二十二年、二十三年。(65)是曹　這類人，指蓋吳等叛魏勢力。(66)正欲譎誑取賂　正想趁機向你們騙取一些財物。(67)豈有遠相服從之理　怎麼能大老遠地去真心歸順於你們呢。(68)募往者　你們曾懸賞招募我方的邊民逃到你方。(69)復除七年　免除他們七年的賦稅與徭役。(70)賞姦　獎賞叛主私逃的壞人。(71)今來至此土所得多少　這一次我進攻所得的土地與人口數量。(72)孰與彼前後得我民邪　和你們歷次用狡猾手段騙過去的人數相比，看看哪個更多更值呢。(73)彼若欲存劉氏血食　你們要是還想維持你們劉氏政權的苟延殘喘。血食，指宗廟能享受祭祀，也就是代指國家政權沒有滅亡。古時祭祀宗廟要殺牛羊豬做供品，故稱神鬼享受祭祀叫「血食」。(74)當割江以北輸之　應割全部的長江以北送給魏國。(75)攝守南度　把你們長江以北的守兵撤回江南，能用心守好江南也就不錯了。(76)如此當釋江南使彼居之　如果你們能這樣做，我也放棄江南不要，讓你們去居住算了。(77)善勑　好好囑咐。(78)方鎮　各州的都督。(79)守宰　郡太守與縣令。(80)嚴供帳之具　準備好接待客人生活住宿的一切需要。嚴，事先準備好。供帳之具，也可以簡稱「治具」，即接待客人的筵席。(81)揚州　劉宋時的揚州大體為今之江蘇南部與浙江一帶地區。這裡即泛指劉宋所據的全部地盤。(82)終不相縱　絕對不會再放過你們。縱，放；饒過。(83)彼豈能獨立　你們怎麼能單獨地活下去。(84)蠕蠕吳提吐賀真　柔然族的頭領吳提與吐賀真。吳提是大檀之子，號敕連可汗，死於西元四四四年；吐賀真是吳提之子，號處羅可汗，死於西元四六四年。(85)有足之寇　指騎馬的柔然等民族。(86)彼作何計　你們將做何打算。(87)顯然　公開地；堂而皇之地。(88)翳行竊步　遮遮掩掩、偷偷摸摸地行動。翳，隱蔽。(89)彼來偵諜　你們派出的諜報人員。(90)委曲善問之　我方的詳細情況，你仔細地問他們就行了。(91)裴方明取仇池　事在元嘉二十年，見本書上卷。(92)疾其勇功　你們嫉恨他的勇敢與軍功。疾，嫉恨。(93)烏得與我校邪　你們還怎麼能與我較量呢。校，較量。(94)復非苻堅　我可不是當年的苻堅，意思是不會被你們南方人所玩的那種小把戲所哄騙。(95)正有斫營伎　即使你們有善於半夜偷襲敵營的本領。正，即使。伎，伎倆；本事。(96)彼公　你老子，指劉裕。(97)今已殺盡　如謝晦、檀道濟等。(98)豈非天資我邪　這不就像老天爺在幫著我們一樣嗎。資，助。(99)善呪婆羅門　天竺國有婆羅門教徒，善搞念咒驅鬼等迷信活動。(100)江湛　字徽淵，曾任彭城王義康、隨王誕等屬官，後徵為侍中，遷左衛將軍。傳見《宋書》卷七十一。(101)起家為郡守　由一個平民直接被任為太守。(102)先徵之人　胡三省曰：「謂游雅、李靈、高允等。」(103)州郡之選　出任刺史、太守的合適人選。(104)在職已久　在朝廷各省任小吏已經多年。(105)勤勞未答　他們的功勞苦勞還沒有得到報答。(106)先補郡縣　意即先讓他們去任太守、縣令。(107)代為郎吏　接替他們任各省的下屬官員。郎吏，郎中、侍郎一級的各省屬官。(108)宜得更事者　應該讓有經驗、有閱歷的人去。更事，經歷過世事的磨難。更，此處的意思同「經」。(109)固爭而遣之　堅持己見而派了出去。(110)領著作郎　兼任著作郎。著作郎是祕書省屬官。(111)東宮博士　太子身邊的博士官。葛曉音引唐長孺《讀史釋詞》，以為北朝「博士」是對儒生學究的一種泛稱。凡是被引薦給太子講經或侍書的儒生，都可稱東宮博士。(112)不免　難逃一死，不會有好下場。(113)遂其非　堅持錯誤的說法、做法而不改。[114]校勝於上　與自己的上司爭強奪勝。[115]何以堪之　誰能受得了。[116]監祕書事　為祕書省的長官，即為祕書監。[117]共譔國記　共同編寫魏國的國史。譔，同「撰」。著述；編寫。[118]務從實錄　一定要實話實說。[119]著作令史　祕書省的基層小吏，掌管國史資料的搜集與注釋。[120]巧佞　乖巧善逢迎。佞，伶牙俐齒而心術不正。[121]上疏　給皇帝上表。疏，文體名，給皇帝上書的專稱。因要羅列申說，故稱「疏」。[122]馬鄭王賈　馬融、鄭玄、王肅、賈逵，漢、魏時代的四位經學家。馬融，東漢人，著《三傳異同說》、注《孝經》、《論語》、《詩》、《易》、《三禮》、《尚書》、《列女傳》、《老子》、《淮南子》、〈離騷〉等書。傳見《後漢書》卷六十上。鄭玄，東漢人，曾師事馬融。遍注《五經》，著有《天文七政論》等書。傳見《後漢書》卷三十五。王肅，三國時人，精通賈逵、馬融的經學，遍為諸家經籍作注。憑女婿司馬炎（晉武帝）的地位，注傳立於學官。傳見《三國志》卷十三。賈逵，東漢人，著有《經傳義詁》、《論難》等。傳見《後漢書》卷三十六。[123]班　同「頒」。以朝廷的命令頒布全國。[124]令天下習業　讓天下所有想研習儒家經典的人都以崔浩的注本為標準。習業，學習的標準，傳家的事業。[125]求敕浩　請求皇帝命令崔浩。敕，命令；委託。[126]註禮傳　再新注一本《禮傳》。[127]令後生得觀正義　讓後代人能夠看到有關《禮經》的正確的解釋。[128]刊所譔國史于石　把崔浩所撰寫的魏國的國史刻在石碑上。刊，刻。[129]以彰直筆　以表彰崔浩的敢於據實寫史。[130]湛標所營二句　閔湛、郗標所做的不過是言辭方面的偏高偏低、偏好偏差而已。[131]吾徒　我輩；我們這些人。[132]無噍類　意即滿門抄斬，留不下一個有活氣的。[133]郊壇　皇帝在郊外祭天所用的壇臺。胡三省曰：「據《水經注》，平城西郭外有郊天壇。」[134]用功三百萬　整個工程花費了三百萬銅錢。[135]列於衢路　指刊印魏國歷史的書籍擺在大街小巷出賣。衢路，四通八達的大路。[136]咸以為言　都在談論這部國史中所說的事情。[137]北人　胡三省曰：「指先世跟隨拓跋氏從北方來的人。」主要指鮮卑人。[138]無不忿恚　因為裡面寫了許多傳說中的荒誕、虛妄，不夠莊嚴神聖的東西。忿恚，憤怒、怨恨。[139]案　查辦。[140]奉使并州　奉命出使到并州。并州的州治晉陽，在今山西太原西南。[141]當諱之　還是隱瞞不報。[142]帷幄寵臣　皇帝身邊的寵臣。帷幄，宮室裡的寢帳，這裡喻指皇帝身邊。[143]首實　自己主動講出實情。首，自動；自首。[144]庶或見原　或許能得到寬赦。庶，或許。見原，被寬赦。[145]重為欺罔　再幹欺騙皇上的事。欺罔，欺騙蒙蔽。[146]誘人就死地　引誘人往死路上走。[147]入見至尊　進去見到皇上後。[148]吾自導卿　我來引導你的說話與行事。意即你一切都按我的意思做。[149]至尊有問　萬一皇上問到你什麼。[150]微賤　官小，地位低。[151]制由崔浩　您的一切旨意都是通過崔浩下達的。[152]國書　即前文所說的《國記》，也就是魏國的歷史。[153]太祖記　敘述拓跋珪生平始末的篇章。[154]先帝記　敘述拓跋燾之父拓跋嗣的篇章。[155]今記　當今皇帝的本紀，寫拓跋燾的篇章。[156]總裁　總攬其事，從大體上進行管理。

(157)迷亂失次　因嚇傻了而說話亂套。(158)臣曏問　剛才我還問他。曏，前者；剛才。(159)信如東宮所言乎　真是像太子所說的那種樣子嗎。信，的確。東宮，指太子。(160)哀臣　可憐我。(161)欲匄其生　想為我乞求一條活命。(162)不易辭　不改變自己的說法。(163)信也　是一個有信義的人。(164)貞也　堅守正道。(165)臨詰　親臨詢問。(166)僮吏　從事勤雜工作的小吏。(167)夷五族　滅其五族。五族指大父族、父族、己族、子族、妻族。(168)持疑不為　心有疑問，不為之擬詔書。(169)頻使催切　不斷派人去催促責備。(170)更有餘釁　還有其他別的罪過。(171)若直以觸犯　如果只是因為寫書觸犯了皇室。直，只是。(172)意解　怒氣消解。(173)無斯人　如果沒有高允出來說情。(174)六月己亥　六月初十。(175)無遠近　不論親緣關係的遠近。(176)餘皆止誅其身　其餘罪犯只殺犯罪者本人，不牽連家族。(177)縶浩置檻內　捆綁起崔浩，將其裝入囚車。檻，有如運送野獸的裝有柵欄的車子。(178)送城南　胡三省曰：「後魏刑人必於城南。」(179)溲其上　向著崔浩的身上撒尿。溲，撒尿。(180)其殆聖乎　差不多可以稱之為聖人了。歎服他有先見之明。(181)知機　這裡的意思是懂得隨機應變。機，徵兆；機會。(182)脫死　開脫死罪。(183)既開端緒　已經說開了話頭。(184)終不從　不按我開出的路子走。(185)勸戒　鼓勵人做什麼，與警告人不做什麼。勸，鼓勵。(186)慎其舉措　謹慎他的一舉一動。舉措，興辦與停止。(187)孤負　同「辜負」。孤，背。(188)以私欲沒其廉潔　放縱個人的欲望，掩蓋了廉潔奉公。(189)愛憎蔽其公直　放任個人的愛憎，而忽視了客觀的公道正直。(190)書朝廷起居　記錄某位皇帝的日常生活。(191)言國家得失　記載國家大事的成敗。(192)此為史之大體　這是歷史應寫的主要內容。(193)未為多違　沒有更多違背事實的地方。(194)義無獨殊　沒有道理對我特別寬大。(195)誠荷　實在是感謝您。(196)再造之慈　想給我開脫罪責，免我一死的好心。(197)違心苟免　違背個人心意的不當免而獲免。(198)不奉東宮指導者　沒有按太子晃的指導給皇帝回話的原因。(199)恐負翟黑子　怕對不起翟黑子。因翟黑子犯罪時，高允出主意令其主動自首；如今自己遭罪，如不坦誠對待，那就是對別人、對自己各有一套了。(200)武城男崔模　崔模，被封為男爵，封地是武城縣（今山東費縣西南）。傳見《魏書》卷五十六。(201)同宗而別族　同一個族姓，不是同一個支派。(202)由是　因此。(203)逞　崔逞，三國時名人崔琰的後代，先後曾在前秦、東晉、後燕等國為官，後投歸魏國，因說話含有譏諷，被道武帝拓跋珪所殺。傳見《魏書》卷三十二。(204)辛丑　六月十二。(205)會　恰逢。(206)北部尚書李孝伯　北魏初有殿中、樂部、駕部、南部、北部五個尚書。北部尚書掌北邊州郡事務。李孝伯，李順的遠房兄弟。傳見《魏書》卷五十三。(207)李宣城　即李孝伯。李孝伯被魏封為宣城公。(208)順　李順，魏國的謀臣。傳見《魏書》卷三十六。(209)從父弟　堂弟；叔伯之家的兄弟。(210)亞於浩　僅次於崔浩。(211)沮渠無諱斷其路　沮渠無諱是沮渠蒙遜之子，沮渠牧犍之弟。沮渠牧犍被俘，北涼被魏所滅後，率領殘餘勢力逃入西域，活動於高昌（今新疆吐魯番一帶地區），阻斷了魏與西域的交通。(212)無諱卒　事在宋文帝元嘉二十一年（西元四四四年）。(213)說乾壽　勸說乾壽。(214)李寶弟欽　李寶與其弟李欽，二人乃西涼主李暠的孫子，西涼被北涼所滅後，李寶等逃往西域，對魏國叛服不定。(215)下之　被說服。(216)守城　鎮守車師前部城。(217)間道　抄小道。(218)保焉耆鎮　據焉耆鎮而守之。胡三省曰：「魏破焉耆以為鎮。」意思是魏國滅掉焉耆後，在焉耆設立了一個軍鎮。(219)首尾八年　從元嘉十九年起，無諱即佔據高昌，與車師互相攻伐，至此已八年。(220)棄國出奔　丟棄了車師前部國，西逃到焉耆。(221)得免者　指從沮渠安周襲擊下逃脫出來的人。(222)求入保越嶲　請求搬遷到劉宋治下的越嶲郡居住。越嶲郡的郡治在今四川西昌東南。(223)勸　鼓勵；贊成。(224)劉康祖　劉義隆時代的名將。傳見《宋書》卷五十。(225)義徒　起兵反魏的義士。(226)頓兵一周　在一年的時間裡停止不前。(227)沮向義之心　讓那些盼望官軍早日到達的人們灰心失望。沮，渙散；瓦解。(228)太子步兵校尉　皇太子屬下的武官名。宋高祖永初二年始置東宮屯騎、步兵、翊軍三校尉。(229)檀道濟再行無功　檀道濟出師北伐，前後兩次都沒成功。第一次在營陽王景平元年（西元四二三年），魏攻青州刺史於東陽（今山東青州），檀道濟率軍救之，敵退去，檀無功而返；第二次在宋文帝元嘉八年（西元四三一年），宋軍與魏軍戰於黃河、濟水一線，到彥之等大敗，檀道濟僅全師而還。(230)到彥之失利而返　事在宋文帝元嘉七年（西元四三〇年），時到彥之等率軍北伐，魏軍主動將防守據點都撤退到黃河以北，使到彥之輕易地獲得了這些地盤；不久魏軍反攻，宋軍慘敗，到彥之等狼狽逃回。事見本書卷一百二十一。(231)未踰兩將　他們的能力不超過檀道濟與到彥之。(232)六軍　敬指劉宋朝廷的武裝力量。(233)王師再屈　檀道濟與到彥之的兩次失敗。(234)別自有由　都有他們各自的原因。(235)養寇自資　眼看著敵兵不打，以求保存自己的實力。指檀道濟在景平元年屯軍湖陸，畏魏兵強，不敢進擊。(236)彥之中塗疾動　在行軍作戰的過程中，到彥之眼病發作。(237)浩汗　水勢巨大的樣子。(238)碻磝　古代的軍事要地名，也叫盧縣，在今山東東阿西北，聊城的東南。當時屬魏。(239)滑臺　古城名，即今河南滑縣城東的舊滑縣，北臨古黃河，是北魏在河南設立的四鎮之一。(240)易可覆拔　容易被我們再奪過來。(241)館穀弔民　讓我們的軍隊取用敵人積聚起來的糧食，同時安撫慰問當地百姓們所受的悲苦。館穀，住敵人的房子，吃敵人的糧食，以休整我們的軍隊。(242)虎牢　關塞名，在今河南滎陽西北的古汜水鎮西，挨近其北側的古成皋城遺址。此時亦屬魏國。(243)比及冬初　等到初冬來臨。比，及；等到。(244)城守相接　被我們攻克的城市相連一體。(245)成擒　現成的俘虜。極言其白來送死。(246)難之　與之辯論。(247)事何由濟　事情怎能獲得成功。(248)太子劭　劉劭，即日後所說的「元凶劭」。傳見《宋書》卷九十九。(249)蕭思話　劉宋時代的著名將領。傳見《宋書》卷七十八。(250)復與上書曰　又給劉義隆寫信說。上，指宋文帝劉義隆。(251)彼志無厭　你的貪心沒有個滿足。厭，通「饜」。飽；滿足。(252)今春南巡　指二三月間的魏軍進攻懸瓠，又與宋軍戰於汝陽等等。(253)聊省我民　我是來看看我的子民們的生活狀況。省，視察。(254)驅之使還只要把宋軍趕走，讓我們收兵回來。255中山　郡名，郡治即今河北定州。256桑乾川　即今山西東北部和與之相鄰的河北西北部的桑乾河流域。北魏置桑乾郡，郡治在今山西山陰南。257若厭其區宇　如果你厭煩了你的江南地區。258相與易地　彼此交換一下國土。259自力　指長大成人，能獨立生活。260與　意即與……相比。261果如何哉　究竟怎麼樣呢。胡三省曰：「觀魏主與帝二書，誠有憚江南之心；大明以後，北不復憚南矣。」

【校　記】1犬羊蠻　原作「大羊蠻」。據章鈺校，孔天胤本作「犬羊蠻」，《宋書・沈慶之傳》載：「慶之復率眾軍討幸諸山犬羊蠻，緣險築重城。」今據改。2郭道隱　原作「鄭隱道」。據章鈺校，十二行本、乙十一行本、孔天胤本皆作「郭道隱」，張敦仁《通鑑刊本識誤》同，今據改。按，《宋書・文帝紀》載「汝陽潁川二郡太守郭道隱委守走。」3屍　據章鈺校，十二行本、乙十一行本、孔天胤本皆作「尸」，下同。4奔散　原作「失散」。據章鈺校，十二行本、乙十一行本、孔天胤本皆作「奔散」，張敦仁《通鑑刊本識誤》、張瑛《通鑑校勘記》同，今據改。5無後繼　原無「後」字。據章鈺校，十二行本、乙十一行本、孔天胤本皆有「後」字，今據補。6將兵　據章鈺校，十二行本、乙十一行本、孔天胤本皆無此二字。按，前文劉康祖救懸瓠有「將兵」二字，此處應亦有。7尚方　原作「上方」。據章鈺校，十二行本、乙十一行本、孔天胤本皆作「尚方」，今據改。8如此　原無此二字。據章鈺校，十二行本、乙十一行本、孔天胤本皆有此二字，張敦仁《通鑑刊本識誤》同，今據補。9上　原作「主上」。據章鈺校，十二行本、乙十一行本、孔天胤本皆無「主」字，熊羅宿《胡刻資治通鑑校字記》同，今據刪。10更　原無此字。據章鈺校，十二行本、乙十一行本、孔天胤本皆有此字，張敦仁《通鑑刊本識誤》同，今據補。11宣城公　原無此三字。據章鈺校，十二行本、乙十一行本、孔天胤本皆有此三字，張敦仁《通鑑刊本識誤》同，今據補。按，後文魏主言「李宣城可惜」，可知李孝伯確為宣城公。12僅　據章鈺校，十二行本、乙十一行本、孔天胤本皆作「纔」。13使　原作「便」。據章鈺校，十二行本、乙十一行本、孔天胤本皆作「使」，今據改。14可自　據章鈺校，孔天胤本二字互乙。

【語　譯】二十七年（庚寅　西元四五〇年）

春季，正月二十四日乙酉，北魏太武帝拓跋燾前往洛陽巡視。

宋國建威將軍沈慶之從去年的冬季到今年的春季這段時間裡，屢次打敗到雍州進行劫掠的各少數民族，並把他們儲存在深山裡的糧食充作自己部隊的軍糧，前後共斬殺了三千多人，俘虜了二萬八千多人，向朝廷軍投降的還有二萬五千多戶。幸諸山上的犬羊族蠻人憑藉著山上的險要地勢修築起城池，防守非常堅固。沈慶之指揮軍隊向犬羊蠻發起進攻，他命令各軍將山中所安的營寨全部連接起來，鑿通門戶之後可以互相聯通，各營中都挖有水池，早晚用水的時候不必到兵營以外去取水。過了不久，颳起了大風，犬羊族派遣士兵趁黑夜偷偷前來燒營，各營的士卒就用軍營中水池裡的水將火澆滅，各軍營的士兵大多都出來用弓弩從各個方向放箭射向蠻兵，蠻兵立即四散逃走。然而因為山蠻所佔據的地勢險要堅固，仍然無法將其攻克，沈慶之於是便設置了六個防守據點守候在那裡，牢牢地困住他們。時間一長，山蠻的糧食吃完了，遂逐漸地出來向宋軍請求投降，沈慶之把他們全部遷徙到建康，作為歸屬於軍隊管轄的居民戶。

北魏太武帝準備出兵向南進犯宋國，二月初三日甲午，北魏軍在梁川進行了一次大規模的狩獵活動。宋文帝劉義隆聽說後，立即下令給淮河與泗水流域的各郡說：「如果有少量的魏國軍隊進犯邊界，你們就各自堅守；如果魏國派大軍前來侵犯，你們就把這些沿邊諸郡縣的百姓向南遷移到壽陽一帶。」守衛邊境的軍人沒有清楚、準確地偵查到敵人的情況，二十日辛亥，北魏太武帝親自率領十萬步兵和騎兵突然而至。擔任南頓郡太守的鄭琨、擔任潁川郡太守的郭道隱倉惶之間全都棄城逃走。○當時，擔任豫州刺史的南平王劉鑠正在鎮守壽陽，他派遣擔任左軍行參軍的陳憲前去代理汝南郡的行政事務，鎮守懸瓠，懸瓠城中的戰士還不足一千人，北魏太武帝率軍包圍了懸瓠城。

三月，宋國由於實行軍事動員，全國進入緊急軍事狀態，因而將朝廷內外文武百官的薪俸減少了三分之一。

魏軍不分白天黑夜地進攻懸瓠城，還建造了很多用來攻城的樓車，將這些樓車推近城下，士兵在樓車上居高臨下地向懸瓠城內射箭。箭如雨下，城內的人為了躲避樓車上放的箭，只能背著門板去取水，魏軍還在樓車的頂上繫上大鐵鉤，再把大鐵鉤拋到懸瓠城的堞牆上使勁拉動，以拽倒城牆上的望樓與垛口，魏軍利用這個辦法攻破了南城。陳憲就率人在南城牆倒塌的地方又建造起一道小牆，在小牆以外又豎立起一道木製的柵欄以阻擋魏軍的進攻。魏軍填平了城外的護城河，然後不顧性命地擁上城牆，陳憲督促、激勵戰士艱苦作戰、奮勇殺敵，城牆外的屍體堆積得與城牆一樣高。魏軍就踩著這些屍體登上城牆，雙方短兵相接，陳憲勇氣倍增，越戰越勇，戰士們也無不以一當百，殺死、殺傷的魏軍數以萬計，城中守軍死、傷的人數也超過了一半。

北魏太武帝派遣永昌王拓跋仁率領著一萬多步兵、騎兵，驅趕著六個郡中劫掠去的俘虜屯紮在北邊的汝陽。當時擔任徐州刺史的武陵王劉駿正在鎮守彭城，宋文帝派遣祕密使者前往彭城，命令武陵王劉駿出動騎兵，攜帶著三天的乾糧奔赴汝陽襲擊北魏的軍隊。劉駿立即向距離彭城一百里以內的地區徵集戰馬，總計徵集到一千五百匹馬，他把這些馬匹分成五隊，然後派遣擔任參軍的劉泰之率領著擔任安北騎兵行參軍的垣謙之、擔任田曹行參軍的臧肇之、擔任集曹行參軍的尹定、在武陵王劉駿身邊擔任左常侍的杜幼文、擔任殿中將軍的程天祚等人分別統領這五支騎兵，逕直奔赴汝陽。魏國人只擔心宋國的援軍會從壽陽方向來，而沒有防備會從彭城方面趕來。四月初七日丁酉，宋國參軍劉泰之等人率軍悄悄地靠近魏軍並對魏軍發動了突然襲擊，殺死了三千多名魏軍，並燒毀了魏軍的輜重，魏軍四處奔走逃散，被魏軍劫掠的眾多宋國人才得以向東逃回自己的老家。魏軍偵察到劉泰之等人沒有後援部隊，於是又重新率領軍隊攻擊劉泰之率領的宋軍。垣謙之首先率軍退卻，士卒立即驚慌失措地混亂起來，他們扔下手中的武器逃走。結果參軍劉泰之被魏軍殺死，田曹行參軍臧肇之被水淹死，殿中將軍程天祚被魏軍俘虜，垣謙之和尹定、杜幼文以及士卒活著逃回來的只有九百多人，帶回的戰馬只有四百匹。

北魏太武帝率領魏軍圍攻懸瓠四十二天，宋文帝派遣擔任南平內史的臧質前往壽陽，與擔任安蠻司馬的劉康祖一同率軍救援懸瓠城。北魏太武帝派遣擔任殿中尚書的任城公乞地真率軍迎擊宋國的援軍，臧質等人殺死了乞地真。劉康祖，是劉道錫的堂兄。

夏季，四月，北魏太武帝率領魏軍撤回魏國，十三日癸卯，回到魏國的都城平城。

四月二十二日壬子，宋國擔任安北將軍的武陵王劉駿被降職為鎮軍將軍，安北騎兵行參軍垣謙之被殺，集曹行參軍尹定、左常侍杜幼文被送往尚方罰做苦力，擢升陳憲為龍驤將軍、汝南郡、新蔡郡二郡太守。

北魏太武帝寫信給宋文帝說：「以前胡人蓋吳起兵背叛魏國的時候，煽動關中、隴西之人叛亂，你們宋國又派人到那裡拉攏引誘他們。對他們的男人，你們贈送給他們弓矢，對他們的女人，你們贈送給她們簪子與耳環。蓋吳等這類人正想趁機向你們誆騙一些財物，哪裡可能大老遠地去真心歸服於你們的道理呢？你既然身為男子漢大丈夫，為什麼不親自率軍前來攻取、收復中原，卻用財物來引誘我的邊民背叛呢？你們曾經懸賞招募我方的邊民投奔你方，說要免除他們七年的賦稅和徭役，這是公開獎賞叛主私逃的壞人。我這一次南來進攻，所取得的土地與人口數量，與你們宋國歷次用狡猾的手段騙過去的魏國百姓數量相比較，看看哪個更多更值得呢？

「你們如果還想要維持你們劉氏那個苟延殘喘的政權，使劉氏的宗廟能夠繼續享受到祭祀，就應當把長江以北的土地全部割讓給魏國，把你們長江以北的守軍全部撤回江南，如果你們能夠這樣做，我也就放棄江南不要，讓你們劉氏長期地在那裡待下去好了。不然的話，你可要好好囑咐你們各州的都督、刺史、郡太守和縣令，讓他們準備好接待客人生活住宿所需要的各種物品，明年秋天我就要率領大軍前去奪取揚州。大勢已經如此，我絕對不會再輕易地放過你們。你們以前和北邊的蠕蠕互通聲氣，西邊與赫連氏、沮渠氏、吐谷渾互相勾結，東邊和馮弘、高麗聯合，以上這幾個國家，我都已經把他們消滅。從這點來看，你們又怎麼能單獨地存在下去？

「柔然國的敕連可汗郁久閭吳提、處羅可汗郁久閭吐賀真都已經死去，如今我即將率軍北征，首先要消滅的是騎馬的賊寇。如果你們不肯聽從我的命令，明年秋天我一定再去攻打你們。因為你們不騎馬，所以我不先征討你們。我前往攻取北方的時候，你們準備做些什麼呢？是挖掘溝塹自守，還是修築城垣作為屏障呢？我一定會堂而皇之地去攻取揚州，不會像你們那樣遮遮掩掩、偷偷摸摸地搞一些小動作。你們派出的諜報人員，我已經全部將他們擒獲，現在我又把他們放了回去。他們親眼看到了我們的情況，要想瞭解我方的詳細情況，你只要好好地詢問他們就行了。

「你以前曾經派遣裴方明攻取仇池，裴方明已經得到了仇池，你卻嫉恨他的勇敢和軍功，而不能相容。

你有如此忠勇的臣屬尚且把他殺掉，你還拿什麼與我較量呢？你絕不是我的對手。你經常想要與我決一雌雄，我既不是白痴，又不是當年的苻堅，什麼時候與你們開戰？我在白天就派遣騎兵包圍你們，到了夜晚，我就在距離你們一百里以外的地方宿營。即使你們吳地人有善於半夜偷襲敵營的伎倆，你們招募的軍隊來偷襲我的營寨，前進了才不過五十里，天就已經亮了，哪裡還能夠偷襲成功呢。而你們所招募的軍人的腦袋，豈能不為我所有呢！

「你老子劉裕時期的舊臣雖然年紀已老，還是有些智謀計策的，但我知道，現在你已經把他們全部殺光了，這豈不是老天爺在幫助我嗎？取你的腦袋也不需要我動刀動槍，我這裡有善於詛咒的婆羅門教徒，只要我讓他們念動咒語真言，他們就會驅使鬼神把你綁縛過來。」

宋國擔任侍中、左衛將軍的江湛被擢升為吏部尚書。江湛秉性公正廉潔，他與擔任僕射的徐湛之同時受到宋文帝的寵愛與信任，當時人把他們合稱為江、徐。

北魏擔任司徒的崔浩，依仗著自己的才能謀略以及太武帝對自己的寵愛信任，遂專擅朝政，他曾經推薦冀州、定州、相州、幽州、并州五個州中的幾十個人擔任官職，這些人都是由一介平民直接被任命為太守。皇太子拓跋晃說：「在此之前徵聘的人員，也都是出任刺史、太守的合適人選，他們在朝廷各部門擔任小官吏的時間已經很長了，他們的功勞與苦勞還沒有得到報答。應當首先讓他們去補充郡、縣職位的空缺，擔任太守、縣令，讓新徵聘的人員接替他們到朝廷的各部門擔任下屬官吏。況且太守、縣令直接治理人民，應該由有經驗、有閱歷的人去擔任。」司徒崔浩堅持己見，最終還是派遣了他舉薦的人去擔任太守、縣令。擔任中書侍郎、兼任著作郎的高允聽說此事之後，便對在皇太子身邊擔任博士官的管恬說：「崔公將要大禍臨頭了嗎？他堅持錯誤的說法、做法而不肯改，還要與自己的上司爭強鬥勝，誰能受得了呢？」

北魏太武帝任命崔浩監祕書事，讓他與高允等人共同編寫魏國的國史《國記》，太武帝叮囑他們一定要真實地記錄歷史。擔任著作令史的閔湛、郗標，性情乖巧伶俐善於逢迎，深受崔浩的寵愛與信任。崔浩曾經注釋過《易經》以及《論語》、《詩經》、《書經》，閔湛、郗標於是上疏給太武帝說漢魏時期著名的經學家馬融、鄭玄、王肅、賈逵所注釋的經書都不如崔浩注釋的經書精微詳盡，請收繳國內所有的各種書籍，以朝廷的命令將崔浩所注釋的經書頒布全國，讓天下所有想研習儒家經典的讀書人都以崔浩的注本為標準。並請求陛下命令崔浩再新注一本《禮傳》，讓後代的人能夠看到有關《禮經》的正確解釋。崔浩也向太武帝推薦閔湛、郗標，說他們有著書立說的才能。閔湛、郗標又勸說崔浩把編寫的國史刊刻在石碑上，以此來表彰崔浩等人的敢於秉筆直書精神。高允聽說後，便對另一個擔任著作郎的宗欽說：「閔湛、郗標在編寫《國記》的過程中所做的不過是言辭方面的偏高偏低、偏好偏差而已，而他們的建議恐怕會為崔家帶來萬劫不復的災禍，我們這些人恐怕也會遭到滿門抄斬，不會留下一個活人在世上了！」崔浩竟然真的採納了閔湛、郗標的建議，把自己領銜編著的《國記》刊刻在石碑上，並把石碑豎立在皇帝在郊外祭天所用的壇臺東面，石碑有一百步見方，整個工程花費了三百萬銅錢。崔浩在撰寫太武帝祖先的時候，事情都非常詳盡真實，這些書籍就擺在大街小巷進行出售，過往的行人看過之後都在談論這部國史中所記載的事情。先世跟隨拓跋氏從北方過來的人心中無不感到憤怒與怨恨，他們遂接連不斷地在太武帝面前說崔浩的壞話，認為崔浩是在故意暴露宣揚祖先的罪惡。太武帝於是大怒，立即下令給有關部門查辦崔浩以及祕書郎吏等人的罪狀。

當初，遼東公翟黑子深受北魏太武帝的寵信，他奉命出使并州，在并州接受了當地官員賄賂的一千匹布。事情被發覺以後，翟黑子便找高允商議說：「如果皇帝向我問起這件事，我是以實相告好呢，還是隱瞞不報好呢？」高允對翟黑子說：「你是皇帝身邊的寵臣，有罪過就應當自己主動講出實情，或許能夠得到寬宥，不可以再去幹欺騙蒙蔽皇帝的事情。」擔任中書侍郎的崔覽、公孫質則對翟黑子說：「如果主動講出實情，進行自首，將會被判處什麼樣的罪是不可預測的，不如隱瞞不報。」翟黑子遂埋怨高允說：「你為什麼要引誘我往死路上走呢！」翟黑子入宮面見太武帝的時候，便沒有如實地將事情的真相告訴太武帝，太武帝大怒，遂殺死了翟黑子。太武帝派高允教授皇太子拓跋晃學習經書。

等到崔浩被逮捕以後，皇太子拓跋晃把高允召到東宮，趁機留高允在東宮過夜。第二天一早，皇太子拓跋晃與高允一同入朝，當走到宮門口的時候，皇太子對高允說：「入宮晉見皇上的時候，我自會為你開導脫身，萬一皇上問你什麼問題，你只管依照我的暗示回答就可以了。」高允說：「出了什麼大事嗎？」皇太子說：「入宮以後你自然就知道了。」皇太子見了太武帝之後，便對太武帝說：「高允一向小心謹慎，辦事周密，而且他的官職小、地位低，陛下的一切旨意都是通過崔浩下達的，請陛下赦免高允的死罪。」太武帝召見高允，問高允說：「《國書》都是崔浩所撰寫的嗎？」高允回答說：「〈太祖記〉，是前著作郎鄧淵所編寫。〈先帝記〉以及〈今記〉，是我和崔浩共同編寫的。然而崔浩所管的事情較多，只不過總攬大綱，裁決可否而已；至於具體著述，我編寫的要比崔浩編寫的多。」太武帝大怒，說：「高允的罪過超過了崔浩，怎麼能夠赦免呢？」皇太子拓跋晃感到非常恐懼，說：「陛下威嚴莊重，高允只是一個小臣，因為受到驚嚇而說話亂了套。臣剛才還問高允，高允都說是崔浩撰寫的。」太武帝又問高允說：「確實像皇太子所說的那樣嗎？」高允回答說：「我的罪過應當滿門抄斬，我不敢心存妄想而說謊。太子殿下因為我為他講解經書時間很久了，所以憐憫我，想要請求陛下放我一條生路罷了。剛才太子確實沒有問過我，我也沒有說過那樣的話，我不敢胡言亂語。」太武帝環顧了一下太子，說：「正直不阿！這是人情很難做到的，然而高允卻能夠做到。死到臨頭都不改變自己的說法，確實是一個守信義的人；作為一個臣子能夠堅持不欺瞞國君，就是堅守正道。應當特別赦免他的罪過予以褒獎。」竟然赦免了高允的死罪。

太武帝又把崔浩召到自己的跟前，親自詢問他，崔浩竟然驚惶失措得不能應對。高允對每件事情都申述得明明白白，有條有理。太武帝遂命令高允起草詔書，誅殺崔浩及其僚屬宗欽、段承根等人，往下一直牽連到那些從事勤雜工作的小吏，共計一百二十八人，都被誅滅五族。高允因為心存疑問而沒有動筆草擬詔書，太武帝不斷派人來催促責備，高允請求再次面見太武帝，然後再起草詔書。太武帝遂把高允叫到面前，高允說：「崔浩所犯的罪行，如果還有其他方面的，當然不是我所敢打聽的。如果是因為撰寫國史觸犯了皇室，其罪過還不至於被判處死刑。」太武帝立即大怒，馬上命令武士逮捕了高允。太子拓跋晃給太武帝下拜為高允求情，太武帝的怒氣才得以消解，於是說：「如果沒有高允，就要多有幾千口人被殺死了。」

六月初十日己亥，北魏太武帝下詔：清河崔姓中凡是與崔浩同宗不論親緣關係的遠近，以及與崔浩有姻親關係的范陽盧氏、太原郭氏、河東柳氏，一律誅滅全族，其餘的罪犯只誅殺犯罪者本人，不牽連他們的宗族。把崔浩捆綁起來放入囚車內，押送到平城城南，幾十個衛士向崔浩的頭上、身上撒尿，崔浩嗷嗷亂叫，行路的人都聽得清清楚楚。宗欽在臨刑的時候歎息地說：「高允差不多可以稱之為聖人了！」

有一天，北魏皇太子拓跋晃責備高允說：「人也應當懂得隨機應變。我想為你開脫罪責躲過一死，已經說開了頭，而你卻始終不按照我開出的路子走，以至於把皇上激怒成那個樣子。每當回想起此事，都讓我感到心驚膽顫。」高允說：「史書，所以要如實地記載君主的善行與惡行，是為了鼓勵未來的君主應該做什麼，警告他們不應該做什麼，使他們有所畏懼忌憚，行為舉措更加謹慎小心。崔浩辜負了皇帝的厚恩，放縱他私人的欲望而掩蓋了廉潔奉公，放任個人的愛憎而忽視了客觀的公道正直，這是崔浩自己的責任。至於記錄某個皇帝的日常生活，記載國家大事的成敗得失，這是歷史應該書寫的主要內容，沒有過多違背歷史的地方。我與崔浩確實共同撰寫《國書》，死生榮辱應該是一樣的，沒有道理對我特別寬大。實在感謝太子殿下為我開脫罪責，免我一死的好心，然而違背良心苟求免罪，這不是我希望的。」皇太子拓跋晃面容改變，連聲稱讚歎息。高允退出去以後，對人說：「我沒有按太子指引的路子向皇帝回話，是恐怕對不起翟黑子的緣故。」

當初，魏國擔任冀州刺史的崔賾，被封為武城男爵的崔模，與崔浩雖然是同一個族姓，卻不屬於同一個支派，崔浩總是看不起他們、侮辱他們，因此相互之間很不和睦。等到崔浩被滅族時，只有崔賾、崔模兩家得以免死。崔賾，是崔逞的兒子。

六月十二日辛丑，北魏太武帝到北方去巡視陰山一帶。太武帝誅殺了崔浩之後又感到很後悔。恰逢擔任北部尚書的宣城公李孝伯病重，有人傳說李孝伯已經死了。太武帝追悼他說：「宣城公李孝伯死了實在可惜！」過後又說：「我說錯了話，是司徒崔浩死了可惜，宣城公李孝伯死了可哀！」李孝伯，是李順的遠房兄弟，自從崔浩被誅殺以後，軍國大政方針全都出自李孝伯，太武帝對李孝伯的信任與眷顧僅次於崔浩。

當初，車師大帥車伊洛世代服從魏國，魏國封車伊洛為平西將軍，封前部王。車伊洛將要到魏國的都城平城來朝拜太武帝，卻被沮渠無諱截斷了前往魏國的通道，車伊洛屢次與沮渠無諱交戰，最終打敗了沮渠無諱。沮渠無諱去世以後，他的弟弟沮渠安周將沮渠無諱兒子沮渠乾壽的軍隊奪取，車伊洛趁機派人勸說沮渠乾壽，沮渠乾壽便率領他的五百多家部眾投降了魏國。車伊洛又勸說李寶的弟弟李欽等五十多人投降，並把他們全都送給了魏國。車伊洛於是率領自己的部眾向西攻打焉耆，留下自己的兒子車伊歇鎮守車師前部城，沮渠安周帶領柔然的軍隊抄小路前往襲擊車伊歇，攻陷了車伊歇所鎮守的車師前部城。車伊歇逃到他父親車伊洛那裡，他們共同招集起殘餘的部眾，一面據守住焉耆鎮，一面派使者前往北魏向太武帝上書求救，他在求救書中說：「車師前部遭受沮渠氏的攻擊，前後長達八年之久，百姓飢餓貧窮，已經到了無法生存的地步。我現在已經丟棄了自己的車師前部國逃亡在外，從沮渠安周襲擊下逃脫出來的人僅有三分之一，現在已經到達焉耆的東部邊境，懇請陛下垂憐賑救！」太武帝下詔打開焉耆鎮的倉庫放糧賑濟車伊洛的部眾。

吐谷渾王慕利延屢次遭受魏國大軍的逼迫，遂向宋文帝上表請求准許他們搬遷到宋國統治下的越嶲郡居住，宋文帝答應了他們的請求。而慕利延竟然沒有率領他的部眾遷往越嶲郡。

宋文帝想要討伐魏國，擔任丹楊尹的徐湛之、擔任吏部尚書的江湛以及擔任彭城太守的王玄謨等人全都贊成；擔任左軍將軍的劉康祖卻認為今年已經過了一半，請等待明年再進行北伐。宋文帝說：「北方淪陷區的人民深受胡虜虐政的摧殘，起兵反魏的義士蜂擁而起。如果我們在一年的時間裡停頓不前，就會讓那些盼望官軍早日到達的人民感到灰心和失望，我們不可以那樣做。」

擔任太子步兵校尉的沈慶之勸諫宋文帝說：「我們是步兵而魏國是騎兵，敵我雙方的軍事力量並非勢均力敵。檀道濟出兵伐魏，前後兩次都是無功而返，到彥之等率軍北伐魏國，遭到慘敗，損兵折將而回。現在比較王玄謨等人的才能，還趕不上檀道濟、到彥之兩位將領，朝廷武裝部隊的強盛，也沒有超過以往，如果北伐，恐怕會再次使王師受到羞辱。」宋文帝說：「檀道濟和到彥之的兩次失敗，都有他們各自的原因，檀道濟畏懼魏兵強大，眼看著敵兵不打，以求保存自己的實力，到彥之是因為在行軍作戰的途中眼病發作。胡虜所倚仗的只是戰馬，今年夏季水勢浩大，河道通暢無阻，如果我軍乘船北下，碻磝津的魏國守軍一定會逃走，魏國在滑臺只有一支小部隊駐守，很容易被我們再奪過來。攻克了這兩個城池之後，我軍就可以就地取用敵人積聚起來的糧食，同時慰問當地百姓所遭受的悲苦，虎牢關、洛陽，胡虜自然就守不住。等到冬季來臨，被我們攻克的城市已經連成一體，胡虜的騎兵如果渡過黃河就會成為我們的俘虜。」沈慶之還是極力陳述不可以攻打魏國的理由，宋文帝讓丹楊尹徐湛之、吏部尚書江湛與沈慶之進行辯論。沈慶之說：「治理國家就像治理家庭一樣，如何耕種田地應當詢問耕種的奴隸，怎樣紡紗織布應當詢問紡紗織布的奴婢。如今陛下想要討伐魏國，卻與白面書生們進行商議，事情怎麼會辦得成功呢！」宋文帝聽後不禁大笑起來。宋國皇太子劉劭以及擔任護軍將軍的蕭思話也都勸諫宋文帝不要北伐，宋文帝對他們的意見都不肯聽從。

北魏太武帝聽說宋文帝將要出兵北伐，就又給宋文帝寫信說：「我們兩國和平友好相處已經很久了，而你的貪心卻沒有滿足的時候，你引誘我國邊境的居民逃入你們宋國的邊境。今年春天我曾經南下巡視，順便看看我的子民們現在的生活狀況，我們只是把宋軍趕走了，使你們收兵而回。現在聽說你準備親自率軍前來，如果你能夠到達中山郡以及桑乾河流域，那就任憑你隨意採取行動，來我們也不歡迎，離開我們也不歡送。如果你在自己統治的地區住膩煩了，還可以到我的首都平城來居住，我也可以到揚州去，我們可以互相交換一下國土。你的年紀已經五十歲了，未曾出過門，雖然你已經長大成人，憑藉自己的力量而來，卻仍然像三歲的嬰兒一樣，與我生長在馬背上的鮮卑人相比究竟怎麼樣呢？除此以外再也沒有其他的東西可以送給你，現在我送給你十二匹獵馬和毛氈、藥等物品。你來的時候路途遙遠，馬力不足，可以乘坐我送給你的這些馬。如果水土不服，你可以用我送給你的這些藥物自己進行治療。」

秋，七月庚午❶，詔曰：「虜近雖摧挫❷，獸心靡革❸。比❹得河朔、秦、雍❺華戎❻表疏，歸訴困棘❼，跂望綏拯❽，潛相糾結❾以候王師。芮芮❿亦遣間使遠輸誠款⓫，誓為掎角⓬，經略之會⓭，實在茲日。可遣寧朔將軍王玄謨帥太子步兵校尉沈慶之、鎮軍諮議參軍申坦水軍入河，受督於青、冀二州刺史蕭斌⑭。太子左衛率臧質、驍騎將軍王方回徑造許、洛⑮，徐、兗二州刺史武陵王駿、豫州刺史南平王鑠各勒所部⑯，東西齊舉。梁、南．北秦三州刺史劉秀之⑰震盪汧、隴⑱。太尉、江夏王義恭出次彭城⑲，為眾軍節度⑳。」坦，鍾㉑之曾孫也。

是時軍旅大起，王公、妃主及朝士、牧守，下至富民，各獻金帛、雜物以助國用。又以兵力不足，悉發青、冀、徐、豫、二兗㉒六州三五民丁㉓，倩使暫行㉔，符到十日裝束㉕，緣江五郡集廣陵㉖，緣淮三郡集盱眙㉗。又募中外㉘有馬步眾藝武力之士應科者㉙，皆加厚賞。有司又奏軍用不充，揚、南徐、兗、江㉚四州富民家貲㉛滿五十萬，僧尼滿二十萬，並四分借一㉜，事息即還。

建武司馬㉝申元吉引兵趨碻磝。乙亥㉞，魏濟州㉟刺史王買德棄城走。蕭斌遣將軍崔猛攻樂安㊱，魏青州㊲刺史張淮之亦棄城走。斌與沈慶之留守碻磝，使王玄謨進圍滑臺。雍州刺史隨王誕㊳遣中兵參軍柳元景、振威將軍尹顯祖、奮武將軍魯方平[1]、建武將軍薛安都、略陽太守龐法起將兵出弘農㊴。後軍外兵參軍㊵龐季明，年七十餘，自以關中豪右㊶，請入長安招合夷、夏㊷，誕許之，乃自貲谷入盧氏㊸，盧氏民趙難納之㊹。季明遂誘說士民，應之者甚眾，安都等因之㊺，自熊耳山出(46)，元景引兵繼進。豫州刺史南平王鑠遣中兵參軍胡盛之出汝南，梁坦出上蔡向長社(47)，魏荊州刺史魯爽(48)鎮長社，棄城走。爽，軌之子也。幢主(49)王陽兒擊魏豫州刺史僕蘭，破之，僕蘭奔虎牢(50)。鑠又遣安蠻司馬劉康祖將兵助坦，進逼虎牢。

魏羣臣初聞有宋師，言於魏主，請遣兵救緣河穀帛(51)。魏主曰：「馬今未肥，天時尚熱，速出必無功。若兵來不止，且還陰山避之。國人(52)本著(53)羊皮袴，何用綿帛？展至十月(54)，吾無憂矣。」

九月辛卯(55)，魏主引兵南救滑臺，命太子晃屯漠南以備柔然，吳王余(56)守平城。庚子(57)，魏發州郡兵五萬分給(58)諸軍。

王玄謨士眾甚盛，器械精嚴，而玄謨貪愎好殺。初圍滑臺，城中多茅屋，眾請以火箭(59)燒之。玄謨曰：「彼，吾財也，何遽(60)燒之！」城中即撤屋穴處(61)。時河、洛之民競出租穀(62)，操兵(63)來赴者日以千數，玄謨不即其長帥(64)而以配私暱(65)。家付匹布，責(66)大梨八百，由是眾心失望。攻城數月不下，聞魏救將至，眾請發車為營(67)，玄謨不從。

冬，十月癸亥(68)，魏主至枋頭(69)，使關內侯代人陸真(70)夜與數人犯圍(71)，潛入滑臺，撫慰城中，且登城視玄謨營曲折[72]還報。乙丑[73]，魏主渡河，眾號百萬[74]，鞞鼓[75]之聲，震動天地。玄謨懼，退走。魏人追擊之，死者萬餘人，麾下[76]散亡略盡，委棄[77]軍資器械山積[78]。

先是，玄謨遣鍾離[79]太守垣護之[80]以百舸為前鋒，據石濟[81]，在滑臺西南百二十里。護之聞魏兵將至，馳書勸玄謨急攻，曰：「昔武皇攻廣固[82]，死沒者甚眾。況今事迫於曩日[83]，豈得計[84]士眾傷疲？願以屠城為急[85]。」玄謨不從。及玄謨敗退，不暇報護之[86]。魏人以所得玄謨戰艦連以鐵鎖三重，斷河以絕護之還路[87]。河水迅急，護之中流而下，每至鐵鎖，以長柯斧[88]斷之，魏不能禁，唯失一舸，餘皆完備而返。

蕭斌遣沈慶之將五千人救玄謨，慶之曰：「玄謨士眾疲老，寇虜已逼[89]，得數萬人乃可進，小軍輕往，無益也。」斌固遣之。會玄謨遁還[90]，斌將斬之，慶之固諫曰：「佛貍[91]威震天下，控弦百萬，豈玄謨所能當？且殺戰將以自弱，非良計也。」斌乃止。

斌欲固守碻磝，慶之曰：「今青、冀虛弱而坐守窮城，若虜眾東過[92]，清東[93]非國家有也。碻磝孤絕[94]，復作朱脩之滑臺[95]耳。」會詔使[96]至，不聽[97]斌等退師。

斌復召諸將議之，並謂宜留。慶之曰：「閫外之事[98]，將軍得以專之[99]。詔從遠來，不知事勢。節下[100]有一范增不能用[101]，空議何施[102]！」斌及坐者並笑曰：「沈公乃更學問[103]。」慶之厲聲曰：「眾人雖知古今，不如下官耳學[104]也。」斌乃使王玄謨戍碻磝，申坦、垣護之據清口[105]，自帥諸軍還歷城[106]。

閏月[107]，龐法起等諸軍入盧氏，斬縣令李封，以趙難為盧氏令，使帥其眾為鄉導[108]。柳元景自百丈崖[109]從諸軍於盧氏。法起等進攻弘農，辛未[110]，拔之，擒魏弘農太守李初古拔[2]。薛安都留屯弘農，丙戌[111]，龐法起進向潼關。

魏主命諸將分道並進[112]：永昌王仁自洛陽趨壽陽，尚書長孫真[113]趨馬頭[114]，楚王建趨鍾離[115]，高涼王那自青州趨下邳[116]，魏主自東平[117]趨鄒山[118]。

十一月辛卯[119]，魏主至鄒山，魯郡[120]太守崔邪利為魏所擒。魏主見秦始皇石刻[121]，使人排而仆之[122]，以太牢祠孔子[123]。

楚王建自清[124]西進，屯蕭城[125]；步尼公[126]自清東進，屯留城[127]。武陵王駿遣參軍馬文恭將兵向蕭城，江夏王義恭遣軍主[128]嵇玄敬將兵向留城。文恭為魏所敗。步尼公遇玄敬，引兵趨苞橋[129]，欲渡清西。沛縣民燒苞橋，夜於林中擊鼓，魏以為宋兵大至，爭渡苞水[130]，溺死者殆半。

詔以柳元景為弘農太守。元景使薛安都[131]、尹顯祖先引兵就[132]龐法起等於陝[133]，元景於後督租[134]。陝城險固，諸軍攻之不拔。魏洛州刺史張是連提[135]帥眾二萬度崤[136]救陝，安都等與戰於城南，魏人縱突騎，諸軍不能敵。安都怒，脫兜鍪[137]，解鎧，唯著絳納兩當衫[138]，馬亦去具裝[139]，瞋目橫矛[140]，單騎突陳[141]，所向無前，魏人夾射不能中。如是數四[142]，殺傷不可勝數。會日暮，別將魯元保引兵自函谷關至，魏兵乃退。元景遣軍副[143]柳元怙[144]將步騎二千救安都等，夜至，魏人不之知[145]。明日，安都等陳[146]於城西南，魯方平謂安都曰：「今勍敵[147]在前，堅城在後[148]，是吾取死之日[149]。卿若不進，我當斬卿；我若不進，卿斬我[3]也！」安都曰：「善，卿言是也！」遂合戰。元怙引兵自南門[150]鼓譟直出，旌旗甚盛，魏眾驚駭。安都挺身奮擊，流血凝肘，矛折，易之[151]更入，諸軍齊奮。自旦至日昃[152]，魏眾大潰，斬張是連提及將卒三千餘級，其餘赴河塹[153]，死者甚眾，生降二千餘人。明日，元景至，讓[154]降者曰：「汝輩本中國民，今為虜盡力，力屈乃降，何也？」皆曰：「虜驅民使戰，後出者滅族，以騎蹙步[155]，未戰先死，此將軍所親見也。」諸將欲盡殺之，元景曰：「今王旗北指[156]，當使仁聲先路[157]。」盡釋而遣之，皆稱萬歲而去。甲午[158]，克陝城。

龐法起等進攻潼關，魏戍主婁須棄城走，法起等據之。關中豪桀[159]所在蠭起[160]，及四山羌、胡皆來送款[161]。

上以王玄謨敗退，魏兵深入，柳元景等不宜獨進，皆召還。元景使薛安都斷後[162]，引兵歸襄陽。詔以元景為襄陽太守。

魏永昌王仁攻懸瓠、項城[163]，拔之。帝恐魏兵至壽陽，召劉康祖使還。癸卯[164]，仁將八萬騎追及康祖於尉武[165]。康祖有眾八千人，軍副胡盛之欲依山險間行取至[166]，康祖怒曰：「臨河求敵，遂無所見，幸其自送[167]，柰何避之！」乃結車營[168]而進，下令軍中曰：「顧望[169]者斬首，轉步者斬足。」魏人四面攻之，將士皆殊死戰。自旦至晡[170]，殺魏兵萬餘人，流血沒踝[171]，康祖身被十創[172]，意氣彌厲[173]。魏分其眾為三，且休且戰。會日暮風急，魏以騎負草燒車營〔4〕，康祖隨補其闕[174]。有流矢貫康祖頸，墜馬死，餘眾不能戰，遂潰，魏人掩殺殆盡[175]。

南平王鑠使左軍行參軍王羅漢以三百人戍尉武。魏兵至，眾欲南〔5〕依卑林[176]以自固，羅漢以受命居此，不去[177]。魏人攻而擒之，鎖其頸，使三郎將[178]掌[179]之。羅漢夜斷三郎將首，抱鎖亡奔盱眙。

魏永昌王仁進逼壽陽，焚掠馬頭、鍾離，南平王鑠嬰城固守[180]。

魏軍[6]在蕭城，去彭城十餘里。彭城兵雖多而食少，太尉江夏王義恭欲棄彭城南歸。安北中兵參軍[181]沈慶之以為歷城兵少食多，欲為函箱車陳[182]，以精兵為外翼，奉二王及妃女直趨歷城；分兵配護軍蕭思話，使留守彭城。太尉長史[183]何勗欲席卷奔鬱洲[184]，自海道還京師。義恭去意已判[185]，惟二議[186]彌日未決。安北長史、沛郡[187]太守張暢[188]曰：「若歷城、鬱洲有可至之理，下官敢不高贊[189]？今城中乏食，百姓咸有走志，但以關扃嚴固[190]，欲去莫從[191]耳。一旦動足，則各自逃散，欲至所在[192]，何由可得？今軍食雖寡，朝夕猶未窘罄[193]，豈有捨萬安之術而就危亡之道？若此計必行，下官請以頸血污公馬蹄。」武陵王駿謂義恭曰：「阿父[194]既為總統[195]，去留非所敢干[196]。道民[197]忝為城主[198]，而委鎮[199]奔逃，實無顏復奉朝廷[200]，必與此城共其存沒，張長史言不可異[201]也。」義恭乃止。

壬子[202]，魏主至彭城，立氈屋於戲馬臺[203]以望城中。

馬文恭之敗也，隊主[204]蒯應沒於魏[205]。魏主遣應至小市門[206]求酒及甘蔗，武陵王駿與之，仍就求橐駝[207]。明日，魏主使尚書李孝伯至南門[208]，餉[209]義恭貂裘，餉駿橐駝及騾，且曰：「魏主致意安北[210]，可蹔出見我[211]。我亦不攻此城，何為勞苦將士，備守如此！」駿使張暢開門出見之曰：「安北致意魏主，常遲面寫[212]，但以人臣無境外之交(213)，恨不塹悉(214)。備守乃邊鎮之常，悅以使之(215)，則勞而無怨(216)耳。」魏主求甘橘及借博具(217)，皆與之，復餉氈及九種鹽(218)、胡豉(219)。又借樂器，義恭應之曰：「受任戎行(220)，不齎樂具。」孝伯問暢：「何為匆匆閉門絕橋？」暢曰：「二王以魏主營壘未立，將士疲勞，此精甲十萬，恐輕相陵踐(221)，故閉城耳。待休息士馬，然後共治戰場，刻日交戲(222)。」孝伯曰：「賓有禮，主則擇之(223)。」暢曰：「昨見眾賓至門，未為有禮。」魏主使人來言曰：「致意太尉、安北，何不遣人來至我所？彼此之情(224)，雖不可盡(225)，要須(226)見我小大，知我老少，觀我為人。若諸佐(227)不可遣，亦可使僮幹(228)來。」暢以二王命(229)對曰：「魏主形狀才力(230)，久為來往所具(231)。李尚書親自銜命(232)，不患彼此不盡(233)，故不復遣使。」孝伯又曰：「王玄謨亦常才(234)耳，南國何意作如此任使(235)，以致奔敗？自入此境七百餘里，主人竟不能一相拒逆(236)。鄒山之險，君家所憑，前鋒始接，崔邪利遽藏入穴(237)，諸將倒曳出之。魏主賜其餘生，今從在此(238)。」暢曰：「王玄謨南土偏將，不謂為才，但以之為前驅(239)。大軍未至(240)，河冰向合(241)，玄謨因夜還軍，致戎馬小亂耳。崔邪利陷沒，何損於國！魏主自以(242)數十萬眾制一崔邪利，乃足言邪(243)？知入境七百里無相拒者，此自太尉神筭，鎮軍聖略(244)，用兵有機，不用相語(245)。」孝伯曰：「魏主當不圍此城，自帥眾軍直造瓜步[246]。南事若辦[247]，彭城不待圍[248]；若其不捷，彭城亦非所須[249]也。我今當南飲江湖[250]以療渴耳。」暢曰：「去留之事，自適彼懷[251]。若虜馬遂得飲江，便為無復天道[252]。」先是童謠云[253]：「虜馬飲江水，佛貍死卯年[254]。」故暢云然[255]。暢音容雅麗，孝伯與左右皆歎息。孝伯亦辯贍[256]，且去[257]，謂暢曰：「長史深自愛[258]，相去步武[259]，恨不執手。」暢曰：「君善自愛，冀蕩定有期[260]，相見無遠[261]〔7〕，君若得還宋朝，今為相識之始。」

上起[262]楊文德為輔國將軍，引兵自漢中西入，搖動[263]汧、隴。文德宗人楊高帥陰平、平武羣氐[264]拒之，文德擊高，斬之，陰平、平武悉平。梁、南秦二州刺史劉秀之遣文德伐啖提氐[265]，不克，執送荊州[266]，使文德從祖兄頭戍葭蘆。

丁未[267]，大赦[268]。

魏主攻彭城，不克。十二月丙辰朔[269]，引兵南下，使中書郎魯秀[270]出廣陵[271]，高涼王那出山陽[272]，永昌王仁出橫江[273]，所過無不殘滅[274]，城邑皆望風奔潰。戊午[275]，建康纂嚴[276]。己未[277]，魏兵至淮上[278]。

上使輔國將軍臧質將萬人救彭城，至盱眙，魏主已過淮。質使冗從僕射[279]胡崇之、積弩將軍[280]臧澄之營東山[281]，建威將軍[282]毛熙祚據前浦[283]，質營於城南。乙丑[284]，魏燕王譚[285]攻崇之等，三營皆敗沒，質按兵不敢救。澄之，燾[286]之孫；熙祚，脩之[287]之兄子也。是夕[288]，質軍亦潰，質棄輜重器械，單將七百人赴城[289]。

初，盱眙太守沈璞[290]到官，王玄謨猶在滑臺，江、淮無警[291]。璞以郡當衝要[292]，乃繕城浚隍[293]，積財穀，儲矢石，為城守之備。僚屬皆非之[294]，朝廷亦以為過[295]。及魏兵南向，守宰[296]多棄城走。或[297]勸璞宜還建康，璞曰：「虜若以城小不顧[298]，夫復何懼！若肉薄來攻，此乃吾報國之秋，諸君封侯之日也，柰何去之！諸君嘗見數十萬人聚於小城之下而不敗者乎？昆陽[299]、合肥[300]，前事之明驗也。」眾心稍定。璞收集得二千精兵，曰：「足矣。」及臧質向城，眾謂璞曰：「虜若不攻城，則無所事眾[301]；若其攻城，則城中止可容見力[302]耳。地狹人多，鮮不為患[303]。且敵眾我寡，人所共知。若以質眾能退敵完城[304]者，則全功不在我[305]；若避罪歸都[306]，會資舟楫[307]，必更相蹂踐[308]，正足為患[309]，不若閉門勿受。」璞歎曰：「虜必不能登城，敢為諸君保之。舟楫之計，固已久息[310]。虜之殘害，古今未有，屠剝之苦，眾所共見，其中幸者，不過得[8]驅還北國作奴婢耳。彼雖烏合[311]，寧不憚此邪[312]？所謂『同舟而濟，胡越一心[313]』者也。今兵多則虜退速，少則退緩。吾寧可[314]欲專功而留虜[315]乎？」乃開門納質。質見城中豐實，大喜，眾皆稱萬歲，因與璞共守。

魏人之南寇也，不齎糧用[316]，唯以抄掠為資[317]。及過淮，民多竄匿[318]，抄掠無所得，人馬飢乏。聞盱眙有積粟，欲以為北歸之資。既破崇之等，一攻城不拔，即留其將韓元興以數千人守盱眙[319]，自帥大眾南向。由是盱眙得益完守備[320]。

庚午[321]，魏主至瓜步，壞民廬舍[322]及伐葦為筏，聲言欲渡江。建康震懼，民皆荷擔而立[323]。壬午[324]，內外戒嚴。丹楊統內[325]盡戶發丁[326]，王公以下子弟[327]皆從役[328]。命領軍將軍劉遵考[329]等將兵分守津要[330]，遊邏[331]上接于湖[332]，下至蔡洲[333]，陳艦列營，周亙江濱[334]，自採石[335]至于暨陽[336]六七百里。太子劭出鎮石頭[337]，總統水軍，丹楊尹徐湛之守石頭倉城[338]，吏部尚書江湛兼領軍[339]，軍事處置悉以委焉[340]。

上登石頭城，有憂色，謂江湛曰：「北伐之計，同議者少。今日士民勞怨，不得無慚，貽大夫之憂[341]，予之過也。」又曰：「檀道濟若在，豈使胡馬至此？」上又登莫府山[342]，觀望形勢，購魏主及王公首[343]，許以封爵、金帛。又募人齎野葛酒[344]置空村中，欲以毒魏人，竟不能傷。

魏主鑿瓜步山為蟠道[345]，於其上設氈屋[346]，魏主不飲河南水，以橐駝負河北水自隨。餉上[347]橐駝、名馬，并求和，請婚。上遣奉朝請[348]田奇餉以珍羞[349]、異味。

魏主得黃甘[350]，即噉之[351]，并大進鄜酒[352]。左右有附耳語者，疑食中有毒。魏主不應，舉手指天，以其孫示奇曰：「吾遠來至此，非欲為功名[353]，實欲繼好息民[354]，永結姻援[355]。宋若能以女妻此孫，我以女妻武陵王，自今匹馬不復南顧。」

奇還，上召太子劭及羣臣議之，眾並謂宜許，江湛曰：「戎狄無親，許之無益。」劭怒，謂湛曰：「今三王在阨[356]，詎宜苟執異議[357]！」聲色甚厲。坐散，俱出，劭使班劍[358]及左右排[359]湛，湛幾至僵仆[360]。

劭又言於上曰：「北伐敗辱，數州淪破，獨有斬江湛、徐湛之可以謝天下[361]。」上曰：「北伐自是我意，江、徐但不異[362]耳。」由是太子與江、徐不平[363]，魏亦竟不成婚。

【章　旨】以上為第三段，寫宋文帝元嘉二十七年（西元四五〇年）下半年的大事。主要寫了宋文帝劉義隆下詔興師北伐，以王玄謨為前鋒，出齊、魯入黃河，進攻滑臺；臧質、王方回等向許、洛；徐州的武陵王劉駿、壽春的南平王劉鑠，亦東西並舉，太尉劉義恭為眾軍節度。此外還有襄陽的隨王劉誕派柳元景進攻關、陝；漢中的劉秀之出兵秦州，以震動汧、隴。開始時，魏軍收縮，自動退出了一些城鎮，王玄謨等遂進圍滑臺，由於王玄謨優柔無斷，坐失機宜，致使滑臺久久不能攻克；十月變冷後，魏主率大軍救滑臺，王玄謨張惶潰逃，全軍喪亡殆盡，只有垣護之一部全軍而回；這時從襄陽北出的宋將柳元景、薛安都等經由盧氏北攻弘農，俘其太守；又攻陝城、潼關，皆克之，關中豪傑所在蜂起響應，形勢一片大好，但因王玄謨已經慘敗，故柳元景等只好撤回；寫了劉義恭欲棄彭城南逃，多虧部將張暢的堅持，始留下堅守；寫了魏主拓跋燾攻彭城不克，派李孝伯出使彭城，劉義恭、劉駿派張暢出面接待，雙方互逞辭令，張暢以辭令愛國，有學問、有勇氣、有儀容，可敬亦復可憐，南朝所剩的也就是這一點了；寫了臧質、沈璞的合作守盱眙，勇敢坦誠，公而無私，與日後唐代守睢陽的張巡、許遠精神相同，可歌可泣；寫了魏主拓跋燾的兵臨長江，登瓜步山，與宋帝劉義隆相互饋贈，建議南北分治，互通婚姻，結好息民，劉宋內部意見不一，竟未能表態等等。

【注　釋】❶七月庚午　七月十二。❷摧挫　受挫折，指魏軍攻懸瓠未克而退。❸靡革　沒有改變。革，改變。❹比　近來。❺河朔秦雍　河朔泛指黃河流域的內蒙、山西等北部地區。秦、雍是二州名，秦州約當今之甘肅東部和與之鄰近的陝西、青海等地區，雍州約指今之陝西關中地區。❻華戎　漢民和少數民族。❼歸訴困棘　向我們訴說他們的困苦與危急。棘，急。❽跂望綏拯　急切地盼望著我們去安撫、拯救。跂望，踮起腳跟盼望。❾潛相糾結　暗中互相聯合。❿芮芮　也寫作「蠕蠕」，即柔然。⓫遠輸誠款　遠遠地向我們表示歸服之意。⓬誓為掎角　宣誓要與我們聯盟，結成彼此呼應聯絡的戰線，以牽制或夾擊敵人。⓭經略之會　經營收復河北地區的時機。⓮蕭斌　當時名將蕭思話的堂兄弟。傳見《宋書》卷七十八。⓯徑造許洛　直取許昌、洛陽。造，到。許昌是古都名，在今河南許昌東。⓰各勒所部　各自率領自己的部下。勒，控制，這裡即指帶領。⓱梁南北秦三州刺史劉秀之　劉秀之一個人擔任梁州與南秦、北秦三州的刺史。因為這三州的地盤只有梁州在劉宋的管轄下，其他都在魏國的佔領下。這三州的州治即今陝西漢中，經常處於雙方拉鋸的狀態。⓲震盪汧隴　在汧、隴一帶大肆活動，大造聲勢。汧、隴是汧水、隴山的簡稱，汧水流經隴縣城南匯入渭水，隴山是隴縣西側南北走向的大山。這一帶當時都屬於魏國。⓳出次彭城　離開建康，把指揮部設立在彭城，即今徐州。次，住宿；駐紮。⓴為眾軍節度　為各路兵馬的總指揮，負責協調、調度。㉑鍾　申鍾，曾在石虎手下為司徒。事見本書卷九十五晉成帝咸和九年。㉒二兗　南兗州和北兗州。㉓三五民丁　胡三省曰：「三五者，三丁發其一，五丁發其二。」㉔倩使蹔行　朝廷派使者曉諭各地要臨時實行三五丁制度。㉕符到十日裝束　胡三省曰：「自符到之日，以十日為裝束，過此期即行。」㉖緣江五郡集廣陵　指沿江五郡的丁勇都到廣陵集中。沿江五郡指南東海、南蘭陵、南琅琊、南東莞、晉陵。廣陵即今揚州。㉗緣淮三郡集盱眙　沿淮水三郡的丁勇都到盱眙集中。沿淮三郡為臨淮、淮陵、下邳。盱眙，郡名，郡治在今江蘇盱眙東北。㉘中外　朝中朝外。㉙有馬步眾藝武力之士應科者　有以各種特殊技能報名應募者。應科，按招收的科目應募。㉚兗江　這裡指南兗州、江州。南兗州的州治即今江蘇揚州，江州的州治即今江西九江市。㉛家貲　家產折合的錢數。㉜並四分借一　一律借用他們的四分之一。㉝建武司馬　建武將軍的司馬。司馬是在將軍屬下主管司法的官。㉞乙亥　七月十七。㉟濟州　魏國當時的濟州州治就在碻磝城。㊱樂安　郡名，郡治在今山東廣饒北。當時屬魏。㊲青州　州名，州治即今山東青州，當時屬魏。樂安郡當時屬青州管轄。㊳隨王誕　劉誕，劉義隆之子，被封為隨王。㊴出弘農　自襄陽出兵殺向弘農。弘農郡的郡治在今河南三門峽市西，當時屬魏。㊵後軍外兵參軍　後軍將軍屬下的外兵參軍，掌管外兵曹。㊶關中豪右　關中地區的豪門大族。㊷招合夷夏　招集聯合關中地區的漢人與少數民族前來歸降。㊸自貲谷入盧氏　經由貲谷殺向盧氏。貲谷，縣名，在盧氏縣南的大山以南。盧氏，即今河南盧縣，在河南西部的洛水上游，靈寶縣的正南偏東。㊹納之　開門接其進城。㊺因之　趁著這種形勢。㊻自熊耳山出　出熊耳山殺向洛陽。熊耳山在盧氏縣東。㊼出上蔡向長社　經由上蔡縣殺向長社縣。上蔡縣在今河南上蔡西南，長社縣在今河南長葛東北，北離今鄭州不遠。㊽魏荊州刺史魯爽　魯爽是晉將魯宗之之孫，魯軌之子。魯宗之與魯軌是東晉宋末期的傑出將領，有功於國，因懷疑不被劉裕所容而逃歸魏國。魯爽生長於魏，被封為將軍、荊州刺史。傳見《宋書》卷七十四。㊾幢主　原是魏國的低級軍官名，後來也被南朝所採用，低於校尉，略當於曲長或屯長，統領五百人。幢是古代的布製儀仗，形狀如傘蓋而細長。幢主即一幢之主，領此數百人而以一幢為標誌。㊿虎牢　關塞名，在今河南滎陽西北的汜水鎮西，北挨古成皋城遺址，當時為北魏的豫州州治所在地。51救緣河穀帛　保護或搶收黃河沿岸的莊稼與製衣原料。52國人　自稱以鮮卑為主的從北方來的各族之人。53著　穿。54展至十月　拖延到十月。55九月辛卯　按《元嘉曆》，是十月初四；按北魏《景初曆》，則是九月初四。這裡稱九月，是歷史家照抄《魏書》文字的結果。56吳王余　拓跋余，拓跋燾的少子。傳見《魏書》卷十八。57庚子　按《元嘉曆》是十月十三；按北魏《景初曆》為九月十三。58分給　分別補充。給，供應。59火箭　胡三省引杜佑曰：「以小瓢盛油置於矢端，射城樓櫓板木上，瓢敗油散，因燒矢內簳中射油散處，火立燃。復以油瓢續之，則樓櫓盡焚，謂之火箭。」60何遽　怎麼能就這樣地……。61撤屋穴處　拆掉房子，住在洞穴中。62競出租穀　爭先恐後地向劉宋軍隊交納糧食財物。租穀，政府以借貸的名義向百姓徵收糧食。63操兵　拿著兵器。64不即其長帥　語略不順，疑「即」下應增「任」字。意即不隨即任命他們的領兵官為該部將領。65以配私暱　把他們原來的編制拆開，分別派給與自己關係親密的人。66責　討要；收取。67發車為營　徵用百姓家的車輛以圍成營壘，憑以作戰。68十月癸亥　按《元嘉曆》是十一月初七；按北魏《景初曆》是十月初七。69枋頭　即今河南浚縣西南的淇門渡。歷東晉、南北朝，一直為軍事要地。70代人陸真　代郡人姓陸名真。代郡的郡治即魏國的國都平城，今山西大同東北。陸真是拓跋燾後期的名將。傳見《魏書》卷三十。71犯圍　衝破宋軍的包圍圈。72玄謨營曲折　城下王玄謨軍營內部的詳情。73乙丑　按《元嘉曆》是十一月初九；按北魏《景初曆》是十月初九。74眾號百萬　號稱百萬之眾。75鞞鼓　軍中樂器。鞞，小鼓。76麾下　部下。麾，將軍的指揮旗。77委棄　扔下。78山積　堆積如山。79鍾離　郡名，屬南兗州，郡治在今安徽鳳陽東北。80垣護之　劉宋前期的名將，惜因主帥無能，未能建大功。傳見《宋書》卷五十。81石濟　一名棘津、南津，古黃河上的渡口名，舊址在今河南滑縣西南。82武皇攻廣固　劉裕攻廣固城滅南燕。事見本書卷一百十五晉安帝義熙五年、六年。廣固城即今山東青州。83迫於曩日　比當初的形勢還要緊急得多。84計　考慮；顧及。85以屠城為急　意即不惜一切地迅速攻下滑臺。胡三省曰：「使玄謨從護之計，急攻而得滑臺，魏兵隨至，固無以善其後也。」86不暇報護之　來不及通知垣護之迅速撤退。87還路　退路。88長柯斧　長柄大斧。柯，斧柄。89已逼　已經到達我們跟前。逼，迫近。90遁還　逃回。91佛貍　魏太武帝拓跋燾的小字。92東過　越過碻磝東下，進入山東地區。93清東　清水以東，今之山東半島地區。清水為古濟水下游的別名，故道起自今山東梁山縣，東北經東阿、平陰、長清、歷城、濟陽、博興等縣，流入渤海。94孤絕　孤立於前，與其他城池的守軍不能呼應相援。95朱脩之滑臺　指元嘉八年，宋軍與魏軍作戰，沿線諸軍或敗或逃，只有朱脩之固守滑臺，無人援救，致城破被俘。事見本書卷一百二十二。96詔使　宣布皇帝詔令的使者。97不聽　不同意；不允許。98閫外之事　這裡即指戰場上的事務。閫外，城門以外。古代命將出師，帝王送行到城外，對將軍說：「閫外之事」將軍自決之，不必更遙相請示。按，閫外有時又指「宮門」以外，「家門」以外，視文章環境而定。99得以專之　有權力做出決定。100節下　猶言「麾下」，您的手下、部下。節，旌節，皇帝賜予專制一方的軍政大員的信物。其形制是以竹為之，以旄牛尾為之飾，三重。101有一范增不能用　指不能聽取唯一有見解的像當年范增一樣的謀士的建議。范增是楚漢戰爭時項羽部下的謀士。劉邦在打敗項羽後總結他勝利的原因說他手下有韓信、張良、蕭何，三人都是天才，劉邦能充分發揮他們的作用；而項羽部下有才幹的只有一個范增，而項羽還不聽他的話，所以他的失敗是理所當然的。這裡沈慶之是以范增自比。102空議何施　白議論半天有什麼用。103沈公乃更學問　沈先生您倒是更有學問。反語相譏，蔑視之也。104耳學　指自己雖未讀過書，但靠耳朵也能學來許多真正有用的東西。105清口　古汶水入濟水之口，在今山東梁山縣東南，從此以下的濟水即通稱清水。106歷城　縣名，縣治即今山東濟南。107閏月　按《元嘉曆》，這一年閏十月。108鄉導　意即「嚮導」。109百丈崖　在今河南盧氏南的溫谷以南。110辛未　閏十月十五。111丙戌　閏十月三十。112分道並進此指東部戰線的各路兵馬，分道向著揚州方向、向著劉宋都城長驅進攻。(113)長孫真　魏國名將長孫肥的姪孫。傳見《魏書》卷二十六。(114)趣馬頭　進攻馬頭郡，馬頭郡的郡治在今安徽懷遠南淮河南岸的馬頭城，當時屬於劉宋。(115)鍾離　郡名，郡治在今安徽鳳陽東北，當時屬劉宋。(116)下邳　郡名，郡治在今江蘇睢寧西北的古邳鎮東，當時屬於劉宋。(117)東平　郡名，郡治無鹽，在今山東東平東北，當時屬魏。(118)鄒山　又名嶧山，在今山東鄒城東南，當時屬於劉宋。(119)十一月辛卯　十一月初五。(120)魯郡　郡治原即今山東曲阜，但劉宋時改在鄒山，故其太守崔邪利遂因城破被俘於鄒山。(121)秦始皇石刻　秦始皇二十八年（西元前二一九年），曾上鄒嶧山立碑頌德，即今著名的嶧山碑。(122)排而仆之　推而倒之。排，用雙手推。(123)以太牢祠孔子　用一太牢的供品祭祀孔子。太牢，使用的祭品為牛羊豬各一頭，是祭品規格之最高者。如果只有羊、豕而無牛，則稱「少牢」。(124)清　指清水。(125)蕭城　在今安徽蕭縣西北。(126)步尼公　其人不詳。(127)留城　即留縣，即今江蘇沛縣東南。(128)軍主　一支部隊的統領。(129)苞橋　在今江蘇沛縣城西的古苞水上。(130)苞水　又名豐水，源出今山東單縣東南的獲水，東流會豐水，經今江蘇豐、沛二縣之北，入於泗水，今已堙。(131)薛安都　劉宋的名將，河東汾陰（今山西萬榮西南）人，少以勇武、善騎射聞名。曾仕北魏，後歸宋，屢建軍功。明帝時，擁晉安王劉子勳為帝，兵敗歸魏。(132)就　前往。(133)陝　陝縣，在今河南三門峽市西。(134)督租　搜集軍糧。(135)張是連提　人名，他處也寫作「張氏連提」。(136)度崤　翻越崤山。崤山在今河南洛寧西北，陝縣的南方。(137)兜鍪　頭盔。(138)著絳納兩當衫　身穿深紅色的背心。納，同「衲」。兩當衫，前後兩片布，腋下用布條加以連綴的背心。北方農民常穿。(139)去具裝　卸去戰馬身上的防護披掛。具裝，裝具。(140)瞋目橫矛　瞪著眼睛，挺起長矛。(141)單騎突陳　單人匹馬向著敵軍的軍陣衝去。陳，同「陣」。(142)如是數四　像這樣連續衝殺了好幾趟。(143)軍副　一支部隊的副將。(144)柳元怙　柳元景的堂兄。傳見《宋書》卷七十七。(145)不之知　不知宋軍有援軍來到。(146)陳　列陣；結陣。(147)勍敵　強大的敵軍。(148)堅城在後　魏軍堅守的陝城在我軍背後。(149)是吾取死之日　是我們死裡求生之日。如果不勝則只有死路一條。(150)自南門　從陝城南門的方向，此時陝城仍被魏軍佔據。(151)易之　又換了一柄長矛。(152)日昃　太陽偏西。(153)河塹　河水與溝壑。(154)讓　責備。(155)以騎蹙步　用騎兵驅趕著步兵。騎兵主要是鮮卑人。(156)王旗北指　指宋軍北伐。(157)仁聲先路　讓仁義之聲為我軍開路。意即放這些俘虜回去給我們做宣傳。(158)甲午　十一月初八。(159)豪桀　有勢力、有影響的代表人物。(160)所在蠭起　到處紛紛起義，以響應宋軍。(161)送款　敬獻忠心，表示擁護。(162)斷後　在後面掩護軍隊撤退。(163)項城　項縣縣城，即今河南沈丘。(164)癸卯　十一月十七。(165)尉武　亭名，在今安徽壽縣城北數十里處。具體方位不詳。《北史·拓跋崙傳》有所謂：「武，亭名，劉康祖戰死於此。」(166)依山險間行取至　走山間小路以求平安返回。(167)自送　自己送上門來。(168)結車營　將戰車聯結為營壘，意即隨時準備戰鬥。(169)顧望　環顧張望，指三心二意，不堅決作戰。(170)自旦至晡　從早晨打到午後申時。申時指下午的三時至五時。(171)流血沒踝　地上的鮮血可以淹過足踝。(172)身被十創　身上有十多處受傷。創，兵器造成的傷害。(173)彌厲　更加激昂。(174)隨補其闕　隨時補上燒壞的缺口。闕，這裡同「缺」。(175)掩殺殆盡　趁機攻殺，幾乎被殺了個一乾二淨。掩殺，殺了個措手不及。殆，幾乎。(176)依阜林　憑藉矮樹林。(177)不去　不離開尉武。(178)三郎將　胡三省曰：「魏謂衛士曰三郎將。」(179)掌　把守；看管。(180)嬰城固守　意即四面迎敵地堅守孤城。嬰城，環城，沿著四周的城牆。(181)安北中兵參軍　安北將軍劉駿的中兵參軍。中兵參軍在將軍手下掌管中兵曹。(182)函箱車陣　用車結成方陣。其狀如箱，使需要保護的人居於當中。(183)太尉長史　劉義恭屬下的長史。長史是國家三公及方鎮大員屬下的諸吏之長，權力甚大。(184)席卷奔鬱洲　席捲徐州城的一切物資珍寶逃上東海的田橫島。鬱洲即田橫島，當時在今江蘇海州東的大海中，今已與大陸相連。(185)已判　已經決定。(186)二議　沈慶之送劉義恭去歷城之議，與何勗席捲逃跑入海之議。(187)沛郡　郡治在今安徽蕭縣西北。(188)張暢　劉宋的有義有勇之士。傳見《宋書》卷五十九。(189)高贊　高聲贊成。(190)關扃嚴固　城門鎖得緊緊地。關，大門裡面的門閂，拴門以防外人進入。扃，大門外面的鎖，鎖門以防裡面的人員外出。(191)欲去莫從　想逃走而無法離去。(192)欲至所在　想要達到你的目的地。(193)朝夕猶未窘罄　也不是一天兩天就會斷頓的。窘罄，短缺、用盡。(194)阿父　劉義恭是劉義隆的親兄弟，是劉駿的親叔叔。(195)總統　全軍的總指揮。劉義恭當時在彭城調度各軍。(196)去留非所敢干　您個人的去與留，不是我所管得了的。干，干涉；過問。(197)道民　武陵王劉駿的小名，說話時稱自己的小名是表示對別人的恭敬。(198)忝為城主　作為徐州一城的守將，當時劉駿任徐州刺史。忝，謙詞，意思是說自己任此職不夠格，於心有愧。(199)委鎮　扔下自己鎮守的城池。(200)復奉朝廷　重回朝廷，再見皇帝。(201)不可異　不可改變；不容再有異議。(202)壬子　十一月二十六。(203)戲馬臺　在當時的徐州城南，臺高十丈，長寬各百步，相傳為當年項羽所築。現在隨著徐州市區的擴大，戲馬臺公園已經成為徐州市內的重要一景。(204)隊主　低級軍官名，猶今所謂隊長。(205)沒於魏　被魏軍所俘獲。沒，陷於敵。(206)小市門　徐州城的小市場之門。(207)仍就求橐駝　於是順便向魏人要駱駝。仍，乃。橐駝，駱駝。(208)南門　徐州城的南門。(209)餉　贈送。(210)安北　指安北將軍武陵王劉駿。(211)可暫出見我　可以出來一下與我見個面。暫，片刻。(212)常遲面寫　很久以來就盼著能有個見面聊聊的機會。遲，等待。面寫，當面談心。寫，抒發；宣洩。(213)人臣無境外之交　為臣子的沒有權力與外國進行談判。(214)恨不暫悉　很遺憾沒有機會見面細談。恨，遺憾。(215)悅以使之　只要守將能讓人樂意去做。(216)則勞而無怨　那麼付出了辛勞的人也就不會怨恨了。《周易・象卦》有云：「悅以勞民，民忘其勞。」(217)博具　博弈用的棋盤與棋子。(218)九種鹽　據《魏書・李孝伯傳》有白鹽、黑鹽、胡鹽、戎鹽、赤鹽等等。(219)胡豉　胡人用豆類製作的一種調味品。(220)受任戎行　奉命率軍而出。(221)恐輕相陵踐　擔心他們會有些違背軍令的動手動腳。陵踐，侵陵、踐踏，隱指攻城。(222)刻日交戲　訂好時間，正式開戰。(223)賓有禮二句　二語見《左傳》隱公十一年。原文作：「山有木，工則度之；賓有禮，主則擇之。」大意是說客人表現得有禮貌，主人就要好好地接待他。(224)彼此之情　雙方的軍事實力與各種具體情況。(225)雖不可盡　雖然不一定就能完全瞭解。(226)要須　畢竟還是可以。(227)諸佐　各位高級僚屬。(228)僮幹　僮僕一般受指使的小吏。(229)以二王命　以劉義恭、劉駿的名義。(230)形狀才力　相貌與才幹。(231)久為來往所具　早已被雙方往來的使者們詳細說過了。(232)親自銜命　親自奉命前來。(233)不患彼此不盡　不必擔心不能充分理解對方的心思。盡，充分瞭解。(234)常才　庸才，才幹平平，無出眾之處。(235)任使　任命、使用。(236)一相拒逆　做出一點些微的抵抗。拒逆，迎擊。(237)遽藏入穴　立刻就鑽進了窟窿。胡三省曰：「鄒山多石穴，土人謂穴為嶧，相率入保藏以避兵，故孝伯云然。」(238)今從在此　如今也跟著到這兒來了。(239)但以之為前驅　也只不過是讓他當了個開路的尖兵。但，只。(240)大軍未至　那時貴國的軍隊尚未到達。(241)河冰向合　黃河眼看就要封凍。向，眼看；很快。(242)自以　親自指揮。(243)乃足言邪　還值得吹噓嗎。(244)太尉神筭二句　意謂這都是我們的太尉劉義恭與鎮軍將軍劉駿預先策劃好的。鎮軍，武陵王駿此時降號鎮軍將軍。(245)用兵有機二句　至於這裡邊的神機妙算，就不能再跟你說了。(246)直造瓜步　直達長江邊上的瓜步山。瓜步山在今南京六合區東南的長江邊上。造，抵達。(247)南事若辦　這次南下的事情如果辦好，指順利地滅了劉宋朝廷。(248)彭城不待圍　到那時也就不用再對徐州進行圍困了。(249)亦非所須　也不是我們特別想要的。(250)南飲江湖　到長江、太湖喝幾口水。(251)自適彼懷　隨你的便。(252)若虜馬遂得飲江二句　如果這群胡子真的喝上了長江水，那可真是沒有天地鬼神了。意思是說那是天理不容的事。按，張暢說這話的時候，還是估計劉宋有力量抵抗，不會讓敵寇臨江。(253)先是童謠云　在此以前有童謠預言說。先是，在此之前。(254)虜馬飲江水二句　這童謠所云，自然是北兵退走，第二年又正好拓跋燾病死後，產生於劉宋王朝的一種阿Q式的僥倖苟免，而又幸災樂禍的編造。(255)故暢云然　歷史上有些話只要稍一顛倒時間順序，往往就能使是非黑白頓時變換，也能創造出許多天才的預言家。像司馬光這樣的歷史家居然也於此未能免俗。但這種寫法絕不是對張暢其人的添光增彩。(256)辯贍　有口才，有學問。贍，富，學問淵博。(257)且去　臨走前。(258)自愛　自我珍重。(259)相去步武　相距不過是一步之遙。古代以六尺為步，半步為武。這裡指挨得很近。(260)冀蕩定有期　我希望宋王朝統一天下的日子不會太遠。蕩定，平定。(261)相見無遠　下次見面的日子不會太遠了。(262)起　起用。在此之前楊文德曾因兵敗被免去官職，事在本卷前文元嘉二十五年。(263)搖動　動搖，指造成人心恐慌。(264)陰平平武羣氐　陰平與平武兩縣的氐族人。陰平縣在今甘肅文縣西北，平武縣在今四川平武東北。(265)啖提氐　啖提地區的氐族人。啖提的方位不詳。266執送荊州　將楊文德逮捕押送到荊州。267丁未　十一月二十一。268大赦　主語指劉宋朝廷。因魏兵臨江，國人惶恐，故大赦以取悅於人。269十二月丙辰朔　十二月初一是丙辰日。270魯秀　魯爽之弟。傳見《宋書》卷七十四。271出廣陵　殺向廣陵。廣陵即今揚州。272出山陽　殺向山陽郡。山陽郡郡治即今江蘇淮安。273橫江　古城名，在今安徽和縣東南的長江北岸，與牛渚隔江相對。274殘滅　或僅殘存，或全部消滅。275戊午　十二月初三。276纂嚴　戒嚴。277己未　十二月初四。278淮上　淮河邊上。279宂從僕射　散職侍從官，擔任宮廷宿衛、值守門戶，以及皇帝出行時任騎從。280積弩將軍　雜號將軍名。281營東山　紮營於東山。東山在當時的盱眙城東南。282建威將軍　雜號將軍名。283前浦　地名，在盱眙城附近。284乙丑　十二月初十。285燕王譚　拓跋燾之子。傳見《魏書》卷十八。286燾　臧燾，宋武帝劉裕的敬皇后之兄。傳見《宋書》卷五十五。287脩之　晉代末期的名將，隨劉裕滅後秦有功。劉裕棄關中，毛脩之被魏所俘。傳見《魏書》卷四十三。288是夕　這天夜間。289赴城　逃向盱眙城。290沈璞　宋初名將沈林子的後代。傳見《宋書》卷一百。291無警　沒有敵情。292郡當衝要　郡城正對著交通要道。293繕城浚隍　修繕城牆，疏浚護城河。隍，護城河。294非之　不贊成他的做法。295過　過分。296守宰　郡守與縣令。297或　有人。298不顧　不屑一顧，不來攻擊。299昆陽　指劉秀破王莽的昆陽之戰。昆陽即今河南葉縣，反王莽的起義軍被王莽的大軍四十餘萬圍困於此。劉秀一方面令城中堅守，自己率數千人在城外，與城裡的守軍內外夾攻，結果大破王莽軍。事見《後漢書・光武紀》。300合肥　指魏將司馬師大破吳將諸葛恪於合肥事。西元二五三年，吳國諸葛恪用二十萬大軍圍困合肥新城，司馬師令城中魏軍堅守，令毌丘儉、文欽擊其外，大破之。見本書〈魏紀〉嘉平五年。301無所事眾　不需要用更多的人。302止可容見力　只能容得下現有的兵力。見，意思同「現」。303鮮不為患　很少不造成麻煩。鮮不，很少不。304退敵完城　打退敵人，保住城池。305全功不在我　完完整整的功勞我們就得不到了。306避罪歸都　避開戰敗之罪，及早撤回京城。307會資舟楫　那時就得需要船隻。資，憑藉；依靠。308更相蹂踐　必然會因為人多船少而相互擁擠、相互踐踏。309正足為患　更加給我們增加麻煩。310固已久息　根本就用不著提了。311彼雖烏合　臧質的士兵即使是烏合之眾。312寧不憚此邪　難道他們就不怕這個嗎。指非殺即虜。313同舟而濟二句　指在生死關頭，容易通力合作。314寧可　怎麼能；難道可以。315欲專功而留虜　為了讓功勞歸於自己，而不惜讓敵軍停留不去。316不齎糧用　不攜帶糧食用品。317唯以抄掠為資　完全靠搶劫掠奪為生。318竄匿　逃跑躲藏。319守盱眙　圍困盱眙。守，看守。320益完守備　將守城事宜進行得更加完備。321庚午　十二月十五。322壞民廬舍　拆毀百姓的房子，收取其木材。323荷擔而立　言其裝好行李，隨時出逃。324壬午　十二月二十七。325丹楊統內　丹楊尹的管轄區內。丹楊是劉宋都城建康所在的郡，其行政長官稱作尹。326盡戶發丁　各家各戶所有的壯丁，都一律被徵調入伍守城。(327)王公以下子弟　上起王爵公爵所有貴族官僚之家的年輕人。(328)皆從役　一律參加服役。(329)劉遵考　劉裕的同族兄弟，自劉裕起事，一直追隨王室，多有軍功。傳見《宋書》卷五十一。(330)津要　沿江的各個渡口。(331)遊邏　駕船巡邏。(332)上接于湖　向上巡邏到于湖縣。于湖縣的縣治即今安徽當塗。(333)蔡洲　長江中的沙洲，在今南京西南，已與江岸連接。(334)周亙江濱　在江邊連續不斷。(335)採石　采石磯，在今安徽馬鞍山市西南，山形陡入江中，是長江上的險要地段之一。(336)暨陽　縣名，縣治在今江蘇江陰東南的長壽鎮南。(337)石頭　石頭城，在當時建康城西南側的秦淮河邊，離長江不遠，是建康的重要軍事要地。(338)石頭倉城　石頭城區域貯藏糧食的城堡。(339)兼領軍　兼任中領軍，統領護衛宮廷的軍隊。(340)悉以委焉　全部都委託江湛負責。(341)貽大夫之憂　給你們諸位添了麻煩，造成了困擾。貽，帶來；造成。大夫，以稱其面前的眾官。(342)莫府山　即幕府山，在今南京城北。(343)購魏主及王公首　懸賞收買魏主及王公的人頭。劉義隆的這些舉動簡直都是兒戲、笑柄！(344)野葛酒　用野葛泡製的藥酒。野葛是一種有毒的植物，可以泡酒毒人。(345)蟠道　曲折盤旋的山道。(346)設氈屋　搭起帳篷。(347)餉上　送給劉義隆。(348)奉朝請　給退職官員的一種賞官名，讓他們還可以參加重要的朝廷會典，以示榮耀。古代諸侯春季朝見天子叫朝，秋季朝見叫請。(349)珍羞　珍貴的食物。羞，同「饈」。(350)黃甘　柑桔的一種。甘，此處同「柑」。(351)即噉之　拿過來就吃。(352)酃酒　用湖南酃縣酃湖水釀的酒，味道甘美。(353)非欲為功名　並不是想要立什麼功、揚什麼名，如滅掉劉宋、統一天下等等。(354)實欲繼好息民　實在是為了繼續發展友好關係，讓兩國的百姓得以和平、休息。(355)永結姻援　永遠保持一種通婚的關係、盟友的關係。(356)三王在阨　指江夏王義恭、武陵王駿在彭城，南平王鑠在壽陽，都處於魏兵的攻擊之下。阨，受困。(357)詎宜苟執異議　怎能隨便地發表不同意見。(358)班劍　侍衛中的一種人。胡三省曰：「班劍，持劍為班，列在車前。」(359)排　用手推。(360)僵仆　跌倒。向後仰倒曰僵，向前撲倒曰仆。(361)謝天下　告慰天下；求得天下人的寬容。(362)但不異　只是沒提反對意見。(363)不平　不和睦。

【校　記】[1]魯方平　原作「曾平方」。胡三省注云：「《南史》作『魯方平』，參考《水經》，作『魯』為是。」今據改。[2]拔　據章鈺校，孔天胤本作「使」，張敦仁《通鑑刊本識誤》、張瑛《通鑑校勘記》同。[3]卿斬我　原作「卿當斬我」。據章鈺校，十二行本、乙十一行本、孔天胤本皆無「當」字，今據刪。[4]車營　原作「軍營」。據章鈺校，十二行本、乙十一行本、孔天胤本皆作「車營」，張瑛《通鑑校勘記》同，今據改。[5]南　原無此字。據章鈺校，十二行本、乙十一行本、孔天胤本皆有此字，今據補。[6]魏軍　原作「魏兵」。據章鈺校，十二行本、乙十一行本、孔天胤本皆作「魏軍」，今據改。[7]相見無遠　原無此四字。據章鈺校，十二行本、乙十一行本、孔天胤本皆有此四字，張敦仁《通鑑刊本識誤》、張瑛《通鑑校勘記》同，今據補。⑧得　原無此字。據章鈺校，十二行本、乙十一行本、孔天胤本皆有此字，今據補。

【語譯】秋季，七月十二日庚午，宋文帝劉義隆下詔說：「胡虜最近雖然遭受了挫折，但他們吞併江南的狼子野心並沒有改變。近來一連接收到河朔地區、秦州、雍州的漢民和少數民族送來的表章，向我們訴說他們的困苦和危急，正在踮起腳跟急切地盼望我們早日前去安撫他們、拯救他們，他們暗中互相聯合，等待我們的王者之師進行北伐。柔然國也暗中派遣使者遠道而來向我們表示歸服的誠意，發誓要與我們聯盟，結成彼此互相呼應、聯絡的戰線，以牽制、夾擊魏軍，攻取、收復黃河以北地區的時機，確實就在今天。可以派遣擔任寧朔將軍的王玄謨率領擔任太子步兵校尉的沈慶之、擔任鎮軍諮議參軍的申坦所統領的水軍進入黃河，接受擔任青州、冀州二州刺史的蕭斌指揮。擔任太子左衛率的臧質、擔任驍騎將軍的王方回逕直前往攻取許昌、洛陽，擔任徐州、兗州二州刺史的武陵王劉駿、擔任豫州刺史的南平王劉鑠各自率領自己的部下，從東西兩翼同時進兵。擔任梁州、南秦州、北秦州三州刺史的劉秀之在汧、隴一帶大肆展開活動，製造聲勢；擔任太尉的江夏王劉義恭離開建康，把指揮部設在彭城，為各路人馬的總指揮。」申坦，是申鍾的曾孫。

當時因為大規模調動軍旅進行北伐，所以王公、王妃、公主以及朝廷中的大臣，各郡的太守、各縣的縣令，下到富裕的百姓，分別向國家貢獻金銀、布帛以及各種物品用來支援國家出兵北伐。又因為兵力不足，遂把青州、冀州、徐州、豫州、南兗州、北兗州六個州中的男丁，按照每戶如果有三個男丁就徵調一個、如果一家有五個男丁就徵調二個的比例全部徵召入伍，朝廷派使者曉諭各地要臨時實行三五丁制度，從接到徵兵符書的那天算起，給出十天的時間作為準備行裝的時間，十天以後就要啟程，規定長江沿岸五個郡的丁勇都到廣陵集中，淮河沿岸三個郡的丁勇都到盱眙郡集合。不論朝廷內外，凡是有以擅長騎馬、奔跑或其他各種特殊技能，按照招收的科目前來應募的人，全都給以豐厚的獎賞。有關部門又奏報軍費不足，於是揚州、南徐州、南兗州、江州四個州中凡是家財超過五十萬的富戶，僧尼財產滿二十萬錢的，一律借用他們的四分之一，等到戰爭結束立即償還。

宋國擔任建武司馬的申元吉率領一支宋軍逕直奔赴黃河的碻磝城。七月十七日乙亥，魏國擔任濟州刺史的王買德放棄了碻磝城逃走。擔任青、冀二州刺史的蕭斌派遣將軍崔猛率軍前往攻打樂安郡，魏國擔任青州刺史的張淮之也棄城逃走。蕭斌與太子步兵校尉沈慶之留守碻磝城，派遣寧朔將軍王玄謨繼續進軍圍攻滑臺。擔任雍州刺史的隨王劉誕派遣擔任中兵參軍的柳元景、擔任振威將軍的尹顯祖、擔任奮武將軍的魯方平、擔任建武將軍的薛安都、擔任略陽太守的龐法起率領軍隊前往進攻弘農。擔任後軍外兵參軍的龐季明，當時已經七十多歲了，認為自己是關中的豪門大族，便請求進入長安城去招集、聯合關中地區的漢人與少數民族前來歸降，隨王劉誕批准了他的請求，龐季明便從貲谷縣進入盧氏縣，盧氏縣人士趙難將他接進城中。龐季明於是就誘導勸說那裡的士民，響應龐季明號召的人很多，建武將軍薛安都等人趁著這種有利形勢，遂從熊耳山出兵殺向洛陽，中兵參軍柳元景率領軍隊繼續前進。擔任豫州刺史的南平王劉鑠派遣擔任中兵參軍的胡盛之從汝南出兵，梁坦經由上蔡縣殺向長社縣，魏國擔任荊州刺史的魯爽鎮守長社，他聽到宋軍前來進攻的消息便棄城逃走。魯爽，是魯軌的兒子。擔任幢主的王陽兒率領自己手下的數百人襲擊魏國擔任豫州刺史的僕蘭，將僕蘭打敗，僕蘭逃奔虎牢。隨王劉鑠又派遣擔任安蠻司馬的劉康祖率領一部分兵力去協助梁坦，進逼虎牢。

魏國群臣剛聽到有宋軍進犯邊境的消息時，就奏報了北魏太武帝拓跋燾，請求派遣軍隊保護或搶收黃河沿岸的莊稼和製作衣服的原料。太武帝說：「如今我們的馬匹還沒有肥壯，天氣還很炎熱，快速出兵肯定會勞而無功。如果宋國的軍隊繼續前進，我們就暫且到陰山一帶去躲一躲。我國的人民本來穿羊皮褲，綿帛對我們來說有什麼用呢？只要拖延到十月分，我就沒有憂慮了。」

九月初四日辛卯，北魏太武帝親自率領魏軍南下救援滑臺，他命令皇太子拓跋晃率軍駐紮在大漠以南防備柔然乘虛進攻魏國的邊境，留下吳王拓跋余鎮守都城平城。十三日庚子，魏國從各州郡調集了五萬士兵分別補充給各軍。

宋國寧朔將軍王玄謨所率領的宋軍不僅數量龐大、士氣旺盛，而且器械精良，但王玄謨這個人為人貪婪，剛愎自用而且嗜好殺戮。剛開始圍困滑臺的時候，滑臺城中有很多茅草房，眾人請求用火箭射入城中，將城中的茅草屋燒掉。王玄謨說：「城中所有的東西，將來都是我們的財物，怎麼能這樣白白地把它燒掉呢！」城中的人隨即撤出了茅草屋住進了洞穴。當時，黃河、洛水一帶的民眾全都爭先恐後地向宋軍交納糧食財物，手拿兵器趕來參戰的每天都有上千人，王玄謨沒有任用他們原來的長帥作為該部將領，而是把他們原來的編制拆開，分別派給與自己關係親密的人率領。發給每家一匹布，卻要索要八百個大梨作為補償，因為這些原因，眾人大失所望。攻打滑臺城一連攻了幾個月都沒有攻下，聽說魏軍的救兵將到，眾人請求徵用百姓家的車輛圍成營壘，憑藉這些營壘作戰，王玄謨又不肯聽從。

冬季，十月初七日癸亥，北魏太武帝率領魏軍到達枋頭，他派遣關內侯代郡人陸真率領幾個人在夜間突破宋軍的包圍圈，悄悄地進入滑臺城，安撫慰問城中的軍民，陸真還登上滑臺城樓觀看城下王玄謨軍營內部的詳細情況，回來後向太武帝做了詳細的彙報。初九日乙丑，北魏太武帝率領魏軍渡過黃河，號稱自己的軍隊是百萬之眾，戰鼓之聲，震天動地。王玄謨對魏軍非常恐懼，立即率軍撤退。魏軍隨後追擊，宋軍死了一萬多人，受王玄謨指揮的軍隊四散逃亡，差不多都跑光了，丟棄的軍用物資、器械堆積如山。

先前，寧朔將軍王玄謨派遣擔任鍾離郡太守的垣護之率領一百艘戰船為前鋒，佔據石濟渡口，處在距離滑臺西南一百二十里的位置。垣護之聽到北魏的軍隊即將到達的消息，立即飛馬傳書勸說王玄謨急速進攻滑臺，他說：「過去武皇劉裕率領晉軍攻打廣固城消滅南燕的戰役中，軍隊傷亡慘重。何況今日的情勢比當初的形勢還要緊急得多，哪裡還能顧得上士卒的傷勢與疲勞呢？希望你能不顧一切地迅速攻下滑臺。」王玄謨沒有採納垣護之的意見。等到王玄謨兵敗撤退的時候，又沒有來得及通知垣護之。魏軍把從王玄謨手裡繳獲的戰艦用鐵鎖連接起來，一連設置了三重障礙，封鎖了河道，斷絕了垣護之的退路。黃河水流湍急，垣護之順流而下，每當遇到魏軍設置的鐵鏈，就用長柄大斧將鐵鏈砍斷，而魏軍根本無法禁止，垣護之所率領的一百艘戰船只損失了一艘，其餘的全都完好無損地返回江南。

蕭斌派遣太子步兵校尉沈慶之率領五千人前往救援王玄謨，沈慶之說：「王玄謨的軍隊士氣低落，身體疲勞，而且賊寇已經逼近我軍，除非有幾萬人才可以前去救援，如果只帶領少量軍隊輕易前往，一點好處也沒有。」而蕭斌卻堅持要他率軍前去。恰逢王玄謨此時兵敗逃回，蕭斌就要殺掉王玄謨，沈慶之堅決勸阻說：「魏太武帝拓跋燾威震天下，他親自率領百萬雄兵前來迎戰，豈是王玄謨所能抵擋得了的？而且殺掉戰將就會削弱自己的力量，這可不是好辦法。」蕭斌這才打消了殺死王玄謨的念頭。

蕭斌想要固守碻磝城，沈慶之說：「如今我們的後方青州、冀州防務空虛而我們坐在這裡固守一座窮城，如果魏軍越過碻磝向東進入青州、冀州，那麼清水以東的廣大地區將不再屬於我們宋國所有。碻磝城目前已經成為一座孤城，與其他城池的守軍不能互相呼應相援，元嘉八年朱脩之固守滑臺，因為無人救援，致使城破被俘的悲劇又會重演。」正巧宣布皇帝詔令的使者來到，不允許蕭斌等人退師。蕭斌只得又召集起各位將領重新進行商議，大家都認為應當留守碻磝城。只有沈慶之說：「戰場上的事情，將軍有權力做出決定。皇帝的詔書是從遠方送來，皇帝並不知道這裡的具體情形。你的部下現在有一位像范增一樣的人物卻不能用，白白地議論半天有什麼用！」蕭斌以及在座的各位將領都笑著說：「沈公您倒是更有學問。」沈慶之厲聲說：「你們這些人雖然讀了很多書，博古通今，卻不如我依靠耳朵所學的東西多。」蕭斌乃使王玄謨守衛碻磝城，派鎮軍諮議參軍申坦、鍾離太守垣護之據守清口，自己則率領其他各軍返回歷城。

閏十月，宋國略陽太守龐法起等各軍進入盧氏縣，殺死了盧氏縣縣令李封，任命趙難為盧氏縣令，讓他率領自己的部下為大軍充當嚮導。擔任中兵參軍的柳元景率軍從百丈崖到達盧氏縣與諸軍相會。龐法起等人進攻弘農，十五日辛未，將弘農攻克，活捉了魏國擔任弘農郡太守的李初古拔。建武將軍薛安都留下鎮守弘農，三十日丙戌，龐法起率軍向潼關進發。

北魏太武帝命令東部戰線的各路兵馬分路長驅直進：永昌王拓跋仁率領一支人馬從洛陽向壽陽進發，尚書長孫真率領一支魏軍進攻馬頭郡，楚王拓跋建率領一支魏軍向著鍾離郡進軍，高涼王拓跋那率領一支魏軍從青州趕往下邳郡，北魏太武帝親自率軍從東平郡向鄒山進軍。

十一月初五日辛卯，北魏太武帝抵達鄒山，宋國擔任魯郡太守的崔邪利被魏軍俘虜。北魏太武帝看到秦始皇所立的嶧山碑，便命人將石碑推倒，用太牢的供品祭祀孔子。

魏國的楚王拓跋建率軍從清水出發向西挺進，駐紮在蕭城；將軍步尼公從清水出發向東挺進，屯紮在留城。宋國武陵王劉駿派遣擔任參軍的馬文恭率領軍隊增援蕭城，江夏王劉義恭派遣擔任軍隊統領的嵇玄敬率領一支宋軍增援留城。增援蕭城的馬文恭參軍被魏軍打敗。魏國的將領步尼公在向東挺進的途中與嵇玄敬遭遇，他趕緊率領軍隊趕往苞橋，想向西渡過清水。沛縣人放火燒毀了苞橋，並於夜間在樹林中大聲擊鼓，魏軍以為是宋國的大軍突然來到，便都爭相搶渡苞水逃命，結果被擠入水中淹死的人差不多有一半。

宋文帝下詔，任命柳元景為弘農郡太守。柳元景派遣建武將軍薛安都、振威將軍尹顯祖先率領軍隊前往陝縣與略陽太守龐法起等人會合，柳元景在後搜集糧草。陝縣縣城地形險要，魏軍防守堅固，宋軍久攻不下。魏國擔任洛州刺史的張是連提率領二萬軍隊越過崤山來救援陝縣，宋國建武將軍薛安都在陝縣城南與張是連提所率領的魏軍展開激戰，魏軍派出突擊騎兵前來踹營，宋軍無法抵擋。薛安都一見大怒，他扔掉頭盔，脫去鎧甲，只穿著一件深紅色的兩片衫，同時卸掉戰馬身上的防護披掛，瞪圓雙眼，挺起長矛，單人獨騎衝向敵人的軍陣，所向披靡，魏軍從兩邊開弓向他射擊，都沒有能夠將他射中。像這樣連續衝殺了好幾趟，殺死殺傷的魏軍不計其數。此時天色已晚，另外一支軍隊的將領魯元保率軍從函谷關趕來，魏軍看見宋國援軍已到，這才撤退。柳元景派遣擔任副將的柳元怙率領二千步騎兵趕來救援薛安都，由於是在夜間到達，魏軍竟然沒有發覺宋軍有援軍到來。第二天，薛安都等人在陝縣縣城西南擺開陣勢，魯方平對薛安都說：「如今我們面前是強大的敵軍，背後有魏軍堅守的陝城，這是我們死裡求生的日子。您如果不向前衝，我會把您斬首；我如果不前進，您也會把我斬首！」薛安都說：「好！您說得很對！」於是聯合起來一起應戰。柳元怙率領宋軍從陝城南門的方向擂鼓吶喊逕直衝殺過來，隊伍中旌旗招展，魏軍一見非常驚駭。薛安都也挺身揮矛，奮勇衝殺，流出的鮮血都凝固在胳膊肘上，矛也折斷了，他就換一把長矛又衝入敵陣，宋國各路軍馬一齊奮勇拼殺。從天亮一直拼殺到日頭偏西，魏軍大敗，宋軍斬殺了魏國洛陽刺史張是連提以及魏軍將卒三千多人，其他的魏軍跳入河水與溝渠中，淹死的也很多，被俘虜的魏軍有二千多人。第二天，弘農太守柳元景到來，他責備投降的魏人說：「你們這些人原本都是中國人，現在卻為胡虜效力，直到失敗了才來投降，這是為什麼呢？」俘虜們都說：「胡虜驅趕我們前來作戰，如果出來晚了就要被滅族，他們用騎兵在後邊驅趕著我們這些步兵，有的人還沒有等到交戰，就被騎兵踐踏死了，這是將軍親眼所見的。」諸將都想把他們全部殺掉，柳元景說：「如今宋軍北伐，應當讓仁義之聲為我軍開路。」於是把這些俘虜全部釋放，打發他們回去，這些人都高呼萬歲，興高采烈地離開了宋營。十一月初八日甲午，宋軍攻克了陝城。

宋國略陽太守龐法起等率領宋軍進攻潼關，魏國守將婁須棄城逃跑，龐法起等人遂佔領了潼關。關中到處都有英雄豪傑之士紛紛起兵以響應宋軍，就連四周山中的羌人、胡人也都紛紛前來敬獻忠心，表示擁戴的誠意。

宋文帝因為寧朔將軍王玄謨兵敗而退，導致魏軍深入國境，弘農太守柳元景不應該孤軍前進，於是便把他們全部召回。柳元景派遣薛安都在後面掩護大軍撤退，自己則率軍回到襄陽。宋文帝下詔任命柳元景為襄陽太守。

魏國永昌王拓跋仁率領魏軍進攻宋國管轄之下的懸瓠、項城，將懸瓠、項城全部佔領。宋文帝擔心魏軍抵達壽陽，於是就將劉康祖召回。十一月十七日癸卯，拓跋仁率領八萬騎兵追趕劉康祖，在尉武亭將劉康祖追上。劉康祖身邊只有八千人馬，為他擔任軍副的中兵參軍胡盛之建議沿著山間小路平安返回，劉康祖大怒，說：「我們來到黃河邊上尋找敵人作戰，都沒有遇到敵人，幸好敵人自己主動送上門來，我們為什麼倒要躲避他們呢！」於是便把戰車連接成營壘的樣子一邊繼續前進，他向軍中下令說：「瞻前顧後，不肯奮勇殺敵的一律斬首，後退的一律砍掉雙腳。」魏軍從四面向他們展開圍攻，宋軍將士全都拼死作戰。從早晨一直戰鬥到日頭偏西，殺死了一萬多魏軍，地上的鮮血都淹過了腳踝，劉康祖身上有十多處受傷，然而他的鬥志更加激昂。魏軍把自己的軍隊分成三部分，輪番休息輪番作戰。趕上天黑風大，魏軍就利用騎兵馱來柴草焚燒劉康祖的車營寨，劉康祖就及時補上被燒壞的缺口。有一支流矢恰好射穿了劉康祖的脖頸，劉康祖墜馬而死，剩下的人因為失去指揮無法作戰，遂潰不成軍，魏軍趁機攻殺，劉康祖所率領的八千人幾乎被殺了個一乾二淨。

宋國擔任豫州刺史的南平王劉鑠派遣擔任左軍行參軍的王羅漢帶領三百人戍守尉武亭。魏軍來了以後，眾人都想向南轉移到附近的矮樹林中以便很好地保護自己，而王羅漢認為自己接受命令守衛尉武亭，所以堅決不肯離開尉武亭。魏軍攻下尉武亭，活捉了王羅漢，他們用鐵鏈鎖住王羅漢的脖子，並派武士負責看管他。王羅漢趁黑夜勒斷了武士的脖子，抱著鐵索鏈逃奔盱眙。

魏國永昌王拓跋仁率軍進逼宋國的壽陽，沿途焚燒、搶掠了馬頭、鍾離，南平王劉鑠四面迎敵堅守孤城。魏軍所在的蕭城，距離彭城只有十多里路。彭城的守軍雖然數量很多卻缺少糧食，擔任太尉的江夏王劉義恭想要丟棄彭城向南返回京師建康。擔任安北中兵參軍的沈慶之認為歷城兵少糧多，就想用戰車連接成方陣，把精兵布置在方陣以外，像鳥的翅膀一樣護衛著方陣，護送二王以及王妃、公主們直接前往歷城躲避戰爭；分出一部分軍隊配給擔任護軍的蕭思話，讓他留守彭城。擔任太尉長史的何勗建議席捲彭城的所有物資、珍寶逃往東海的鬱洲，然後從海路返回京城。劉義恭撤離彭城的決心已定，只是對沈慶之護送去歷城與何勗席捲彭城逃入海島這兩種方案哪個更好，討論了一整天都沒有得出結論。擔任安北長史、沛郡太守的張暢說：「如果有可能到達歷城、鬱洲的話，我哪敢不高聲贊成？如今彭城中缺乏糧食，百姓都有逃離的念頭，只是因為城門緊鎖，想逃走也逃走不了罷了。一旦我們撤離，百姓就會各自逃散，我們即使想要到達目的地，又怎麼能夠呢？如今軍隊的糧食雖然很少，也不是一天兩天就會斷炊的，豈能捨棄萬無一失而去自找滅亡呢？如果一定要撤離彭城，我就請用我脖頸裡流出的鮮血玷汙您的馬蹄。」武陵王劉駿對江夏王劉義恭說：「叔父在彭城負責調度指揮各路軍馬，至於您個人是離開還是留下，不是我能管得了的。然而我作為彭城的守將，如果扔下自己所鎮守的彭城逃走，實在是沒有顏面再回到朝廷，我一定要與此城共存亡，對於張長史的意見不允許再有異議。」江夏王劉義恭這才不再堅持撤離彭城。

十一月二十六日壬子，北魏太武帝拓跋燾抵達彭城，他把自己的氈房安置在彭城南面的戲馬臺上，以便於眺望、觀察彭城之內的情況。

馬文恭被魏軍打敗的時候，擔任隊主的蒯應被魏軍俘虜。魏太武帝派蒯應到彭城小市場的門口索要美酒以及甘蔗，武陵王劉駿便將酒和甘蔗送給了他，順便向太武帝請求以駱駝作為回報。第二天，魏太武帝派遣擔任尚書的李孝伯到彭城的南門，贈送給劉義恭貂皮大衣，贈送給武陵王劉駿駱駝和騾子，並轉達太武帝的話說：「魏國皇帝向擔任安北將軍的武陵王劉駿致以問候，希望能夠出來一下與我會個面。我也不準備攻打這個彭城，你們何必勞苦將士，如此戒備森嚴地固守此城呢！」武陵王劉駿遂派遣張暢打開城門出去會見魏國的使者李孝伯說：「我們的安北將軍、武陵王劉駿向魏國皇帝拓跋燾致以問候，他經常盼望能有見面聊一聊的機會，只是因為作為臣子，沒有權力擅自與外國進行談判，所以很遺憾沒有機會見面細談。戒備防守乃是邊鎮日常的工作，只要守將能使人樂意去做，雖然辛勞也沒有怨言。」魏太武帝又來索要柑桔和借用賭博用的棋盤與棋子，武陵王劉駿也全部滿足了他，魏太武帝又回贈給武陵王劉駿一些毛氈、九種鹽以及用豆類製作的胡豉。又向宋國借用樂器，江夏王劉義恭回答說：「我接受朝廷命令，率軍出征，沒有攜帶樂器。」李孝伯問張暢說：「你們為何要匆匆忙忙關閉城門拉起吊橋呢？」張暢回答說：「二位王爺因為魏國皇帝的營壘還沒有建好，魏國將士遠來疲憊，而我們這裡有十萬全副武裝的精兵，擔心他們會有些違背軍令，對貴軍動手動腳，所以才關閉了城門。等你們的將士馬匹休整好之後，再擺開戰場，約定好時間，正式開戰。」李孝伯說：「客人表現得很有禮貌，主人就要好好地接待他們。」張暢說：「昨日看見你們有很多人到達城門，算不上有禮貌。」北魏太武帝派人來到城下說：「魏國皇帝問候宋國擔任太尉的江夏王劉義恭、擔任安北將軍的武陵王劉駿，你們何不派人到我的住所來？雙方的軍事實力與各種具體情況，雖然不一定就能因此而完全瞭解，畢竟還是可以藉此觀看我軍實力的大小，知道我軍士氣是衰弱還是強盛，瞭解我的為人。如果不便派遣各位高級僚屬，也可以派遣像童僕一般受指使的小官吏前來。」張暢遂以江夏王劉義恭、武陵王劉駿的名義回答說：「魏國皇帝的相貌與才幹，早已經被雙方往來的使者們詳細地介紹過了。李孝伯尚書又親自奉命前來，因而不必擔心彼此之間的心思不被充分瞭解，所以不準備再派遣使者前去。」李孝伯又說：「你們的寧朔將軍王玄謨，不過是個庸才罷了，南方的宋國為什麼卻要任用他來擔任如此重要的職務，而導致兵敗逃奔呢？魏軍自從深入南朝國境七百多里，而這裡的主人竟然沒有做出一點些微的抵抗。鄒山的險要地勢，是你們宋國軍隊的憑藉，然而雙方的前鋒剛一接觸，擔任魯郡太守的崔邪利就嚇得急忙鑽進了山中的洞穴，被我國諸將把他從洞穴中倒著拽了出來。我們魏國皇帝饒他不死，如今他也跟隨魏國大軍來到了這裡。」張暢說：「王玄謨只是南朝的一個偏將，說不上有什麼才能，只不過讓他擔任一個開路的前鋒罷了。因為那時貴國的大軍還沒有到來，黃河之水眼看就要封凍，王玄謨趁著黑夜退軍，才導致軍馬發生了小小的混亂。崔邪利城陷被俘，對於我國有什麼損失呢！魏國皇帝拓跋燾親自指揮幾十萬大軍卻只制服了一個崔邪利，難道還值得吹噓嗎？你們知道侵入我國境內七百多里沒有遇到反抗，這正是太尉劉義恭的神機妙算，是鎮軍將軍劉駿的戰略戰術，至於這裡邊的神機妙算，當然就不能再告訴你知道了。」李孝伯說：「魏國皇帝應當不會圍困此城，而是要親自統率大軍直達長江邊上的瓜步山。這次南下的事情如果辦得好，到那時也就用不著再對彭城進行圍困了；如果不能取勝，彭城也不是我們特別想要的。我現在就要到南邊的長江、太湖去喝上幾口水，聊以解除一下乾渴。」張暢說：「是去是留，隨你們的便。如果你們這些胡虜的戰馬能夠到達長江飲水，那也就真的沒有天道鬼神了。」早先曾經有童謠預言說：「胡虜的戰馬到長江邊飲水，佛貍死在卯年。」所以張暢才這樣說。張暢容貌端莊秀麗，言語文辭優雅，李孝伯以及隨從的人員對此都讚歎不已。李孝伯也很有口才，有學問，臨走的時候，李孝伯對張暢說：「長史要多多自我珍重，相距不過一步之遙，恨不能握手言歡。」張暢說：「先生也要善自保重，我希望宋王朝統一天下的日子不會太遠，下次會面的日子不會太遠，如果先生能夠回到宋朝，今天就是你我相識的開始。」

宋文帝劉義隆起用楊文德為輔國將軍，楊文德率領軍隊從漢中向西進入魏國的邊境，在汧、隴一帶造成人心恐慌。楊文德的族人楊高率領陰平與平武兩縣的諸氐族人對楊文德的到來進行抵抗，楊文德襲擊楊高，將楊高殺死，陰平縣、平武縣一帶的反抗被全部平定。宋國擔任梁州、南秦州二州刺史的劉秀之派遣楊文德率領自己的部眾前往討伐啖提地區的氐族人，楊文德作戰失利，被劉秀之逮捕並押送到荊州，派楊文德的堂兄楊頭戍守葭蘆。

十一月二十一日丁未，宋國實行大赦。

北魏太武帝指揮魏軍攻打彭城，卻久攻不下。十二月初一日丙辰，太武帝親自率領大軍南下，他派遣擔任中書郎的魯秀率領一支部隊進攻廣陵，令高涼王拓跋那率軍進攻山陽，令永昌王拓跋仁率軍進攻橫江城，魏軍所過之處或是僅有殘存，或是全部被殺滅，所有城邑全都望風逃散。初三日戊午，宋國的都城建康實行戒嚴。初四日己未，魏軍到達淮河邊上。

宋文帝派遣輔國將軍臧質率領一萬軍隊前去解救彭城，到達盱眙時，北魏太武帝已經率領大軍渡過淮河。臧質派遣擔任冗從僕射的胡崇之、擔任積弩將軍的臧澄之在東山紮下營寨，建威將軍毛熙祚據守前浦，臧質在盱眙城南紮營。十二月初十日乙丑，魏國燕王拓跋譚率領魏軍向胡崇之等人的營寨發起進攻，三個大營全都戰敗、覆沒，而臧質按兵不動，不敢前去救援。臧澄之，是臧燾的孫子；毛熙祚，是毛脩之哥哥的兒子。這天夜間，臧質所率領的宋軍也全部潰散，臧質拋棄了輜重器械，獨自帶領七百人逃向盱眙城。

當初，盱眙郡太守沈璞到任的時候，寧朔將軍王玄謨還在滑臺作戰，江、淮一帶沒有敵情。沈璞認為郡城盱眙位於交通要道，於是就修繕城牆，疏浚護城河，蓄積錢財穀物，儲備箭弩石塊，為守城做好準備。僚屬都不贊成他的做法，朝廷也認為他做得有些過分。等到魏軍南下，郡守、縣令大多都棄城逃跑。有人勸說沈璞也應該放棄盱眙返回建康，沈璞說：「如果胡虜因為盱眙城小不屑一顧而不來進攻，又有什麼可值得恐懼的呢！如果他們靠近城牆強行攻城，這就是我以身報國的日子，也是各位建功立業獲取封侯的機會，為什麼要離去呢！各位可曾見過幾十萬大軍圍攻一個小城，而小城竟然能夠立於不敗之地的嗎？以前劉秀破王莽的昆陽之戰、曹魏時期司馬師大破吳將諸葛恪的合肥之戰，就是以少勝多的最好驗證。」眾人之心這才逐漸安定下來。沈璞招集到二千精兵，他說：「有這些就足夠了。」等到輔國將軍臧質來盱眙城投奔，眾人遂對沈璞說：「如果胡虜不來進攻盱眙城，就不需要用更多的人，如果敵人前來進攻此城，那麼城中只能容納得下現有的這些兵力。地方狹小，人數眾多，很少不釀成禍患的。再說敵眾我寡，這是人人都知道的事實。如果憑藉臧質所率領的這些人能夠打退敵人保住盱眙城，那麼保全盱眙城的功勞就歸不到我們頭上；如果為了避開戰敗之罪而返回都城，就需要借助舟船，必然會因為船少人多而產生擁擠，造成互相踐踏，這些都足以構成禍患，不如關閉城門，不要接納臧質進城。」沈璞長歎了一聲說：「胡虜必然不能登上盱眙城，這一點我敢向諸位保證。至於乘坐舟船撤回建康的意見，早就被否決了。胡虜的兇暴殘忍，從古至今是從未有過的，屠殺劫掠的苦難，是眾人所親眼目睹的，其中最僥倖的，就是有機會被驅趕到北國去充作奴婢而已。臧質所率領的這些人即使是烏合之眾，難道就不害怕這些嗎？俗話說『同舟而濟，即使是北方的胡人、南方的越人，在生死關頭也會同心合力』。如果我們的兵多，那麼胡虜就撤退得快，我們的兵少，那麼敵人就撤退得緩慢。我怎麼能夠因為想要把功勞全部歸於自己而使魏軍遲留不去呢？」於是，打開城門接納了臧質。臧質看到城中物資豐富，不禁喜出望外，眾人都高呼萬歲，臧質遂與沈璞同心協力共同守衛盱眙城。

魏軍向南侵略的時候，並沒有攜帶糧食和物品，完全靠搶劫掠奪為生。等到他們渡過淮河，百姓大多數都逃跑躲藏起來，魏軍搶掠不到任何東西，人馬因此飢餓乏食。他們聽說盱眙城內存儲有大量的糧食，就想掠奪過來作為返回北方時的軍用物資。魏軍在盱眙城外打敗了胡崇之等人之後，便向盱眙城發動了一次進攻，沒能將盱眙城攻下，於是便留下其將領韓元興帶領幾千人圍困盱眙城，魏太武帝則親自率領大軍繼續南下。盱眙城內遂利用這個機會，將守城事宜進行得更加完備。

十二月十五日庚午，魏太武帝率領大軍抵達瓜步山，他們拆毀民房、砍伐蘆葦，利用拆下來的木料和蘆葦製成筏子，揚言要渡過長江。宋國的都城建康一片震恐，老百姓都準備好行李隨時準備出逃。二十七日壬午，京城內外實行戒嚴。丹楊尹管轄的區域內，各家各戶所有的壯丁都被全部徵調入伍守城，上起王爵公爵及以下所有的貴族官僚之家的子弟，一律參加服役。命令領軍將軍劉遵考等人率領軍隊分別防守沿江的各個渡口，巡邏的船隻沿長江向上一直巡邏到于湖縣，向下一直巡邏到蔡洲，江上的戰艦都排列成營寨，沿著江岸接連不斷，從采石磯一直到暨陽，全長六七百里。皇太子劉劭離開京師，前往鎮守石頭城，作為水軍的總指揮，丹楊尹徐湛之負責守衛石頭城區域內儲藏糧食的城堡，擔任吏部尚書的江湛兼任中領軍，負責統領護衛宮廷的軍隊，各種軍事全部都委託給江湛負責。

宋文帝登上石頭城，面露憂愁之色，他對江湛說：「北伐的計畫，贊成的人很少。如今士民勞苦怨恨，我怎能不感到慚愧，給你們諸位造成很大的麻煩，這是我的過錯。」又說：「如果檀道濟還活著，怎麼能讓胡人的戰馬到達這裡？」宋文帝又登上莫府山，觀看形勢，他懸賞購買魏國皇帝拓跋燾以及北魏王公大臣的首級，許諾封給爵位、賞賜金銀財帛。又招募人員攜帶用野葛泡製的藥酒放置在無人的村子裡，想利用毒酒來毒死魏軍，然而魏軍一點也沒有受到傷害。

北魏太武帝在瓜步山上開鑿出曲折盤旋的山道，又在瓜步山上搭建起帳篷，拓跋燾不喝黃河以南的水，他用駱駝馱著黃河以北的水跟隨著自己。拓跋燾還向宋文帝劉義隆贈送駱駝、名馬，請求講和，請求與宋室締結婚姻。宋文帝派遣擔任奉朝請的田奇贈送給太武帝拓跋燾珍貴的食物、特殊的美味。太武帝得到金黃色的柑橘，拿過來就吃，並大口地喝著酃縣人用酃湖水釀成的酒。左右侍奉的人員就有人附在太武帝的耳朵上小聲地提醒他，小心食物中有毒。太武帝根本沒有理睬，他舉起手來指了指天，並把他的孫子叫到跟前讓田奇看，說：「我遠道來到此地，並不是想要立什麼功、揚什麼名，確實是為了和你們繼續發展友好關係，讓兩國的百姓得到和平、休息，永遠保持一種通婚的關係、盟友的關係。如果宋文帝能夠把女兒嫁給我這個孫子為妻，我也把女兒嫁給武陵王劉駿為妻，從今以後就不會再有一匹戰馬南下入侵。」

田奇回來以後，宋文帝召集太子劉劭以及群臣商議此事，眾臣都說應該答應魏主聯姻的請求，只有吏部尚書江湛持反對意見，他說：「戎狄之人根本就不懂得親情，答應他聯姻也沒有什麼好處。」太子劉劭大怒，對江湛說：「如今江夏王劉義恭、武陵王劉駿在彭城，南平王劉鑠在壽陽，都處在魏軍的攻擊之下，豈能隨便地發表不同的意見！」聲音、神色都非常嚴厲。散會以後，眾人相繼離去，太子劉劭命令帶劍的侍衛以及左右的侍從用手去推江湛，江湛被推得幾乎跌倒在地。

太子劉劭又對宋文帝說：「北伐失敗受辱，數州淪陷破敗，只有殺了江湛、徐湛之才能向天下人謝罪。」宋文帝說：「出師北伐原本是我的主意，江湛、徐湛之二人只是沒有提出反對意見罷了。」從這件事開始，太子劉劭與江湛、徐湛之不和，魏國最終也沒有與宋國實現聯姻。

【研 析】本卷寫宋文帝劉義隆元嘉二十四年（西元四四七年）至二十七年共四年間的劉宋與北魏的大事，其中最引人注目與最引人思考的事件是劉宋的王玄謨等發動北伐，並以其荒誕、可恥的失敗而告終；其二是北魏的謀臣崔浩因撰寫國史而觸怒權貴，遂被拓跋氏政權滅族。

早在二十年前，劉義隆就曾支使到彥之等大舉北伐，結果因劉義隆與到彥之等人的腐朽無能而失敗，但劉義隆並未總結其失敗的原因，於是二十年後又幾乎重演了二十年前的可恥的失敗，真令讀史者為之憤慨不已。

范文瀾《中國通史簡編》分析這次北伐的原因說：「長江流域在宋文帝統治的三十年中，呈現東晉以來未曾有的繁榮氣象。宋文帝憑藉富強的國力，經常出兵擊魏，想收復黃河以南的土地；魏太武帝勇武善戰，統一黃河流域後，有吞併江南的奢望，西元四五〇年，南北兩個全盛的國家爆發了決存亡的大戰爭。」說是「大戰爭」，其實雙方的主力並未開戰，劉宋的前鋒主將王玄謨就像驚弓之鳥一樣地望風而逃了。歷史記載王玄謨進攻魏軍所佔據滑臺的情景說：「王玄謨士眾甚盛，器械精嚴，而玄謨貪愎好殺。……時河、洛之民競出租穀，操兵來赴者日以千數，玄謨不即其長帥而以配私暱。……由是眾心失望。攻城數月不下，聞魏救將至，眾請發車為營，玄謨不從。冬，十月癸亥，魏主至枋頭，……乙丑，魏主渡河，眾號百萬，鞞鼓之聲，震動天地。玄謨懼，退走。魏人追擊之，死者萬餘人，麾下散亡略盡，委棄軍資器械山積。」這就是聲名藉藉的「王玄謨北伐」！如此腐朽的敗軍之將難道不應該明正典刑？但王玄謨結果竟安然無恙，未受任何懲處！讀者可以回翻一下元嘉五年到彥之北伐中的可恥表現，前後簡直如出一轍！

歷史家在寫王玄謨腐朽怯懦的同時，夾寫了王玄謨的部將垣護之：「先是，玄謨遣鍾離太守垣護之以百舸為前鋒，據石濟，在滑臺西南百二十里。護之聞魏兵將至，馳書勸玄謨急攻，曰：『昔武皇攻廣固，死沒者甚眾。況今事迫於曩日，豈得計士眾傷疲？願以屠城為急。』玄謨不從。及玄謨敗退，不暇報護之。魏人以所得玄謨戰艦連以鐵鎖三重，斷河以絕護之還路。河水迅急，護之中流而下，每至鐵鎖，以長柯斧斷之，魏不能禁，唯失一舸，餘皆完備而返。」相比之下，垣護之的表現又是何等的令人提神！胡三省對此寫道：「使玄謨從護之計，急攻而得滑臺，魏兵雖至，固無以善其後也。」尤其可恨的是王玄謨自己決定逃跑時，竟不通知深入敵區的垣護之，竟公然捨棄這支軍隊於不顧；而垣護之等全是憑著一種不忘家國的情懷，硬是衝破了敵兵的重重防線而殺了回來，王玄謨等還有什麼顏面再見這一群義勇之士？

歷史家在寫王玄謨北伐主力的同時，還寫了從襄陽北出，經由盧氏進攻關、陝的柳元景、薛安都等所率領的一支小部隊。當時魏軍佔據陝城，宋軍攻之未下；這時又有魏將率軍兩萬來救陝城，形勢與東路王玄謨所遇的情景完全相同，但這支小部隊的戰鬥精神卻截然不同：「安都等與戰於城南，魏人縱突騎，諸軍不能敵。安都怒，脫兜鍪，解鎧，唯著絳納兩當衫，馬亦去具裝，瞋目橫矛，單騎突陳，所向無前，魏人夾射不能中。如是數四，殺傷不可勝數。會日暮，別將魯元保引兵自函谷關至，魏兵乃退。元景遣軍副柳元怙將步騎二千救安都等，夜至，魏人不之知。明日，安都等陳於城西南，魯方平謂安都曰：『今勍敵在前，堅城在後，是吾取死之日。卿若不進，我當斬卿；我若不進，卿斬我也！』安都曰：『善，卿言是也！』遂合戰。元怙引兵自南門鼓譟直出，旌旗甚盛，魏眾驚駭。安都挺身奮擊，流血凝肘，矛折，易之更入，諸軍齊奮。自旦至日昃，魏眾大潰，斬張是連提及將卒三千餘級，其餘赴河塹，死者甚眾，生降二千餘人。……甲午，克陝城。龐法起等進攻潼關，魏戍主婁須棄城走，法起等據之。關中豪桀所在蠭起，及四山羌、胡皆來送款。」形勢一片大好，但被王玄謨之敗嚇昏頭的劉義隆已經不敢再言戰，於是下令讓這支高歌猛進中的小部隊放棄關、陝，撤回了襄陽。

明代王世貞評以上二事說：「王玄謨首建北伐之謀，親將大軍，望風逃走；柳元景偏裨別將，破敵成功，宋主不能顯加賞戮，此佛貍之所望而侮者，尚可與之較勝負哉？」清代王夫之《讀通鑑論》評劉宋之北伐說：「王玄謨北伐之敗也，弗待沈慶之以老成宿將而知之也，今從千餘歲以下，由其言論風旨而觀之，知其未有不敗者也。文帝曰：『觀玄謨所陳，令人有封狼居胥意。』坐談而動遠略之雄心，不敗何待焉？兵之所取勝者，謀也，勇也，二者盡之矣。以勇，則鋒鏑雨集車馳騎驟之下，一與一相當，而後勇怯見焉。薛安都之攻關、陝而勝也，魯方平謂安都曰：『卿不進，我斬卿；我不進，卿斬我。』流血凝肘而不退，兵是以勝。武陵王之守彭城而固也，張暢謂江夏王義恭曰：『若欲棄城，下官請以頸血汙公馬蹄！』駿聽之，誓與城存亡、城以是全。由此觀之，拓跋氏豈果有不可當之勢哉？勇奮於生死之交，謀決於安危之傾，武帝之所以滅慕容、俘姚泓，罵姚興而興不敢動，奪拓跋嗣之城以濟師而嗣不敢過，亦此而已矣。若謀，則疑可以豫籌者也；而豫籌者，進退之大綱而已。兩相敵而兩相謀，扼吭抵虛，聲左擊右，陽進陰退之術，皎然於心目者，皆不可恃前定以為用，惟夫呼吸之頃，或斂或縱，或虛或實，念有其萌芽，而機操於轉眄，非沈潛審固，凝神聚氣以內營，則目熒而心不及動，辨起而智不能決。故善謀者，未有能言其謀者也。」

這次宋軍敗逃，魏軍追擊，一直追到當時建康東北側的長江北岸的瓜步山。小名「佛貍」的魏主拓跋燾，在瓜步山頂搭起帳篷，喝著產自湖南的酒，吃著宋主劉義隆給他送去的珍羞異味，高談闊論，指著他的孫子對劉宋的使臣田奇說：「吾遠來至此，非欲為功名，實欲繼好息民，永結姻援。宋若能以女妻此孫，我以女妻武陵王，自今匹馬不復南顧。」從形勢看，是有點結城下之盟的屈辱；但從實際條件看，也還不是不可以接受。但張皇失措，內部意見分歧的劉宋王朝竟沒敢說出個行還是不行。

在這次南北兩國交兵，劉宋可恥失敗的過程中還有一個奇特而又滑稽的故事，這就是張暢的「以口舌愛國」。張暢本有武略，劉宋的徐州軍鎮最終所以能未致潰敗，關鍵就是張暢以他的志節與義正辭嚴感動了武陵王劉駿與江夏王劉義恭。待至魏主拓跋燾兵臨徐州城下時，兩國進行了一場饒有趣味的心理戰與外交戰。魏主向武陵王劉駿要酒，武陵王給了，轉而向魏主要駱駝；魏主也給了，他同時派使臣李孝伯前往徐州，要求與武陵王劉駿會見，說：「魏主致意安北，可蹔出見我。我亦不攻此城，何為勞苦將士，備守如此！」於是劉駿派張暢出城見之說：「安北致意魏主，常遲面寫，但以人臣無境外之交，恨不蹔悉。備守乃邊鎮之常，悅以使之，則勞而無怨耳。」當李孝伯問張暢：「何為怱怱閉門絕橋？」張暢說：「二王以魏主營壘未立，將士疲勞，此精甲十萬，恐輕相陵踐，故閉城耳。待休息士馬，然後共治戰場，刻日交戲。」把一種徐州守將的怯懦閉城轉說得從容不迫、大義凜然。李孝伯又對張暢說：「王玄謨亦常才耳，南國何意作如此任使，以致奔敗？……鄒山之險，君家所憑，前鋒始接，崔邪利遽藏入穴，諸將倒曳出之。魏主賜其餘生，今從在此。」張暢強自解嘲地說：「王玄謨南土偏將，不謂為才，但以之為前驅。大軍未至，河冰向合，玄謨因夜還軍，致戎馬小亂耳。崔邪利陷沒，何損於國！魏主自以數十萬眾制一崔邪利，乃足言邪？」為了在敵國面前不丟面子，竟至不得不為自己的敗軍之將粉飾回護。這張暢的違心措詞，可也真是夠難的了！李孝伯又說：「魏主當不圍此城，自帥眾軍直造瓜步。南事若辦，彭城不待圍；若其不捷，彭城亦非所須也。我今當南飲江湖以療渴耳。」張暢說：「去留之事，自適彼懷。若虜馬遂得飲江，便為無復天道。」這最後的兩句，我想是張暢所最怕，但也是最無法預測的事，所以他既不能斷然否定魏軍能夠如此，也不能洩氣地承認真有可能，他只是聽天由命地說：「如果你們這夥人真要是喝到了長江水，那老天爺可就真是瞎了眼啦！」沒想到拓跋燾真的是登上了長江邊的瓜步山，以俯瞰隔岸的建康城！

張暢的其人其事，絕對都是可歌可泣的。通常人們都說「弱國無外交」，但張暢卻硬是憑著他的勇敢與智慧，在拓跋燾的南下大軍面前給劉宋王朝掙足了面子。但歷史畢竟不是吹出來的，在強大的入侵者面前沒有別的抵抗能力而只是靠著耍嘴皮，這不能不令人感到這個王朝的可恥與悲哀。一隻燒熟了的鴨子，所剩的也就是嘴硬了。

魏主拓跋燾殺其謀臣崔浩，並對崔氏與其親屬大肆屠戮的事情，是令人驚異而又非常感慨的。崔浩是魏國拓跋珪、拓跋嗣、拓跋燾三朝的元老，三朝的大功臣。我們在本書前文〈宋紀三〉的「研析」裡曾專門進行過評論。在那裡，拓跋燾曾推心置腹地對崔浩說：「卿才智淵博，事朕祖考，著忠三世，故朕引卿以自近。卿宜盡忠規諫，勿有所隱。朕雖或時忿恚，不從卿言，然終久深思卿言也。」拓跋燾又指著崔浩對新投降的高車人說：「汝曹視此人尪纖懦弱，不能彎弓持矛，然其胸中所懷，乃過於兵甲。朕雖有征伐之志而不能自決，前後有功，皆此人所教也。」又告訴尚省說：「凡軍國大計，汝曹所不能決者，皆當咨浩，然後施行。」像這樣的君臣知遇，即使如劉邦之與張良，劉備之與諸葛亮，苻堅之與王猛，恐怕都難以超過。怎麼到這一卷裡只因為寫作國史一事觸怒權貴，就引起拓跋燾的如此動怒而大張殺伐呢？他「誅浩及僚屬宗欽、段承根等，下至僮吏，凡百二十八人，皆夷五族」；又「誅清河崔氏與浩同宗者無遠近及浩姻家范陽盧氏、太原郭氏、河東柳氏，並夷其族，餘皆止誅其身。縶浩置檻內，送城南，衛士數十人溲其上，呼聲嗷嗷，聞於行路」。如此殘暴的行為到底是出於一種什麼心理？明代尹起莘說：「《周官・司寇》『八議』有議故、議貴之典，崔浩自其父宏仕魏，實為世臣。浩歷事三朝，身為上公，才略獨優，運籌制勝，屢有成績，自『八議』言之，浩居其四。而乃一觸忌諱，遽赤其族，兇暴之國，尚可立其朝哉？拓跋本夷狄，進於中國，而未能純乎中國，故其所為如此，書『殺司徒崔浩，夷其族』，蓋甚之也。」「甚之」是顯然的，關鍵是到底為了什麼？方孝孺解釋說：「崔浩嘗自謂才可擬子房，而稽古過之。浩信多智矣，浩之主夷狄之雄，猜暴之虜耳，而浩之術又皆出乎推步占驗、譎怪恍忽之說，參之以揣摩縱橫之辯，智術蓋於其國，權勢行乎群臣之上，使主忌其志，同列畏其威，固有致禍之道矣；況重之以專，挾之以私，觸其所甚諱者，暴之於外，而身不知退，卒取族滅，豈足異也哉？」說出了一些原因，但還是不能令人滿意。尤其是這場屠殺所殺的「清河崔氏」、「范陽盧氏」、「太原郭氏」、「河東柳氏」等等，都是魏國統治下的漢族人中的世家大族，分明有著民族矛盾，又特別指向世家大族的性質。

清代王夫之歌頌崔浩寫史的貢獻說：「於崔浩以史被殺而重有感焉。浩以不周身之智為索虜用，乃欲伸直筆於狼子野心之庭，以速其死，其愚固矣。然浩死而後世之史益穢，則浩存直筆於天壤，亦未可沒也。浩雖殺，魏收繼之，李延壽繼之，撰述雖穢，而詰汾、力微穢迹猶有傳者，皆浩之追敘僅存者也。」

卷第一百二十六

宋紀八 起重光單閼（辛卯 西元四五一年），盡玄黓執徐（壬辰 西元四五二年），凡二年。

【題解】本卷寫宋文帝元嘉二十八（西元四五一年）、二十九年共兩年間的劉宋與北魏等國的大事。主要寫了魏主拓跋燾在瓜步山舉酒封賞群臣後，燒廬舍、掠居民北撤，返程中路過盱眙與宋將臧質、沈璞等發生激戰，魏軍攻盱眙三旬不下，燒攻具而走；魏軍經過彭城時，劉義恭竟眼看魏軍北走，不讓諸將出擊；甚至劉義恭被拓跋燾的大言嚇破膽，幾個月後竟荒唐得真要「芟麥翦苗，移民聚堡」，以躲避魏軍，結果被部下諸將佐所駁，整個前後過程表現了劉義恭的昏庸怯懦，令人痛恨；寫了此役給宋國的青、冀、徐、兗、豫、南兗六州所造成的深重災難，以及宋國所以失敗的原因；寫了魏太子晃與中常侍宗愛關係緊張，宗愛先構殺了太子晃的屬官與親近之臣，致使太子晃「以憂死」；其後魏主知太子晃無罪，又立太子晃之子拓跋濬為儲；宗愛遂殺死魏帝拓跋燾，矯稱赫連皇后之命立皇子拓跋余為皇帝；拓跋余腐敗無能，欲奪宗愛之權，又被宗愛所殺；羽林郎中劉尼、殿中尚書源賀、南部尚書陸麗等定議殺宗愛、賈周等，立皇孫拓跋濬，是為高宗文成帝；拓跋濬即位後，法律嚴酷，元老大臣拓跋壽樂、長孫渴侯、古弼、張黎、周忸等皆以罪連續被殺；唯對陸麗、劉尼、源賀等格外寵用，陸麗、源賀皆極力謙退，推辭不受；寫了宋帝劉義隆乘魏主拓跋燾死而興兵北伐：蕭思話率張永等向碻磝；魯爽、程天祚等出荊州向許、洛；臧質派柳元景率雍州軍向潼關；梁州劉秀之派馬汪、蕭道成等向長安。結果東路攻碻磝不下，退屯歷城；其他三路也相繼退兵；寫了劉宋的太子劉劭和異母弟劉濬利用奴婢陳天與、王鸚鵡、巫者嚴道育等造作巫蠱以害其父劉義隆，當有人告密而事洩，劉義隆尚猶豫未決，沒有立即誅除二逆，為二逆作亂留下禍根；此外還寫了劉宋政權擔心於戰亂之際有人擁立被貶斥的劉義康，遂將劉義康殺死；寫了劉義隆寵用王曇首之子王僧綽，「朝政大小，皆與參焉」；以及寫了西陽五水群蠻反，自淮、汝至江、沔咸被其患，沈慶之督江、豫、荊、雍四州兵討平之等等。

太祖文皇帝下之上

元嘉二十八年（辛卯　西元四五一年）

春，正月丙戌朔❶，魏主大會羣臣於瓜步山上，班爵❷行賞有差❸。魏人緣江舉火，太子右[1]衛率❹尹弘言於上曰：「六夷如此❺，必走❻。」丁亥❼，魏掠居民、焚廬舍而去。

胡誕世之反❽也，江夏王義恭等奏彭城王義康❾數有怨言❿，搖動民聽⓫，故不逞之族⓬因以生心⓭，請徙⓮義康廣州。上將徙義康，先遣使語之。義康曰：「人生會死⓯，吾豈愛生？必為亂階⓰，雖遠何益？請死於此，恥復屢遷。」竟未及往⓱，魏師之[2]瓜步，人情恟懼⓲，上慮不逞之人復奉義康為亂。太子劭及武陵王駿、尚書左僕射何尚之屢啓宜早為之所⓳。上乃遣中書舍人⓴嚴龍齎藥㉑賜義康死。義康不肯服，曰：「佛教不許自殺，願隨宜處分㉒。」使者以被揜殺之㉓。

江夏王義恭以碻磝不可守，召王玄謨還歷城。魏人追擊敗之，遂取碻磝。

初，上聞魏將入寇，命廣陵太守劉懷之逆燒城府、船乘㉔，盡帥其民渡江。山陽㉕太守蕭僧珍悉斂其民入城，臺㉖送糧仗㉗詣盱眙及滑臺者，以路不通，皆留山陽。蓄陂水令滿㉘，須㉙魏人至，決以灌之。魏人過山陽，不敢留，因攻盱眙。

魏主就臧質求酒，質封溲便㉚與之。魏主怒，築長圍㉛，一夕而合。運東山土石以填塹㉜，作浮橋於君山㉝，絕水陸道。魏主遺質書㉞曰：「吾今所遣鬬兵，盡非我國人㉟，城東北是丁零與胡，南是氐、羌。設使丁零死，正可減常山、趙郡賊㊱；胡死，減并州賊㊲；氐、羌死，減關中賊㊳。卿若殺之，無所不利㊴。」質復書曰：「省示㊵，具悉姦懷㊶。爾自恃四足㊷，屢犯邊境[3]。王玄謨退於東，申坦散於西㊸，爾知其所以然邪？爾獨不聞童謠之言㊹乎？盍卯年未至㊺，故以二軍開飲江之路㊻耳。冥期使然㊼，非復人事。寡人受命相滅㊽，期之白登㊾，師行未遠㊿，爾自送死，豈容復令爾生全，饗有桑乾哉(51)？爾有幸得為亂兵所殺，不幸則生相鎖縛(52)，載以一驢，直送都市(53)耳。我本不圖全(54)，若天地無靈，力屈於爾，齏之，粉之(55)，屠之，裂之，猶未足以謝本朝(56)。爾智識及眾力，豈能勝苻堅邪(57)？今春雨已降，兵方四集，爾但安意攻城(58)，勿遽走(59)！糧食之者可見語(60)，當出廩相貽(61)。得所送劍刀[4]，欲令我揮之爾身邪？」魏主大怒，作鐵牀，於其上施鐵鑱(62)，曰：「破城得質，當坐之此上(63)。」質又與魏眾書曰：「爾語虜中諸士庶(64)：佛狸見[5]與書，相待如此(65)。爾等正朔之民(66)，何為自取糜滅(67)，豈可不知轉禍為福(68)邪！」并寫臺格(69)以與之云：「斬佛狸首，封萬戶侯，賜布、絹各萬匹。」

魏人以鉤車鉤城樓，城內繫以彄絙(70)，數百人唱[6]呼引之，車不能退。既夜，縋桶懸卒出(71)，截其鉤，獲之(72)。明日[7]，又以衝車(73)攻城，城土堅密，每至，頹落不過數升。魏人乃肉薄登城，分番相代(74)，墜而復升(75)，莫有退者，殺傷萬計，尸與城平。凡攻之三旬，不拔。會魏軍中多疾疫，或告以建康遣水軍自海入淮(76)，又敕彭城斷其歸路(77)。二月丙辰朔(78)，魏主燒攻具退走。盱眙人欲追之，沈璞曰：「今兵不多，雖可固守，不可出戰。但整舟楫，示若欲北渡者(79)，以速其走(80)，計不須實行(81)也。」

臧質以璞城主，使之上露版(82)，璞固辭，歸功於質。上聞，益嘉之(83)。

魏師過彭城，江夏王義恭震懼不敢擊。或告虜驅南口(84)萬餘，夕應宿安王陂，去城數十里(85)，今追之(86)，可悉得(87)。諸將皆請行，義恭禁不許。明日，驛使至(88)，上敕義恭悉力急追(89)。魏師已遠，義恭乃遣鎮軍司馬檀和之向蕭城(90)。魏人先已聞之，盡殺所驅者而去。程天祚(91)逃歸。

魏人凡破南兗、徐、兗、豫、青、冀(92)六州，殺掠[8]不可勝計，丁壯者即加斬截，嬰兒貫於槊上(93)，盤舞(94)以為戲。所過郡縣，赤地(95)無餘，春燕歸，巢於林木(96)。魏之士馬死傷亦過半，國人皆尤之(97)。

上每命將出師，常授以成律(98)，交戰日時亦待中詔(99)，是以將帥趑趄(100)，莫敢自決。又江南白丁(101)，輕進易[9]退(102)，此其所以敗也。自是邑里蕭條(103)，元嘉之政衰矣。

癸酉(104)，詔賑恤(105)郡縣民遭寇者，蠲其稅調(106)。○甲戌(107)，降太尉義恭為驃騎將軍、開府儀同三司(108)。○戊寅(109)，魏主濟河(110)。○辛巳(111)，降鎮軍將軍武陵王駿為北中郎將。○壬午(112)，上如瓜步。是日解嚴(113)。

初，魏中書學生(114)盧度世(115)，玄之子也，坐崔浩事亡命(116)，匿高陽(117)鄭羆家。吏因羆子，掠治(118)之。羆戒其子曰：「君子殺身成仁(119)，雖死不可言。」其子奉父命(120)，吏以火爇(121)其體，終不言而死。及魏主臨江，上遣殿上將軍(122)黃延年使於魏，魏主問曰：「盧度世亡命，已應至彼(123)。」延年曰：「都下(124)不聞有度世也。」

魏主乃赦度世及其族逃亡籍沒者[125]，度世自出，魏主以為中書侍郎[126]。度世為其弟娶鄭羆妹以報德。

三月乙酉[127]，帝還宮。○己亥[128]，魏主還平城，飲至告廟[129]，以降民五萬餘家分置近畿[130]。

初，魏主過彭城，遣人語城中曰：「食盡且去[131]，須麥熟更來[132]。」及期[133]，江夏王義恭議欲芟麥翦苗[134]，移民保聚[135]。鎮軍錄事參軍[136]王孝孫曰：「虜不能復來，既自可保[137]，如其更至[138]，此議亦不可立[139]。百姓閉在內城，饑饉日久，方春之月，野採自資[140]；一入保聚，餓死立至[141]。民知必死，何可制邪[142]？虜若必來，芟麥無晚。」四坐默然，莫之敢對。長史張暢曰：「孝孫之議，實有可尋[143]。」鎮軍府典籤[144]董元嗣侍武陵王駿之側，進曰：「王錄事議不可奪。」別駕[145]王子夏曰：「此論誠然。」暢斂版[146]白駿曰：「下官欲命孝孫彈子夏[147]。」駿曰：「王別駕有何事[148]邪？」暢曰：「芟麥移民，可謂大議[149]，一方安危，事繫於此。子夏親為州端[150]，曾無同異[151]。及聞元嗣之言，則懽笑酬答[152]。阿意左右[153]，何以事君[154]！」子夏、元嗣皆大慚，義恭之議遂寢[155]。

初，魯宗之奔魏[156]，其子軌為魏荊州刺史、襄陽公，鎮長社[157]，常思南歸，以昔殺劉康祖及徐湛之之[10]父[158]，故不敢來。軌卒，子爽襲父官爵。爽少有武幹[159]，與弟秀皆有寵於魏主，秀為中書郎[11]。既而兄弟各有罪[160]，魏主詰責之。爽、秀懼誅，從魏主自瓜步還，至湖陸[161]，請曰：「奴與南有仇，每兵來，常恐禍及墳墓[162]，乞共迎喪還葬平城。」魏主許之。爽至長社，殺魏戍兵數百人，帥部曲[163]及願從者千餘家奔汝南[164]。夏四月，爽遣秀詣壽陽，奉書於南平王鑠[165]以請降。上聞之，大喜，以爽為司州[166]刺史，鎮義陽；秀為潁川[167]太守，餘弟姪並授官爵，賞賜甚厚。魏人毀其墳墓。徐湛之以為廟筭遠圖[168]，特所獎納[169]，不敢苟申私怨[170]，乞屏居田里[171]，不許。

青州民司馬順則自稱晉室近屬，聚眾號齊王。梁鄒戍主[172]崔勳之詣州[173]，五月乙酉[174]，順則乘虛襲[12]梁鄒城。又有沙門[175]自稱司馬百年，亦聚眾號安定王以應之。

壬寅[176]，魏大赦。○己巳[177]，以江夏王義恭領南兗州刺史[178]，徙鎮盱眙[179]，增督十二州諸軍事。

戊申[180]，以尚書左僕射何尚之為尚書令[181]，太子詹事徐湛之為僕射、護軍將軍，尚之以湛之國戚[182]，任遇隆重[183]，每事推之[184]。詔湛之與尚之並受辭訴[185]。尚之雖為令，而朝事[186]悉歸湛之。

六月壬戌[187]，魏改元正平[188]。

魏主命太子少傅游雅[189]、中書侍郎胡方回[190]等更定律令[191]，多所增損，凡三百九十一條[192]。

魏太子晃監國，頗信任左右，又營園田[193]，收其利，高允諫曰：「天地無私，故能覆載[194]；王者無私，故能容養[195]。今殿下國之儲貳[196]，萬方所則[197]，而營立私田，畜養雞犬，乃至酤販市廛[198]，與民爭利，謗聲流布[199]，不可追掩[200]。夫天下者，殿下之天下，富有四海，何求而無？乃與販夫、販婦競此尺寸之利乎！昔虢之將亡，神賜之土田[201]，漢靈帝私立府藏[202]，皆有顛覆之禍[203]。前鑒若此，甚可畏也！武王愛周、邵、齊、畢[204]，所以王天下；殷紂愛飛廉、惡來[205]，所以喪其國。今東宮儁乂[206]不少，頃來[207]侍御左右者，恐非在朝之選[208]。願殿下斥去[209]佞邪，親近忠良；所在田園[210]，分給貧下；販賣之物，以時收散[211]。如此，則休聲[212]日至，謗議可除矣。」不聽。

太子為政精察[213]，而中常侍宗愛[214]，性險暴，多不法，太子惡之。給事中[215]仇尼道盛[216]、侍郎[217]任平城有寵於太子，頗用事[218]，皆與愛不協。愛恐為道盛等所糾[219]，遂構告[220]其罪。魏主怒，斬道盛等於都街[221]，東宮官屬[222]多坐死[223]，帝怒甚。戊辰[224]，太子以憂卒[225]。壬申[226]，葬金陵[227]，諡曰景穆。帝徐知[228]太子無罪，甚悔之。

秋，七月丁亥[229]，魏主如陰山[230]。

青、冀二州刺史蕭斌遣振武將軍劉武之等擊司馬順則、司馬百年，皆斬之。癸亥[231]，梁鄒平。

蕭斌、王玄謨皆坐退敗免官[232]。上問沈慶之曰：「斌欲斬玄謨而卿止之，何也？」對曰：「諸將奔退，莫不懼罪，自歸而死[233]，將至逃散[234]，故止之。」

九月癸巳[235]，魏主還平城。

冬，十月庚申[236]，復如陰山。

上遣使至魏，魏遣殿中將軍郎法祐來修好[237]。◯己巳[238]，魏上黨靖王長孫道生[239]卒。

十二月丁丑[240]，魏主封景穆太子之子濬[241]為高陽王。既而以皇孫世嫡[242]，不當為藩王[243]，乃止。時濬生四年，聰達[244]過人，魏主愛之，常置左右。徙秦王翰為東平王，燕王譚為臨淮王，楚王建為廣陽王，吳王余[245]為南安王。

帝使沈慶之徙彭城流民數千家於瓜步，征北參軍[246]程天祚徙江西流民數千家於姑孰[247]。

帝以吏部郎王僧綽[248]為侍中[249]。僧綽，曇首[250]之子也，幼有大成[251]之度，眾皆以國器許之[252]。好學，有思理[253]，練悉朝典[254]。尚[255]帝女東陽獻公主[256]。在吏部，諳悉人物[257]，舉拔咸得其分[258]。及為侍中，年二十九，沈深有局度[259]，不以才能高人[260]。帝頗以後事為念[261]，以其年少，欲大相付託[262]，朝政大小，皆與參[263]焉。帝之始親政事也，委任王華、王曇首、殷景仁、謝弘微、劉湛；次則范曄、沈演之、庾炳之；最後江湛、徐湛之、何尚之[13]及僧綽，凡十二人。

唐和[264]入朝于魏，魏主厚禮之。

【章　旨】以上為第一段，寫宋文帝元嘉二十八年（西元四五一年）一年間的大事。主要寫了魏主拓跋燾在瓜步山舉酒封賞群臣後，大肆燒廬舍、掠居民而北撤，返程中路過盱眙的時候，與宋將臧質、沈璞等發生激戰，盱眙城堅糧足，士眾勇敢，魏軍攻之三旬不下，最後只好燒攻具而走；而盱眙在向朝廷上報戰果時，臧質與沈璞又相互謙讓推功，表現了高尚的美德；寫了魏軍經過彭城時，劉義恭不讓諸將出擊，待至朝廷遣使催其截擊魏軍，以救被掠的百姓時，魏人遂盡殺所掠之人而去；接著又寫了徐州軍主劉義恭被拓跋燾北撤時的大言所震，其後竟荒唐得真要「芟麥翦苗，移民聚堡」，以躲避魏軍，結果被部下諸將佐所駁，整個前後過程表現了劉義恭的昏庸怯懦，令人痛恨；寫了此役給宋國的青、冀、徐、兗、豫、南兗六州所造成的深重災難，以及宋國所以失敗的原因；寫了魏太子晃與中常侍宗愛關係緊張，宗愛先構殺了太子晃的屬官與親近之臣，致使太子晃「以憂死」；其後魏主知太子晃無罪，又立太子晃之子濬為儲，常置左右，為宗愛的作亂弒君埋下伏筆；此外還寫了劉宋政權擔心於戰亂之際有人擁立劉義康鬧事，而殺了罪臣劉義康；寫了為不滿劉裕而降魏的晉末名將魯軌之子魯爽乘魏軍北撤之際回到南朝；寫了宋帝劉義隆寵用王曇首之子王僧綽，「朝政大小，皆與參焉」等等。

【注釋】❶正月丙戌朔　正月初一是丙戌日。❷班爵　給有功之臣頒賜爵位。班，這裡的意思同「頒」，發給；賞給。❸有差　隨著各自的功勞大小所受的爵賞也有所不同。❹太子右衛率　太子的屬官，有左右二人，分別掌管保衛太子的禁衛軍。❺六夷如此　鮮卑人做如此的舉動，指緣江舉火。六夷，泛指當時的北方少數民族，如匈奴、羯、氐、羌等等，這裡即指鮮卑族的拓跋燾統治集團。❻必走　一定是想要撤兵。胡三省曰：「北兵欲退，慮南兵之追截，故舉火以示威。尹弘習知北人軍情，因言於上。」❼丁亥　正月初二。❽胡誕世之反　劉宋的開國功臣胡藩之子胡誕世殺豫章太守據郡反，欲立被貶斥的劉義康為帝，被檀和之削平事。見本書上卷元嘉二十四年。❾彭城王義康　劉裕之子，劉義隆之弟，因專制朝權，其黨羽又欲擁立之為帝，故被劉義隆所廢斥。事見本書卷一百二十三宋文帝元嘉十七年。❿數有怨言　屢屢發表不滿言論。數，屢屢。⓫搖動民聽　擾亂國家百姓的視聽。民聽，民心，百姓們的心理情緒，指不斷有人為劉義康鳴不平，甚至打著擁立劉義康為帝的旗號造反等等。⓬不逞之族　心懷不滿，自感不得志、懷才不遇的分子。不逞，不得意；不得志。⓭因以生心　藉著劉義康的問題製造事端。生心，生叛逆之心。⓮徙　調動，這裡指流放、發配。⓯人生會死　人總是要死的。會，一定；必然。⓰必為亂階　如果一個人下定決心要造反。亂階，猶言「禍根」、「亂源」。⓱竟未及往　在還沒有離開京城前往廣州的時候。⓲惱懼　恐慌；恐懼。⓳宜早為之所　應及早地把他安置到一個合適的地方，意即把他殺死。⓴中書舍人　中書省的官員，主管起草詔令，傳達旨意等等。㉑齎藥　攜帶毒藥。㉒隨宜處分　你們可以使用任何手段。㉓以被揜殺之　用被子把他悶死了。按，當年劉裕殺晉恭帝就是使用這種手段。㉔逆燒城府船乘　預先就燒掉了一切城牆府署及船隻車輛。逆，預先；事先。㉕山陽　郡名，郡治即今江蘇淮安。㉖臺　這裡即指劉宋朝廷。㉗糧仗　糧食與兵器。㉘蓄陂水令滿　把山陽城周圍的湖水都貯存得滿滿地。陂水，由堤岸蓄積起來的水塘。㉙須　待。㉚溲便　小便，即尿。㉛築長圍　圍盱眙城築起土牆，隔斷其內外聯繫。㉜填塹　填平盱眙城外的護城河。㉝君山　也作「軍山」，在今江蘇盱眙東北。㉞遺質書　給臧質寫信說。㉟我國人　我們鮮卑族和與拓跋族同出於北荒的舊魏國其他族子民。㊱減常山趙郡賊　減少常山、趙郡的異己勢力。常山，魏郡名，郡治在今河北石家莊東北。趙郡，魏郡名，郡治即今河北趙縣。丁零族在五胡亂華時期也曾強盛一時，自從翟真被後燕慕容垂擊敗後，餘眾都退聚到了今河北南部的太行山一帶。㊲胡死二句　匈奴族人都死了，倒可以減少并州一帶的異己勢力。并州的州治在今山西太原西南，匈奴族自東漢時起便居住在今山西的西北部，五胡亂華時期，劉淵、劉聰等更在今山西的臨汾建立了強大的國家政權。故而在魏國佔據山西後，這一帶仍有許多匈奴族的百姓居住。㊳氐羌死二句　前秦的君主苻堅是氐族人，後秦的君主姚萇是羌族人，他們在五胡亂華時期都先後在今陝西的長安建立了強大一時的前秦與後秦政權。故而在魏國佔據關中後，這一帶仍有很多氐族、羌族的百姓居住。㊴無所不利　沒有什麼不好。㊵省示　看了你的來信。省，看。示，所示，即來信。㊶具悉姦懷　準確地看清了你的狼子野心。㊷自恃四足　仰仗著你們有的是戰馬。㊸申坦散於西　此句與史實不合。胡三省曰：「王玄謨自滑臺敗退，蕭斌使申坦據清口，其地不在滑臺之西；此當謂梁坦出上蔡之師，至虎牢潰散耳。」㊹童謠之言　即上卷所載的「虜馬飲江水，佛貍死卯年」。㊺卯年未至　去年還不是卯年。㊻以二軍開飲江之路　讓王、申二軍給北魏軍隊讓開了一條去喝長江水的路。㊼冥期使然　這是老天爺在冥冥之中安排好的一種局面。㊽寡人受命相滅　我是秉承天命來消滅你。寡人，臧質自稱。有人認為古代諸侯自稱寡人，臧質自以為身當藩鎮重任，故而如此自稱。此說不對。魏晉南北朝時分明有些士大夫自稱「寡人」。《世說新語・文學》記王衍與眾人有所謂「君輩勿爾，將受困寡人女壻。」㊾期之白登　預定計畫是把你們消滅於白登。按，白登是山名，在魏都平城的東北方。這句話的意思是說我們本來的計畫是要到平城去消滅你們。㊿師行未遠　意思是沒想到我們的軍隊北行不遠，就碰上你們自己前來送死了。(51)饗有桑乾哉　（豈能還放你活著回去，）讓你再去吃桑乾呢。桑乾，桑椹之乾。以桑乾河之名以代桑椹之乾，用作調侃。(52)生相鎖縛　把你活著捉來，讓你披枷戴鎖。(53)都市　指劉宋的都城建康。(54)本不圖全　本來就沒有打算活著回去。(55)齏之二句　你把我剁成肉末，研成細粉。胡三省曰：「細切薑蒜謂之齏。」(56)未足以謝本朝　也不能報答朝廷的大恩於萬一。(57)豈能勝苻堅邪　難道還強得過當年的苻堅嗎。(58)爾但安意攻城　希望你留下來安心一意地攻城。(59)勿遽走　不要忙著撤走。遽，立即。(60)可見語　可以告訴我。(61)當出廩相貽　我將打開倉庫供應你糧食。廩，倉庫。貽，贈；供應。(62)鐵鑱　鐵針、鐵刺。(63)坐之此上　讓他坐在這個上面。(64)爾語虜中諸士庶　你們告訴拓跋燾隊伍中的士大夫和庶民。(65)相待如此　他是如此殘暴地對待你們。(66)爾等正朔之民　你們都是奉行過中原曆法的百姓。正朔，這裡即指曆法。「正」是每年開始的第一個月；「朔」是每個月的第一天。古時每個新王朝的建立，都要改正朔，施行新曆法。(67)自取糜滅　跟著拓跋氏自取滅亡。(68)轉禍為福　以喻棄暗投明，投降劉宋。(69)臺格　劉宋朝廷所立的賞格。(70)繫以彄絙　用大繩拉住了魏軍的鉤車。彄絙，粗大的繩索。(71)縋桶懸

卒出　用吊桶把戰士放下城去。縋桶，吊桶。(72)獲之　繳獲了這輛鉤車。(73)衝車　撞擊城牆，可使城牆坍塌的車。(74)分番相代　輪流替換。(75)墜而復升　這個剛掉下，那個又爬了上來。(76)自海入淮　從東海進入淮河，再逆淮河西上。(77)斷其歸路　截斷魏軍的退路。(78)二月丙辰朔　此處記載有誤，元嘉二十八年的二月初一應是「乙卯」，「丙辰」應是初二。(79)示若欲北渡者　做出一種像是要渡淮水追擊魏兵的樣子。(80)以速其走　以促使他們早日逃走。(81)計不須實行　肯定是用不著我們真的追他。(82)使之上露版　讓沈璞給朝廷寫一封報告盱眙戰況的公開信。讓沈璞個人寫，而不採取兩個人聯名的方式，表現了臧質想推功給沈璞。露版，也稱露布文，不封口的公開信，意思就是要把勝利的消息與沈璞的功勳讓全國都知道。(83)益嘉之　更加稱道臧質與沈璞的彼此謙讓。(84)虜驅南口　魏兵驅趕著從南方抓來的百姓。(85)去城數十里　離著徐州城只有幾十里地。(86)今追之　如果我們對他們發動追擊。(87)可悉得　可以把這被驅趕的一萬多人都救回來。悉，盡；全部。(88)驛使至　朝廷通過驛站派來的使者。(89)悉力急追　盡全力緊緊追趕。(90)向蕭城　向著蕭縣的方向追趕魏軍。蕭縣縣城在當時彭城的西側，相隔約六、七十里。(91)程天祚　原是徐州軍鎮的將領，前年奉命率兵襲擊汝陽的魏軍，先已取勝，後因無後續援助而被魏軍所俘。事見本書上卷元嘉二十六年。(92)南兗徐兗豫青冀　當時屬於劉宋的六個州名，南兗州的州治在廣陵，即今江蘇揚州，徐州的州治彭城，即今徐州，兗州的州治瑕丘，在今山東兗州的西北側，豫州的州治壽縣，即今安徽壽縣，青、冀二州的州治東陽，即今山東青州。(93)嬰兒貫於槊上　把小孩穿在長矛尖上。貫，穿。(94)盤舞　用長矛挑著小孩在空中旋轉。(95)赤地　到處被破壞、被踐踏成一片精光。(96)巢於林木　指找不到屋樑可以築巢。(97)國人皆尤之　魏國的百姓也都責罵魏主拓跋燾。尤，怨恨；責罵。(98)成律　預定好的章程，如作戰的地點、戰略、戰術等等。(99)交戰日時亦待中詔　連作戰的日期、鐘點也都由朝廷規定。中詔，宮中發出的命令。(100)趑趄　遲疑不進，進退無主的樣子。(101)白丁　非正規士兵的壯丁。(102)輕進易退　想進就進，想退就退，不服從長官的命令。(103)邑里蕭條　城鄉一片破敗。邑，城鎮。里，街巷。(104)癸酉　二月十九。(105)賑恤　救濟、撫恤。(106)蠲其稅調　免除他們的各項賦稅。蠲，免除。調，一種徵收紡織品的戶稅。(107)甲戌　二月二十。(108)開府儀同三司　加官名，只享用國家三公的儀仗，而沒有任何實權。(109)戊寅　二月二十四。(110)濟河　向北渡過黃河。(111)辛巳　二月二十七。(112)壬午　二月二十八。(113)解嚴　解除緊急狀態。(114)中書學生　官名。據陳琳國〈北魏前期中央官制述略〉（載《中華文史論叢》一九八五年第二輯）稱：北魏選拔一批漢族門閥子弟進入中書省，參與修史，學寫官場應酬文章，稱為中書學生。(115)盧度世　晉代劉琨的僚屬盧諶的後代，其父盧玄，曾反對崔浩「整齊人倫，分別族姓」。傳見《魏書》卷四十七。(116)坐崔浩事亡命　因崔浩修史被殺事牽連，改名姓潛逃。坐，因……牽連受罪。亡命，隱姓埋名。崔浩被殺事見本書上卷元嘉二十七年。(117)高陽郡名，郡治即今河北高陽東之舊城。118掠治　嚴刑拷打，逼問口供。119君子殺身成仁　語出《論語・衛靈公》，原文作：「志士仁人，無求生以害人，有殺身以成仁。」120奉父命　堅持遵守父命。奉，稟承；堅持。121爇　灼；燒。122殿上將軍　在殿上值勤以擔任警衛之職。123已應至彼　應該是逃到了你們宋國。彼，你；你處。124都下　在我們都城，指建康。125逃亡籍沒者　隱姓埋名逃跑的，與被逮捕收入某個部門充當奴婢的。126中書侍郎　中書省的官員，在中書令、中書僕射之下。127三月乙酉　三月初一。128己亥　三月十五。129飲至告廟　古時征伐獲勝歸來，在宗廟張筵合飲以告慰祖先，稱為「飲至」，或稱「告廟」。《左傳》：「凡公行，告於廟；反行，飲至，舍爵策勳焉，禮也。」杜預注：「飲於廟，以數車徒器械及所獲也。」130分置近畿　分別安置在魏國都城附近的郊區。畿，國家都城的郊區。131且去　暫時回去。132須麥熟更來　等麥子成熟時我再回來。須，等候。更，再；重新。133及期　到了預訂的日期，即麥子成熟的時候。134芟麥翦苗　準備把成熟的麥子與尚未成熟的青苗全部收割起來。135移民堡聚　讓散居的百姓都入住城堡。136鎮軍錄事參軍　鎮軍將軍劉駿屬下主管軍中犯令與掌管符印的參謀官員。137既自可保　這些散居城外的百姓可以保護好自己。138如其更至　即使魏軍真的又來了。139此議亦不可立　你的這種說法也不能成立、不可採取。140野採自資　本來是可以到野外採集可食之物以養活自己的。141餓死立至　眼巴巴地只有餓死。142何可制邪　你還怎麼控制得了呢。143實有可尋　實在值得深思。可尋，可思；可用。144鎮軍府典籤　鎮軍將軍劉駿的僚屬。典籤本來只是掌握文書的小吏，但南朝宋、齊兩代凡任刺史、督軍的諸王，因其自身年齡幼小，朝廷都為之設長史、典籤兩職，這些職務多由皇帝的親信充任，於是郡內、軍內的大權遂逐漸都落入長史、典籤之手。145別駕　刺史屬下的高級僚屬，因其隨刺史出行時能單獨自乘一輛車而得名。146斂版　拱手持手版。胡三省曰：「版，手版。僚佐於府公之前斂版白事，崇敬也。」147欲命孝孫彈子夏　想讓王孝孫質問王子夏幾句。彈，彈劾，這裡即指質問。王孝孫是錄事參軍，有糾彈之權。148有何事　有何該譴責之處。149芟麥移民二句　江夏王義恭所提出的芟麥移民，是個關係重大的問題。150親為州端　他作為一州最高的大吏。別駕是刺史的助手，位居群僚佐之上，故張暢稱之「州端」。151曾無同異　在聽到「芟麥移民」的主張時，竟然不發表贊成或是反對的意見。152及聞元嗣之言二句　等到聽了典籤董元嗣的表態後，他這才順著董元嗣的口氣說了話。153阿意左右　這種專門向藩王的僚屬阿諛討好的人。154何以事君　怎能做到忠心事主。事，為……服務。155遂寢　遂被徹底否定。寢，擱起；放在一邊。156魯宗之奔魏　魯宗之原是晉朝名將，任雍州刺史，因反對劉裕篡晉，被劉裕打敗，與荊州刺史司馬休之一同投歸後秦；兩年後，後秦被劉裕所滅，魯宗之等遂又投歸魏國。事見本書卷一百十七。157長社　縣名，縣治在今河南長葛東北。158殺劉康祖及徐湛之之父　劉康祖之父劉虔之和徐湛之之父徐逵之，都是劉裕的部將。義熙十一年為劉裕進劉司馬休之與魯宗之於荊州，被魯宗之之子魯軌打敗殺死。事見本書卷一百十七。(159)少有武幹　很小就有武藝、有謀略。按，魯爽及其祖魯宗之、其父魯軌事，見《宋書》卷七十四。(160)兄弟各有罪　胡三省曰：「爽粗中使酒，多過失；秀以檢校鄴人謀反事，因病還遲，並為魏主所詰責。」(161)至湖陸　撤退到湖陸縣時。湖陸縣的縣治在今山東魚臺東南。(162)禍及墳墓　擔心祖父魯宗之與父親魯軌的墳墓被宋軍所刨。魯宗之、魯軌的墳墓都在長社。(163)部曲　部下的私家武裝，包括家奴、蔭戶等。(164)奔汝南　汝南是魏郡名，郡治即今河南的汝南縣。自長社至汝南不到三百里。(165)南平王鑠　劉鑠，劉義隆之子，被封為南平王，此時鎮守壽陽，即今安徽壽縣。(166)司州　原來的司州州治在洛陽，管轄今河南洛陽周圍的大片地區，此時已在魏國境內，故而劉宋又在今河南的南端僑立了司州，州治義陽，即今河南信陽。(167)潁川　劉宋的僑置郡名，郡治在今安徽巢縣東南。(168)廟筭遠圖　朝廷從長遠考慮。(169)獎納　指接受魯氏歸來並任以官職。(170)不敢苟申私怨　不能再提報私仇的事情。(171)屏居田里　退居鄉村為民，意即不能與魯氏同朝為官，以表示孝道。(172)梁鄒戍主　梁鄒鎮的駐軍頭領。梁鄒是縣名，縣治在今山東鄒平東北，是平原郡的郡治所在地，當時屬於劉宋。戍，軍事據點。(173)詣州　到州裡辦事。當時的梁鄒戍上屬於青州。(174)五月乙酉　五月初二。(175)沙門　和尚。(176)壬寅　五月十九。(177)己巳　梁曉音曰：「疑為『乙巳』之誤。乙巳為五月二十二，五月內無『己巳』。」(178)領南兗州刺史　兼任南兗州刺史。南兗州的州治廣陵，即今江蘇揚州。領，兼任。(179)徙鎮盱眙　將其都督的軍部由徐州遷到盱眙縣。(180)戊申　五月二十五。(181)尚書令　尚書省的最高長官，相當於今之國務院總理。其副職有尚書僕射二人。(182)湛之國戚　徐湛之是劉氏皇室的親戚。按，徐湛之之父徐逵之娶劉裕之長女會稽公主為妻，故徐湛之是劉裕的外孫，是宋文帝劉義隆的外甥。(183)任遇隆重　受皇帝的信任寵愛。(184)每事推之　遇事總是讓徐湛之做主。(185)並受辭訴　共同聽取下面的奏事，意即讓他們共同商量處理。(186)朝事　向皇帝稟報、請示事務。(187)六月壬戌　六月初九。(188)改元正平　在此之前拓跋燾的年號是太平真君（西元四四〇—四五〇年）。(189)游雅　北魏朝廷上的顯耀漢族文人，與高允齊名，作過〈太華殿賦〉。傳見《魏書》卷五十四。(190)胡方回　北魏朝廷上的顯耀漢族文人，先仕於赫連勃勃，作過〈統萬城銘〉，夏滅後歸魏。傳見《魏書》卷五十二。(191)更定律令　修訂法律條文。更定，改定。(192)凡三百九十一條　最後制定出的法律條文共有三百九十一條。凡，總共。(193)營園田　經營農田，以收其利。(194)覆載　天能覆蓋，地能承載，以喻其廣大、包容。(195)容養　收容、養育。(196)國之儲貳　皇位的繼承人。儲貳，未來的君主，當今皇帝的副手。(197)萬方所則　是普天下學習的榜樣。則，榜樣。(198)酤販市廛　到市場上擺攤做買賣。酤，買酒或賣酒，這裡即指賣。市廛，市場。廛，市中的空地。(199)謗聲流布　到處流傳著一片怨恨之聲。(200)不可追掩　不可追回，不可掩蓋。(201)虢之將亡二句　虢是春秋時期的諸侯國名。《左傳》莊公三十二年有所謂「神賜虢公以土田」。史嚚曰：「虢其亡乎，吾聞之，國將興，聽於民；將亡，聽於神。神，聰明正直而壹者也，依人而行。虢多涼德，其何土之能得？」不久，虢國果然被晉國所滅。202漢靈帝私立府藏　漢靈帝光和元年（西元一七八年），在西園開邸舍賣官，將所得的錢財貯存在西邸的庫房中，作為私有財產。事見本書卷五十七。203皆有顛覆之禍　漢靈帝貪婪無厭，後來引發黃巾起義，東漢王朝從此名存實亡。204武王愛周邵齊畢　周武王能親近並任用周公、邵公、太公、畢公。周公名旦，是武王之弟，後來被封為周公。事見《史記．魯周公世家》。邵公名奭，亦武王之弟，後被封為邵公。事見《史記．燕召公世家》。太公名望，為文王、武王之師，後來被封為齊國諸侯。事見《史記．齊太公世家》。畢公名高，周文王的庶子，因食邑於畢（在今陝西咸陽東），故稱畢公。以上四人被古代傳說為聖明的輔弼良臣。205飛廉惡來　都是殷紂寵信的惡人，據說飛廉力大，其子惡來善走，父子二人都以這種特殊的本事討好殷紂王，幫著殷紂王做壞事。詳情見《史記．殷本紀》。206儁乂　有才幹的人。207頃來　近來。208在朝之選　朝廷上的拔尖人才。選，出類拔萃。209斥去　排除；驅逐。210所在田園　你在各處經營的土地。211以時收散　趕緊地或收攤，或分給眾人。以時，及時；迅即。212休聲　讚美的聲音。休，美。213精察　精明。214中常侍宗愛　皇帝的侍從官姓宗名愛。中常侍，在宮廷侍從皇帝的人員。東漢時由宦官專任，魏以後與散騎常侍合併，不再由宦官專任。宗愛，事跡見《魏書．閹官傳》。215給事中　官名，也是皇帝身邊的侍從人員，以備參謀顧問等事，屬於門下省。216仇尼道盛　複姓仇尼，名道盛。217侍郎　指給事黃門侍郎，屬門下省，也是皇帝的侍從官員。218頗用事　很是有些專權。用事，管事；掌權。219所糾　所羅織陷害。糾，相當於今之「揪辮子」，抓取其罪以陷之。220構告　羅織罪名以誣告。221都街　都城中的街道。222東宮官屬　太子屬下的官員。223坐死　牽連被殺。224戊辰　六月十五。225以憂卒　見自己的屬下官員被殺，擔心禍延及己，因而憂懼致死。按，司馬光於此《考異》曰：「《宋索虜傳》云：『燾至汝南瓜步，晃私遣取諸營鹵獲甚眾。燾歸聞知，大加搜檢，晃懼，謀殺燾，燾乃詐死，使其近習召晃迎喪，於道執之。及國，罩以鐵籠，尋殺之。』蕭子顯《齊書》亦云：『晃謀殺佛貍，見殺。』《宋略》曰：『燾既南侵，晃淫於內，謀欲殺燾。燾知之，歸而詐死，召晃迎喪。晃至，執之，罩以鐵籠，捶之三百，曳於叢棘以殺焉。』蓋皆南方傳說之辭。226壬申　六月十九。227金陵　北方民族對帝王陵墓的敬稱，極稱其尊貴與牢固。後世稱元人成吉斯汗之墓亦曰「金陵」。228徐知　漸漸明白了。229七月丁亥　七月初五。230陰山　橫亙於今內蒙古包頭、呼和浩特北的東西走向的大山，其地有魏國皇帝的行宮。231癸亥　八月十一。232皆坐退敗免官　王玄謨狂妄畏怯取敗，死有餘辜。王世貞曰：「王玄謨首建北伐之謀，親將大軍望風退走；柳元景偏裨別將，破敵成功，宋主不能顯加賞戮，此固佛貍之所望而侮者，尚可與之校勝負哉？」233自歸而死　他自己逃回如果還被處死。234將至逃散那他們以後再打了敗仗就不會再回來了。235九月癸巳　九月十二。236十月庚申　十月初九。237修好　重修過去的安邊友好。238己巳　十月十八。239上黨靖王長孫道生　長孫道生是魏國三朝的名將，被封為上黨王，死後謚曰靖。傳見《魏書》卷二十五。240十二月丁丑　十二月二十七。241景穆太子之子濬　拓跋濬，不久前以憂死的太子晃之子，亦即日後的文成帝。傳見《魏書》卷五。242皇孫世嫡　拓跋晃的嫡子，拓跋燾的嫡孫。243不當為藩王　不應當封之為王成為國家的諸侯，他是日後要成為國家皇帝的。244聰達　聰明懂事。245吳王余　此吳王拓跋余，與上述的東平王拓跋翰、臨淮王拓跋譚、廣陽王拓跋建，都是太武帝拓跋燾之子。傳見《魏書》卷十八。246征北參軍　征北將軍劉濬的參謀人員。劉濬是劉義隆之子，被封為始興王。傳見《宋書》卷九十九。247姑孰　南豫州的州治，即今安徽當塗。248吏部郎王僧綽　吏部郎是尚書省中分管吏部的長官，掌管選任官吏，有如後來的吏部尚書。王僧綽是宋文帝初期的權臣王曇首之子，娶文帝劉義隆之長女為妻。傳見《宋書》卷七十一。249侍中　門下省的長官，總管樞密機要，是事實上的宰相之一，受寵信的程度遠遠超過三公與尚書令及中書令。250曇首　王曇首，元嘉初期的輔政大臣之一，與王華、殷景仁等共掌朝政。傳見《宋書》卷六十三。251大成　宏偉遠大，老成持重。252皆以國器許之　都認為他將來一定是治國安邦的好材料。許，認為；以為是。253有思理　分析問題有條理。254練悉朝典　熟悉朝廷的典章制度。255尚　高攀，「娶」字的莊嚴運用。256東陽獻公主　東陽公主，劉義隆的長女。獻字是其死後的謚。257諳悉人物　熟知、瞭解國家的人才。258咸得其分　都能人盡其才。259沈深有局度　深沉而有度量。沈，同「沉」。260不以才能高人　不顯示自己的才幹本領以超過別人。高，超過；壓倒。261以後事為念　為自己身後的事情操心。念，憂慮；放心不下。262欲大相付託　把身後的大事都託付給他。263與參　參與；過問。264唐和　原是西涼李暠的舊部，西涼被北涼所滅後，唐和率殘部躲入西域之焉耆，後佐助魏將萬度歸平定西域，遂為魏國鎮守西域。傳見《魏書》卷四十三。

【校記】1右　原作「左」。據章鈺校，十二行本、乙十一行本皆作「右」，張瑛《通鑑校勘記》同，今據改。2之　原作「至」。據章鈺校，十二行本、乙十一行本皆作「之」，今據改。3境　原無此字。據章鈺校，十二行本、乙十一行本、孔天胤本皆有此字，今據補。4刀　原作「刃」。據章鈺校，十二行本、乙十一行本皆作「刀」，張敦仁《通鑑刊本識誤》同，今據改。按，張敦仁《通鑑刊本識誤》云：「無注本亦作『刃』。」5見　原作「所」。據章鈺校，十二行本、乙十一行本皆作「見」，今從改。6唱　原作「叫」。據章鈺校，十二行本、乙十一行本皆作「唱」，今從改。7日　原作「旦」。據章鈺校，十二行本、乙十一行本皆作「日」，今從改。8掠　原作「傷」。據章鈺校，十二行本、乙十一行本、孔天胤本皆作「掠」，張敦仁《通鑑刊本識誤》同，今據改。⑨進易　原作「易進」。據章鈺校，十二行本、乙十一行本、孔天胤本二字皆互乙，今從改。⑩之　此字原不重。據章鈺校，十二行本、乙十一行本、孔天胤本此字皆重，張敦仁《通鑑刊本識誤》同，今據補。⑪秀為中書郎　原無此五字。據章鈺校，十二行本、乙十一行本、孔天胤本皆有此五字，張敦仁《通鑑刊本識誤》、張瑛《通鑑校勘記》同，今據補。⑫襲　據章鈺校，十二行本、乙十一行本、孔天胤本此下皆有「據」字。⑬何尚之　原作「何瑀之」。胡三省注云：「『何瑀之』恐當作『何尚之』。」嚴衍《通鑑補》亦云：「《宋書》無『何瑀之』，其為『尚之』無疑。」今據以校正。

【語　譯】太祖文皇帝下之上

元嘉二十八年（辛卯　西元四五一年）

春季，正月初一日丙戌，北魏皇帝拓跋燾在瓜步山上舉行盛大活動，召見文武百官，給有功之臣頒賜爵位，根據他們各自功勞的大小，所受的爵賞也各有不同。魏軍沿著長江燃起火把，宋國擔任太子右衛率的尹弘對宋文帝劉義隆說：「鮮卑人沿著長江舉火示威這一舉動，表明他們一定是想要撤兵了。」初二日丁亥，魏軍大肆地搶掠居民，並燒毀了大片的房屋之後撤軍而去。

胡誕世造反，江夏王劉義恭等人便向朝廷奏報，說彭城王劉義康曾經多次發表不滿言論，擾亂國家百姓的視聽，所以那些對朝廷心懷不滿，自感不得志、不得意的家族遂藉著劉義康的問題製造事端，請求把彭城王劉義康流放到廣州。宋文帝便準備把劉義康放逐到廣州，事先派使者去通知劉義康。劉義康對使者說：「人活在世上，或早或晚都會死去，我難道是貪生怕死之人嗎？如果我下定決心要造反，即使把我遠遠地放逐又有什麼用處呢？就請讓我死在這裡吧，我對屢次被遷徙感到恥辱。」就在劉義康還沒有動身前往廣州的時候，魏國的軍隊已經到達了瓜步山，此時人心惶恐不安，宋文帝非常擔心那些對朝廷心懷不滿的人會藉這個機會再次擁戴劉義康為帝進行叛亂。皇太子劉劭以及武陵王劉駿、擔任尚書左僕射的何尚之等人屢次奏請宋文帝應該及早把劉義康安置到一個合適的地方。宋文帝於是派遣擔任中書舍人的嚴龍攜帶著毒藥逼迫劉義康喝毒藥自殺。劉義康不肯喝，他說：「佛教教義不允許自殺，你們可以用任何手段處死我。」使者就用被子把劉義康蒙住，活活地把他悶死了。

江夏王劉義恭認為守不住碻磝城，便通知寧朔將軍王玄謨等人返回歷城。王玄謨等人撤退的時候，魏軍趁機隨後追擊，把王玄謨等人打敗，魏軍遂佔領了碻磝城。

當初，宋文帝聽說魏軍要來入侵的消息，就命令擔任廣陵郡太守的劉懷之在魏軍沒有到達之前將一切城牆府署以及船隻車輛全部燒毀，率領轄區之內所有的人渡過長江躲避魏軍。擔任山陽郡太守的蕭僧珍則把山陽郡的所有居民全部遷入城內，朝廷負責為盱眙以及滑臺運送糧食與兵器的人員，因為道路中斷無法前進，便都留在了山陽郡。蕭僧珍把山陽城周圍的水塘全部蓄滿了水，等到魏軍到達的時候，掘開池水淹灌魏軍。魏軍經過山陽郡的時候，不敢停留，便逕直去攻打盱眙城。

北魏太武帝向臧質索取美酒，臧質便把小便封存起來送給了拓跋燾。拓跋燾惱羞成怒，立即下令圍著盱眙城築起土牆，隔斷了盱眙城與外界的聯繫，只用了一個晚上的時間就把盱眙城合圍起來。魏軍又從東山運來土石填平了盱眙城外的護城河，又在君山上搭建起浮橋，斷絕了盱眙的水陸交通。魏太武帝寫信給臧質說：「如今我派遣的作戰士兵，全都不是我的國民，城東北的是丁零人和匈奴人，城南的是氐族人和羌族人。假如丁零人全都死光了，正好可以減少常山郡、趙郡的異己勢力；如果那些匈奴人都死了，正好可以減少并州一帶的異己勢力；如果那些氐族人、羌族人都被你們殺死了，就可以為我減少關中一帶的異己勢力。你如果把他們都殺光了，對魏國來說並沒有什麼不好。」臧質在給拓跋燾的回信中說：「看了你的來信，我已經全部準確地瞭解了你的奸詐內心。你仗恃著你們有的是戰馬，因而屢次侵犯我國的邊境。寧朔將軍王玄謨在東邊撤退，鎮軍諮議參軍申坦在西邊潰敗，你知道他們為什麼失敗嗎？難道你就沒有聽到童謠嗎？那是因為卯年還沒有到來，你的死期未到，所以就讓王玄謨、申坦二位將軍給魏國的軍隊讓開了一條通往長江邊喝水的道路。這是老天爺在冥冥之中安排好的一種局面，並不是人為的原因。我是秉承天命來消滅你，預定計畫要把你們消滅於白登，沒想到我們的軍隊北行不遠就遇到你，這可是你自己前來送死，難道還能再允許你活著回去，再去享受桑椹乾的滋味嗎？如果你走運的話就會被亂軍殺死，如果不幸的話則會被我們生擒活捉，讓你披枷戴鎖，然後用一頭驢子馱著你，逕直把你送到我國都城建康的鬧市中斬首示眾。至於我本人，本來就沒有打算活著回去，如果天地神祇沒有靈驗，我被你擊敗，你就是把我剁成肉末，研成細粉，屠殺了，車裂了，也不足以使我報答朝廷的大恩於萬一。你的智慧和兵力，難道能夠強過當年的秦王苻堅嗎？如今已經下起了春雨，我們的兵力正在從四面八方集結起來，你儘管安下心來一心一意進攻盱眙城，千萬不要忙著撤走！如果你們軍隊中的糧食缺乏了，你儘管對我說一聲，我一定會打開倉庫提取糧食贈送給你。我得到了你送給我的這些劍和刀，你是不是想讓我用它來砍斷你的身體呀？」魏太武帝看了臧質的回信後怒不可遏，他命令士兵製造了一架鐵床，在鐵床上面布滿了鐵針、鐵刺，拓跋燾說：「攻破盱眙城，捉住臧質，就讓他坐在這張鐵床上嘗嘗滋味。」臧質又寫信給全體魏軍將士說：「請你們轉告拓跋燾隊伍中的士大夫和庶民：在佛貍寫給我的書信中，他是如此殘暴地對待你們。你們原本都是奉行過中原曆法的百姓，為什麼要跟隨拓跋氏自取滅亡呢，難道你們不知道可以轉禍為福的道理嗎！」並將朝廷所頒布的懸賞購買拓跋燾以及魏國王公首級的賞賜規格寫出來送給他們說：「砍下佛貍的腦袋，封萬戶侯，賞賜布匹、綢緞各一萬匹。」

魏軍運用鉤車企圖鉤倒盱眙城的城樓，城內的守軍就用粗大的繩索拉住魏軍的鉤車，好幾百人一起唱著口號拉住大繩，魏軍的鉤車既拉不倒城牆又無法退回。到了夜間，城內的宋軍便用吊桶把士兵從城牆上放下去，截斷鉤車的鉤子，繳獲了魏軍的鉤車。第二天，魏軍又用衝車撞擊城牆，因為盱眙城的城牆築得十分堅固緻密，衝車每次撞擊城牆的時候，城牆只不過被撞掉幾升的泥土。魏軍於是便手持短兵器強行攻城，他們分成幾批輪番進攻，這個剛掉下來，那個又爬了上來，沒有一個人退縮，被宋軍殺死的魏軍成千上萬，魏軍的屍體堆積得與城牆一樣高。魏軍猛攻了三十天，卻始終攻不下盱眙城。又趕上魏軍中很多人得了瘟疫，又有人向魏太武帝報告說：宋國朝廷已經派遣水軍從海上進入淮河，還命令彭城的守軍截斷了魏軍的退路。二月丙辰朔，北魏太武帝燒毀了攻城的器械後率軍撤退。盱眙城內的宋軍想要出城追擊魏軍，擔任盱眙郡太守的沈璞說：「如今盱眙城內的士兵不多，雖然可以堅守，卻不可以出城作戰。我們只需修整舟船，向魏軍作出一種像是要向北渡過淮水追擊他們的樣子就行了，以此來促使他們早日撤走，肯定用不著我們真的去追擊。」

輔國將軍臧質因為沈璞是盱眙郡太守，於是就讓沈璞給朝廷寫一封報告盱眙戰況的公開信，沈璞堅決推辭，他把守衛盱眙的功勞歸於臧質。宋文帝得知這個消息後，更加稱道臧質與沈璞的彼此謙讓精神。

魏軍撤退時經過彭城，鎮守彭城的江夏王劉義恭被魏軍嚇破了膽，根本不敢出兵攻擊魏軍。有人向劉義恭報告說魏軍驅趕著從南方抓來的一萬多名百姓，估計他們晚上會住宿在安王陂，安王陂距離我們彭城只有幾十里的路程，如果我們出兵對他們進行追擊，就可以把那些被驅趕的一萬多人解救回來。諸將也都向劉義恭請求出兵追擊，而劉義恭嚴加禁止，堅決不許他們追擊。第二天，朝廷通過驛站派來的使者到來，宋文帝命令劉義恭竭盡全力緊急追擊魏軍。而魏軍此時已經遠去，劉義恭遂派遣擔任鎮軍司馬的檀和之率軍向蕭城的方向追趕魏軍。魏軍事先已經得到了消息，他們把所驅趕的一萬多人全部殺死之後離去。只有程天祚得以僥倖逃回。

魏軍此次南侵，攻破了宋國所屬的南兗州、徐州、兗州、豫州、青州、冀州六個州，殺傷軍民與搶掠物資無法計數，魏軍把宋國的青壯年男子一律斬殺，嬰兒則被穿在長矛尖上挑著在空中旋轉，看著慘叫的嬰兒掙扎扭動作為娛樂遊戲。魏軍所經過的郡縣，到處都遭到瘋狂的燒殺搶掠，除去被燒焦的土地以外已經一無所有，春燕飛回來都找不到屋樑可以築巢，只好把巢搭在林木之上。魏軍的士兵馬匹也死傷過半，魏國的百姓也都在責罵太武帝拓跋燾。

宋文帝每次命令將領率軍出征，總是給他們規定好作戰的地點、具體的戰略戰術等，就連與敵人交戰的日期、鐘點也都要等待從宮中發出的命令，所以將帥們臨陣都遲疑不進，沒有人敢自己做出決定。而且江南那些非正規士兵的壯丁，容易冒進和輕易退軍，這也是導致南朝作戰失敗的原因。經過這次戰爭之後，宋國的城鄉一片破敗，經濟蕭條，元嘉時代的政治日趨衰落了。

二月十九日癸酉，宋文帝下詔救濟、撫恤那些遭受敵寇侵略郡縣的百姓，免除他們的各項賦稅。○二十日甲戌，宋文帝免去了江夏王劉義恭的太尉職務，將他降職為驃騎將軍、開府儀同三司。○二十四日戊寅，北魏太武帝向北渡過黃河。○二十七日辛巳，宋文帝免去了武陵王劉駿的鎮軍將軍職務，將他降職為北中郎將。〇二十八日壬午，宋文帝前往瓜步山。這一天，宋國解除了戒嚴令。

當初，魏國被稱為中書學生的盧度世，是盧玄的兒子，因為崔浩編著國史被殺事件的牽連而獲罪，便改換名姓潛逃出京師，藏匿在高陽郡鄭羆的家中。官吏得到風聲便囚禁了鄭羆的兒子，並對其進行嚴刑拷打，逼問口供。鄭羆告誡他的兒子說：「君子殺身成仁，即使被打死了也不能招供。」鄭羆的兒子堅持遵守父親的囑咐拒不招供，獄吏就用火燒灼他的身體，鄭羆的兒子卻始終沒有招供，最後竟然被拷打致死。等到北魏太武帝到達長江邊上的時候，宋文帝派遣擔任殿上將軍的黃延年作為使者出使魏國，魏太武帝問黃延年說：「盧度世畏罪潛逃，應該已經逃到你們宋國。」黃延年回答說：「在我國的都城建康，沒有人聽說過盧度世這個人。」魏太武帝遂赦免了盧度世以及盧度世的族人中那些隱姓埋名逃跑的人、被逮捕收入各部門充當奴婢的人，盧度世遂主動出現，魏太武帝任命盧度世為中書侍郎。盧度世為了報答鄭羆的恩德，就為自己的弟弟聘娶了鄭羆的妹妹為妻。

三月初一日乙酉，宋文帝從瓜步山回到皇宮。〇十五日己亥，北魏太武帝回到平城，他在宗廟中設宴招待族人一同飲酒，把勝利的消息祭告祖先，把投降過來的五萬多戶宋國百姓分別安置在魏國都城附近的郊區。

當初，北魏太武帝經過彭城的時候，曾經派人告訴城內的百姓說：「我們因為軍中的糧食已經吃完，所以暫時回去，等小麥成熟的時候還會再回來。」等到了小麥成熟的季節，江夏王劉義恭就準備把成熟的麥子與尚未成熟的青苗全部收割起來，讓散居的百姓全都遷移到城堡裡居住。擔任鎮軍錄事參軍的王孝孫說：「如果胡虜不再前來進犯，那些散居在城外的百姓完全可以保護好自己，如果魏軍真的又來了，你這個建議也不能成立，不可採取。百姓被關閉在城堡內，遭受饑饉的時間已經很久，現在正是春暖花開的時候，百姓們本來可以到野外採集可食之物來養活自己；城外的百姓一旦再進入城堡，大家聚集在一起，只有眼巴巴地等著餓死。百姓們如果知道必死無疑，你又怎麼能夠控制得住他們呢？如果胡虜一定要來，到時候再割麥也為時不晚。」在座的人都默不作聲，沒有人敢進行反駁。擔任長史的張暢說：「王孝孫的建議，實在值得深思。」擔任鎮軍府典籤的董元嗣正侍奉在武陵王劉駿的身邊，他進前說道：「錄事參軍王孝孫的建議不可以改變。」

擔任別駕的王子夏說：「這個見解確實是對的。」張暢拱手持著手版對武陵王劉駿說：「我想讓王孝孫質問王子夏幾句。」劉駿說：「難道別駕王子夏有什麼過錯嗎？」張暢說：「收割小麥遷移百姓，這可是一個重大的問題，關係著一方百姓的生死安危。王子夏作為一州的幕僚之首，在聽到割麥移民的主張時竟然不肯發表贊成或是反對的意見。等到聽了典籤董元嗣的意見之後，他才歡言笑語地順著董元嗣的口氣說了話。像這種專門向藩王左右的僚屬進行阿諛討好的人，又怎麼能夠做到忠心事主呢！」王子夏、董元嗣都感到非常慚愧，江夏王劉義恭的建議遂被徹底否決。

當初，魯宗之投奔魏國以後，他的兒子魯軌遂擔任了魏國的荊州刺史，被封為襄陽公，負責鎮守長社縣，魯軌經常想回歸江南的宋國，只是因為過去曾經殺死了劉裕的部將劉康祖的父親劉虔之和徐湛之的父親徐逵之，所以不敢南歸。魯軌死了以後，魯軌的兒子魯爽繼承了父親的官職和爵位。魯爽年紀很小的時候就有武藝、有謀略，他和自己的弟弟魯秀都受到魏太武帝的寵信，魯秀擔任中書郎。不久，兄弟二人分別獲罪，受到太武帝的詰責。魯爽、魯秀便時刻擔心自己被太武帝誅殺，他們跟隨太武帝從瓜步向北撤退，到湖陸縣的時候，便向太武帝請求說：「奴才與南朝劉宋有深仇大恨，每次宋國的軍隊前來，我們都會忐忑不安，總是擔心祖父魯宗之與父親魯軌的墳墓被宋軍所挖掘，請允許我們把祖先的靈柩迎回平城安葬吧。」太武帝答應了他們的請求。魯爽來到長社，殺死了幾百名魏國的守軍，然後率領著自己的私人武裝以及願意跟隨他們南歸的一千多家逃奔汝南。夏季，四月，魯爽派自己的弟弟魯秀前往宋國所屬的壽陽，上書給鎮守壽陽的南平王劉鑠，請求投降。宋文帝聽到消息後，非常高興，馬上任命魯爽為司州刺史，鎮守義陽；任命魯秀為潁川太守，其他的子姪全都授予官爵，對他們的賞賜也非常的優厚。魏國人毀壞了魯爽長社的祖墳。徐湛之認為朝廷從長遠考慮，對投降過來的魯爽、魯秀予以接納並任以官職，因此不敢再提報私仇的事情，便請求退居鄉里為民，不願意與魯氏同朝為官，宋文帝沒有批准他的請求。

青州人司馬順則自稱是晉朝皇室的宗親，他聚眾起兵造反，自稱齊王。梁鄒縣的駐軍頭領崔勳之到青州城裡辦事，五月初二日乙酉，自稱齊王的司馬順則乘崔勳之不在的機會襲擊了梁鄒縣城。又有一個和尚自稱是司馬百年，也聚集眾人起兵響應司馬順則，他自稱安定王。

五月十九日壬寅，魏國實行大赦。○己巳日，宋文帝任命江夏王劉義恭兼任南兗州刺史，將其都督的軍部從彭城遷移到盱眙城，加授劉義恭都督十二州諸軍事。

五月二十五日戊申，宋文帝任命擔任尚書左僕射的何尚之為尚書令，任命擔任太子詹事的徐湛之為僕射、護軍將軍，何尚之因為徐湛之是皇親國戚，深受皇帝的寵信和重用，所以遇到事情總是讓徐湛之做主。宋文帝下詔令徐湛之與何尚之共同聽取下面的奏事。何尚之雖然是尚書令，而向皇帝稟報、奏請事務等則全部交給徐湛之。

六月初九日壬戌，魏國將年號改為正平。

北魏太武帝命令擔任太子少傅的游雅、中書侍郎的胡方回等人修訂法律條文，他們在舊有律令的基礎上作了許多改動，修改後的法律條文總計有三百九十一條。

魏國皇太子拓跋晃在監國的時候，很信任、重用自己身邊的人，又經營農田，以收其利，高允勸諫拓跋晃說：「天地是沒有私情的，所以天能夠覆蓋大地，大地能夠承載萬物；稱王天下的人也應該是沒有私心的，所以他才能夠收容、養育天下的臣民。現在殿下是國家皇位的繼承人、未來的君主，是普天之下學習的榜樣，然而殿下竟然經營私人田產，畜養雞犬，甚至到集市上去擺攤買賣物品，與百姓爭利，怨恨、誹謗殿下的聲音到處流傳，既無法追回也無法掩蓋。天下，本來就是殿下的天下，殿下富有四海，想要什麼沒有呢？何至於與那些販夫、販婦來競爭這點蠅頭小利呢！從前虢國將要滅亡的時候，神便賜給它土地，漢靈帝劉宏在西邸的庫房中儲存私有錢財，他們都為自己招來了國破家亡的災禍。以前的借鑑就是如此明顯，那是多麼可怕的事情啊！周武王能夠親近、任用周公姬旦、邵公姬奭、齊公呂望、畢公姬高這樣的賢臣，所以周武王能夠取得天下；殷紂王喜歡、信任飛廉、惡來那樣的惡人，所以他喪失了國家。現在東宮之中有才幹的人原本不少，而近來侍奉在殿下身邊的人，恐怕都不是朝廷上的拔尖人才。希望殿下把那些奸佞邪惡的小人驅逐出去，親近忠臣良將；將自己在各處經營的土地，全都拿出來分給那些貧苦的下層百姓；殿下在集市上所販賣的各種物品，要趕緊或收攤，或分給眾人。這樣的話，讚美殿下的聲音就會天天聽得到，而誹謗殿下的議論就會自然消除了。」皇太子拓跋晃沒有聽從高允的規勸。

魏國皇太子拓跋晃處理政務十分精明，能夠洞察秋毫，然而擔任中常侍的宗愛，卻是為人陰險、性情殘暴，有很多違法亂紀的行為，皇太子對他非常厭惡。擔任給事中的仇尼道盛、擔任給事黃門侍郎的任平城都很受太子的寵信，因此也很有權勢，他們都與中常侍宗愛不和。宗愛擔心仇尼道盛等人會揭發他的罪惡，於是就採取先發制人的策略，給仇尼道盛羅織了許多罪名進行誣告。北魏太武帝因此而大怒，就在都城的街道上將仇尼道盛等人斬首，太子屬下的官員有許多人受到牽連而被處死，太武帝仍然怒氣不消。六月十五日戊辰，皇太子拓跋晃看到自己屬下的官員被殺，擔心災禍會遷延到自己，因而憂懼而死。十九日壬申，將皇太子拓跋晃安葬在金陵，謚號為景穆。太武帝後來逐漸明白了太子原本無罪，心裡感到非常後悔。

秋季，七月初五日丁亥，北魏太武帝前往陰山一帶巡視。

宋國擔任青州、冀州二州刺史的蕭斌派遣擔任振武將軍的劉武之等人攻打司馬順則和司馬百年，把他們全部斬殺。八月十一日癸亥，梁鄒地區的叛亂被平息。

宋國青、冀二州刺史蕭斌和寧朔將軍王玄謨都因為作戰退縮導致失敗之罪而被罷免了官職。宋文帝向擔任太子步兵校尉的沈慶之詢問說：「蕭斌想要殺死王玄謨而你卻阻止了他，這是為什麼呢？」沈慶之回答說：「諸將當中凡是臨陣退卻的，沒有人不懼怕被判罪處死，王玄謨兵敗之後自己逃回，如果把他處死，那他們以後再打了敗仗就不會再回來了，所以我制止了他。」

九月十二日癸巳，北魏太武帝從陰山返回平城。

冬季，十月初九日庚申，北魏太武帝再次前往陰山一帶。

宋文帝派遣使者到魏國進行訪問，魏主拓跋燾遂派擔任殿中將軍的郎法祐回訪宋國，重修過去的安邊友好。〇十月十八日己巳，魏國上黨靖王長孫道生去世。

十二月二十七日丁丑，北魏太武帝封景穆太子拓跋晃的兒子拓跋濬為高陽王。不久又覺得嫡皇孫不應該封為藩王成為國家的諸侯，遂又撤銷了拓跋濬高陽王的封號。當時拓跋濬只有四歲，聰明懂事超過了一般的同齡人，太武帝非常喜愛他，經常把他帶在自己身邊。魏太武帝改封秦王拓跋翰為東平王，燕王拓跋譚為臨淮王，楚王拓跋建為廣陽王，吳王拓跋余為南安王。

宋文帝派太子步兵校尉沈慶之將彭城的幾千家流民遷移到瓜步居住，派擔任征北參軍的程天祚把江西的幾千家流民遷移到姑孰居住。

宋文帝任命擔任吏部郎的王僧綽為侍中。王僧綽，是王曇首的兒子，年幼的時候就顯現出了宏偉遠大的志向和老成持重的氣度，眾人都認為他將來一定是治國安邦的好人才。王僧綽喜歡學習，分析問題有條理，對朝廷的各種典章制度都很熟悉。娶了宋文帝的女兒東陽獻公主為妻。王僧綽在吏部任職，熟知、瞭解國家的人才，凡是他所舉薦提拔的人都能人盡其才。等到王僧綽被任命為侍中的時候，年僅二十九歲，為人深沉而有度量，並不顯示自己的才幹、本領以超過別人。宋文帝劉義隆非常操心自己的身後之事，因為王僧綽很年輕，就想把自己身後的大事都託付給他，於是朝中政務無論大小，都讓王僧綽參與、過問。宋文帝登基稱帝之初，最早寵信的是王華、王曇首、殷景仁、謝弘微、劉湛；稍後是范曄、沈演之、庾炳之；最後是江湛、徐湛之、何尚之以及王僧綽，總計十二人。

鎮守焉耆的唐和到魏國的都城平城朝見太武帝，太武帝對唐和優禮相待。

二十九年（壬辰　西元四五二年）

春，正月，魏所得宋民五千餘家在中山❶者謀叛，州軍❷討誅之。冀州刺史張掖王沮渠萬年❸坐與叛者通謀❹，賜死。

魏世祖追悼景穆太子不已，中常侍宗愛懼誅❺，二月甲寅❻，弒帝❼，尚書左僕射蘭延、侍中和延疋[1]、薛提⑧等祕不發喪⑨。延疋以皇孫濬沖幼⑩，欲立長君，徵秦王翰，置之祕室。提以濬嫡皇孫，不可廢，議久不決。宗愛知之，自以得罪於景穆太子，而素惡⑪秦王翰，善⑫南安王余，乃密迎余自中宮便門入禁中，矯稱赫連皇后令⑬召延等。延等以愛素賤，不以為疑，皆隨入。愛先使宦者三十人持兵伏於禁中，延等入，以次收縛⑭，斬之；殺秦王翰於永巷⑮而立余。大赦，改元承平⑯，尊皇后為皇太后，以愛為大司馬、大將軍、太師、都督中外諸軍事、領中祕書⑰，封馮翊王。

庚午⑱，立皇子休仁⑲為建安王。

三月辛卯⑳，魏葬太武皇帝于金陵㉑，廟號世祖㉒。

上聞魏世祖殂㉓，更謀北伐，魯爽等復勸之。上訪於羣臣，太子中庶子何偃以為淮、泗數州㉔瘡痍未復，不宜輕動。上不從。偃，尚之之子也。

夏，五月丙申㉕，詔曰：「虐虜窮凶㉖，著於自昔㉗，未勞資斧㉘，已伏天誅。拯溺蕩穢㉙，今其會㉚也。可符㉛驃騎、司空二府㉜，各部分㉝所統，東西應接。歸義建績㉞者，隨勞酬獎㉟。」於是遣撫軍將軍蕭思話㊱督冀州刺史張永㊲等向碻磝，魯爽、魯秀、程天祚將荊州甲士四萬出許、洛㊳，雍州㊴刺史臧質帥所領趣潼關[40]。永，茂度之子也。沈慶之固諫北伐，上以其異議，不使行。

青州刺史劉興祖上言，以為：「河南阻飢[41]，野無所掠。脫[42]諸城固守，非旬月可拔。稽留大眾[43]，轉輸方勞[44]；應機乘勢[45]，事存急速[46]。今偽帥[47]始死，兼逼暑時[48]，國內猜擾，不暇遠赴[49]。愚謂宜長驅中山，據其關要[50]。冀州以北[51]，民人尚豐[52]，兼麥已向熟，因資為易[53]，尚〔2〕義之徒[54]，必應嚮赴[55]。若中州[56]震動，黃河以南，自當消潰[57]。臣請發青、冀[58]七千兵，遣將領之，直入其心腹。若前驅克勝，張永及河南眾軍，宜一時濟河，使聲實[59]兼舉，並建司牧[60]，撫柔初附[61]，西拒太行[62]，北塞軍都[63]；因事指揮[64]〔3〕，隨宜加授[65]，畏威欣寵[66]，人百其懷[67]。若能成功，清壹可待[68]；若不克捷，不為大傷。並催促裝束[69]，伏聽敕旨[70]。」上意止存河南[71]，亦不從。上又使員外散騎侍郎琅邪徐爰隨軍向碻磝，銜中旨[72]授諸將方略[73]，臨時宣示[74]。

尚書令何尚之以老請致〔4〕仕[75]，退居方山[76]。議者咸謂[77]尚之不能固志[78]。既而詔書敦諭[79]〔5〕數四，六月戊申朔[80]，尚之復起視事[81]。御史中丞袁淑錄自古隱士有迹無名者[82]為真隱傳以嗤[83]之。

秋，七月，張永等至碻磝，引兵圍之。○壬辰[84]，徙汝陰王渾[85]為武昌王，淮陽王彧[86]為湘東王。

初，潘淑妃生始興王濬[87]。元皇后[88]性妬，以淑妃有寵於上，恚恨[89]而殂，淑妃專總內政[90]。由是太子劭深惡淑妃及濬。濬懼為將來之禍[91]，乃曲意事劭[92]，劭更與之善[93]。

吳興巫[94]嚴道育，自言能辟穀服食[95]，役使鬼物[96]，因[97]東陽公主婢王鸚鵡[98]出入主家[99]。道育謂主曰：「神將有符[100]賜主。」主夜臥，見流光若螢，飛入書笥[101]。開視，得二青珠，由是主與劭、濬皆信惑之。劭、濬並多過失，數為上所詰責，使道育祈請[102]，欲令過不上聞[103]。道育曰：「我已為上天陳請，必不泄露。」劭等敬事之，號曰天師。其後遂與道育、鸚鵡及東陽主奴陳天與、黃門陳慶國共為巫蠱[104]，琢玉為上形像[105]，埋於含章殿[106]前。劭補天與為隊主[107]。

東陽主卒，鸚鵡應出嫁，劭、濬恐語泄[108]，濬府佐[109]吳興沈懷遠，素為濬所厚，以鸚鵡嫁之為妾。

上聞天與領隊[110]，以讓[111]劭曰：「汝所用隊主副[112]，並是奴邪[113]？」劭懼，以書告濬。濬復書曰：「彼人[114]若所為不已[115]，正可促其餘命[116]，或是大慶之漸[117]耳。」劭、濬相與往來書疏，常謂上為「彼人」，或曰「其人」，謂江夏王義恭為「佞人[118]」。

鸚鵡先與天與私通，既適[119]懷遠，恐事泄，白劭使密殺之[120]。陳慶國懼，曰：「巫蠱事，惟我與天與宣傳往來[121]。今天與死，我其危哉！」乃具以其事白上[122]。上大驚，即遣收鸚鵡[123]，封籍其家[124]，得劭、濬書數百紙，皆呪詛[125]巫蠱之言。又得所埋玉人，命有司窮治[126]其事。道育亡命，捕之不獲。

先是，濬自揚州刺史[6]出鎮京口[127]，及廬陵王紹[128]以疾解揚州[129]，意謂[130]己必復得之。既而上用南譙王義宣[131]，濬殊不樂，乃求鎮江陵[132]，上許之。濬入朝，遣還京口，為行留處分[133]，至京口數日而巫蠱事發。上惋歎彌日[134]，謂潘淑妃曰：「太子圖富貴[135]，更是一理[136]；虎頭復如此[137]，非復思慮所及[138]。汝母子豈可一日無我邪[139]！」遣中使[140]切責[141]劭、濬，劭、濬惶懼無辭，惟陳謝[142]而已。上雖怒甚，猶未忍罪[143]也。

諸軍攻碻磝，治三攻道[144]：張永等當東道，濟南太守申坦等當西道，揚武司馬[145]崔訓當南道。攻之累旬[146]，不拔。八月辛亥[147]夜，魏人自地道潛出，燒崔訓營及攻具，癸丑[148]夜，又燒東圍[149]及攻具，尋[150]復毀崔訓攻道。張永夜撤圍退軍，不告諸將，士卒驚擾，魏人乘之[151]，死傷塗地[152]。蕭思話自往，增兵力攻，旬餘不拔。是時，青、徐不稔[153]，軍食乏。丁卯[154]，思話命諸軍皆退屯歷城[155]，斬崔訓，繫張永、申坦於獄。

魯爽至長社，魏戍主禿髮幡【7】棄城走[156]。臧質頓兵近郊[157]，不以時發[158]，獨遣冠軍司馬[159]柳元景帥後軍行參軍[160]薛安都等向潼關，元景等【8】進據洪關[161]。梁州[162]刺史劉秀之遣司馬馬汪[163]與左軍中兵參軍蕭道成[164]將兵向長安。道成，承之[165]之子也。魏冠軍將軍封禮自沮津[166]南渡，赴弘農[167]。九月，司空高平公兒烏干[168]屯潼關，平南將軍黎公遼屯河內[169]。

吐谷渾王慕利延[170]卒，樹洛干[171]之子拾寅立，始居伏羅川[172]，遣使來請命[173]，亦請命【9】于魏[174]。丁亥[175]，以拾寅為安西將軍、西秦‧河‧沙[176]三州刺史、河南王，魏以拾寅為鎮西大將軍、沙州刺史、西平王。

庚寅[177]，魯爽與魏豫州刺史拓跋僕蘭戰于大索[178]，破之，進攻虎牢[179]。聞碻磝敗退，與柳元景皆引兵還。蕭道成、馬汪等聞魏救兵將至，還趣仇池[180]。己丑[181]，詔解蕭思話徐州[182]，更領冀州刺史[183]，鎮歷城[184]。

上以諸將屢出無功，不可專責張永等，賜思話詔曰：「虜既乘利[185]，方向盛冬[186]，若脫敢送死[187]，兄弟父子自共當之[188]耳。言及增憤[189]！可以示張永、申坦[190]。」又與江夏王義恭書曰：「早知諸將輩如此，恨不以白刃驅之。今者悔何所及！」

義恭尋[191]奏免[192]思話官，從之。

魏南安隱王余[193]自以違次而立[194]，厚賜羣下，欲以收眾心，旬月之間，府藏虛竭。又好酣飲及聲樂、畋獵，不恤[195]政事。宗愛為宰相，錄三省[196]，總宿衛[197]，坐召公卿[198]，專恣[199]日甚。余患之，謀奪其權，愛憤怒。冬，十月丙午朔[200]，余夜祭東廟[201]，愛使小黃門[202]賈周等就弒余[203]而祕之，惟羽林郎中代人劉尼[204]知之。尼勸愛立皇孫濬，愛驚曰：「君大癡人！皇孫若立，豈忘正平時事[205]乎！」尼曰：「若爾[206]，今當立誰？」愛曰：「待還宮，當擇諸王賢者立之。」

尼恐愛為變，密以狀告殿中尚書源賀[207]。賀時與尼俱典兵宿衛[208]，乃與南部尚書[209]陸麗[210]謀曰：「宗愛既立南安，還復殺之。今又不立皇孫，將不利於社稷。」遂與麗定謀，共立皇孫。麗，俟之子也。

戊申[211]，賀與尚書長孫渴侯[212]嚴兵守衛宮禁，使尼、麗迎皇孫於苑[213]中。麗抱皇孫於馬上，入平城，賀、渴侯開門納之。尼馳還東廟，大呼曰：「宗愛弒南安王，大逆不道[214]，皇孫已登大位，有詔，宿衛之士皆還宮。」眾咸呼萬歲，遂執宗愛、賈周等，勒兵而入，奉皇孫即皇帝位。登永安殿[215]，大赦，改元興安[216]。殺愛、周，皆具五刑[217]，夷三族[218]。

西陽五水羣蠻[219]反，自淮、汝至于江、沔[220]，咸被其患。詔太尉中兵參軍[221]沈慶之督江、豫、荊、雍四州兵討之。

魏以驃騎大將軍拓跋壽樂[222]為太宰、都督中外諸軍、錄尚書事[223]，長孫渴侯為尚書令，加儀同三司[224]。十一月，壽樂、渴侯坐爭權，並賜死。癸未[225]，魏廣陽簡王建、臨淮宣王譚[226]皆卒。○甲申[227]，魏主母閭氏[228]卒。

魏南安王余之立也，以古弼[229]為司徒，張黎[230]為太尉。及高宗[231]立，弼、黎議不合旨[232]，黜為外都大官，坐有怨言，且家人告其為巫蠱，皆被誅。

壬寅[233]，廬陵昭王紹[234]卒。

魏追尊景穆太子為景穆皇帝，皇妣閭氏為恭皇后，尊乳母常氏為保太后[235]。隴西屠各王景文[236]叛魏，署置[237]王侯。魏統萬鎮將[238]南陽王惠壽[239]、外都大官于洛拔[240]督四州[241]之眾討平之，徙其黨三千餘家於趙、魏[242]。

十二月戊申[243]，魏葬恭皇后于金陵[244]。

魏世祖[245]晚年，佛禁稍弛[246]，民間往往有私習者。及高宗即位，羣臣多請復[247]之。乙卯[248]，詔州郡縣眾居之所，各聽建佛圖一區[249]；民欲為沙門者，聽出家，大州五十人，小州四十人。於是鄉[250]所毀佛圖，率皆修復[251]。魏主親為沙門師賢[252]

等五人下髮[253]，以師賢為道人統[254]。

丁巳[255]，魏以樂陵王周忸[256]為太尉，南部尚書陸麗為司徒，鎮西將軍杜元寶為司空。麗以迎立之功，受心膂之寄[257]，朝臣無出其右者。賜爵平原王，麗辭曰：「陛下，國之正統[258]，當承基緒[259]，效順奉迎[260]，臣子常職[261]，不敢慆天之功[262]以干大賞[263]。」再三不受，魏主不許。麗曰：「臣父奉事先朝，忠勤著效[264]。今年逼桑榆[265]，願以臣爵授之[266]。」帝曰：「朕為天下主，豈不能使卿父子為二王邪！」戊午[267]，進其父建業公俟爵為東平王。又命麗妻為妃，復其子孫[268]，麗力辭不受，帝益嘉之。

以東安公劉尼為尚書僕射，西平公源賀為征北將軍，並進爵為王。帝班賜羣臣，謂源賀曰：「卿任意取之。」賀辭曰：「南北未賓[269]，府庫不可虛也。」固與之，乃取戎馬一匹[270]。高宗之立也，高允預其謀[271]，陸麗等皆受重賞，而不及允，允終身不言[272]。

甲子[273]，周忸坐事，賜死。時魏法深峻，源賀奏：「謀反之家，男子十三以下本不預謀者，宜免死沒官[274]。」從之。

江夏王義恭還朝。辛未[275]，以義恭為大將軍、南徐州刺史，錄尚書如故。

初，魏入中原[276]，用景初曆[277]。世祖克沮渠氏[278]，得趙𢾺玄始曆[279]，時人以為密[280]，是歲始行之[281]。

【章　旨】以上為第二段，寫宋文帝元嘉二十九年（西元四五一年）一年間的大事。主要寫了魏國的中常侍宗愛殺死魏帝拓跋燾，又矯稱赫連皇后令立皇子拓跋余為皇帝，殺皇子拓跋翰及執政者蘭延、和疋、薛提等；寫了宋帝劉義隆乘魏主拓跋燾死而興兵北伐，派蕭思話率張永等向碻磝；魯爽、程天祚等出荊州向許、洛；臧質派柳元景率雍州軍向潼關；梁州劉秀之派馬汪、蕭道成等向長安。結果東路攻碻磝不下，退屯歷城；其他三路也相繼退兵；寫了魏主拓跋余欲奪宗愛之權，宗愛發動政變又殺了拓跋余；羽林郎中劉尼、殿中尚書源賀、南部尚書陸麗等定議殺宗愛、賈周等，立皇孫拓跋濬，是為高宗文成帝；拓跋濬即位後，法律嚴酷，元老大臣拓跋壽樂、長孫渴侯、古弼、張黎、周忸等皆以罪連續被殺；唯對陸麗、劉尼、源賀等格外寵用，陸麗、源賀皆極力謙退，推辭不受；寫了劉宋的太子劉劭與其異母弟劉濬利用奴婢陳天與、王鸚鵡、巫者嚴道育等造作巫蠱以害其父劉義隆，結果因有人告密而事洩，但劉義隆猶未決心誅除二逆；寫了西陽五水群蠻反，自淮、汝至江、沔咸被其患，沈慶之督江、豫、荊、雍四州兵討平之；此外還寫了劉宋的寵臣何尚之已請求退休而又應詔復出，招致有人編《真隱傳》以諷刺何尚之的貪權等等。

【注　釋】❶中山　郡名，郡治在今河北定州。定州也是魏國定州的州治所在地。❷州軍　定州的魏國駐軍。❸張掖王沮渠萬年　沮渠萬年是北涼主沮渠蒙遜之子，以其能及早投降於魏，被魏封為張掖王，並任之為冀州刺史。傳見《魏書》卷九十九。❹坐與叛者通謀　當時沮渠萬年任冀州刺史，駐兵於今河北冀州，與謀叛的中山郡人只相隔數百里，故被說成「與叛者通謀」。❺宗愛懼誅　太子晃平素憎惡宗愛，太子的屬官被殺以及太子晃的「以憂死」應與宗愛的進讒有關，今魏主悼念太子，故宗愛懼誅。❻二月甲寅　二月初五。❼弒帝　拓跋燾死年四十五歲，共在位二十八年。❽薛提　魏政權中的正直官僚。傳見《魏書》卷三十三。⑨祕不發喪　不宣布皇帝死的消息，擔心天下大亂。⑩沖幼　幼小不懂事。⑪素惡　一向憎惡。⑫善喜歡；與……關係好。⑬矯稱赫連皇后令　假說是奉赫連皇后的命令。矯，假；詐。赫連皇后，拓跋燾的皇后，西夏主赫連勃勃之女。傳見《魏書》卷十三。⑭以次收縛　進門一個捆一個。⑮永巷　宮廷中關押犯人之所。⑯改元承平　在此之前是拓跋燾的年號正平。⑰領中祕書　兼管祕書省的事務。祕書省是給皇帝起草詔令的部門，因為是在宮廷之中，故也稱「中祕書」。其長官稱祕書令。⑱庚午　二月二十一日。⑲皇子休仁　劉休仁，劉義隆的第十二子。傳見《宋書》卷七十二。⑳三月辛卯　三月十三。㉑金陵　拓跋燾的墳墓在雲中郡。雲中郡的郡治即今內蒙古和林格爾縣西北的土城子。㉒廟號世祖　拓跋燾的廟號稱作世祖。廟號是帝王死後，靈牌供入宗廟裡的稱號，通常都叫某祖或某宗等等。㉓魏世祖殂　魏主拓跋燾死了。殂，死。㉔淮泗數州　淮河、泗水流域的幾個州，指青州、冀州、徐州、兗州、司州、豫州等。㉕五月丙申　五月十九。㉖虐虜窮凶　殘暴的胡虜窮兇極惡。虐虜，指魏主。㉗著於自昔　自古以來一貫如此。著，顯明；為世人所共知。㉘未勞資斧用不著我們動用斧鉞。資，憑藉；動用。㉙拯溺蕩穢　拯救落水的百姓，推翻敵人的統治。溺，落水。蕩穢，清掃垃圾，以喻推翻敵人政權。㉚今其會　現在正是千載難逢的時機。會，關鍵時刻。㉛可符　可以下命令給……。符，令，這裡用如動詞。㉜驃騎司空二府　指驃騎將軍府與司空府。當時江夏王劉義恭，被降號為驃騎將軍，鎮盱眙；南譙王劉義宣，進位司空，鎮江陵。㉝部分　部署；統率。㉞歸義建績　歸順投誠，與立有戰功。歸義，歸向正義，即前來投降於己。㉟隨勞酬獎　按照其功勞大小，給予獎勵。㊱蕭思話　劉宋時期的名將，劉裕蕭皇后之姪，劉義隆的表兄弟。傳見《宋書》卷七十八。㊲張永　劉裕的舊部張茂度之子，有巧藝，善詩文。傳見《宋書》卷五十三。㊳出許洛　向著許昌、洛陽的方向進軍。㊴雍州劉宋雍州的州治襄陽，在今湖北襄樊的襄陽區。㊵趣潼關　殺向潼關。趣，意思同「趨」。向著……前進。潼關，古關塞名，即今陝西潼關縣的縣治。㊶河南阻飢　黃河以南的大片地區正鬧饑荒。河南，黃河以南，大體相當於今之河南省的黃河以南地區，當時宋魏戰爭的主要戰場。阻，恰逢；正在經受。㊷脫　假如；一旦。㊸稽留大眾　幾十萬大軍一旦停留在那裡。稽留，滯留。㊹轉輸方勞　到那時糧食供應將成為大問題。方勞，將會成為傷腦筋的大問題。㊺應機乘勢　利用時機以奔襲敵人。㊻事存急速　關鍵問題在於速戰速決。事存，關鍵在於。㊼偽帥　指魏主拓跋燾。㊽兼逼暑時　夏天又將很快到來。㊾不暇遠赴　來不及派兵出征。㊿據其關要　佔領他們的衝要之地。胡三省曰：「自中山至代，有倒馬關、飛狐關。」(51)冀州以北　魏國的冀州，即今河北冀州，在石德鐵路以南。上文所說的中山，即在冀州以北。(52)民人尚豐　因為上年的兩國戰爭沒有波及到這一帶。(53)因資為易　便於掠取以為食。因資，因而取以為資。(54)尚義之徒　心向劉宋的人們。(55)必應響赴　一定會群起響應，趨附前來。56中州　本來是指洛陽一帶，這裡即指中山郡所處的定州地區。57消潰　瓦解崩潰。58青冀　劉宋的青、冀二州州治即今山東青州，當時稱作東陽。59聲實　虛張聲勢與實際進攻。60並建司牧　在新攻下的地方普遍地建立地方官。司牧，州郡的行政官員。61撫柔初附　安撫籠絡新歸附的百姓。62西拒太行　向西據守太行山。太行山是今河北與山西兩省交界的大山。63北塞軍都　向北堵塞軍都山。軍都山也叫居庸山，在今北京市昌平西北。64因事指揮　根據實際情況進行指揮。意即朝廷不要從中多加干預。65隨宜加授　根據需要委派新的官職。66畏威欣寵　既害怕我們的軍威，又喜歡我們的封賞。寵，優待，指封賞。67人百其懷　其感恩戴德、願為效力之情百倍於平時。68清壹可待　統一天下的日子也就不遠了。69並催促裝束　我已經命令部下做好準備。70伏聽敕旨　靜聽朝廷的旨意下達。伏，謙詞。按，劉興祖的主要意思是集中力量進攻太行山以東的今河北一帶地區。雖「西拒太行，北塞軍都」，尤其「清壹可待」云云不無誇大妄想之嫌，而其集中一路，突然襲擊之意不無可取。71止存河南　只想收復河南。72銜中旨　帶著皇帝的旨意。73授諸將方略　告訴諸將此仗該如何打。74臨時宣示　到開戰前才對他們宣布。75請致仕　請求退休。76方山　山名，在今南京東北。77咸謂　都說；都估計。78不能固志　不可能堅持退休的想法。79敦諭　敦促、曉諭，意思是留他不要退休。80六月戊申朔　六月初一是戊申日。81復起視事　又出來主持政事。視事，過問、處理政事。82有迹無名者　有事跡，但不知其姓字為誰，如晨門、荷蕢、野王二老、漢陰丈人之類。這樣的人才是真正的隱士，而大量的出名隱士則都是徒有其名，實際上是一群虛張聲勢的沽名釣譽之徒。83嗤　恥笑；嘲弄。84壬辰　七月十六。85汝陰王渾　劉渾，劉義隆的第十子。傳見《宋書》卷七十九。86淮陽王彧　劉彧，劉義隆的第十一子，即日後的宋明帝。事跡見《宋書》卷八。87始興王濬　劉濬，劉義隆之子。傳見《宋書》卷九十九。88元皇后　劉義隆的皇后，姓袁，死後謚曰元，太子劉劭之母。傳見《宋書》卷四十一。89恚恨　怨恨。恚，怨。90內政　宮廷內的各種事務。91懼為將來之禍　害怕日後被太子劭所害。92曲意事劭　違心地極力向太子劭討好。93更與之善　改變態度地與之好起來。94吳興巫　吳興郡的巫婆。吳興郡的郡治即今浙江湖州南的下菰城。95辟穀服食　不吃五穀，只服用丹藥。96役使鬼物　支使鬼怪精靈。物，具有特異功能的精靈。97因　通過；依靠。98東陽公主婢王鸚鵡　東陽公主的婢女姓王名鸚鵡。東陽公主是宋文帝劉義隆之女。99出入主家　在東陽公主家出出進進，極言其受東陽公主之寵。100符　符籙，道士、方士用以騙人的東西，假說可以驅妖、避邪云云。101書笥　裝書的箱子。笥，方形竹器。102使道育祈請　讓嚴道育替他們祈求上天。103欲令過不上聞　保佑他們別讓其父知道他們所幹的壞事。不上聞，別讓皇上知道。104共為巫蠱　一起用巫蠱的手段祈求鬼怪置宋文帝於死。巫蠱，古代騙子所用的一種據說可以支使鬼怪置人於死的妖術，如《紅樓夢》中馬道婆、趙姨娘陷害鳳姐、寶玉之所為。(105)琢玉為上形像　用玉雕刻成一個宋文帝模樣的小人。(106)含章殿　劉宋宮廷中皇帝會見群臣議事的主要場所。(107)補天與為隊主　任命陳天與為自己衛隊的頭領。補，任命。隊主，隊長；一隊的管事人。但不是正式官名。(108)恐語泄　怕王鸚鵡出嫁後洩漏出巫蠱之事。(109)濬府佐　始興王劉濬府的僚屬。佐，助手。(110)領隊　統領太子宮的衛隊。(111)讓　責備。(112)隊主副　正隊主與副隊主。(113)並是奴邪　竟然用的都是奴才麼。(114)彼人　那個人，指其父劉義隆。(115)所為不已　再對我們干涉不休。已，休止。(116)正可促其餘命　正好讓他快點死。(117)或是大慶之漸　也許是我們歡樂節日的即將到來。大慶，指劉劭登基做皇帝。漸，開始；開頭。胡三省曰：「據此，則弒逆之謀濬實啟之。劭在都，濬在京口，故以書往來。詳察書意，則劭、濬逆謀豈一朝一夕之故哉？其所由來者漸矣。此書乃贊決其逆謀，非啟之也。」(118)佞人　甜言蜜語討好於人的人。(119)適　嫁；嫁給。(120)殺之　殺掉陳天與滅口。(121)宣傳往來　來回傳遞消息。宣傳，傳遞；傳達。(122)白上　告訴皇上。(123)遣收鸚鵡　派人逮捕王鸚鵡。(124)封籍其家　將王鸚鵡家封門查抄。籍，查抄；登記。(125)呪咀　詛咒。咀，通「詛」。(126)窮治　嚴厲審訊，徹底追查。(127)自揚州刺史出鎮京口　劉濬由揚州刺史改任南徐、兗二州刺史，征北將軍，駐兵於京口，事在元嘉二十六年。揚州刺史的州治在建康城內，京口即今江蘇鎮江市。離開京城到京口，故曰「出」。(128)廬陵王紹　劉紹，劉義隆的第五子，過繼與廬陵王劉義真為後。傳見《宋書》卷六十一。(129)以疾解揚州　因病免去揚州刺史之職。(130)意謂　以為；估計。(131)義宣　劉義宣，劉裕之子，劉義隆之弟。傳見《宋書》卷六十八。(132)鎮江陵　即任荊州刺史。荊州的州治江陵，即今湖北江陵西北的紀南城。(133)為行留處分　作走和留的準備。(134)惋歎彌日　惋惜地慨歎了一整天，表現了深深的遺憾之情。(135)圖富貴　指迫不及待地搶班奪權。(136)更是一理　意即可以理解，有他的道理。(137)虎頭復如此　而劉濬也跟在裡頭攪和。虎頭，始興王劉濬的小字。(138)非復思慮所及　是讓人想像不到的。(139)豈可一日無我邪　胡三省曰：「言一日無帝，則淑妃及濬將為劭所殺也。」(140)中使　來自皇帝身邊的使者。(141)切責　嚴厲譴責。(142)陳謝　認罪；服罪。(143)未忍罪　沒有決心要殺他們。罪，加罪；處死。胡三省曰：「『當斷不斷，反受其亂』，文帝之謂也。」(144)三攻道　三條攻城的路線。(145)揚武司馬　揚武將軍的司馬官。司馬是將軍的高級僚屬，在軍中主管司法。(146)累旬　數旬；幾十天。一旬十日。(147)八月辛亥　八月初五。(148)癸丑　八月初七。(149)東圍　東道攻城宋軍的兵營。(150)尋　不久。(151)乘之　趁機發起攻擊。(152)塗地　猶言遍地。死者之腦與傷者之血染遍大地。(153)不稔　歉收；年景不好。(154)丁卯　八月二十一。(155)歷城　縣名，縣治即今山東濟南。(156)棄城走　胡三省曰：「魯爽父子兄弟先居長社，以南兵來，聲勢既盛，禿髮幡恐其有內應，故不能守而走。」(157)頓兵近郊　駐兵於襄陽近郊。頓，留；駐紮。(158)不以時發　不按時發兵北上。(159)冠軍司馬　冠軍將軍臧質屬下的司馬官。(160)後軍行參軍　後軍將軍的代理參軍。

行，臨時代理。(161)洪關　又作「鴻關」，在今河南靈寶西南。(162)梁州　劉宋的梁州州治即今陝西漢中。(163)司馬馬汪　劉秀之屬下的司馬官名叫馬汪。(164)蕭道成　日後齊王朝的創建者，此時為劉宋政權下的左軍將軍的中兵參軍。事跡詳見《齊書・武帝紀》。(165)承之　蕭承之，劉宋王朝的名將，曾有收復漢中之功。事見本書卷一百二十二元嘉十年。(166)涇津　渡口名，在今河南靈寶東北的黃河上。(167)弘農　縣名，縣治即今河南靈寶東北的故函谷關城。(168)兒烏干　姓兒，名烏干，被封為高平公。(169)河內　魏郡名，郡治在今河南武陟西南。(170)慕利延　劉宋元嘉時期的吐谷渾王，樹洛干之母弟。傳見《魏書》卷一百一。(171)樹洛干　晉朝末期的吐谷渾王，卒於晉安帝義熙十三年（西元四一七年），諡武王。傳見《魏書》卷一百一。(172)伏羅川　地名，具體方位不詳，在今青海境內，大約離白蘭山不遠。(173)來請命　來向劉宋請求旨意，意即向劉宋稱臣。(174)亦請命于魏　同時也聽命於魏國，即所謂「兩屬」，兩邊都不得罪。吐谷渾對東方的強大政權歷來採取這種態度。(175)丁亥　七月十一。(176)西秦河沙　三州名，劉宋遙指地名而封之，實際地盤都在魏國的管轄下。西秦即所謂秦州，州治即今甘肅天水市，河州的州治枹罕，在今甘肅臨夏東北，沙州的州治敦煌，即今甘肅敦煌西。(177)庚寅　七月十四。(178)大索　古城名，即今河南滎陽。(179)虎牢　關塞名，在今滎陽西北的古汜水鎮，其北側即秦漢時代的成皋城。(180)還趣仇池　退向仇池。趣，同「趨」。向。仇池，郡名，郡治駱谷，在今甘肅西和東南，成縣之西。(181)己丑　七月十三。(182)解蕭思話徐州　免去蕭思話的徐州刺史職務。(183)更領冀州刺史　另兼任冀州刺史。領，兼任。(184)鎮歷城　劉宋的冀州州治僑設在歷城，真正的冀州在今河北境內，當時屬於魏國。(185)乘利　乘勝前進，正在得意的勢頭上。(186)方向盛冬　嚴冷的冬天就要到來。方向，就要到來。冬天到來對北方民族的軍事行動有利，意思是如今正是敵人可能向我們發動進攻的時刻。(187)若脫敢送死　假如敵人膽敢前來進攻我國。脫，竟然。送死，指敵人來攻。(188)兄弟父子自共當之　我們劉氏一門的上上下下會自己挺身而出與之拼命。言外之意是你們這些外姓人不是都打不過人家麼！對諸將有譏諷之意。(189)言及增憤　說到這裡不由得令人憤慨。既恨敵人的猖狂，又恨自己諸將的不爭氣。(190)可以示張永申坦　可將詔書給張永、申坦看。(191)尋　不久。(192)奏免　請求罷免。(193)南安隱王余　拓跋余，被封為南安王，隱字是死後的諡。(194)違次而立　違反長幼次序，被立為國君。拓跋余在拓跋燾諸子中年齒最幼。(195)不恤　不關心；不思考。(196)錄三省　總領三省的大權。錄，總管。胡三省曰：「魏蓋以尚書、侍中、中祕書為三省，亦猶今以尚書、門下、中書為三省也。」(197)總宿衛　總統皇家的警衛部隊。(198)坐召公卿　坐在那裡對三公九卿呼來喚去，極言其自傲尊大。(199)專恣　專權而放縱，為所欲為。(200)十月丙午朔　十月初一是丙午日。(201)東廟　白登山上的先祖之廟。胡三省曰：「《魏書》：明元帝（拓跋嗣）永興四年，立太祖道武（拓跋珪）廟於白登山，歲一祭，具太牢，無常月；又於白登山西太祖舊遊之處，立昭成（什翼犍）、獻明

（拓跋珪之父）、太祖（拓跋珪）廟，常以九月、十月之交，帝親祭，牲用馬牛羊。白登在平城東，故曰東廟。」202小黃門　小太監。203就弒余　到拓跋余所在之處而弒之。按，拓跋余為帝僅二百二十多天。204羽林郎中代人劉尼　皇帝衛隊中的郎中代郡人姓劉名尼。郎中原是皇帝的侍從人員，秩六百石。胡三省曰：「魏以劉尼為羽林郎中，與殿中尚書俱典兵宿衛，則其位任蓋重於漢朝也。」代人，代郡人。魏國的代郡郡治就在平城，今山西大同的東北側。此外又有東代郡，郡治即今河北蔚縣東北的代王城。205正平時事　指皇孫濬之父景穆太子拓跋晃，因受宗愛等所偪而「以憂死」，時為拓跋燾正平元年（西元四五一年）。206若爾　依你說；按你的想法。207源賀　南涼政權的統治者禿髮傉檀之子，因及早地投降了魏國，又能引導魏軍滅北涼，而受魏主寵信。傳見《魏書》卷四十一。208典兵宿衛　統領禁衛軍以護衛宮廷。209南部尚書　北魏所設的五部尚書之一，分掌南部州郡。210陸麗　魏國名將陸俟之子。其父子的事跡詳見《魏書》卷四十。211戊申　十月初三。212長孫渴侯　姓長孫，名渴侯。213苑　魏都平城城外的鹿苑。214弒南安王二句　胡三省曰：「劉尼僅以弒南安王為宗愛罪，不能正其弒世祖之罪也。」按，此亦大怪事，魏國群臣與拓跋燾諸子亦無人提出此議，其故竟何哉？215永安殿　胡三省曰：「《北史》：魏太武帝始光二年（西元四二五年），改東宮為萬壽宮，起永安、安樂二殿。」216改元興安　此前為拓跋余的年號承平。217具五刑　用遍五種殘酷的刑法。歷代對五刑的說法不同，《漢書・刑法志》云：「當三族者，皆先黥、劓，斬左右趾，笞殺之，梟其首，菹其骨肉於市；其誹謗詈詛者，又先斷舌，故謂之具五刑。」相傳舜時的五刑是墨（黥）、劓（割鼻）、刖（斷小腿）、宮（割生殖器）、大辟（斬頭）；漢則為黥、劓、斬趾、笞殺、菹骨肉。218夷三族　滅掉三族。三族有曰父族、母族、妻族；有曰指父母、兄弟、妻子。其他不錄。219西陽五水羣蠻　西陽郡內五條河流一帶的各個蠻族一齊造反。西陽郡的郡治在今湖北黃岡東。所謂「五水」即今湖北東部長江北岸的巴水、蘄水、浠水、倒水（古名西歸水）、舉水（古名赤亭水）。220自淮汝至于江沔　東起淮河、汝水流域，西至於長江、漢水流域，亦即東起河南東南部，西至湖北中部的廣大地區。221太尉中兵參軍　太尉劉義宣的中兵參軍。劉義宣是文帝劉義隆之弟。222拓跋壽樂　章帝拓跋悉鹿的後代。傳見《魏書》卷十四。223錄尚書事　總管尚書省的事務。錄，總領。雖然沒有尚書令之名，但有尚書令之實權。位同宰相。224儀同三司　加官名，享有三公的禮遇和各種儀仗，但沒有三公之實權。所以任長孫渴侯為尚書令，並加儀同三司，乃賞其參與定策之功。225癸未　十一月初八。226廣陽簡王建臨淮宣王譚　廣陽王建與臨淮王譚都是拓跋燾之子，簡、宣是其死後的諡。227甲申　十一月初九。228魏主母閭氏　魏主拓跋濬之母，故太子拓跋晃之妻郁久閭氏。傳見《魏書》卷十三。「郁久閭」，漢化後簡稱姓「閭」。229古弼　拓跋珪時代以來的魏國元勳。傳見《魏書》卷二十八。230張黎　拓跋珪時代以來的魏國名臣。傳見《魏書》卷二十八。231高宗　即故太子之子拓跋濬。232議不合旨　發表的意見不合拓跋濬的心思。實則是因為他們在拓跋余被立為帝時接受了宗愛集團的官爵。233壬寅　十一月二十七。234盧陵昭王紹　拓跋紹，拓跋珪之子，被封為盧陵王，昭字是謚。傳見《魏書》卷十六。235尊乳母常氏為保太后　事見《魏書》卷十三。按，常氏乃一乳母，厚賜之、封賞之無所不可，而乃封之為「太后」，寫入《魏書》之〈皇后傳〉，不亦過乎？可見歷史上的事情無奇不有。236隴西屠各王景文　居住在隴西郡的屠各小王名叫景文。隴西是魏郡名，郡治在今甘肅隴西縣南。屠各是匈奴族的一支，晉宋時期居住在今陝西與甘肅交界地區，歸屬於魏國。237署置　設置官爵和封任臣僚。238統萬鎮將　鎮守統萬的軍事首腦。統萬是當初赫連勃勃的夏國都城，在今陝西榆林西，內蒙古烏審旗南。是當時魏國夏州的州治所在地。239南陽王惠壽　拓跋惠壽。240于洛拔　魏國名將于栗磾之子，父子歷事魏國拓跋珪以來的四朝，卓有勳績。傳見《魏書》卷三十一。241四州　胡三省曰：「謂秦、雍、河、涼四州。」242趙魏　胡三省曰：「此言戰國時趙、魏大界。」約當今之河北南部、山西南部與河南中北部一帶地區。243十二月戊申　十二月初四。244金陵　此金陵即指太子晃之墓。245魏世祖　即太武帝拓跋燾，西元四二四—四五一年在位。246佛禁稍弛　禁止魏國官民信佛的禁令稍稍放鬆。魏國殘暴滅佛事，見本書卷一百二十四元嘉二十三年。247復　恢復；開禁。248乙卯　十二月十一。249聽建佛圖一區　允許他們建立佛教的寺廟一所。聽，聽任；允許。佛圖，也寫作「浮屠」，原指佛塔，這裡即指廟宇。250曏　從前。251率皆修復　大體上又都重建起來。率，大體；一般。252沙門師賢　一個名叫師賢的和尚。胡三省曰：「沙門師賢，本罽賓國王種人，少入道，東遊涼州，涼平赴代。罷佛法時，師賢假為醫術還俗，而守道不改。於修復日，即返沙門，為道人統。和平初，師賢卒。」253下髮　剃下頭髮。254為道人統　為眾和尚的頭領。道人統，官名，總管所有僧尼，劉宋稱之為都僧錄，魏人稱之為僧總攝。255丁巳　十二月十三。256樂陵王周忸　原被封為宋子侯，前不久被封為王，任太尉之職。257受心膂之寄　受到心腹與肱股一般的信任與依賴。膂，脊椎。258國之正統　國家的嫡系繼承人。259當承基緒　理所當然地應該繼承皇帝之位。260效順奉迎　效忠於應該為皇帝的人擁立他為皇帝。261臣子常職　是我們做臣子的理所當然的職責。262慆天之功　把老天爺的功勞佔為己有。慆，以這裡的意思同「叨」，貪佔。263以干大賞　以獲得如此重大之賞。干，求；獲取。264著效　卓著而有效。胡三省曰：「陸俟事世祖，威行北鎮，功著關中。」詳見《魏書》卷四十。265年逼桑榆　年近老邁。桑榆，指日落西方的桑榆之上，以喻人的年邁。266願以臣爵授之　希望把您想封給我的爵位轉而封賞給他。267戊午　十二月十四。268復其子孫　免除其子孫應給國家所出的賦稅和勞役。269南北未賓　南北兩方的敵人都還尚未平定。南方的敵人指劉宋，北方的敵人指柔然。賓，服從。270取戎馬一匹　表示自己願為國家效力於戰場。戎馬，戰馬。271預其謀　參與了確定大計。272允終身不言　高允頗似《左傳》

中跟隨過公子重耳的介子推，而且沒有介子推的牢騷。273甲子　十二月二十。274沒官　財物沒收入官，男女沒入為奴婢。275辛未　十二月二十七。276魏入中原　拓跋氏佔據中原。胡三省曰：「晉孝武帝太元二十一年（西元三九六年）魏伐燕，至安帝隆安二年（西元三九八年）克中山，始得中原。」277景初曆　三國時魏國的楊偉所造，因明帝景初元年（西元二三七年）開始施用而得名。其後西晉、東晉至劉宋初期皆用之。直至元嘉二十一年（西元四四四年）改用《元嘉曆》。北方則從五胡時期至北魏拓跋燾皆沿用此曆。278克沮渠氏　滅掉北涼的沮渠牧犍。事見本書卷一百二十三元嘉十六年。279玄始曆　北涼人趙𢾺所造的一種曆法。玄始是北涼沮渠蒙遜的年號（西元四一二—四二七年）。280以為密　以為比以前的曆法更為精密。281是歲始行之　從高宗文成帝拓跋濬興安元年（西元四五二年）開始使用。

【校　記】1延疋　原無「延」字。據章鈺校，十二行本、乙十一行本、孔天胤本皆有「延」字，張敦仁《通鑑刊本識誤》同，今據補。下同補。2尚　原作「嚮」。據章鈺校，十二行本作「尚」，乙十一行本、孔天胤本皆作「向」。「尚」字義長，今據改。3揮　據章鈺校，十二行本、乙十一行本、孔天胤本皆作「麾」。4致　原作「置」。據章鈺校，十二行本、乙十一行本、孔天胤本皆作「致」，今據改。5諭　「諭」下原有「者」字。據章鈺校，十二行本、乙十一行本、孔天胤本皆無「者」字，今據刪。6刺史　原無此二字。據章鈺校，十二行本、乙十一行本、孔天胤本皆有此二字，張敦仁《通鑑刊本識誤》同，今據補。7禿髮幡　原作「禿髡幡」。胡三省注云：「『禿髡』恐當作『禿髮』。」據章鈺校，十二行本、孔天胤本皆作「禿髮幡」，張敦仁《通鑑刊本識誤》同，今據改。8向潼關元景等　原無此六字。據章鈺校，十二行本、乙十一行本、孔天胤本皆有此六字，張敦仁《通鑑刊本識誤》、張瑛《通鑑校勘記》同，今據補。9亦請命　據章鈺校，十二行本、乙十一行本皆無此三字。按，有此三字義長。

【語　譯】二十九年（壬辰　西元四五二年）

春季，正月，被魏軍俘虜、並被安置在中山郡的五千多家宋國的百姓密謀叛亂，被駐紮在定州的魏軍殘酷地鎮壓了。擔任冀州刺史的張掖王沮渠萬年被指控與叛變的宋國人互相勾結，被魏太武帝拓跋燾賜令自殺。

魏太武帝非常追念景穆太子拓跋晃，一直不能忘懷，擔任中常侍的宗愛懼怕自己被太武帝誅殺，遂於二月初五日甲寅，刺殺了太武帝，擔任尚書左僕射的蘭延、擔任侍中的和延疋、薛提等人擔心天下因此大亂而沒有對外宣布太武帝死亡的消息。和延疋因為嫡皇孫拓跋濬還很年幼，就想擁立年紀較大的皇子為皇帝，他把秦王拓跋翰召入宮中，安置在一間密室之中。而薛提則認為拓跋濬是嫡皇孫，必須由他來繼承皇位，商議了很久都沒有決定下來。中常侍宗愛知道消息以後，因為自己得罪了景穆太子拓跋晃，又一向厭惡秦王拓跋翰，卻和南安王拓跋余關係密切，於是宗愛就祕密地把南安王拓跋余從中宮的便門迎進宮中，然後便詐稱是奉了赫連皇后的命令，將蘭延等人召入宮中。蘭延等人因為宗愛的地位一向卑賤，沒有對他傳達的命令產生懷疑，便都隨著宗愛進入宮中。宗愛預先派了三十名宦官手執兵器埋伏在後宮之中，當蘭延等人進入宮中以後，便一個一個地被埋伏的宦官逮捕、殺害；宗愛又在永巷之內殺死了秦王拓跋翰，擁立南安王拓跋余為皇帝。大赦天下，改年號為承平元年，尊皇后為皇太后，拓跋余任命宗愛為大司馬、大將軍、太師、都督中外諸軍事、兼任中祕書，封為馮翊王。

二月二十一日庚午，宋文帝劉義隆封皇子劉休仁為建安王。

三月十三日辛卯，魏國將太武帝拓跋燾安葬在金陵，廟號世祖。

宋文帝聽說魏國皇帝拓跋燾去世的消息，就又考慮出兵北伐之事，魯爽等人也贊同宋文帝。宋文帝徵求文武群臣的意見，擔任太子中庶子的何偃認為淮河、泗水流域的幾個州因為戰爭所造成的創傷目前還沒有平復，不應該輕易用兵。宋文帝沒有聽取他的意見。何偃，是何尚之的兒子。

夏季，五月十九日丙申，宋文帝下詔說：「殘暴的胡虜窮兇極惡，從過去到現在一直如此，還沒等我們動用斧鉞去討伐他，就已經被上天所誅殺。拯救那些深陷水深火熱之中的百姓，蕩滌人世間的一切汙穢，現在正是一個千載難逢的好機會。可以下命令給驃騎將軍府、司空府，命令他們分別部署、率領自己的部下，東西互相接應。凡是歸順投誠以及建立戰功的人，按照他們功勞的大小分別給以酬勞和獎賞。」於是派遣擔任撫軍將軍的蕭思話率領冀州刺史張永等向碻磝城進發，司州刺史魯爽、潁川太守魯秀、征北參軍程天祚率領荊州四萬披甲持械的士兵向著許昌、洛陽的方向進軍，雍州刺史臧質率領自己的部下向著潼關的方向進軍。張永，是張茂度的兒子。太子步兵校尉沈慶之堅決勸阻宋文帝出兵北伐，宋文帝因為沈慶之與自己持不同意見，所以沒有派他出征。

擔任青州刺史的劉興祖上書給宋文帝，劉興祖認為：「黃河以南的大片地區正在遭受饑荒，在野外我們什麼東西也搶劫不到。假如各城裡的魏軍堅持固守，我們在十天半月之內是無法將其攻克的。幾十萬大軍一旦滯留在那裡，糧草供應將會成為一個大傷腦筋的問題；利用機會奔襲敵人，關鍵在於要能夠速戰速決。如今北魏的頭領拓跋燾新死，盛夏又將很快到來，魏國內部正處在互相猜疑、人情紛擾的時期，根本無暇顧及出兵遠征。我認為應當長驅直入攻取中山，佔據那裡的衝要之地。冀州以北地區，人民生活還算富裕，再加上小麥就要成熟，就地掠取敵人的物資較為容易，而那些心向正義的人，一定會群起響應，前來趨附。如果中山一帶被我軍攻佔，必然會造成很大的影響，黃河以南地區，敵人的勢力必然會瓦解崩潰。我請求從青州、冀州徵調七千士兵，派遣將領率領他們，直接插入敵人的心臟地區。如果前鋒克敵制勝，冀州刺史張永以及黃河以南的所有軍隊，應當同時渡過黃河，使虛張聲勢和實際進攻同時並舉，同時在新攻佔的地方普遍設置州郡等地方官，負責安撫、籠絡那些新歸附的百姓，向西據守住太行山，向北堵塞住軍都山口；根據實際情況指揮作戰，根據需要委派新的官職，無論是因為害怕我們的軍威，還是因為喜歡我們的封賞，他們的感恩戴德、願意為我軍效力之心都會超過平時的一百倍。如果這個計畫能夠獲得成功，那麼距離肅清胡虜、統一天下的日子就不遠了；如果不能獲得戰爭的勝利，也不會給我國造成很大的損失。我已經命令部下做好準備，靜待朝廷的旨意下達。」宋文帝只想收復黃河以南地區，所以對劉興祖的建議也沒有採納。宋文帝又派擔任員外散騎侍郎的琅邪郡人徐爰跟隨大軍進攻碻磝，帶著皇帝的旨意，告訴前方諸將領此仗該如何打，但要等到臨近開戰時才向他們宣布。

擔任尚書令的何尚之以自己年老體衰為由請求辭職退休，準備退休後隱居於方山。輿論全都認為何尚之不可能堅持過退休隱居的生活。後來，宋文帝多次下詔敦促、曉諭何尚之還朝，六月初一日戊申，何尚之再次出山重新理政。擔任御史中丞的袁淑搜集了從古到今有隱居事跡而未留下姓名的人撰寫成一部《真隱傳》，以此來恥笑何尚之的沽名釣譽。

秋季，七月，冀州刺史張永等人抵達碻磝城，率軍包圍了碻磝城。○十六日壬辰，宋文帝改封汝陰王劉渾為武昌王，淮陽王劉彧為湘東王。

當初，潘淑妃生下了始興王劉濬。元皇后天性妒忌，因為潘淑妃深受宋文帝的寵愛，就心懷怨恨而死，潘淑妃便總攬了宮廷以內的各種事務。皇太子劉劭因此深恨潘淑妃以及始興王劉濬。劉濬害怕日後被皇太子劉劭殺害，就違心地極力向皇太子劉劭討好，劉劭遂改變了對劉濬的態度，而且對劉濬很友好。

吳興郡有一個女巫，名叫嚴道育，自稱只服用丹藥而不吃五穀，還能夠驅使鬼怪精靈，她通過東陽公主的婢女王鸚鵡的關係得以隨意出入東陽公主的府邸。嚴道育對東陽公主說：「神仙準備把符籙賜給公主。」公主夜裡躺在床上，看見一道流光像螢火蟲一樣飛入書箱。東陽公主打開書箱一看，裡面有二顆青珠，因為這件事，東陽公主與皇太子劉劭、始興王劉濬全都對女巫嚴道育深信不疑，並被她所迷惑。劉劭、劉濬全都犯有很多過失，多次受到宋文帝的詰責，劉劭、劉濬遂讓嚴道育替他們祈求上天，請上天保佑別讓宋文帝知道他們所幹的壞事。嚴道育說：「我已經向上天陳述請求過了，上天答應一定不把你們的過錯洩露給皇上。」劉劭等對嚴道育非常尊敬，稱嚴道育為天師。後來劉劭、劉濬就與女巫嚴道育、東陽公主的婢女王鸚鵡以及東陽公主的奴僕陳天與、擔任黃門侍郎的陳慶國一起運用巫蠱的手段祈求鬼怪置宋文帝於死地，他們把玉雕琢成宋文帝的形像，偷偷地埋在含章殿前面，詛咒宋文帝早死。劉劭還把陳天與作為自己衛隊的頭領。

東陽公主去世，婢女王鸚鵡理應出嫁，皇太子劉劭、始興王劉濬恐怕王鸚鵡嫁出去以後洩露了他們的祕密，始興王劉濬府中的僚屬吳興人沈懷遠，一向受到劉濬的厚愛，劉濬就把王鸚鵡嫁給了沈懷遠為妾。

宋文帝聽說皇太子任命陳天與統領太子宮的衛隊，就責備劉劭說：「你所任用的正隊主、副隊主，怎麼都是奴才呢？」劉劭很恐懼，就寫信將此事告訴了始興王劉濬。劉濬回信說：「如果皇帝依然對我們無休止地進行干涉，正好可以促使他早點死，這或許是我們盛大慶典即將到來的徵兆吧。」皇太子劉劭與始興王劉濬在互相往來的書信中，經常稱宋文帝為「彼人」，或者是「其人」，稱江夏王劉義恭為「佞人」。

王鸚鵡先前就與陳天與私通，後來嫁給沈懷遠以後，恐怕自己私通的事情洩露，就告訴了皇太子劉劭，請劉劭殺死陳天與滅口。陳慶國看到陳天與被殺感到很害怕，他說：「運用巫蠱的手段祈求鬼怪害死宋文帝的事情，只有我和陳天與往來傳遞消息。如今陳天與死了，我大概也危險了！」於是就把巫蠱事情的詳細經過告訴了宋文帝。宋文帝聽了以後大吃一驚，立即派人逮捕了王鸚鵡，封門、查抄了王鸚鵡的家，查獲了太子劉劭、始興王劉濬往來的書信幾百張，其內容都是詛咒巫蠱的言語。又搜查了含章殿前面的地面，找到了所埋的玉人，宋文帝命令司法部門對這件事的有關人員嚴加審訊，徹底追查。女巫嚴道育聞訊後逃走，雖然派人四處搜捕卻沒有抓到。

先前，始興王劉濬由揚州刺史被宋文帝改任為南徐州、兗州二州刺史、征北將軍駐軍於京口，等到廬陵王劉紹因為患病而被解除揚州刺史職務的時候，劉濬以為自己必定會再次得到揚州刺史這一職位。後來，宋文帝任命南譙王劉義宣為揚州刺史，劉濬因此非常不高興，就向宋文帝請求任命自己為荊州刺史去鎮守江陵，宋文帝批准了他的請求。劉濬從京口入朝拜見宋文帝，宋文帝讓劉濬返回京口，做好前往江陵或是繼續留在京口的兩種準備，劉濬回到京口沒有幾天，他與太子劉劭合謀搞巫蠱的事情就被揭發出來了。宋文帝為此婉惜地慨歎了一整天，他對潘淑妃說：「太子貪圖富貴想搶班奪權，還可以理解；而虎頭劉濬也跟在裡頭攪和，簡直是讓人意想不到的。你們母子二人如果沒有了我的庇護，恐怕一天也活不了吧！」派遣宮中的宦官為使者嚴厲地斥責了皇太子劉劭、始興王劉濬，太子劉劭、始興王劉濬惶恐憂懼，卻無話可說，只是一個勁地表示認罪而已。宋文帝雖然非常惱怒，還是不忍心將他們處死。

宋國北伐的各路人馬進攻碻磝城，分成三條路線：冀州刺史張永等人從東路進攻，濟南太守申坦等人從西路進攻，揚武司馬崔訓從南路進攻。三路人馬一連進攻了數十天也沒有攻下碻磝城。八月初五日辛亥夜間，魏軍從地道裡偷偷出城，燒毀了崔訓的軍營以及攻城的器具，初七日癸丑夜間，又燒毀了東路張永的軍營和攻城器械，不久又摧毀了崔訓的攻城道路。張永連夜率領他的東路軍撤退，而事先沒有通知其他將領，士卒驚慌擾亂，魏軍乘機出擊，宋軍死傷遍地。蕭思話親自率軍前往，雖然增加了兵力極力進攻，但攻了十多天還是沒有攻克。而此時，青州、徐州由於糧食歉收，軍中缺乏糧食。二十一日丁卯，蕭思話只得命令各軍全部撤退到歷城屯紮，斬殺了崔訓，把張永、申坦逮捕入獄。

宋國司州刺史魯爽到達長社，魏國守衛長社的軍事頭領禿髮幡棄城逃走。雍州刺史臧質將軍隊駐紮在襄陽近郊，沒有按時發兵北上，只是派遣屬下擔任冠軍司馬的柳元景率領擔任後軍行參軍的薛安都等人前往潼關，柳元景等攻佔洪關。梁州刺史劉秀之派遣擔任司馬的馬汪與擔任左軍中兵參軍的蕭道成率領軍隊進攻長安。蕭道成，是蕭承之的兒子。魏國冠軍將軍封禮從洹津向南渡過黃河，直赴弘農縣。九月，擔任司空的高平公兒烏干屯兵於潼關，平南將軍黎公遼把軍隊屯紮在河內郡。

吐谷渾王慕利延去世，故吐谷渾王慕容樹洛干的兒子慕容拾寅繼位，開始在伏羅川居住，他派遣使者來到建康向宋國請求臣服，但同時也派遣使者前往魏國稱臣。七月十一日丁亥，宋文帝劉義隆任命慕容拾寅為安西將軍、西秦州、河州、沙州三州刺史、河南王，魏國任命慕容拾寅為鎮西大將軍、沙州刺史、西平王。

七月十四日庚寅，宋國擔任司州刺史的魯爽與魏國擔任豫州刺史的拓跋僕蘭大戰於大索城，魯爽所率領的宋軍打敗了拓跋僕蘭所率領的魏軍，並乘勝進攻虎牢。魯爽等聽到進攻碻磝城的宋軍已經戰敗撤退的消息，遂與柳元景全都率領軍隊撤回。左軍中兵參軍蕭道成、司馬馬汪等人聽到魏國救兵即將到達的消息，也率領軍隊向仇池方向撤退。十三日己丑，宋文帝下詔免去蕭思話徐州刺史的職務，令蕭思話另外兼任冀州刺史，鎮守歷城。

宋文帝因為諸將領屢次出征北伐都沒有建立功勞，所以不應當只責備張永等人，於是頒布詔令給蕭思話說：「胡虜已經乘勝前進，正在得意的勢頭上，眼下又將進入嚴寒的冬季，如果他們膽敢前來送死，我們劉氏一門的上上下下自然會挺身而出與其拼命。說到這裡不由得令人感到憤慨！你可以將詔書拿給張永、申坦觀看。」又寫信給江夏王劉義恭說：「如果早點知道各位將領如此無能，我真恨不得手拿兵刃在他們背後督戰。如今後悔也來不及了！」不久，江夏王劉義恭便上疏奏請罷免蕭思話的官職，宋文帝批准了他的奏請。

魏國南安隱王拓跋余認為自己違背了長幼次序，被立為魏國的皇帝，就對文武群臣厚加賞賜，想以此來收買人心，只用了十天半月的時間，就把國家府庫中的財物儲備耗費光了。拓跋余又喜好飲酒以及聲樂、狩獵，卻不關心朝廷政事。宗愛擔任宰相，總攬尚書、侍中、中祕書三省大權，還總管皇家的警衛部隊，他坐在那裡召見公卿大臣，對三公九卿呼來喚去，專橫跋扈，為所欲為，一天比一天厲害。拓跋余擔憂宗愛早晚會給自己帶來禍患，就謀劃剝奪他的權力，宗愛知道後非常憤怒。冬季，十月初一日丙午，拓跋余在夜間前往平城東部的白登山祭祀先祖廟，宗愛派遣小太監賈周等人前往白登山拓跋余所在的地方殺死了拓跋余，並封鎖了消息，只有擔任羽林郎中的代郡人劉尼知道此事。劉尼勸說宗愛立太武帝拓跋燾的嫡皇孫拓跋濬為皇帝，宗愛吃驚地說：「你簡直就是一個大白痴！如果立了嫡皇孫拓跋濬為皇帝，他難道會忘記正平年間他父親被我等逼迫而以憂死的事情嗎！」劉尼說：「照你的看法，現在立誰為皇帝才好呢？」宗愛說：「等回到皇宮之後，再從親王中挑選一位賢能的人立為皇帝。」

劉尼擔心宗愛謀亂，就偷偷地把情況告訴了擔任殿中尚書的源賀。當時源賀與劉尼全都統領禁衛軍負責保衛宮廷的安全，源賀與擔任南部尚書的陸麗密謀說：「宗愛已經擁立了南安王拓跋余為帝，還要把他殺掉。現在又不肯立嫡皇孫拓跋濬為帝，恐怕將對國家不利。」於是與陸麗定下計謀，共同擁戴嫡皇孫拓跋濬為皇帝。陸麗，是陸俟的兒子。

十月初三日戊申，殿中尚書源賀與擔任尚書的長孫渴侯率領禁衛軍嚴密守衛著宮廷，派羽林郎中劉尼、南部尚書陸麗前往平城城外的鹿苑迎接嫡皇孫拓跋濬入宮。陸麗把嫡皇孫拓跋濬抱於馬上，進入都城平城，源賀、長孫渴侯打開城門將嫡皇孫拓跋濬接入城中。劉尼騎馬奔回平城東部白登山上的皇家祖廟，大聲呼喊說：「宗愛殺死了南安王，犯下大逆不道之罪，嫡皇孫拓跋濬已經登上寶座即位為皇帝，新皇帝有詔在此，命令所有宿衛之士全部回宮。」眾人全都高呼萬歲，他們逮捕了宗愛、賈周等人，劉尼整頓軍隊進入皇宮，擁戴嫡皇孫拓跋濬即皇帝位。拓跋濬登上永安殿，大赦天下，改年號為興安。動用了五種殘酷的刑法，處死了宗愛、賈周，滅了他們的三族。

西陽郡內五條河流一帶的各個蠻族一同起兵造反，東起淮河、汝水流域，西至長江、沔水流域都深受其害。宋文帝下詔給擔任太尉中兵參軍的沈慶之，令他統領江州、豫州、荊州、雍州四個州的兵力前去鎮壓各蠻族的叛亂。

魏國任命擔任驃騎大將軍的拓跋壽樂為太宰、都督中外諸軍、錄尚書事，任命長孫渴侯為尚書令，加授儀同三司。十一月，拓跋壽樂與長孫渴侯因為互相爭奪權力而獲罪，全都被賜死。

十一月初八日癸未，魏國廣陽簡王拓跋建、臨淮宣王拓跋譚全都逝世。○初九日甲申，魏國皇帝拓跋濬的母親郁久閭氏去世。

魏國南安王拓跋余被宗愛立為皇帝的時候，任命古弼為司徒，張黎為太尉。等到高宗魏文成帝拓跋濬繼位之後，因為古弼、張黎所發表的意見不符合拓跋濬的心意，拓跋濬便免去了古弼的司徒與張黎的太尉職務，降職為外都大官，而古弼、張黎因為口出怨言，他們的家人又控告他們從事巫蠱活動，所以二人都被誅殺。

十一月二十七日壬寅，宋國廬陵昭王劉紹去世。

魏文成帝拓跋濬追尊自己的父親景穆太子拓跋晃為景穆皇帝，追尊自己的母親郁久閭氏為恭皇后，尊稱自己的乳母常氏為保太后。

居住在隴西郡的屠各小王景文背叛了魏國，開始自己設置王侯爵位和任命官職。魏國擔任統萬鎮將的南陽王拓跋惠壽、擔任外都大官的于洛拔統領四個州的兵力前往鎮壓了屠各人的叛亂，把景文的三千多家黨羽強行遷徙到戰國時期屬於趙國、魏國的那片土地上。

十二月初四日戊申，魏國把恭皇后郁久閭氏安葬於金陵。

魏世祖拓跋燾晚年，禁止魏國官民信奉佛教的禁令稍稍放鬆，民間往往有人私下裡供奉佛像、誦習佛經。等到高宗皇帝拓跋濬即位之後，有很多大臣都請求解除對信奉佛教的禁令。十二月十一日乙卯，文成帝拓跋濬下詔，凡是各州、郡、縣百姓集中居住的地方，允許他們建立一所佛寺；人們願意出家當和尚、尼姑的，聽任他們出家，但要限定名額：大州允許五十個人出家，小州只允許四十個人出家。於是從前所毀壞的佛寺、佛像，大體又都重新修復起來。文成皇帝拓跋濬還親自為和尚師賢等五個人剃去頭髮，任命師賢為眾和尚的頭領。

十二月十三日丁巳，魏國任命樂陵王周忸為太尉，任命南部尚書陸麗為司徒，鎮西將軍杜元寶為司空。

陸麗因為迎接擁戴拓跋濬為皇帝，立了大功，所以受到文成帝心腹與肱股一般的信任與依賴，滿朝的文武大臣中沒有人能超過他。文成帝封陸麗為平原王，陸麗推辭說：「陛下，是國家權力的嫡系繼承人，理所應當地繼承皇帝之位，效忠於順應天心民意的人，擁戴他為皇帝，這是我們做臣子的理所當然的職責，我不敢貪天之功以求得如此重大的獎賞。」陸麗再三推辭不肯接受封賞，而文成帝就是不肯批准。陸麗說：「我父親陸俟侍奉先朝皇帝的時候，忠誠勤勉，功效卓著。如今已經年近老邁，我希望陛下把授予我的爵位授給我的父親。」文成帝說：「如今我是天下的主宰，難道我就不能把你們父子二人都封為王爵嗎！」十四日戊午，文成帝晉封陸麗的父親建業公陸俟為東平王。又封陸麗的妻子為王妃，同時免除了陸麗子孫應該向國家繳出的賦稅和勞役，陸麗極力推辭不肯接受封賞，文成帝就越加讚賞他。

北魏文成帝任命東安公劉尼為尚書僕射，任命西平公源賀為征北將軍，二人都晉封為王爵。文成帝陳列了很多獎品，對群臣按照次序進行賞賜，他對源賀說：「你想要什麼就任意拿什麼。」源賀推辭說：「南北兩方的敵人都還沒有平定，國庫不能空虛啊。」文成帝堅持讓他挑選獎品，源賀才牽走了一匹戰馬。北魏高宗皇帝拓跋濬被擁立為皇帝的時候，高允也參與了確定大計的謀劃，陸麗等人都受到了重賞，而高允卻沒有得到任何賞賜，高允終其一生都沒有談及此事。

十二月二十日甲子，北魏樂陵王周忸因為受到牽連而獲罪，被文成帝賜令自殺。當時魏國的刑法殘酷苛刻，源賀奏請說：「謀反的人家，十三歲以下的男子本來沒有參與陰謀的，就應該免除其死罪，財物要沒收入官，男女要沒入官府為奴婢。」文成帝批准了源賀的奏請。

江夏王劉義恭回到朝廷。十二月二十七日辛未，宋文帝任命劉義恭為大將軍、南徐州刺史，仍舊保留錄尚書的職務。

當初，魏國拓跋氏佔據中原的時候，使用的是《景初曆》。魏世祖拓跋燾滅掉了北涼的沮渠氏之後，得到了趙敃編製的《玄始曆》，當時的人們認為《玄始曆》比以前的曆法更為精密，於是從本年度開始使用《玄始曆》。

【研　析】本卷寫宋文帝元嘉二十八（西元四五一年）、二十九年共兩年間的劉宋與北魏等國的大事，其中最重要的有兩件，其一是劉宋連續發動的兩次伐魏均遭可恥失敗；其二是魏主拓跋燾被其身邊宦者所弒，魏國政權發生了一連串地動盪。

劉宋由王玄謨迎合劉義隆所發動的貿然北伐，以其攻滑臺不克，隨即又在魏國大軍的進攻下狼狽潰逃，招致魏主大舉臨江的情形見於本書上卷。本卷寫了魏主知其不可久支，於是掠奪了大量財寶、驅趕了大批百姓向北撤退。路經盱眙時與臧質、沈璞的守軍發生激戰，但當魏軍久攻盱眙不克，燒攻具北返時，臧質、沈璞卻不敢跟蹤追擊；其後路經徐州時，劉義恭不敢出兵截擊，致使魏軍竟喜出望外地安然脫險而去。劉義恭的不敢截擊是可以理解的，而且這個腐敗怯懦的傢伙還被魏主臨走時的揚言再來嚇破了膽，待幾個月過後竟然自己就要「芟麥翦苗，移民聚堡」，以躲避魏軍，結果被部下諸將佐所駁斥，整個前後過程表現了劉義恭的昏庸怯懦，令人憎恨；比較奇怪的是臧質、沈璞在盱眙的表現。臧質、沈璞在魏軍過此南下時就表現得很勇敢，雖未正面開戰，但對入侵者表現了凜然正氣，不失英雄本色。等至魏軍力盡撤回，路經盱眙向臧質要酒時，臧質給了他一壺尿。魏主氣極敗壞地向盱眙猛烈進攻，臧質針鋒相對，隨機應付：「魏人以鉤車鉤城樓，城內繫以彄絙，數百人唱呼引之，車不能退。既夜，縋桶懸卒出，截其鉤，獲之。……魏人乃肉薄登城，分番相代，墜而復升，莫有退者，殺傷萬計，尸與城平。」當魏人攻之三旬不能下，無奈何燒攻具北走時，「盱眙人欲追之，沈璞曰：『今兵不多，雖可固守，不可出戰。但整舟楫，示若欲北渡者，以速其走，計不須實行也。』」明代袁俊德對於這種情形說：「魏師力盡退走，而沈璞、臧質不敢躡其後，劉義恭復不敢邀其前，南朝恇怯如此，宜魏之往來如入無人之境也。」這話說劉義恭自然是再對不過，但以之說臧質，豈不是對大英雄的一種無理指責！寫盱眙堅戰的始終是臧質；說「雖可固守，不可出戰」的始終是沈璞。沈璞是《宋書》作者沈約的爺爺，是不是在造成盱眙守軍明知魏軍是力屈而退，自己卻全然收攝不出的問題上沈璞負有更大的責任，以至於連臧質也無可奈何，而沈約出於「為長者諱」的關係上，遂為之含容不寫了。

歷史家寫劉宋這次北伐取敗的損失之慘說：「魏人凡破南兗、徐、兗、豫、青、冀六州，殺傷不可勝計，丁壯者即加斬截，嬰兒貫於槊上，盤舞以為戲。所過郡縣，赤地無餘，春燕歸，巢於林木。魏之士馬死傷亦過半，國人皆尤之。」說到劉宋所以失敗的原因時，歷史家寫道：「上每命將出師，常授以成律，交戰日時亦待中詔，是以將帥趑趄，莫敢自決。又江南白丁，輕易進退，此其所以敗也。自是邑里蕭條，元嘉之政衰矣。」明代袁俊德對此情形說：「輕進易退，固致敗之由；交戰時日必待中詔，實乖制勝之道。而將帥遲回觀望，輕得藉以為口實，欲以集事，難矣。」誰曾想過了五百年，趙匡胤建立下一個「宋」王朝時，這種朝廷的樞密院為前方將領畫戰圖、定作戰方略與開戰時日的做法，又再次出現了。於是三百年的宋王朝又是依次地給女真人、西夏人、蒙古人進供不絕，直到被徹底消滅為止。悲夫！

而且話又說回來，這上一年的宋軍數路北出伐魏，並不是各路都像王玄謨那樣地腐朽怯懦，當時由襄陽北出的柳元景、薛安都諸將，先是大破魏軍於陝縣城南，佔據陝縣；接著是「龐法起等進攻潼關，魏戍主婁須棄城走，法起等據之。關中豪桀所在蠭起，及四山羌、胡皆來送款。」可惜自以為是的宋帝劉義隆先是盲目輕敵，後見王玄謨之敗又膽戰心灰，而愚蠢地下令將柳元景等這支勝利之師無端召回了。明代熊尚文《讀史日記》對此惋惜地說：「柳元景斬魏二將，進據潼關，關中豪傑所在響應。當時若不召還，復聽其乘勝長驅，即未必建恢復之業，而魏主聞敗自生內顧之憂，豈敢浩然南下，略無沮喪？輕用於王玄謨，而重發於柳元景，致使胡馬南嘶，直窺江上，所過抄掠。沈慶之言猶在耳：『節下有一范增不能用，而徒追悔若檀道濟若在豈使至此』，亦可歎矣！」

當北方傳來拓跋燾被其臣下所弒的消息，於是劉義隆又動趁亂伐人之心，他派蕭思話率張永等向碻磝；派魯爽、程天祚等出荊州向許、洛；派臧質、柳元景率雍州軍向潼關；梁州劉秀之派馬汪、蕭道成等向長安。結果因東路的攻碻磝不下，退屯歷城，其他三路也相繼退兵。輕舉妄動，草草收場，又一次北伐的鬧劇宣告結束。從此，劉宋再也不敢叫嚷北伐了。

魏主拓跋燾從瓜步退兵的第二年二月，被其臣下宗愛所弒，接著宗愛又假傳皇后旨依次殺了拓跋燾的兒子拓跋翰與幾個執政大臣，立拓跋燾的小兒子拓跋余為皇帝。不久因拓跋余與宗愛產生矛盾，拓跋余又被宗愛所殺。這時由皇宮衛隊的頭領劉尼與殿中尚書源賀發起，與魏國大臣陸麗等定議，誅滅宗愛等亂黨，擁立了故太子之子拓跋濬為皇帝。拓跋濬即位後，推行嚴刑酷法，先後殺了元老重臣拓跋壽樂、長孫渴侯、古弼、張黎、周忸等，而拓跋燾的兒子拓跋建、拓跋譚以及他們的叔叔拓跋紹又不知為什麼一個挨一個的死去了。應該說魏國這次統治集團內部的殘殺是非常嚴重的，但奇怪的是它居然沒有引起國內上下的劇烈震動，從頭至尾沒有一個朝廷大臣、沒有一個拓跋氏的親王、沒有一股軍鎮的勢力起來伸張正義，討伐逆亂分子。拓跋余是既得利益者，封宗愛為大司馬，此不待言；而拓跋濬即位後，光聲討宗愛的殺害拓跋余，而竟沒有一個人提出要清算宗愛集團殺害拓跋燾的罪行，對此真是百思不得其解。應該說，拓跋燾是魏國建國以來無與倫比的民族英雄，是由於他，才把魏國建設得如此雄武輝煌。歷史家魏收讚揚拓跋燾的功業說：「世祖聰明雄斷，威靈傑立，藉二世之資，奮征伐之氣，遂戎軒四出，周旋險夷，掃統萬，平秦隴，翦遼海，蕩河源，南夷荷擔，北蠕削迹，廓定四表，混一戎華，其為功也大矣。遂使有魏之業，光邁百王。」拓跋燾的死是令人惋惜的，不知為什麼歷史上缺少對此事的評論。

本卷還寫了在宋魏戰爭期間，宋主劉義隆殺死其弟劉義康的事情。對於此事，有人為劉義康鳴不平，如朱熹說：「熙先戕義康，陳圖讖而已，未嘗與聞反計也。而廢徙之，且絕屬籍，甚矣，況殺之乎？」但就事實而論，應該說劉義康是咎由自取。司馬光對此說：「文帝之於義康，兄弟之情，其始非不隆也。終於失兄弟之歡，虧君臣之義，迹其亂階，正由劉湛權利之心無有厭已。《詩》云：『貪人敗類。』其是之謂乎！」劉湛等人的瘋狂作惡自是劉義康受病之因，但劉義康自己的行為表現又荒悖得如何能使一個帝王容忍？明代王世貞說：「論者謂義康『但知兄弟之親，未識君臣之義』。以臣觀之，義康亦未能盡兄弟之理者也。何則？義康於義為臣，於親為弟，豈有『生殺大事或以錄命斷之』；至於『四方獻饋，皆以上品自奉，而以次者供御』，其不恭其兄，不以甚乎？」劉義康被貶斥後，並無深自愧悔的表現，而許多反朝廷的勢力又往往以為劉義康鳴不平為口實，甚至當年為劉裕篡晉立下汗馬功勞的勳臣胡藩的兒子胡誕世在江州發動造反時，也竟是打著擁立劉義康的旗號。別說劉義康本身正對朝廷憤憤不滿，即使劉義康對朝廷服服帖帖，百般恭順，其下場也難以變好，因為正是這些同情劉義康、為劉義康「鳴不平」的人加速了劉義康的被殺。稍有歷史知識的人都會明白這一點。

卷第一百二十七

宋紀九　昭陽大荒落（癸巳　西元四五三年），一年。

【題解】本卷寫宋文帝元嘉三十年（西元四五三年）一年間的劉宋與北魏等國的大事。主要寫了宋主劉義隆捕得巫者嚴道育的黨羽，得知太子劉劭與始興王劉濬仍在繼續其罪惡活動，遂與信臣王僧綽、徐湛之等密謀廢太子、殺劉濬，但遲遲未決，又將此事洩與了劉濬之母潘淑妃。潘淑妃聞訊遂告知劉濬，劉濬告知太子劉劭，劉劭遂倚仗自己的部屬蕭斌與劉義隆身邊的侍衛頭目陳叔兒、張超之等發動政變，殺了文帝劉義隆與其近臣江湛、徐湛之、王僧綽；控制與收羅權臣劉義恭、何尚之等草草組成朝廷班底；寫了武陵王劉駿的部將沈慶之、柳元景等佐助劉駿在西陽誓師，號召討伐元凶劉劭，而南譙王劉義宣、雍州刺史臧質、司州刺史魯爽、兗冀刺史蕭思話、青州刺史張永等皆舉兵響應；會州刺史、隨王劉誕的部屬沈正、顧琛，亦勸劉誕舉義於浙東；寫了武陵王劉駿與其將領沈慶之等率大軍東下，元凶劉劭的謀主蕭斌提出守梁山，又有人提出守石頭，劉劭皆不聽，只顧收縮退守臺城，成消極待斃之勢；寫劉駿的部將柳元景率兵登岸步行，使薛安都曜兵於秦淮河上，而劉駿隨即亦到新亭，臺城一方的官僚龐秀之、劉義恭、宣城太守王僧達等皆投向劉駿；而劉駿遂在劉義恭等勸導下即皇帝位，搭起了新朝廷的班底；寫了竟陵王劉誕所率的東方軍破臺城軍於曲阿的奔牛塘，臺城軍只好柵秦淮河以守；寫諸軍攻克臺城，劉劭與劉濬及其親黨分別被捕殺示眾；劉駿拜墓進宮，大行封賞，大肆改變元嘉時的制度，以討好於有功之臣；寫了周朗給劉駿上書進言皇帝應行三年喪，應禁宮廷與貴族奢侈，王侯不應強仕等等，周朗職官而去；又有謝莊上書反對貴族、高官與民爭利，劉駿不理睬；寫了蕭簡因其兄蕭斌被殺而據廣州反，被沈法系討平；以及宋帝劉駿殺其弟南平王劉鑠；劉駿又接受元凶劉劭的教訓，將立太子而先削滅太子官屬等等。此外還寫了劉駿自起兵便臥病在船，而群臣、諸將的請示報告，一切軍務、政務，及各種往來書檄的應答，皆由顏竣代為處理得滴水不漏，頗有當年劉裕手下總管劉穆之的風采；寫了功臣臧質與劉駿所存在的矛盾，先欲抽回柳元景軍，後又阻止柳元景出任雍州刺史，從而使矛盾進一步發展，為日後的衝突埋下伏筆等等。

太祖文皇帝下之下

元嘉三十年（癸巳　西元四五三年）

春，正月戊寅❶，以南譙王義宣為司徒、揚州刺史❷。

蕭道成等帥氐、羌攻魏武都❸，魏高平鎮將苟莫于❹將突騎二千救之。道成等引還南鄭❺。

壬午❻，以征北將軍始興王濬為荊州刺史。帝怒未解❼，故濬久留京口❽，既除荊州，乃聽入朝。

戊子❾，詔江州刺史武陵王駿統諸軍討西陽蠻❿，軍于五洲⓫。

嚴道育之亡命⓬也，上分遣使者搜捕甚急。道育變服為尼，匿於東宮⓭。又隨始興王濬至京口，或出止[14]民張旿家。濬入朝，復載還東宮，欲與俱往江陵。丁巳[15]，上臨軒[16]，濬入受拜[17]。是日，有告道育在張旿家者，上遣掩捕[18]，得其二婢，云道育隨征北[19]還都。上謂[20]濬與太子劭已斥遣道育，而聞其猶與往來，惆悵惋駭[21]，乃命京口送二婢，須至檢覆[22]，乃治劭、濬之罪。

潘淑妃抱濬泣曰：「汝前祝詛事發[23]，猶冀[24]能刻意思愆[25]，何意更藏[26]嚴道育！上怒甚，我叩頭乞恩不能解，今何用生為[27]！可送藥來，當先自取盡[28]，不忍見汝禍敗[29]也。」濬奮衣起曰：「天下事尋自當判[30]，願小寬慮[31]，必不上累[32]！」

己未[33]，魏京兆王杜元寶坐謀反誅，建寧王崇[34]及其子濟南王麗皆為元寶所引，賜死。

帝欲廢太子劭，賜始興王濬死。先與侍中王僧綽[35]謀之，使僧綽尋漢魏以來廢太子、諸王典故[36]，送尚書僕射徐湛之[37]及吏部尚書江湛[38]。

武陵王駿[39]素無寵，故屢出外藩[40]，不得留建康[41]；南平王鑠、建平王宏[42]皆為帝所愛。鑠妃，江湛之妹；隨王誕[43]妃，徐湛之之女也。湛勸帝立鑠，湛之意欲立誕。僧綽曰：「建立之事[44]，仰由聖懷[45]。臣謂唯宜速斷，不可稽緩[46]。『當斷不斷，反受其亂[47]。』願以義割恩[48]，略小不忍[49]。不爾[50]，便應坦懷如初[51]，無煩疑論[52]。事機雖密，易致宣廣[53]，不可使難生慮表[54]，取笑千載。」帝曰：「卿可謂能斷大事。然此事至重，不可不慇懃[55]三思。且彭城始亡[56]，人將謂我無復慈愛之道。」僧綽曰：「臣恐千載之後，言陛下惟能裁[57]弟，不能裁兒。」帝默然。江湛同侍坐，出閤[58]〔1〕，謂僧綽曰：「卿向言[59]將不太傷切直[60]？」僧綽曰：「弟亦恨君不直[61]！」

鑠自壽陽入朝，既至，失旨[62]；帝欲立宏，嫌其非次[63]，是以議久不決。每夜與湛之屏人語[64]，或連日累夕[65]。常使湛之自秉燭，繞壁檢行[66]，慮有竊聽者。帝以其謀告潘淑妃，淑妃以告濬，濬馳報劭[67]。劭乃密與腹心隊主[68]陳叔兒、齋帥[69]張超之等謀為逆。

初，帝以宗室彊盛，慮有內難[70]，特加東宮兵，使與羽林相若[71]，至有實甲[72]萬人。劭性黠[73]而剛猛，帝深倚[74]之。及將作亂，每夜饗將士，或親自行酒[75]，王僧綽密以啟聞[76]。會嚴道育婢將至[77]，癸亥[78]夜，劭詐為帝詔云：「魯秀謀反[79]，汝[80]可平明守闕[81]，帥眾入。」因使張超之等集素所畜養兵士[82]二千餘人，皆被甲[83]；召內外幢隊主副[84]，豫加部勒[85]，云有所討[86]。夜，呼前中庶子右軍長史蕭斌[87]、左衛率[88]袁淑、中舍人[89]殷仲素、左積弩將軍[90]王正見並入宮。劭流涕謂曰：

「主上信讒，將見罪廢(91)。內省無過(92)，不能受枉(93)。明日當行大事(94)，望相與戮力(95)。」因起，徧拜之，眾驚愕，莫能[2]對，久之[3]，淑、斌皆曰：「自古無此，願加善思(96)。」劭怒，變色。斌懼，與眾俱曰：「當竭身奉令(97)。」淑叱之曰：「卿便謂殿下真有是邪(98)？殿下幼嘗患風(99)，或是疾動(100)耳。」劭愈怒，因眄(101)淑曰：「事當克不(102)？」淑曰：「居不疑之地(103)，何患不克？但恐既克之後，不為天地所容，大禍亦旋至(104)耳。假有此謀(105)，猶將可息(106)。」左右引淑出(107)，曰：「此何事，而云可罷乎(108)！」淑還省(109)，繞牀行，至四更乃寢。

甲子(110)，宮門未開，劭以朱衣加戎服上(111)，乘畫輪車(112)，與蕭斌同[4]載，衛從(113)如常入朝之儀。呼袁淑甚急，淑眠不起，劭停車奉化門(114)，催之相續(115)。淑徐起，至車後，劭使登車，又辭不上，劭命左右殺之。守門開(116)，從萬春門(117)入。舊制，東宮隊不得入城(118)。劭以偽詔示門衛曰：「受敕(119)，有所收討(120)。」令後隊(121)速來。張超之等數十人馳入雲龍門(122)及齋閤(123)[5]，拔刃[6]徑上合殿(124)。帝其夜與徐湛之屏人語至旦，燭猶未滅，門階戶席直衛兵(125)尚寢未起。帝見超之入，舉几捍之(126)，五指皆落，遂弒之(127)。湛之驚起，趣北戶(128)，未及開，兵人殺之。劭進至合殿中閤，聞帝已殂，出坐東堂(129)。蕭斌執刀侍直(130)，呼中書舍人(131)顧嘏，嘏震懼，不時出[132]。既至，問曰[133]：「欲共見廢[134]，何不早啓[135]？」嘏未及答，即於前斬之。江湛直上省[136]，聞諠譟聲，歎曰：「不用王僧綽言，以至於此！」乃匿傍小屋中，劭遣兵就殺之。宿衛舊將羅訓、徐罕皆望風屈附[137]。左細仗主[138]、廣威將軍吳興卜天與不暇被甲，執刀持弓，疾呼左右出戰。徐罕曰：「殿下入，汝欲何為？」天與罵曰：「殿下常來，云何於今乃作此語？只汝是賊[139]！」手射劭於東堂，幾中之[140]。劭黨擊之，斷臂而死，隊將張泓之、朱道欽、陳滿與天與俱戰死。左衛將軍尹弘惶怖通啓[141]，求受處分[142]。劭使人從東閤入[143]，殺潘淑妃及太祖親信左右數十人，急召始興王濬使帥眾屯中堂[144]。

濬時在西州[145]，府舍人[146]朱法瑜奔告濬曰：「臺內[147]諠譟，宮門皆閉，道上傳太子反，未測禍變所至[148]。」濬陽驚[149]曰：「今當柰何？」法瑜勸入據石頭[150]。濬未得劭信，不知事之濟不[151]，騷擾[152]不知所為。將軍王慶曰：「今宮內有變，未知主上安危，凡在臣子，當投袂赴難[153]，憑城自守，非臣節也。」濬不聽，乃從南門出，徑向石頭，文武從者千餘人。時南平王鑠戍石頭，兵士亦千餘人[154]。俄而[155]劭遣張超之馳馬召濬，濬屏人問狀，即戎服乘馬而去。朱法瑜固止濬，濬不從。出中門[156]，王慶又諫曰：「太子反逆，天下怨憤。明公但當堅閉城門[157]，坐食積粟，不過三日，凶黨自離。公情事如此[158]，今豈宜去？」濬曰：「皇太子令，敢有復言者斬！」既入，見劭，劭謂濬[7]曰：「潘淑妃遂為亂兵所害。」濬曰：「此是下情[159]，由來所願[160]。」

劭詐以太祖詔召大將軍義恭、尚書令何尚之入，拘於內[161]；并召百官，至者纔數十人。劭遽即位[162]，下詔曰：「徐湛之、江湛弒逆無狀[163]，吾勒兵入殿，已無所及[164]，號惋崩衂[165]，肝心破裂。今罪人斯得[166]，元凶克殄[167]，可大赦，改元太初。」

即位畢，亟稱疾[168]還永福省[169]，不敢臨喪[170]，以白刃自守，夜則列燈以防左右。以蕭斌為尚書僕射、領軍將軍，以何尚之為司空，前右衛率檀和之戍石頭，征虜將軍營道侯義綦鎮京口。義綦，義慶[171]之弟也。乙丑[172]，悉收先給諸處兵[173]還武庫，殺江、徐親黨尚書左丞荀赤松、右丞臧凝之等。凝之，燾[174]之孫也。以殷仲素為黃門侍郎，王正見為左軍將軍，張超之、陳叔兒等[8]皆拜官、賞賜有差[175]。輔國將軍魯秀在建康，劭謂秀曰：「徐湛之常欲相危[176]，我已為卿除之矣。」使秀與屯騎校尉龐秀之對掌軍隊[177]。劭不知王僧綽之謀，以僧綽為吏部尚書，司徒左長史何偃[178]為侍中。

武陵王駿屯五洲，沈慶之自巴水(179)來，咨受軍略(180)。三月乙亥(181)，典籤(182)董元嗣自建康至五洲，具言太子弒[9]逆，駿使元嗣以告僚佐。沈慶之密謂腹心曰：「蕭斌婦人(183)，其餘將帥，皆易與(184)耳。東宮同惡(185)，不過三十人，此外屈逼(186)，必不為用(187)。今輔順討逆，不憂不濟(188)也。」

壬午(189)，魏主[10]尊保太后為皇太后(190)，追贈祖考(191)，官爵兄弟(192)，皆如外戚(193)。太子劭分浙東五郡為會州(194)，省揚州，立司隸校尉(195)，以其妃父殷沖(196)為司隸校尉。沖，融(197)之曾孫也。以大將軍義恭為太保(198)，荊州刺史南譙王義宣為太尉(199)，始興王濬為驃騎將軍，雍州刺史臧質為丹楊尹(200)，會稽太守隨王誕為會州刺史。劭料檢(201)文帝巾箱(202)及江湛家書疏，得王僧綽所啓饗士(203)并前代故事(204)，甲申(205)，收僧綽，殺之。僧綽弟僧虔為司徒左西屬(206)，所親咸勸之逃，僧虔泣曰：「吾兄奉國以忠貞，撫我以慈愛，今日之事(207)，苦不見及(208)耳，若得同歸九泉，猶羽化(209)也。」劭因誣北第諸王侯(210)，云與僧綽謀反，殺長沙悼王瑾(211)、瑾弟楷[11]、臨川哀王燁(212)、桂陽孝侯覬、新渝懷侯玠(213)，皆劭素[12]所惡也。瑾，義欣之子。燁，義慶(214)之子。覬、玠，義慶之弟子也。

劭密與沈慶之手書，令殺武陵王駿。慶之求見王，王懼，辭以疾(215)。慶之突入[216]，以劭書示王，王泣求入內與母訣[217]，慶之曰：「下官受先帝厚恩，今日之事，惟力是視[218]，殿下何見疑[219]之深！」王起再拜曰：「家國安危，皆在將軍。」慶之即命內外勒兵[220]。府主簿顏竣[221]曰：「今四方未知義師[222]之舉，劭據有天府[223]，若首尾不相應[224]，此危道[225]也。宜待諸鎮協謀[226]，然後舉事。」慶之厲聲曰：「今舉大事，而黃頭小兒[227]皆得參預，何得不敗！宜斬以徇眾[228][13]！」王令竣拜謝[229]。慶之，慶之曰：「君但當知[230]筆札事耳！」於是專委慶之處分[231]。旬日之間，內外整辦[232]，人以為神兵。竣，延之[233]之子也。

庚寅[234]，武陵王戒嚴誓眾[235]。以沈慶之領府司馬[236]；襄陽太守柳元景[237]、隨郡太守宗慤[238]為諮議參軍，領中兵[239]；江夏[14]內史朱脩之[240]行平東將軍[241]；記室參軍[242]顏竣為諮議參軍，領錄事[243]，兼總內外[244]；以[15]諮議參軍劉延孫[245]為長史、尋陽太守，行留府事[246]。延孫，道產[247]之子也。

南譙王義宣及臧質皆不受劭命，與司州刺史[248]魯爽同舉兵以應駿。質、爽俱詣江陵見義宣[249]，且遣使勸進於王[250]。辛卯[251]，臧質子敦等在建康者聞質舉兵，皆逃亡。劭欲相慰悅[252]，下詔曰：「臧質，國戚勳臣[253]，方翼贊京輦[254]，而子弟波迸[255]，良可怪歎[256]。可遣宣譬[257]令還，咸復本位。」劭尋錄得敦[258]，使大將軍義恭行訓杖三十[259]，厚給賜之。

癸巳[260]，劭葬太祖于長寧陵，諡曰景皇帝，廟號中宗[261]。○乙未[262]，武陵王發西陽。丁酉[263]，至尋陽。庚子[264]，王命顏竣移檄四方[265]，使共討劭。州郡承檄，翕然[266]響應。南譙王義宣遣臧質引兵詣尋陽[267]，與駿同下，留魯爽於江陵。

劭以兗、冀二州[268]刺史蕭思話為徐、兗二州刺史，起張永為青州刺史[269]。思話自歷城引部曲還彭城[16]，起兵以應尋陽；建武將軍垣護之[270]在歷城，亦帥所領赴之[271]。南譙王義宣版[272]張永為冀州刺史，永遣司馬崔勳之等將兵赴義宣。義宣慮蕭思話與永不釋前憾[273]，自為書與思話，使長史張暢為書與永，勸使相與坦懷[274]。

隨王誕將受劭命，參軍事沈正[275]說司馬顧琛[276]曰：「國家此禍，開闢未聞[277]。今以江東[278]驍銳之眾，唱大義於天下[279]，其誰不響應！豈可使殿下[280]北面兇逆[281]，受其偽寵乎？」琛曰：「江東忘戰日久，雖逆順不同[282]，然強弱亦異[283]，當須[284]四方有義舉[285]者，然後應之，不為晚也。」正曰：「天下未嘗有無父無君之國，寧可自安讎恥[286]而責義於餘方[287]乎！今正以弒逆冤醜[288][17]，義不同[18]天[289]，舉兵之日，豈求必全[290]邪！馮衍有言[291]：『大漢之貴臣，將不如荊、齊之賤士乎[292]？』況殿下義兼臣子[293]，事實國家[294]者哉！」琛乃與正共入說誕，誕從之。正，田子[295]之兄子也。

劭自謂素習武事，語朝士曰：「卿等但助我理文書，勿措意戎旅[296]。若有寇難[297]，吾自當之，但恐賊虜不敢動耳！」及聞四方兵起，始憂懼，戒嚴，悉召下番將吏[298]，遷淮南岸[19]居民[299]於北岸，盡聚諸王及大臣於城內，移江夏王義恭處尚書下舍[300]，分義恭諸子處侍中下省[301]。

【章　旨】以上為第一段，寫宋文帝元嘉三十年（西元四五三年）前三個月的大事。主要寫了宋文帝劉義隆捕得巫者嚴道育的黨羽，得知太子劉劭與始興王劉濬仍在繼續其罪惡活動，遂與信臣王僧綽、徐湛之等密謀廢太子、殺劉濬，但遲遲未決，又將此事洩與了劉濬之母潘淑妃。潘淑妃聞訊遂告知劉濬，劉濬告知太子劭，太子劭遂倚仗自己的部屬蕭斌與劉義隆身邊的侍衛頭目陳叔兒、張超之等發動政變，殺了文帝劉義隆與其近臣江湛、徐湛之、王僧綽；控制與收羅權臣劉義恭、何尚之等草草組成朝廷班底；寫了武陵王劉駿的部將沈慶之、柳元景等佐助劉駿在西陽誓師，號召討伐元凶劭，而南譙王劉義宣、雍州刺史臧質、司州刺史魯爽、兗冀刺史蕭思話、青州刺史張永等皆舉兵響應；會州刺史、隨王劉誕的部屬沈正、顧琛，亦勸劉誕舉義於浙東；元凶劉劭開始尚盲目自大，以為他人無可奈何，後見四方義兵皆起，始感惶恐知懼等等。

【注　釋】❶正月戊寅　正月初四。❷以南譙王義宣為司徒揚州刺史　胡三省曰：「用義宣刺揚州，至是始出命。」按，用劉義宣刺揚州事，上卷二十九年七月已提及。❸武都　魏郡名，郡治即今陝西鳳翔。❹高平鎮將苟莫于　鎮守高平軍鎮的將軍姓苟名莫于。當時魏國的高平鎮即今寧夏固原。❺南鄭　當時劉宋的梁州和南秦州的郡治所在地，即今陝西漢中。❻壬午　正月初八。❼帝怒未解　以其與太子劭曾以巫蠱謀害文帝事也。❽久留京口　在此以前劉濬為征北將軍，鎮守京口，即今江蘇鎮江市。⑨戊子　正月十四。⑩西陽蠻　西陽郡內的蠻族，西陽郡的郡治在今湖北黃岡東。⑪五洲　長江中的五個小洲名，在今湖北浠水縣西南浠水口與巴河口之間的長江中。⑫嚴道育之亡命　嚴道育幫著劉劭等造巫蠱以害文帝事洩潛逃事，見本書上卷元嘉二十九年。⑬匿於東宮　躲藏在太子劉劭的宮裡。⑭出止　出入與住宿。⑮丁巳　二月十四。⑯臨軒　出坐在殿旁的遊廊中。⑰入受拜　入軒接受荊州刺史的任命。拜，任命為官。⑱掩捕　突然往捕。掩，突襲。⑲征北　指征北將軍始興王劉濬。⑳上謂　皇帝原以為。㉑惋駭　惋惜、驚訝。㉒須至檢覆　等待二婢到了以後，推問查清此事。須，等候。㉓祝詛事發　上次搞巫蠱的事情被告發。事見本書上卷元嘉二十九年。祝詛，乞求鬼神降災於某人，即指巫蠱。㉔猶冀　還希望。㉕刻意思愆　深刻地思考自己的罪過。㉖何意更藏　誰想到今天你竟然還掩藏著……。㉗今何用生為　今天我還活著做什麼。㉘先自取盡　我要及早自殺。㉙不忍見汝禍敗　不忍心眼看著你的大難臨頭。㉚尋自當判　很快地我們就會做出決定。胡三省曰：「判，決也。欲決意為商臣之事也。濬辭氣凶悖如此，潘妃承帝寵又如此，而不以濬言白上，何也？婦人之仁，知愛子而欲掩覆之，不知其變愈激也。」㉛寬慮　寬心。㉜必不上累　一定不會連累您受罪。㉝己未　二月十六。㉞建寧王崇　拓跋崇，拓跋嗣子，拓跋燾之弟。傳見《魏書》卷十七。㉟王僧綽　元嘉初期的寵臣王曇首之子，此時又特別受宋文帝的寵信。傳見《宋書》卷七十一。㊱典故　過去有過的先例。㊲徐湛之　徐逵之之子。徐逵之是宋文帝劉義隆的姐夫，徐湛之是劉義隆的表兄弟，最寵用的當權者之一。傳見《宋書》卷七十一。㊳江湛　劉義隆晚期最受寵用的當權者之一。傳見《宋書》卷七十一。㊴武陵王駿　劉駿，劉義隆的第三子，在上卷所寫的宋魏戰爭中，劉駿鎮守徐州，起的作用較好。㊵出外藩　在各地任刺史之職。魏晉南朝時期的刺史有如列國諸侯，是中央政權的屏藩。㊶不得留建康　不能留在朝廷任政。武陵王駿自彭城還，又出刺江州。㊷南平王鑠建平王宏　南平王劉鑠是劉義隆的第四子，建平王劉宏是劉義隆的第七子。傳均見《宋書》卷七十二。㊸隨王誕　劉誕，劉義隆的第六子，先封為隨王，後改封為竟陵王。傳見《宋書》卷七十九。㊹建立之事　立哪個兒子為太子的事情。㊺仰由聖懷　應該是一切按皇帝的心思。㊻不可稽緩　不能總是遲疑不定。稽緩，拖沓。㊼當斷不斷二句　語見《史記・齊悼惠王世家》召平所引道家語。㊽以義割恩　堅持大義，割捨私情，指繩之以法。㊾略小不忍　放棄狹隘的不忍之心。《論語・衛靈公》中有所謂「小不忍則亂大謀」。㊿不爾　如果不打算這麼做，指不想對二子採取絕對手段。(51)坦懷如初　相互坦誠相待，還和從前一樣。(52)無煩疑論　不要再進行這種不信任的討論。(53)易致宣廣　容易洩露外傳。(54)難生慮表　發生意想不到的災難。慮表，意外；想不到。(55)慇懃　反覆思慮的樣子。(56)彭城始亡　指彭城王劉義康剛剛被殺。劉義康被殺於元嘉二十八年。(57)裁　懲治；制裁。(58)出閤　此閤即後文之所謂「齋閤」，皇帝的休息、養神之處。閤，通「閣」。

(59)向言　剛才的說話。(60)將不太傷切直　是不是過於直率了呢。將，表示商量的語氣。太傷，太過於。(61)弟亦恨君不直　我也很遺憾你的有話不能直說。恨，憾；遺憾。胡三省曰：「僧綽年少於湛，故自稱為弟。」(62)失旨　說話不合皇帝的心意。(63)非次　不合長幼的次序。建平王劉宏是劉義隆的第七子。(64)屏人語　支開別人，兩人說悄悄話。屏，這裡同「摒」。支開。(65)連日累夕　接連幾天幾夜。(66)繞壁檢行　圍著屋子四周檢查巡視。(67)淑妃以告濬二句　劉義隆將如此機密事告與潘淑妃，馴致大禍臨頭，與春秋時之雍糾謀殺祭仲而告其妻（祭仲之女）同，事見《左傳》桓公十五年與《史記・鄭世家》。胡三省曰：「《左傳》有言，『謀及婦人，宜其死也』。宋文帝處此事，其識略又在吳孫亮之下。」(68)隊主　皇帝身邊衛隊的隊長。級別很低，但位置重要。(69)齋帥　負責皇帝臥室內各種服務工作的頭目。級別很低，但位置重要。(70)內難　家族內部的篡奪。按，劉義隆所擔心的只是他的兄弟對他進行篡奪，而從未擔心他的兒子們對他下手。(71)與羽林相若　與皇帝的禁衛軍不相上下。(72)實甲　披甲。「實」字疑應作「貫」。貫甲，即身穿鎧甲。(73)黠　狡猾，聰明不用於正道。(74)深倚　深相依靠。按，使東宮的兵力與皇帝的禁衛軍相同，足可證明。劉義隆的想法是父子同心，一致對外。可惜劉劭不是人。(75)行酒　依次給人敬酒。(76)密以啓聞　把太子的動靜祕密報告皇帝。(77)將至　將被從京口押解到朝廷。(78)癸亥　二月二十。(79)魯秀謀反　魯秀是魯爽之弟，當時為右軍將軍南平王劉鑠的參軍，因隨劉鑠入朝，帶兵在建康。(80)汝　假用皇帝的口吻以稱劉劭。(81)守闕　把守宮門。(82)集素所畜養兵士　把平時被他們所收買、豢養的親信士兵集合起來。(83)皆被甲　全部身披鎧甲。被，這裡同「披」。(84)幢隊主副　幢主、隊主，幢副、隊副。幢主，一面軍旗所帶的一群士兵之長，或者相當於今之一個連。幢，儀仗名，似傘而細長。隊主，一個小隊的頭領。(85)豫加部勒　事先把他們組織起來。(86)云有所討　只告訴他們將要去執行一項討伐任務。(87)蕭斌　蕭思話的堂兄弟，曾任太子中庶子，此時任右軍將軍劉鑠的長史。傳見《宋書》卷七十八。(88)左衛率　太子的屬官，東宮禁衛軍分左右衛，設左右衛率統領。(89)中舍人　太子的屬官，設中舍人四名，與中庶子共掌文翰。(90)左積弩將軍　晉官名，宋、齊時的東宮也有此官。(91)將見罪廢　我將被治罪，將被廢去太子之職。見，被。(92)內省無過　我反省自己並無罪過。(93)不能受枉　我不能蒙受這種冤枉。(94)當行大事　隱語將殺害其父宋文帝。胡三省曰：「《左傳》：楚潘崇謂商臣曰：『能行大事乎？』對曰：『能。』遂以宮甲圍其父成王而弒之。」過程亦見於《史記・楚世家》。(95)相與戮力　共同努力。戮力，努力；盡力。(96)願加善思　希望您能好好思考。(97)竭身奉令　豁出生命按著您的意思做。(98)卿便謂殿下真有是邪　你以為太子真地要做這個嗎。是，指弒父。此袁淑故意以這種方式表示反對，同時也希望劉劭能隨著轉彎，取消這種念頭。(99)患風　中過風。(100)或是疾動　可能是剛才犯病了，所以才說出這種話來。(101)眄　斜著眼看。(102)事當克不　你看這件事情能夠成功嗎。克，成功。不，同「否」。(103)居不疑之地　指劉劭身居太子之位，任何人都不會提防他會幹這種滅絕人性的事情。(104)旋至　立刻臨頭。(105)假有此謀　假如你真是這麼想。(106)猶將可息　現在住手還來得及。(107)引淑出　意思是不讓他再與劉劭爭論。(108)而云可罷乎　還能說勸其住手的話嗎。(109)還省　回到太子左衛率的官署。(110)甲子　二月二十一。(111)以朱衣加戎服上　在鎧甲外面套上一件紅色的袍子。朱衣，是太子入朝的裝束。(112)畫輪車　胡三省引《晉志》曰：「畫輪車，駕牛，以彩漆畫輪轂。上起四夾杖，左右開四望，綠油幢，朱絲絡，其上形制事事如輦，其下猶如犢車耳。太子法駕亦謂之鸞輅，非法駕則乘畫輪車。」(113)衛從　跟從與護衛的人員。(114)奉化門　東宮的西門。(115)催之相續　派人催趕一次又一次。(116)守門開　等候宮門開放。守，等候。(117)萬春門　宮城的東門。(118)不得入城　不允許進入宮城。(119)受敕　奉皇帝之命。(120)有所收討　要逮捕犯罪的人。(121)後隊　後面跟隨的士兵，即張超之等。(122)雲龍門　宮廷內殿的門戶。(123)及齋閤　到達齋閤。及，到達。閤，通「閣」。(124)合殿　也稱「西殿」，劉義隆的寢息之處。(125)門階戶席直衛兵　門口、臺階、內室、床帳各處的值勤侍衛。席，床席。直，同「值」。值勤。(126)舉几捍之　舉起小桌用以自衛。捍，抵禦。(127)遂弒之　劉義隆死年四十七歲，在位共三十年。劉劭諡其父曰中宗，劉駿即位後始諡之曰太祖。(128)趣北戶　逃向合殿的北門。趣，意思同「趨」。逃向。(129)東堂　也稱東殿，合殿中的東側一處。(130)侍直　充當侍衛值勤。(131)中書舍人　中書令的僚屬，負責給皇帝起草文件。(132)不時出　沒有及時出來。(133)問曰　劉劭問顧嘏。(134)欲共見廢　他們都想廢掉我的太子位。(135)何不早啓　為什麼不早點對我說。(136)直上省　正在上省值勤。胡三省曰：「侍中省有上省、下省。上省在禁中。時江湛任侍中，入直上省。」(137)望風屈附　見勢如此，轉頭歸附。(138)左細仗主　皇帝身邊衛隊中的軍官名。胡三省曰：「宋宿衛之官有細鎧主、細鎧將、細仗主等。」(139)只汝是賊　你們這種樣子就是叛逆。(140)幾中之　差點射中劉劭。(141)惶怖通啓　驚恐地求人稟告劉劭。(142)求受處分　請求分配一項任務。處分，分配任務。(143)從東閤入　從東閤門進入后妃所居之處。閤，此處同「閣」。宮廷中的小門。(144)中堂　宮廷中的核心之堂，辦公、議事的主要所在。(145)西州　城名，在當時建康城的西南角，今南京的望仙橋一帶。東晉、南朝為揚州刺史的治所，因處於臺城之西而得名。(146)府舍人　胡三省曰：「濬府之舍也，自晉以來，諸王府舍人十人。」(147)臺內　臺城，即宮城之內。(148)未測禍變所至　不好估計禍變發展到了什麼程度。(149)陽驚　假作吃驚的樣子。(150)入據石頭　佔據石頭城軍事要塞。石頭城在建康城的西側，今南京的清涼山一帶，是當時建康城的重要軍事要點。(151)事之濟不　事情成功了沒有。不，同「否」。(152)騷擾　著急而手足無措的樣子。(153)投袂赴難　甩袖而起，奔向事發現場。投袂，甩袖而起，表示立即行動。《左傳》宣公十四年：「楚子聞之，投袂而起。」(154)兵士亦千餘人　胡三省曰：「史言濬、鑠之眾足以討除逆亂。」(155)俄而　不久。(156)出中門　出石頭城的中門。(157)堅閉城門　堅閉西州城的城門。

(158) 公情事如此　您的具體情況既然是這樣。指劉濬之母潘淑妃深受文帝之寵，劉濬有義不容辭的義務，也有討逆而為接班人的希望。相反劉劭弒文帝，潘妃自然也是他所恨的人，劉濬去了豈不找死？

(159) 此是下情　這是我個人的私情。

(160) 由來所願　也是我一向所希望的。胡三省曰：「梟食母，破獍食父，若濬者，兼梟獍之心以為心。」

(161) 拘於內　扣押在宮中。

(162) 遽即位　匆匆忙忙地做了皇帝。

(163) 弒逆無狀　殘酷無道地殺害了老皇帝。無狀，無道；不成體統。

(164) 已無所及　已經來不及搶救。

(165) 號惋崩衂　對於老皇帝的死我號哭惋歎。崩衂，指老皇帝的死去。

(166) 罪人斯得　犯罪的人都已擒獲。斯，助詞。

(167) 元凶克殄　罪魁禍首已被消滅。

(168) 亟稱疾　又急忙地推說有病。

(169) 永福省　宮廷內的太子住處。

(170) 臨喪　到靈堂哭喪。

(171) 義慶　劉義隆的堂兄弟，劉劭之叔，《世說新語》的編纂者。傳見《宋書》卷五十一。

(172) 乙丑　二月二十二。

(173) 悉收先給諸處兵　全部收回不久前給各處所發的兵器。

(174) 蕭　臧蕭，劉裕的妻兄。傳見《宋書》卷五十五。

(175) 拜官賞賜有差　封官的大小與賞賜的多少隨著功勞大小各有不同。

(176) 常欲相危　常想危害你。

(177) 對掌軍隊　共同掌管軍隊，兩個人的權力相同。

(178) 何偃　何尚之的中子。傳見《宋書》卷五十九。

(179) 巴水　河水名，源於大別山，西南流至湖北黃岡附近匯入長江。其地離劉駿駐兵的五洲不遠。

(180) 咨受軍略　請示、接受軍事方面的方針策略。胡三省曰：「去年帝使沈慶之討蠻，是年使武陵王駿統討蠻諸軍，故慶之來詣駿『咨受軍略』。軍略，謂用兵之策略也。」

(181) 三月乙亥　三月初二。

(182) 典籤　官名，南朝時期諸王屬下的高級僚屬，權力甚大。

(183) 蕭斌婦人　極喻蕭斌的怯弱無能。

(184) 皆易與　全都容易對付。與，周旋；打交道。

(185) 東宮同惡　願意跟著劉劭一道做壞事的人。

(186) 屈逼　被人所脅迫。

(187) 不為用　不肯為之賣力。

(188) 不憂不濟　不用擔心不成功。

(189) 王午　三月初九。

(190) 尊保太后為皇太后　尊其保姆為皇太后，這也是千古奇聞。胡三省曰：「以乳母為母，非禮也。」

(191) 追贈祖考　追封保太后的祖父和她的父親。考，古稱去世的父親曰「考」。

(192) 官爵兄弟　給保太后的諸兄弟加官晉爵。官爵，這裡用如動詞。

(193) 皆如外戚　讓保太后的一切親屬都享受皇家親戚的待遇。胡三省曰：「史言魏主寵秩私昵之過。」

(194) 分浙東五郡為會州　把原本屬於揚州的五個郡分出來，另成立一個會州。會州的州治即今浙江紹興。此原屬揚州的五個郡是：會稽郡、東陽郡、永嘉郡、臨海郡、新安郡。

(195) 省揚州二句　撤銷揚州刺史的名稱，設立司隸校尉官以管理揚州刺史所屬的除掉浙東五郡以外的其他諸郡。司隸校尉，國家都城所在州的行政長官，該地區即稱司隸校尉，也可以稱司州。由於司隸校尉管理國家都城的司法與治安，所以其權力大大超過其他州的刺史。

(196) 殷沖　殷淳之弟。傳見《宋書》卷五十九。

(197) 融　殷融，曾在晉朝為太常。事見本書卷九十四晉成帝咸和三年。

(198) 太保　加官名，賜與權大位尊並關係緊密者的一種榮譽稱號，表示地位崇高，並不具有實權。

(199) 太尉　亦加官名，並不具有實權。

(200) 丹楊尹　建康城所在郡的行政長官，職同太守，但政治地位顯要。201料檢　清理、檢查。202文帝巾箱　文帝生前的文件檔案櫃。胡三省曰：「巾箱所以藏要密文書，便於尋閱。」203所啓饗士　向文帝報告劉劭犒饗士兵的情景。204前代故事　指前代廢太子與處置諸王的先例。205甲申　三月十一。206司徒左西屬　司徒府的左西曹屬。胡三省曰：「舊制：司徒府有東西曹，曹有掾有屬。宋於西曹又分左右。」207今日之事　指其兄王僧綽被殺。208苦不見及　我所怕的就是不受牽連。苦，怕；不樂意。不見及，牽連不到。209猶羽化　如同生出翅膀，飛入仙界。210北第諸王侯　住在皇宮以北的各家王侯。胡三省曰：「諸王侯列第於臺城北，故曰北第。此皆穆、武子孫也。」穆指劉裕之父，武指劉裕。211長沙悼王瑾　劉瑾，長沙王劉道憐之孫，死後謚曰悼。傳見《宋書》卷五十一。劉道憐是劉裕之弟。212臨川哀王爗　劉爗，劉瑾之弟，因過繼於臨川王劉義慶為後，故繼其位為臨川王，謚曰哀。213桂陽孝侯覬新渝懷侯玠　劉覬、劉玠，皆劉道憐之孫。劉覬被封為桂陽侯，死後謚曰孝；劉玠被封為新渝侯，死後謚曰懷。傳均見《宋書》卷五十一。214義慶　劉裕之弟劉道規之子。傳見《宋書》卷五十一。215辭以疾　推說有病不出見。216突入　闖了進去。217與母訣　與其生母路淑媛告別。路淑媛傳見《宋書》卷四十一。淑媛是嬪妃的封號名。218惟力是視　就看我們的力量如何，同時也表示了我要為你貢獻出一切力量。219見疑　對我懷疑。220內外勒兵　在武陵王府內府外緊急集合部隊。勒兵，集合軍隊，進入緊急狀態。221府主簿顏竣　府主簿是諸王府的高級僚屬，猶如今之祕書長。顏竣是顏延年之子，劉駿的骨幹。傳見《宋書》卷七十五。222義師　指劉駿所發動的討逆之師。223據有天府　佔據著發號施令的有利地帶。天府，指朝廷，天子所處之地。224首尾不相應　指起義的武裝不能彼此呼應聯絡，一齊行動。胡三省曰：「首，謂武陵已倡義於九江；尾，謂諸方征鎮。」225危道　危險的做法。226諸鎮協謀　各地區的軍事長官一起商量好。諸鎮，指各州刺史與各地督軍。227黃頭小兒　極言其年幼無知之狀。黃頭，嬰幼兒的頭髮色黃，故稱。228宜斬以徇眾　應砍下他的人頭示眾。徇眾，令人看，即示眾。229拜謝　磕頭請罪。230但當知　只能過問。231專委慶之處分　有關起義征伐的一切大事都歸沈慶之安排處置。232整辦　齊備妥善。233延之　顏延之，字延年，劉宋時代的重要文學家，與謝靈運、鮑照等齊名。傳見《宋書》卷七十三。234庚寅　三月十七。235誓眾　率眾宣誓。236領府司馬　兼任武陵王府的司馬官。領，兼任。由高級別的人兼任低級的職務叫作「領」。司馬是將軍的高級僚屬，在軍中主管司法。237柳元景　劉宋時代的名將。傳見《宋書》卷七十七。238宗慤　劉宋時代的名將，先破林邑有大功，後佐劉駿破劉劭。傳見《宋書》卷七十六。239領中兵　兼任中兵參軍。240朱脩之　劉宋時代的名將，為劉宋守滑臺以抗魏兵，艱苦卓絕；被魏所俘後，又輾轉逃回。傳見《宋書》卷七十六。241行平東將軍　代理平東將軍。以低級別的人代理高級別的職務叫做「行」。242記室參軍　將軍手下的高級僚屬，掌管文書機要。243領錄事　兼任錄事參軍。244總內外　總管軍府內外的一切事務。245劉

延孫　劉道產之子，竟陵王劉駿的老部下。傳見《宋書》卷七十八。(246)行留府事　代理武陵王府的留守事宜。(247)道產　劉道產，劉宋初期的名將與有卓越政績的地方官。傳見《宋書》卷六十五。(248)司州刺史　劉宋時的司州州治懸瓠，即今河南汝南縣。(249)俱詣江陵見義宣　時劉義宣為荊州刺史，駐兵江陵，而臧質為雍州刺史、魯爽為司州刺史，俱受督於劉義宣。(250)勸進於王　勸導武陵王劉駿進位稱帝。勸進，勸人稱帝。王，指武陵王劉駿。(251)辛卯　三月十八。司馬光《考異》改作「庚寅」。庚寅，三月十七。(252)欲相慰悅　想安慰他們，讓他們高興。(253)國戚勳臣　臧質是高祖劉裕敬皇后之姪，劉劭的表舅，又對魏作戰有功勳。(254)方翼贊京輦　正應該輔佐朝廷。方，當。翼贊，輔佐。指臧質新被劉劭任命為丹楊尹。(255)波迸　如波浪之迸散，以言其四散逃亡。(256)良可怪歎　實在是令人感到奇怪、歎息。良，甚；很。(257)宣譬　傳話勸解。(258)尋錄得敦　不久捉到了臧質的兒子臧敦。尋，不久。錄，捉到。(259)行訓杖三十　教訓性地打了他三十棍子。(260)癸巳　三月二十。(261)廟號中宗　胡三省曰：「史不用劭所上諡號，而用孝武帝所改諡號，正劭弒逆之罪，絕之也。」(262)乙未　三月二十二。(263)丁酉　三月二十四。(264)庚子　三月二十七。(265)移檄四方　向全國各地發出討伐叛逆劉劭的通告。檄，文體名，用於聲討、討伐。(266)翕然　順從、歸服的樣子。(267)詣尋陽　到達尋陽。尋陽即今江西九江市，當時江州刺史劉駿的駐地。(268)兗冀二州　劉宋的兗州州治在今山東兗州，冀州州治歷城，即今山東濟南。(269)青州刺史　青州的州治即今山東青州。(270)垣護之　傳見《宋書》卷五十。(271)赴之　前往投奔、會合。(272)版　臨時任命。(273)慮蕭思話與永不釋前憾　不釋前憾，即不解舊仇。蕭思話曾因張永敗軍，將張永下獄，事見本書上卷元嘉二十九年。(274)相與坦懷　彼此忘卻前嫌，相互坦誠相待。(275)參軍事沈正　劉誕的參謀人員沈正。(276)司馬顧琛　劉誕的司馬官顧琛。顧琛是晉代名臣顧和的後代，自元嘉初在劉宋的諸王府與地方為官。傳見《宋書》卷八十一。(277)開闢未聞　為開天闢地以來之所未有。(278)江東　指浙江以東。當時劉誕為會州刺史，統轄浙東五郡。(279)唱大義於天下　舉義旗以號召天下。唱，號召；倡導。(280)殿下　指劉誕。時為隨王。(281)北面兇逆　意即向叛逆劉劭稱臣。北面，向南面稱帝的人進行朝拜。(282)逆順不同　劉劭是背叛天心人願，舉義者是應天順人。(283)強弱亦異　劉劭據皇帝之位以號令天下，是強者；我們只有浙東五郡，與之力量懸殊。(284)須　等待。(285)義舉　應作「舉義」，舉行起義。(286)自安讎恥　自甘聽命於仇敵，而蒙受仇敵的恥辱。(287)責義於餘方　寄希望於其他地區的帶頭起義。責，希求；等候。(288)冤醜　既荒誕，又可惡。冤，曲；背逆。(289)義不同天　絕對不能和這樣的人共同生活在同一個天日之下。《禮記》有所謂「父母之讎，不共戴天」。(290)豈求必全　哪裡還能顧得上我們的自身是否安全。(291)馮衍有言　馮衍當年說得好。馮衍是西漢末年王莽篡政時期的人物。傳見《後漢書》卷二十八。(292)大漢之貴臣二句　你們這些大漢王朝的貴臣，難道還不如當年楚國、齊國那些卑賤的匹夫嗎。楚國的匹夫指申包胥，當伍子胥引吳兵攻破楚京城的時候，申包胥到秦國求救，在宮門哭了七天七夜，終於借得秦兵，救了楚國。事見《史記・伍子胥列傳》。齊國的匹夫指王孫賈，當燕國軍隊佔領齊國，楚國的淖齒又殺了齊湣王的時候，王孫賈在大街上召集了一些義勇之士，殺了淖齒，擁立了齊襄王，重建了齊國。事見《史記・田單列傳》。293義兼臣子　隨王劉誕既是劉義隆的臣子，又是劉義隆的兒子，其討賊的義務是天經地義的。294事實國家　既是國事，又是家事。實，也寫作「寔」，意思同「是」。295田子　沈田子，晉末與劉宋時期的名將，曾跟隨劉裕收復關中有大功。傳見《宋書》卷一百。296勿措意戎旅　用不著你們替我考慮作戰的事情。措意，置意；關心。戎旅，行軍打仗的事情。297寇難　有人前來進攻。298悉召下番將吏　把下了班應該休息的將官也都召集起來。宿衛值勤分上下兩班，輪流替換。將下了班的將吏也都召來，不再分班值勤，以見形勢之緊張。下番，下班。299淮南岸居民　在秦淮河南岸居住的百姓。秦淮河從建康城的東南方流來，流經建康城南，在建康城西匯入長江。將秦淮河南的百姓遷到河北，是為了放棄南岸，集中力量守衛河北的京城。300尚書下舍　尚書省分上、下兩部，也像侍中省分上、下兩部一樣。301侍中下省　胡三省曰：「據《南史》，侍中下省在神虎門外。」劉劭既像是最信任劉義恭，封之以最高的官爵；但又怕他和他的諸子出城投敵，故將其父子分別拘禁在不同的地方。

【校　記】1閤　原作「閣」。據章鈺校，十二行本、乙十一行本、孔天胤本皆作「閤」，今據改。2能　原作「敵」。據章鈺校，十二行本、乙十一行本、孔天胤本皆作「能」，今據改。3久之　原無此二字。據章鈺校，十二行本、乙十一行本、孔天胤本皆有此二字，張敦仁《通鑑刊本識誤》同，今據補。4同　原作「共」。據章鈺校，十二行本、乙十一行本、孔天胤本皆作「同」，今據改。5閤　原作「閣」。據章鈺校，十二行本、孔天胤本皆作「閤」，今據改。6刃　原作「刀」。據章鈺校，十二行本、乙十一行本、孔天胤本皆作「刃」，今據改。7謂濬　原無此二字。據章鈺校，十二行本、乙十一行本、孔天胤本皆有此二字，張敦仁《通鑑刊本識誤》同，今據補。8等　原無此字。據章鈺校，十二行本、乙十一行本、孔天胤本皆有此字，張敦仁《通鑑刊本識誤》同，今據補。9弒　原作「殺」。據章鈺校，十二行本、孔天胤本皆作「弒」，張敦仁《通鑑刊本識誤》同，今據改。10主　原無此字。據章鈺校，十二行本、乙十一行本、孔天胤本皆有此字，今據補。11楷　原無此字。據章鈺校，十二行本、乙十一行本、孔天胤本皆有此字，張敦仁《通鑑刊本識誤》、張瑛《通鑑校勘記》同，今據補。按，《南史・宋文帝諸子傳》載：「長沙王瑾弟楷、臨川王燁、桂陽侯覬、新渝侯玠，並以宿恨死。」12素　原無此字。據章鈺校，十二行本、乙十一行本、孔天胤本皆有此字，張敦仁《通鑑刊本識誤》同，今據補。13眾　原無此字。據章鈺校，十二行本、乙十一行本、孔天胤本皆有此字，張敦仁《通鑑刊本識誤》同，今據補。⑭江夏　張敦仁《通鑑刊本識誤》作「將軍」。按，《宋書・朱修之傳》載：「元嘉九年，至京邑，以為黃門侍郎，累遷江夏內史。」作「江夏」義長。⑮以　原無此字。據章鈺校，十二行本、乙十一行本、孔天胤本皆有此字，今據補。⑯彭城　原作「平城」。胡三省注云：「『平城』當作『彭城』。」《宋書・蕭思話傳》載：「思話即率部曲還彭城，起義以應世祖。」當是，今據改。⑰醜　原作「酷」。據章鈺校，十二行本、乙十一行本、孔天胤本皆作「醜」，今據改。⑱同　原作「共戴」。據章鈺校，十二行本、乙十一行本、孔天胤本皆作「同」，張敦仁《通鑑刊本識誤》同，今據改。⑲岸　原無此字。據章鈺校，十二行本、乙十一行本、孔天胤本皆有此字，張瑛《通鑑校勘記》同，今據補。

【語　譯】太祖文皇帝下之下

元嘉三十年（癸巳　西元四五三年）

春季，正月初四日戊寅，宋文帝劉義隆任命南譙王劉義宣為司徒、揚州刺史。

蕭道成等人率領著由氐族人、羌族人組成的一支軍隊進攻魏國所屬的武都，魏國負責鎮守高平軍鎮的苟莫于將軍率領二千名突擊騎兵趕往武都實行救援，蕭道成等人只好率軍返回宋國所屬的南鄭。

正月初八日壬午，宋文帝任命擔任征北將軍的始興王劉濬為荊州刺史。宋文帝因為皇太子劉劭、始興王劉濬曾經以巫蠱謀害自己之事，怒氣至今仍然沒有消除，所以始興王劉濬才被留在京口很長時間，直到宋文帝正式任命劉濬為荊州刺史之後，才准許劉濬入朝。

正月十四日戊子，宋文帝下詔，命令擔任江州刺史的武陵王劉駿率領各路人馬討伐西陽郡內的蠻人，武陵王劉駿將軍隊駐紮在五洲。

巫婆嚴道育逃亡，宋文帝分別派遣使者到各處緊急搜捕。嚴道育便改換服裝，裝扮成了一個尼姑，躲藏在皇太子劉劭所在的東宮裡。又跟隨始興王劉濬來到京口，有時候出去就住宿在百姓張旿的家中。劉濬被允許入朝之後，就又把嚴道育帶回到東宮，並準備帶著嚴道育一起前往江陵。二月十四日丁巳，宋文帝出坐在殿旁的遊廊中，劉濬入宮接受荊州刺史的任命。就在當天，有人向宋文帝奏報嚴道育就住在張旿的家裡，宋文帝立即派人突然前往張昨家中搜捕，逮住了嚴道育的二個婢女，婢女供出嚴道育已經跟隨征北將軍劉濬回到都城建康。宋文帝原本以為劉濬與皇太子劉劭已經對嚴道育嚴加斥責，並把她趕出府邸，現在聽說他們仍然與嚴道育往來，宋文帝心情十分複雜，既感到惆悵惋惜又很震驚，遂命令京口的官員把嚴道育的二位婢女送到京城來，等到嚴道育的二位婢女來到京城之後，對其進行推問追查，搞清事實之後再決定如何處置劉劭、劉濬的罪行。

潘淑妃抱著自己的兒子劉濬哭泣著說：「你上次搞巫蠱詛咒皇帝的事情被告發以後，我還希望你能深刻地反省自己的罪過，痛改前非，哪裡想到你竟敢把嚴道育窩藏起來！皇帝對這件事非常惱怒，我跪下磕頭乞求皇帝開恩饒恕於你，但皇帝的怒氣無論如何都不能消除，如今我還活著做什麼！可以把毒藥送過來，讓我趕緊先喝下毒藥自殺了吧，我不忍心看著你大禍臨頭。」劉濬掙脫母親的懷抱站起身說：「天下的事情我們不久就會作出決定，希望母親稍微放寬心，我們一定不會連累母親受罪！」

二月十六日己未，魏國京兆王杜元寶被指控犯有謀反罪而被誅殺，建寧王拓跋崇和他的兒子濟南王拓跋麗都因為受到杜元寶一案的牽連，被魏國文成皇帝拓跋濬賜令自殺。

宋文帝準備廢掉皇太子劉劭，賜始興王劉濬自殺。他先與擔任侍中的王僧綽商議此事，讓王僧綽負責搜集漢魏以來廢黜皇太子以及諸侯王的事例，送給擔任尚書僕射的徐湛之和擔任吏部尚書的江湛看。

宋國擔任江州刺史的武陵王劉駿一向不受宋文帝的寵愛，所以屢次地被派往各地去擔任刺史之職，不能留在建康朝廷中任職，南平王劉鑠、建平王劉宏都受到宋文帝的寵愛。南平王劉鑠的王妃，是吏部尚書江湛的妹妹；隨王劉誕的王妃，是尚書僕射徐湛之的女兒。所以江湛想勸說宋文帝立南平王劉鑠為繼承人，徐湛之想讓宋文帝立隨王劉誕為繼承人。侍中王僧綽對宋文帝說：「立哪個皇子為太子的事情，應當一切按照皇上您自己的心思。但我認為這件事情必須趕緊做出決斷，絕不能再遲疑不定。『當斷不斷，反受其亂。』希望陛下能夠堅持大義，割捨私情，放棄狹隘的不忍之心。如果不打算這麼做的話，就應當與皇太子和始興王之間仍然像當初那樣坦誠相待，不要再進行這種不信任的討論了。事情雖然機密，但還是很容易洩露外傳，不能讓意想不到的災禍發生，而受到千載之後人的恥笑。」宋文帝說：「你可以稱得上是能夠決斷大事之人。然而此事關係重大，不能不反覆思考。況且彭城王劉義康才死不久，人們將會說我沒有慈愛之心。」王僧綽說：「我擔心千載之後，人們會說陛下只能制裁自己的弟弟，而不能制裁自己的兒子。」宋文帝默然無語。當時江湛也同時在座，走出齋閣之後，江湛對王僧綽說：「你剛才對皇上所說的話是不是過於直截坦率了？」王僧綽回答說：「我對你的有話不能直說也感到很遺憾！」

宋國南平王劉鑠從壽陽入朝，他到了都城建康之後，所說的話非常不合宋文帝的心意；宋文帝此時雖然心裡想立建平王劉宏為太子，又覺得這樣做不符合兄弟長幼的次序，所以廢立太子之事討論了很久都沒有決定下來。宋文帝每天夜裡都把侍從人員支開而單獨與尚書僕射徐湛之祕密商議，有時候一連幾天幾夜都是如此。宋文帝經常讓徐湛之親自手持燭臺，圍著屋子四處檢查巡視，擔心有人竊聽。宋文帝把自己的想法告訴了潘淑妃，潘淑妃又告訴了劉濬，劉濬立即派人騎馬火速報告了皇太子劉劭。劉劭遂祕密地與自己的心腹在宋文帝身邊擔任衛隊隊長的陳叔兒以及在宋文帝臥室內負責各種服務工作的小頭目張超之等密謀發動宮廷政變。

當初，宋文帝因為皇帝宗室勢力強盛，擔心家族內部會發生篡奪的禍亂，所以特地增加了太子宮中的守衛力量，令東宮的守衛力量與皇帝的禁衛軍不相上下，以至於東宮太子擁有一萬名身穿鎧甲的士兵。皇太子劉劭性情狡猾而又剛強勇猛，宋文帝非常倚重他。等到劉劭準備謀亂的時候，每天夜裡都犒賞東宮中的將士，有時甚至親自依次給將士敬酒，侍中王僧綽把皇太子劉劭的這一舉動祕密地報告給宋文帝。恰逢巫婆嚴道育的二個婢女此時即將被從京口押解到京城，二月二十日癸亥的夜間，皇太子劉劭遂假傳皇帝的詔命說：「魯秀謀反，你可以在天明時分把守宮門，統帥眾人進入。」劉劭假傳皇帝的詔命之後，便派遣自己的心腹張超之等人把平時被他們所收買、豢養的二千多名親信士兵集合起來，讓這些士兵全都身披鎧甲；又召集內外儀仗隊中負責掌管幢的隊長和隊副，事先把他們組織起來，只告訴他們將要去執行一項討伐的任務。夜間，太子劉劭將曾經擔任過太子中庶子的右軍長史蕭斌、在太子宮擔任左衛率的袁淑、擔任中舍人的殷仲素、擔任左積弩將軍的王正見等幾個人全部召入東宮。劉劭痛哭流涕地對他們說：「皇上聽信讒言，我將要被治罪，被廢掉太子地位。我反省自己並沒有什麼過錯，我不能忍受這不白之冤。明天早晨我準備辦一件大事，希望你們同心協力幫助我。」於是從座位上站起來，向眾人一一跪拜，眾人全都驚愕不已，沒有人能夠回話，很久之後，左衛率袁淑、右軍長史蕭斌都說：「從古到今沒有人做過這樣的事情，希望殿下再好好考慮考慮。」劉劭立即勃然大怒，臉色都改變了。蕭斌非常害怕，遂與眾人一齊說：「我們定當豁出身家性命去執行殿下的命令。」袁淑怒斥他們說：「你們當真以為殿下會那樣做嗎？殿下年幼的時候曾經患有中風病，現在可能是舊病復發了。」劉劭更加惱怒，便兩眼斜視著袁淑問：「你看我的事情能夠成功嗎？」袁淑說：「你佔據著絕對不會被人懷疑的太子地位，難道還擔心不會成功嗎？只怕你的事情成功之後，將不被天地所容，大禍立即就會降臨到你的頭上。假如殿下真有謀亂的打算，現在打消念頭也還來得及。」左右的人把袁淑拉出去，對他說：「這是何等重大的事情，到現在還能說勸他住手的話嗎！」袁淑回到太子左衛率的官署，圍著床徘徊了許久，一直到四更天才上床休息。

二月二十一日甲子，皇宮的門還沒有打開，皇太子劉劭就在鎧甲外面套上一件紅色的朝服，和蕭斌一同乘坐在一輛用彩漆畫做裝飾的牛車上，所帶的侍衛儀仗和平時入朝的時候一模一樣。劉劭非常著急地呼叫左衛率袁淑隨他一同入朝，而袁淑卻熟睡不起，劉劭把自己乘坐的畫輪車停在奉化門前，接連不斷地派人催促袁淑趕緊出來。袁淑慢慢地穿好衣服之後，來到劉劭的車後，劉劭讓袁淑上車，袁淑又堅決推辭不肯上車，劉劭命令左右的侍從殺死了袁淑。等到宮城的門打開之後，劉劭從萬春門進入宮城。依照舊有的制度，東宮的衛隊是不允許進入宮城的。劉劭一面拿出一張偽造的詔書讓門衛看，一面說：「我奉皇帝之命，要逮捕一些犯罪的人。」劉劭命令後面的隊伍趕緊跟上來。太子心腹張超之等數十個人便飛快地進入雲龍門和齋閤，拔出刀劍逕直衝入宋文帝所寢息的合殿。宋文帝因為當天夜裡與尚書僕射徐湛之屏退眾人一直密談到天亮，蠟燭還沒有熄滅，門口、臺階、內室、床帳等各處值勤的衛兵還在睡覺沒有起床。宋文帝看見張超之衝了進來，趕緊抓起一張小桌子進行自衛，他的五個手指先後被張超之砍掉，張超之遂殺死了宋文帝。尚書僕射徐湛之被驚起，趕緊向合殿的北門逃去，還沒有來得及打開門，就被那些衝進來的叛軍殺死了。劉劭進入合殿的中閤，聽到皇帝已經被殺死，就走出合殿中閤，在東堂裡坐下。右軍長史蕭斌手執鋼刀在劉劭的身邊充當侍衛值勤，他招呼擔任中書舍人的顧嘏，顧嘏因為非常驚恐懼怕，沒有及時出來。等他來到以後，劉劭問他說：「他們都想廢掉我的太子位，你為什麼不早說呢？」顧嘏還沒有來得及回答，就被殺死在劉劭的面前。吏部尚書江湛正在上省值勤，他聽到合殿一片喧噪聲，便歎息著說：「不聽王僧綽的建議，終於導致了今日的災禍！」遂藏進旁邊的一間小屋子裡，劉劭派士兵進入小屋中殺死了江湛。在皇宮中擔任宿衛的皇太子的舊僚屬羅訓、徐罕看見大勢已經如此，於是全都向劉劭屈膝歸附。左細仗主、廣威將軍的吳興人卜天與顧不上披上鎧甲，便手執刀劍弓弩，大聲呼叫自己的屬下出戰。徐罕說：「殿下已經入宮，你想幹什麼？」卜天與大罵徐罕說：「殿下經常來，為什麼今天你竟說出這種話？你們這種樣子就是逆賊！」他搭上箭拉開弓就向坐在東堂裡的劉劭射去，差一點就射中了劉劭。劉劭的黨羽衝上去攻擊卜天與，卜天與被砍斷手臂而死，隊將張泓之、朱道欽、陳滿和卜天與全都戰死。擔任左衛將軍的尹弘驚恐地求人稟告太子劉劭，請求分配給自己一項任務。劉劭派人從東閤門進入后妃所居之處，殺死了潘淑妃和太祖劉義隆的左右親信數十人，然後緊急召請始興王劉濬率領軍隊屯駐於中堂。

當時劉濬正在西州城中，在始興王府擔任舍人的朱法瑜飛快地跑來告訴劉濬說：「宮城之內一片喧噪，所有的宮門都已經關閉，路上的人到處都在傳說皇太子謀反，搞不清楚現在禍變已經發展到了什麼程度。」劉濬假裝吃驚地說：「如今應當怎麼辦？」朱法瑜勸說劉濬進入石頭城據守。劉濬還沒有得到劉劭是否成功的確切消息，不知道皇太子政變成功了沒有，因此著急得手足無措，不知道自己該怎麼辦才好。將軍王慶說：「如今宮城之內發生政變，不知道皇上的處境是安全還是危險，凡是做臣子的，都應當甩袖而起，奔向事發現場去解救君主之難，如果只知道倚靠城池保護自己，那不是臣子所應有的節操和行為。」劉濬沒有聽從王慶的勸告，竟然從西州城的南門出去，逕直奔向石頭城，跟隨他的文武官員有上千人。當時南平王劉鑠正在戍守石頭城，手下也有一千多名士兵。不久，皇太子劉劭派遣張超之飛馬來召請劉濬，劉濬屏退眾人向張超之大體瞭解了一下情況之後，就立即全副武裝地騎馬離開石頭城趕往皇城。朱法瑜堅決阻止劉濬不要去，劉濬不聽。劉濬走出中門的時候，王慶又勸諫劉濬說：「太子謀反，實屬大逆不道，必將引起天下人的公憤。明公只應緊閉城門，待在這裡儘管吃糧等候，不超過三天，兇黨就會自行瓦解。對您來說事實既然如此，現在您怎麼能離開這裡呢？」劉濬說：「這是皇太子的命令，有人再敢勸諫，一律斬首！」劉濬入宮之後，見到劉劭，劉劭對劉濬說：「潘淑妃已經被亂兵殺死。」劉濬說：「這是我個人的私情，也是我由來已久的心願。」

劉劭偽造太祖劉義隆的詔書召請擔任大將軍劉義恭、尚書令何尚之入宮，入宮之後就將他們扣押在宮中；劉劭又召見文武百官，來的只有幾十個人。劉劭匆匆忙忙地即位做了皇帝，他下詔說：「尚書僕射徐湛之、吏部尚書江湛謀反，他們殘酷地殺害了父王，我聞訊後立即率軍進入宮城救援，但是已經來不及搶救，對於父皇之死我號哭惋惜，肝腸寸斷。如今犯罪的人都已經被抓獲，罪魁禍首已經被消滅，可以大赦天下，改年號為太初。」

劉劭即皇帝位的儀式剛剛完畢，就急忙推說有病回到永福省自己的住所，不敢到父親的靈堂哭喪，白天手持利刃進行自衛，夜間則燈火通明，防備左右的人對自己行刺。劉劭任命右軍長史蕭斌為尚書僕射、領軍將軍，任命尚書令何尚之為司空，令曾經擔任過右衛率的檀和之守衛石頭城，令擔任征虜將軍的營道侯劉義綦鎮守京口。劉義綦，是臨川王劉義慶的弟弟。二月二十二日乙丑，劉劭把先前發放給各處的兵器全部收繳送回武庫，誅殺了江湛、徐湛之的親近黨羽擔任尚書左丞的荀赤松、擔任尚書右丞的臧凝之等人。臧凝之，是臧燾的孫子。任命中舍人殷仲素為黃門侍郎，左積弩將軍王正見為左軍將軍，心腹張超之、陳叔兒等都封官，獎賞則根據其功勞的大小而各有不同。輔國將軍魯秀當時也在建康，劉劭對魯秀說：「徐湛之經常想要害死你，我已經為你把他除掉了。」劉劭派魯秀與擔任屯騎校尉的龐秀之共同掌握軍隊。劉劭不知道侍中王僧綽參與了太祖劉義隆準備廢立太子的密謀，他任命王僧綽為吏部尚書，任命擔任司徒左長史的何偃為侍中。

擔任江州刺史的武陵王劉駿正率軍駐紮在五洲，擔任太尉中兵參軍的沈慶之從巴水來，準備向武陵王劉駿請示、接受用兵的方針策略。三月初二日乙亥，擔任典籤的董元嗣從都城建康來到五洲，詳細地向武陵王劉駿報告了太子劉劭弒殺皇帝的叛逆罪行，武陵王劉駿讓董元嗣把這個情況告訴給自己的僚佐。沈慶之祕密地對自己的親信說：「蕭斌就像一個婦女一樣怯懦無能，其他的將帥都很容易對付。真正死心塌地的跟隨東宮一道做壞事的人不超過三十人，其餘的人都是被人脅迫，一定不肯為太子賣力。如果我們輔佐著順應人心的主子去討伐叛逆，不用擔憂不會成功。」

三月初九日壬午，魏文成皇帝拓跋濬尊奉自己的乳母保太后常氏為皇太后，追封保太后常氏的祖父和父親，保太后的兄弟也都封官晉爵，讓保太后的所有親屬都享受皇親國戚一樣的待遇。

宋太子劉劭把原本屬於揚州的五個郡劃分出來，另成立會州，撤銷揚州刺史的名稱，設立司隸校尉以管理原來揚州刺史所管轄的除去浙東五郡以外的其他諸郡，任命太子妃的父親殷沖為司隸校尉。殷沖，是殷融的曾孫。劉劭任命擔任大將軍的江夏王劉義恭為太保，任命擔任荊州刺史的南譙王劉義宣為太尉，任命始興王劉濬為驃騎將軍，任命擔任雍州刺史的臧質為丹楊尹，任命擔任會稽太守的隨王劉誕為會州刺史。

劉劭清理檢查宋文帝生前使用的文件檔案櫃以及江湛家的奏疏和書信，得到了王僧綽向宋文帝報告劉劭在太子宮犒賞士兵情形的奏疏以及前代廢太子與處置諸侯王的先例，三月十一日甲申，劉劭下令逮捕了王僧綽，將王僧綽殺死。王僧綽的弟弟王僧虔正在司徒府擔任左西屬，他的親朋全都勸說王僧虔趕緊逃走，王僧虔哭著說：「我哥哥對國家忠貞不二，以慈愛之心撫養我長大成人，今天的事情，我所怕的就是不受牽連，如果能夠與哥哥一同死去，就如同生出翅膀飛升仙界了。」劉劭趁機誣陷住在宮城以北的各家王侯，說他們參與了王僧綽謀反，於是殺死了長沙悼王劉瑾、劉瑾的弟弟劉楷、臨川哀王劉爗、桂陽孝侯劉覬、新渝懷侯劉玠，這些人都是劉劭一向所厭惡的人。劉瑾，是劉義欣的兒子。劉爗，是臨川王劉義慶的兒子。劉覬、劉玠，是劉義慶弟弟的兒子。

劉劭祕密送給太尉中兵參軍沈慶之一封親筆寫的書信，令沈慶之殺死武陵王劉駿。沈慶之請求面見武陵王劉駿，劉駿非常恐懼，就推說有病不肯出來接見沈慶之。沈慶之就突然闖入他的後宅，把劉劭寫給自己的親筆信拿給武陵王看，武陵王哭泣著請求沈慶之允許他入內和母親訣別，沈慶之對武陵王說：「我蒙受先帝的厚恩，今天的事情，就看我們的力量如何，殿下為什麼對我懷有如此深的戒心呢！」武陵王站起來再次拜謝說：「家國安危，全取決於將軍了。」沈慶之立即下令在武陵王府內府外緊急集合軍隊。在武陵王府擔任主簿的顏竣說：「如今四方並不知道我們將要發動討逆的正義之師，劉劭佔據著朝廷這個可以發號施令的有利位置，如果起兵討逆的武裝不能彼此呼應聯絡，這是很危險的做法。應當等待各地區的軍事長官一起商量好，然後再興兵討伐叛逆。」沈慶之厲聲說：「如今要採取重大的行動，卻連黃頭髮的小兒都能夠參與議論，怎麼能不失敗！應該把顏竣人頭砍下來示眾！」武陵王趕緊命令顏竣向沈慶之磕頭請罪，沈慶之對顏竣說：「你只能過問有關紙筆的事情！」於是，武陵王把有關起兵討伐劉劭的一切大事全部交付給沈慶之安排處置。十天左右的時間，內外各種事物就全部準備就緒，人們都以為是神兵下界。顏竣，是顏延之的兒子。

三月十七日庚寅，武陵王劉駿宣布進入戰爭狀態，率眾宣誓。任命沈慶之兼任武陵王府的司馬；任命擔任襄陽太守的柳元景、擔任隨郡太守的宗慤為諮議參軍，兼任中兵參軍；任命擔任江夏內史的朱脩之為代理平東將軍；任命擔任記室參軍的顏竣為諮議參軍，兼任錄事參軍，總管軍府內外的一切事務；任命擔任諮議參軍的劉延孫為長史、尋陽太守，代理武陵王府的留守事宜。劉延孫，是劉道產的兒子。

宋國擔任荊州刺史的南譙王劉義宣以及擔任雍州刺史的臧質都沒有接受太子劉劭的任命，他們與擔任司州刺史的魯爽共同起兵響應武陵王劉駿。臧質、魯爽都到江陵來面見南譙王劉義宣，並且派人來到五洲勸說武陵王劉駿稱帝。三月十八日辛卯，雍州刺史臧質留在建康的兒子臧敦等人聽說臧質起兵討逆，便都逃離了京師建康。太子劉劭想安慰他們，讓他們高興，遂下詔說：「臧質，既是皇親國戚，又是國家有功勳的大臣，正應該輔佐朝廷，而他的子弟卻四散逃亡，實在讓人感到奇怪和惋惜。可以派人去勸解他們，讓他們返回京城，全都官復原職。」不久，劉劭就捉到了臧質的兒子臧敦，令大將軍劉義恭教訓性的責打了臧敦三十棍子，然後又給了臧敦豐厚的賞賜對他進行安撫。

三月二十日癸巳，劉劭把太祖劉義隆安葬在長寧陵，諡號為景皇帝，廟號中宗。〇二十二日乙未，武陵王劉駿從西陽起兵。二十四日丁酉，劉駿所率領的討逆大軍抵達尋陽。二十七日庚子，武陵王命令顏竣向全國各地發布討伐叛逆的檄文，號召共同起兵討伐劉劭。全國各州郡接到檄文以後，紛紛響應。南譙王劉義宣派遣雍州刺史臧質率領軍隊前往尋陽與劉駿的軍隊會合，然後一同率軍向京師建康進發，留下司州刺史魯爽守衛江陵。

劉劭任命擔任兗州、冀州二州刺史的蕭思話為徐州、兗州二州刺史，起用張永為青州刺史。蕭思話率領自己的部隊從歷城回到彭城，起兵響應尋陽武陵王劉駿；擔任建武將軍的垣護之當時正在歷城，他也率領自己屬下的軍隊前往尋陽投奔武陵王劉駿。南譙王劉義宣臨時任命張永為冀州刺史，張永派遣屬下擔任司馬的崔勳之等人率領軍隊投奔南譙王劉義宣。劉義宣擔心兗、冀二州刺史蕭思話與張永之間仍然沒有消除前嫌，便親自寫信給蕭思話，讓屬下擔任長史的張暢給張永寫信，勸說張永與蕭思話彼此忘卻前嫌，相互坦誠相待。

隨王劉誕將要接受劉劭的任命，擔任參軍事的沈正勸說在隨王劉誕屬下擔任司馬的顧琛說：「國家遭受如此大禍，這是開天闢地以來所從來沒有過的事情。如果隨王能夠憑藉浙江以東驍勇精銳的部隊，高舉討伐劉劭的義旗以號召天下，誰會不響應呢！豈能讓隨王殿下面朝北向兇殘叛逆的劉劭稱臣，接受偽朝廷的任命呢？」顧琛說：「江東的人已經忘記戰爭很久了，雖然劉劭弒殺皇帝篡奪皇位是背叛了天心人願，高舉義旗討伐叛逆是應天順人，性質完全不同，然而劉劭佔據皇帝之位以號令天下，是強者，而我們只有浙東五郡，與其相比，力量相差懸殊也是明擺著的事實，我們應當等待四方有人起兵討逆之後，再起兵響應也為時不晚。」沈正說：「天下從來就沒有無父無君的國家，豈能安於聽命於仇敵，甘願蒙受恥辱，而把希望寄託在其他地區帶頭起義上呢！如今正是因為劉劭弒殺皇父篡奪皇位，既荒誕，又可惡，我們絕對不應該與這樣的人共同生活在一個天日之下，起兵的時候，哪裡還能顧得上我們自身是安全還是不安全呢！馮衍當年說得好：『你們這些大漢王朝的貴臣，難道還不如當年荊國、齊國的卑賤匹夫嗎？』何況隨王殿下既是皇帝的臣子又是兒子，討伐叛逆這件事既是國事也是家事啊！」顧琛於是與沈正一同進去勸說隨王劉誕起兵討伐劉劭，劉誕聽從了他們的意見。沈正，是沈田子哥哥的兒子。

劉劭自以為一向熟悉軍事，他對朝中的人士說：「你們只管幫助我整理文書，用不著替我考慮作戰的事情。如果有人前來進攻，我自己會加以抵擋；我只擔心賊虜不敢採取行動罷了！」等到聽說四面八方紛紛起兵，劉劭這才開始感到擔憂和恐懼，於是下令戒嚴，趕緊把已經下班應該休息的將吏全都召集起來，又把秦淮河南岸的居民遷移到秦淮河北岸，把所有諸侯王以及大臣全部聚集到京城以內，把江夏王劉義恭遷移到尚書下舍，把劉義恭的兒子們分別安置在侍中下省。

夏，四月癸卯朔❶，柳元景統寧朔將軍薛安都❷等十二軍發湓口❸，司空中兵參軍❹徐遺寶以荊州之眾繼之。丁未❺，武陵王發尋陽，沈慶之總中軍❻以從。〇劭立妃殷氏為皇后。

庚戌❼，武陵王檄書至建康，劭以示太常❽顏延之曰：「彼誰筆也？」延之曰：「竣之筆也。」劭曰：「言辭何至於是❾！」延之曰：「竣尚不顧老臣❿，安能顧陛下！」劭怒稍解。悉拘武陵王子於侍中下省，南譙王義宣子於太倉⓫空舍。劭欲盡殺三鎮士民家口⓬，江夏王義恭、何尚之皆曰：「凡舉大事者不顧家，且多是驅逼⓭，今忽誅其室累⓮，正足堅彼意⓯耳。」劭以為然，乃下書一無所問。

劭疑朝廷舊臣皆不為己用，乃厚撫⓰魯秀及右軍參軍王羅漢，悉以軍事委之。以蕭斌為謀主⓱，殷沖掌文符。蕭斌勸劭勒⓲水軍自上⓳決戰，不爾⓴則保據梁山㉑。江夏王義恭以南軍倉猝㉒，船舫陋小，不利水戰，乃進策曰：「賊駿少[1]年㉓未習軍旅，遠來疲弊，宜以逸待之。今遠出梁山，則京都空弱，東軍㉔乘虛，或能為患。若分力兩赴，則兵散勢離，不如養銳待期㉕，坐而觀釁㉖。割棄南岸㉗，柵斷石頭㉘，此先朝舊法㉙，不憂賊不破也。」劭善之。斌厲色曰：「南中郎㉚二十年少，能建如此大事，豈復可量㉛？三方同惡㉜，勢據上流㉝；沈慶之甚練㉞軍事，柳元景、宗慤屢嘗立功，形勢如此，實非小敵。唯宜及人情未離㉟，尚可決力一戰，端坐臺城，何由得久？今主相咸無戰意㊱，豈非天也㊲！」劭不聽。或勸劭保石頭城，劭曰：「昔人所以固石頭城者，俟諸侯勤王㊳耳。我若守此，誰當見救㊴？唯應力戰決之，不然，不克㊵。」日日自出行軍㊶，慰勞將士，親督都水㊷治船艦㊸。壬子㊹，焚淮南岸室屋、淮內船舫㊺，悉驅民家度水北㊻。

立子偉之為皇太子。以始興王濬妃父褚湛之㊼為丹楊尹。湛之，裕之㊽之兄子也。濬為侍中、中書監、司徒、錄尚書六條事㊾，加南平王鑠開府儀同三司，以南兗州刺史建平王宏為江州刺史。太尉司馬㊿龐秀之自石頭先眾南奔(51)，人情由是大震。以營道侯義綦(52)為湘州刺史，檀和之(53)為雍州刺史(54)。

癸丑(55)，武陵王軍于鵲頭(56)，宣城太守王僧達(57)得武陵王檄，未知所從。客說之曰：「方今釁逆[58]滔天，古今未有。為君計，莫若承[59]義師之檄，移告傍郡[60]。苟在有心[61]，誰不響應？此上策也。如其不能，可躬帥向義之徒[62]，詳擇水陸之便[63]，致身南歸[64]，亦其次也。」僧達乃自候道[65]南奔，逢武陵王於鵲頭。王即以為長史。僧達，弘[66]之子也。王初發尋陽，沈慶之謂人曰：「王僧達必來赴義[67]。」人問其故，慶之曰：「吾見其在先帝前議論開張[68]，執意[2]明決[69]。以此言之，其至必也。」

柳元景以舟艦不堅，憚於水戰[70]，乃倍道兼行[71]，丙辰[72]，至江寧[73]步上[74]，使薛安都帥鐵騎曜兵於淮上[75]，移書朝士[76]，為陳逆順[77]。

劭加[78]吳興太守[79]汝南周嶠冠軍將軍，隨王誕檄亦至。嶠素恇怯[80]，回惑[81]不知所從。府司馬丘珍孫殺之，舉郡應誕。

戊午[82]，武陵王至南洲[83]，降者相屬[84]。己未[85]，軍于溧洲[86]。王自發尋陽，有疾不能見將佐，唯顏竣出入臥內[87]，擁王於膝，親視起居[88]。疾屢危篤[89]，不任咨稟[90]，竣皆專決[91]。軍政之外，間以文教書檄[92]，應接遐邇[93]，昏曉臨哭[94]，若出一人[95]。如是累旬[96]，自舟中甲士亦不知王之危疾[97]也。

癸亥[98]，柳元景潛至新亭[99]，依山為壘[100]。新降者皆勸元景速進，元景曰：「不然。理順難恃[101]，同惡相濟[102]，輕進無防[103]，實啓寇心[104]。」

元景營未立，劭龍驤將軍詹叔兒覘知之[105]，勸劭出戰，劭不許。甲子[106]，劭使蕭斌統步軍，褚湛之統水軍，與魯秀、王羅漢、劉簡之等[3]精兵合萬人，攻新亭壘，劭自登朱雀門[107]督戰。元景宿令軍中曰[108]：「鼓繁氣易衰[109]，叫數力易竭[110]。但銜枚疾戰[111]，一聽吾鼓聲[112]。」劭將士懷劭重賞[113]，皆殊死戰。元景水陸受敵，意氣彌彊，麾下勇士，悉遣出鬭，左右唯留數人宣傳[114]。劭兵勢垂克[115]，魯秀擊退鼓[116]，劭眾遽止[117]。元景乃開壘鼓譟以乘之[118]，劭眾大潰，墜淮死者甚多。劭更帥餘眾[119]自來攻壘，元景復大破之，所殺傷過於前戰[120]，士卒爭赴死馬澗[121]，澗為之溢[122]。劭手斬退者，不能禁。劉簡之死，蕭斌被創[123]，劭僅以身免[124]，走還宮。魯秀、褚湛之、檀和之皆南奔[125]。

丙寅[126]，武陵王至江寧。丁卯[127]，江夏王義恭單騎南奔，劭殺義恭十二子。劭、濬憂迫無計，以輦迎蔣侯神像[128]置宮中，稽顙[129]乞恩，拜為大司馬，封鍾山王；拜蘇侯神[130]為驃騎將軍。以濬為南徐州刺史[131]，與南平王鑠並錄尚書事[132]。

戊辰[133]，武陵王軍于新亭，大將軍義恭上表勸進。散騎侍郎徐爰在殿中誑劭[134]，云自追義恭，遂歸武陵王。時王軍府草創[135]，不曉朝章[136]，爰素所諳練[137]。乃以爰兼太常丞[138]，撰即位儀注[139]。己巳[140]，王即皇帝位，大赦[141]。文武賜爵[142]一等，從軍者[143]二等。改諡大行皇帝[144]曰文，廟號太祖。以大將軍義恭為太尉、錄尚書六條事、南徐州刺史。是日，劭亦臨軒拜太子偉之[145]，大赦[146]，唯劉駿、義恭、義宣、誕不在原例[147]。庚子[148]，以南譙王義宣為中書監、丞相、錄尚書六條事、揚州刺史；隨王誕為衛將軍、開府儀同三司、荊州刺史；臧質為車騎將軍、開府儀同三司、江州刺史；沈慶之為領軍將軍；蕭思話為尚書左僕射。壬申[149]，以王僧達為右僕射[150]；柳元景為侍中[151]、左衛將軍；宗愨為右衛將軍；張暢為吏部尚書；劉延孫、顏竣並為侍中。

五月癸酉朔[152]，臧質以雍州兵二萬至新亭，豫州刺史[153]劉遵考[154]遣其將夏侯獻之帥步騎五千軍于瓜步[155]。

先是[156]，世祖[157]遣寧朔將軍顧彬之將兵東入[158]，受隨王誕節度[159]。誕遣參軍劉季之將兵與彬之俱向建康，誕自頓西陵[160]，為之後繼[161]。劭遣殿中將軍燕欽等拒之，相遇於曲阿奔牛塘[162]，欽等大敗。劭於是緣淮樹柵[163]以自守，又決破崗、方山埭[164]以絕東軍[165]。時男丁既盡，召婦女供役。

甲戌(166)，魯秀等募勇士攻大航(167)，克之。王羅漢聞官軍已度，即放仗降(168)，緣渚幢隊(169)以次奔散(170)，器仗鼓蓋(171)，充塞路衢。是夜，劭閉守六門(172)，於門內鑿塹立柵。城中沸亂，丹楊尹尹弘等文武將吏爭踰城(173)出降。劭燒輦及袞冕服(174)于宮庭。蕭斌宣令所統(175)，使皆解甲，自石頭戴白幡(176)來降，詔斬斌於軍門。濬勸劭載寶貨逃入海，劭以人情離散，不果行(177)。

乙亥(178)，輔國將軍朱脩之克東府(179)。丙子(180)，諸軍克臺城，各由諸門入會于殿庭，獲王正見，斬之。張超之走至合殿御床之所，為軍士所殺，刳腸割心，諸將臠其肉(181)，生噉(182)之。建平等七王(183)號哭俱出。劭穿西垣(184)，入武庫井中，隊副高禽執之。劭曰：「天子何在？」禽曰：「近在新亭。」至殿前，臧質見之慟哭。劭曰：「天地所不覆載(185)，丈人何為見哭(186)？」又謂質曰：「可得為啟[4]乞[5]遠徙不(187)？」質曰：「主上近在航南(188)，自當有處分(189)。」縛劭於馬上，防送軍門(190)。時不見傳國璽，以問劭，劭曰：「在嚴道育處。」就取，得之。斬劭及四子於牙下(191)。

濬帥左右數十人挾南平王鑠南走，遇江夏王義恭於越城(192)。濬下馬曰：「南中郎今何所作(193)？」義恭曰：「上已君臨萬國(194)。」又曰：「虎頭來得無晚乎(195)？」

義恭曰：「殊當恨晚[196]。」又曰：「故當不死邪[197]？」義恭曰：「可詣行闕請罪[198]。」又曰：「未審[199]猶[6]能賜一職自效不[200]？」義恭又曰：「此未可量[201]。」勒與俱歸[202]，於道斬之，及其三子。劭、濬父子首並梟於大航[203]，暴尸於市[204]。劭妃殷氏及劭、濬諸女、妾媵[205]，皆賜死於獄。汙瀦劭所居齋[206]。殷氏且死[207]，謂獄丞[208]江恪曰：「汝家[209]骨肉相殘，何以枉殺無罪人？」恪曰：「受拜皇后[210]，非罪而何？」殷氏曰：「此權時[211]耳，當以鸚鵡為后。」褚湛之之南奔也，濬即與褚妃離絕[212]，故免於誅[213]。嚴道育、王鸚鵡並都街鞭殺[214]，焚尸，揚灰於江。殷沖、尹弘、王羅漢及淮南太守沈璞[215]皆伏誅。

庚辰[216]，解嚴。辛巳[217]，帝如東府，百官請罪，詔釋之。甲申[218]，尊帝母路淑媛為皇太后。太后，丹楊人也。乙酉[219]，立妃王氏為皇后。后父偃，導[220]之玄孫也。戊子[221]，以柳元景為雍州刺史。辛卯[222]，追贈袁淑為太尉，諡忠憲公[223]；徐湛之為司空，諡忠烈公；江湛為開府儀同三司，諡忠簡公；王僧綽為金紫光祿大夫，諡簡侯[224]。壬辰[225]，以太尉義恭為揚、南徐二州刺史，進位太傅，領大司馬[226]。

初，劭以尚書令何尚之為司空、領尚書令，子征北長史偃為侍中，父子並居權要。及劭敗，尚之左右皆散，自洗黃閤[227]。殷沖等既誅，人為之寒心。帝以尚之、偃素有令譽(228)，且[7]居劭朝用智將迎(229)，時有全脫(230)，故特免之；復以尚之為尚書令，偃為大司馬長史(231)，任[8]遇無改(232)。

甲午(233)，帝謁初寧、長寧陵(234)。追贈卜天與(235)益州刺史，諡壯侯，與袁淑等四家(236)，長給稟祿(237)。張泓之等各贈郡守。戊戌(238)，以南平王鑠為司空，建平王宏為尚書左僕射，蕭思話為中書令、丹楊尹。○六月丙午(239)，帝還宮。

初，帝之討西陽蠻(240)也，臧質使柳元景將兵會之。及質起兵(241)，欲奉南譙王義宣為主，潛使元景帥所領西還(242)，元景即以質書呈帝，語其信曰(243)：「臧冠軍(244)當是未知殿下義舉(245)耳。方應伐逆(246)，不容西還(247)。」質以此恨之。及元景為雍州(248)，質慮其為荊、江後患(249)，建議元景當為爪牙(250)，不宜遠出。帝重違其言(251)，戊申(252)，以元景為護軍將軍，領石頭戍事(253)。○己酉(254)，以司州刺史魯爽為南豫州刺史。庚戌(255)，以衛軍司馬(256)徐遺寶為兗州刺史。

庚申(257)，詔有司論功行賞，封顏竣等為公、侯(258)。辛未(259)，徙南譙王義宣為南郡王，隨王誕為竟陵王，立義宣次子宜陽侯愷(260)為南譙王。

閏月壬申(261)，以領軍將軍沈慶之為南兗州刺史，鎮盱眙(262)。癸酉(263)，以柳元景為領軍將軍。

乙亥[264]，魏太皇太后赫連氏殂。

丞相義宣固辭內任[265]及子愷王爵。甲午[266]，更以義宣為荊、湘二州[267]刺史，愷為宜陽縣王[268]，將佐以下並加賞秩[269]。以竟陵王誕為揚州刺史。

【章旨】以上為第二段，寫宋文帝劉義隆元嘉三十年（西元四五三年）四至六月共三個月間的大事。主要寫了武陵王劉駿與其將領沈慶之等率大軍東下，元凶劉劭的謀主蕭斌提出守梁山，又有人提出守石頭，劉劭皆不聽，只顧收縮退守臺城，成消極待斃之勢；寫劉駿的部將柳元景率兵離船步行，使薛安都曜兵於秦淮河上，而劉駿隨即到達新亭，臺城一方的官僚龐秀之、劉義恭、宣城太守王僧達等皆投向劉駿；而劉駿遂在劉義恭等勸導下即皇帝位，搭起了新朝廷的班底；寫了竟陵王劉誕所率的東方軍破臺城軍於曲阿的奔牛塘，臺城軍只好柵秦淮河以守；寫諸軍攻克臺城，元凶劉劭與劉濬等分別被捕殺示眾；此外還寫了劉駿自起兵便臥病在船，而群臣、諸將的請示報告，一切軍務、政務，及各種往來書檄的應答，皆由顏竣代為處理得滴水不漏，頗有當年劉裕手下總管劉穆之的風采；寫了功臣臧質與劉駿所存在的矛盾，先欲抽回柳元景軍，後又阻止柳元景出任雍州刺史，從而使矛盾進一步發展，為日後的衝突埋下伏筆等等。

【注釋】❶四月癸卯朔　四月初一是癸卯日。❷薛安都　劉宋時代的名將，前與北魏作戰屢有戰功。傳見《宋書》卷八十八。❸湓口　也稱「湓浦口」，即湓浦水入長江之口，在今江西九江市西北。❹司空中兵參軍　司空劉義宣的中兵參軍，中兵參軍是高級將領的僚屬。司空與太尉、司徒並稱三公，在兩晉南北朝時往往只是權臣的一種加官，表示其地位崇高，但並無實權。劉義宣當時主要是任荊州刺史。❺丁未　四月初五。❻總中軍　帶領著全軍指揮部。總，總管；總理。中軍，全軍的指揮中心。❼庚戌　四月初八。❽太常　朝官名，主管朝廷廷儀、祭祀等事。❾言辭何至於是　為何說得如此難聽。❿尚不

顧老臣　他連我這個做父親的生死都不顧。⑪太倉　京城內的國家大糧倉。⑫盡殺三鎮士民家口　此三鎮指雍州（州治襄陽）、荊州（州治江陵）、江州（州治尋陽）。鎮，是一個地區的軍事指揮中心。因為這三個地區都舉兵造了劉劭的反，故而劉劭想殺光這些地區的將士留在京城的家室。⑬驅逼　指被挾迫。⑭室累　家庭拖累，指婦女老弱等。⑮正足堅彼意　正好增長他們的仇恨，促使他們決心與你為敵到底。⑯厚撫　猶言「優待」。⑰謀主　猶言「智囊」，一切謀略之所出。⑱勒　帶領；控制。⑲自上　自己到上游去。⑳不爾　不然；不如此。㉑保據梁山　依托梁山；固守梁山。梁山即今安徽當塗西南三十里的天門山，因兩山夾大江相對如門而得名。其東者曰博望山，其西者曰梁山。㉒南軍倉猝　指討伐太子劭的部隊都是一哄而起，倉促集合而成。雍州、荊州、江州都在建康城的西南方，故稱從那裡來的軍隊叫「南軍」。㉓少年　極言其年輕，不曉事。實則劉駿年已二十四歲。㉔東軍　指會州刺史隨王劉誕所統的浙東五郡的部隊。㉕待期　等候敵兵的疲憊之時。㉖觀釁　尋找敵人的可乘之機。釁，縫隙；機會。㉗割棄南岸　拋棄秦淮河以南的地盤不要。㉘柵斷石頭　在石頭城一帶的江中立柵，使敵船無法靠岸。㉙先朝舊法　晉明帝抵抗王敦的將領王含與劉裕抗拒盧循農民軍的戰法。前者見《晉書．明帝紀》，後者見《宋書．武帝紀》。㉚南中郎　指武陵王劉駿，時為南中郎將。㉛豈復可量　其辦事效果難道還能夠限量嗎。意即一定會成功。㉜三方同惡　荊、雍、江三州的勢力聯合起來，同一個目標地進攻我們。㉝勢據上流　從形勢上說，又處在我們的上游。㉞甚練　很熟悉；很懂得。㉟宜及人情未離　應該趁著人心未散，尚未眾叛親離。㊱主相咸無戰意　主子劉劭、丞相劉義恭全都不想打仗。㊲豈非天也　這不是天意嗎。也，此處同「耶」。反問句。㊳俟諸侯勤王　等待各地的勤王軍前來救援京師。勤王，救援天子。㊴誰當見救　誰還會來救我。㊵不然二句　否則，是沒有希望的。㊶行軍　巡視軍隊。㊷都水　官名，主管河流、湖泊的官。㊸治船艦　修理、製造戰船。㊹壬子　四月初十。㊺淮內船舫　秦淮河上所停泊的大小船隻。燒這些船，是為了不讓敵人用之以渡河。㊻度水北　渡過秦淮河到北岸來。㊼褚湛之　劉裕的女婿。傳見《宋書》卷五十二。㊽裕之　褚裕之，字叔度，褚湛之之叔，晉末宋初積極追隨劉裕，是劉氏王朝的親信。㊾錄尚書六條事　官名，據《宋書．百官志》，晉成帝咸康中，曾分置三錄，「荀崧、陸曄各錄六條事」，此後每當設置兩名「錄尚書事」時，就稱為「錄尚書六條事」。六條內容劉宋時已無考。㊿太尉司馬　太尉劉義恭屬下的司馬官。司馬在軍中主管司法。(51)先眾南奔　率先渡過秦淮河，投奔了從南方來的起義軍。龐秀之原受太子劭信任，與魯秀為劉劭「對掌軍隊」，今竟先眾南奔，對劉劭部下的士氣影響重大。(52)義綦　劉義綦，劉道憐之子，劉劭的堂叔。傳見《宋書》卷五十一。(53)檀和之　劉宋的名將。傳見《南史》卷七十八。按，劉劭任命檀和之為雍州刺史，等於罷免了反對他的臧質的雍州刺史職務。(54)雍州刺史　雍州的州治在今湖北襄樊的襄陽區。(55)癸丑　四月十一。56鵲頭　鵲洲的西南端。鵲洲是長江中的小洲名，在今安徽銅陵、繁昌二縣之間長江中。57王僧達　劉宋的權臣王弘之子。傳見《宋書》卷七十五。58孽逆　罪孽。59承　接受；照辦。60移告傍郡　轉發給周邊的其他郡，號召它們也跟同行事。61苟在有心　但凡還有良心的人。62躬帥向義之徒　親自率領著一批擁護起義軍的人。躬，親自。63詳擇水陸之便　選擇一條便利的通道。64致身南歸　親自前去投奔起義軍。致身，獻身。65候道　列置烽火臺以傳遞邊關緊急軍情的通道。66弘　王弘，晉代名臣王導的後代，劉義隆元嘉初期的權臣王曇首之兄。傳見《宋書》卷四十二。67赴義　投奔起義軍。68議論開張　發表意見宏偉、有魄力。69執意明決　觀點意向明確。70憚於水戰　不利於在江面上與敵兵開戰。憚，擔心，這裡即指不利。71倍道兼行　這裡指在水路上一天行兩天的路程。72丙辰　四月十四。73江寧　縣名，縣治即今江蘇江寧西南的江寧鎮。74步上　捨舟登陸步行。75曜兵於淮上　在秦淮河邊向著河北的建康城炫耀武力。76移書朝士　給朝廷上的官僚士大夫發送宣傳品。77為陳逆順　給他們分析誰是國家的叛逆，誰是仁義之師。78加　增任。79吳興太守　吳興郡的郡治即今浙江湖州。80恇怯　懦弱、膽小。81回惑　翻來覆去。82戊午　四月十六。83南洲　又名姑孰城，即今安徽當塗。84相屬　接連不斷。85己未　四月十七。86溧洲　也作「洌洲」，在今南京西南江寧鎮西的長江中。87出入臥內　出入於臥室，極言其受信任。88親視起居　親自照顧劉駿的日常生活。89危篤　危險、沉重。90不任咨稟　沒法聽取諸將的請示報告。91竣皆專決　顏竣都一一地給他們做出決定性的回答。92間以文教書檄　又有許多文告、教諭方面的書信往來。93應接遐邇　回覆遠近各方的請示報告。94昏曉臨哭　每天的早晨晚上還要按時給死去的老皇帝哭喪。95若出一人　就像武陵王劉駿親自處理的一樣。96如是累旬　就這樣一過就是幾十天。按，此言誇張得有點過度。胡三省曰：「是月丁未，王發尋陽；己未至溧洲，十三日耳。丙寅至江寧，方二十日。」97自舟中甲士亦不知王之危疾　連劉駿這條船上的警衛人員也鬧不清劉駿的病情危險到了何種程度。自，連；即使。98癸亥　四月二十一。99潛至新亭　謂其奔襲之軍潛行至新亭。新亭，三國時東吳所築，在當時建業城的西南方，鄰近長江。100依山為壘　隨著山形築起防禦工事。101理順難恃　不能因為自己佔理就把自己估計得過強。佔理的一方容易輕敵致敗。102同惡相濟　一群惡人聚集一起往往同心協力，死裡求生。103輕進無防　輕率進軍不做好防備。104實啓寇心　就會引來敵人的進攻。啓，誘導；招引。胡三省曰：「兵法所謂『先為不可勝，以待敵之可勝』，柳元景以之。」105覘知之　探聽到了這種情況。覘，窺視；探聽。106甲子　四月二十二。107朱雀門　也稱「大航門」，面對朱雀橋的建康城南門，約在今南京的中華門內。朱雀橋是秦淮河上的浮橋，在當時的建康城南。108宿令軍中曰　早就對自己的部下講。宿，早；事先。109鼓繁氣易衰　鼓敲得次數太多，士兵的勇氣就會低落。繁，密；次數多。110叫數力易竭　吶喊的次數太多，士兵的戰鬥力就會喪盡。數，屢；繁密。按，《左傳》莊公十年有所謂：「夫戰，勇氣也。一鼓作氣，再而衰，三而竭。」與此意思相同。(111)但銜枚疾戰　你們就只管悶著頭地殺敵。但，只；只顧。銜枚，口中銜著筷子形的東西，通常是用於行軍時防止喧譁。這裡指一聲不吭地把全部力氣用於作戰。(112)一聽吾鼓聲　只按著我的鼓聲衝鋒，其他一概不管。一，專一；只管。(113)懷劭重賞　感謝劉劭給他們的重賞。懷，感謝。(114)宣傳　宣布、傳達命令。(115)垂克　眼看就要勝利。垂，將；就要。(116)擊退鼓　擊起退兵之鼓。(117)遽止　立刻停止了進攻。(118)乘之　趁勢追擊。(119)更帥餘眾　又率領著一批殘餘勢力。更，再；又。(120)前戰　剛才打的那一仗。(121)爭赴死馬澗　爭著跳進了死馬澗。死馬澗是一條澗水的名字。(122)澗為之溢　澗水因此而溢了出來，極言入水的敗兵之多。(123)被創　受傷。創，兵器對人體的損傷。(124)僅以身免　勉強地隻身逃回。(125)南奔　向南投歸起義軍。(126)丙寅　四月二十四。(127)丁卯　四月二十五。(128)蔣侯神像　蔣子文的塑像。蔣子文是漢末廣陵（即今揚州）人，為秣陵縣（即後來的建康城）尉，追捕盜賊到鍾山，被盜賊所殺。據說死後常顯靈，三國時被孫權封為中郎侯，並為之在鍾山立廟，故鍾山亦稱蔣山。事見干寶《搜神記》。(129)稽顙　磕頭觸地。是古代所行最虔誠的叩拜禮。顙，額頭。(130)蘇侯神　蘇峻的神靈。蘇峻原是晉將，晉成帝時平王敦之亂有功，後又造反稱帝，被陶侃、溫嶠等討平。傳見《晉書》卷一百。按，蘇峻原為叛逆，不知緣何民間也尊之為神，今又被劉劭所尊奉，真是所謂「臨時抱佛腳」、「有病亂投醫」了。(131)南徐州刺史　劉宋時的南徐州州治在今江蘇鎮江市。(132)並錄尚書事　共同總管尚書省的各項事務。錄，管理。(133)戊辰　四月二十六。(134)誑劭　欺騙劉劭。誑，哄騙。(135)軍府草創　起義軍的總指揮部建立不久。(136)不曉朝章　沒人熟悉朝廷的典章制度。(137)爰素所諳練　而這恰恰是徐爰所一貫熟悉的。諳練，熟悉。(138)太常丞　太常的副職。太常也稱「奉常」，在朝廷掌管禮儀與祭祀事務的官。(139)撰即位儀注　制定一套皇帝登基典禮的章程儀式。撰，編寫；制定。(140)己巳　四月二十七。(141)大赦　新皇帝登基，都宣布大赦令，目的是以此向全國的臣民討好。(142)賜爵　提高級別。爵，爵位；級別。(143)從軍者　參加起義軍，跟從自己由西部諸州郡到新亭來的人。(144)大行皇帝　剛死去而尚未正式安葬的皇帝，指宋文帝。(145)拜太子偉之　當眾立劉偉之為太子。(146)大赦　劉劭為其立太子，亦頒令大赦天下。(147)不在原例　不在赦免範圍。原，赦免。(148)庚子　四月癸卯朔，無庚子。按，前文有「己巳」，後文有「壬申」，此處疑是「庚午」。(149)壬申　四月三十。(150)右僕射　即尚書右僕射。(151)侍中　侍中省的長官，位同丞相。(152)五月癸酉朔　五月初一是癸酉日。(153)豫州刺史　劉宋的豫州州治在今安徽壽縣。(154)劉遵考　劉裕的同族兄弟，隨劉裕定天下有功，後又受宋文帝的親賞。傳見《宋書》卷五十一。(155)瓜步　長江邊的小山名，在今南京江北的六合區東南。(156)先是　意即「在此之前」。(157)世祖　以稱剛即位的武陵王劉駿，死後謚孝武帝，廟號世祖。(158)東入　進入建康東南方的今浙江一帶地區。

159節度　指揮、調度。節，節制；指揮。160自頓西陵　自己統兵駐紮在西陵。西陵，即今浙江蕭山縣的西興鎮。161後繼　後續部隊，亦含後援、後盾的意思。162曲阿奔牛塘　曲阿縣的奔牛塘，當時的曲阿縣即今之江蘇丹陽。奔牛塘在丹陽的東南方，現在尚有奔牛鎮與常州奔牛機場。163緣淮樹柵　沿著秦淮河用木樁紮起柵欄。秦淮河流經建康城的南面與西面。164破崗方山埭　都是當時建康城外溝渠與湖泊上的堤壩名。破崗，也稱「破崗埭」，在當時建康城的東南方，今句容與丹陽的南側，與赤山湖及秦淮河相通。方山埭也是水邊的土壩名，具體方位不詳。165以絕東軍　以斷絕東方軍隊的西進之路。166甲戌　五月初二。167大航　即朱雀航，又名朱雀橋。168放仗降　放下武器投降。169緣渚幢隊　守衛在秦淮河邊上的各幢主、隊主帶領的士兵。170以次奔散　一處挨一處地相繼散去。171器仗鼓蓋　士兵使用的武器，與將軍、貴族的旗鼓與車蓋。172六門　宮城周圍的六個門，即大司馬門、東華門、西華門、萬春門、太陽門、承明門。173踰城　翻越城牆。174輦及袞冕服　輦是皇帝的車駕，袞服和冕旒是皇帝的禮服和禮帽。175宣令所統　給他所統領的軍隊下令。176戴白幡　舉著白旗。幡，豎挑的下垂之旗。177不果行　沒有走成。178乙亥　五月初三。179東府　建康城東南方的小城名，東晉時司馬道子的住所。180丙子　五月初四。181臠其肉　將其軀體剁成碎塊。182噉　吃。183建平等七王　建平王劉宏、東海王劉禕、義陽王劉昶、武昌王劉渾、湘東王劉彧、建安王劉休仁。另一人應是劉休祐，當時尚未封王。七人都是宋文帝劉義隆的兒子。184穿西垣　挖開西面的院牆逃出。185天地所不覆載　極言其所犯的罪孽之深重，為天地所不容。186丈人何為見哭　您為什麼還要為我痛哭。臧質是劉義隆的表兄弟，是劉劭的表叔，故感激地稱之為「丈人」，猶言「長者」。187可得為啟乞遠徙不　能上報求得一個流放的懲罰嗎。意思是免得一死。188航南　大航以南。189自當有處分　自然會對你做出處理。處分，安置；處理。190防送軍門　押送到孝武帝劉駿的軍部門前。191牙下　營門的大旗之下。牙，牙旗，這裡即指大旗。192越城　在今南京南，具體地址不詳。193今何所作　現在正做什麼。194已君臨萬國　已經統治了整個天下。195虎頭來得無晚乎　我來得是不是太晚了。虎頭，劉濬的小名，這裡是劉濬稱自己。得無，是不是，反問語。196殊當恨晚　的確是晚得有點遺憾。殊，極；甚。恨，遺憾。197故當不死邪　還能不能饒我一條命呢。198可詣行闕請罪　可到皇帝住的地方請罪。行闕，也稱「行宮」、「行在」，皇帝外出臨時所住的地方。闕，宮門左右的高臺，後來即以「闕」稱宮門。199未審　不清楚；不知道。200能賜一職自效不　能不能給我個官做，讓我替他效力呢。不，同「否」。201未可量　不好估計。202勒與俱歸　勒轉馬頭，與劉濬一齊往回走。203梟於大航　懸掛在朱雀橋上示眾。204暴尸於市　把他們的屍體晾在市場上示眾。暴，曬；晾。205妾媵　妃嬪侍女之類。206汙瀦劭所居齋　把劉劭所住的房子變成一片臭水坑。胡三省曰：「古者臣弒君、子弒父，殺無赦；壞其室，汙其宮而瀦焉。」瀦，水坑。王夫之《讀通鑑論》曰：「元凶為逆，孝武起兵以致討，元凶敗矣，蕭斌解甲帶白幡來降；逆濬就江夏王義恭以降，而但問「來未晚乎」，固自謂得視王謚，斌猶可立人之朝，濬猶可有其封爵也。於是斬斌於軍門，梟濬於大航，法乃申焉，則人知覆載不容之罪無所逃於上刑。於斯時也，義憤所激，天良警之，人理之不絕於天下，恃此也夫。」207且死　臨死之前。且，將。208獄丞　管監獄的副頭目。209汝家　劉氏家族。不知何以如此用「汝」字。210受拜皇后　你接受了皇后的封任。211權時　暫時、權宜之計。212離絕　離婚。213免於誅　指褚妃免於死。214都街鞭殺　在建康城內的大街上用鞭子將其抽死。215沈璞　《宋書》作者沈約的父親，前與魏軍作戰時守盱眙有功，這次沒能及時地參與推尊武陵王為帝的行動，被顏竣進讒所殺。見《宋書》卷一百。216庚辰　五月初八。217辛巳　五月初九。218甲申　五月十二。219乙酉　五月十三。220導　王導，東晉初期的元老勳臣，歷元帝、明帝、成帝三朝，出將入相，官至太傅。子孫為江左衣冠望族。傳見《晉書》卷六十五。221戊子　五月十六。222辛卯　五月十九。223忠憲公　公字表示爵位，忠憲二字是謚。224簡侯　侯字表示爵位，簡字是謚。225壬辰　五月二十。226領大司馬　兼任大司馬之職。領，地位高的人兼任較低的職務。227自洗黃閤　自己打掃自己的辦公地點。黃閤，指三公辦公的廳堂。胡三省曰：「舊制，三公聽事置黃閤。」又引《五代史》曰：「三公府三門，當中開黃閤，設內屏。」228令譽　好名聲。229用智將迎　用智慧巧妙應付劉劭的差遣。將迎，應付；敷衍。230時有全脫　偶爾地保全了、掩護了一些身處險境的人，如荊州、江州、雍州三鎮將士的家屬等等。231大司馬長史　大司馬劉義恭的高級僚屬。長史，三公或大將手下的諸史之長，很有實權。232任遇無改　任職與所受的待遇都還和從前一樣。明代袁了凡曰：「尚之先以致仕起復，身為大臣，君弒不能死於其難，乃北面逆賊，孝武復以為尚書令，《綱目》譏其不當復用從逆之人也。」（《歷史綱鑑補》）233甲午　五月二十二。234初寧長寧陵　初寧陵是高祖劉裕的陵墓，長寧陵是文帝劉義隆的陵墓。235卜天與　文帝劉義隆的衛隊頭領，被元凶劭的亂黨所殺。236四家　指卜天與、袁淑、徐湛之、江湛。237長給稟祿　永遠給他們的家庭提供俸祿。稟祿，同「廩祿」。國庫裡的糧食。238戊戌　五月二十六。239六月丙午　六月初五。240帝之討西陽蠻　事在本年正月。241及質起兵　指起兵討伐元凶劭。242帥所領西還　率領軍隊回到荊州。243語其信曰　指著臧質所派的使者說。244臧冠軍　指臧質，當時臧質任冠軍將軍、雍州刺史，鎮襄陽。245未知殿下義舉　還不知道殿下您的發動起事。殿下，指武陵王劉駿。246方應伐逆　很快就要舉兵東下。247不容西還　不可能回到荊州去。248為雍州　補劉駿任為雍州刺史。249為荊江後患　因雍州刺史地居襄陽，在荊、江二州的上游。250爪牙　孝武帝劉駿的心腹猛將。用「爪牙」以喻帝王的心腹將領，見《詩經・六月》。251重違其言　不好駁臧質的面子。重，難，不好違拗。252戊申　六月初七。253領石頭戍事　主管石頭城的戍守事宜。這對柳元景無疑是很大的委屈。254己酉　六月初八。255庚戌　六月初九。256衛軍司馬　衛將軍隨王劉誕的司馬官。257庚申　六月十九。258封顏竣等為公侯　顏竣此時被封為建城縣侯。259辛未　六月三十。260宜陽侯愷　劉愷。傳見《宋書》卷六十八。261閏月壬申　閏六月初一。262鎮盱眙　劉宋南兗州的州治原在廣陵（今揚州），現在移至盱眙，今江蘇盱眙的東北側。263癸酉　閏六月初二。264乙亥　閏六月初四。265內任　在朝廷內任職。266甲午　閏六月二十三。267荊湘二州　荊州的州治江陵，湘州的州治即今湖南長沙。按，自晉懷帝分荊州立湘州以來，此州屢廢、屢置，至此才正式設立。268宜陽縣王　爵位為王，封地為宜陽縣。269並加賞秩　都普遍地賞給財物或提高官職的品級。秩，級別。

【校　記】[1]少　原作「小」。張敦仁《通鑑刊本識誤》作「少」，當是，今據改。[2]執意　原作「意向」。據章鈺校，十二行本、乙十一行本、孔天胤本皆作「執意」，今據改。[3]等　原無此字。據章鈺校，十二行本、乙十一行本、孔天胤本皆有此字，今據補。[4]可得為啟　原作「劭可啟」。據章鈺校，十二行本、乙十一行本、孔天胤本皆作「可得為啟」，張瑛《通鑑校勘記》、熊羅宿《胡刻資治通鑑校字記》同，今據改。[5]乞　原作「得」。據章鈺校，十二行本、乙十一行本、孔天胤本皆作「乞」，張瑛《通鑑校勘記》、熊羅宿《胡刻資治通鑑校字記》同，今據改。[6]猶　原無此字。據章鈺校，十二行本、乙十一行本、孔天胤本皆有此字，今據補。[7]且　據章鈺校，十二行本作「見」。[8]任　原作「位」。據章鈺校，十二行本、乙十一行本、孔天胤本皆作「任」，張瑛《通鑑校勘記》同，今據改。

【語　譯】夏季，四月初一日癸卯，柳元景率領寧朔將軍薛安都等十二支軍隊從湓口出發，擔任司空中兵參軍的徐遺寶率領荊州的軍隊緊隨其後。初五日丁未，武陵王劉駿從尋陽出發，沈慶之帶領著全軍指揮部跟隨武陵王劉駿。〇劉劭立太子妃殷氏為皇后。

四月初八日庚戌，武陵王劉駿所發布的討伐叛逆劉劭的檄文傳到了京師建康，劉劭把檄文拿給擔任太常的顏延之看，並向顏延之詢問：「這是誰主筆的呢？」顏延之回答說：「是我兒子顏竣主筆。」劉劭說：「他所使用的言詞為何如此難聽！」顏延之說：「顏竣連他老父親的生死尚且不顧，又豈能顧及得了陛下！」劉劭的怒氣這才稍微平息。劉劭把武陵王劉駿的兒子全都抓起來軟禁在侍中下省，把南譙王劉義宣的兒子軟禁在太倉的空房中。劉劭準備把起兵討伐自己的雍州、荊州、江州這三個地區的將士留在京城的親屬全部殺光，江夏王劉義恭、尚書令何尚之都勸阻說：「凡是圖謀大事情的人都不會顧及自己的家庭，而且參加起兵的大多數人都是被裹挾逼迫，不得已而為之，現在忽然要誅殺他們的家屬，這樣做，正好促使他們下決心與你為敵到底。」劉劭認為劉義恭、何尚之說得有道理，於是下書，對起義軍家屬一律不予追究。

宋太子劉劭懷疑朝廷中的舊臣都不會效忠自己，於是就特別優待擔任輔國將軍的魯秀以及擔任右軍參軍的王羅漢，把有關軍事方面的一切事務全部委託給他們安排處置。把蕭斌當做自己的智囊，一切謀略都聽從於他，殷沖負責掌管文書符節。蕭斌勸說劉劭統領水軍親自到長江上游與起義軍決戰，不然的話就依托梁山固守。江夏王劉義恭認為從上游前來討伐的起義軍都是一哄而起，倉促集合而成，船隻簡陋狹小，不利於水上作戰，於是就向劉劭獻計說：「叛賊劉駿還太年輕，不懂得行軍打仗方面的事情，他手下的將士遠道而來已經非常疲憊，我們應當採取以逸待勞，等他們到來再消滅他們。如果離開京城到遠處的梁山固守，那麼京師建康就會兵力空虛力量弱小，如果浙東五郡的軍隊從東部乘虛而入，就有可能造成禍患。如果我們將兵力分開，一部分前往抵抗武陵王劉駿，一部分前去抵禦隨王劉誕，就會使兵力分散，勢力減弱，不如暫且養精蓄銳，等待敵兵疲憊之時，坐在這裡尋找可乘之機再發動進攻，一舉將他們消滅。如果放棄秦淮河以南的地盤不要，並在石頭城一帶的江中豎立起木柵欄，使叛軍的艦船無法靠岸，這是前朝曾經使用過的作戰方法，不用擔憂賊寇不被攻破。」劉劭很贊成劉義恭的意見。蕭斌則聲色俱厲地反駁說：「南中郎將劉駿雖然只是一個二十多歲的年輕人，卻能首倡反抗朝廷這樣的大事，其辦事能力難道還能夠限量嗎？目前三方面的勢力聯合起來，共同進攻我們，從形勢上來說又處在我們的上游；太尉中兵參軍沈慶之又非常熟悉、懂得軍事，襄陽太守柳元景、隨郡太守宗慤曾經屢次建立戰功，形勢如此嚴峻，實在不能把他們當做小毛賊一般而輕視他們。目前我們應該趁著人心尚未離散的機會，還可以奮力一戰，如果只是端坐在宮城裡，如何能夠保持長久呢？如今主子、丞相卻全都不想打仗，這難道不是天意嗎！」這次劉劭卻沒有聽從智囊蕭斌的勸告。又有人勸說劉劭去固守石頭城，劉劭說：「過去的君主所以要堅守石頭城，是因為他們可以等待各地的諸侯王率領勤王大軍前來救援京師。我如果也去堅守石頭城，有誰會來救援我呢？只有在城下決一死戰，不然的話，就沒有辦法克敵制勝。」此後，劉劭天天親自出去巡視軍營，慰勞將士，親自督促管理河流、湖泊的官員都水修理、製造船艦。四月初十日壬子，劉劭下令焚燒了秦淮河南岸的房屋以及秦淮河上所停泊的大小船隻，把百姓全部驅趕到秦淮河以北地區。

劉劭立自己的兒子劉偉之為皇太子。任命始興王劉濬妃子的父親褚湛之為丹楊尹。褚湛之，是褚裕之哥哥的兒子。劉劭任命劉濬為侍中、中書監、司徒、錄尚書六條事，加封南平王劉鑠開府儀同三司，任命擔任南兗州刺史的建平王劉宏為江州刺史。擔任太尉司馬的龐秀之率先從石頭城逃出，投奔了從南方過來的討逆大軍，人心因此而受到很大震動。劉劭任命營道侯劉義綦為湘州刺史，任命檀和之為雍州刺史。

四月十一日癸丑，武陵王劉駿率軍駐紮於鵲頭，擔任宣城太守的王僧達接到武陵王劉駿所發布的討伐篡逆劉劭的檄文以後，不知道該如何是好。他的一位賓客對他說：「如今皇太子劉劭弒殺父皇、篡奪皇位，罪惡滔天，是從古到今所從來未有過的事情。為您自己考慮，不如接受正義之師所發布的檄文，並轉告給周圍的其他郡，號召它們一同起兵。但凡還有良心的人，誰不響應您呢？這才是上策。如果您不能這樣做，也可以親自率領著一批擁護義軍的人們，仔細選擇一條水陸交通便利的通道，親自到南方去投奔起義軍，也不失為中策。」王僧達於是沿著一條列置著烽火臺用以傳遞邊關緊急情報的通道向南逃奔，在鵲頭遇到了武陵王劉駿。武陵王劉駿立即任命王僧達為長史。王僧達，是王弘的兒子。武陵王剛從尋陽出發的時候，沈慶之便對人說：「王僧達一定會前來投奔義軍。」別人問沈慶之什麼原因，沈慶之解釋說：「我見到過王僧達在先帝面前議論國家大事的時候顯得很有魄力，觀點明確，很有決斷。我就根據這一點來斷定，他前來投奔是肯定無疑的事情。」

柳元景因為自己的舟艦不夠堅固，不利於在江面上與敵兵開戰，於是就加速前進，一日走二日的路程，四月十四日丙辰，柳元景率軍抵達江寧，他們棄舟登陸步行，他派遣寧朔將軍薛安都率領鐵騎兵在秦淮河畔向著河北的建康城炫耀武力，又給朝廷中的官員們發送宣傳品，為他們分析誰是叛逆誰是仁義之師。

劉劭擢升擔任吳興太守的汝南人周嶠為冠軍將軍，此時隨王劉誕的討逆檄文也傳到京師建康。周嶠一向懦弱，膽小怕事，心裡七上八下拿不定主意，不知道應該聽從誰的命令。在太守府擔任司馬的丘珍孫殺死了周嶠，號召吳興全郡之人起來響應隨王劉誕。

四月十六日戊午，武陵王劉駿到達南洲，前來歸降的人接連不斷。十七日己未，劉駿率軍駐紮在溧洲。武陵王自從發兵尋陽以來，就身患疾病不能召見將佐，只有顏竣能夠出入劉駿的臥室，他把劉駿抱在膝上，親自照看劉駿的日常生活。劉駿病勢沉重，幾次病危，不能親自聽取諸將領的請示彙報，顏竣全部獨自一一地給他們做出決定性的回答。除了軍政大事以外，有時還要負責處理許多文告、教諭方面的來往書信，應付、安排遠近前來歸附的人員，每天還要早晚兩次按時到文帝靈位前舉哀哭喪，就像武陵王劉駿親自處理一樣。就這樣一過就是幾十天，就連劉駿這條船上的警衛士兵也不知道武陵王劉駿的病情已經危險到了這種程度。

四月二十一日癸亥，襄陽太守柳元景悄悄地率軍抵達新亭，他隨著山體的形勢築起了防禦工事。新投降的人都勸說柳元景迅速前進，柳元景說：「不能這樣做。不能因為自己佔理就把自己的力量估計得過於強大，一群惡人聚集在一起，往往也會同心協力，以求死裡逃生，輕率進軍而不做好防備，就會招致敵人的進攻，增加賊寇企圖獲勝的野心。」

就在柳元景的營壘還沒有建好的時候，被劉劭任命為龍驤將軍的詹叔兒探聽到了這種情況，他勸說劉劭抓住機會趕緊出戰，而劉劭沒有採納他的意見。四月二十二日甲子，劉劭派尚書僕射、領軍將軍蕭斌率領步軍，丹楊尹褚湛之率領水軍，與輔國將軍魯秀、右軍參軍王羅漢、劉簡之等人率領的精兵合起來總計一萬人，一同向柳元景設在新亭的營壘發起進攻，劉劭親自登上朱雀門督戰。柳元景早就對自己的部下說：「戰鼓敲的次數太多，士兵的士氣就會衰落，吶喊的次數太多，士兵的戰鬥力就會喪失殆盡。你們只管口中叼著枚，一聲不吭地奮勇殺敵，只管按照我鼓聲的指揮向前衝鋒，其他一概不管。」劉劭的將士因為感激劉劭給予他們的重賞，全都拼力死戰。柳元景的軍隊雖然遭受到敵人水軍、陸軍的雙重夾擊，卻勇氣倍增，他把軍中所有的勇士，全都派出去參戰，自己身邊只留下幾個人負責宣布、傳達號令。劉劭的軍隊眼看就要取勝的時候，輔國將軍魯秀卻敲響了退兵鼓，劉劭的軍隊立即停止了進攻。柳元景趁機打開營門擂起戰鼓，士兵吶喊著進行追擊，劉劭的軍隊立即崩潰，掉到秦淮河中淹死的士兵非常多。劉劭又親自率領殘餘的部隊前來進攻柳元景的營壘，劉元景再次把劉劭的軍隊打得大敗，殺死殺傷的人數超過了剛剛打完的那一仗，士兵爭相跳入死馬澗，由於入水的士兵太多，澗中的水都溢了出來。劉劭親手殺死一些向後退卻的士兵，卻無法阻止士兵的退卻。劉簡之戰死，蕭斌身受重傷，劉劭隻身逃回宮中。魯秀、褚湛之、檀和之全都向南投奔了討逆大軍。

四月二十四日丙庚，武陵王劉駿抵達江寧。二十五日丁卯，江夏王劉義恭單人匹馬向南投奔起義軍，劉劭遂殺死了劉義恭的十二個兒子。

太子劉劭、始興王劉濬憂愁窘迫，無計可施，就用皇帝乘坐的輦車把鍾山蔣侯廟中的蔣子文塑像接到宮中安放，向蔣子文的塑像磕頭觸地，虔誠地祈求蔣侯顯靈，保佑自己平安無事，他還封拜蔣子文為大司馬、鍾山王；又封死後被民間尊奉為神的蘇峻為驃騎將軍。劉劭任命始興王劉濬為南徐州刺史，與南平王劉鑠一同擔任錄尚書事。

四月二十六日戊辰，武陵王劉駿的軍隊駐紮在新亭，身為大將軍的江夏王劉義恭首先上表勸說劉駿登基稱帝。擔任散騎侍郎的徐爰在殿中誆騙劉劭，說自己去將劉義恭追回來，於是就尾隨劉義恭之後歸順了武陵王。當時武陵王的軍府剛剛建立不久，沒有人熟悉朝廷的典章制度，而徐爰恰恰對朝廷的典章制度一向非常熟悉。武陵王遂任命散騎侍郎徐爰兼任太常丞，負責撰寫一套皇帝登基典禮的章程儀式。二十七日己巳，武陵王在新亭即皇帝位為孝武帝，大赦天下。文武百官的爵位全都提升一等，參加起義軍，跟隨武陵王從西部諸郡來到新亭的人一律提升二個等級。孝武帝劉駿改謚宋文帝劉義隆為文皇帝，廟號為太祖。孝武帝任命大將軍江夏王劉義恭為太尉、錄尚書六條事、南徐州刺史。就在這同一天，劉劭也來到殿前平臺封自己的兒子劉偉之為皇太子，大赦天下，只有武陵王劉駿、江夏王劉義恭、南譙王劉義宣、隨王劉誕不在赦免的範圍之內。庚子日，孝武帝任命南譙王劉義宣為中書監、丞相、錄尚書六條事、揚州刺史；任命隨王劉誕為衛將軍、開府儀同三司、荊州刺史；任命雍州刺史臧質為車騎將軍、開府儀同三司、江州刺史；任命擔任太尉中兵參軍兼武陵王府司馬的沈慶之為領軍將軍；任命擔任兗、冀二州刺史的蕭思話為尚書左僕射。三十日壬申，任命擔任宣城太守的王僧達為尚書右僕射；襄陽太守柳元景為侍中、左衛將軍；擔任隨郡太守的宗慤為右衛將軍；擔任長史的張暢為吏部尚書；擔任尋陽太守的劉延孫、擔任諮議參軍的顏竣二人同時擔任侍中。

五月初一日癸酉，臧質率領二萬名雍州軍到達新亭，豫州刺史劉遵考派遣他的手下將領夏侯獻之率領五千步騎兵駐紮在瓜步山。

在此之前，宋世祖劉駿派遣擔任寧朔將軍的顧彬之率軍向東進入京師建康東南方一帶，接受隨王劉誕的指揮調度。劉誕派遣參軍劉季之率領軍隊與顧彬之所率領的軍隊同時向建康進發討伐劉劭，劉誕自己統兵駐紮在西陵，作為他們的後續部隊。劉劭派遣擔任殿中將軍的燕欽等率軍前去阻擊，兩軍在曲阿縣的奔牛塘相遇，燕欽等被起義軍打得大敗。劉劭於是便沿著秦淮河用木樁紮起柵欄進行自衛，又把破崗、方山埭的土壩挖開，以阻斷東方軍隊西進的道路。當時青壯年的男子已經全部應徵入伍，劉劭就招集婦女來從事這項勞役。

五月初二日甲戌，輔國將軍魯秀等人招募勇士攻佔了朱雀橋。王羅漢聽說孝武帝的軍隊已經渡過秦淮河，便立即放下武器投降，守衛在秦淮河邊上的各幢主、隊主所帶領的士兵一處挨一處地相繼潰逃而去，他們拋棄的武器、戰鼓、車蓋，充塞了大街小巷。當天夜裡，劉劭關閉了宮城周圍的六個門，派人嚴加防守，又在宮城門內側挖掘溝壕、樹立柵欄以加強防守。建康城內兵荒馬亂，擔任丹楊尹的尹弘等文武將吏全都爭先恐後地翻越城牆出來投降。劉劭在宮廷之內燒毀了皇帝所乘坐的車輦以及所穿戴的袞服和冕旒。蕭斌向他所率領的軍隊下達命令，讓他們全部脫下鎧甲、放下兵器，手舉白幡從石頭城出來投降，孝武帝命令在軍營門前將蕭斌斬首。始興王劉濬勸說劉劭攜帶著金銀財寶逃入海島，劉劭因為已經眾叛親離，所以沒有走成。

五月初三日乙亥，輔國將軍朱脩之攻克了東府。初四日丙子，各路大軍攻克了臺城，分別由臺城的各門進入宮廷，活捉了王正見，當場將王正見殺死。劉劭的心腹張超之匆忙跑到合殿中皇帝放置龍床的地方，被士兵殺死，士兵剖開張超之的肚腹，扯下他的腸子，割下他的心臟，諸將領還將張超之的屍體剁成了小碎塊，生著吃了下去。建平王劉宏等七位親王全都號哭著出來。劉劭穿過西牆，藏入武庫的水井中，被擔任隊副的高禽擒獲。劉劭向高禽詢問說：「天子在哪裡？」高禽回答說：「就在很近的新亭。」劉劭被帶到殿前，臧質看見劉劭不禁放聲痛哭。劉劭對臧質說：「像我這樣弒君殺父之人，天不覆地不載，老人家為什麼還要為我這樣痛哭？」劉劭又問臧質說：「還能上報求得一個流放到遠方的懲罰嗎？」臧質說：「主上就在不遠處的大航以南，自然會對你做出處理。」臧質把劉劭捆綁到馬上，押送到孝武帝劉駿的軍部門前。當時還沒有見到傳國玉璽，臧質就問劉劭，劉劭說：「傳國玉璽還在女巫嚴道育手裡。」臧質到嚴道育那裡索要，果然得到了傳國玉璽。孝武帝下令，就在軍門的大旗之下將劉劭和他的四個兒子一齊斬首。

始興王劉濬帶領著幾十名親信劫持著南平王劉鑠向南逃走，在越城遇到了江夏王劉義恭。劉濬下馬對劉義恭說：「南中郎劉駿現在正在做什麼？」劉義恭回答說：「他現在已經統治了整個天下。」劉濬又問：「我來得是不是太晚了？」劉義恭說：「的確是晚得有點令人感到遺憾。」劉濬又問：「還能不能饒我一條性命？」劉義恭說：「你可以到皇帝的行宮去向他請罪。」劉濬又說：「不知道還能不能賞給我一個官做，讓我為他效力呢？」劉義恭說：「這件事卻不好預測。」劉義恭調轉馬頭，與劉濬一同往回走，劉義恭在途中就把劉濬和他的三個兒子殺死了。孝武帝把劉劭、劉濬父子的頭顱全都砍下來懸掛在朱雀橋上，把他們的屍體曬在鬧市上示眾。劉劭的妃子殷氏以及劉劭、劉濬的諸位女兒、姬妾全都在獄中被孝武帝強迫自殺而死。把劉劭所住的房子拆毀，挖成大坑，灌滿汙水以示懲處。劉劭的妃子殷氏在臨死的時候對管理監獄的副頭目江恪說：「你們劉家骨肉之間互相殘殺，為什麼卻要殺害無辜之人呢？」江恪回答她說：「你接受了皇后的封賞，這不是罪惡是什麼呢？」殷氏說：「這只不過是劉劭的權宜之計罷了，劉劭原本是要封王鸚鵡為皇后的。」褚湛之向南投奔起義軍的時候，劉濬就與褚妃離異了，所以褚氏得以幸免於被誅殺。嚴道育、王鸚鵡都在建康城內的大街上被用鞭子抽打而死，她們的屍體被焚燒，就連她們的骨灰也都被灑到了長江之中。殷沖、尹弘、王羅漢以及擔任淮南太守的沈璞都被誅殺。

五月初八日庚辰，宋孝武帝劉駿宣布解除戒嚴令。初九日辛巳，孝武帝前往東府，文武百官都來向孝武帝請罪，孝武帝下詔赦免了他們。十二日甲申，孝武帝尊封自己的母親路淑媛為皇太后。路皇太后是丹楊人。十三日乙酉，孝武帝封自己的妃子王氏為皇后。王皇后的父親王偃是王導的玄孫。十六日戊子，孝武帝任命柳元景為雍州刺史。十九日辛卯，追贈袁淑為太尉，諡為忠憲公；追贈徐湛之為司空，諡為忠烈公；追贈江湛為開府儀同三司，諡為忠簡公；追贈王僧綽為金紫光祿大夫，諡為簡侯。二十日壬辰，任命擔任太尉的江夏王劉義恭為揚州、南徐州二州刺史，晉升太傅，兼任大司馬之職。

當初，劉劭任命尚書令何尚之為司空、兼任尚書令，任命何尚之的兒子擔任征北長史的何偃為侍中，他們父子二人全都在劉劭朝位居權要。等到劉劭敗亡之後，何尚之左右的人全都四處逃散，何尚之落得個不得不自己動手打掃辦公地點的境地。殷沖等人被孝武帝殺死之後，人們都為何尚之父子的前景感到擔心。孝武帝因為何尚之、何偃一向有好名聲，而且在劉劭的朝中能夠運用自己的智慧巧妙應對劉劭的差遣，偶爾也保全、掩護了一些身處險境的人，所以特別赦免了他們；又任命何尚之為尚書令，何偃為大司馬長史，他們的任職與所受的待遇都還和從前一樣。

五月二十二日甲午，宋孝武帝前往拜謁初寧陵、長寧陵。追贈卜天與為益州刺史，諡為壯侯，卜天與、袁淑、徐湛之、江湛這四個人的後裔，永遠享受朝廷給他們家庭提供的俸祿。張泓之等人也分別被追贈為郡守。二十六日戊戌，孝武帝任命南平王劉鑠為司空，任命建平王劉宏為尚書左僕射，任命蕭思話為中書令、丹楊尹。〇六月初五日丙午，孝武帝回到建康的皇宮。

當初，宋孝武帝奉命討伐西陽蠻的時候，臧質派遣柳元景率領軍隊前往與劉駿會合。等到臧質起兵時，曾經想擁戴南譙王劉義宣為皇帝，他暗中通知柳元景率領屬下的軍隊向西返回荊州，柳元景立即把臧質的書信交給了孝武帝，並指著臧質所派來的使者對孝武帝說：「冠軍將軍臧質恐怕還不知道殿下已經發兵起事的義舉吧。現在很快就要舉兵東下，形勢不容許我回到荊州去。」臧質因為這件事而對柳元景懷恨在心。等到柳元景被孝武帝任命為雍州刺史的時候，臧質擔心柳元景將來會成為荊州、江州的禍患，就建議孝武帝把柳元景留下來當做自己的心腹猛將，而不應該派到遙遠的地方去任職。孝武帝不好駁臧質的面子，於是在六月初七日戊申，改任柳元景為護軍將軍，主管石頭城的戍守事宜。〇初八日己酉，宋孝武帝任命擔任司州刺史的魯爽為南豫州刺史。初九日庚戌，任命擔任衛軍司馬的徐遺寶為兗州刺史。

六月十九日庚申，宋孝武帝下令給有關部門，要求他們對有功人員進行評定，按照功勞大小進行封賞，於是顏竣等人分別被封為公爵或封為侯爵。三十日辛未，改封南譙王劉義宣為南郡王，隨王劉誕為竟陵王，封劉義宣的次子宜陽侯劉愷為南譙王。

閏六月初一日壬申，孝武帝任命領軍將軍沈慶之為南兗州刺史，鎮守盱眙。初二日癸酉，孝武帝任命柳元景為領軍將軍。

閏六月初四日乙亥，魏國太皇太后赫連氏去世。

宋國丞相、南郡王劉義宣堅決推辭在朝廷內任職及他的兒子劉愷所受封的南譙王爵位。閏六月二十三日甲午，孝武帝改任南郡王劉義宣為荊州、湘州二州刺史，改封劉愷為宜陽縣王，將佐以下的官員全都普遍地得到了財物或提高官職品級的獎賞。孝武帝任命竟陵王劉誕為揚州刺史。

秋，七月辛丑[1]朔❶，日有食之。甲寅❷，詔求直言。辛酉❸，詔省細作并尚方彫文塗飾❹；貴戚競利❺，悉皆禁絕。

中軍錄事參軍❻周朗上疏，以為：「毒之在體，必割其緩處❼，歷下、泗間❽，不足戍守❾。議者必以為胡衰不足避❿，而不知我之病甚於胡矣。今空守孤城⓫，徒費財役。使虜但發輕騎三千，更互出入⓬，春來犯麥，秋至侵禾，水陸漕輸⓭，居然復絕⓮。於賊不勞⓯，而邊已困⓰，不至二年，卒散民盡，可蹻足而待⓱也。今人知不以羊追狼、蟹捕鼠，而令重車弱卒⓲與肥馬悍胡相逐⓳，其不能濟固宜⓴。

矣。又，三年之喪㉑，天下之達喪㉒，漢氏節其臣㉓則可矣，薄其子㉔則亂也。凡法有變於古而刻於情㉕，則莫能順㉖焉，至乎敗於禮而安於身㉗，必遽而奉之㉘。今陛下以大孝始基㉙，宜反斯謬㉚。又，舉天下以奉一君，何患不給㉛？一體炫金㉜，不及百兩㉝；一歲美衣，不過數襲㉞；而必收寶連櫝㉟，集服累笥㊱，目豈常視㊲，身未時親㊳，是櫝帶寶、笥著衣㊴也，何糜蠹之劇㊵，惑鄙之甚㊶邪！且細作始并㊷，以為儉節㊸；而市造華怪㊹，即傳於民㊺。如此，則遷也，非罷也㊻。凡厥庶民㊼，制度日侈，見車馬不辨貴賤，視冠服不知尊卑。尚方今造一物，小民明已睥睨㊽；宮中朝制[2]一衣，庶家晚已裁學。侈麗之源，實先宮閫㊾。又，設官者宜官稱事立㊿，人稱官置(51)。王侯識未堪務(52)，不應強仕(53)。且帝子未官，人誰謂賤？但宜詳置賓友(54)，茂擇正人(55)，亦何必列長史、參軍、別駕、從事(56)，然後為貴哉？又，俗好以毀沈人(57)，不知[3]察其所以致毀(58)；以譽進人(59)，不知察[4]其所以致譽(60)。毀徒皆鄙(61)，則宜擢其毀者(62)；譽黨悉庸(63)，則宜退其譽者(64)。如此，則毀譽不妄(65)，善惡分矣(66)。凡無世不有言事(67)，無時不有下令(68)。然升平不至(69)，昏危相繼(70)，何哉？設令之本非實故也(71)。」書奏，忤旨(72)，自解去職(73)。朗，嶠(74)之弟也。

侍中謝莊(75)上言：「詔云『貴戚競利，悉皆禁絕』，此實允愜民聽(76)。若有犯違，則應依制裁糾；若廢法申恩[77]，便為明詔既下而聲實乖爽[78]也。臣愚謂大臣在祿位者，尤不宜與民爭利。不審[79]可得在此詔不[80]？」莊，弘微[81]之子也。

上多變易太祖之制，郡縣以三周為滿[82]，宋之善政，於是乎衰。

乙丑[83]，魏濮陽王閭若文、征西大將軍永昌王仁皆坐謀叛，仁賜死於長安，若文伏誅。

南平穆王鑠[84]素負才能，意常輕上[85]；又為太子劭所任，出降最晚[86]，上潛使人毒之。己巳[87]，鑠卒，贈司徒，以商臣之諡[88]諡之。

南海太守蕭簡據廣州反[89]。簡，誕之弟也。詔新南海太守南昌鄧琬[90]、始興太守沈法系[91]討之。法系，慶之之從弟也。簡誑其眾曰：「臺軍[92]是賊劭所遣。」眾信之，為之固守。琬先至，止為一攻道；法系至，曰：「宜四面並攻，若守一道，何時可拔？」琬不從。法系曰：「更相申五十日[93]。」日盡又不克，乃從之。八道俱攻，一日即破之。九月丁卯[94]，斬簡，廣州平。法系封府庫付琬而還[95]。

冬，十一月丙午[96]，以左軍將軍魯秀為司州刺史。

辛酉[97]，魏主如信都、中山[98]。

十二月癸未[99]，以將置東宮[100]，省太子率更令等官[101]，中庶子等各減舊員之半（ㄅㄢˋ）[102]。

甲（ㄐㄧㄚˇ）午（ㄨˇ）[103]，魏（ㄨㄟˋ）主（ㄓㄨˇ）還（ㄏㄨㄢˊ）平（ㄆㄧㄥˊ）城（ㄔㄥˊ）。

【章　旨】以上為第三段，寫宋文帝元嘉三十年（西元四五三年）七至十二月共六個月間的大事。主要寫了周朗給孝武帝劉駿上書進言收縮北線邊兵，皇帝行三年喪，禁宮廷與貴族奢侈，王侯不應強仕等，以不合帝意，遂罷官；謝莊又上書反對貴族、高官與民爭利，無結果；寫了宋帝劉駿殺其弟南平王劉鑠；蕭簡因其兄蕭斌被殺而據廣州反，被沈法系討平；以及劉駿接受元凶劉劭的教訓，將立太子而先削減太子官屬等等。

【注　釋】❶七月辛丑朔　七月初一是辛丑日。❷甲寅　七月十四。❸辛酉　七月二十一。❹詔省細作并尚方彫文塗飾　下詔細作署和尚方署不再製作各種精美器物。省，減省；裁掉。細作署，一種主管為朝廷製作精美服飾、精美器物、精美玩物的部門，下管許多作坊，製造精巧的工藝品。當時朝廷設有細作署令，大明四年改為左右御府令。尚方是專門為宮廷製造器物、製造各種生活用品的機關，上屬於少府。彫文塗飾，指雕刻、彩繪等各種手工工藝製造。❺競利　指從事以營利為目的的手工業、商業等活動，以與從事工、農、商諸行業的百姓爭奪利潤。❻中軍錄事參軍　中軍將軍的錄事參軍。錄事參軍在將軍手下總管文書檔案。❼緩處　不緊要的部分。❽歷下泗間　指今山東西部與江蘇北部等一帶地區。歷下，指歷城，今山東濟南。泗間，泗水流域，指當時的彭城（今江蘇徐州）、湖陸（今山東魚臺東南）一帶地區。❾不足戍守　不值得派兵鎮守，意即應該將它放棄。❿胡衰不足避　魏國因內亂已經衰落，不用再躲避它。魏主拓跋燾於上年被其近臣所殺，國內發生一連串的政變與反政變。⓫孤城　指歷下、彭城等等。⓬更互出入　輪番地前來攻擊我們。⓭漕輸　使用車船運送糧食。⓮居然復絕　因此遂致斷絕。⓯於賊不勞　對敵人來說並沒有費多大勁。⓰而邊已困　而我們的邊防守衛已經無能為力。⓱蹻足而待　極言這種局面很快就要到來。蹻足，意即「蹺足」，蹺起腳跟就能看見。⓲重車弱卒　破舊的車子，病弱的士兵。以言劉宋軍隊。⓳相逐　相較量；相抗衡。⓴不能濟固宜　打不過人家是必然的。㉑三年之喪　為死去的皇帝、父母守孝三年。㉒天下之達喪　通行天下而一貫不能改變的喪禮。《儀禮・三年問》：「夫三年之喪，天下之達喪也。」達，通行，上自皇帝，下至庶民，概莫能外。㉓漢氏節其臣　漢朝減少大臣對皇帝的服喪期限。據《史記・孝文本紀》，文帝臨死前，下令給全國吏民，哭喪三天，即脫去孝服。㉔薄其子　減少其兒子為父母守孝的期限。㉕刻於情　傷害了人之常情。刻，薄；損害。㉖莫能順　不能按著他說的做。㉗至乎敗於禮而安於身　更有一種破壞古禮而只為求得自身舒適。㉘遽而奉之　有些人就立刻把它拿來推行。㉙以大孝始基　以討伐叛逆、伸張孝道為自己開創基業。㉚宜反斯謬　應該糾正這種不守三年之孝的荒謬。㉛何患不給　不愁供應不起。㉜一體炫金　一個人的身上即使掛滿金飾。炫金，熔化黃金以做飾物。㉝不及百兩　也用不了一百兩。㉞數襲　幾套。一件上衣與一件下衣，合稱一襲。㉟收寶連櫝　搜集來的珍寶裝滿好多櫃子。櫝，匣子、櫃子。㊱集服累笥　做成的衣服存滿箱籠。笥，方形的竹器。㊲目豈常視　意即眼睛看不過來。豈常視，有那麼多時間看麼。㊳身未時親　意即身子都沒有挨過。親，挨近，指穿。㊴是櫝帶寶笥著衣　這就等於給櫃子搜羅珍寶，給箱子做衣服穿。㊵何糜蠹之劇　這是多麼嚴重的糜爛與蛀蝕。劇，厲害；嚴重。㊶惑鄙之甚　愚蠢、粗俗得出奇。㊷細作始并　朝廷的細作署剛剛做了一些關停併轉的調整。并，合併；減少。㊸以為儉節　看起來像是節儉了一點。㊹市造華怪　外面市場上所製造的華麗而奇特的玩藝。㊺即傳於民　很快地又傳遍民間。㊻如此三句　這樣一來，是將侈靡之風變換了一個地方，而不是禁止。㊼凡厥庶民　在現在的百姓中間。厥，其。㊽明已瞷睨　明天就可以製造出相同的東西來。瞷睨，斜著眼睛看，意思是看了回去摹仿製造。瞷，通「睥」。㊾實先宮閫　實在是先由宮廷興起。閫，門檻，這裡指宮門。㊿官稱事立　官職與所要管的事情相稱。(51)人稱官置　當官的人與其職位相稱。(52)王侯識未堪務　一個王侯的見識能力如果不能勝任那個職務。(53)不應強仕　就不要派他出去做這個官。(54)賓友　泛指太子或諸王身邊的幕僚與輔導人員。(55)茂擇正人　認真挑選正派的人。茂，勉；認真。(56)長史參軍別駕從事　都是大州刺史屬下高級僚屬。劉氏自建國以來，皇帝的兒子都從十幾歲就出任刺史，由其身邊的僚屬代為執掌大權。(57)以毀沈人　通過毀謗的手段來打擊埋沒人才。(58)不知察其所以致毀　而在上者又不知道注意弄清這些人是為什麼招來的誹謗。(59)以譽進人　通過讚美以推舉某人。(60)其所以致譽　他是怎麼樣招來的這種讚美。(61)毀徒皆鄙　如果這些說人壞話的人品質都很低劣。(62)宜擢其毀者　那就應該提拔被他們所毀謗的人。(63)譽黨悉庸　如果這些給人唱讚歌的人都很平庸。(64)宜退其譽者　那就應該黜退被他們所讚美的人。(65)毀譽不妄　壞話好話都不是亂說。(66)善惡分矣　好人壞人就分出來了。(67)無世不有言事　任何時候都有給皇帝進言的人。(68)無時不有下令　任何時候都有皇帝根據這些聽到的言論下達命令。(69)升平不至　看不見太平的時代到來。(70)昏危相繼　黑暗和危亡一個接一個。(71)設令之本非實故也　是因為皇帝所下命令的依據是錯誤的緣故。(72)忤旨　不合孝武帝劉駿的心思。(73)自解去職　自己辭官而去。(74)嶠　周嶠，原為吳興太守，因臨事遲疑不斷，被丘珍孫所殺。事見前文。(75)謝莊　謝弘微之子，劉宋時代的傑出文學家，代表作是〈月賦〉。傳見《宋書》卷八十五。(76)允愜民聽　非常合乎民意。允，實在。(77)廢法申恩　違背法制而格外施恩。(78)聲實乖爽　說的和實際相矛盾。乖，背謬。爽，差錯。(79)不審　不知。(80)可得在此詔不　能不能也在詔書所說的範圍內。(81)弘微　謝弘微，晉末名臣謝混、謝琰之姪，謝靈運的堂兄弟，於改朝換代之際受託照顧謝混的家庭，故事感人。傳見《宋書》卷五十八。(82)郡縣以三周為滿　將郡縣長官的任職期限改為三年。胡三省曰：「元嘉之制，守宰以六期為斷。然自時厥後，率以三周為滿，而又有數更數易，不及三周者。」(83)乙丑　七月二十五。(84)南平穆王鑠　劉鑠，文帝之子，被封為南平王，穆是死後的謚。穆的意思同「繆」、「謬」，意即行為荒謬。(85)意常輕上　常有輕視皇帝劉駿的意思。(86)出降最晚　胡三省曰：「鑠為始興王濬挾持而走，遇江夏王義恭乃降，非本心也。」(87)己巳　七月二十九。(88)商臣之謚　春秋時楚國太子商臣弒其父而自立為君，死後被謚穆。事見《史記・楚世家》。(89)蕭簡據廣州反　胡三省曰：「蕭斌以逆黨誅，其弟懼連坐而反。」(90)鄧琬　劉宋時期的庸闇官僚。傳見《宋書》卷八十四。(91)沈法系　沈慶之的堂兄弟，當時的傑出將領。傳見《宋書》卷七十七。(92)臺軍　朝廷派來的軍隊。(93)更相申五十日　再延長五十天。意即再按你的做法攻五十天。更，再。(94)丁卯　九月二十八。(95)法系封府庫付琬而還　史家在表彰沈法系的不居功。胡三省曰：「史言沈氏兄弟皆能宣力於一時。」(96)十一月丙午　十一月初八。(97)辛酉　十一月二十三。(98)信都中山　魏之二城名。信都即今河北冀州，當時長樂郡的郡治所在地，也是當時冀州的州治所在地。中山即今河北定州，當時名叫盧奴，為中山郡的郡治所在地。(99)十二月癸未　十二月十五。(100)將置東宮　意即將要立太子。東宮，通常是太子所居之地。(101)省太子率更令等官　撤銷太子率更令等相關職位。省，廢除。太子率更令，太子的屬官，掌管太子府的門戶與漏刻計時等等。(102)中庶子等各減舊員之半　胡三省曰：「懲元凶劭之禍也。晉制，東宮中庶子四人，中舍人四人，庶子四人，舍人十六人，洗馬八人。」中庶子，太子的侍從官員。(103)甲午　十二月二十六。

【校記】[1]辛丑　原作「辛酉」。據章鈺校，十二行本、乙十一行本、孔天胤本皆作「辛丑」，今據改。[2]制　原作「製」。據章鈺校，十二行本、孔天胤本皆作「制」，今據改。按，「制」、「製」古相通。[3]知　原無此字。據章鈺校，十二行本、乙十一行本、孔天胤本皆有此字，熊羅宿《胡刻資治通鑑校字記》同，今據補。[4]知察　原無「知」字。據章鈺校，十二行本、乙十一行本、孔天胤本皆有「知」字，張瑛《通鑑校勘記》、熊羅宿《胡刻資治通鑑校字記》同，今據補。按，章鈺校曰，十二行本「察」誤「測」，乙十一行本「察」作「測」，孔本同、退齋校同、熊校同。依上下文意觀之，作「察」字義長。

【語　譯】秋季，七月初一日辛丑，發生日蝕。十四日甲寅，宋孝武帝劉駿下詔，要求文武大臣直言不諱地評論朝政。二十一日辛酉，孝武帝下詔細作署和尚方署不再製作各種雕刻、彩繪精美奢華的器物；皇親貴戚凡是從事以營利為目的的手工業、商業活動，而與從事工、農、商諸行業的百姓爭奪利潤的一律禁止。

宋國擔任中軍錄事參軍的周朗上疏給孝武帝，周朗認為：「如果身體中了毒，一定要把不要緊的部位放棄，歷城、泗水流域，不值得派兵鎮守。發表議論的人一定認為魏國因為內亂已經衰落，我們用不著再躲避他們，卻不瞭解我們衰弱的程度已經超過了胡寇。現在我軍空守著孤懸江北的歷城、彭城，白白地浪費掉大量的財力和民力。假設胡寇只派遣三千輕騎兵，輪番地前來攻擊我們，春天來踐踏小麥，秋天一到又來掠奪作物，使用車船運輸糧食的水路陸路交通也就因此而斷絕。這對於我們的敵人來說並不需要花費多大的力氣，而我們的邊防守衛卻已困苦不堪，再也無能為力，用不了兩年，守邊的士兵就會逃散，邊城的人民就會走光，這種局面很快就會到來。現在的人已經知道不能用羊去追趕惡狼，不能用螃蟹去捕捉老鼠，然而卻讓破舊的車子和疲弱的士卒去與肥壯的戰馬、強悍的胡寇進行抗衡，我們的守軍打不過人家是必然的。再有，為死去的皇帝、父母守孝三年是通行天下而一貫不能改變的喪禮，漢代的君主要求他們的臣子減少對皇帝的服喪期限是可以的，減少兒子為父母守孝的期限則擾亂了國家的禮法。凡是要改變古代的禮法，如果新法傷害了人之常情，新法就很難順利推行，更有一種破壞古禮而只為求得自身舒適，有些人就會立即把它拿來推行。如今陛下以討伐逆賊、伸張孝道為自己開創了基業，就應該糾正這種不守三年之孝的荒謬做法而恢復守喪三年的古禮。再有，用天下的財物供奉一位君主，何需發愁供應不起？一個人的身上即使掛滿了黃金飾品，所用黃金也超不過一百兩；一年到頭都穿著華麗的衣裳，也不過幾套衣服就夠了；卻一定要不斷地搜集珠寶，去裝滿一個個匣子、櫃子，不斷地製作華美的衣服去裝滿一個個箱籠，眼睛既不能經常地看著珠寶，衣服也不能每件都經常穿在身上，實際上等於給匣子、櫃子搜羅珍寶，給箱籠製作衣服穿，這是多麼嚴重的糜爛與蛀蝕，簡直是愚蠢、粗俗得出奇！而且朝廷的細作署才剛剛做了一些製作上的調整，目的就是為了推行節儉；然而外面市場上所製造的華麗而怪誕的玩意，很快就傳遍了民間。這樣一來，是將侈靡之風變換了一個地方，而不是廢止。現在的這些百姓，一天比一天崇尚奢華，光憑所看見的車馬根本無法辨別出乘車人身分的貴賤高低，光憑人們的衣著打扮也不能分辨出其地位是尊貴還是卑賤。尚方署今天製造出一件物品，小民百姓明天就可以製造出一件相同的物品出來；皇宮之中早晨製作出一件新式衣服，平民百姓晚上就已經在學著剪裁縫製了。奢侈華麗的根源，實在是先由宮廷興起。再有，設立的官職要與所主管的事情相稱，當官的人要與其職位相稱。王侯的見識和才能如果不能夠勝任那個職務，就不應該派他們去擔任那個官職。況且君主的兒子即使不去做官，有誰會說他們身分卑賤呢？只要謹慎地為他們選擇良師益友，認真地挑選那些作風正派的人來陪伴他們就可以了，何必非要為他們設置長史、參軍、別駕、從事，然後才認為他們身分高貴呢？再有，風俗喜好用誹謗的手段來打擊埋沒人才，而在上位的人又從不知道注意弄清這些人為什麼會招致誹謗；通過讚美來推舉某人，在上位的人又不知道考察他是如何招來的這種讚美。如果那些誹謗別人的人品質都很低劣，就應該提拔那些遭受他們詆毀的人；如果那些給人唱讚歌的人都是一幫庸才，那就應當黜退被他們所讚美的人。只有這樣，毀謗和讚譽的話才不至於亂說，好人和壞人自然就分出來了。總而言之，任何時候都有給皇帝進言的人，任何時候都有皇帝根據這些聽到的言論下達命令。然而太平盛世卻沒有出現，黑暗和危亡卻一個接一個，這是為什麼呢？是因為皇帝所下命令的依據是錯誤的緣故。」周朗所上的奏章，不合孝武帝的心意，周朗便主動辭官而去。周朗，是周嶠的弟弟。

宋國擔任侍中的謝莊上書給孝武帝說：「皇帝的詔書說『凡是皇親貴戚與小民百姓互相爭利，要一律禁止』，這實在是合民意順民心的事情。如果有人違反，就應該依照法律予以制裁糾正；如果違背法制而格外施恩，就是明明白白地頒布了詔書而說的和實際互相矛盾。我認為凡是拿著國家俸祿的在職官員，尤其不應該與民爭利。不知道這個內容能不能包含在皇帝詔書所說的範圍之內？」謝莊，是謝弘微的兒子。

宋孝武帝對宋太祖劉義隆時期所制定的制度進行了很多修改，他將郡縣長官的任職期限由原來的六年改為三年，於是宋國元嘉時期的好政策從此開始走向衰退。

七月二十五日乙丑，魏國濮陽王閭若文、征西大將軍永昌王拓跋仁都被指控參與叛變陰謀而獲罪，拓跋仁在長安被文成皇帝拓跋濬賜令自殺，閭若文被誅殺。

宋國南平穆王劉鑠一向自負有才能，所以經常流露出輕視皇帝劉駿的意思；又曾經被太子劉劭所任用，而且是最晚出城向孝武帝投降的一個，所以孝武帝便暗中派人去毒殺劉鑠。七月二十九日己巳，劉鑠去世，被追贈為司徒，依照春秋時期楚國世子商臣弒殺其君父而自立為君，死後被諡為穆的前例，給劉鑠的諡號為穆。

宋國擔任南海太守的蕭簡佔據廣州造反。蕭簡，是蕭斌的弟弟。孝武帝下詔給擔任新南海太守的南昌人鄧琬、擔任始興太守的沈法系，令他們率軍前去討伐蕭簡。沈法系，是沈慶之的堂弟。蕭簡誆騙他的部下說：「從朝廷來的軍隊是逆賊劉劭派來的。」眾人都聽信了他的話，於是為蕭簡堅守廣州城。鄧琬率先到達廣州，只從廣州城的一面發起進攻；沈法系到達之後，對鄧琬說：「應該從廣州城的四個方面展開進攻，如果只從一面進攻，什麼時候才能攻下廣州城呢？」鄧琬不肯聽從。沈法系說：「再按照你的做法攻擊五十天。」五十天過後鄧琬還是沒有攻下廣州，這才聽從了沈法系的意見。於是兵分八路同時進攻廣州，只用了一天的時間就攻下了廣州城。九月二十八日丁卯，斬殺了蕭簡，廣州叛亂被平定。沈法系把府庫查封後交付給鄧琬，然後撤軍而回。

冬季，十一月初八日丙午，孝武帝任命擔任左軍將軍的魯秀為司州刺史。

十一月二十三日辛酉，北魏文成帝拓跋濬前往信都、中山一帶巡視。

十二月十五日癸未，宋孝武帝準備立皇太子，他撤銷了太子率更令等相關職位，將皇太子的侍從官員中庶子等人員數量比舊時各減少一半。

十二月二十六日甲午，北魏文成帝從信都、中山返回平城。

【研　析】本卷寫宋文帝元嘉三十年（西元四五三年）一年間的劉宋與北魏的大事，其中寫魏國的事情只有幾句，其主要篇幅就寫了宋文帝劉義隆被其惡子劉劭與劉濬所殺，武陵王劉駿率先起兵討伐元凶劭，四海諸路響應，很快地建康城破，劉劭、劉濬與其黨羽蕭斌等人被捕殺，而劉駿做皇帝後又不孚眾望，新的矛盾又漸次展開等等。其中值得議論的事情有如下幾方面：

其一，宋文帝劉義隆共做皇帝三十年，雖然在幾次對外戰爭中表現得腐朽不堪，但在治理江南、穩定百姓生活方面可指責的事情不多，被歷史家稱讚為可與西漢文帝、景帝相比美的開明帝王。《宋書》的作者沈約說他：「正位南面，歷年長久，綱維備舉，條禁明密，罰有恆科，爵無濫品，故能內清外晏，四海謐如也。昔漢氏東京常稱建武、永平故事，自茲厥後，亦每以元嘉為言，斯固盛矣。」明代顧充說他：「三十年間，四境之內，戶口蕃息，講誦相聞，士敦操尚，鄉恥輕薄，朝廷清明而天下安靜，雖不能純法八世，而元嘉之治亦足以比前漢之文景矣。」這些都是事實，我們應該承認。

其二，劉劭從六歲被其父立為太子，十三歲行加冠禮，十七歲就有了相當的權力。其父對他很寵信，為了加強父子聯合統治國家的力量，其父特別增加劉劭所統軍隊的數量，劉劭部下的軍隊與其父的御林軍數量相同。劉劭所擔心的問題只是與其父所寵信的大臣江湛、徐湛之關係不好而已。但劉劭不是把矛頭對著其父身邊的寵臣，而是直接把矛頭對著其父本人。他與其異母弟劉濬勾結匪類，造作巫蠱，欲害其父於死，此其狼子野心已應遭到誅滅。但事洩之後，其父仍對之無比寬忍，並未因此將他廢黜，長時間內希望他能悔改。但劉劭毫無悛改之心，繼續勾結妖人，圖謀不軌。事情再次被其父發現，劉劭、劉濬兩個孽子竟聚集不逞之徒，趁其父仍在猶豫，不忍對他們兄弟採取措施之時，突入宮廷，將其父殺死。《宋書》的作者沈約說：「甚矣哉，宋氏之家難也。自赫胥以降，立號皇王，統天南面，未聞斯禍。難興天屬，禨流牀笫，愛敬之道，頓滅一時，生民得無左衽，亦以幸矣！」中國古代歷史上的弒父弒君者可以說出一大串，有些原是既定的太子，由於他們自身有錯或是受到他人的讒毀，其父將他們廢黜時，他們為了維護既有的權位而鋌身走險殺父弒君；也有的是按既定程序他們根本沒分兒，他們是為了改變程序、攫取權力而殺父弒君：而劉劭都不屬於這些情況。因此，不論是在過去的禮法社會，還是在現今的民主社會，劉劭的行為都令人分外憎恨，他比楚太子商臣以及隋朝的楊廣等等都還要可惡得多。

其三，是作為宋文帝一方實在荏弱無能，可令後人接受的教訓太多了。《歷史綱鑑補》引明代胡致堂說：「晉之申生、宋之座、秦之扶蘇、漢之據、晉之遹、隋之勇、唐之瑛、弘、賢等之被廢殺，皆以讒間猜忌，非有反逆之迹也。若元凶劭則反逆之迹形於手，既與濬陳謝帝前，其暴著甚矣，非有讒間猜忌之事也。御正殿，召公卿，以大義廢之。己不失為慈父，劭、濬得盡天年，不亦善乎？『君親無將』，其將已形而不治；蓄疑敗謀，其疑已久而不決，置東宮兵與羽林等，使其有宮甲之勢；以所謀語潘淑妃，不虞江芈之漏：是劭固欲弒，而文帝因使之弒也。宋文美質溫厚，愛養斯民，然純恃智力，維持大業；不知經訓，昧於父子君臣之道，禍發蕭牆，取笑千載。由是觀之，人君以務學為急，『不知《春秋》之義，必蒙首惡之名』，豈不信哉！」袁俊德說：「履霜堅冰，《易經》早著炯戒，劭、濬逆亂顯著，更無疑義，乃始則置而弗問，繼復機事不密，是直釀篡弒耳；豈特坐昧先機，直是貽笑千古。」都是一針見血的批評。王世貞綜合宋文帝的一生事跡總結說：「文帝恭勤政事，侃侃忘疲，性存儉約，不事侈靡，加以在位日久，綱維備舉，條禁明密，四境晏然，戶口蕃息，政平訟理。惜乎，以萬里長城之人，不免死於讒間之口；而又不量其力，橫挑強胡，使師徒殲於河南，胡馬飲於江漢。及其末路，狐疑不決，率成此禍，豈非文有餘而武不足耶？」漢武帝、唐明皇都果於誅戮，致使太子含冤而死；而宋文帝則優柔寡斷，明知其當為而不為，致使自己被殺，家國亦轉眼泯滅，可悲也夫！

其四，袁淑與王僧綽之死。袁淑是劉劭的衛隊長官，先是勸阻劉劭的謀逆，後又拒絕跟隨劉劭進宮作亂而被劉劭所殺；王僧綽是宋文帝的心腹謀臣，曾力請宋文帝盡快割恩以解決劉劭與劉濬的問題，由於宋文帝未能及時動手，致使劉劭的陰謀獲逞。劉劭開始不知道王僧綽的建議，稱帝後任用王僧綽為官；後在清理宋文帝的文件時，發現了王僧綽的上書，於是將王僧綽殺死。有些人對袁淑、王僧綽極為稱讚；南朝民歌中也有「寧作袁淑死，不作褚淵生」的句子。我們對這兩個人要有本質上的肯定，因為他們畢竟沒有從逆，而且為此付出了犧牲。但他們在整個事件中的猶疑、動搖，是很明顯的。明代袁俊德《歷史綱鑑補》說：「袁淑一聞劭言，始則諷以疾動，力叱群邪；繼則明以禍至，正言折亂謀：可謂凜然大義，不愧純臣。然使彼時即舉發其事，或當不致決裂；乃猶豫不決，繞牀終夜，欲何為哉？幸以身殉，不然南史之誅不能逃矣。」清代王夫之《讀通鑑論》說：「袁淑死於元凶之難，從容就義以蹈白刃，其視王僧綽與廢立之謀，變而受其吏部尚書，以迹露而被殺者遠矣。雖然，元凶劭與君父有不兩立之勢也，自其怨江、徐而造巫蠱已然矣。淑為其左衛率，無能改其凶德，辭宮僚而去之，不可乎？可弗死也。及其『日餉將士，親行酒以奉之』，梟獍之謀決矣，發其不軌以聞之帝，不可乎？言以召禍，於此而死焉，可也。伐國不問仁人，其嚴氣有以讋之也。風稜峻削嶽立，而為元凶所忌，或殞其身，可也。何至露刃行逆之時，元凶尚敢就謀成敗乎？且其官衛率也，將士之主也。元凶不逞，握符麾眾，禽之以獻，不濟而死焉，可也。何躊躕永夜，而被其脅使登車，而泯泯以受刃乎？傷哉！子曰：『見義不為，無勇也。』淑之於義曙矣，而勇不足以堪之。勇於定亂，勇於討賊，難矣；勇於去官，決於一念，而唯己所欲為者也，此之不決，則死有餘憾。為君子者可不決之於早哉？」也許有點過於求全責備，但道理的確是講得義正辭嚴！關於王僧綽之死，明代袁了凡《歷史綱鑑補》說：「僧綽力請宋文速斷，而宋文不能從，若僧綽亦可謂忠於謀國者矣。然劭既為逆，僧綽當引身而去，固不可以其不知所謀而隱忍就職。不死於臨難之初，而死於受職之後，豈不深可惜哉？」袁俊德說：「僧綽既贊謀廢劭，齋閣之變，非力圖討賊，即引身殉節，再無二義。乃隱忍受官，旋即見殺，有愧袁淑諸人多矣。」即使起王僧綽而聽之，諒也只可啞然稱服。

卷第一百二十八

宋紀十

起閼逢敦牂（甲午　西元四五四年），盡著雍閹茂（戊戌　西元四五八年），凡五年。

【題　解】本卷寫宋孝武帝孝建元年（西元四五四年）至大明二年（西元四五八年）共五年間的劉宋與北魏等國的大事。主要寫了宋荊州刺史劉義宣與江州刺史臧質以平元凶劉劭功大，驕恣放縱，不遵朝廷約束，臧質以擁立劉義宣為名，實則欲伺機推翻劉氏王朝而自立。他們聯絡兗州刺史徐遺寶、豫州刺史魯爽、司州刺史魯秀等以「誅君側之惡」為名，起兵進攻朝廷，結果被宋將沈慶之、柳元景、垣護之、薛安都等所破，臧質被追兵所殺，劉義宣被朱脩之所殺，叛亂大體平定；寫孝武帝劉駿欲削弱王侯，劉義恭為保官保命而先意迎合之，大力裁減諸王侯的各種禮儀服飾待遇；寫了文帝之子武昌王劉渾自號楚王，以備置百官為樂，被孝武帝逼令自殺；寫了劉宋名將沈慶之請求退休，孝武帝令何尚之勸阻，沈慶之不從；寫宋主劉駿因徐州刺史申坦等討任城群盜無功遂欲殺之，直到沈慶之抱申坦哭於市，申坦始被劉駿所赦；寫了劉駿驕奢自恣，多所興造，顏竣以藩朝舊臣，懇切諫爭無所迴避，遂被劉駿出之為刺史；寫了中書令王僧達由於跌蕩不拘，矜才自負，因遷護軍心懷不滿，累求外出，又對皇帝的親戚無禮，惹怒皇帝、太后，被誣以罪名殺之；寫了劉駿因淫亂無度，不擇親疏，人多不喜，竟陵王劉誕寬而有禮，又討劉劭有功，人心竊向之，劉駿畏忌之使之出鎮廣陵；寫了劉駿的因彭城民高闍、沙門曇標勾結皇帝身邊的親兵頭領作亂而下令沙汰僧尼，嚴其誅禁，自非戒行精苦，並使還俗；寫了劉駿寵用戴法興、巢尚之、戴明寶，三人權重當時，天下輻湊，門庭若市等等；

寫了魏主拓跋濬立其子拓跋弘為太子，依故事殺太子之母李貴人；寫了魏主度大漠，伐柔然，柔然可汗遠遁，別部降者千餘落，魏主刻石紀功而還；寫了宋將殷孝祖築城於清水之東，魏將封敕文攻之，被宋軍敗之於沙溝。魏將皮豹子助封敕文攻青州，又被宋將顏師伯、焦度所敗；寫了魏臣高允諫魏主拓跋濬大起宮殿，魏主納之，連帶寫到了高允的屏人進言，能為魏主留面子，使魏主知其過而天下不知，高允為郎二十多年，至此被任為中書令，魏之儒臣游雅引高允在崔浩被殺時對魏主侃侃進言的「矯矯風節」，對高允的評價極高，比之於漢代的汲黯等等。

世祖孝武皇帝上

孝建元年（甲午　西元四五四年）

春，正月己亥朔❶，上祀南郊❷，改元❸，大赦。甲辰❹，以尚書令何尚之為左光祿大夫❺、護軍將軍，以左衛將軍顏竣為吏部尚書、領❻驍騎將軍。○壬戌❼，更鑄❽孝建四銖錢。

乙丑❾，魏以侍中伊馛❿為司空。

丙子⓫，立皇子子業⓬為太子。

初，江州刺史臧質⓭，自謂人才足為一世英雄，太子劭之亂，質潛有異圖⓮，以荊州刺史南郡王義宣庸闇易制⓯，欲外相推奉⓰，因而覆之⓱。質於義宣為內兄[18]，既至江陵[19]，即稱名拜義宣[20]。義宣驚愕問故[21]，質曰：「事中宜然[22]。」時義宣已奉帝為主[23]，故其計不行[24]。及至新亭，又拜江夏王義恭[25]，曰：「天下屯危[26]，禮異常日[27]。」

劭既誅，義宣與質功皆第一，由是驕恣，事多專行，凡所求欲，無不必從[28]。義宣在荊州十年，財富兵彊，朝廷所下制度，意有不同，一不遵承[29]。質自建康之江州[30]，舫千餘乘[31]，部伍前後百餘里。帝方自攬威權，而質以少主遇之[32]，政刑慶賞[33]，一不咨稟[34]。擅用湓口、鉤圻米[35]，臺符[36]屢加檢詰[37]，漸致猜懼[38]。

帝淫義宣諸女，義宣由是恨怒，質迺遣密信[39]說義宣，以為「負不賞之功[40]，挾震主之威，自古能全[41]者有幾？今萬物係心於公[42]，聲迹已著[43]，見幾不作[44]，將為他人所先[45]。若命徐遺寶、魯爽[46]驅西北精兵來屯江上[47]，質帥九江樓船為公前驅[48]，已為得天下之半。公以八州[49]之眾，徐進而臨之，雖韓、白更生[50]，不能為建康計[51]矣。且少主[52]失德，聞於道路[53]，沈、柳[54]諸將，亦我之故人，誰肯為少主盡力者！夫不可留者年也，不可失者時也。質常恐溘先朝露[55]，不得展其旅力[56]，為公掃除[57]，於時悔之何及？」義宣腹心將佐諮議參軍蔡超、司馬竺超民[58]等咸有富貴之望[59]，欲倚質威名以成其業，共勸義宣從其計。質女為義宣子採之婦，義宣謂質無復異同(60)，遂許之。超民，夔(61)之子也。臧敦(62)時為黃門侍郎，帝使敦至義宣所，道經尋陽，質更令敦說誘義宣，義宣意遂定。

豫州刺史魯爽有勇力，義宣、質[1]素與之相結。義宣密使人報爽及兗州刺史徐遺寶，期以今秋同舉兵。使者至壽陽(63)，爽方飲醉，失義宣指(64)，即日舉兵。爽弟瑜在建康，聞之，逃叛。爽使其眾戴黃標(65)，竊造法服(66)，登壇，自號建平元年。疑長史韋處穆、中兵參軍楊元駒、治中(67)庾騰之不與己同，皆殺之。遺寶[2]亦勒兵向彭城(68)。

二月，義宣聞爽已反，狼狽舉兵(69)。魯瑜弟弘為質府佐，帝敕質收之(70)，質即執臺使(71)，舉兵。

義宣與質皆上表，言為左右所讒疾(72)，欲誅君側之惡(73)。義宣進爽號征北將軍，爽於是送所造輿服(74)詣江陵，使征北府戶曹(75)版義宣等文曰(76)：「丞相劉(77)，今補天子(78)，名義宣；車騎臧(79)，今補丞相(80)，名質；平西朱(81)，今補車騎(82)，名脩之：皆版到奉行(83)。」義宣駭愕，爽所送法物並留竟陵(84)，不聽進(85)。質加魯弘輔國將軍，下戍大雷(86)。義宣遣諮議參軍劉諶之將萬人就弘(87)，召司州刺史(88)魯秀，欲使為諶之後繼。秀至江陵見義宣，出，拊膺(89)曰：「吾兄誤我(90)，乃與癡人作賊[91]，今年敗矣！」

義宣兼荊、江、兗、豫四州之力，威震遠近。帝欲奉乘輿法物迎之[92]，竟陵王誕固執[93]不可，曰：「柰何持此座[94]與人！」乃止。

己卯[95]，以領軍將軍柳元景為撫軍將軍。辛卯[96]，以左衛將軍王玄謨為豫州刺史，命元景統玄謨等諸將以討義宣。癸巳[97]，進據梁山洲[98]，於兩岸築偃月壘[99]，水陸待之。義宣自稱都督中外諸軍事，命僚佐悉稱名[100]。

甲午[101]，魏主詣道壇受圖籙[102]。

丙申[103]，以安北司馬夏侯祖歡為兗州刺史[104]。三月己亥[105]，內外戒嚴。辛丑[106]，以徐州刺史蕭思話為江州刺史[107]，柳元景為雍州刺史[108]。癸卯[109]，以太子左衛率龐秀之為徐州刺史[110]。

義宣移檄州郡，加進位號[111]，使同發兵。雍州刺史朱脩之偽許之，而遣使陳誠於帝[112]。益州刺史劉秀之[113]斬義宣使者，遣中兵參軍韋崧將萬人襲江陵。

戊申[114]，義宣帥眾十萬發江津[115]，舳艫[116]數百里。以子慆為輔國將軍，與左司馬竺超民留鎮江陵。檄朱脩之使發兵萬人繼進，脩之不從。義宣知脩之貳於己[117]，乃以魯秀為雍州刺史，使將萬餘人擊之。王玄謨聞秀不來，喜曰：「臧質易與[118]

耳。」

冀州刺史垣護之[119]妻，徐遺寶之姊也，遺寶邀護之同反，護之不從，發兵擊之。遺寶遣兵襲徐州長史明胤[120]於彭城，不克。胤與夏侯祖歡、垣護之共擊遺寶於湖陸[121]，遺寶棄眾焚城，奔魯爽[122]。

義宣至尋陽，以質為前鋒而進，爽亦引兵直趣歷陽[123]，與質水陸俱下。殿中將軍沈靈賜將百舸[124]，破質前軍於南陵[125]，擒軍主[126]徐慶安等。質至梁山，夾兩岸[127]，與官軍相拒。

夏，四月戊辰[128]，以後將軍劉義綦[129]為湘州刺史。甲申[130]，以朱脩之為荊州刺史。

上遣左軍將軍薛安都、龍驤將軍南陽宗越[131]等戍歷陽，與魯爽前鋒楊胡與等戰，斬之。爽不能進，留軍大峴[132]，使魯瑜屯小峴。上復遣鎮軍將軍沈慶之濟江[133]，督諸將討爽，爽食少，引兵稍退[134]，自留斷後[135]。慶之使薛安都帥輕騎追之，丙戌[136]，及爽[137]於小峴。爽將戰，飲酒過醉，安都望見爽，即躍馬大呼，直往刺之，應手而倒，左右范雙斬其首。爽眾奔散，瑜亦為部下所殺，遂進攻壽陽，克之。徐遺寶奔東海[138]，東海人殺之。

李延壽[139]論曰：「凶人之濟其身[140]，非世亂莫由[141]焉。魯爽以亂世之情[142]，而行之於平日[143]，其取敗也宜哉[144]！」

南郡王義宣至鵲頭[145]，慶之送爽首示之，并與書曰：「僕荷任一方[146]，而釁生所統[147]。近聊帥輕師[148]，指往翦撲[149]，軍鋒裁及[150]，賊爽授首。公情契異常[151]，或欲相見[152]，及其可識[153]，指送相呈[154]。」爽累世將家[155]，驍猛善戰，號萬人敵。義宣與質聞其死，皆駭懼。

柳元景軍于采石[156]，王玄謨以臧質眾盛，遣使來求益兵[157]，上使元景進屯姑孰[158]。

太傅義恭與義宣書曰：「往時仲堪假兵[159]，靈寶尋害其族[160]；孝伯推誠[161]，牢之旋踵而敗[162]。臧質少無美行[163]，弟所具悉[164]。今藉西楚之彊力[165]，圖濟其私[166]，凶謀若果[167]，恐非復池中物[168]也。」義宣由此疑之。

五月甲辰[169]，義宣至蕪湖，質進計曰：「今以萬人取南州[170]，則梁山中絕[171]；萬人綴梁山[172]，則玄謨必不敢動。下官中流鼓棹[173]，直趣石頭[174]，此上策也。」義宣將從之，劉諶之密言於義宣曰：「質求前驅，此志難測；不如盡銳[175]攻梁山，事克然後長驅，此萬安之計也。」義宣乃止。

宂從僕射[176]胡子反等守梁山西壘，會[177]西南風急，質遣其將尹周之攻西壘[178]。子反方度東岸[179]就玄謨計事，聞之，馳歸[180]。周之攻壘甚急[3]，偏將劉季之帥水軍殊死戰，求救於玄謨，玄謨不遣[181]；大司馬參軍[182]崔勳之固爭[183]，乃遣勳之與積弩將軍垣詢之[184]救之。比至[185]，城已陷，勳之、詢之皆戰死。詢之，護之之弟也。子反等奔還東岸。質又遣其將龐法起將數千兵趨南浦[186]，欲自後掩玄謨[187]，游擊將軍垣護之引水軍與戰，破之[188]。

朱脩之斷馬鞍山[189]道，據險自守。魯秀攻之不克，屢為脩之所敗，乃還江陵，脩之引兵躡之[190]。或勸脩之急追[191]，脩之曰：「魯秀，驍將也。獸窮則攫[192]，不可迫也。」

王玄謨使垣護之告急於柳元景曰：「西城不守，唯餘東城萬人。賊軍數倍，彊弱不敵[193]，欲退還姑孰，就節下[194]協力當之，更議進取[195]。」元景不許，曰：「賊勢方盛，不可先退，吾當卷甲赴之[196]。」護之曰：「賊謂[197]南州有三萬人，而將軍麾下裁十分之一，若往造賊壘[198]，則虛實露矣[199]。王豫州必不可來[200]，不如分兵援之。」元景曰：「善！」乃留羸弱[201]自守，悉遣精兵助玄謨，多張旗幟。梁山望之如數萬人，皆以為建康兵悉至，眾心乃安。

質請自[4]攻東城。諮議參軍顏樂之說義宣曰：「質若復克東城(202)，則大功盡歸之矣，宜遣麾下自行(203)。」義宣乃遣劉諶之與質俱進。甲寅(204)，義宣至梁山，頓兵西岸，質與劉諶之進攻東城。玄謨督諸軍大戰，薛安都帥突騎先衝其陳(205)之東南，陷之，斬諶之首；劉季之、宗越又陷其西北，質等兵大敗。垣護之燒江中舟艦，煙焰覆水(206)，延及西岸營壘殆盡。諸軍乘勢攻之，義宣兵亦潰。義宣單舸迸走(207)，閉戶(208)而泣，荊州人隨之者猶百餘舸。質欲見義宣計事，而義宣已去，質不知所為(209)，亦走，其眾皆降散。己未(210)，解嚴(211)。

癸亥(212)，以吳興太守劉延孫為尚書右僕射(213)。

六月丙寅(214)，魏主如陰山(215)。

臧質至尋陽，焚燒府舍(216)，載妓妾西走，使嬖人(217)何文敬領餘兵居前，至西陽。西陽太守魯方平紿文敬(218)曰：「詔書唯捕元惡(219)，餘無所問，不如逃之。」文敬棄眾亡去。質先以妹夫羊沖為武昌郡(220)，質往投之。沖已為郡丞(221)胡庇之所殺，質無所歸，乃逃于南湖(222)，掇蓮實啗之(223)。追兵至，以荷覆頭(224)，自沈於水，出其鼻。戊辰(225)，軍主鄭俱兒望見，射之，中心(226)，兵刃亂至，腸胃縈水草(227)，斬首送建康。子孫皆棄市(228)，并誅其黨豫章太守樂安[5]任薈之(229)、臨川內史(230)劉懷之、鄱陽[231]太守杜仲儒。仲儒，驥[232]之兄子也。功臣柳元景等封賞各有差[233]。

丞相義宣走至江夏，聞巴陵[234]有軍，回向江陵。眾散且盡，與左右十許人徒步，脚痛不能前，僦民露車[235]自載，緣道求食。至江陵郭[236]外，遣人報竺超民，超民具羽儀[237]兵眾迎之。時荊州帶甲尚萬餘人，左右翟靈寶誡義宣[238]使撫慰將佐[239]，以「臧質違指授之宜[240]，用致失利[241]；今[242]治兵繕甲[243]，更為後圖[244]。昔漢高百敗[245]，終成大業[246]」。而義宣忘靈寶之言，誤云「項羽千敗」，眾咸掩口[247]。魯秀、竺超民等猶欲收餘兵更圖一決，而義宣惛沮[248]，無復神守[249]，入內不復出，左右腹心稍稍離叛[250]。魯秀北走[251]，義宣不能自立，欲隨〔6〕秀去，乃攜息愔[252]及所愛妾五人著男子服相隨。城內擾亂，白刃交橫[253]，義宣懼，墜馬，遂步進[254]。竺超民送至城外，更以馬與之[255]，歸而城守[256]。義宣求秀不得[257]，左右盡棄之，夜，復還南郡空廨[258]。旦日，超民收送刺姦[259]。義宣止獄戶[260]，坐地歎曰：「臧質老奴誤我[261]！」五妾尋被遣出[262]，義宣號泣，語獄吏曰：「常日非苦[263]，今日分別始是苦。」

魯秀眾散，不能去[264]，還向江陵[265]，城上人射之，秀赴水，死，就取其首[266]。

詔右僕射劉延孫[267]〔7〕使荊、江二州[268]，旌別枉直[269]，就行誅賞[270]；且分割二州之地[271]，議更置新州[272]。

初，晉氏南遷，以揚州為京畿[273]，穀帛所資[274]皆出焉；以荊、江為重鎮[275]，甲兵所聚盡在焉，常使大將居之[276]。三州戶口，居江南之半。上惡其彊大，故欲分之。癸未[277]，分揚州浙東五郡[278]置東揚州，治會稽；分荊、湘、江、豫州之八郡[279]置郢州，治江夏；罷南蠻校尉[280]，遷其營[281]於建康。太傅義恭議使郢州治巴陵，尚書令何尚之曰：「夏口在荊、江之中，正對沔口[282]，通接雍、梁[283]，實為津要[284]。由來舊鎮[285]，根基不易[286]，既有見城[287]，浦大容舫[288]，於事為便。」上從之。既而荊、揚因此虛耗[289]，尚之請復合二州，上不許。

戊子[290]，省錄尚書事[291]。上惡宗室彊盛，不欲權在臣下，太傅義恭知其指[292]，故請省之[293]。

上使王公、八座[294]與荊州刺史朱脩之書，令丞相義宣自為計[295]。書未達，庚寅[296]，脩之入江陵，殺義宣，并誅其子十六人，及同黨竺超民、從事中郎蔡超、諮議參軍顏樂之等。超民兄弟應從誅，何尚之上言：「賊[297]既遁走，一夫可擒。若超民反覆昧利[298]，即當取之[299]，非唯免愆[300]，亦可要不義之賞[301]。而超民曾無此意[302]，微足觀過知仁[303]。且為官保全城府[304]，謹守庫藏，端坐待縛[305]。今戮及兄弟[306]，則與其餘逆黨無異，於事為重[307]。」上乃原[308]之。

秋，七月丙申朔[309]，日有食之。

庚子[310]，魏皇子弘[311]生。辛丑[312]，大赦，改元興光[313]。

丙辰[314]，大赦[315]。

八月甲戌[316]，魏趙王深[317]卒。◯乙亥[318]，魏主還平城[319]。

冬，十一月戊戌[320]，魏主如中山，遂如信都[321]。十二月丙子[322]，還，幸靈丘[323]，至溫泉宮。庚辰[324]，還平城。

【章旨】以上為第一段，寫宋孝武帝孝建元年（西元四五四年）一年間的大事。主要寫了宋荊州刺史劉義宣與江州刺史臧質以平元凶劉劭功大，驕恣放縱，不遵朝廷約束，臧質以擁立劉義宣為名，實則欲伺機推翻劉氏王朝而自立。他們聯絡兗州刺史徐遺寶、豫州刺史魯爽、司州刺史魯秀等以「誅君側之惡」為名，起兵進攻朝廷：結果垣護之、明胤、夏侯祖歡等破徐遺寶於湖陸；薛安都、宗越、沈慶之等破殺魯爽於小峴山；朝廷派將軍柳元景、王玄謨等率兵西上討劉義宣、臧質，與劉義宣、臧質軍相拒於梁山洲。由於劉義宣不相信臧質、不用臧質的作戰方案，致使臧質攻克梁山洲的西城後，再攻東城時，遭遇朝廷軍的頑強抗擊，被薛安都、垣護之等打敗，臧質逃至武昌之南湖，被追兵所殺；劉義宣的軍隊潰散，隻身逃回江陵，又欲隨在襄陽被朱脩之打敗的魯秀一起北逃不果，魯秀被江陵城的守軍射死，劉義宣被捉回江陵下獄，尋被進駐江陵的朱脩之所殺，叛亂大體平定。此外還寫了孝武帝重新調整勢力最大的揚州、荊州、江州，以及削減劉氏諸王的權力，劉義恭為諂媚保身而對之極力迎合等等。

【注釋】❶正月己亥朔　正月初一是己亥日。❷上祀南郊　皇帝親自在都城的南郊祭祀天神。❸改元　上一年為宋文帝元嘉三十年，今年改用新皇帝的年號稱為「孝建元年」。胡三省曰：「上既平元凶之亂，依故事即位踰年而後改元。「孝建」者，蓋欲以孝，建平禍亂、安宗廟之功。」❹甲辰　正月初六。❺為左光祿大夫　意即免去其尚書令之職，改任之為左光祿大夫。光祿大夫在南朝時期只是一種榮譽性的加官名，並無實權。按，以此文而論，何尚之像是被免去了宰相大權，但據《宋書·何尚之傳》，何尚之此時改任侍中，仍是宰相之職。❻領　兼任。以高身分兼任低職務叫「領」。❼壬戌　正月二十四。❽更鑄　改鑄。❾乙丑　正月二十七。❿伊馛　拓跋燾時代的名將。傳見《魏書》卷四十四。⓫丙子　二月初九。⓬子業　劉駿之子，即日後的前廢帝。傳見《宋書》卷七。⓭臧質　宋文帝的表兄弟，劉駿的表叔，劉宋時期的名將。傳見《宋書》卷七十四。⓮潛有異圖　暗中有自己的陰謀打算。⓯庸闇易制　資質庸劣，容易控制。⓰外相推奉　表面上做出一種擁立劉義宣為帝的樣子。⓱因而覆之　實際上是想藉機推翻劉宋政權。⓲內兄　表兄。來自母親方面的親緣關係，故稱「內」。臧質的姑姑是劉裕的皇后，故劉義隆、劉義宣等都與臧質是表兄弟。⓳既至江陵　在他到達江陵的時候。胡三省曰：「質初起兵，與魯爽同詣江陵。」⓴稱名拜義宣　唱著自己的名字拜見劉義宣。這是一種小官拜見大官、臣子拜見帝王的禮節。隱隱表現他要擁立劉義宣為帝的意思。㉑驚愕問故　問他何以行此大禮。㉒事中宜然　國家多事之時，本來就該如此。胡三省曰：「謂國家多事之中，宜相推奉也。」㉓已奉帝為主　已經擁戴劉駿為君主。㉔其計不行　臧質擁立劉義宣為帝的計畫暫時未能實現。㉕又拜江夏王義恭　又向劉義恭唱著自己的名字行大禮。㉖屯危　艱難危險。屯，《周易》中的卦名，表現艱難險阻之義，故通常即用以表達現實中的艱難險阻。㉗禮異常日　行禮也與平常不同。意思是你也有掌權稱帝的可能。㉘無不必從　沒有一項不是要求皇帝依著自己的要求。㉙意有不同二句　凡是他們不同意的，就一概拒絕執行。㉚之江州　時臧質被任為江州刺史，到尋陽（今九江市）上任。㉛舫千餘乘　船隻一千多艘。舫，船。乘，一輛；一艘。㉜以少主遇之　把他當成一個晚輩看待。臧質是劉駿的表叔。㉝政刑慶賞　泛指刺史任內的一切大小事務。政，行政事務。刑，司法方面的事務。慶賞，加封某人或賞賜某人。慶，喜樂方面的事情。㉞一不咨稟　一概不請示報告。㉟擅用湓口鉤圻米　擅自截留、動用自長江上游下來的經過九江的朝廷糧船，和自贛江上游下來的經過鉤圻的朝廷糧船。湓口，鄱陽湖的入長江之口，在今江西九江市的東側，湖口縣的西側。鉤圻，地名，具體方位不詳，大體在今南昌與九江市之間。《水經注》有所謂「贛水自南昌經郴丘城下，又經鉤圻邸閣下，而後至彭澤」之語。㊱臺符　朝廷發來的命令、文告。符，命令。㊲屢加檢詰　多次地檢查、盤問。胡三省曰：「檢詰，謂校檢米斛，而詰問擅用之由也。」㊳漸致猜懼　漸漸地形成了臧質對朝廷的猜疑與畏懼。㊴密信　祕密使者。㊵負不賞之功　一個具有無法獎賞之大功的人，誇指劉義宣。負，攜帶；具有。㊶能全　能使自己得到保全。㊷萬物係

心於公　萬民歸心於您。萬物，萬民。物，指人。(43)聲迹已著　聲望、事實已經表現，不可能再裝傻韜晦。(44)見幾不作　機會來了還不動手。作，發動。(45)為他人所先　被他人搶先將你收拾。(46)徐遺寶魯爽　都曾是劉義宣的部下與追隨者，此時徐遺寶任兗州刺史，在建康之北；魯爽任南豫州刺史，在建康之西。(47)來屯江上　意即兵臨建康城下。江上，建康城北的長江邊。(48)前驅　開路先鋒。(49)八州　指荊州、雍州、梁州、益州、湘州、交州、廣州、寧州，當時都在劉義宣的直接或間接控制之下。(50)韓白更生　韓信、白起再世。韓信是劉邦的大將，被人稱為「兵仙」，幫著劉邦滅項羽建立漢帝國。事見《史記·淮陰侯列傳》。白起是戰國時期秦國的名將，曾幫著秦昭王大規模進攻東方，為日後秦始皇的統一六國奠定了基礎。事見《史記·白起王翦列傳》。(51)不能為建康計　也救不了劉駿的建康政權。(52)少主　指孝武帝劉駿。劉駿是劉義宣之姪，且又年幼，時年二十四歲。(53)聞於道路　意即家喻戶曉，舉國皆知。(54)沈柳　沈慶之、柳元景。(55)溘先朝露　忽然死在未乾的朝露之前。溘，波之過去，這裡即指死。古人常以朝露易乾以喻人的年命之短暫，這裡更說人死在朝露未乾之前，措詞甚巧。(56)不得展其旅力　沒能為您盡一份力量。旅力，同「膂力」。腰臂之力。有人注「旅」為「眾」意，在此未必合適，反覺生硬。(57)為公掃除　為您清除道路上的障礙。(58)司馬竺超民　劉義康帳下的司馬姓竺名超民。司馬是將軍的高級僚屬，在軍中主管司法。(59)有富貴之望　有做大官，追求大富貴的欲望。(60)謂質無復異同　以為臧質不會對自己另懷有三心二意。異同，偏義複詞，這裡即指異。(61)夔　竺夔。胡三省曰：「景平、元嘉之間，竺夔守東陽立功。」謂守東陽以抗魏軍，東陽即今山東青州。(62)臧敦　臧質之子。(63)壽陽　即今安徽壽縣，當時為豫州的州治所在地。(64)失義宣指　弄錯了劉義宣的意思。(65)戴黃標　佩戴著黃色標幟。(66)法服　舉行大典時所穿的禮服，這裡指皇帝的服裝。(67)治中　官名，州刺史的高級僚屬，主管文書案卷，也稱治中從事史。(68)勒兵向彭城　徐遺寶當時任兗州刺史，在今山東的兗州一帶，統兵向彭城，是向著南方殺來。(69)狼狽舉兵　意謂劉義宣也只好匆忙起兵。狼狽，這裡指匆忙，手忙腳亂的樣子。(70)敕質收之　命令臧質將魯弘逮捕。(71)執臺使　逮捕起朝廷派來的使者。(72)言為左右所讒疾　聲稱自己被皇帝身邊的小人進讒言，受誹謗，被他們所憎恨。(73)欲誅君側之惡　我們起兵的目的就是要除掉皇帝身邊的惡人。(74)所造輿服　自己所造的皇帝乘坐的車子和所穿的服裝。(75)征北府戶曹　征北將軍魯爽府的戶曹參軍。(76)版義宣等文曰　向劉義宣等發布文告說。版，任命。胡三省曰：「晉宋之制，藩方權宜授官者謂之版授。」(77)丞相劉　原來的劉丞相。(78)今補天子　現在行使皇帝職權。補，充任；權任。(79)車騎臧　原來的車騎臧將軍。(80)今補丞相　現在行使丞相職權。(81)平西朱　原來的平西朱將軍。(82)車騎　車騎將軍，位次僅在大將軍之下，比四征、四鎮的位次都高。(83)版到奉行　接到通告後即行使新的職權。(84)並留竟陵　都暫時封存在竟陵郡。竟陵郡的郡治即今湖北鍾祥。(85)不

聽進　不讓他送到荊州來。(86)下戍大雷　向下移駐到大雷。大雷是當時的軍事要塞名，即今安徽望江縣。其地美景如畫，鮑照曾作有〈登大雷岸與妹書〉。(87)將萬人就弘　帶領著一萬人到大雷與魯弘共同駐守。(88)司州刺史　劉宋的司州治懸瓠，即今河南汝南縣。(89)拊膺　捶胸，痛心後悔的樣子。(90)吾兄誤我　哥哥讓我上了當。吾兄，指魯爽。(91)乃與癡人作賊　竟然跟著一個白痴共同造反。(92)奉乘輿法物迎之　意即向劉義宣投降，把皇帝的位子讓給他。法物，充當儀仗與宮殿陳列的各種器物。(93)固執　堅持原來的方針原則。竟陵王劉誕這時任揚州刺史。(94)此座　皇帝的寶座。(95)己卯　二月十二。(96)辛卯　二月二十四日。(97)癸巳　二月二十六日。(98)進據梁山洲　佔據梁山附近的長江中的小洲。梁山即今安徽當塗西南三十里的天門山，因兩山夾大江相對如門而得名。其東者曰博望山，其西者曰梁山。胡三省曰：「時梁山江中有洲，玄謨等舟師據之。」(99)偃月壘　形如半弦月的防守工事，兩頭都在江邊，中間向岸上突出，呈可進可退、可攻可守之勢。當年劉裕入關滅後秦，中途在黃河上與魏軍作戰曾用此陣法。見本書前文卷一百十八。(100)悉稱名　彼此皆相互稱名，不稱官銜。(101)甲午　二月二十七。(102)受圖籙　向道士接受神祕性的符籙與咒語之類。道教的法師自稱可降妖捉鬼，輕舉飛升，長生不死云云。所謂「圖籙」就是起這種作用的東西。(103)丙申　二月二十九。(104)夏侯祖歡為兗州刺史　取代已經造反的徐遺寶。(105)三月己亥　三月初二。(106)辛丑　三月初四。(107)蕭思話為江州刺史　取代已經造反的臧質。蕭思話是劉宋名將。傳見《宋書》卷七十八。(108)柳元景為雍州刺史　取代聽說造反的朱脩之。(109)癸卯　三月初六。(110)龐秀之為徐州刺史　以頂替蕭思話的空缺。(111)加進位號　給各地州郡長官提升官職、贈予爵號。(112)陳誠於帝　向皇帝劉駿暗中表示忠心。(113)劉秀之　劉穆之之姪，何承天的女婿，孝武帝劉駿的舊部。傳見《宋書》卷八十一。(114)戊申　三月十一。(115)江津　軍事要塞名，在今湖北沙市東南。(116)舳艫　首尾銜接的船隻。舳，船尾。艫，船頭。(117)貳於己　與自己不一條心。(118)易與　容易對付。(119)垣護之　劉宋時期的名將，與魏軍作戰中表現卓異。傳見《宋書》卷五十。(120)明胤　姓明名胤。為徐州刺史的長史，蕭思話離徐州後，新刺史未來前，明胤代之守徐州。(121)湖陸　縣名，在今山東魚臺東南。(122)奔魯爽　時魯爽任豫州刺史，駐軍於壽陽，即今安徽壽縣。(123)歷陽　縣名，縣治在今安徽和縣，與建康只有一江之隔，建康稱歷陽為「西府」。(124)將百舸　率領著一百艘小船。(125)南陵　縣名，縣治在今安徽貴池縣西南。(126)軍主　猶今所謂「部隊長」，一支軍隊的頭領。不是固定的軍官名。(127)夾陳兩岸　除江面擺滿艦船外，長江兩岸的陸地上也擺開軍陣。(128)四月戊辰　四月初二。(129)劉義綦　劉裕之弟劉道憐之子，孝武帝之叔。傳見《宋書》卷五十一。(130)甲申　四月十八。(131)宗越　劉宋後期以嚴酷聞名的將領。傳見《宋書》卷八十三。(132)大峴　山名，在小峴山之東。小峴山在今安徽合肥東。(133)濟江　渡過長江，到達其西北岸。(134)稍退　慢慢地向後撤。稍，漸。(135)斷後　在後面掩護軍隊撤退。(136)丙戌　四月二十。(137)及爽　追上了魯爽。(138)東海　郡名，劉宋時的東海郡治在今山東蒼山縣南。(139)李延壽　唐代史學家，貞觀中任崇賢館學士，兼修國史，曾參與編纂《五代史志》和《晉書》，並撰寫《太宗政典》。又獨立修《南史》八十卷，《北史》一百卷。(140)濟其身　想讓他個人的事業獲得成功。濟，成就；成功。(141)非世亂莫由　非趕上動亂的年代不可。(142)以亂世之情　把動亂年代才能幹的事情。(143)行之於平日　在太平無事的年代採取行動。(144)其取敗也宜哉　以上引文見李延壽所修《南史》卷四十，其文字實際乃轉引自沈約的《宋書》卷八十三。(145)鵲頭　鵲洲的西南端。鵲洲是長江中的小洲名，在今安徽銅陵至繁昌的長江中。所謂「鵲頭」即銅陵西南的鵲頭山，「鵲尾」即繁昌東北的三山。面對無為縣，是長江中的險要之處。(146)苟任一方　受命管理一個地區。胡三省曰：「慶之鎮盱眙，今使之專征，蓋兼督兗、豫。」(147)釁生所統　亂子發生在我的管區內，指魯爽的叛軍進入了自己駐兵防守的範圍。(148)聊帥輕師　無可奈何地率領著一支小部隊。這是一種像是客氣而又調侃的說法。(149)指往翦撲　逕直地前去征討。指，直接指向。翦撲，翦除；消滅。(150)軍鋒裁及　雙方的先頭部隊剛一交手。裁，同「才」。剛。及，到一起；交手。(151)公情契異常　您和魯爽的交情比別的人都深。(152)或欲相見　可能很想見見他。(153)及其可識　趁著他的人頭還沒變樣，還能辨認。(154)指送相呈　特派專人送呈給你觀看。(155)累世將家　魯爽與其父親魯軌、祖父魯宗之，三世為將，故稱「累世」。且魯宗之與魯軌在為保衛南朝而與北方民族的作戰中都曾有傑出的表現。事見《宋書》卷七十四。(156)採石　即采石磯，突入於長江中的小山名，在今安徽馬鞍山市西側的長江邊上。(157)益兵　增兵。(158)姑孰　縣名，即今安徽當塗，在采石磯的上游，相隔不遠。(159)仲堪假兵　殷仲堪借兵給桓玄用。東晉安帝隆安二年（西元三九八年），東晉的荊州軍閥殷仲堪支持野心家桓玄，起兵攻打當時在朝掌權的司馬道子。(160)靈寶尋害其族　結果桓玄一旦得勢後，很快地擊敗殷仲堪，並將殷仲堪與其親黨殺盡，事見晉安帝隆安三年，本書卷一百十一。靈寶，桓玄的字。(161)孝伯推誠　王恭為討伐司馬道子，以反覆無常的劉牢之為爪牙，對之深信不疑。孝伯，王恭的字。推誠，推心置腹地真心相待。(162)牢之旋踵而敗　結果劉牢之轉眼叛變，投降了司馬道子，致使王恭兵敗被殺。旋踵，轉過腳後跟，極言其叛變之快。事見晉安帝隆安二年。(163)少無美行　從小沒有好的品行。(164)弟所具悉　這是你都知道的。(165)籍西楚之彊力　藉著你為荊州刺史的強大武力。籍，通「藉」。依賴；憑靠。西楚，西方楚地，指荊州而言，這一帶是春秋、戰國時代的楚國地盤。(166)圖濟其私　以圖謀達到他個人的罪惡目的。(167)凶謀若果　他的兇惡計畫如果成功。(168)非復池中物　他就不會再是一個可以在池塘裡養著的物件。意思是他將要成為一條龍，他要升空，做皇帝。(169)五月甲辰　五月初八。(170)南州　即柳元景駐守的姑孰，今安徽當塗。(171)梁山中絕　柳元景在梁山洲所構築的防線遂被斬斷。胡三省曰：「當時柳元景屯兵在南州，以梁山為後鎮，若取之，則梁山之路中絕。」(172)萬人綴梁山　再派出一萬人進攻梁山，牽制住梁山的守軍，不讓他們向別處調動。綴，牽制；拖住。(173)中流鼓棹　意即順長江飛快東下。(174)直趣石頭　直搗石頭城，也就是直取建康。胡三省曰：「沈慶之、薛安都等都在江西，柳元景、王玄謨等與義宣相持；叵質計得行，建康殆矣。」(175)盡銳　集中精銳部隊。(176)宂從僕射　官名，皇帝的侍從官員。(177)會　適逢；正趕上。(178)攻西壘　胡三省曰：「因西南風急而攻西壘，東壘之兵難以逆風赴救。」(179)方度東岸　正好渡水去東岸。方，剛好。(180)馳歸　趕緊奔回。(181)不遣　不派兵往援。(182)大司馬參軍　大司馬劉義恭的僚屬。(183)固爭　極力相勸。爭，堅持。(184)垣詢之　垣護之之弟。傳見《宋書》卷五十。(185)比至　等他們到達西壘時。比，及。(186)南浦　胡三省曰：「其地則今之大信港，俗稱扁擔河。」(187)欲自後掩玄謨　想從背後襲擊王玄謨。(188)破之　擊破龐法起。(189)馬鞍山　即今湖北襄樊西南的望楚山。(190)躡之　尾隨其後。躡，跟。(191)急追　快速追擊。(192)獸窮則攫　一隻野獸你把牠追急了，牠就會回過身子來抓你。攫，抓取；搏鬥。(193)不敵　不對等；無法抵抗。(194)就節下　湊近您，與您合兵一起。節下，猶言「麾下」，部將對其大將的敬稱。(195)更議進取　然後再商量下一步該怎麼辦。(196)卷甲赴之　率兵急行前往助你。卷甲，脫下鎧甲，捲持而行，為求行軍的速度快。(197)謂　以為；估計。(198)往造賊壘　向著敵人的工事撲去。造，到。(199)虛實露矣　我們的實際情況就會暴露了。(200)王豫州必不可來　要想讓王玄謨能堅守不撤。王豫州，指王玄謨，當時王玄謨任豫州刺史。不可來，不能撤下來。(201)羸弱　病弱。羸，瘦，這裡即指病弱。(202)復克東城　再攻下梁山洲的東城。此前臧質已經攻下梁山洲的西城。(203)宜遣麾下自行　應該派您自己的部下前去。(204)甲寅　五月十八。(205)陳　同「陣」。(206)覆水　籠罩整個江面。(207)單舸迸走　單獨一條小船離群而逃。迸走，離眾而逃。(208)閉戶　關起船艙的門。(209)不知所為　自己也不知道該做什麼了。(210)己未　五月二十三。(211)解嚴　解除軍事緊急狀態。主語是劉宋朝廷。(212)癸亥　五月二十七。(213)尚書右僕射　尚書令的下屬，位同副丞相。(214)丙寅　六月初一。(215)陰山　橫亙在內蒙古境內的東西走向的大山，在今包頭與呼和浩特等城之北，其地有魏國皇帝的離宮。(216)府舍　指江州刺史的辦公衙門與居處。(217)嬖人　特殊寵愛的人，通常指男寵。(218)紿文敬　欺騙何文敬。(219)唯捕元惡　只逮捕、懲辦那些罪魁禍首。元惡，首惡。(220)為武昌郡　為武昌郡的太守。當時的武昌郡治在今湖北鄂城。(221)郡丞　郡太守的副職。(222)南湖　在今湖北鄂城縣城東八里。(223)掇蓮實噉之　採蓮子而食以充飢。掇，拾；採摘。噉，吃。(224)以荷覆頭　用荷葉蓋在頭頂。(225)戊辰　六月初三。(226)中心　射中心口。(227)腸胃縈水草　腸胃都流出腹腔，纏繞在水草上。縈，繞。(228)棄市　處死於集市。(229)豫章太守樂安任薈之　任豫章太守的樂安郡人姓任名薈之。豫章郡的郡治即今江西南昌，樂安郡的郡治在今山東廣饒北。(230)臨川內史　臨川郡的行政長官，職同太守。臨川在當時因是諸侯王的封國，故其長官稱內史，都城在今江西撫州西。(231)鄱陽　郡名，郡治在今江西鄱陽北的廣進鄉。(232)驥杜驥，晉代名將杜預的後代，劉宋時期有惠政的地方官。傳見《宋書》卷六十五。(233)封賞各有差　隨著功勞的大小，所受的封賞也有高低的不同。(234)巴陵　郡名，郡治即今湖南岳陽。(235)僦民露車　向百姓家租賃了一輛沒有篷蓋的車子。僦，租用。(236)郭　外城。(237)具羽儀　組織起儀仗隊。具，備齊。羽儀，高級官僚的儀仗隊，有些幡傘之類的儀仗上有羽毛的飾物。(238)誠義宣　勸告劉義宣。(239)撫慰將佐　安慰、鼓勵部下的僚屬。(240)臧質違指授之宜　由於臧質違背劉義宣的正確指揮。實際是劉義宣不聽臧質的正確建議。指授，指點教導。(241)用致失利　因而導致戰場的失敗。用，因。(242)今　將，現在我們要……。(243)治兵繕甲　打造兵器，修理盔甲。繕，修理。(244)更為後圖　再做以後的打算。(245)漢高百敗　當年劉邦與項羽爭天下，曾經多次被項羽打敗。(246)終成大業　最後終於建立了大漢王朝。劉邦百敗終於建立漢朝事，見《史記・高祖本紀》。(247)眾咸掩口　以笑劉義宣的腐朽而又無知。掩口，指掩口而笑。(248)惛沮　昏庸、洩氣。(249)無復神守　魂不守舍，沒了主心骨。(250)稍稍離叛　漸漸離他而去。(251)魯秀北走　魯秀離開劉義宣，北投魏國。據裴子野《宋略》：「秀自襄陽敗退，將及江陵，聞敗北走。」按，魯秀的襄陽敗退，乃被朱脩之打敗，準備南去江陵，到劉義宣的大本營。(252)攜息惛　帶著他的兒子劉惛。息，兒子。(253)白刃交橫　亂兵到處殺人。(254)步進　徒步而行。(255)更以馬與之　另給他找了一匹馬，讓他走。(256)歸而城守　竺超民自己則回江陵守衛城池，維持秩序，聽候朝廷旨意。(257)求秀不得　找不到魯秀。求，尋找。(258)南郡空廨　南郡太守在江陵城外的一所空房子。南郡的郡治就在江陵。(259)收送刺姦　拘捕劉義宣將其送到江陵軍鎮的刺姦科。刺姦，清查奸細的部門，當時有刺姦掾，以主其事。(260)止獄戶　在監獄的門口停下來。(261)誤我　害了我，將我引入歧途。(262)被遣出　令她們出獄回家。(263)常日非苦　平常時候所遭受的苦都不算苦。(264)不能去　無處可逃。(265)還向江陵　因竺超民等畢竟都是一起起事的人。(266)就取其首　下來割去了他的人頭。就，趨近。(267)劉延孫　劉宋的著名地方官劉道產之子。劉道產事見《宋書》卷六十五，劉延孫事見《宋書》卷七十八。劉延孫時任尚書右僕射。(268)使荊江二州　奉旨到荊、江二州處置諸叛犯的事宜。(269)旌別枉直　鑑別哪個是好人，哪個是壞人。枉直，曲直；好壞。(270)就行誅賞　就地執行該殺的殺，該賞的賞。(271)分割二州之地　從荊州和江州二州中各劃出一塊地盤。(272)更置新州　另增設一個新的州，即下文所說的「郢州」，目的是削弱原來荊、江二州刺史的權力。(273)京畿　國家都城與其郊區的所在地。(274)穀帛所資　朝廷所需要的吃飯與穿衣的全部出產。(275)重鎮　國家政府的軍事要地，指軍隊的數量之多與裝備之精良、儲存之豐富皆他處所不能比。(276)常使大將居之　任此二州刺史的都是皇帝的至親與其心腹將領。劉裕曾安排他的兒子們每人都要當一任荊州刺史。(277)癸未　六月十八。(278)浙東五郡　指會稽郡（郡治即今紹興）、東陽郡（郡治即今金華）、永嘉郡（郡治即今溫州）、臨海郡（郡治即今臨海）、新安郡（郡治即今淳安）。(279)荊湘江豫州之八郡　即荊州的江夏郡（郡治即今漢口）、竟陵郡（郡治即今鍾祥）、隨郡（郡治即今隨縣）、武陵郡（郡治即今常德）、天門郡（郡治即今石門），湘州的巴陵郡（郡治即今岳陽），江州的武昌郡（郡治即今鄂城），豫州的西陽郡（郡治在今黃岡東）。(280)南蠻校尉　官名，掌南方少數民族的長官；也是政區名，治所在今湖北襄樊。(281)其營　南蠻校尉的兵營，這裡即原屬南蠻校尉的這支軍隊。(282)沔口　即漢口，漢水入長江之口。因漢水也稱沔水，故漢口也稱沔口。(283)通接雍梁　通過漢水與雍、梁二州相連接。劉宋時的雍州州治在襄陽，梁州州治在漢中，都在漢水的邊上。(284)津要　交通之咽喉通道。(285)由來舊鎮　歷朝歷代都是軍事要地。(286)根基不易　其基礎是不好變動的。(287)見城　現存的城池。(288)浦大容舫　江面寬廣，可以容納大量船隻。浦，水邊，這裡指港灣。(289)虛耗　因財力物力被不斷抽調而空虛、匱乏，成了空架子。(290)戊子　六月二十三。(291)省錄尚書事　廢去了錄尚書事這個官職。原有尚書令，又令宗室諸王為錄尚書事，白白地增大諸王之權。(292)知其指　明白他的心思。(293)故請省之　由此句可知朝廷所以廢止錄尚書事之官，乃劉義恭迎合劉駿而建議廢之。(294)八座　胡三省曰：「《晉志》曰：『五曹尚書、一僕射、二令，為八座。』宋蓋二僕射、一令。」(295)自為計　自己考慮怎麼辦，意即令其自殺。(296)庚寅　六月二十五。(297)賊　指劉義宣。(298)反覆昧利　為了獲利而反覆無常。昧利，為獲利而不顧一切。(299)即當取之　當時就會捉住劉義宣。(300)非唯免愆　不但可以免掉自己的罪。(301)亦可要不義之賞　還可以獲得朝廷的賞賜，儘管可能有人會說他對劉義宣忘恩負義。(302)曾無此意　根本沒有這樣的想法。(303)微足觀過知仁　從這件事情上多少可以看到一點他的仁義的成分。觀過知仁，見《論語・里仁》，原文作「觀過斯知仁矣」，意思是從他所犯的過失，就可以看出他是一個仁義的人。(304)為官保全城府　為朝廷保全了城池府舍。官，朝廷、國家，也可以指皇帝。(305)端坐待縛　老老實實地束手被擒。(306)今戮及兄弟　如果我們還要株連到他的兄弟一齊殺戮。(307)於事為重　這樣的處理似乎是太重了。(308)原　赦免。(309)七月丙申朔　七月初一是丙申日。(310)庚子　七月初五。(311)皇子弘　拓跋弘，即日後的獻文帝。(312)辛丑　七月初六。(313)改元興光　魏主拓跋濬改年號曰興光，在此之前其年號曰興安。(314)丙辰　七月二十一。(315)大赦　指劉宋施行大赦。(316)八月甲戌　八月初十。(317)趙王深　拓跋深。(318)乙亥　八月十一。(319)魏主還平城　自陰山回平城。(320)十一月戊戌　十一月初五。(321)信都　即今河北冀州，當時為長樂郡的郡治所在地。(322)十二月丙子　十二月十四。(323)靈丘　即今山西靈丘。(324)庚辰　十二月十八。

【校　記】[1]質　原無此字。據章鈺校，甲十一行本、乙十一行本、孔天胤本皆有此字，張敦仁《通鑑刊本識誤》同，今據補。[2]遺寶　原作「徐遺寶」。據章鈺校，甲十一行本、乙十一行本、孔天胤本皆無「徐」字，今據刪。[3]周之攻壘甚急　原無此六字。據章鈺校，甲十一行本、乙十一行本、孔天胤本皆有此六字，張敦仁《通鑑刊本識誤》、張瑛《通鑑校勘記》同，今據補。④請自　原作「自請」。據章鈺校，甲十一行本、乙十一行本、孔天胤本二字皆互乙，張敦仁《通鑑刊本識誤》同，今據改。⑤豫章太守樂安　原作「樂安太守」。據章鈺校，甲十一行本、乙十一行本、孔天胤本皆作「豫章太守樂安」，今據改。⑥隨　原作「從」。據章鈺校，甲十一行本、乙十一行本、孔天胤本皆作「隨」，今據改。⑦劉延孫　原作「劉孝孫」。據章鈺校，甲十一行本、乙十一行本、孔天胤本皆作「劉延孫」，張敦仁《通鑑刊本識誤》、張瑛《通鑑校勘記》同，今據改。

【語　譯】世祖孝武皇帝上

孝建元年（甲午　西元四五四年）

春季，正月初一日己亥，宋孝武帝劉駿親自到京城的南郊祭祀天神，改年號為孝建元年，大赦天下。初六日甲辰，宋孝武帝任命擔任尚書令的何尚之為左光祿大夫、護軍將軍，任命擔任左衛將軍的顏竣為吏部尚書、兼任驍騎將軍。〇二十四日壬戌，宋國開始改鑄孝建四銖銅錢。

正月二十七日乙丑，魏國文成帝拓跋濬任命擔任侍中的伊馛為司空。

二月初九日丙子，宋孝武帝立皇子劉子業為皇太子。

當初，擔任江州刺史的臧質，自認為自己的才能堪稱一代英雄，皇太子劉劭篡逆謀亂的時候，臧質暗中便有自己的陰謀打算，他認為擔任荊州刺史的南郡王劉義宣平庸昏聵，容易被自己控制，於是就表面上做出一副準備擁戴劉義宣為帝的樣子，而實際上是準備藉機推翻劉宋政權。論關係，臧質是南郡王劉義宣的表兄，臧質到達江陵之後，便唱著自己的名字拜見劉義宣。劉義宣感到非常驚愕，就問臧質為什麼要這樣做，臧質回答說：「國家正是多事之時，本來就應該這樣。」當時劉義宣已經擁戴劉駿為君主，所以臧質擁立劉義宣為帝的計畫暫時沒有得逞。等到達新亭的時候，臧質又用同樣的禮節拜見江夏王劉義恭，他對劉義恭解釋說：「國家正處在艱難危險的時刻，所行的禮節也應該與平常有所區別。」

太子劉劭被誅殺之後，論起討伐篡逆之功，南郡王劉義宣和臧質的功勞都屬於第一等，因此他們便驕橫恣肆起來，遇事往往獨斷專行，凡是向朝廷有所要求，就一定要孝武帝滿足他們才行。劉義宣在荊州任職十年，財力富足，兵力強盛，朝廷所頒布的法律制度，如果稍微有些不合他們的心意，就一概拒絕執行。臧質從建康前往江州的時候，動用的艦船就多達一千多艘，跟隨的部下浩浩蕩蕩，前後綿延一百多里。孝武帝正想要建立自己的威望，獨攬大權，而臧質卻把孝武帝當做一個晚輩一樣看待，凡是江州刺史任內的大小事務，不論是行政事務也好，還是司法方面的事務，以及加封某人或獎賞某人等等，一概不向孝武帝請示報告。臧質還擅自截留、動用從長江上游下來的經過九江的朝廷糧船，和從贛江上游下來的經過鈎圻的朝廷糧船，朝廷屢次下發命令、文告，檢查、盤問臧質擅自截留糧船的原因，逐漸引起了臧質對朝廷的猜疑與畏懼。

宋孝武帝姦淫了南郡王劉義宣的幾個女兒，劉義宣因此對孝武帝充滿了怨恨與憤怒。臧質於是趁機派遣密使挑撥劉義宣，他說劉義宣是「一個建有無法進行獎賞之大功，挾有使君主感到震恐威勢的人，從古到今能夠保全性命的能有幾個人？如今全國的百姓都歸心於您，您的聲望、事實已經顯著，不可能再繼續裝傻韜晦下去，如果遇到機會而不敢有所作為，就會被他人搶先將您收拾掉。如果命令兗州刺史徐遺寶、南豫州刺史魯爽率領著西北的精兵前來屯紮在建康城北的長江邊上，我率領九江的樓船為您充作開路前鋒，就已經佔領了天下的一半。您親自率領著荊州、雍州、梁州、益州、湘州、交州、廣州、寧州這八個州的兵力，慢慢地向前推進，逐漸逼近京城，即使韓信、白起再生，也救不了建康朝廷中的劉駿了。而且年少的皇帝道德敗壞，已經路人皆知，南兗州刺史沈慶之、領軍將軍柳元景等各位將領，也都是我的老朋友，有誰心甘情願為少主劉駿盡心效力呢！不能留住的只有歲月，不可失去的是時機。我經常擔心自己會忽然死在朝露未乾之前，不能夠為您盡一份力量，為您掃除道路上的障礙，到那時再後悔又有什麼用呢？」劉義宣的親信將佐擔任諮議參軍的蔡超、擔任司馬的竺超民等人都有求取功名富貴的強烈願望，都想依靠臧質的威名來成就自己的功業，於是便都來勸說劉義宣聽從臧質的計謀。臧質的女兒嫁給了劉義宣的兒子劉採之為妻，劉義宣便認為臧質不會對自己懷有二心，於是就決定採納臧質的意見。竺超民，是竺夔的兒子。臧質的兒子臧敦當時正擔任黃門侍郎，宋孝武帝派臧敦到南郡王劉義宣那裡去，臧敦路過尋陽的時候，臧質又囑咐臧敦勸說誘導劉義宣起兵，劉義宣這才下定決心起事。

擔任豫州刺史的魯爽很有勇氣和力量，劉義宣、臧質一向與他交往甚密。劉義宣便祕密派人通知魯爽以及兗州刺史徐遺寶，約定當年秋季共同起兵推翻孝武帝的統治。劉義宣所派遣的使者到達壽陽求見魯爽，魯爽剛剛喝醉了酒，因而錯誤地領會了劉義宣的意思，當天就起兵了。魯爽的弟弟魯瑜當時正在建康，他聽說魯爽起兵的消息之後，就叛逃了。魯爽命令他的部眾佩戴著黃色的標幟，又私自製造了皇帝的服裝，然後登上高壇誓師，自建年號為建平元年。魯爽懷疑自己屬下擔任長史的韋處穆、擔任中兵參軍的楊元駒、擔任治中的庾騰之與自己不同心，就把他們全都殺死。兗州刺史徐遺寶也率領軍隊向彭城進發。

二月，劉義宣聽說魯爽已經起兵造反，自己也就只好倉促起兵。魯瑜的弟弟魯弘在臧質的府中擔任僚佐，宋孝武帝下令給臧質，讓他逮捕魯弘，臧質卻把朝廷派來的使者逮捕起來，隨即起兵。

劉義宣與臧質都上表給孝武帝，聲稱自己遭受皇帝身邊小人的誹謗和嫉恨，起兵的目的就是要除掉皇帝身邊的諂佞小人。劉義宣提升南豫州刺史魯爽為征北將軍，魯爽於是就把自己私下裡所製作的皇帝所乘坐的車子和所穿的衣服送往江陵，派遣自己征北將軍府中的戶曹參軍向南郡王劉義宣等人發布文告說：「原來的劉丞相，現在權且行使皇帝的職權，他的名字就叫劉義宣；原來的車騎臧將軍，現在權且充任丞相，他的名字就叫臧質；原來的平西朱將軍，現在權且充任車騎將軍，他的名字就叫朱脩之：文書送達之日起即開始行使新的職權。」劉義宣對魯爽所發布的文告驚愕不已，他把魯爽送給他的用來充當皇帝儀仗以及皇帝所乘坐的車子、器物等全都暫時封存在竟陵郡，不准許他送到江陵來。臧質擢升魯弘為輔國將軍，令魯弘率軍向下移駐到大雷。劉義宣派遣屬下擔任諮議參軍的劉諶之率領一萬人前往與魯弘共同駐守大雷，劉義宣又召見擔任司州刺史的魯秀，想讓魯秀作為劉諶之的後續部隊。魯秀來到江陵面見劉義宣，出來的時候，他捶著自己的胸脯悔恨地說：「哥哥讓我上了一個大當，竟然跟著劉義宣這樣的白痴共同謀反，今年一定會失敗！」

劉義宣擁有荊州、江州、兗州、豫州四個州的兵力，聲威震動了遠近。宋孝武帝就準備把皇帝所使用的整套儀仗、車輦、器物等送給劉義宣，迎接劉義宣回建康做皇帝，擔任揚州刺史的竟陵王劉誕堅決阻止，認為不能那樣做，他說：「為什麼要把皇帝的寶座輕易地讓給別人呢！」孝武帝這才打消了念頭。

二月十二日己卯，宋孝武帝任命擔任領軍將軍的柳元景為撫軍將軍。二十四日辛卯，任命擔任左衛將軍的王玄謨為豫州刺史，命令撫軍將軍柳元景率領著豫州刺史王玄謨等諸將前去討伐劉義宣。二十六日癸巳，朝廷的平叛大軍佔據了梁山附近長江中的小洲，然後在長江兩岸修築起形狀如同半弦月的防守工事，水軍、陸軍便在此處以逸待勞，等待叛軍的到來。劉義宣自稱為都督中外諸軍事，命令僚佐之間彼此都相互稱名，而不稱官銜。

二月二十七日甲午，北魏文成帝前往道壇接受符籙與咒語。

二月二十九日丙申，宋孝武帝任命擔任安北司馬的夏侯祖歡為兗州刺史。三月初二日己亥，宣布建康城內外實行戒嚴。初四日辛丑，任命擔任徐州刺史的蕭思話為江州刺史，任命柳元景為雍州刺史。初六日癸卯，任命擔任太子左衛率的龐秀之為徐州刺史。

劉義宣向各州各郡發布造反檄文，給各州郡的長官提升官職、加封爵位，讓他們跟隨自己同時發兵進攻朝廷。擔任雍州刺史的朱脩之表面上假裝同意發兵，卻派使者到建康向宋武帝表達自己對朝廷的忠誠。擔任益州刺史的劉秀之則斬殺了劉義宣所派的使者，同時派遣擔任中兵參軍的韋崧率領一萬軍隊去襲擊劉義宣的大本營江陵。

三月十一日戊申，劉義宣率領十萬大軍從江津出發，首尾銜接的船隻排滿了數百里江面。劉義宣任命自己的兒子劉慆為輔國將軍，令他與擔任左司馬的竺超民留守江陵。劉義宣給雍州刺史朱脩之發來文告，讓他率領一萬軍隊隨後前進，朱脩之沒有聽從他的命令。劉義宣這才知道朱脩之和自己不是一條心，於是又任命擔任司州刺史的魯秀擔任雍州刺史，令魯秀率領一萬多軍隊進攻朱脩之。豫州刺史王玄謨聽說魯秀沒有跟隨劉義宣一起來進攻建康，便高興地說：「臧質很容易對付。」

冀州刺史垣護之的妻子，是徐遺寶的姐姐，徐遺寶邀請垣護之一同跟隨南郡王劉義宣造反，遭到垣護之的斷然拒絕，垣護之發動軍隊襲擊徐遺寶。徐遺寶派遣軍隊前往彭城襲擊擔任徐州長史的明胤，沒有取勝。明胤與兗州刺史夏侯祖歡、冀州刺史垣護之在湖陸聯合進攻徐遺寶，徐遺寶放火燒了湖陸城，拋棄了他的軍隊，前往壽陽投奔南豫州刺史魯爽。

劉義宣率領大軍抵達尋陽，任命江州刺史臧質為前鋒部隊繼續進兵，魯爽也率領軍隊逕直開赴歷陽，與臧質水路、陸路一同向建康城逼近。擔任殿中將軍的沈靈賜率領一百艘艦船，在南陵打敗了臧質的先頭水軍，活捉了前軍頭領徐慶安等人。臧質率軍抵達梁山之後，在長江兩岸擺開軍陣，與朝廷軍形成對峙。

夏季，四月初二日戊辰，宋孝武帝任命擔任後將軍的劉義綦為湘州刺史。十八日甲申，任命朱脩之為荊州刺史。

宋孝武帝派遣擔任左軍將軍的薛安都、擔任龍驤將軍的南陽人宗越等人率軍戍守歷陽，與魯爽的前鋒官楊胡興等人交戰，殺死了楊胡興。魯爽所率的叛軍因此受阻而無法前進，只好將軍隊滯留在大峴山，他派自己的弟弟魯瑜率軍屯駐在小峴山。宋孝武帝又派遣擔任鎮軍將軍的沈慶之渡過長江，督促各將進攻魯爽，魯爽的軍隊因為缺乏糧食，遂率領軍隊逐漸地向後退卻，魯爽親自在後面掩護軍隊撤退。鎮軍將軍沈慶之派左將軍薛安都率領輕騎兵緊急追擊，四月二十日丙戌，在小峴山追上魯爽。魯爽準備迎戰，卻因為飲酒過多而大醉，薛安都望見魯爽，就大聲呼喊著躍馬向前，逕直刺向魯爽，魯爽隨著薛安都手的動作立時倒在地上，薛安都的親隨范雙砍下了魯爽的人頭。魯爽的軍隊四散奔逃，魯瑜也被自己的部下殺死，朝廷軍乘勝進攻壽陽，很快將壽陽攻克。徐遺寶再次出逃，當他逃到東海郡的時候，被東海郡人殺死。

李延壽評論說：「兇惡的人要想使個人的事業獲得成功，非得趕上動亂的年代不可。魯爽把動亂年代才能幹的事情拿到太平無事的年代來幹，他的自取敗亡也是應當的！」

南郡王劉義宣率領十萬大軍抵達鵲頭，鎮軍將軍沈慶之把魯爽的人頭送給劉義宣觀看，並寫了一封書信給劉義宣說：「我接受朝廷的任命擔負著管理一方的重任，而禍亂卻發生在我所管轄的區域中。近來我無可奈何地率領著一支小部隊，逕直前去征討，雙方的先頭部隊剛一交手，叛賊魯爽就獻出了自己的人頭。你與魯爽的交情比別人都深厚，或許很想見他一面，趁著魯爽的人頭現在還沒有變樣，還可以辨認得出來，所以特派專人呈送給你觀看。」魯爽出身於歷代將門之家，驍勇剛猛善於作戰，號稱萬人敵。劉義宣與臧質聽說魯爽已經敗亡，都感到非常的震驚與恐懼。

柳元景率軍駐紮在采石磯，王玄謨因為臧質的軍隊勢力強盛，遂派遣使者到朝廷請求為自己增派軍隊，孝武帝命柳元景進兵，屯紮在姑孰。

擔任太傅的劉義恭寫信給劉義宣說：「東晉時期的殷仲堪率領軍隊跟隨桓玄起兵，而桓玄得勢之後卻殺死了殷仲堪和他所有的族人；王恭為討伐在朝中掌權的司馬道子，對劉牢之深信不疑，推誠相待，而劉牢之轉眼之間就背叛了王恭，致使王恭兵敗被殺。臧質從小就沒有好的品行，這是兄弟你所知道的。如今臧質想借助你為荊州刺史的強大兵力，圖謀實現他自己的罪惡目的，如果他的兇惡計畫獲得成功，恐怕他就不再是一個可以養在池塘裡的東西了。」劉義宣看過劉義恭的這封信後開始對臧質產生了懷疑。

五月初八日甲辰，劉義宣率領大軍抵達蕪湖，臧質向劉義宣獻計說：「如果用一萬人去攻取柳元景所駐守的南州，就等於斬斷了柳元景在梁山洲所構築的軍事防線；再派一萬人去進攻梁山，王玄謨必然不敢採取行動。我率領水軍在長江之中順流而下，直接去攻佔石頭城，這是上策。」劉義宣正準備聽從臧質的建議，劉諶之祕密地對劉義宣說：「臧質請求擔任前鋒，他的志向很難預測；不如集中所有的精銳部隊全力攻打梁山，攻克梁山之後再長驅直入，直搗建康，這才是萬全之計。」劉義宣這才沒有按照臧質的意見採取行動。

擔任宂從僕射的胡子反等人負責守衛梁山西壘，正趕上西南風很大，叛賊臧質派遣他的部將尹周之率軍進攻梁山西壘。胡子反當時正好渡過長江到東岸王玄謨那裡去商議軍情，聽到尹周之進攻西壘的消息後，立即奔回。此時尹周之正在指揮軍隊向西壘發起猛攻，偏將劉季之一面率領水軍拼力死戰，一面派人向王玄謨請求派兵增援，而王玄謨卻不肯發兵前往救援；擔任大司馬參軍的崔勳之極力相勸，王玄謨這才派崔勳之與擔任積弩將軍的垣詢之率領一支軍隊前去救援。等到援軍到達西壘的時候，西壘城已經被尹周之攻破，崔勳之、垣詢之全都戰死。垣詢之，是垣護之的弟弟。胡子反等人逃回長江東岸。臧質又派遣他的部將龐法起率領數千名士兵去進攻南浦，想從後面偷襲王玄謨的軍營，擔任游擊將軍的垣護之率領水軍與龐法起所率領的叛軍交戰，將龐法起所率叛軍打敗。

朱脩之切斷了馬鞍山的通道，佔據險要進行自守。魯秀率領叛軍攻打朱脩之，不僅沒能取勝，反而多次被朱脩之打敗，魯秀只得率領叛軍返回江陵，朱脩之率領朝廷軍尾隨其後。有人勸說朱脩之快速追擊，朱脩之說：「魯秀是一員非常驍勇的將領。就是一隻野獸，如果你把牠逼急了，牠還會回過身來與你拚命搏鬥，所以對於魯秀不能逼迫得太緊。」

豫州刺史王玄謨派遣游擊將軍垣護之向柳元景告急求救，說：「西壘城已經丟失，現在只剩下我們東城的一萬人。而叛賊的軍隊數量是我軍的好幾倍，力量強弱相差懸殊，根本無法抵抗叛軍的進攻，我想退回姑孰，靠近麾下，與麾下合兵一處，同心協力抵抗叛軍，然後再商議下一步該如何辦。」柳元景沒有同意，他對王玄謨說：「叛賊的勢力正盛，你不能率先撤退，我立即率軍前往協助你守衛東城。」游擊將軍垣護之勸阻說：「賊人認為我們南州有三萬人，而將軍麾下的兵力卻只有三萬的十分之一，如果將軍率領軍隊去進攻叛賊的營壘，恐怕我軍的實際情況就全部暴露在叛軍的面前了。而豫州刺史王玄謨絕對不能撤退到這裡來，不如分出一部分兵力去支援他。」柳元景說：「好吧！」於是就留下病弱的士兵留守南州，而把所有的精兵強將全部派去援助王玄謨，他們豎起很多旗幟虛張聲勢。從梁山往這邊一望就好像有幾萬人一樣，於是都認為朝廷派來的軍隊已經全部到達，眾人的情緒這才穩定下來。

臧質向劉義宣請求親自率軍進攻東城。擔任諮議參軍的顏樂之提醒劉義宣說：「如果臧質再攻克了東城，那麼大功勞就全都歸臧質所有了，現在應該派遣自己的部下前去攻取東城。」劉義宣遂派遣諮議參軍劉諶之與臧質一同前去攻打東城。五月十八日甲寅，劉義宣抵達梁山，將軍隊駐紮在長江西岸，臧質與劉諶之同時率軍進攻東城。豫州刺史王玄謨指揮諸軍與叛軍展開大戰，左將軍薛安都率領突擊騎兵率先從叛軍陣地的東南方攻入叛軍的軍陣，砍下了劉諶之的人頭；偏將劉季之、龍驤將軍宗越又攻破了叛軍陣地的西北角，臧質等人所率領的叛軍被打得大敗。游擊將軍垣護之縱火燒毀了長江中叛軍的艦船，濃煙烈火籠罩了整個江面，大火蔓延到長江西岸，把劉義宣駐紮在西岸的營壘幾乎燒個精光。各路軍隊乘勝向叛軍發起進攻，劉義宣的軍隊也潰不成軍。劉義宣乘著一艘小船逃走，他關起船艙門在裡面哭泣，此時還有從荊州跟隨他的一百多艘船隻。臧質想要面見劉義宣商議計策，而劉義宣已經逃走，臧質不知道該怎麼辦才好，也只得逃走，他的部眾有的向朝廷軍投降，有的便逃散了。二十三日己未，朝廷宣布解除緊急軍事狀態。

五月二十七日癸亥，宋孝武帝任命擔任吳興太守劉延孫為尚書右僕射。

六月初一日丙寅，北魏文成皇帝前往陰山一帶巡視。

臧質逃回刺史府所在地尋陽，他放火焚燒了江州刺史的辦公衙門和自己的住所，然後用車子載著自己的伎妾向西部逃竄，他派自己最寵愛的何文敬帶領殘餘的士兵在前邊開路，不久便來到了西陽郡。擔任西陽太守的魯方平欺騙何文敬說：「皇帝所下的詔書說，只逮捕、懲辦那些發動叛亂的罪魁禍首，其他人一概不予追究，你還不趕快逃走。」何文敬於是拋下眾人獨自逃命去了。臧質先前曾經任命自己的妹夫羊沖為武昌郡太守，所以臧質現在要趕往武昌郡準備投奔羊沖。而羊沖已經被擔任郡丞的胡庇之殺死，臧質無路可走，就逃到了南湖，靠採摘湖中的蓮子充飢。每當看到追兵，臧質就把荷葉覆蓋在頭頂上，身體沉入水中，只露出鼻子呼吸。六月初三日戊辰，一支小部隊的頭領名叫鄭俱兒的發現了臧質，就拉開弓向他射了一箭，正好射中了臧質的心口窩，於是士兵的刀槍劍戟一齊向他亂砍亂殺起來，臧質的腸胃都流出了腹腔纏繞在水草上，臧質的人頭被砍下來送往建康城。臧質的子孫全都在鬧市中被斬首示眾，他的一些黨羽如擔任豫章太守的樂安郡人任薈之、擔任臨川內史的劉懷之、擔任鄱陽太守的杜仲儒等全都被誅殺。杜仲儒，是杜驥哥哥的兒子。朝廷對柳元景等有功之臣都分別給予了不同等級的獎賞。

身為宋國丞相的南郡王劉義宣逃到江夏，他聽說巴陵郡也有朝廷的軍隊駐防，就又急忙退向江陵。此時跟隨他的部眾幾乎全部逃光，只剩下十來個人還徒步跟隨著他，劉義宣腳疼得不能繼續前進，就向百姓租賃了一輛沒有篷蓋的車子，一路之上完全靠乞討食物充飢。劉義宣等到達江陵的郊外之後，便派人去報告竺超民，竺超民馬上組織起一支儀仗隊，帶著一些兵眾出城迎接劉義宣。當時荊州城內裝備齊全的士兵還有一萬多人，劉義宣身邊的親信翟靈寶勸告劉義宣，讓劉義宣安慰、鼓勵部下的僚屬，就說「由於臧質違背正確的指揮，不聽從指點教導，因而導致戰場上作戰失利；現在我們要打造兵器，修理盔甲，再作以後的打算。過去漢高祖劉邦與項羽爭奪天下，曾經多次被項羽打敗，但最後終於建立了大漢王朝」。而劉義宣竟然忘記了翟靈寶所說的話，把劉邦多次被項羽打敗錯誤地說成了「項羽被劉邦打敗了一千次」，眾人都忍不住捂著嘴偷偷發笑。魯秀、竺超民等人還想招集殘餘的部隊再次與朝廷軍決一死戰，而劉義宣此時就像洩了氣的皮球一樣，情緒沮喪，魂不守舍，進入內室之後就再也不肯出來，於是左右的親信都漸漸地離他而去。魯秀準備離開劉義宣向北投奔魏國，劉義宣不能獨立存在，也想跟隨著魯秀逃往魏國，於是就帶著自己的兒子劉慆以及所寵愛的五個小妾，讓她們全都換上男人的衣服跟隨著魯秀向北逃亡。江陵城內已經陷入一片混亂，亂兵到處殺人搶劫，劉義宣看到這種情形，感到非常的恐懼，竟然從馬上掉了下來，於是只得徒步而行。左司馬竺超民把劉義宣一行送出城外，還另外給劉義宣找了一匹馬，然後關閉了江陵城門堅守。劉義宣找不到魯秀，跟隨劉義宣的人也全都棄他而去，夜裡，劉義宣走投無路，就又回到南郡太守在江陵城外的一所空房子裡。第二天，竺超民逮捕了劉義宣，把劉義宣押送給江陵軍鎮的刺姦掾。劉義宣在監獄的門口停下來，坐在地上歎息著說：「是臧質這個老奴才坑害了我！」不久，劉義宣的五個愛妾被從監獄中遣送回家，劉義宣號泣著對獄吏說：「平常時候所遭受的苦都不算苦，今日的分別才是苦。」魯秀的隨從也全部逃散，此時他已經不能遠走高飛，於是也返回江陵，江陵城上的士兵一齊向魯秀射箭，魯秀遂跳到水中，被淹死了，江陵城內的士兵跳入水中砍下了魯秀的人頭。

宋孝武帝下詔，派遣擔任尚書右僕射的劉延孫為欽差大臣前往荊州、江州處置叛犯事宜，鑑別哪個是好人，哪個是壞人，就地執行，該殺的殺，該賞的賞；並且把荊、江二州各劃分出一部分，準備再增設一個新的州。

當初，晉室南遷的時候，把揚州作為國家的都城以及都城郊區的所在地，朝廷官員所需要的糧食布帛都由揚州供給；同時把荊州、江州作為國家的軍事要地，武裝的軍隊全部駐紮在這兩個州裡，擔任這二州刺史的都是皇帝的至親或是其心腹將領。揚州、荊州、江州這三個州中的戶口佔了江南戶口的一半。宋孝武帝厭惡荊州、江州、揚州過於強大，所以就想要劃分出一部分以達到削弱這三州力量的目的。六月十八日癸未，把揚州浙東的會稽郡、東陽郡、永嘉郡、臨海郡、新安郡五個郡劃分出來，設置為東揚州，州治設在會稽；把荊州的江夏郡、竟陵郡、隨郡、武陵郡、天門郡，湘州的巴陵郡，江州的武昌郡，豫州的西陽郡這八個郡劃分出來，設置為郢州，州治設在江夏；撤銷了南蠻校尉，把原屬於南蠻校尉府的兵營遷到京師建康。擔任太傅的江夏王劉義恭建議把郢州的州治設在巴陵，擔任尚書令的何尚之說：「夏口地處荊州、江州之間，正對著漢口，通過漢水可以與雍州、梁州相連接，確實是一條交通之咽喉要道。歷朝歷代都是軍事重鎮，基礎牢固，是不好變動的，既有現成的城池，又江面寬闊，能夠容納大量的船隻，辦事很方便，所以州治設在夏口最合適。」宋孝武帝採納了尚書令何尚之的意見。然而不久，荊州、揚州因為財力物力被不斷抽調而導致府庫空虛、財力匱乏，何尚之請求將荊州、揚州重新合併起來，孝武帝沒有同意。

六月二十三日戊子，宋國廢除了錄尚書事這一官職。孝武帝厭惡宗室的權力過於強大，不願意讓大權掌握在臣下的手中，擔任太傅的劉義恭明白孝武帝的心思，所以奏請孝武帝廢止錄尚書事這一職位。

宋孝武帝令王公、八座寫信給新任荊州刺史的朱脩之，讓他將孝武帝的旨意，即「丞相劉義宣自己應該考慮怎麼辦」傳達給南郡王劉義宣。書信還沒有送達荊州，六月二十五日庚寅，朱脩之便進入江陵城殺死了劉義宣，並將劉義宣的十六個兒子及其同黨竺超民、擔任從事中郎的蔡超、擔任諮議參軍的顏樂之等人全部殺死。竺超民的兄弟按照律法也應在被誅殺之列，尚書令何尚之上書給孝武帝說：「叛賊劉義宣既然逃走，只需一個人就可以把他擒獲。如果竺超民是個反覆無常的小人，為了獲利而不顧一切，當時就會將劉義宣抓起來，如此一來，不但可以免掉他自己的罪，還可以獲得朝廷的獎賞。儘管可能會有人說他對劉義宣忘恩負義，然而竺超民卻不曾有過這樣的想法，從這件事情上多少可以看出他還略微有些仁義的成分。況且竺超民為朝廷保全了江陵城的城池和府舍，小心謹慎地守衛著國家的府庫，老老實實地在那裡等待被抓捕。如果再殺戮他的兄弟，那麼就與其他的逆黨沒有什麼區別了，這樣的處分顯然是太重了。」孝武帝於是赦免了竺超民的兄弟。

秋季，七月初一日丙申，發生日蝕。

七月初五日庚子，北魏文成帝拓跋濬的兒子拓跋弘誕生；初六日辛丑，魏國實行大赦，改年號為興光元年。

七月二十一日丙辰，宋國實行大赦。

八月初十日甲戌，魏國的趙王拓跋深去世。○十一日乙亥，北魏文成帝從陰山一帶巡視完畢回到平城。

冬季，十一月初五日戊戌，北魏文成帝前往中山郡巡視，順路前往信都。十二月十四日丙子，返回途中，前往靈丘縣，抵達溫泉宮。十八日庚辰，回到首都平城。

二年（乙未　西元四五五年）

春，正月，魏車騎大將軍樂平王拔❶有罪賜死。

鎮北大將軍、南兗州刺史沈慶之請老❷，二月丙寅❸，以為左光祿大夫、開府儀同三司❹。慶之固讓，表疏數十上，又面自陳，乃至稽顙❺泣涕。上不能奪❻，聽以始興公就第❼，厚加給奉。頃之❽，上復欲用慶之，使何尚之往起之❾。尚之累陳上意❿，慶之笑曰：「沈公不效何公⓫，往而復返⓬。」尚之慚而止。辛巳⓭，以尚書右僕射劉延孫為南兗州刺史。

夏，五月戊戌⓮，以湘州刺史劉遵考⓯為尚書右僕射。

六月壬戌⓰，魏改元太安⓱。甲子⓲，大赦。○甲申⓳，魏主還平城⓴。

秋，七月癸巳㉑，立皇弟休祐㉒為山陽王㉓，休茂為海陵王㉔，休業為鄱陽王㉕。

丙辰㉖，魏主如河西㉗。

雍州刺史武昌王渾㉘與左右作檄文，自號楚王㉙，改元永光㉚，備置百官㉛，以為戲笑。長史王翼之封呈其手迹㉜。八月庚申㉝，廢渾為庶人，徙始安郡㉞。上遣員外散騎侍郎東海戴明寶㉟詰責渾，因逼令自殺，時年十七。

丁亥㊱，魏主還平城。

詔祀郊廟，初設備樂㊲，從前殿中曹郎㊳荀萬秋之議也。

上欲削弱王侯㊴。冬，十月己未㊵，江夏王義恭、竟陵王誕奏裁損㊶[1]王、侯車服、器用、樂舞制度，凡九事，上因諷有司㊷奏增廣為二十四條：聽事㊸不得南向施帳[2]坐；劍不得為鹿盧形㊹；內史、相㊺及封內官長㊻止稱下官㊼，不得稱臣，罷官則不復追敬㊽。詔「可」。

庚午㊾，魏以遼西王常英㊿為太宰。

壬午(51)，以太傅義恭領揚州刺史，竟陵王誕為司空、領南徐州刺史，建平王宏為尚書令。

是歲，以故氐王楊保宗(52)子元和為征虜將軍，楊頭為輔國將軍。頭，文德之從祖兄[53]也。元和雖楊氏正統[54]，朝廷以其年幼才弱，未正位號[55]，部落無定主[56]。頭先戍葭蘆[57]，母妻子弟並為魏所執[58]，而頭為宋堅守無貳心。雍州刺史王玄謨上言：「請以頭為假節[59]、西秦州刺史[60]，用安輯其眾[61]。俟數年之後，元和稍長，使嗣故業[62]。若元和才用不稱[63]，便應歸頭[64]。頭能藩扞漢川[65]，使無虜患，彼四千戶荒州[66]殆不足惜[67]。若葭蘆不守，漢川亦無立理[68]。」上不從。

三年（丙申　西元四五六年）

春，正月庚寅[69]，立皇弟休範[70]為順陽王[71]，休若[72]為巴陵王[73]。戊戌[74]，立皇子子尚[75]為西陽王[76]。壬子[77]，納右衛將軍何瑀女[78]為太子妃。瑀，澄[79]之曾孫也。甲寅[80]，大赦。

乙卯[81]，魏立貴人馮氏[82]為皇后。后，遼西郡公朗[83]之女也。朗為秦、雍二州刺史，坐事誅，后由是沒入宮[84]。

二月丁巳[85]，魏主立子弘[86]為皇太子，先使其母李貴人條記所付託兄弟[87]，然後依故事賜死[88]。

甲子[89]，以廣州刺史宗慤為豫州刺史。故事，府州部內論事[90]，皆籤前直敘所論之事[91]，置典籤[92]以主之。宋世諸皇子為方鎮[93]者多幼，時主[94]皆以親近左右領典籤[95]，典籤之權稍重[96]。至是，雖長王臨藩[97]，素族出鎮[98]，典籤皆出納教命[99]，執其樞要[100]，刺史不得專其職任。及懿為豫州[101]，臨安吳喜[102]為典籤。懿刑政所施[103]，喜每多違執[104]，懿大怒，曰：「宗懿年將六十，為國竭命[105]，正得一州如斗大[106]，不能復與典籤共臨之[107]！」喜稽顙流血[108]，乃止。

丁零[109]數千家匿井陘山[110]中為盜，魏選部尚書[111]陸真[112]與州郡合兵討滅之。

閏月戊午[113]，以尚書左僕射劉遵考為丹楊尹[114]。○癸酉[115]，鄱陽哀王休業[116]卒。

太傅義恭以南兗州刺史西陽王子尚有寵，將避之，乃辭揚州[117]。秋，七月，解義恭揚州；丙子[118]，以子尚為揚州刺史。時熒惑守南斗[119]，上廢西州舊館[120]，使子尚移治東城[121]以厭之[122]。揚州別駕從事[123]沈懷文[124]曰：「天道示變，宜應之以德[125]。今雖空西州，恐無益也。」不從。懷文，懷遠[126]之兄也。

八月，魏平西將軍漁陽公尉眷[127]擊伊吾[128]，克其城，大獲而還。

九月壬戌[129]，以丹楊尹劉遵考為尚書右僕射。

冬，十月甲申[130]，魏主還平城[131]。

丙午[132]，太傅義恭進位太宰，領司徒[133]。

十一月，魏以尚書西平王源賀[134]為冀州刺史，更賜爵隴西王。賀上言：「今北虜遊魂[135]，南寇負險[136]，疆埸[137]之間，猶須防戍。臣愚以為，自非大逆[138]、赤手殺人，其坐贓盜及過誤[139]應入死者，皆可原宥[140]，謫使守邊[141]，則是[142]已斷之體受更生之恩[143]，傜役之家蒙休息之惠[144]。」魏高宗從之。久之，謂羣臣曰：「吾用賀言，一歲所活不少，增戍兵亦多。卿等人人如賀，朕何憂哉！」會武邑[145]人石華告賀謀反，有司以聞，帝曰：「賀竭誠事國，朕為卿等保之，無此，明矣。」命精加訊驗[146]，華果引誣[147]，帝誅之，因謂左右曰：「以賀忠誠，猶不免誣謗，不及賀者可無慎哉[148]！」

十二月，濮陽太守[149]姜龍駒、新平太守[150]楊自倫帥吏民[3]棄郡奔魏[151]。

上欲移青、冀二州并鎮歷城[152]，議者多不同。青、冀二州刺史垣護之曰：「青州北有河、濟[153]，又多陂澤[154]，非虜所向[155]。每來寇掠，必由歷城。二州并鎮，此經遠之略[156]也。北又近河[157]，歸順者易[158]。近息民患[159]，遠申王威[160]，安邊之上計也。」由是遂定。

元嘉中，官鑄四銖錢，輪郭[161]、形制[162]與五銖同[163]，用費無利[164]，故民不盜鑄。及上即位，又鑄孝建四銖，形式薄小，輪郭不成[165]。於是盜鑄者眾，雜以鉛、錫[166]，翦鑿古錢[167]，錢轉薄小。守宰不能禁，坐死、免者相繼[168]。盜鑄益甚，物價踊貴[169]，朝廷患之。去歲春，詔錢薄小無輪郭者悉不得行，民間喧擾。是歲，始興郡公沈慶之建議，以為「宜聽民鑄錢[170]，郡縣置錢署[171]，樂鑄之家皆居署內，平其準式[172]，去其雜偽[173]。去春所禁新品[174]，一時施用[175]，今鑄悉依此格[176]。萬稅三千[177]，嚴檢盜鑄[178]。」丹楊尹顏竣駁之，以為「五銖輕重，定於漢世[179]，魏、晉以降[180]，莫之能改[181]。誠以物貨既均[182]，改之偽生[183]故也。今云去春所禁一時施用，若巨細總行[184]而不從公鑄[185]，利己既深[186]，情偽無極[187]，私鑄、翦鑿盡不可禁[188]。財貨未贍[189]，大錢已竭[190]，數歲之間，悉為塵土[191]矣。今新禁初行[192]，品式未一[193]，須臾自止[194]，不足以垂聖慮[195]。唯府藏空匱[196]，實為重憂。今縱行細錢[197]，官無益賦之理[198]；百姓雖贍[199]，無解官乏[200]。唯簡費去華[201]，專在節儉[202]，求贍之道，莫此為貴耳。」議者又以為「銅轉難得[203]，欲鑄二銖錢。」竣曰：「議者以為官藏[204]空虛，宜更改鑄[205]，天下銅少，宜減錢式[206]以救交弊[207]，賑國舒民[208]。愚以為不然。今鑄二銖，恣行新細[209]，於官無解於乏[210]，而民間姦巧大興[211]，天下之貨[212]將糜碎至盡[213]。空嚴立禁[214]，而利深難絕[215]，不一二年[216]，其弊不可復救。民懲大錢之改[217]，兼畏近日新禁，市井之間，必生紛擾[218]。遠利未聞[219]，切患猥及[220]，富商得志，貧民困窘，此皆甚不可者也。」乃止。

魏定州刺史高陽[221]許宗之求取不節[222]，深澤[223]民馬超謗毀宗之，宗之毆殺超，恐其家人告狀，上超詆訕朝政[224]。魏高宗曰：「此必妄[225]也。朕為天下主，何惡於超[226]而有此言？必宗之懼罪誣超。」案驗[227]，果然。斬宗之於都南。

金紫光祿大夫顏延之[228]卒。延之子竣貴重[229]，凡所資供[230]，延之一無所受，布衣茅屋，蕭然如故[231]。常乘羸牛笨車[232]，逢竣鹵簿[233]，即屏住道側[234]。常語竣曰[235]：「吾平生不喜[236]見要人，今不幸見汝[237]！」竣起宅[238]，延之謂曰：「善為之[239]，無令後人笑汝拙[240]也。」延之嘗早詣竣[241]，見賓客盈門，竣尚未起，延之怒曰：「汝出糞土之中[242]，升雲霞之上[243]，遽驕傲如此[244]，其能久乎！」竣丁父憂[245]，裁踰月[246]，起為右將軍[247]，丹楊尹如故[248]。竣固辭，表十上，不許[4]。遣中書舍人戴明寶抱竣登車，載之郡舍[249]，賜以布衣一襲[250]，絮以綵綸[251]，遣主衣[252]就衣諸體[253]。

【章　旨】以上為第二段，寫宋孝武帝孝建二年（西元四五五年）、三年共兩年間的大事。主要寫了劉宋名將沈慶之請求退休，孝武帝令何尚之勸阻，沈慶之不從；寫了文帝之子武昌王劉渾自號楚王，以備置百官為樂，被孝武帝逼令自殺；寫了孝武帝削弱王侯，裁減其各種禮儀服飾待遇，訂出規定若干條，皆劉義恭、劉誕承意奏為之；寫了劉宋刺史、督軍屬下的典籤掌權，驕縱不法，陵忤主官，豫州刺史宗慤憤怒地予以斥責裁抑；寫了劉宋之元嘉時期使用四銖錢，與漢之五銖錢實際相同，人心穩定。孝武帝即位以來鑄孝建四銖錢，民間多起盜鑄，朝廷議論紛紛，建言再改，顏竣以為幣制應該穩定，政府應「簡費去華，專在節儉」云云；寫了顏竣自孝武帝即位以來，官高勢大，其父顏延之屢屢裁抑之，令其簡約謙退；寫了魏主拓跋濬立其子拓跋弘為太子，依故事殺太子之母李貴人；以及魏國的功臣源賀建議減免死刑犯與諸肉刑犯之罪，罰令戍邊，以減少平民之徭役，魏主從之等等。

【注釋】❶樂平王拔　拓跋拔，明元帝拓跋嗣之孫，拓跋丕之子。傳見《魏書》卷十七。❷請老　請求退休。❸二月丙寅　二月初五。❹左光祿大夫開府儀同三司　都是加官名，有職無權，賜給退職的高級官僚，以示尊寵。❺稽顙　磕頭至地，最虔重的叩拜禮。❻不能奪　不能改變他的志願。❼聽以始興公就第　讓他以始興公的爵號退休還家。聽，允許。始興公，始興郡公，始興郡是其封地名，郡治在今廣東韶關市南。就第，返回家門。❽頃之　不久。❾起之　請沈慶之再出來做官。❿累陳上意　反覆地說明孝武帝的意思。⓫沈公不效何公　我不會和您一樣。⓬往而復返　退休了還再出山。何尚之退休後又出來做官，見本書卷一百二十六元嘉二十八年。⓭辛巳　二月二十。⓮五月戊戌　五月初八。⓯劉遵考　劉氏皇室的同族，劉裕的開國功臣。傳見《宋書》卷五十一。⓰六月壬戌　六月初二。⓱改元太安　魏主拓跋濬的上一個年號是興光，只用了一年。⓲甲子　六月初四。⓳甲申　六月二十四。⓴魏主還平城　從犢倪山返回平城。據《魏書》卷五此句上有「戊寅，帝畋于犢倪山」八字。㉑七月癸巳　七月初四。㉒休祐　劉休祐，與下文休茂、休業都是文帝劉義隆之子。傳見《宋書》卷七十二。㉓山陽王　封地山陽郡，郡治即今江蘇淮安。㉔海陵王　封地海陵郡，郡治在今江蘇泰州東北。㉕鄱陽王　封地鄱陽郡，郡治即今江西鄱陽。㉖丙辰　七月二十七。㉗河西　應是指今陝西與內蒙交界一帶的黃河以西地區。㉘武昌王渾　劉渾，文帝劉義隆之子。傳見《宋書》卷七十九。㉙自號楚王　劉渾被封為武昌王，封地武昌郡，郡治鄂城，原為春秋、戰國時的楚國之地。又劉渾此時任雍州刺史，州治襄陽，也是古時的楚國之地。㉚改元永光　不用其兄劉駿的年號孝建，而用自己的年號永元。㉛備置百官　按著朝廷的格局，設置並任命了各項官職。㉜封呈其手迹　將其改元與任命百官的親手所寫，祕密封起，呈送朝廷。㉝八月庚申　八月初一。㉞徙始安郡　發配到始安郡，交由當地的官員監管。始安郡的郡治即今廣西桂林。㉟東海戴明寶　東海是郡名，郡治即今江蘇東海縣。戴明寶於文帝時曾任給事中。傳見《宋書・恩倖傳》。㊱丁亥　八月二十八。㊲初設備樂　第一次使用了齊全的歌舞。胡三省曰：「晉氏南渡草創，二郊無樂。宗廟雖有〈登歌〉，亦無二舞。及破苻堅得樂工，始有金石之樂。文帝元嘉二十二年，南郊始設〈登歌〉。此所謂『備樂』，非能備雅樂，魏晉以來世俗之樂耳。順帝昇明二年，王僧虔所謂『朝廷禮樂多違舊典』，蓋指此類。」㊳殿中曹郎　宋時尚書郎分二十曹，各曹的長官稱郎。殿中曹郎負責監察群臣上朝時的失儀等事。㊴削弱王侯　削減、降低劉氏諸王、諸侯，也就是劉駿的諸位叔父、諸位兄弟、堂兄弟們的權勢與品級地位。㊵十月己未　十月初一。㊶奏裁損　建議裁減……。裁損，即裁減。㊷諷有司　示意給有關的主管該事的官員。㊸聽事　聽取屬下的人請示、彙報工作。㊹劍不得為鹿盧形　不能把劍柄做成彎曲的形狀。㊺內史相　都是郡王封國的長官，級別相當於太守。內史在諸王國管理民政；相是諸郡王的輔導官，總管封國事宜。㊻封內官長　管轄區內的下屬官吏。㊼止稱下官　對王侯說話只能自稱下官。㊽追敬　追加恭敬的稱號。㊾庚午　十月十二。㊿常英　魏高宗拓跋濬的乳母常氏之兄。傳見《魏書》卷八十三上。乳母常氏被拓跋濬封為保太后。51壬午　十月二十四。52氐王楊保宗　今甘肅武都一帶地區氐族的首領，故氐王楊玄之子。楊玄死後，楊玄之弟楊難當奪取了楊保宗的政權，殺了楊保宗，一度相當強大，後來楊難當進攻蜀郡，被宋將裴方明等打敗，逃死於魏。宋立楊保宗之弟楊文德為武都王。至劉義宣作亂，楊文德不從，被劉義宣所殺。傳見《宋書》卷九十八。53從祖兄　堂兄。兩個人的祖父是親兄弟。54楊氏正統　武都王楊盛之子名叫楊玄，楊玄之子即楊保宗，楊保宗之子即楊元和。故楊元和是武都地區氐族楊氏的正統繼承人。55未正位號　還沒有名正言順地被立為武都王或氐王。56部落無定主　現在的氐族部落還沒有法定的統治者。57頭先戍葭蘆　楊頭戍守葭蘆的事情史無明載，《宋書》卷九十八、《魏書》卷一百一，與本書前文〈宋紀〉七只有「楊文德據葭蘆城……魏仇池鎮將皮豹子帥諸軍擊之，文德兵敗，棄城奔漢中」云云，事在宋元嘉二十五年（西元四四八年）。葭蘆城在今甘肅武都東南的白龍江東岸。58母妻子弟並為魏所執　據本書〈宋紀〉七，「文德兵敗，棄城奔漢中。豹子收其妻子、僚屬、軍資及楊保宗所尚魏公主而還。」如果楊頭之母妻子弟被魏所執，亦應在此次的葭蘆之敗。胡三省《通鑑注》亦做如此推斷。59假節　授予旌節。旌節是朝廷使者外出所持的信物，有三個等級。最高者稱使持節，其次稱持節，其次稱假節。三等所賦予的權力不同。旌節是以竹竿為之，以旄牛尾為之飾，三重。60西秦州刺史　真正的秦州州治在今甘肅天水市，當時屬於魏國；楊氏所據的武都地區也曾屬於秦州範圍，這裡是指地而封。61用安輯其眾　以此名義來安撫、統領那一地區。用，以。安輯，安撫、團聚。62使嗣故業　再讓他來繼承其先人的權位。63才用不稱　才幹能力不能充當氐族頭領。64便應歸頭　就應該把政權爵位交給楊頭。65藩扞漢川　捍衛住漢水流域的一帶地區。藩扞，屏蔽、捍衛。漢川，漢水，這裡指今漢中與其周圍的一帶地區，當時稱作梁州。66四千戶荒州　指武都一帶的西秦州地區。67殆不足惜　指豁出去任他為西秦州刺史。殆，差不多；幾乎。68漢川亦無立理　梁州一帶也難以保全。69正月庚寅　正月初四。70休範　劉休範，文帝劉義隆之子。傳見《宋書》卷七十九。71順陽王　封地順陽郡，郡治在今河南淅川縣南。72休若　劉休若，文帝劉義隆之子。傳見《宋書》卷七十二。73巴陵王　封地巴陵郡，郡治即今湖南岳陽。(74)戊戌　正月十二。(75)子尚　劉子尚，劉駿之子。傳見《宋書》卷八十。(76)西陽王　封地西陽郡，郡治在今湖北黃岡東南。(77)壬子　正月二十六。(78)何瑀女　即前廢帝劉子業的何皇后。何瑀，劉裕的女婿，與皇室世代結親。傳見《宋書》卷四十一。(79)澄　何澄，在晉朝曾為尚書左僕射。(80)甲寅　正月二十八。(81)乙卯　正月二十九。(82)馮氏　即文明皇后馮氏。傳見《魏書》卷十三。(83)遼西郡公朗　馮朗，原為北燕人，後降魏。事見本書卷一百二十二元嘉九年。(84)沒入宮　以罪臣的家屬被罰入宮為奴。(85)二月丁巳　二月初一。(86)弘　拓跋弘，即日後的顯祖獻文帝。傳見《魏書》卷六。(87)條記所付託兄弟　將所要託朝廷照顧的兄弟們都逐個記載下來。(88)依故事賜死　魏國自拓跋珪時立下一條規矩，凡是要立某個兒子為太子，就要把這個孩子的母親殺死，其目的據說是為了不讓母后倚仗兒子的勢力而專權。故事，歷來的老規矩。(89)甲子　二月初八。(90)府州部內論事　都督府與州刺史機關內部討論有關軍政事務。(91)籤前直敘所論之事　都把大家在會上的發言如實地記錄下來。籤，記錄。(92)典籤　猶如今之書記員、記錄員。(93)為方鎮　為各州的刺史、督軍。(94)時主　當時的皇帝。(95)領典籤　充當典籤之職。領，兼任；充當。(96)稍重　越來越大。稍，漸。(97)長王臨藩　年長的郡王出去任刺史、督軍。(98)素族出鎮　憑著功勞勳業而獲得刺史、督軍的寒門人士。這種人通常不媚權勢，不懼邪惡。(99)出納教命　意即發號施令。教、命，都是文體名，指高官、權臣下達的命令、告示等等。(100)執其樞要　掌管著刺史府與督軍府的機要部門。(101)為豫州　出任豫州刺史。劉宋時的豫州州治在今安徽壽縣。(102)臨安吳喜　臨安縣人吳喜。當時臨安縣的縣治在今浙江臨安城北。(103)刑政所施　所實行的各種刑法、各種制度。(104)每多違執　多有違背規定。違執，「執」字用法不順，似應作「制」。(105)竭命　竭盡心力。(106)正得一州如斗大　才獲得了這顆如同斗大的刺史、督軍印。(107)不能復與典籤共臨之　絕不允許再讓一個典籤來插手我的管理。共臨，共同管理。意思是要把吳喜嚴辦。(108)稽顙流血　磕頭磕得額頭流血。(109)丁零　北方的少數民族名，當時居住在今河北、山西交界的太行山一帶。(110)井陘山　井陘一帶的山區。井陘是太行山的山口名，是河北與山西兩省間的重要通道之一。其東口稱井陘口，也叫土門關，在今河北井陘西北；其西口即娘子關。(111)選部尚書　即後代所說的吏部尚書，主管選任官吏。(112)陸真　拓跋燾、拓跋濬時代的名將。傳見《魏書》卷三十。(113)閏月戊午　閏三月初三。(114)丹楊尹　建康所在郡的行政長官，職務與太守相同，但因是國家京城的所在郡，故地位崇高。(115)癸酉　閏三月十八。(116)鄱陽哀王休業　劉休業被封為鄱陽王，哀字是其死後的謚。(117)辭揚州　辭去揚州刺史的職務。(118)丙子　七月二十三。(119)熒惑守南斗　熒惑星運行到斗宿的位置。熒惑，即今之所稱火星。斗宿是揚州地區的分野。古人認為熒惑出現是一種不祥的徵兆，而這種不祥又可能是出現在揚州地區。(120)廢西州舊館　廢棄興建在西州的揚州刺史衙門而不再使用。西州在當時建康城的西側。(121)移治東城　將揚州刺史衙門搬遷到東城。東城，也稱東府，是晉朝司馬道子當政時居住的地方，在當時建康城的東南側。(122)以厭之　以這種搬遷的辦法以躲避、抵禦上天神祕力量的懲罰。厭，意思同「壓」，壓抑之使其不能發作。(123)別駕從事　州刺史的高級僚屬，簡稱別駕，詳稱別駕從事史。因隨刺史出巡時能單獨地另乘一輛車而得名。(124)沈懷文　劉宋時期的文學家，與謝莊、顏竣等相往來。傳見《宋書》卷八十二。(125)應之以德　以加強道德修養、多做好事的辦法以求消除天變。應，以……相對應。(126)懷遠　沈懷遠，劉宋時期的文學家，著有《南越志》。傳見《宋書》卷八十二。(127)漁陽公尉眷　尉眷是魏國名將尉古真之姪，多立軍功於拓跋嗣、拓跋燾時代，被封為漁陽公。傳見《魏書》卷二十六。(128)伊吾　西域古城名，在今新疆哈密西。西涼政權被滅後，李暠的後代李寶曾率部活動在這一帶，後來李寶率眾降魏，這一帶地區屬魏。今伊吾地區又叛魏，故魏人伐之。(129)九月壬戌　九月初十。(130)十月甲申　十月初二。(131)魏主還平城　上文未言魏主出巡何處，故不知其所如之地。(132)丙午　十月二十四。(133)領司徒　兼任司徒。按，太宰、司徒都是加官名，聽起來地位崇高無比，實際沒有任何職權。(134)源賀　河西地區的鮮卑人，南涼政權禿髮傉檀之子，降魏後佐魏滅北涼有功，又有擁立拓跋濬之力。傳見《魏書》卷四十一。(135)北虜遊魂　北方的柔然還在伺機活動。遊魂，也稱「顯魂」，進行敵對活動的蔑稱。(136)南寇負險　南方的劉宋還在負險觀望。(137)疆埸　邊疆；邊境。(138)大逆　叛君、叛國。(139)過誤　過失犯罪。(140)原宥　原諒、寬恕。(141)讁使守邊　罰他們去防守邊疆。(142)則是　這就等於。(143)已斷之體受更生之恩　讓斷頭或斷胳膊、斷腿的人獲得了再生。(144)傜役之家蒙休息之惠　讓本來該去服勞役的良民因此感謝您的恩典，免除了他們的辛勞。(145)武邑　郡名，郡治在今河北武強西南。(146)精加訊驗　認真地審問核查。(147)引誣　自己承認是誣告。(148)可無慎哉　還不應該更加謹慎嗎。(149)濮陽太守　濮陽郡上屬兗州，其郡治不知僑置何處。(150)新平太守　新平郡上屬兗州，其郡治不知僑置何處。胡三省注引《五代志》稱山東鄄城縣曾置濮陽郡。劉宋時的鄄城縣治即今山東鄄城北的舊城集。(151)帥吏民棄郡奔魏　率領本城官民離城北投魏國。(152)移青冀二州并鎮歷城　劉宋的青州州治原在東陽，即今山東青州，冀州的州治歷城，即今濟南。現在劉駿想將其合併，都遷到歷城。因這兩個郡早已經共設一個刺史。(153)河濟　黃河、濟水。(154)多陂澤　水道湖泊縱橫，交通不便。陂澤，堤壩與水澤。(155)非虜所向　不是魏人所進攻的目標。(156)經遠之略　有長遠眼光的謀略。(157)近河　靠近黃河。(158)歸順者易　有投奔南朝的人便於越過邊境。(159)近息民患　既便於歸降者擺脫危急。(160)遠申王威　又便於皇帝的威名遠傳朔北。(161)輪郭　同「輪廓」。銅錢的樣子。(162)形制　形狀與規格。(163)與五銖同　與漢武帝時所鑄的五銖錢相同。銖是重量單位，十銖等於一兩。(164)用費無利　鑄一枚銅錢所用的銅，正好值一枚銅錢。鑄錢沒有贏利。(165)輪郭不成　意即銅錢的樣子不好看、不標準。(166)雜以鉛錫　在鑄錢的銅裡摻進去鉛、錫等省錢的材料。(167)翦鑿古錢　把前代傳下來的銅錢磨小、磨薄，取其銅屑，以鑄新錢。(168)坐死免者相繼　因此而犯死罪、被罷職的官員一個接一個。(169)物價踊貴　物價跳躍式地上升。(170)聽民鑄錢　允許百姓鑄造銅錢。(171)置錢署　開辦鑄錢的機關。(172)平其準式　規定所鑄銅錢的標準式樣。(173)去其雜偽　不允許鑄錢的銅汁內含有其他雜汁。(174)去春所禁新品　去春所禁止使用的四銖錢。(175)一時施用　都允許他們投入市場。(176)今鑄悉依此格　現在再鑄新錢要完全按照規定的格式。(177)萬稅三千　鑄一萬枚銅錢交三千枚銅錢的稅。(178)嚴檢盜鑄　嚴格控制不許官署以外的人再偷著鑄錢。(179)定於漢世　五銖錢的樣子始定於漢武帝元狩五年（西元前一一八年）。(180)魏晉以降　魏晉以來。以降，以下；以後。(181)莫之能改　再沒有改變過。(182)物貨既均　市面上的商品多少，與市場上流行的錢幣多少成比例。貨，貨幣。(183)改之偽生　一改變就會引起弄虛造假。(184)巨細總行　大錢小錢一齊上市。(185)不從公鑄　不是一切錢幣都由國家鑄造。(186)利己既深　鑄錢者一旦獲得的利潤巨大。(187)情偽無極　弄虛作假者也就會層出不窮。情偽，真情和假意，這裡是偏義複詞，即指弄虛作假。(188)盡不可禁　全都無法禁止。(189)財貨未贍　等不到按規定格式造的錢充分夠用。(190)大錢已竭　前代傳下來的大面額的銅錢就會被人翦鑿淨盡。(191)悉為塵土　指所有按規定造出的銅錢將被奸人毀壞掉。(192)新禁初行　剛開始發布「錢薄小無輪郭者悉不得行」的禁令。(193)品式未一　銅錢的質量與式樣。(194)須臾自止　過一段時間自然就會好的。(195)不足以垂聖慮　用不著皇上憂心過問。(196)府藏空匱　國庫裡沒有銅錢。匱，缺乏。(197)縱行細錢　即使發行分量輕的四銖錢。(198)官無益賦之理　但官家也沒有提高賦稅的道理。(199)百姓雖贍　百姓的私家即使錢多。(200)無解官乏　也解決不了國家窮困的問題。(201)簡費去華　減少開支，禁止奢侈。(202)專在節儉　注意減省。(203)銅轉難得　鑄錢用的銅越來越少。(204)官藏　國庫。藏，也是府庫的意思。(205)宜更改鑄　即改鑄二銖錢。(206)減錢式　減少銅錢的品種和樣式。(207)交弊　糾結在一起的困難。胡三省曰：「官藏空虛，無錢以贍用；天下銅少，又無以鑄錢，是交弊也。議者緣此欲改鑄小錢以救之。」(208)賑國舒民　救國家之難，解百姓之急。(209)恣行新細　把銅錢弄得很新很小。(210)於官無解於乏　對公家仍沒法解決缺錢的問題。(211)姦巧大興　偷著鑄錢的壞人一哄而起。(212)天下之貨　整個國家的貨幣。(213)靡碎至盡　全部遭到破壞。靡，碎爛。(214)空嚴立禁　白白地發布一些嚴格的禁令。(215)利深難絕　由於有厚利吸引，私鑄是無法禁絕的。(216)不一二年　用不了一、二年。(217)懲大錢之改　接受大錢被改變的教訓。懲，吸取……的教訓。(218)紛擾　猶言波動、動亂。(219)遠利未聞　長遠的好處還沒有聽見人說。(220)切患猥及　急迫的災難已經來到跟前。猥及，意即降臨、來到。猥，斜曲，以修飾「及」的不正當。(221)高陽　郡名，郡治在今河北高陽東之舊城。(222)求取不節　向其治下的吏民索取賄賂沒完沒了。不節，沒有節制；沒有止境。(223)深澤　縣名，縣治在今河北深澤東南。(224)上超詆訕朝政　上書朝廷說馬超誹謗國家政治。上，上書。詆訕，誹謗。(225)妄　瞎說；不可能有的事。(226)何惡於超　會有哪點讓馬超不高興。惡，憎惡；討厭。(227)案驗　追問、調查。(228)顏延之　字延年，劉宋時代的文學家，與謝靈運齊名。傳見《宋書》卷七十三。(229)貴重　位高權大。(230)凡所資供　凡是顏竣送給他的東西。資供，送給；提供。(231)蕭然如故　一派清貧的樣子，還和顏竣沒做官前一樣。(232)羸牛笨車　一頭瘦牛所拉的粗重之車。笨，不精美。(233)鹵簿　達官貴人出行時的儀仗隊，包括幡傘旗幢等等。(234)屏住道側　不出聲息地停在了道路旁邊。(235)常語竣曰　經常對顏竣說。(236)不憙　不希望；不喜歡。(237)今不幸見汝　今天倒楣地碰上了你。(238)起宅　修建府第。(239)善為之　好好地蓋吧。諷刺語。(240)無令後人笑汝拙　不要讓後人看著房子恥笑你今天的行為愚蠢。(241)嘗早詣竣　曾有一天早晨到顏竣那邊去。(242)出糞土之中　極言其出身之低賤。(243)升雲霞之上　極言其今日所居的官位之高。(244)遽驕傲如此　你就立刻變得如此傲慢。遽，立刻。(245)丁父憂　為父守喪。按古禮，兒子應該為父母守孝三年。(246)裁踰月　出殯之後剛過一個月。(247)起為右將軍　朝廷讓他脫去孝服，出任右將軍。(248)丹楊尹如故　原來擔任的丹楊尹還照常擔任。(249)郡舍　指丹楊尹的衙門。(250)布衣一襲　布衣一套。照顧顏竣為父守孝的心理，讓人們從表面上看起來顏竣還是穿著守孝的布製衣服。布衣在當時是貧賤者之所服，貴族、官僚在守孝時也穿布製之衣。(251)絮以綵綸　而布衣裡面所絮襯的卻是貴重的彩色絲綿。(252)遣主衣　皇帝親自打發為自己主管服飾的官員。主衣，官名，為皇帝主管服飾。(253)就衣諸體　拿著衣服到丹楊尹的衙門給顏竣穿在身上。按，以上描寫極言顏竣所受劉駿的寵愛。

【校　記】[1]損　原無此字。據章鈺校，甲十一行本、乙十一行本、孔天胤本皆有此字，今據補。[2]施帳　原無此二字。據章鈺校，甲十一行本、乙十一行本、孔天胤本皆有此二字，張敦仁《通鑑刊本識誤》、張瑛《通鑑校勘記》同，今據補。[3]帥吏民　原無此三字。據章鈺校，甲十一行本、乙十一行本、孔天胤本皆有此三字，張敦仁《通鑑刊本識誤》同，今據補。[4]不許　原作「上不許」。據章鈺校，甲十一行本、乙十一行本、孔天胤本皆無「上」字，今據刪。

【語　譯】二年（乙未　西元四五五年）

春季，正月，魏國擔任車騎大將軍的樂平王拓跋拔犯罪，被文成帝拓跋濬賜令自殺。

宋國擔任鎮北大將軍、南兗州刺史的沈慶之請求退休回家養老，二月初五日丙寅，朝廷任命沈慶之為左光祿大夫、開府儀同三司。沈慶之堅持辭讓，先後呈遞了幾十道奏章，又當面向孝武帝劉駿陳述自己請求退休的理由，以至於磕頭至地，痛哭流涕。宋孝武帝不能強迫他改變自己的志願，就同意沈慶之以始興公的爵號退休回家，給他的退休待遇非常優厚。過了不久，孝武帝又想重新起用沈慶之，就派遣尚書令何尚之親自到沈慶之的家中勸說沈慶之仍舊出來做官。何尚之反覆地向沈慶之說明孝武帝的意思，沈慶之便笑著對何尚之說：「我不會像何先生你那樣，退休了還又返回朝廷做官。」何尚之聽了此話深感慚愧，所以就不再去勸說沈慶之。二十日辛巳，宋孝武帝任命擔任尚書右僕射的劉延孫為南兗州刺史。

夏季，五月初八日戊戌，宋孝武帝任命擔任湘州刺史的劉遵考為尚書右僕射。

六月初二日壬戌，魏國改年號為太安元年。初四日甲子，宋國實行大赦。○二十四日甲申，北魏文成帝回到平城。

秋季，七月初四日癸巳，宋孝武帝封自己的弟弟劉休祐為山陽王，劉休茂為海陵王，劉休業為鄱陽王。

七月二十七日丙辰，北魏文成帝前往黃河以西地區進行巡視。

被孝武帝任命為雍州刺史的武昌王劉渾與自己身邊的侍從一起撰寫了一篇檄文，自稱為楚王，改年號為永光，並按照朝廷的格局，設置並任命了文武百官，以此作為遊戲取樂。在武昌王劉渾屬下擔任長史的王翼之把劉渾有關檄文、改元以及任命文武官員的親筆字密封起來呈送給朝廷。八月初一日庚申，孝武帝把劉渾貶為平民，流放到始安郡。孝武帝派遣擔任員外散騎侍郎的東海郡人戴明寶前去責問劉渾，趁機逼迫劉渾自殺，當時劉渾只有十七歲。

八月二十八日丁亥，北魏文成帝從河西地區返回平城。

宋孝武帝下詔到郊廟進行祭祀，祭祀時第一次使用了齊全的歌舞，這是聽從了前任殿中曹郎荀萬秋的建議。

宋孝武帝準備削減、降低劉氏諸王、諸侯們的權勢與品級地位。冬季，十月初一日己未，擔任太傅的江夏王劉義恭、擔任揚州刺史的竟陵王劉誕向孝武帝建議裁減劉氏諸王、諸侯所乘坐的車子、所穿的衣服、所使用的器物、音樂、歌舞的規格和數量，總計有九條，孝武帝趁機示意給有關部門的官員將劉義恭、劉誕奏請的九條增加到二十四條：王、侯在聽取屬下人的請示、彙報時不能面向南設立帷帳而坐；王、侯所佩戴的劍把不能製作成彎曲得如同轆轤的形狀；在郡王的封國之內擔任內史、相以及各級官長對王、侯說話時只許自稱下官，不能稱自己為臣，被罷官的王侯不再追加恭敬的稱號。孝武帝下詔說「可以」。

十月十二日庚午，魏國朝廷任命遼西王常英為太宰。

十月二十四日壬午，宋孝武帝任命擔任太傅的江夏王劉義恭兼任揚州刺史，任命擔任揚州刺史的竟陵王劉誕為司空、兼任南徐州刺史，任命建平王劉宏為尚書令。

這一年，宋孝武帝任命已經故去的氐王楊保宗的兒子楊元和為征虜將軍，楊頭為輔國將軍。楊頭，是楊文德的堂兄。楊元和雖然是武都地區氐族首領楊氏的正統繼承人，但朝廷因為楊元和年紀太小，才幹不足，所以還沒有名正言順地冊立其為武都王或是氐王，現在氐部落還沒有法定的統治者。楊頭早先曾經戍守葭蘆，在自己的母親、妻子、兄弟都被魏軍俘虜的情況下，仍然為宋國堅守城池毫無貳心。擔任雍州刺史的王玄謨上書給朝廷說：「請朝廷授予楊頭旄節，任命他為西秦州刺史，讓他以此名義來安撫、統領那裡的氐族民眾。等過幾年之後，楊元和逐漸長大成人，再讓楊元和來繼承其先人的權位。如果到那時楊元和的才幹能力不足以充當氐族頭領，就應該把政權、爵位交給楊頭。楊頭有能力捍衛漢川流域一帶地區，使那裡不遭受胡虜的禍患，西秦州是一個只有四千戶的荒僻州，原本也不值得吝惜。如果葭蘆守不住，那麼漢水流域也就難以保全。」孝武帝沒有採納王玄謨的意見。

三年（丙申　西元四五六年）

春季，正月初四日庚寅，宋孝武帝封自己的弟弟劉休範為順陽王，封劉休若為巴陵王。十二日戊戌，封自己的兒子劉子尚為西陽王。二十六日壬子，聘娶右衛將軍何瑀的女兒為皇太子妃。何瑀，是何澄的曾孫。二十八日甲寅，實行大赦。

正月二十九日乙卯，北魏文成帝立貴人馮氏為皇后。馮皇后，是遼西郡公馮朗的女兒。馮朗在擔任秦州、雍州二州刺史的時候，因為受到牽連而獲罪被殺，馮氏也因為是罪臣的家屬而被罰入宮為奴。

二月初一日丁巳，北魏文成帝立自己的兒子拓跋弘為皇太子，文成帝先讓拓跋弘的母親李貴人將所要託付給朝廷照顧的兄弟們全都一個一個地記載下來，然後依照魏國的老規矩令李貴人自殺而死。

二月初八日甲子，宋孝武帝任命擔任廣州刺史的宗慤為豫州刺史。依照慣例，都督府與州刺史機關內部討論有關軍政事務的時候，參加討論的人都要把在會上的發言如實地記錄下來，交給典籤，由典籤掌管。宋國時期各皇子擔任各州刺史、督軍的時候，年紀大多很幼小，當時的皇帝就把自己的左右親信派去充當典籤之職，所以典籤的權力便越來越大。到了孝武帝時期，即使年長的郡王出去擔任刺史、督軍，或者出身寒族，完全憑著自己的功勞勳業而獲得刺史、督軍的人，也都要由典籤發號施令，掌管著刺史府與督軍府的機要部門，刺史反倒不能獨自行使職權。等到宗慤擔任豫州刺史的時候，由臨安縣人吳喜為其擔任典籤。宗慤所實行的各種刑法、各項政令，吳喜往往多有違背，宗慤於是大怒，說：「我宗慤已經年近六十歲，為國家竭盡心力，才獲得了這顆如斗大的州刺史印，我絕對不允許再讓一個擔任典籤的吳喜來干涉我對豫州的管理！」吳喜嚇得一個勁地磕頭，磕得額頭上都流出了鮮血，宗慤的怒氣才算平息下來。

數千家丁零族人藏匿在井陘一帶的山區做強盜，魏國擔任選部尚書的陸真與所在州郡合兵一處，共同將做強盜的數千家丁零人消滅。

閏三月初三日戊午，宋孝武帝任命擔任尚書左僕射的劉遵考為丹楊尹。〇十八日癸酉，宋國的鄱陽哀王劉休業去世。

宋國擔任太傅的江夏王劉義恭因為擔任南兗州刺史的西陽王劉子尚很受孝武帝的寵愛，就想避讓他，於是請求辭去自己所擔任的揚州刺史一職。秋季，七月，孝武帝免去了劉義恭的揚州刺史職務；二十三日丙子，孝武帝任命自己的兒子西陽王劉子尚為揚州刺史。當時熒惑星運行到了斗宿的位置，孝武帝廢棄了興建在西州的揚州刺史衙門而不再使用，而令劉子尚把揚州刺史衙門搬遷到東城，想用這種搬遷的辦法來躲避、抵禦熒惑星佔據斗宿所預示的災難。擔任揚州別駕從事的沈懷文說：「上天以星辰的變化來向人間提出警告，我們就應當以加強道德修養、多做好事的辦法來化解上天的變化。現在就是把設在西州的揚州刺史府棄置不用，恐怕也沒有什麼好處。」孝武帝沒有採納沈懷文的意見。沈懷文，是沈懷遠的哥哥。

八月，魏國擔任平西將軍的漁陽公尉眷率軍襲擊伊吾城，將伊吾城攻克，繳獲了大量的戰利品而後班師。

九月初十日壬戌，宋孝武帝任命擔任丹楊尹的劉遵考為尚書右僕射。

冬季，十月初二日甲申，北魏文成帝回到平城。

十月二十四日丙午，宋國晉升擔任太傅的江夏王劉義恭為太宰，兼任司徒。

十一月，北魏文成帝任命擔任尚書的西平王源賀為冀州刺史，並改封源賀為隴西王。源賀上書給文成帝說：「如今北方有柔然在伺機對我國進行騷擾，南方有劉宋在負險觀望，邊境線上，尤其需要派兵戍守。我認為如果不是犯有弒君、叛國的大逆不道罪、赤手空拳殺人罪應該被判處死刑以外，其他那些犯有貪贓罪、偷盜搶劫罪以及所犯過錯應當被判處死刑的人，都可以將他們寬恕，懲罰他們去戍守邊疆，這就等於讓原本該被斬首或被斷胳膊、斷腿的人受到了朝廷的再生之恩，讓本該去服勞役的家庭因此蒙受到休養生息的恩典。」魏高宗拓跋濬採納了源賀的建議。過了很長一段時間之後，文成帝對群臣說：「我採納源賀的建議之後，一年能夠救活不少的人，也增加了很多守衛邊境的士兵。如果你們人人都能像源賀那樣，我還有什麼可憂慮的呢！」恰逢武邑郡人石華控告源賀謀反，有關部門便向文成帝做了彙報，文成帝說：「源賀竭盡忠誠報效國家，朕可以向你們保證，源賀絕不會有謀反之事，這是明擺著的事情。」拓跋濬命令有關部門針對此事進行認真的審問核查，石華果然承認自己是在誣告，文成帝下令誅殺了石華，並藉機對身邊的人說：「就憑源賀對國家如此的忠誠，尚且不免受到誣陷與誹謗，那些趕不上源賀的人能不更加謹慎小心嗎！」

十二月，宋國擔任濮陽太守的姜龍駒、擔任新平太守的楊自倫率領著屬下的官吏和民眾放棄了自己守衛的城池向北投降了魏國。

宋孝武帝準備把青州、冀州二個州州治合併，統一設在歷城，參加議論的大臣中有許多人不贊同。擔任青、冀二州刺史的垣護之說：「青州北邊有黃河、濟水，又有許多的水道湖泊，不是魏國人進攻的目標。魏國人每次前來進犯擄掠，一定要經過歷城。把青、冀二州鎮治統一設置在歷城，這是具有長遠眼光的謀略。歷城北邊又靠近黃河，魏國有人前來投奔我們宋國也便於他們越過邊境。既便於歸降者就近擺脫危急，又便於皇帝的聲威遠傳到朔北，這是安定邊境的上等妙計。」因為垣護之的這一番話，把青、冀兩州州治合併到歷城的事情才確定下來。

元嘉年間，宋朝官府所鑄造的四銖銅錢，不論是從形狀上還是從規格上都與漢武帝時期的五銖錢相同，鑄一枚銅錢的費用正好與一枚銅錢的面值相等，因為鑄錢沒有贏利，所以民間沒有人私自鑄錢。等到孝武帝即位之後，官府又開始鑄造孝建四銖錢，形狀與規格既小又薄，樣式也不符合標準。於是就有很多人偷偷鑄造孝建四銖錢，他們在鑄錢的銅裡摻進鉛、錫等省錢的材料，又把前代傳下來的銅錢磨小磨薄，把磨下來的銅屑搜集起來用來鑄造新銅錢，這樣一來，銅錢更薄更小。郡守縣令無法禁止，因此事受到牽連而被處死、被免職的官員一個接一個。而盜鑄銅錢的現象卻越來越嚴重，物價跳躍式地上漲，朝廷對此感到非常憂慮。去年的春天，宋孝武帝下詔，凡是既薄又小而樣式又不好看、不達標準的銅錢一律不准許流通使用，詔書一下，民間一片譁然擾攘。這一年，已經退休家居養老的始興郡公沈慶之建議，認為「應當允許百姓鑄造銅錢，但是各郡各縣要設置一個鑄錢的機構，把那些願意鑄造銅錢的人家都集中到這個機構之內，由官府為他們規定出所鑄銅錢的標準樣式，禁止他們在鑄造銅錢的銅汁之內摻雜鉛、錫等。去年春天所禁止使用的新鑄『孝建四銖錢』，作為權宜之計，暫時允許繼續投入流通使用，從今以後新鑄的銅錢要完全遵照新規定的標準樣式進行鑄造。鑄造一萬枚銅錢要上交三千枚銅錢作為稅收，嚴格檢查，禁止鑄錢機構以外的人再偷著鑄造銅錢。」擔任丹楊尹的顏竣反駁沈慶之，認為「五銖錢的重量、樣式，是從漢武帝元狩元年開始確定下來的，魏、晉以來，再沒有改變過。那是因為市場上的商品數量，與市場上流通的錢幣數量是成比例的，一旦改變銅錢的重量就會引起弄虛作假的緣故。現在卻說去年春天所禁止使用的銅錢可以暫時繼續使用，如果大錢小錢一齊上市流通而不是一切錢幣都由國家按照規定所鑄造，鑄錢的人一旦為了獲得巨大的利潤，那麼在鑄錢過程中摻雜使假的現象就會層出不窮，私自鑄錢、把古代流傳下來的銅錢磨小磨薄的現象就全都無法禁止。等不到按照官府規定的規格樣式鑄造的錢幣充分夠用，而前代流傳下來的大面額的銅錢已經被鑿磨淨盡，用不了幾年的時間那些按照規定製造出來的銅錢就都將被奸人毀壞得像塵土一樣的沒有價值。現在朝廷剛開始發布『錢薄小無輪廓者悉不得行』的禁令，銅錢的質量與樣式不統一，過一段時間這種現象自然會好轉，不值得聖明的皇帝為此而感到憂慮。只有國家府庫空虛，沒有銅錢儲備，這才是最令人憂慮的大事情。現在即使發行分量輕的四銖錢，官府也沒有增加賦稅的道理；百姓的私家即使錢幣再多，也解決不了國家財政匱乏的問題。唯有節省開支，禁止奢侈，注意節儉，才是求得國家富裕的道路，沒有比這個辦法再重要、再可貴的了。」參加議論的人又認為「用來鑄造銅錢的銅越來越少，希望能鑄造二銖重的銅錢。」丹楊尹顏竣說：「參加討論的人認為目前國庫空虛，就應該改鑄二銖銅錢，因為天下的銅已經很少，所以就應該減少銅錢的品種和樣式，以解決目前交織在一起的各種困難，以救國家之難，解百姓之急。我卻不這樣認為。如果鑄造二銖錢，把銅錢弄得很新很小，對於朝廷來說仍然不能解決國庫空虛缺錢的問題，而民間偷著鑄錢的壞人就會一哄而起，整個國家的貨幣就會全部遭到破壞。白白地發布一些嚴格的禁令，因為有厚利的吸引，私鑄錢幣就很難禁絕，用不了一、二年，私鑄錢幣所造成的弊端就將無法挽救。百姓接受了大錢被改變的教訓，再加上畏懼新近所發布的禁令，社會上必然會引起波動與混亂。長遠的利益還沒有聽見人們說起，急迫的災難就已經來到跟前，原本富裕的商人就會更加得志，而貧民百姓就會更加貧困窘迫，這些都是改鑄二銖錢絕對不可行的原因。」於是改鑄二銖錢的建議被否決。

魏國擔任定州刺史的高陽郡人許宗之向其治下的吏民索取賄賂沒完沒了，深澤縣的百姓馬超因為誹謗詆毀了許宗之，許宗之就將馬超毆打致死，又懼怕馬超的家人告狀，就上疏給朝廷說馬超誹謗國家政治。魏高宗說：「這是不可能的事情。我身為天下的君主，會有哪點兒讓馬超不高興，而使他說出這樣的話呢？一定是許宗之懼怕罪責而誣陷馬超。」於是派人去追問調查，事實果真像高宗所說的那樣。於是在首都平城的南邊將許宗之斬首。

宋國擔任金紫光祿大夫的顏延之去世。顏延之的兒子顏竣位高權重，凡是顏竣送給顏延之的東西，顏延之一概不受，他身穿布衣居住在茅草屋裡，一派清貧的樣子，還和顏竣沒有做官以前一樣。顏延之經常乘坐著用一頭瘦牛拉著的一輛粗笨的車子外出，每當遇到顏竣出行時的儀仗隊，顏延之便不出聲息地把牛車停靠在道邊。顏延之曾經對顏竣說：「我平生不喜歡會見達官貴人，今天非常倒楣，讓我遇見了你！」顏竣為自己修建府第，顏延之便對顏竣說：「你好好蓋吧，不要讓後人嘲笑你今天的行為愚蠢。」顏延之曾經有一天早晨到顏竣那裡去，看見顏竣的家裡已經是賓客盈門，而顏竣卻還沒有起床，顏延之怒氣沖沖地對顏竣說：「你出生於一個非常貧賤的家庭，現在做了高官，就立刻變得如此傲慢起來，如此的話能夠長久嗎！」顏竣為自己的父親守孝，出殯之後剛過了一個月，朝廷就令他脫去孝服，出任右將軍，仍舊擔任丹楊尹。顏竣堅決推辭，連續上了十道表章，孝武帝都沒有批准。孝武帝派遣擔任中書舍人的戴明寶把顏竣強行抱到車上，拉到了丹楊尹的府衙，還特別賞賜給顏竣一套布衣服，而布衣裡面卻絮著彩色絲綿，孝武帝親自打發為自己主管服飾的官員拿著衣服到丹楊尹的府衙給顏竣穿在身上。

大明元年（丁酉　西元四五七年）

春，正月辛亥朔❶，改元，大赦。

壬戌❷，魏主畋於崞山❸。戊辰❹，還平城。

魏以漁陽王尉眷為太尉、錄尚書事。

二月，魏人寇兗州❺，向無鹽❻，敗東平太守南陽劉胡。詔遣太子左衛率薛安都將騎兵，東陽太守❼沈法系將水軍，向彭城以禦❽之，並受徐州刺史申坦節度❾。比至❿，魏兵已去。先是⓫，羣盜聚任城荊榛中⓬，累世為患⓭，謂之「任榛」。申坦請回軍討之，上許之。任榛聞之，皆逃散。時天旱，人馬渴乏，無功而還。安都、法系坐白衣領職⓮。坦當誅，羣臣為請，莫能得。沈慶之抱坦哭於市曰：「汝無罪而死。我哭汝於市，行當就汝⑮矣！」有司以聞⑯，上乃免之。

三月庚申⑰，魏主畋于松山⑱。己巳⑲，還平城。○魏主立其弟新成為陽平王⑳。

上自即吉㉑之後，奢淫自恣㉒，多所興造㉓。丹楊尹顏竣以藩朝舊臣㉔，數㉕懇切諫爭，無所回避，上浸不悅㉖。竣自謂才足幹時㉗，恩舊莫比㉘，當居中㉙永執朝政，而所陳多不納，疑上欲疏之，乃求外出以占上意㉚。夏，六月丁亥㉛，詔以竣為東揚州刺史㉜，竣始大懼。

癸卯㉝，魏主如陰山。

雍州㉞所統多僑郡縣㉟，刺史王玄謨上言：「僑郡縣無有境土，新舊錯亂㊱，租課不時㊲，請皆土斷㊳。」秋，七月辛未㊴，詔并雍州三郡十六縣為一郡。郡縣流民不願屬籍㊵，訛言玄謨欲反。時柳元景宗彊㊶，羣從㊷多為雍部二千石㊸，乘聲㊹皆欲討玄謨。玄謨令內外晏然㊺以解眾惑，馳使啓上㊻，具陳本末。上知其虛㊼，遣主書㊽吳喜撫慰之，且報曰：「七十老公，反欲何求㊾？君臣之際，足以相保㊿。聊復為笑(51)，伸卿眉頭(52)耳。」玄謨性嚴(53)，未嘗妄笑，故上以此戲之。

八月己亥(54)，魏主還平城。甲辰(55)，徙司空、南徐州刺史竟陵王誕為南兗州刺史，以太子詹事(56)劉延孫為南徐州刺史(57)。初，高祖遺詔，以京口要地，去建康密邇(58)，自非(59)宗室近親，不得居之。延孫之先(60)雖與高祖同源(61)，而高祖屬彭城(62)，延孫屬呂縣(63)[1]，從來不序昭穆(64)。上既命延孫鎮京口，仍詔(65)與延孫合族(66)，使諸王皆序長幼(67)。

上閨門無禮(68)，不擇親疏、尊卑(69)，流聞民間(70)，無所不至(71)。誕(72)寬而有禮，又誅太子劭、丞相義宣，皆有大功，人心竊向之(73)。誕多聚才力之士(74)，蓄精甲利兵(75)，上由是畏而忌之，不欲誕居中(76)，使出鎮京口(77)，猶嫌其逼(78)，更徙之廣陵(79)。以延孫腹心之臣，故[2]使鎮京口以防之(80)。

魏主將東巡，冬，十月，詔太宰常英起行宮於遼西黃山(81)。

十二月丁亥(82)，更以順陽王休範為桂陽王(83)。

二年（戊戌　西元四五八年）

春，正月丙午朔(84)，魏設酒禁：釀、酤、飲者皆斬之；吉凶之會(85)，聽開禁(86)，有程日(87)。魏主以士民多因酒致鬭及議國政，故禁之。增置內外候官(88)，伺察諸曹(89)及州、鎮(90)，或微服雜亂於府寺間(91)，以求(92)百官過失，有司窮治(93)，訊掠取服(94)。百官贓滿二丈(95)[3]皆斬。又增律七十九章。

乙卯(96)，魏主如廣甯(97)溫泉宮，遂巡平州(98)。庚午(99)，至黃山宮。二月丙子(100)，登碣石山[101]，觀滄海。戊寅[102]，南如信都[103]，畋於廣川[104]。

乙酉[105]，以金紫光祿大夫褚湛之為尚書左僕射。○丙戌[106]，建平宣簡王宏[107]以疾解尚書令，三月丁未[108]，卒。

丙辰[109]，魏高宗還平城，起太華殿[110]。是時，給事中[111]郭善明性傾巧[112]，說帝[113]大起宮室，中書侍郎高允諫曰：「太祖[114]始建都邑，其所營立[115]，必因農隙[116]。況建國已久，永安前殿足以朝會，西堂、溫室足以宴息[117]，紫樓足以臨望[118]，縱有脩廣[119]，亦宜馴致[120]，不可倉猝[121]。今計所當役凡二萬人，老弱供餉[122]又當倍之[123]，期[124]半年可畢。『一夫不耕，或受之飢[125]』，況四萬人之勞費[126]，可勝道乎[127]？此陛下所宜留心也。」帝納之。

允好切諫，朝廷事有不便，允輒求見，帝常屏左右以待之。或自朝至暮，或連日不出，羣臣莫知其所言。語或痛切，帝所不忍聞[128]，命左右扶出[129]，然終善遇之。時有上事為激訐[130]者，帝省[131]之，謂羣臣曰：「君、父一也。父有過，子何不作書於眾中諫之[132]，而於私室屏處諫[133]者，豈非不欲其父之惡彰於外[134]邪？至於事君，何獨不然[135]。君有得失，不能面陳，而上表顯諫[136]，欲以彰君之短[137]，明己之直[138]，此豈忠臣所為乎？如高允者，乃真[4]忠臣也。朕有過，未嘗不面言，至有朕所不堪聞[139]者，允皆無所避。朕聞[5]其過而天下不知[140]，可不謂忠乎？」允所與同徵者[141]游雅[142]等皆至大官，封侯，部下吏[143]至刺史、二千石者亦數十百[144]人，而允為郎[145]，二十七年不徙官[146]。帝謂羣臣曰：「汝等雖執弓刀在朕左右，徒立[147]耳，未嘗有一言規正[148]，唯伺朕喜悅之際，祈官乞爵，今皆無功而至王公；允執筆[149]佐我國家數十年，為益不少[6]，不過為郎，汝等不自愧乎？」乃拜允中書令[150]。

時魏百官無祿[151]，允常使諸子樵采[152]以自給。司徒陸麗[153]言於帝曰：「高允雖蒙寵待，而家貧，妻子不立[154]。」帝曰：「公何不先言，今見朕用之，乃言其貧乎？」即日，至允第，惟草屋數間，布被，縕袍[155]，廚中鹽菜而已。帝歎息，賜帛五百匹，粟千斛，拜長子悅為長樂太守[156]。允固辭，不許。帝重允，常呼為令公[157]而不名。

游雅常曰：「前史稱卓子康[158]、劉文饒[159]之為人，褊心[160]者或不之信[161]。余與高子游處[162]四十年，未嘗見其喜慍之色[163]，乃知古人為不誣[164]耳。高子內文明[165]而外柔順，其言吶吶[166]不能出口。昔崔司徒[167]嘗謂余云：『高生豐才博學，一代佳士，所乏者矯矯風節[168]耳。』余亦以為然[169]。及司徒得罪[170]，起於纖微[171]，詔指臨責[172]，司徒聲嘶股栗[173]，殆不能言[174]；宗欽已下[175]，伏地流汗，皆無人色。高子獨敷陳事理[176]，申釋是非[177]，辭義清辯，音韻高亮。人主為之動容，聽者無不神聳[178]，此非所謂矯矯者乎？宗愛方用事[179]，威振四海。嘗召百官於都坐[180]，王公已下皆趨庭望拜[181]，高子獨升階長揖[182]。由此觀之，汲長孺可以臥見衛青[183]，何抗禮之有[184]？此非所謂風節者乎？夫[185]人固未易知[186]，吾既失之於心[187]，崔又漏之於外[188]，此乃管仲所以致慟於鮑叔[189]也。」

乙丑[190]，魏東平成王陸俟[191]卒。

夏，四月甲申[192]，立皇子子綏為安陸王[193]。

帝不欲權在臣下，六月戊寅[194]，分吏部尚書置二人[195]，以都官尚書[196]謝莊、度支尚書[197]吳郡顧覬之[198]為之。又省五兵尚書[199]。

初，晉世，散騎常侍選望甚重[200]，與侍中不異，其後職任閒散，用人漸輕。上欲重其選[201]，乃用當時名士臨海太守[202]孔覬、司徒長史王彧為之。侍中蔡興宗[203]謂人曰：「選曹要重[204]，常侍閒淡[205]，改之以名而不以實[206]，雖主意欲為輕重[207]，人心豈可變邪！」既而常侍之選復卑[208]，選部之貴不異[209]。覬，琳之[210]之孫。彧，謐[211]之兄孫。興宗，廓之子也。

裴子野論曰：「官人之難[212]，先王言之[213]，尚矣[214]。周禮[215]：始於學校[216]，論之州里[217]，告諸六事[218]，而後貢于王庭[219]。其在漢家[220]：州郡積其功能[221]，五府舉為掾屬[222]，三公參其得失[223]，尚書奏之天子[224]。一人之身[225]，所閱者衆[226]，故能官得其才[227]，鮮有敗事[228]。魏、晉易是[229]，所失弘多[230]。夫厚貌深衷[231]，險如谿壑[232]，擇言觀行猶懼弗周[233]。況今萬品千羣[234]，俄折乎一面[235]，庶僚百位[236]，專斷於一司[237]。於是囂風遂行[238]，不可抑止。干進務得[239]，兼加諂瀆[240][7]，無復廉恥之風，謹厚之操，官邪國敗，不可紀綱[241]。假使龍作納言[242]，舜居南面[243]，而治致平章不可必也[244]，況後之官人者[245]哉！孝武雖分曹為兩[246]，不能反之於周、漢[247]，朝三暮四，其庸愈乎[248]！」

丙申[249]，魏主畋于松山。秋，七月[8]庚午[250]，如河西。

南彭城[251]民高闍、沙門曇標以妖妄相扇[252]，與殿中將軍苗允等謀作亂，立闍為帝。事覺，甲辰[253]，皆伏誅，死者數十人。於是下詔沙汰諸沙門[254]，設諸條[9]禁[255]，嚴其誅坐[256]。自非戒行精苦[257]，並使還俗[258]。而諸尼多出入宮掖，此制竟不能行[259]。

中書令王僧達[260]，幼聰警能文，而跌蕩不拘[261]。帝初踐阼[262]，擢為僕射[263]，居顏、劉之右[264]。自負才地[265]，謂當時莫及，一二年間，即望宰相。既而遷護軍[266]，怏怏不得志，累啓求出(267)。上不悅，由是稍稍下遷(268)，五歲七徙(269)，再被彈削(270)。僧達既恥且怨，所上表奏，辭旨抑揚(271)，又好非議時[10]政，上已積憤怒。路太后兄子嘗詣僧達(272)，趨升其榻(273)，僧達令舁棄之(274)。太后大怒，固邀上(275)令必殺僧達。會高闍反，上因誣僧達與闍通謀，八月丙戌(276)，收付廷尉(277)，賜死(278)。

沈約論曰：「夫君子、小人，類物之通稱(279)，蹈道(280)則為君子，違之則為小人。是以太公起屠釣為周師(281)，傅說去版築為殷相(282)，明敭幽仄(283)，唯才是與(284)。逮于二漢(285)，茲道未革(286)：胡廣累世農夫(287)，致位公相(288)；黃憲(289)牛醫之子，名重京師(290)，非若晚代分為二途(291)也。魏武始立九品(292)，蓋以論人才優劣(293)，非謂世族高卑(294)。而都正俗士(295)，隨時俯仰(296)，憑藉世資(297)，用相陵駕(298)。因此相沿(299)，遂為成法。周、漢之道，以智役愚(300)；魏、晉以來，以貴役賤(301)，士庶之科(302)，較然有辨(303)矣。」

裴子野論曰：「古者，德義可尊(304)，無擇負販(305)，苟非其人(306)，何取世族(307)？名公子孫，還齊布衣之伍(308)；士庶雖分(309)，本無華素之隔(310)。自晉以來，其流稍改(311)，草澤奇[11]士(312)，猶顯清途(313)；降及季年(314)，專限閥閱(315)。自是三公之子，傲九棘(316)之家；黃散(317)之孫，蔑令長之室(318)。轉相驕矜，互爭銖兩(319)，唯論門戶，不問賢能。

以謝靈運[320]、王僧達之才華輕躁[321]，使[12]生自寒宗[322]，猶將覆折[323]，重以[324]怙其庇廕[325]，召禍宜哉[326]！」

九月乙巳[327]，魏主還平城[328]。

丙寅[329]，魏大赦。

冬，十月甲戌[330]，魏主北巡，欲伐柔然。至陰山，會雨雪，魏主欲還，太尉尉眷曰：「今動大眾以威北狄[331][13]，去都[332]不遠而車駕遽還[333]，虜必疑我有內難[334]。將士雖寒，不可不進。」魏主從之，辛卯[335]，軍于車崙山[336]。

積射將軍殷孝祖[337]築兩城於清水[338]之東，魏鎮西將軍封敕文[339]攻之，清口戍主[340]、振威將軍傅乾愛拒破之。孝祖，羨[341]之曾孫也。上遣虎賁主[342]龐孟虯將兵[14]救清口，青、冀二州刺史顏師伯遣中兵參軍苟思達助之，敗魏兵於沙溝[343]。師伯，竣之族兄也。上遣司空參軍卜天生將兵會傅乾愛及中兵參軍[344]江方興共擊魏兵，屢破之，斬魏將窟瓌公等數人。十一月，魏征西將軍皮豹子[345]等將三萬騎助封敕文寇青州，顏師伯禦之，輔國參軍[346][15]焦度刺豹子墜馬，獲其鎧矟具裝[347]，手殺數十人。度，本南安氐[348]也。

魏主自將騎十萬、車十五萬兩[349]擊柔然，度大漠，旌旗千里。柔然處羅可汗遠遁，其別部烏朱駕頹等帥數千落[350]降于魏。魏主刻石紀功而還。

初，上在江州[351]，山陰戴法興[352]、戴明寶、蔡閑為典籤。及即位，皆以為南臺侍御史[353]兼中書通事舍人[354]。是歲，三典籤並以初舉兵預密謀[355]，賜爵縣男[356]，閑已卒，追賜之。

時上親覽朝政，不任大臣[357]，而腹心耳目，不得無所委寄[358]。法興頗知古今，素見親待。魯郡巢尚之，人士之末[359]，涉獵文史[360]，為上所知，亦以為中書通事舍人。凡選授遷徙[16]誅賞大處分[361]，上皆與法興、尚之參懷[362]；內外雜事，多委明寶，三人權重當時。而法興、明寶大納貨賄，凡所薦達[363]，言無不行，天下輻湊[364]，門外成市，家產並累千金[365]。

吏部尚書顧覬之獨不降意[366]於法興等。蔡興宗與覬之善，嫌其風節太峻[367]，覬之曰：「辛毗[368]有言：『孫、劉不過使吾不為三公耳[369]！』」覬之常以為：「人稟命有定分[370]，非智力所[17]移[371]，唯應恭己守道[372]；而闇者不達[373]，妄意僥倖[374]，徒虧雅道[375]，無關得喪[376]。」乃以其意命弟子原[377][18]著定命論[378]以釋之[379]。

【章　旨】以上為第三段，寫宋孝武帝大明元年（西元四五七年）、二年共兩年間的大事。主要寫了宋主劉駿因徐州刺史申坦等討任城群盜無功遂欲殺之，沈慶之抱申坦哭於市，申坦始被劉駿所赦；寫了劉駿驕奢自恣，多所興造，顏竣以藩朝舊臣，懇切諫爭無所迴避，遂被劉駿所疏，出之為刺史；寫了中書令王僧達由於跌蕩不拘，矜才自負，因遷護軍心懷不滿，累求外出，又對皇帝的親戚無禮，惹怒皇帝、太后，被誣以罪名殺之；寫了劉駿因淫亂無度，不擇親疏，人多不喜，竟陵王誕寬而有禮，又討元凶劉劭有功，人心竊向之，劉駿畏忌之使之出鎮廣陵；寫了孝武帝劉駿的因彭城民高闍、沙門曇標勾結皇帝身邊的親兵頭領作亂而下令沙汰僧尼，嚴其誅禁，自非戒行精苦，並使還俗；寫了劉駿寵用戴法興、巢尚之、戴明寶，三人權重當時，天下輻湊，門庭若市，而吏部尚書顧覬之獨不降意於三人，顧覬之著〈定命論〉，恭己守道，自行其是；寫了魏主度大漠，伐柔然，柔然可汗遠遁，別部降者千餘落，魏主刻石紀功而還；寫了宋將殷孝祖築城於清水之東，魏將封敕文攻之，被宋軍敗之於沙溝。魏將皮豹子助封敕文攻青州，又被宋將顏師伯、焦度所敗；寫了魏臣高允諫魏主拓跋濬大起宮殿，魏主納之，連帶寫到了高允的屏人進言，為魏主留面子，使魏主知其過而天下不知，高允為郎二十多年，至此被任為中書令；而魏之儒臣游雅引高允在崔浩被殺時對魏主侃侃進言的「矯矯風節」，對高允的評價極高，比之於漢代的汲黯等等。

【注　釋】❶正月辛亥朔　正月初一是辛亥日。❷壬戌　正月十二。❸畋於崞山　在崞山打獵。崞山，在今山西原平西南。❹戊辰　正月十八。❺寇兗州　侵犯兗州。劉宋的兗州州治即今山東兗州。❻無鹽　縣名，縣治在今山東東平東北，當時為東平郡的郡治所在地。❼東陽太守　劉宋時的東陽郡治即今浙江金華。❽禦　抵抗；迎敵。❾節度　指揮、調度。❿比至　當他們到達徐州時。比，及；等到。⓫先是　敘述歷史的常用語，意即「在此以前」。⓬任城荊榛中　任城縣的山野藪澤之中。任城縣的縣治在今山東微山縣西北。荊榛，荊棘一類的灌木叢。⓭累世為患　多少年來成為當地百姓和官府的麻煩。累世，數世。一世三十年。⓮坐白衣領職　意即被免去官職，以一個平民的身分管理原來的職務。坐，這裡指被免職。白衣，也稱「白丁」，古時用以稱平民百姓。⓯行當就汝　很快就要到陰間去找你了。就，找，到你那裡去。⓰有司以聞　管理此事的人將此事報告孝武帝劉駿。⓱三月庚申　三月十一。⓲松山　山名，在今遼寧盤錦西南。⓳己巳　三月二十。⓴立其弟新成為陽平王　新成，拓跋新成，拓跋晃之子，拓跋濬之弟。傳見《魏書》卷十九。陽平是封地名，陽平郡的郡治即今河北館陶。

㉑即吉　脫去孝服，穿起平常的服裝，也就是劉駿為其父服滿了三年之喪以後。㉒奢淫自恣　奢侈淫蕩，任性而為。㉓興造營建；大興土木。㉔藩朝舊臣　早在劉駿為武陵王時顏竣就在他的屬下為臣。古代稱諸侯為中央天子的屏藩。㉕數　多次。㉖浸不悅　越來越不高興。浸，漸。㉗才足幹時　自己的才能在當時可起骨幹作用，成為朝廷的主心骨。㉘恩舊莫比　君臣之間的恩情之深、感情之密，沒有第二個人可比。㉙當居中　應當在朝廷上。㉚以占上意　以探測皇上的心思。占，探測。㉛六月丁亥　六月初九。㉜東揚州刺史　劉宋時東揚州的州治即今浙江紹興，管轄浙東地區的會稽郡、東陽郡、新安郡、臨海郡、永嘉郡。㉝癸卯　六月二十五。㉞雍州　劉宋時的雍州州治襄陽，即今湖北襄樊之襄陽區。地近劉宋與魏國的邊境地區。㉟多僑郡縣　有許多是有名無實的郡縣，也就是實地已經淪陷於北魏政權的統治下，而逃到南方來的北方人按郡按縣地聚集在一起，還用原來的郡名、縣名，而朝廷也給這些聚集而居的北方人群派來行政長官，起名叫什麼「南新城郡」，設在今湖北的房縣；起名叫「扶風郡」，設在湖北的穀城等等，混亂不堪。㊱新舊錯亂　新設僑郡縣與原來的舊郡縣混在一起，雜亂不清。㊲租課不時　徵收租稅的事情無法按時完成。課，徵收。不時，不能按時、及時。㊳土斷　不論本地人或外地遷來的人，都在所生活的地區申報戶口，納稅服役。㊴辛未　七月二十四。㊵屬籍　在當地落戶。㊶柳元景宗彊　柳元景的家族勢力強大。柳元景是河東解縣（今山西永濟東）人，南遷後，僑居在雍州的範圍內。㊷羣從　各位堂兄弟們。從，堂兄弟。㊸多為雍部二千石　都在雍州的管區內任郡太守與郡都尉一類的職務。雍部，雍州刺史的管轄區。二千石，漢代的官吏級別名，地方官的郡太守與郡都尉以及諸侯國的丞相、內史等大體都屬於二千石或比二千石的級別。㊹乘聲　趁勢跟著吶喊。㊺內外晏然　州衙府衙裡裡外外的官吏都安安定定地各守各位。㊻馳使啓上　派使者飛馬進京向皇帝說明情況。㊼上知其虛　皇上知道了外面有關王玄謨的傳言純屬虛構。㊽主書　官名，中書省的一般官員，主管替皇帝起草文件。㊾反欲何求　還造反想圖什麼呢。㊿足以相保　本來是可以相互信任，用不著再說什麼的。(51)聊復為笑　我之所以還要和你說那個話。指「七十老公，反欲何求」。(52)伸卿眉頭　是為了逗你笑一笑，舒展一下眉頭。(53)性嚴　生性嚴肅。(54)八月己亥　八月二十二。(55)甲辰　八月二十七。(56)太子詹事　官名，管理太子家的事務。(57)南徐州刺史　南徐州的州治即當時的京口，今江蘇鎮江市。(58)密邇　挨得很近。(59)自非　如果不是；除……以外。(60)延孫之先　劉延孫的先人，即劉道產，劉宋前期的著名地方官，深得百姓愛戴。(61)同源　同出於一個祖先。(62)屬彭城　屬於彭城（今徐州）的這一個劉氏支派。(63)呂縣　在今江蘇徐州東南，當時屬彭城郡。胡三省曰：「彭城、呂二縣並屬彭城郡，延孫與帝室同源同郡，特異縣耳。」(64)不序昭穆　相互之間不排輩分，意即不以同族看待。昭、穆，古代宗廟裡所排列的祖先牌位的次序。以始祖居中，二世、四世、六世，位於始祖的左方，稱昭；

三世、五世、七世位於右方，稱穆。這裡即用以泛指家族中的輩分。65仍詔　這才下詔書……。仍，這裡同「乃」。66合族　合為一個家族。67使諸王皆序長幼　讓皇室諸王和劉延孫家族的子弟一起排論輩分與年齒的長幼。68上閨門無禮　皇帝劉駿的男女關係混亂，不講倫理。閨門，家門之內。69不擇親疏尊卑　不管親緣遠近，不管身分高低，都任意姦淫。70流聞民間　宮廷裡的事情流傳到民間。71無所不至　多麼荒唐驚人的事情都有。72誕　竟陵王劉誕，文帝劉義隆之子。傳見《宋書》卷七十九。73竊向之　暗中擁護他。74才力之士　有才幹與有武力的人。75蓄精甲利兵　搜集貯藏精良的鎧甲與鋒利的武器。76居中　身在朝廷。77使出鎮京口　開始讓他到鎮江駐守。78猶嫌其逼　還嫌他離著朝廷太近。79廣陵　即今揚州。80鎮京口以防之　京口處於廣陵與建康之間，廣陵鬧亂子，可以讓京口先阻擋一陣。81遼西黃山　黃山在遼西郡的肥如縣，肥如縣治在今河北遷安東北。82丁亥　十二月十二。83以順陽王休範為桂陽王　讓他這個弟弟離京城越來越遠。劉休範原為順陽王，順陽郡治在今河南淅川縣西南；現在改為桂陽王，桂陽郡治即今湖南郴州。84正月丙午朔　正月初一是丙午日。85吉凶之會　遇有喜事或喪事的聚會。86聽開禁　允許破例。87有程日　但有一定的期限。88內外候官　這裡的「候官」是指刺探消息、搜集情報的官員，有如後代所說的特務、密探。所謂「內外」是指京城以內和京城以外。「候官」也指迎送賓客的官員，與此處所說含義不同。89諸曹　指朝廷的各機構、各部門。有如後代所說的各部、各局、各科。90州鎮　指各個刺史衙門、督軍衙門。91雜亂於府寺間　和各機關、各單位的辦公人員混雜在一起。府寺，泛指官府、衙門。92求　尋找；打聽。93有司窮治　一旦被人舉報就要受到主管官員的追根究底。94訊掠取服　嚴刑拷打以取得認罪口供。訊，審問。掠，拷打。95贓滿二丈　只要所獲贓物贓款達到了能買兩丈帛的價值。96乙卯　正月初十。97廣甯　縣名，縣治即今河北涿鹿。98平州　州治肥如，在今河北遷安東北。99庚午　正月二十五。100二月丙子　二月初二。101碣石山　平州海邊的山名，在今河北昌黎城北。102戊寅　二月初四。103信都　郡名，郡治即今河北冀州。104廣川　縣名，縣治在今河北棗強東北。105乙酉　二月十一。106丙戌　二月十二。107建平宣簡王宏　劉宏，被封為建平王，宣簡二字是其死後的謚。108三月丁未　三月初三。109丙辰　三月十二。110起太華殿　胡三省引《水經注》曰：「魏太和十六年，破太華、安昌諸殿，造太極殿東西堂及朝堂。」111給事中　皇帝的侍從官員，以備參謀顧問之用，以其常在宮廷之內而得名。112傾巧　善於逢迎巧辯。113說帝　勸說魏帝拓跋濬。114太祖　指拓跋珪。115其所營立　不論興建什麼房子。116必因農隙　一定要找農閒的時間。117宴息　休息。宴，安閒；安樂。118臨望　俯看、遠眺。119脩廣　擴大修建。120亦宜馴致　也應該慢慢來。馴致，逐漸完成。121倉猝　指突然動工，且又急於求成。122供餉　送吃送喝，完成各種後勤工作。123又當倍之　又得動用兩倍的人。124期　預計；估計。125一夫不耕二句　古代成語：即使只有一個人不幹活，也可能有人因他而挨餓。(126)四萬人之勞費　這四萬人不僅不能從事農活兒，生產東西，而且還要付出如此巨大的花費。(127)可勝道乎　其所造成的災害的程度還說得過來嗎。(128)不忍聞　沒法再聽下去。不忍，不能再忍耐。(129)命左右扶出　意即強使之下去。(130)上事為激訐　上書言事而措詞過於激烈，不講情面。訐，說人短處。(131)省　看；閱讀。(132)不作書於眾中諫之　不寫在書面，不在大庭廣眾勸他的父親。(133)而於私室屏處諫　而是回到家裡找個沒有人的地方向他的父親勸說。屏處，無人之處。(134)不欲其父之惡彰於外　不願意把自己父親的過失鬧得人人都知道。彰，顯；外傳。(135)何獨不然　怎麼就偏偏不這樣。(136)顯諫　公開地提意見。(137)彰君之短　暴露君主的短處。(138)明己之直　以表現他做大臣的正直。(139)不堪聞　沒法聽下去。(140)朕聞其過而天下不知　既讓我聽聞了自己的過失，又在天下人面前為我保留了面子。(141)所與同徵者　同時一道被上調到朝廷來的。徵，辟；聘。即今所謂「上調」。(142)游雅　拓跋燾時代的文雅之臣，作有〈太華殿賦〉，封梁郡公。傳見《魏書》卷五十四。(143)部下吏　高允屬下的小吏。(144)數十百　八、九十個乃至上百個。(145)允為郎　高允為郎官。郎有中郎、侍郎、郎中等名目，都是帝王身邊的侍從官員，備參謀顧問之用。(146)二十七年不徙官　二十七年沒有提升過。胡三省曰：「魏世祖神䴥四年，高允徵拜中書博士，領著作郎，至是年二十五年耳。」(147)徒立　只是站著一言不發。(148)規正　規勸我改正錯誤。(149)執筆　指任著作郎，參與寫史，管理圖書檔案等等。(150)中書令　中書省的主官，位同宰相。(151)無祿　國家不發給俸祿，沒有工資。(152)樵采　砍樵與採集野果。(153)陸麗　拓跋嗣、拓跋燾時代的元勳陸俟的第四子，任南部尚書，擁立拓跋濬有大功。傳見《魏書》卷四十。(154)妻子不立　妻子兒女皆一無所有。胡三省曰：「立，成也，置也，建也。謂不能建置家業也。」(155)縕袍　用亂麻絮起來的袍子。縕，亂麻。(156)長樂太守　長樂郡的郡治即今河北冀州，當時稱作信都。(157)令公　對中書令的敬稱。(158)卓子康　卓茂，東漢南陽郡的宛縣人，字子康，習《詩》、《禮》、曆算，王莽執政時能堅守德操。傳見《後漢書》卷二十五。(159)劉文饒　劉寬，東漢弘農郡的華陰縣人，字文饒，桓帝時曾徵拜尚書令，靈帝初兩任太尉，以寬容大度著稱於時。傳見《後漢書》卷二十五。(160)褊心　心胸狹窄。(161)不之信　不相信世上真有卓茂、劉寬那樣的人。(162)游處　交遊相處。(163)未嘗見其喜慍之色　從未見他為個人的某事而歡喜、而發脾氣。極言其個人修養的到家。慍，發怒；生氣。(164)乃知古人為不誣　由此也相信歷史上有關卓茂、劉寬的記載不是瞎說。(165)內文明　內心知書達禮。(166)吶吶　說話遲鈍的樣子。(167)崔司徒　崔浩，拓跋珪、拓跋嗣、拓跋燾三代的名臣，位至司徒，被拓跋燾無理所殺。傳見《魏書》卷三十五。(168)所乏者矯矯風節　缺少的是挺拔軒昂的風骨氣節，意即不能義正辭嚴地表明自己的思想觀點。(169)余亦以為然　我過去也覺得是這樣。(170)及司徒得罪　指崔浩因刻史於石引起貴族怨憤而被下獄。(171)起於纖微　事情的起因本來不是什麼大問題。(172)詔指臨責　皇帝派人前去當面責問。(173)司徒聲嘶股栗　崔司徒嚇得戰戰兢兢，說話的聲音嘶啞。(174)殆不能言　幾乎說不出話來。(175)宗欽已下　宗欽以下的其他犯罪的人。宗欽，崔浩手下直接主管寫史並慫恿將之刻石的人。(176)敷陳事理　陳述所指犯罪情由的始末。(177)申釋是非　申辯解釋其中的哪些是是、哪些是非。(178)神聳　提神；神氣為之激昂。(179)用事　管事；掌權。(180)都坐　指政事堂。胡三省曰：「魏有都坐大官。魏之都坐，猶唐之朝堂也。或曰都坐尚書，都坐即唐之政事堂。」(181)趨庭望拜　進入庭院即小步疾趨，遠遠望見即大禮參拜。趨，小步疾行，這是古代臣子在君父面前走路的一種特定姿勢。(182)升階長揖　登上臺階，深深地打上一躬。(183)汲長孺可以臥見衛青　如果高允能見宗欽都只是長揖，那麼受人崇敬的汲黯就應該是睡在床上見衛青。汲長孺，汲黯，字長孺，曾任主爵都尉，不媚權貴，敢於面折廷爭。傳見《史記》卷一百二十。(184)何抗禮之有　幹什麼見了衛青還要行個對等之禮，還要作個長揖呢。衛青是武帝時期的名將，任大將軍之職，權力在丞相之上。朝廷百官見了衛青都遙相跪拜，只有汲黯，見了衛青只是作個揖而已。事見《史記·汲鄭列傳》。抗禮，行對等之禮。汲黯向衛青作個揖，衛青向汲黯還個禮，禮數是對等的。這裡是由推崇高允的為人而拉汲黯來做陪襯。(185)夫　發語詞。(186)人固未易知　真正瞭解一個人是很難的。(187)失之於心　不了解他的內心深處。(188)漏之於外　錯看了他的外在。(189)管仲所以致慟於鮑叔　這不就像當年管仲感慨地痛哭鮑叔牙一樣嗎。管仲與鮑叔牙都是春秋時代齊桓公手下的名臣。最初管仲保著公子糾，公子糾被齊桓公打敗後，齊桓公想任用鮑叔牙為齊國丞相，鮑叔牙大公無私地勸齊桓公任用管仲。結果管仲輔佐齊桓公九合諸侯，一匡天下，成了當時有名的霸主。事後管仲感慨地說：「吾始困時，嘗與鮑叔賈，分財利多自與，鮑叔不以我為貪，知我貧也；吾嘗為鮑叔謀事而更窮困，鮑叔不以我為愚，知時有利不利也；吾嘗三仕三見逐於君，鮑叔不以我為不肖，知我不遭時也；吾嘗三戰三走，鮑叔不以我為怯，知我有老母也；公子糾敗，召忽死之，吾幽囚受辱，鮑叔不以我為無恥，知我不羞小節而恥功名不顯於天下也。生我者父母，知我者鮑子也。」事見《史記·管晏列傳》。致慟，為之感動得痛哭。(190)乙丑　三月二十一日。(191)東平成王陸俟　陸俟是陸麗之父，魏國元勳老臣，被封為東平王，成字是其死後的謚。東平是封地名，東平郡的郡治范縣，在今山東范縣東南。(192)四月甲申　四月十一。(193)子綏為安陸王　劉子綏是孝武帝劉駿的第四子，被封為安陸王，安陸郡的郡治即今湖北安陸。(194)六月戊寅　六月初六。(195)分吏部尚書置二人　胡三省曰：「吏部尚書掌銓選，以其權重，江左謂之大尚書，言其位任與諸曹殊絕也。今置二人以分其權。」(196)都官尚書　即後代的刑部尚書，主管水火、盜賊、治安等事。(197)度支尚書　即後代的戶部尚書，主管國家的錢財之事。(198)顧覬之　劉宋中期有政績的地方官。傳見《宋書》卷八十一。(199)省五兵尚書　撤銷五兵尚書一職。五兵尚書，即後代的兵部尚書，主管全國軍事。(200)選望甚重　選人者與入選者對之都看得很重。選，指選用什麼人。望，指入選者的名望。(201)重其選　提高入選者的資歷。(202)臨海太守　臨海郡的郡治章安，在今浙江台州西北。(203)蔡興宗　宋初名臣蔡廓之子，正直敢言。傳見《宋書》卷五十七。(204)選曹要重　選拔官吏的部門任務重大。(205)常侍閒淡　散騎常侍只是跟在皇帝身邊隨便談談。(206)改之以名而不以實　改用名人擔任而不賦予他實權。(207)雖主意欲為輕重　即使皇帝想提高某一部門或降低某一部門。(208)常侍之選復卑　散騎常侍的人選越來越不受重視。(209)選部之貴不異　吏部尚書的貴重還和過去一樣。按，散騎常侍是皇帝身邊的人，他的權大表明皇帝個人的意志得申；吏部尚書是尚書省的一個部門，他的權大表明國家權力在職能部門的長官之手。這正是孝武帝劉駿想要奪取過來的。(210)琳之　孔琳之，晉末宋初的正直大臣，前後與桓玄、徐羨之等屢唱對臺戲。傳見《宋書》卷五十六。(211)謐　王謐，晉末宋初時人，因在劉裕微賤時能對之欣賞重視，故劉裕稱帝後王謐遂為大官。傳見《宋書》卷五十二。(212)官人之難　任命人為官的難處。(213)先王言之　先王早就說過啦。《尚書・皋陶謨》有所謂「知人則哲，唯帝其難之。」《史記・夏本紀》：「皋陶曰：『於！在知人，在安民。』禹曰：『吁！皆若是，惟帝其難之。知人則智，能官人；能安民則惠，黎民懷之。能知能惠，何憂乎驩兜，何遷乎有苗，何畏乎巧言善色佞人？』」(214)尚矣　很早很早啦。尚，意思同「上」。久遠。(215)周禮　周朝的禮儀規定說。(216)始於學校　早在學校裡就開始對人才的培養、考察。(217)論之州里　接著本州本里就有對本地區所屬年輕人的考察與評定。州、里，都是居民的基層單位名。五家為一鄰，五鄰為一里，兩千五百家為一州。(218)告諸六事　各基層單位將層層評定的結果報告給朝廷的六卿。六事，即六卿，朝廷各部的主事官員。(219)貢于王庭　推薦到國家帝王的宮廷。(220)其在漢家　在漢朝的做法是。(221)州郡積其功能　各郡各州把自己衙門所屬官吏的工作能力、工作業績，整理上報。(222)五府舉為掾屬　朝廷的各大部門聘任這些被推薦的人才到自己的衙門充當辦事人員。五府，朝廷的各大部門，如司徒府、太尉府……。掾屬，僚屬。(223)三公參其得失　三公指丞相、太尉、御史大夫，三位國家的最高大臣。由他們分析綜合這些各地人才在朝廷各大部門實際工作的優缺點，提出初步意見。(224)尚書奏之天子　尚書是皇帝身邊的掌管文書、檔案的官員。他把三公所彙總的有關任命官員的意見書呈送皇帝，由皇帝最後裁決。(225)一人之身　每一個將被任用的官員。(226)所閱者眾　所經歷的審查層次多。閱，檢查；考驗。(227)官得其才　每個官職都能由合適的人選來擔任。(228)鮮有敗事　很少有任職的官員辦事砸了鍋的。鮮，稀少。(229)魏晉易是　魏晉以後就不是這樣了。易是，改變了先秦兩漢的做法。(230)所失弘多　其失誤太嚴重太多了。弘，大；嚴重。(231)厚貌深衷　一人的外貌有厚厚的偽裝，一個人的內心更是深不可測。(232)險如谿壑　認識一個人就如同觀察一座深山的千巖萬壑一樣難以看透。(233)擇言觀行猶懼弗周　即使你經過了聽其言、觀其行，還怕瞭解得不全面、不深入。(234)萬品千羣　本來是五花八門千匯萬狀的人物。(235)俄折乎一面　要在頃刻之間由一個人給他們做出片面的評定。折，裁決；評定。
[236]庶僚百位　眾多僚屬的人品，眾多職務的功效。百位，各種職務、職位。
[237]專斷於一司　都由一個吏部說了算。一司，一個部門，指選部、吏部。
[238]嚣風遂行　找路子、走後門、巴結權貴以求飛黃騰達的風氣於是風行。嚣風，浮躁、奔競之風。
[239]干進務得　一門心思向上爬，千方百計要達到。干，求。
[240]兼加諂瀆　還有一套對上諂媚、對下傲慢的習氣。《易大傳》有所謂「君子上交不諂，下交不瀆。」現在則一切都變了。
[241]不可紀綱　無法再進行整頓。紀綱，這裡用如動詞，意即整頓。
[242]龍作納言　龍是舜時的大臣，為舜做言官。納言，意同「進諫」，猶如後代的左拾遺、右補闕之類。《史記・五帝本紀》有所謂「舜曰：『龍，朕畏忌讒說殄偽，振驚朕眾，命汝為納言，夙夜出入朕命，惟信。』」
[243]舜居南面　舜為國家的帝王。南面，指為帝王。
[244]治致平章不可必也　要想達到天下太平也不是有絕對保障的。治致，達到太平。不可必，沒有絕對把握。
[245]後之官人者　後代那些任命官職的人。
[246]分曹為兩　在吏部設兩個尚書。
[247]不能反之於周漢　不能重新實行周朝、漢朝的制度。
[248]其庸愈乎　能有更好的效果嗎。按，以上裴子野的評論見《宋略》。
[249]丙申　六月二十四。
[250]秋二旬　秋季七月二十八。
[251]南彭城　南朝的僑置郡名。胡三省曰：「晉氏南渡，僑立南彭城郡於晉陵界。」按，當時的晉陵即今江蘇常州。
[252]以妖妄相扇　以神怪叛逆的語言相互煽動。
[253]甲辰　七月初二。
[254]沙汰諸沙門　甄別所有的佛教僧徒。沙汰，審查；甄別。沙門，佛教的僧尼。
[255]設諸條禁　設立了各種法條禁令。諸，各種。條禁，法條；禁令。
[256]嚴其誅坐　嚴厲實行誅殺與連坐的法令。
[257]自非戒行精苦　只要不是嚴格遵守佛教戒律的人。自非，只要不是。
[258]並使還俗　一概讓他們還俗回家。並，一概。
[259]此制竟不能行　意即對諸尼竟沒有起到管制的作用。
[260]王僧達　文帝初期的重臣王弘之子，劉駿起兵討伐劉劭時，王僧達聞風歸附之，故受寵信為中書令。傳見《宋書》卷七十五。
[261]跌蕩不拘　行為放縱，不拘小節。
[262]帝初踐阼　劉駿開始登基稱帝的時候。踐阼，登階；登基。
[263]僕射　為尚書右僕射，位同副丞相。
[264]居顏劉之右　在孝武帝的心腹大臣顏竣和劉延孫之上。右，此處指上。
[265]自負才地　以自己才幹與出身門地的優越而自矜。自負，以……為驕傲。
[266]遷護軍　改任為護軍將軍。
[267]累啓求出　屢次地請求出朝任地方官。
[268]稍稍下遷　慢慢地下降。
[269]五歲七徙　五年之間換了七個職位。
[270]再被彈削　還有兩次因受彈劾而被削減。削，減，降職或減俸。
[271]辭旨抑揚　說話之間帶有諷刺不滿。
[272]嘗詣僧達　曾有一次到王僧達家裡去。
[273]趨升其榻　小步快走地坐上他的坐墊。趨，小步疾行。榻，坐墊。有如今日本人之坐席。
[274]令舁棄之　叫兩個人把這張坐墊拿出去扔掉。舁，兩人對抬。胡三省曰：「路太后兄慶之曾為王氏門下騶（騎侍），故僧達麾（逐）其子。」
[275]固邀上　堅決地逼著皇帝。邀，要脅；逼迫。
[276]八月丙戌　八月十五。
[277]收付廷尉　抓起來送交司法機關。廷尉，國家的最高司法長官。
[278]賜死　胡三省曰：「孔光屈身於董賢以保其

祿位，人以為諂；王僧達抗意於路瓊之以殺其身，人以為褊躁。遠小人不惡而嚴，君子蓋必有道也。」[279]類物之通稱　是對兩類不同性質人的稱呼。物，即指人。[280]蹈道　走正道。[281]太公起屠釣為周師　胡三省曰：「太公屠牛於朝歌，釣於渭濱，周文王迎以為師。」按，事情詳見《史記・齊太公世家》。起屠釣，由貧賤的職業中被提拔起來。[282]傅說去版築為殷相　胡三省曰：「傅說築於傅巖之野，殷高宗求以為相。」按，事情詳見《史記・殷本紀》。去版築，由勞役犯中被解放出來。[283]明颺幽仄　提拔任用被埋沒的人。颺，同「揚」。幽仄，黑暗、崎嶇。[284]唯才是與　所尋找的就是有才幹的人。與，相與；相結交。或曰與，同「舉」。亦通。[285]逮于二漢　發展到兩漢時代。逮，至；達。[286]茲道未革　這種「唯才是與」的選官原則一直沒有改變。革，改變；變更。[287]胡廣累世農夫　胡廣是東漢人，《後漢書・胡廣傳》有所謂「廣少孤貧，親執家苦」的話，但沒有說他家是「累世農夫」。[288]致位公相　胡廣由於熟讀儒書，後來當了丞相。丞相在漢代是三公之一，故合稱「公相」。[289]黃憲　黃憲是東漢後期人，其父是牛醫，而黃憲卻以品行學問見重於當時。事見《後漢書》。[290]名重京師　黃憲一生沒有進入官場，但卻名動京師，當時的社會名流如陳蕃、郭泰、荀淑等人都對之大加讚賞，甚至有人把他比作顏子。[291]晚代分為二途　自魏晉開始將士人按出身分為士族和寒門兩類。[292]魏武始立九品　魏武，指曹操，東漢末年的權臣。其子曹丕篡漢稱帝後，追尊曹操為魏武帝。九品，即九品官人法，這一制度的提出並付之實行都在魏文帝黃初元年（西元二二〇年），不應說是「魏武始立九品」，乃是其子文帝曹丕始立九品官人法。其具體做法是上起朝廷下至郡縣基層都設立中正官，以品評本鄉本土本管區的人才，按照品行才幹將之分成九個等級（品），依次上報，最後報到朝廷的大中正。大中正經過核查整理，上報大司徒，以確定錄取任用。[293]論人才優劣　當初由大臣陳羣提出，由曹丕批准實行的九品中正法，是依據被評者的品德與才幹來確定其等級的高低。[294]非謂世族高卑　並不是評定這些被評者的出身家庭的地位高低。[295]而都正俗士　各州的中正官都是俗人，勢利眼。[296]隨時俯仰　隨著當時的社會風氣而隨高就高、隨低就低。而當時的社會風氣是士族當政，寒門受壓。[297]憑藉世資　憑著這些中正官都出身於士族豪門。[298]用相陵駕　因此對非出身於世家的人都加以壓抑。用，因；因此。陵駕，超越；壓倒。也作「淩駕」。[299]因此相沿　這種惡劣做法繼續發展。[300]以智役愚　讓聰明人管理愚昧者。[301]以貴役賤　讓貴族奴役寒賤。[302]士庶之科　士族與庶族的界限。[303]較然有辨　就這樣清楚、明白地劃分出來。較然，清楚、明白。按，以上沈約對當時士庶矛盾的抨擊，乃刪節其《宋書・恩倖傳》之文。[304]德義可尊　只要他在德義方面受人尊重。[305]無擇負販　即使是負鼎、販牛之人也照樣提拔任用。負鼎，指商朝大臣伊尹，據說他曾負鼎以滋味說湯；販牛，指齊桓公的大臣寧戚與秦穆公的大臣百里奚，相傳他們都曾販牛而被君主任用。[306]苟非其人　如果他們不是有德有才之人。[307]何取世族　即使他們是世族出身又有什麼可取的。(308)還齊布衣之伍　應該與布衣平民排在同一行列。伍，行列。(309)士庶雖分　出身雖有士族與庶族的區別。(310)本無華素之隔　本來不能成為誰能做大官、誰只能做平民的界限。華，榮華，指做高官、披華袞。素，穿布衣，為平民。(311)其流稍改　其風氣已經有所改變。流，潮流；風氣。稍改，漸漸出現變化。(312)草澤奇士　一些出身於平民百姓的奇能異士。(313)猶顯清途　在達官貴人的行列中偶爾還能有所出現。清途，政事清閒而實握大權的官職。當時又有所謂「濁官」，指工作繁忙，處理實際事務，而實際權力不大。在南朝的官場中，庶族士子往往只能從事這一類職務。(314)降及季年　到了東晉末年。(315)專限閥閱　只憑門第一條。閥閱，指門第、貴族。古代有所謂「門在左曰閥，在右曰閱」。《史記・高祖功臣侯者年表》又有所謂「明其等曰閥，積其功曰閱」，通常即用以指功臣世族之家。(316)九棘　九寺；九卿。秦漢時代的九卿指：太常、郎中令、衛尉、太僕、廷尉、大鴻臚、宗正、大司農、少府。秦漢時的九卿，相當於唐宋時代的六部。(317)黃散　黃門侍郎和散騎常侍，皇帝身邊的侍從官員。(318)蔑令長之室　瞧不起縣令、縣長家的人。古代大縣的長官稱縣令，小縣的長官稱縣長。(319)互爭銖兩　相互攀比，看誰比誰的官位高一點，俸祿多一點。古代稱十六兩為一斤，稱一兩的二十四分之一叫一銖。銖兩，通常用以比喻其分量之小。(320)謝靈運　東晉名將謝玄之孫，晉末宋初的著名詩人，山水詩的開創者。入宋後對自己的官位不滿，狂放傲慢，又圖謀不軌，被宋文帝所殺。傳見《宋書》卷六十七。(321)才華輕躁　有才華而名利心強，一心向上爬，爬不上就牢騷滿腹，心懷不軌。(322)使生自寒宗　即使他們出身於寒門。(323)猶將覆折　也是會翻車的。(324)重以　再加上；更何況。(325)怙其庇廕　依仗他出身豪門，祖先的功大。怙，仗恃。庇廕，有保護傘，因前世有功而使子孫遇事免罪。(326)召禍宜哉　給自己招來殺身之禍就是很自然的了。按，以上裴子野對謝靈運、王僧達輕躁招禍的評論，見其所著《宋略》。(327)九月乙巳　九月初四。(328)魏主還平城　由松山返回平城。(329)丙寅　九月二十五。(330)十月甲戌　十月初四。(331)以威北狄　以威懾北方的野蠻民族。北狄，即指柔然。(332)去都　剛離開都城。(333)車駕遽還　帝王的車駕很快地折了回去。遽，即；很快地。(334)內難　內部發生政變。(335)辛卯　十月二十一。(336)車崙山　也作「車輪山」。胡三省引魏收〈地形志〉：「秀容郡敷城縣有車輪泉神。」秀容郡的郡治在今山西忻州西北，敷城縣的縣治在今山西原平西北。(337)積射將軍殷孝祖　積射將軍是雜號將軍名，在諸將中的位次偏低。殷孝祖是劉宋後期的名將。傳見《宋書》卷八十六。(338)清水　此處所稱的「清水」是泗水的別稱。泗水由今山東曲阜一帶南流，經江蘇之徐州、下邳再南流，至清江市入淮河。(339)封敕文　拓跋燾、拓跋濬時代的魏國名將，大有功於魏國西南地區的邊陲。傳見《魏書》卷五十一。(340)清口戍主　清口據點的部隊頭領。清口，名字非一，胡三省以為「此清口非清水入淮之口，乃濟水與汶水的匯合之口」。按胡氏所說，此清口應在今山東泗水縣附近。(341)羨　殷羨，晉代末期徒有其名的權臣殷浩之父。傳見

《晉書》卷七十七。342虎賁主　虎賁武士的頭領。虎賁是帝王的警衛部隊，主管守衛宮廷及出行警衛之事。343沙溝　河水名，又名中川水，由泰山西北流，至今濟南之長清區北入濟水。344中兵參軍　司空竟陵王劉誕屬下的中兵參軍。345皮豹子　魏國拓跋燾、拓跋濬時代的名將。傳見《魏書》卷五十一。346輔國參軍　輔國將軍屬下的參軍。347鎧矟具裝　矟，也寫作「槊」，長矛。具裝，連人帶馬的全套裝備。348南安氐　南安郡的氐族人。南安郡的郡治即今四川樂山市。349兩　同「輛」。350數千落　幾千個部落。351上在江州　劉駿在任江州刺史的時候。352戴法興　孝武帝劉駿的親幸內臣。傳見《宋書》卷九十四。353南臺侍御史　御史臺的侍御史，主管監察、彈劾。354中書通事舍人　中書省的官員，負責中書省與皇帝間的聯絡。355以初舉兵預密謀　因參與了孝武帝劉駿最初的密謀起兵。356縣男　封地為一個縣的男爵。357不任大臣　不相信、不委託朝廷大臣辦事。358不得無所委寄　就不可能不再委託了。359人士之末　在官場人物中是最差的。360涉獵文史　稍稍接觸過一些文學、歷史方面的東西。361凡選授遷徙誅賞大處分　凡是任命官職、官員調動、殺罰賞賜這些重大問題的決定。362參懷　商量決定。胡三省曰：「宋齊之間，凡參決機務，率皆謂之參懷。」363薦達　推舉、轉達。364天下輻湊　凡是走後門、找門路辦事的人都集中到了他們兩個的門下。365並累千金　都會有幾千金。古時一金相當於銅錢一萬枚。366不降意　不低聲下氣；不曲意逢迎。367風節太峻　做人的稜角太突出，意即太剛直不阿。368辛毗　三國時人，先後在曹操、曹丕、曹叡時代為臣，為人剛正不阿，不曲從於權貴。傳見《三國志》卷二十五。369孫劉不過使吾不為三公耳　孫資、劉放兩個豎子頂多也不過就是給我使壞，讓我當不上三公罷了，還能把我怎麼樣。孫資、劉放是魏明帝曹叡手下的佞幸之臣，滿朝文武都對之卑躬屈膝，獨辛毗不買他們的帳，說：「吾之立身，自有本末，就與孫、劉不平，不過令吾不作三公而已，焉有大丈夫欲為公而毀其高節者邪？」三公，指丞相、太尉、御史大夫。370稟命有定分　一個人的命運好壞都是命裡註定的。稟命，與生俱來的命運。371非智力所移　不是個人的智慧能力所能改變的。372恭己守道　恭恭敬敬地做好人、走正道。373闇者不達　有些糊塗人不明白這個道理。374妄意僥倖　妄想投機取巧。375徒虧雅道　白白地耽誤了做好事、成好人。虧，有損於。376無關得喪　改變不了自己命定的得失。377命弟子愿　讓自己弟弟的兒子顧愿。378定命論　原文全載於《宋書‧顧覬之傳》。379以釋之　以闡發這種「稟命有定分」的觀點。

【校　記】1呂縣　原誤作「莒縣」。嚴衍《通鑑補》改作「呂縣」，今據以校正。按，《南史‧劉延孫傳》亦作「呂縣」。2故　原無此字。據章鈺校，甲十一行本、乙十一行本、孔天胤本皆有此字，今據補。3二丈　原作「二丈者」。據章鈺校，甲十一行本、乙十一行本、孔天胤本皆無「者」字，今據刪。④真　原無此字。據章鈺校，甲十一行本、乙十一行本、孔天胤本皆有此字，今據補。⑤聞　原作「知」。據章鈺校，甲十一行本、乙十一行本、孔天胤本皆作「聞」，今據改。⑥少　原作「小」。據章鈺校，甲十一行本、乙十一行本、孔天胤本皆作「少」，今據改。⑦瀆　據章鈺校，甲十一行本、乙十一行本皆作「黷」。按，胡三省注云：「《易大傳》云：『君子上交不諂，下交不瀆。』」作「瀆」義長。⑧秋七月　原無此三字。據章鈺校，甲十一行本、乙十一行本、孔天胤本皆有此三字，今據補。⑨條　原作「科」。據章鈺校，甲十一行本、乙十一行本、孔天胤本皆作「條」，今據改。⑩時　原作「朝」。據章鈺校，甲十一行本、乙十一行本、孔天胤本皆作「時」，今據改。⑪奇　原作「之」。據章鈺校，甲十一行本、乙十一行本、孔天胤本皆作「奇」，今據改。⑫使　原作「使其」。據章鈺校，甲十一行本、乙十一行本、孔天胤本皆無「其」字，今據刪。⑬北狄　據章鈺校，甲十一行本、乙十一行本、孔天胤本皆作「北敵」。⑭將兵　原無此二字。據章鈺校，甲十一行本、乙十一行本、孔天胤本皆有此二字，今據補。⑮參軍　原作「將軍」。據章鈺校，甲十一行本、乙十一行本、孔天胤本皆作「參軍」，今據改。⑯遷徙　原無此二字。據章鈺校，甲十一行本、乙十一行本、孔天胤本皆有此二字，張敦仁《通鑑刊本識誤》同，今據補。⑰所　原作「可」。據章鈺校，甲十一行本、乙十一行本、孔天胤本皆作「所」，今據改。⑱愿　原作「原」。胡三省注云：「『原』，《南史》作『愿』。」據章鈺校，孔天胤本作「愿」，張敦仁《通鑑刊本識誤》同，今據改。

【語　譯】大明元年（丁酉　西元四五七年）

春季，正月初一日辛亥，宋國改年號為大明元年，實行大赦。

正月十二日壬戌，北魏文成帝拓跋濬在崞山打獵。十八日戊辰，魏文成帝從崞山回到平城。

北魏文成帝任命漁陽王尉眷擔任太尉、錄尚書事。

二月，魏軍侵犯宋國的兗州，進而又進攻無鹽縣，打敗了宋國擔任東平太守的南陽人劉胡。宋孝武帝劉駿下詔派遣擔任太子左衛率的薛安都率領騎兵，擔任東陽太守的沈法系率領水軍，奔赴彭城抵禦入侵的魏軍，並接受擔任徐州刺史的申坦的指揮與調度。等到薛安都、沈法系率領大軍抵達彭城的時候，入侵的魏軍已經離去。在此以前，群盜聚集在任城縣境內的山野藪澤中，多少年來一直危害當地的百姓和官府，人們稱這些盜匪為「任榛」。徐州刺史申坦請求令薛安都、沈法系在率軍返回的時候順路討伐這些盜匪，孝武帝同意了他的請求。任榛聽到朝廷大軍即將前來征討的消息以後，全都四處逃散。當時天氣乾旱，人馬乾渴困乏，結果無功而返。薛安都、沈法系因此而獲罪，被罷了官，但還是讓他們以一個平民的身分管理原來的職務。申坦按所犯之罪應當被誅殺，群臣都為申坦向孝武帝求情，卻沒有被劉駿批准。始興郡公沈慶之在街市中抱住申坦大哭說：「你沒有犯罪卻要被處死。我在街市中哭你以後，很快就要到陰間去找你了！」有關官員將此事報告給了孝武帝，孝武帝這才赦免了申坦。

三月十一日庚申，北魏文成帝在松山打獵。二十日己巳，從松山返回平城。○北魏文成帝立自己的弟弟拓跋新成為陽平王。

宋孝武帝為自己的父親宋文帝劉義隆服滿了三年之喪後，就開始奢侈淫蕩、任意胡為起來，而且大興土木。擔任丹楊尹的顏竣因為自己早在孝武帝還是武陵王的時候就在他的屬下任職，於是就多次懇切地對孝武帝的行為進行勸諫和阻止，而且是直言不諱，無所顧忌，孝武帝因此逐漸對顏竣不滿起來。而顏竣卻還以為自己的才幹能力足以在朝廷中起到骨幹作用，能夠成為朝廷的主心骨，自己與孝武帝君臣之間的恩情之深、感情之密，沒有第二個人可以比得上，應當在朝中永遠把持朝政，然而他所奏請的事情卻多數都不被孝武帝劉駿所採納，於是便開始懷疑孝武帝是有意要疏遠自己，所以就向孝武帝請求批准自己到地方去任職，想以此試探一下孝武帝的心思。夏季，六月初九日丁亥，孝武帝下詔，任命顏竣為東揚州刺史，顏竣這才開始感到非常恐懼。

六月二十五日癸卯，北魏文成帝前往陰山一帶巡視。

宋國雍州所管轄的郡縣當中有許多是有名無實的郡縣，擔任雍州刺史的王玄謨上書給朝廷說：「僑置郡縣一般沒有境土，新設的僑郡縣與原來的舊郡縣混在一起，雜亂不清，徵收租稅的事情無法按時完成，請朝廷准許不論是本地人還是從北方喬遷過來的人，都在自己所生活的地區申報戶口，納稅服役。」秋季，七月二十四日辛未，孝武帝下詔，將雍州所管轄的三個郡十六個縣合併為一個郡。郡縣的流民不願意把自己的戶口落在當地，就造謠誣陷雍州刺史王玄謨想要謀反。當時柳元景的家族勢力很強大，柳元景的那些堂兄弟們有很多人都在雍州刺史王玄謨管轄的區域內擔任著俸祿為二千石的郡太守或郡都尉一級的官員，他們趁勢跟著吶喊，都想出兵討伐王玄謨。王玄謨命令州衙府衙裡裡外外的官吏，都要安安定定地各自守好自己的崗位，以便解除眾人的猜疑，同時派使者飛馬趕往京師建康，向孝武帝詳細地說明了事情的經過。孝武帝因此知道了傳言純屬子虛烏有，於是就派擔任主書的吳喜前往雍州去安撫、慰問雍州刺史王玄謨，並且告訴王玄謨說：「你已經是一個七十歲的老翁，謀反圖什麼呢？你我君臣之間，完全可以互相信任，用不著再說什麼了。我所以要和你說這樣的話，是為了讓你笑一笑，舒展一下眉頭。」王玄謨生性嚴肅，從來不隨便發笑，所以孝武帝才用這樣的話和他開玩笑。

八月二十二日己亥，北魏文成帝從陰山一帶回到平城。

八月二十七日甲辰，宋國孝武帝改任擔任司空、南徐州刺史的竟陵王劉誕為南兗州刺史，任命太子詹事劉延孫為南徐州刺史。當初，宋高祖劉裕留下遺詔，認為京口是國家的戰略要地，與京師建康挨得很近，如果不是皇室近親，就不能派到那裡任職。劉延孫的先人雖然與高祖劉裕同出一個祖先，然而高祖劉裕屬於彭城人，劉延孫卻屬於呂縣人，兩家從來都沒有相互排過輩分。孝武帝既然想讓劉延孫去鎮守京口，這才下詔書把劉延孫與自己的家族合為一族，讓皇室諸王都和劉延孫家族的子弟一起排輩分、序長幼。

孝武帝在家門之內男女關係混亂，根本不顧及倫理，不論血緣關係遠近，也不論身分貴賤高低，宮廷裡的醜聞流傳到了民間，不論多麼荒唐驚世駭俗的事情都有。竟陵王劉誕待人寬厚有禮，在平定太子劉劭與丞相劉義宣的叛亂中，都建立了大功，人們都暗中擁護竟陵王劉誕。劉誕召集了很多有才能、有勇力的人士，又搜集儲藏了很多精良的鎧甲與鋒利的武器，孝武帝因此對劉誕既畏懼又嫉恨，遂不想讓劉誕身在朝中為官，這才開始派劉誕去鎮守京口，孝武帝還嫌劉誕在京口距離朝廷太近，就又把劉誕派往更遠的廣陵郡去擔任南兗州刺史。孝武帝認為劉延孫是自己的心腹之臣，於是派劉延孫去鎮守京口以防備竟陵王劉誕。

北魏文成帝準備到魏國的東部巡視，冬季，十月，他下詔令擔任太宰的常英在遼西黃山建造行宮。

十二月十二日丁亥，宋孝武帝改封順陽王劉休範為桂陽王。

二年（戊戌　西元四五八年）

春季，正月初一日丙午，魏國設立禁酒令：凡是從事釀造、買賣以及飲酒的人一律斬首；只有在遇到婚喪嫁娶的時候，才允許破例，但有一定的時間限制。魏文成帝因為官吏和民眾大多都是因為酗酒而導致打架鬥毆以及議論朝政，所以才設立禁酒令。拓跋濬又在京城內外增設了候官，令這些候官到朝廷的各機構、各部門以及全國各州的刺史衙門、各軍鎮的督軍衙門去刺探消息、搜集情報，有時候這些候官還會換上百姓的服裝與各機關、各單位的辦公人員混雜在一起，以便打聽、搜尋百官的過失，一旦被這些人舉報，就要受到主管官員的追根究底，審問拷打，以獲得他們的認罪口供。只要官員所貪汙的贓物贓款達到了可以購買二丈帛的價值，就一律處死。又增加了七十九條刑律。

正月初十日乙卯，北魏文成帝前往廣甯縣的溫泉宮，隨後巡視平州。二十五日庚午，魏文成帝到達遼西郡的黃山宮。二月初二日丙子，拓跋濬登上碣石山，向東眺望大海。初四日戊寅，拓跋濬南行到達信都，在廣川縣境內打獵。

二月十一日乙酉，宋孝武帝任命擔任金紫光祿大夫的褚湛之為尚書左僕射。〇十二日丙戌，宋國的建平宣簡王劉宏因為有病而被免去尚書令職務，三月初三日丁未，劉宏去世。

三月十二日丙辰，魏高宗拓跋濬從廣川縣返回到平城，開始營建太華殿。當時，擔任給事中的郭善明善於逢迎巧辯，他勸說魏高宗大肆營造宮室。擔任中書侍郎的高允勸諫拓跋濬說：「太祖開始修建都邑的時候，不論興建什麼房子，一定要找百姓農閒的時間。何況現在建國的時間已經很久，永安前殿完全可以用來召集朝會，西堂、溫室完全可以作為安閒休息的場所，宮中的紫樓完全可以用來登臨遠眺，即使準備繼續擴大修建宮室，也應該慢慢來，而不應該倉促動工，且又急於求成。修建太華殿，估計得需要二萬人，再加上負責送吃送喝、完成各種後勤工作的老弱，又得增加一倍數量的人，預計需要半年的時間才可能完工。俗話說『即使只有一個人不耕種，就可能有人因此而忍飢挨餓』，何況是有四萬人不僅不能去從事農活，而且還要付出如此巨大的花費，其所造成的損失程度還能說得過來嗎？這是非常值得陛下認真考慮的問題。」魏高宗採納了高允的意見。

中書侍郎高允喜好懇切直諫，一旦朝廷有不妥當的事情，高允就請求面見魏高宗，魏高宗也經常屏退左右的侍從人員專門接待高允。高允留在宮中有時是從早到晚，有時竟然好幾天都不出宮，文武百官都不知道高允跟皇帝說了些什麼事情。有時候高允心情沉痛，言語切中時弊要害，魏文成帝都沒法再繼續聽下去，就會命令左右的侍從強行把高允扶出宮去，然而卻始終善待高允。當時有人上書言事，言辭過於激烈，一點不留情面，文成帝看過之後，就對群臣說：「國君與父親是一樣的。父親有了過錯，作為兒子的為什麼不把父親的過錯寫在紙上，在大庭廣眾之中勸告父親，卻偏要回到家裡找個沒有人的地方勸告他的父親呢，難道不是因為不願意把父親的過失鬧得人人都知道嗎？至於臣子侍奉君主，為什麼就偏偏不是這樣呢。君主施政有得有失，大臣不能面見國君提出來，卻要呈遞表章公開地進行勸諫，藉以暴露君主的短處，以表現他做臣子的忠誠、正直，這難道是忠臣的所作所為嗎？像高允這樣的人，才是真正的忠臣啊。我有了過錯，高允沒有不當面指出的，甚至有些話說得令我都沒法聽下去，高允都無所避諱。他既讓我聽到了自己的過錯，又在天下人面前為我保留了面子，這難道不能說是對君主的一片忠心嗎？」

跟高允一同被徵調到朝廷來的游雅等人不僅都做了大官，而且還被封了侯爵，就連高允屬下的小官吏當上刺史、享受二千石俸祿的也有八、九十人甚至上百人，而高允只是一個郎官，二十七年都沒有提升官職。文成帝對群臣說：「你們這些人雖然都手執弓刀整天站在朕的身邊，你們只會白白地站在那裡，從來沒有一句規勸我改正錯誤的話，只會伺察到我心情比較好的時候，向我要求提升官職賞賜爵位，現在你們這些人全都沒有功勞卻位列王公；高允擔任著作郎，輔佐我治理國家幾十年，對國家貢獻不少，到現在才不過是個郎官，相比之下，你們這些人自己內心不感到慚愧嗎？」文成帝遂任命高允為中書令。

當時魏國的大小官吏全都享受不到國家的俸祿，擔任中書令的高允經常讓他的兒子們親自上山砍柴、採集野菜野果來維持一家人的生計。擔任司徒的陸麗對文成帝說：「中書令高允雖然蒙受陛下的恩寵和厚待，然而他家境貧窮，妻子兒女全都一無所有，日子過得很艱難。」文成帝說：「那你為什麼不早說呢，現在你看見我重用他，你才說起他的家境貧窮吧？」當天，文成帝就親自前往高允的家中，看見高允家裡只有幾間草房，床上放著粗布做的被子，用亂麻絮起來的袍子，廚房中只有鹹菜而已。文成帝感慨不已，於是賞賜給高允五百匹帛，一千斛糧食，任命高允的長子高悅為長樂郡太守。高允堅決辭讓，文成帝沒有同意。文成帝特別尊重高允，經常稱呼他為令公而不叫他的名字。

游雅經常說：「從前的史書中都稱讚東漢時期的卓子康、劉文饒的為人，而那些心胸狹隘的人中竟然有人不相信歷史上真的有卓子康、劉文饒那樣的人。我與高允交遊相處了四十年，從來沒有看到過他為了個人的某事而歡喜、而發脾氣，由此也相信古史中所記載的有關卓子康、劉文饒的事跡並非瞎說。高允內心知書明理而外表溫柔恭順，他說起話來慢慢吞吞，好像有話說不出口的樣子。從前擔任司徒的崔浩曾經對我說過：『高允多才博學，是一代傑出的人才，所缺少的是挺拔軒昂的風骨氣節而已。』我對高允也有同樣的看法。等到司徒崔浩因為將所寫歷史刻於石頭之上引起貴族怨憤而被下獄治罪的時候，事情的起因本來不是什麼大事情，太武帝下詔親自對崔浩等人進行詰責，當時司徒崔浩被嚇得聲音嘶啞、兩腿發抖，幾乎說不出話來；宗欽以下的其他犯罪官員，全都俯伏在地上，嚇得汗流浹背、面無人色。只有高允獨自一人神情鎮靜，一條一條地向太武帝詳細陳述事情的始末，申辯解釋其中的哪些是做得對的，哪些確實是錯了，言辭清晰明白，聲音洪大響亮。就連太武帝都被高允的申述所打動，因而改變了神色，旁聽的人無不為之感到情緒激昂，這難道不是高允挺拔軒昂的風骨氣節嗎？當時宗愛正在掌握朝權，他的權勢威震四海。宗愛曾經在政事堂召見百官，王公以下的大臣們進入庭院之後全都小步快跑，遠遠望見宗愛就立即恭恭敬敬地大禮參拜，只有高允一步一步地走上臺階向著宗愛作了一個揖。由此看來，西漢的汲黯就應該躺在床上接見衛青，為什麼見了衛青還要行個對等之禮，還要作個長揖呢？這豈不是高允的高風亮節嗎？真正要瞭解一個人原本是很困難的，我既不能了解高允的內心深處，而崔浩又錯看了他的外在，這就是當年管仲深感鮑叔牙知己之深而痛哭鮑叔牙的原因。」

三月二十一日乙丑，魏國的東平成王陸俟去世。

夏季，四月十一日甲申，宋孝武帝封皇子劉子綏為安陸王。

孝武帝不希望大權掌握在臣下的手中，六月初六日戊寅，開始設置二位吏部尚書，共同掌管銓選之責，任命擔任都官尚書的謝莊、擔任度支尚書的吳郡人顧覬之二人來擔任吏部尚書。又撤銷了五兵尚書這一職位。

當初，晉朝時期遴選散騎常侍的時候，無論是選人者還是入選者都對散騎常侍人選的聲望非常看重，與選侍中這一職位沒有什麼區別，後來因為散騎常侍這一職位逐漸變得比較清閒、鬆散，這才逐漸放寬了遴選的標準，不再那麼嚴格。宋孝武帝準備提高散騎常侍入選者的資歷，於是遂任命當時的名士擔任臨海太守的孔覬、擔任司徒長史的王彧二人擔任散騎常侍。擔任侍中的蔡興宗對別人說：「負責選拔官吏的部門任務重大，而散騎常侍只是跟隨在皇帝身邊陪著聊聊天，職務比較清閒，僅靠改用名人而不賦予他們實際權力，即使皇帝想要提高散騎常侍的地位，但是長期以來所形成的對這一職位的輕視難道能因此而得以改變嗎！」後來，散騎常侍的人選越來越不受重視，而負責遴選官吏的吏部尚書的尊貴和權勢還和過去一樣。孔覬，是孔琳之的孫子。王彧，是王謐哥哥的孫子。蔡興宗，是蔡廓的兒子。

裴子野評論說：「選拔人才、任用官吏的難處，古代的聖王早就說過了，是由來已久的。周朝的禮儀規定說：早在學校裡就要開始對人才進行培養和考察，接著是本州本里對本地區所屬年輕人的考察與評定，然後由各基層單位將層層評定的結果報告給朝廷的六卿，再由六卿把他們推薦給國家帝王的宮廷。漢朝的做法是：各州各郡把自己衙門所屬官吏的工作能力、工作業績彙總起來，整理上報，朝廷的各大衙門根據自己的需要從中選用他們作為本衙門的僚屬，再由丞相、太尉、御史大夫這三位國家最高級別的官員負責分析綜合這些人才在各衙門實際工作中的優缺點，提出初步意見，再由擔任尚書的官員把三公所彙總的有關任命官員的意見書呈遞給皇帝進行任命。每一個將被任命的官員，都要經歷很多層次的考察與評議，所以每個官職都能由合適的人選來擔任，這樣選出來的官員很少辦事砸鍋的。魏、晉時期則改變了先秦、兩漢的這種做法，所以吏治的失誤就太嚴重、太多了。一個人的外表有很厚的偽裝，一個人的內心更是深不可測，認識一個人就如同觀察一座深山的千巖萬壑一樣難以看透，即使你經過了聽其言、觀其行，還是怕瞭解得不全面、不深入。何況現在是千人千面，萬人萬品，要在頃刻之間由一個人給他們做出全面的評定，眾多僚屬的人品、眾多職務的功效，只由一個吏部說了算。於是找路子、走後門、巴結權貴等以求飛黃騰達的風氣就形成了，再也無法抑止。一門心思向上爬，千方百計為了達到目的，於是就有了一套對上諂媚逢迎、對下傲慢的習氣形成，從此以後再也沒有了崇尚廉恥的風氣，嚴謹厚道的操守，官員專門以歪門邪道謀求個人私利，遂導致國家衰敗，再也無法進行整頓。現在即使讓舜帝時期一個名叫龍的那樣的大臣在朝廷擔任負責進諫的官員，讓舜那樣的人擔任國家的君主，要想達到天下太平，也沒有絕對的把握，更何況是後代那些任命官職的人呢！宋國的孝武帝雖然在吏部設置了兩個尚書，卻不能恢復周朝、漢朝時期的選官制度，何況是朝三暮四，能有更好的效果嗎！」

六月二十四日丙申，北魏文成帝在松山打獵。秋季，七月二十八日庚午，拓跋濬前往黃河以西地區巡視。

宋國南彭城郡人高闍、和尚曇標用神怪叛逆的言論互相煽動，同時與擔任殿中將軍的苗允等人勾結起來陰謀作亂，準備擁立高闍為皇帝。陰謀被發覺以後，七月初二日甲辰，全部被逮捕誅殺，受此案牽連而被處死的有好幾十人。於是宋孝武帝下詔，對所有的佛教僧徒進行甄別和審查，設立了各種法條禁令，嚴厲實行誅殺與連坐的法令。除非是嚴格遵守佛教戒律、道行精深的高僧，其他的僧侶一律讓他們還俗回家。然而很多尼姑卻能經常出入宮廷，孝武帝所頒布的這項規定對那些尼姑竟然沒有起到管制作用。

宋國擔任中書令的王僧達，年幼的時候就很聰明機警，善於書寫文章，然而卻行為放蕩，不拘小節。孝武帝劉駿剛剛登上皇帝寶座的時候，就提升王僧達為尚書僕射，其地位在孝武帝的心腹大臣顏竣和劉延孫之上。王僧達以自己的才能與出身門第的優越而自負，認為在當時沒有人能比得上自己，遂幻想著一、二年之間就有望當上宰相。然而沒過多久，孝武帝改任他為護軍將軍，便心中怏怏不快，深感自己政治上的不得志，於是屢次請求離開朝廷到地方去任職。孝武帝對王僧達的這些表現感到很不滿意，因此逐漸降低了王僧達的職位，五年之間，王僧達的職務就被換了七次，還有兩次因為遭到彈劾而被降職。王僧達對此既感到羞恥又心懷怨恨，在所上的奏章中往往流露出諷刺與不滿，又喜好非議時政，孝武帝對王僧達已經積累了很多的憤怒。路太后的姪子路慶之曾經到王僧達的家中拜訪，路慶之小步快走地坐上了王僧達的坐墊，王僧達立即命人把這張坐墊抬出去扔掉。路太后知道以後非常生氣，堅決要求孝武帝下令，一定要殺掉王僧達。正趕上高闍等人陰謀造反，孝武帝遂藉機誣陷王僧達與高闍串通作亂，八月十五日丙戌，把王僧達逮捕起來交付給廷尉審理，後來下令王僧達自殺。

沈約評論說：「君子、小人，是對兩類不同性質的人的統稱，走正道的人就被稱作君子，不走正道的人就被稱作小人。所以姜太公雖然曾經在朝歌鬧市中屠過牛、在渭水之濱垂釣，卻被周文王迎請為老師；傅說從傅巖之野夯土築牆的勞役中被殷高宗解放出來，任命為宰相。那時候提拔任用那些被埋沒在黑暗之處的人，所舉用的都是有用的人才。發展到兩漢時期，這種『唯才是與』的選官原則一直沒有改變：東漢時期的胡廣，其祖先歷代務農，而胡廣的官職後來一直做到宰相；黃憲出身於一個獸醫家庭，竟然能夠揚名於京師，並不像後來的魏晉時期，將士人按照出身分為士族與寒門兩類。魏武帝曹操開始建立九品官人法，是依據被評選者的品德與才幹來確定其等級的高低，而不是評定這些被評者出身家庭地位的高低。然而各州的中正官都是一些庸俗之人，勢利眼，他們隨著當時的社會風氣而隨高就高、隨低就低，因為這些中正官都出身於士族豪門，因此便對不是出身於世家的人都加以壓抑。這種惡劣做法繼續發展，後來竟然成為了一種固定做法。周朝、漢朝的制度，是讓有智慧的人管理愚昧的人；曹魏、兩晉以來，是以出身門第高貴的人奴役出身門第低賤的人，士族與庶族的界限，就這樣清楚、明白地劃分出來了。」

裴子野評論說：「古時候，只要在德、義方面受人尊重，即使他是負鼎、販牛之人也照樣能得到提拔任用，如果他們不是有德有才之人，即使他們出身世族又有什麼可取的？那時候即使是名人高官的子孫，也與身穿布衣的平民排列在一起；出身雖然有士族和庶族的分別，卻不能成為誰能做大官、誰只能做平民的界限。自晉朝以來，其風氣已經有所改變，但一些出身於平民百姓的奇能異士，在達官貴人的行列中還能有所出現；等到了晉朝末期，朝廷任用官吏，只憑出身門第這一條。從此以後，三公家庭出身的子弟，瞧不起出身九卿之家的人；出身於黃門侍郎和散騎常侍之家的子孫，又蔑視縣令、縣長家的人。他們互相驕傲誇耀，相互攀比，看誰比誰的官位高一點，俸祿多一點，選用官吏只憑出身門第，不管是否賢能。就憑謝靈運、王僧達的才華和強烈的名利之心，假使是出生於寒門，也會遭到覆滅的下場，更何況他們仗恃著自己出身門第高貴、祖先功勞大的保護，給自己招來殺身之禍，不是很自然的事情嗎！」

九月初四日乙巳，北魏文成帝從松山回到平城。

九月二十五日丙寅，魏國實行大赦。

冬季，十月初四日甲戌，北魏文成帝到魏國的北方地區巡視，準備出兵討伐柔然。到達陰山的時候，遇到天降大雪，文成帝想要回師，擔任太尉的尉眷勸阻他說：「現在我們出動大批人馬以威懾北方的野蠻民族，離開都城沒有多遠而皇帝的車駕便很快地折了回去，胡虜必然懷疑我們國內發生了內亂。將士們雖然遭受嚴寒，卻不能不繼續前進。」文成帝聽從了尉眷的意見，二十一日辛卯，文成帝統率大軍駐紮在車崙山。

宋國擔任積射將軍的殷孝祖在泗水的東岸修築了兩座城池，魏國擔任鎮西將軍的封敕文率領魏軍前來進攻殷孝祖，被宋國清口軍事據點的頭領、擔任振威將軍的傅乾愛打敗。殷孝祖，是殷羨的曾孫。孝武帝派遣虎賁軍的頭領龐孟虯率領兵士去救援清口，擔任青州、冀州二州刺史的顏師伯派遣擔任中兵參軍的苟思達前往協助龐孟虯，龐孟虯、苟思達在沙溝打敗了入侵的魏軍。顏師伯，是顏竣的族兄。孝武帝派遣擔任司空參軍的卜天生率領軍隊會同振威將軍傅乾愛以及中兵參軍江方興共同攻打魏軍，他們多次將魏軍打敗，殺死了窟瓌公等好幾個魏軍將領。十一月，魏國擔任征西將軍的皮豹子等人率領三萬騎兵增援鎮西將軍封敕文侵犯宋國的青州，青、冀二州刺史顏師伯率軍奮勇抗擊入侵的魏軍，擔任輔國參軍的焦度將魏國征西將軍皮豹子刺落馬下，繳獲了皮豹子所穿的鎧甲、所使用的長矛以及連人帶馬的全套裝備，還親手殺死了好幾十名魏軍。焦度，原本是南安郡的氐族人。

北魏文成帝親自率領十萬騎兵、十五萬輛戰車進攻柔然，他們向北橫渡大漠，一路之上旌旗招展，綿延千里。柔然處羅可汗郁久閭吐賀真率領部眾向遠方逃走，其他部落首領烏朱駕頹等人率領著幾千部落的柔然人向魏軍投降。魏文成帝把功勞鐫刻在石碑上然後班師。

當初，宋孝武帝在擔任江州刺史的時候，山陰人戴法興、戴明寶、蔡閑在劉駿手下擔任典籤。等到劉駿登上皇帝寶座以後，全都任命他們擔任了南臺侍御史兼中書通事舍人。這一年，戴法興、戴明寶、蔡閑這三位典籤全都因為參與了孝武帝最初的起兵密謀而被賜封為封地為一個縣的男爵，此時蔡閑已經去世，便追贈他為縣男爵。

當時孝武帝親自處理朝廷政務，他不相信那些朝廷大臣，不把朝廷大事委託給那些大臣去辦，而自己的那些親信耳目，就不可能不再委託了。戴法興稍微熟悉一些古往今來有關歷史方面的東西，因此一向受到孝武帝劉駿的信任與厚待。魯郡的巢尚之，雖然在官場人物中是最差勁的一個，卻因為稍微接觸過一些有關文學、歷史方面的東西，而被孝武帝所知遇，孝武帝也把巢尚之任命為中書通事舍人。凡是任免官職、官員調動、誅殺有罪、賞賜有功等這些重大問題的決定，孝武帝都與戴法興、巢尚之一起商量決定；朝廷內外的一些雜事，大多數都交付給戴明寶去處理，戴法興、巢尚之、戴明寶三人的權勢在當時傾動朝野。而戴法興、戴明寶則趁機大量收受賄賂，凡是由他們舉薦的人、轉達的事情，孝武帝無所不從，於是天下那些趨炎附勢、走後門、找門路辦事的人便都聚集在他們兩個的門下，他們的門前熱鬧得就像一個集貿市場一樣，他們積累的家產全都在千金以上。

只有擔任吏部尚書的顧覬之不肯低聲下氣、曲意逢迎戴法興等人。蔡興宗與顧覬之關係友善，但他卻嫌顧覬之的稜角太突出、為人太剛直不阿，顧覬之於是對蔡興宗說：「三國時期的辛毗曾經說過：『孫資、劉放這兩個小子頂多不過給我使點壞，讓我當不上三公而已！』」顧覬之經常認為：「一個人的命運好壞都是與生俱來、命裡註定的，不是個人的智慧能力所能改變的，只要自己恭恭敬敬地堅守正道、做個好人就可以了；而有些糊塗的人不懂得這個道理，妄想憑藉僥倖獲取功名利祿，結果往往是有損於正道，卻改變不了自己命定的得失。」於是，顧覬之便讓自己弟弟的兒子顧愿撰寫了一篇〈定命論〉，以闡發顧覬之的這種「稟命有定分」的觀點。

【研　析】本卷寫宋孝武帝劉駿孝建元年（西元四五四年）至大明二年（西元四五八年）共五年間的劉宋與北魏的大事，其中令人感慨，值得議論的事情有如下幾方面：

其一是高允的侍君之道。高允是魏國的儒雅之臣，早在拓跋燾時代就先以諸王的僚屬聞名於世，接著進入朝廷，為文史之臣，跟著元勳重臣崔浩寫作國史，國史成書，刊之於石，因遭到皇室眾人所憤怨，崔浩被殺，高允受牽連也險些被殺。但高允遇事不驚，從容坦直而對。當魏主問高允：「國書皆崔浩作否？」高允說：「浩綜務處多，總裁而已，至於著述，臣多於浩。」時魏太子為允掩護開脫，高允說：「犯逆天威，罪當滅族，今已分死，不敢虛妄。」魏主以其臨死不移，對君以實，免其一死。魏主問高允：「崔浩該當何罪？」高允說：「浩之所坐，若更有餘釁，非臣敢知；直以犯觸，罪不至死。」魏主不聽，仍是殺了崔浩。當太子責問高允為何如此坦言時，高允說：「帝王之實錄，將來之炯戒，今之所以觀往，後之所以知今。是以言行舉動，莫不備載。浩在朝無謇諤之節，退私無委蛇之稱，私欲沒其公廉，愛憎蔽其直理，此浩之責也。至於書朝廷起居之迹，言國家得失之事，此亦為史之大體，未為多違。」直說得魏太子動容稱歎。高允的這種公正坦直，的確令人敬佩。高允自拓跋燾在位時被徵為郎，二十七年沒有調動。同時被徵者皆至大官，被封侯，屬下皆至刺史二千石，而高允不忮不忌，安之若素，遇朝廷政事有不便，允輒求見，懇切進言，從而使得拓跋濬深受感動，升之為中書令。而且從此不稱名，但呼之為「令公」。拓跋濬是一個酷暴的皇帝，動輒誅殺大臣，但高允獨能受到他的寵信，且能聽進他的諫言。其所以如此，其中大有訣竅。史文云：「允輒求見，帝常屏左右以待之。或自朝至暮，或連日不出。羣臣莫知其所言。語或痛切，帝所不忍聞，命左右扶出，然終善遇之。時有上事為激訐者，帝省之，謂羣臣曰：『君、父一也。父有過，子何不作書於眾中諫之，而於私室屏處諫者，豈非不欲其父之惡彰於外邪？至於事君，何獨不然。君有得失，不能面陳，而上表顯諫，欲以彰君之短，明己之直，此豈忠臣所為乎？如高允者，乃忠臣也。朕有過，未嘗不面言，至有朕所不堪聞者，允皆無所避。朕知其過而天下不知，可不謂忠乎？』」「朕知其過而天下不知」，道理點得透極了，這就是能為最高統治者保住面子。《史記》中有一篇〈張釋之馮唐列傳〉，其中寫馮唐給漢文帝進言的故事說：馮唐在漢文帝身邊為郎，有一次漢文帝問馮唐：「你知道你們同鄉的前賢李齊的事跡嗎？」馮唐說：「知道，但比不上更往前的廉頗、李牧。」接著把廉頗、李牧的事跡向漢文帝講了一遍。漢文帝聽罷高興得一拍大腿說：「可惜呀！我就得不到廉頗、李牧這種人給我當將軍；如果我有，我還怕什麼匈奴！」馮唐則冷冷地說：「即使您有廉頗、李牧，您也不會好好地重用他。」氣得漢文帝拂袖而起，回了屋子。過了一會兒，他派人把馮唐叫進屋，說：「你為什麼當著那麼多人的面拿話堵我？你難道就不能找個沒有人的地方和我好好地說說嗎？」馮唐趕緊道歉說：「我是一個粗人，剛才實在沒想這麼多。」馮唐這是碰上了漢文帝，要是碰上別的皇帝，不就一切都泡湯了嗎？這高允侍君的故事對人的教訓太深了，因此司馬光引了當時魏國的儒臣游雅的一段很長的話來稱讚高允。我想司馬光在這裡的切身感受一定是很深很深的。

其二是史文寫了魏主拓跋濬為立他的兒子拓跋弘為皇太子，先殺了拓跋弘的生母李貴人的故事。魏國這種荒謬絕倫的章程起自拓跋濬的高祖拓跋珪，而拓跋珪這種荒謬的做法又是從五百年前的漢武帝那裡學來的。《史記・外戚世家》寫鉤弋夫人的故事說：漢武帝的晚年由於他的專制獨裁而又迷信之至，因而引發了一場巫蠱之禍，導致其太子劉據被殺。年近桑榆、身心交病、疑慮重重而又喜怒無常的獨夫，在其知道自己日子已經不多的情勢下，做出了他最後的一個慘烈的安排：「上居甘泉宮，召畫工圖畫周公負成王，於是左右群臣知武帝意欲立少子也。後數日，帝譴責鉤弋夫人。夫人脫簪珥叩頭。帝曰：『引持去，送掖庭獄！』夫人還顧，帝曰：『趣行，女不得活！』夫人死雲陽宮。其後帝閒居，問左右曰：『人言云何？』左右對曰：『人言且立其子，何去其母乎？』帝曰：『然。是非兒曹愚人所知也。往古國家所以亂也，由主少母壯也。女主獨居驕蹇，淫亂自恣，莫能禁也。女不聞呂后邪？』故諸為武帝生子者，無男女，其母無不譴死。」這段話不是司馬遷的原文，是西漢末期人褚少孫的補敘。鉤弋夫人的兒子劉弗陵最後被漢武帝立為太子，這是事實，劉弗陵即歷史上所說的漢昭帝；在劉弗陵被立之前，漢武帝先殺了鉤弋夫人，這大概也是事實，這樣的事漢武帝的確做得出來。但褚少孫又說「故諸為武帝生子者，無男女，其母無不譴死」，這就很有問題了，因為這既不是漢武帝時代的事實，也沒見後來的漢朝皇帝誰還幹過這個樣子的事情。但這種荒謬絕倫而又慘無人道的辦法竟被北魏的拓跋氏統治者學去了，而且又的確在一定的時段內形成了「制度」，這倒的確是歷史事實。據《魏書・太宗紀》，拓跋珪的長子叫拓跋嗣，拓跋嗣的生母是劉貴人，在拓跋珪立拓跋嗣為太子時就把劉貴人殺死了。拓跋珪對拓跋嗣說：「昔漢武帝將立其子而殺其母，不令婦人後與國政，使外家為亂。汝當繼統，故吾遠同漢武，為長久之計。」其實拓跋珪制定這種制度是最沒良心的，在拓跋珪的父親當政時，國家被苻堅所滅，還在襁褓中的拓跋珪完全是靠著其母賀氏帶著他東奔西走、投親靠友，得使他長大起來，又幫著他逐漸團聚起一彪人馬、一支力量，逐漸地重建起魏國，外家於此做出了多大的貢獻。而拓跋珪過河拆橋，剛恢復了國家，就居然訂出了這種喪盡天良的制度。王夫之《讀通鑑論》對此說：「拓跋氏將立其子為太子則殺其母，取供祭祀、奉皇天先祖之伉儷而視之如仇讎，是可忍也，亦孰不可忍也？將必如浮屠氏之盡棄家室而後可治也哉？人主六御在握，方將舉天下之智勇而馭之，取草澤之雄、夷狄之佼而制之，匹夫亦有一匹偶，而惴惴然唯恐戕我國家者，不亦陋乎？」不想學習、不想樹立好的典範，只看到一部分極端的典型，便想用一道禁忌來消極地防扼它，因而遂出現了這種因噎廢食的制度，真是可悲啊！

其三是本卷中出現的三段引文基本上都文不對題。當史文敘述到劉宋時代的吏部尚書很有權，從而使散騎常侍這本來受人眼紅的職務變得不為人所重時，歷史家忽然引入裴子野感慨「官人之難」的一段話，議論了秦漢以前與魏晉以後選人制度的差別，簡直莫名其妙。史文在這裡想說的是「帝不欲權在臣下」，故而一方面「分吏部尚書置二人」；另一方面又選了孔覬與王彧兩個有威望的人來充當散騎常侍，其目的是想把朝權由吏部奪回到皇帝身邊。結果議論不針對這一點，而引文侈談「官人之難」與古今選官制度之不同，以及後來的「囂風遂行」、「無復廉恥之風」云云，兩者有何關係？針對性何在？接著史文敘述了王僧達的因「自負才地」，官欲難填，心存不滿，又公然得罪皇帝與太后，遂招致殺身之禍。歷史家對此不是評論王僧達的褊狹忮忌，或是不識政局險惡而一意孤行等等，而是連續引用了沈約、裴子野的兩段文字議論何為君子、何為小人，以及比較古今用人制度之變遷，氣憤地說什麼「周漢之道，以智役愚；魏晉以來，以貴役賤」；說魏晉以來的九品中正制度是「唯論門戶，不問賢能」等等，所說的都是至理名言，但放在此處，其針對性何在？這些與謝靈運、王僧達的虛浮躁進，自招身死又有何關係？

卷第一百二十九

宋紀十一

起屠維大淵獻（己亥 西元四五九年），盡閼逢執徐（甲辰 西元四六四年），凡六年。

【題解】本卷寫宋孝武帝大明三年（西元四五九年）至大明八年共六年間的劉宋與北魏等國的大事。主要寫了宋竟陵王劉誕因受孝武帝劉駿的猜忌而於廣陵修城聚糧，預做防備，孝武帝派兗州刺史垣閬與給事中戴明寶率兵前往廣陵襲捕劉誕，結果因消息走漏，垣閬被劉誕所殺，戴明寶逃回朝廷，於是孝武帝遂任沈慶之為車騎大將軍統兵討伐廣陵。劉誕原本只圖防禦，並無為逆之心，又無決心北逃之意，猶豫不決，去而復返；而作為一代名將的沈慶之，居然攻廣陵三月不下；後來在孝武帝的刺激之下，沈慶之又「身先士卒，親犯矢石」，這才攻克其城，殺死劉誕，廣陵事平；寫了文帝劉義隆之子雍州刺史劉休茂因不願受典籤的挾制，在其親信張伯超的慫恿下，攻殺典籤楊慶、戴雙，佔據襄陽自稱車騎大將軍，後被其參軍尹玄慶所殺。劉休茂部下的義成太守薛繼考先曾為劉休茂攻殺持正守城沈暢之，在劉休茂被殺後，又轉而威逼劉休茂的僚屬寫信證明自己是「立義」平定襄陽之亂的功臣，薛繼考先被孝武帝賜爵冠軍侯，後來事實弄清，薛繼考被殺，尹玄慶被任為射聲校尉；寫了孝武帝忌恨群臣的直言敢諫，先是孝武帝心腹、後來被貶為東揚州刺史的顏竣，因有怨言，語朝廷得失，遂被誣之與竟陵王劉誕串通而被殺死；廬陵內史周朗因「言事切直」，被孝武帝忌恨，誣以「居母喪不如禮」殺之；侍中沈懷文因勸諫孝武帝不要過於嚴厲地抑黜諸弟，又勸阻孝武帝不要冒著風雨出獵；又因為沈懷文素與因正直敢言被殺的顏竣、周朗相善而被貶官殺害。而以諂佞著稱的顏師伯竟被徵為侍中，備受寵信，群臣莫及，寫了孝武帝奢欲無度，大修宮室，土木被錦繡，並戲稱其祖劉裕為「田舍公」；孝武帝為安葬其寵妃竟「鑿岡通道數十里，民不堪役，死亡甚眾，自江南葬埋之盛，未之有也」。孝武帝又極貪婪，示意進京諸臣向其進貢，或以蒱戲為名，必盡取其財而後已；寫孝武帝三十五歲死，其子劉子業即位。劉子業臨喪無戚容，盡改其父之政，又其母病重而不看視，凡此種種皆為下卷被其叔劉彧所推翻設下伏筆；寫了顧命大臣劉義恭引身避事，而孝武帝生前寵幸的戴法興、巢尚之遂乘機掌控朝權，蔡興宗公心持正，被小人所罷免，劉宋的朝廷政局面臨重大危機；此外還寫了柔然族的處羅可汗死，其子受羅部真可汗即位；以及吐谷渾王拾寅兩受魏、宋之命，又自擬於王者，因被魏人所攻，拾寅走保南山，魏人獲雜畜二十萬而還等等。

世祖孝武皇帝下

大明三年（己亥　西元四五九年）

春，正月己巳朔❶，兗州兵❷與魏皮豹子❸戰于高平❹，兗州兵不利。○己丑❺，以驃騎將軍柳元景為尚書令，右僕射劉遵考為領軍將軍。

己酉❻，魏河南公伊馛❼卒。

三月乙卯❽，以揚州六郡❾為王畿❿，更以東揚州⓫為揚州，徙治會稽⓬，猶以星變故也⓭。

三月庚寅⑭，以義興太守垣閬⑮為兗州刺史。閬，遵之子也。

夏，四月乙巳⑯，魏主立其弟子推⑰為京兆王⑱。

竟陵王誕知上意忌⑲之，亦潛為之備。因⑳魏人入寇，修城浚隍㉑，聚糧治仗㉒。誕記室參軍江智淵知誕有異志，請假先還建康，上以為中書侍郎。智淵，夷之弟子㉓也，少有操行，沈懷文㉔每稱之曰：「人所應有盡有，人所應無盡無者，其唯江智淵乎！」

是時，道路皆云誕反。會吳郡民劉成上書稱：「息道龍㉕昔事誕㉖，見誕在石頭城修乘輿法物㉗，習唱警蹕㉘。道龍憂懼，私與伴侶言之，誕殺道龍。」又豫章民陳談之上書稱：「弟詠之在誕左右，見誕疏[1]陛下年紀姓諱㉙，往巫鄭師憐㉚家祝詛㉛。詠之密以啟聞㉜，誕誣詠之乘酒罵詈㉝，殺之㉞。」上乃令有司奏㉟誕罪惡，請收付廷尉治罪。乙卯㊱，詔貶誕爵為侯，遣之國㊲。詔書未下，先以羽林禁兵配兗州刺史垣閬㊳，使以之鎮㊴為名，與給事中戴明寶㊵襲誕。

閬至廣陵，誕未悟也。明寶夜報誕典籤蔣成㊶，使明晨開門㊷為內應。成以告府舍人㊸許宗之，宗之入告誕，誕驚起，呼左右及素所畜養數百人執蔣成，勒兵㊹自衛。天將曉，明寶與閬帥精兵數百人猝至㊺，而門不開。誕已列兵登陴㊻，自在門上斬蔣成，赦作徒、繫囚[47]，開門擊閭，殺之，明寶從間道[48]逃還。詔內外纂嚴[49]，以始興公沈慶之為車騎大將軍、開府儀同三司、南兗州刺史[50]，將兵討誕。甲子[51]，上親總禁兵頓宣武堂[52]。

司州刺史劉季之，誕故將也，素與都督宗愨有隙[53]，聞誕反，恐為愨所害，委官[54]，間道自歸朝廷。至盱眙，盱眙太守鄭瑗疑季之與誕同謀，邀殺之[55]。

沈慶之至歐陽[56]，誕遣慶之宗人沈道愍齎書[57]說慶之，餉以玉環刀[2]。慶之遣道愍反[58]，數以罪惡。誕焚郭邑[59]，驅居民悉使入城，閉門自守，分遣書檄，邀結[60]遠近。時山陽內史[61]梁曠，家在廣陵，誕執其妻子，遣使邀曠，曠斬使拒之。誕怒，滅其家。

誕奉表[62]投之城外曰：「陛下信用讒言，遂令無名小人[63]來相掩襲[64]。不任枉酷[65]，即加誅翦[66]。雀鼠貪生，仰違詔敕[67]，今親勒部曲，鎮扞徐、兗[68]。先經何福，同生皇家[69]？今有何愆，便成胡、越[70]？陵鋒奮[3]戈[71]，萬沒豈顧[72]？蕩定[73]之期，冀在旦夕[74]。」又曰：「陛下宮帷之醜，豈可三緘[75]？」上大怒，凡誕左右、腹心、同籍[76]、期親[77]在建康者並誅之，死者以千數。或有家人已死，方[78]自城內出奔者。

慶之至城下，誕登樓謂之曰：「沈公垂白(79)之年，何苦來此？」慶之曰：「朝廷以君狂愚，不足勞少壯故耳。」

上慮誕奔魏，使慶之斷其走路(80)。慶之移營白土(81)，去城十八里，又進軍新亭(82)。豫州刺史宗慤、徐州刺史劉道隆並帥眾來會。兗州刺史沈僧明，慶之兄子也，亦遣兵助慶之。先是誕誑其眾云：「宗慤助我。」慤至，繞城躍馬呼曰：「我宗慤也！」

誕見眾[4]軍大集，欲棄城北走。留中兵參軍申靈賜守廣陵，自將步騎數百人，親信並自隨，聲云出戰，邪趨海陵道(83)，慶之遣龍驤將軍武念追之。誕行十餘里，眾皆不欲去，互請誕還城。誕曰：「我還易耳，卿能為我盡力乎？」眾皆許諾。誕乃復還，築壇歃血(84)以誓眾，凡府州文武(85)皆加秩(86)。以主簿劉琨之為中兵參軍；琨之，遵考(87)之子也，辭曰：「忠孝不得並。琨之老父在，不敢承命。」誕囚之十餘日，終不受，乃殺之。

右衛將軍垣護之、虎賁中郎將殷孝祖(88)等擊魏還，至廣陵，上並使受慶之節度。慶之進營，逼廣陵城。誕餉慶之食(89)，提挈者(90)百餘人，出自北門。慶之不開視，悉焚之。誕於城上授函表(91)，請慶之為送，慶之曰：「我受詔討賊，不得為汝送表。汝必欲歸死朝廷[92]，自應開門遣使[93]，吾為汝護送[94]。」

東揚州刺史顏竣遭母憂[95]，送喪還都，上恩待猶厚，竣時對親舊有怨言，或語及朝廷得失。會王僧達得罪[96]，疑竣譖之[97]，將死，具陳[98]竣前後怨望[99]誹謗之語。上乃使御史中丞庾徽之劾奏，免竣官。竣愈懼，上啟陳謝[100]，且請生命[101]。上益怒，詔答曰：「卿訕訐[102]怨憤，已孤本望[103]，乃復過煩思慮，懼不自全[104]，豈為下事上誠節之至邪[105]！」及竟陵王誕反，上遂誣竣與誕通謀。五月，收竣付廷尉，先折其足，然後賜死。妻子徙交州[106]，至宮亭湖[107]，復沈其男口[108]。

六月戊申[109]，魏主如陰山。

上命沈慶之為三烽於桑里[110]，若克外城，舉一烽；克內城，舉兩烽；擒劉誕，舉三烽。璽書督趣[111]，前後相繼。慶之焚其東門，塞塹[112]，造攻道，立行樓[113]、土山[114]并諸攻具，值久雨，不得攻城。上使御史中丞庾徽之奏免慶之官，詔勿問以激之[115]。自四月至于秋七月，雨止，城猶未拔。上怒，命太史擇日，將自濟江討誕。太宰義恭固諫，乃止。

誕初閉城拒使者，記室參軍山陰賀弼固諫，誕怒，抽刀向之，乃止。誕遣兵出戰屢敗，將佐多踰城出降。或勸弼宜早出，弼曰：「公舉兵向朝廷，此事既不可從；苟公厚恩(116)，又義無違背，唯當以死明心耳！」乃飲藥自殺。參軍何康之等[5]謀開門納官軍，不果，斬關出降。誕為高樓，置康之母於其上，暴露之(117)，不與食，母呼康之，數日而死。誕以中軍長史[6]濟陽[7]范義(118)為左司馬，義母妻子皆在城內，或謂義曰：「事必不振(119)，子其行乎(120)！」義曰：「吾，人吏(121)也，子不可以棄母，吏不可以叛君(122)。必若何康之而活，吾弗為(123)也。」

沈慶之帥眾攻城，身先士卒，親犯矢石(124)，乙巳(125)，克其外城。乘勝而進，又克小城。誕聞兵入，走趨後園，隊主(126)沈胤之等追及之，擊傷誕，墜水，引出斬之。誕母、妻皆自殺。

上聞廣陵平，出宣陽門，敕左右皆呼萬歲(127)。侍中蔡興宗(128)陪輦(129)，上顧曰：「卿何獨不呼？」興宗正色曰：「陛下今日正應涕泣行誅(130)，豈得皆稱萬歲！」

詔貶誕姓留氏(131)，廣陵城中士民，無大小悉命殺之(132)。沈慶之請自五尺以下全之(133)，其餘男子皆死，女子以為軍賞(134)，猶殺三千餘口。長水校尉宗越(135)臨決(136)，皆先刳腸抉眼(137)，或笞面鞭腹，苦酒灌創(138)，然後斬之。越對之，欣欣若有所得。上不悅。

上聚其首於石頭南岸(139)為京觀(140)，侍中沈懷文諫，不聽。

初[141]，誕自知將敗，使黃門[142]呂曇濟與左右素所信者將世子景粹[143]匿於民間，謂曰：「事若不濟，思相全脫[144]；如其不免[145]，可深埋之。」各分以金寶賫送[146]。既出門，並散走，唯曇濟不去，攜負[147]景粹十餘日，捕得，斬之。臨川內史[148]羊璿坐與誕素善，下獄死。擢梁曠為後將軍，贈劉琨之給事黃門侍郎[149]。蔡興宗奉旨慰勞廣陵[150]。興宗與范義素善，收斂其尸，送喪歸豫章[151]。上謂曰：「卿何敢故觸王憲[152]？」興宗抗言[153]對曰：「陛下自殺賊，臣自葬故交，何不可之有！」上有慚色。

宗越治軍嚴，善為營陳[154]。每數萬人止頓[155]，越自騎馬前行[8]，使軍人隨其後，馬止營合[156]，未嘗參差[157]。

辛未[158]，大赦。○丙子[159]，以丹楊尹劉秀之[160]為尚書右僕射。○丙戌[161]，以南兗州刺史沈慶之為司空，刺史如故。

八月庚戌[162]，魏主如雲中[163]。壬戌[164]，還平城。

九月壬辰[165]，築上林苑於玄武湖[166]北。

初，晉人築南郊壇[167]於巳位[168]，尚書右丞徐爰以為非禮，詔徙於牛頭山[169]西，直宮城之午位(170)。及廢帝即位(171)，以舊地為吉，復還故處。帝又命尚書左丞荀萬秋造五路(172)，依金根車(173)，加羽葆蓋(174)。

四年（庚子　西元四六〇年）

春，正月甲子朔(175)，魏大赦，改元和平(176)。

乙亥(177)，上耕籍田(178)，大赦。○己卯(179)，詔祀郊廟，初乘玉路(180)。○庚寅(181)，立皇子子勛為晉安王(182)，子房為尋陽王(183)，子頊為歷陽王(184)，子鸞為襄陽王(185)。

魏散騎侍郎馮闡來聘(186)。

二月，魏衛將軍樂安王良(187)討河西叛胡(188)。

三月，魏人寇北陰平(189)，孔堤(190)[9]太守楊歸子擊破之。

甲申(191)，皇后親桑(192)于西郊，皇太后觀禮(193)。

夏，四月，魏太后常氏(194)殂。五月癸丑(195)，魏葬昭太后(196)於鳴雞山(197)。

丙戌(198)，尚書左僕射褚湛之卒。

吐谷渾王拾寅(199)兩受宋、魏爵命(200)，居止出入，擬於王者(201)，魏人忿之。定陽侯曹安表言[10]：「拾寅今保白蘭(202)，若分軍出其左右，必走保南山(203)，不過十日，人畜乏食，可一舉而定。」六月甲午(204)，魏遣征西大將軍陽平王新成(205)等督統萬、高平[206]，諸軍出南道，南郡公中山李惠等督涼州[207]諸軍出北道，以擊吐谷渾。

魏崔浩之誅[208]也，史官遂廢，至是[209]復置。◯河西叛胡詣長安首罪[210]，魏遣使者安慰之。

秋，七月，遣使如魏[211]。甲戌[212]，開府儀同三司何尚之卒。壬午[213]，魏主如河西。魏軍至西平[214]，吐谷渾王拾寅走保南山。九月，魏軍濟河追之，會疾疫[215]，引還[216]，獲雜畜二十[11]餘萬。◯庚午[217]，魏主還平城。丁亥[218]，徙襄陽王子鸞為新安王[219]。

冬，十月庚寅[220]，詔沈慶之討緣江蠻。前廬陵內史周朗[221]，言事切直，上銜之[222]，使有司奏朗居母喪不如禮[223]，傳送寧州[224]，於道殺之。朗之行也，侍中蔡興宗方在直[225]，請與朗別[226]，坐白衣領職[227]。十一月，魏散騎常侍盧度世[228]等來聘。

是歲，上徵青、冀二州刺史顏師伯[229]為侍中。師伯以諂佞[230]被親任，羣臣莫及，多納貨賄，家累千金。上嘗與之樗蒲[231]，上擲得雉[232]，自謂必勝；師伯次擲[233]，得盧[234]，上失色。師伯遽斂子[235]曰：「幾作盧[236]！」是日，師伯一輸百萬。

柔然[237]攻高昌[238]，殺沮渠安周[239]，滅沮渠氏，以闞伯周[240]為高昌王。高昌稱王自此始。

【章　旨】以上為第一段，寫宋孝武帝大明三年（西元四五九年）、四年共兩年間的大事。主要寫了宋竟陵王劉誕因受孝武帝劉駿之猜忌而於廣陵修城聚糧，預做防備；吳郡民劉成、豫章民陳談之上書告發竟陵王劉誕殺其不滿竟陵王陰謀叛逆的子弟，孝武帝遂令有司奏劉誕之罪，貶劉誕為侯，派兗州刺史垣閬、給事中戴明寶率兵前往廣陵襲捕劉誕；結果因消息走漏，劉誕攻殺垣閬，戴明寶逃回朝廷；孝武帝遂起復沈慶之為車騎大將軍統兵討伐廣陵，為防劉誕投魏，預先塞絕其北逃之路；劉誕原本只圖防禦，本無堅決為逆之心，又無決心北逃之意，猶豫不決，去而復返；而作為一代名將的沈慶之，又有從北線歸來的名將垣護之、殷孝祖之助，居然攻廣陵三月不下；後來孝武帝使用激將法，沈慶之又「身先士卒，親犯矢石」，這才攻克其城，劉誕負傷落水，引出斬之，誕母、妻皆自殺，廣陵事平。孝武帝為洩其私心之恨，下令將廣陵之民「無大小悉殺之」，後在沈慶之的請求下，「猶殺三千餘口」，又「聚其首於石頭南岸為京觀」，簡直是滅絕人性；寫了孝武帝的元勳，後來被貶為東揚州刺史的顏竣，送母喪還建康，因有怨言，語朝廷得失，遂被孝武帝誣之與竟陵王劉誕串通，將顏竣賜死，並殺其妻子；寫了宋臣周朗因「言事切直」，被孝武帝忌恨，誣以「居母喪不如禮」殺之；而以諂佞著稱的顏師伯被徵為侍中，備受寵信，群臣莫及；此外還寫了吐谷渾王拾寅兩受魏、宋之命，又自擬於王者，魏人忿之，派陽平王拓跋新成、南郡公李惠分兩道以攻之，拾寅走保南山，魏人獲雜畜二十萬而還等等。

【注　釋】❶正月己巳朔　正月初一是己巳日。❷兗州兵　劉宋的兗州軍隊。劉宋的兗州州治瑕丘，在今山東兗州北側。❸皮

豹子　魏國名將。事跡詳見《魏書》卷五十一。❹高平　縣名，縣治在今山東鄒平西南。❺己丑　正月二十一。❻己酉　二月十一。❼伊馛　拓跋燾時代的名將，被封為河南公。傳見《魏書》卷四十四。❽三月乙卯　本年之三月無「乙卯」日，應為「己卯」之誤，「己卯」是三月十二。❾揚州六郡　即丹楊郡（郡治在今南京）、淮南郡（郡治即今安徽當塗）、宣城郡（郡治即今安徽宣城）、吳郡（郡治即今蘇州）、吳興郡（郡治即湖州南的下菰城）、義興郡（郡治即今江蘇宜興）。❿王畿　都城的郊區。⓫東揚州　即上卷所說的浙東六郡。⓬會稽　會稽郡的郡治所在地，即今浙江紹興。⓭猶以星變故也　即上卷所說的「熒惑守南斗」一事，古人以為不祥，故千方百計地祈求化解。⓮三月庚寅　三月二十三。⓯垣閬　垣遵之子，劉宋名將垣護之的堂兄弟。傳見《宋書》卷五十。⓰四月乙巳　四月初八。⓱子推　拓跋子推，拓跋濬之弟。傳見《魏書》卷十九上。⓲京兆王　封地為京兆尹，郡治霸城，在今西安東北。⓳意忌　懷疑忌恨。意，疑。⓴因　趁著；趁……的機會。㉑浚隍　深挖護城河。浚，疏浚；挖掘。㉒治仗　打造兵器。㉓夷之弟子　江智淵是江夷之弟的兒子。江夷是劉裕的開國功臣，曾為吏部尚書、丹楊尹等職。傳見《宋書》卷五十三。㉔沈懷文　劉宋元嘉時代的文人，與謝莊共掌辭令。傳見《宋書》卷八十二。㉕息道龍　自己的兒子劉道龍。息，兒子。㉖昔事誕　曾經在竟陵王劉誕的手下做事。事，為……做事。㉗修乘輿法物　打造皇帝所用各種器物。乘輿，代指皇帝。法物，舉行典禮時所用的器物。㉘習唱警蹕　派人練習給皇帝出行時喝道戒嚴。唱，這裡指喝道。警蹕，皇帝出行前的清道。胡三省曰：「此蓋言誕為揚州刺史時。誕時一心奉上，必無是事，劉成誣告之也。」㉙姓諱　姓氏與名字。㉚巫鄭師憐　巫者姓鄭名師憐。巫，官府所養或民間以此為職業的迷信、神職人員。㉛祝詛　祈禱鬼神，請鬼神給某人降災。如同《紅樓夢》中趙姨娘、馬道婆等陷害鳳姐、寶玉所用的迷信手段。㉜密以啟聞　祕密地報告給了皇上。㉝乘酒罵詈　耍著酒瘋罵人。㉞殺之　殺了陳詠之。胡三省曰：「劉道龍、陳詠之蓋先皆為誕所殺，其父兄希旨誣告以報子弟之讎耳。」㉟奏　公開舉報。㊱乙卯　四月十八。㊲貶誕爵為侯二句　廢其竟陵王，降之為侯爵，打發他到所封侯爵的封地去。按，當時劉駿將劉誕降為何縣侯，史無明文。㊳配兗州刺史垣閬　意即讓前往兗州上任的刺史垣閬統領著。配，讓……帶著。㊴之鎮　到兗州刺史的軍府上任。當時凡任刺史都管一定地區的軍隊，故稱其上任叫「之鎮」。鎮，是駐軍指揮部的所在地。按，垣閬離建康到兗州上任要經過廣陵，故而讓他帶著羽林兵以偷襲劉誕。㊵給事中戴明寶　劉駿的寵幸人員戴明寶時任給事中。給事中是官名，以其在宮廷侍候皇帝而得名。㊶典籤蔣成　典籤是官名，是當時諸侯王、大州刺史的高級僚屬，受朝廷委派，權力很大。蔣成在劉誕屬下任此職。但典籤的本意是主管記錄，如同今之書記員。籤，書寫。㊷開門　打開廣陵城的城門。㊸府舍人　此指竟陵王府的舍人。舍人也是官名，管理王府的家庭事務。㊹勒兵　控制軍隊。勒，控制；調集。㊺猝至　突然到達。猝，突然。㊻登陴　登上廣陵城的城牆。陴，城上的垛口，這裡即指城牆。㊼赦作徒繫囚　釋放出廣陵勞役場與監獄的一切罪犯。作徒，被判處徒刑從事勞役的人。繫囚，關在獄中的囚犯。㊽間道　小路。㊾纂嚴　戒嚴。㊿南兗州刺史　劉誕原任此職，今派沈慶之討劉誕，故先剝奪其職，以此職改任沈慶之。沈慶之原本已經退休，為討伐叛亂，今特起復之。(51)甲子　四月二十七。(52)頓宣武堂　住宿在宣武堂，以顯示軍情的嚴重。宣武堂是管理軍事的殿堂，在宮殿之外。(53)有隙　有過節；有矛盾。(54)委官　棄官；放棄職務。(55)邀殺之　半路攔住，殺掉了。邀，攔截。(56)歐陽　水閘名，後來也稱「真州閘」，在廣陵西南六十里。(57)齎書　帶著親筆書信。(58)遣道慜反　打發沈道慜回來。反，同「返」。(59)焚郭邑　將城牆外面的民居通通燒毀。郭，外城。邑，村鎮，居民點。(60)邀結　邀集、連結。(61)山陽內史　山陽是郡名，郡治即今江蘇淮安。因它是諸侯王的封地，故其長官不稱太守，而稱內史。職務的性質、級別相同。(62)奉表　把寫給朝廷的表章呈上。(63)無名小人　指垣閬。(64)來相掩襲　前來進行偷襲。(65)不任枉酷　我無法忍受你們對我冤枉與殘酷。(66)即加誅翦　故而當時就把他們殺掉了。(67)仰違詔敕　所以我公然違背了你的命令。仰，公然，明知不當為而為。(68)鎮扞徐兗　鎮守與捍衛我所管轄的南徐、南兗二州。劉宋時代的南徐、南兗二州州治都在廣陵。(69)先經何福二句　先前是託了什麼福，使我們都同生在一個皇帝之家，同為宋文帝的兒子。(70)今有何愆二句　現在是遭了什麼孽，使我們成了誓不兩立的冤家對頭。胡、越，南方之越與北方之胡，極言其沒有關係，沒有親情，這裡指相互對立。(71)陵鋒奮戈　冒著對方的槍林箭雨衝鋒。(72)萬沒豈顧　豈顧萬死，意即一死相拼。(73)盪定　掃蕩平定。(74)冀在旦夕　希望今天就能決出勝負，定出個誰死誰活。(75)豈可三緘　意即你怎麼能堵住人的嘴，不讓人說。劉向《說苑・敬慎》寫孔子到周國的太廟參觀，見其階前有個銅人，三緘其口。銅人的背後寫著：「古之慎言人也，戒之哉，戒之哉，無多言，多言多敗。」意思是教人不要多說話。緘，封口；封藏。類似的故事亦見於《孔子家語》。(76)同籍　血緣關係近的親戚而被列入譜籍的。所謂譜籍一是指族籍，也就是家譜；二是指門籍，指可以憑此出入竟陵王府者。(77)期親　服喪一年的親屬，如堂兄弟、表兄弟等。期，一年的孝服。(78)方　才。(79)垂白　白髮下垂。(80)走路　北逃之路。(81)白土　地名，具體方位不詳。(82)新亭　此指廣陵城外的新亭，具體方位不詳。(83)邪趨海陵道　斜著向東北方向的海陵逃去。海陵是郡名，郡治即今江蘇泰州，在廣陵的東北方。(84)歃血　古人結盟宣誓時，常把牲畜的血抹在自己嘴上，以表示誠意。(85)府州文武　指劉誕屬下的各部門的僚屬。府，指司空府、竟陵王府。州，指南兗州刺史府。(86)加秩　提高官爵的等級。秩，級別。(87)遵考　劉遵考，劉氏皇室的同族與有功之臣，當時在朝廷任尚書右僕射。傳見《宋書》卷五十一。(88)虎賁中郎將殷孝祖　殷孝祖是劉宋後期的名將。傳見《宋書》卷八十六。虎賁中郎將是統領皇帝身邊衛士的長官，上屬於光祿勳。89餉慶之食　贈送食物給沈慶之。餉，以食物給人吃。90提挈者　指呈送食品的人。挈，帶。91授函表　將一封上給朝廷的表章從城上傳下。授，《南史》作「投」。函表，用封套裝著的表章。92歸死朝廷　歸降朝廷，向朝廷請死。93遣使　派出入朝請降的使者，這裡實暗指劉誕自己。94吾為汝護送　胡三省曰：「誕之為此，以帝猜忍，欲以間慶之也。慶之峻拒之，蓋亦自為謀耳。」95遭母憂　正趕上母親去世。按，此處所敘顏竣遭母喪與王僧達云云，都是追寫以前的舊事。96王僧達得罪　王僧達得罪被殺事，在上卷大明二年。97疑竣譖之　懷疑是因為顏竣在皇帝面前說了自己的壞話。98具陳　向皇帝詳細訴說。99怨望　怨恨。望，也是怨的意思。100上啓陳謝　上書向皇帝認罪。啓，文體名，意思同表、疏。101且請生命　請求皇帝給自己留下一條活命。102訕訐　嘲笑，誹謗攻擊。103已孤本望　已經辜負了我本來對你的期望。104懼不自全　竟然想到死的問題上去了。105豈為下事上誠節之至邪　這難道是一個做臣子的侍奉皇帝所應有的態度嗎。誠節之至，誠實專一到極點。106徙交州　流放到交州。交州的州治在今越南河內東北的龍編。107宮亭湖　即今鄱陽湖，在江西九江市南，南昌北。108沈其男口　將其家族中的男性都丟進鄱陽湖裡。109六月戊申　六月十二。110為三烽於桑里　在桑里修好三個烽火臺。桑里，地名，在當時的廣陵城西南。111璽書督趣　蓋有皇帝印璽的文書，一刻不停地頻頻催促。趣，這裡同「促」。112塞塹　填平了護城河。113立行樓　立起高與城齊的樓車，可推送士兵以登城。114土山　在城下堆土成小山，以便接近城頭。115以激之　讓庾徽之「奏免慶之官」，唱白臉；劉駿再「詔勿問」，唱紅臉，合演一齣激將的雙簧，用心良苦。116荷公厚恩　蒙受竟陵王的大恩。117暴露之　置之於日曬雨淋之下。118濟陽范義　濟陽人范義，時為中軍將軍的長史。119不振　不可挽救。120子其行乎　你還是走吧。121吏　人家屬下的小吏。122吏不可以叛君　當小吏的不可以背叛自己的主官。君，主子；主官。123吾弗為　我不那樣地活著。124親犯矢石　親自冒著城上射下的箭和石塊。125乙巳　本年七月無「乙巳」日，應為「己巳」之誤。七月己巳即七月初三。126隊主　一隊之主，即今所謂隊長。127皆呼萬歲　以表現軍民喜悅慶賀之意。128蔡興宗　蔡廓之子，一個正直敢言的官僚。傳見《宋書》卷五十七。129陪輦　陪皇帝同乘一輛車，以表示其受寵任之意。130涕泣行誅　流著淚殺人，以表示不得已而大義滅親。131貶誕姓留氏　將劉誕開除族籍，讓他姓留。132無大小悉命殺之　廣陵的百姓何罪，而劉駿下此沒有人性的命令。133五尺以下全之　身高不到一．二三公尺者免於其死。劉宋時的一尺約為二四．六公分。全之，不殺。134為軍賞　賞給有功士兵。135宗越　劉宋後期的敢戰之將，粗暴好殺。傳見《宋書》卷八十三。136臨決　當監斬官。137刳腸抉眼　剖開肚子，挖出眼珠。138苦酒灌創　用酒往人的創口上澆。創，兵器造成的傷口。139石頭南岸　石頭城南的長江邊上。石頭城在當時建康的西側，今南京的石頭城公園一帶。140為京觀　古代殘暴的統治者將戰場上殺獲的敵軍人頭堆在一起，像山丘一樣，以炫耀其武功，叫做京觀。如今劉駿殺了自己的弟兄與被其裹脅的軍民百姓，也居然堆起人頭，稱為京觀，足見其沒有人性。京觀，大墳丘。京，是大的意思。141初　歷史家敘事的常用語，在補敘某種事件的時候，作為前置詞，意即「在此之前」。142黃門　太監，以其出入於皇家宮殿之門，故稱。143將世子景粹　攜帶著他的嫡子劉景粹。世子，意同「太子」，帝王的嫡系繼承人。144思相全脫　希望你能保全他脫離危險。145如其不免　如果他被人所殺。146各分以金寶齎送　給他們每人一些財寶，讓他們帶好，送他們出門。147攜負　攜帶、背負。148臨川內史　臨川郡的行政長官，職位如同太守。因臨川是諸侯封國，故其長官稱內史。臨川郡的郡治南城，在今江西南城東南。149給事黃門侍郎　皇帝的侍從官員，地位清顯。150慰勞廣陵　實即慰問平定廣陵之亂的軍隊。151送喪歸豫章　豫章郡的郡治即今江西南昌。胡三省曰：「范義蓋寓居豫章也。蔡興宗之先亦濟陽人。」152故觸王憲　故意地觸犯王法。憲，章程；法規。范義「不離其母、不背其君」地同死於廣陵，而蔡興宗獨同情其「既孝且忠」，而不顧朝廷之法送范義之喪歸故里。153抗言　義正辭嚴地說。154善為營陳　善於紮營布陣。陳，同「陣」。155止頓　紮營。156馬止營合　等他的馬停下來，全軍的大營也就紮好了。157未嘗參差　沒有一點錯亂不周的地方。158辛未　七月初五。159丙子　七月初十。160劉秀之　劉裕的元勳劉穆之的兒子。傳見《宋書》卷八十一。161丙戌　七月二十。162八月庚戌　八月十五。163雲中　魏郡名，郡治盛樂，在今內蒙古和林格爾城北。164壬戌　八月二十七。165九月壬辰　九月二十七。166玄武湖　當時建康城內的湖水名，在今南京的東北部，南靠解放門，西靠玄武門。胡三省曰：「文帝元嘉二十二年，築北堤，立玄武湖於樂遊苑北。」167南郊壇　皇帝在冬至日南郊祭天時所用的壇臺。168巳位　東南方位。古代把地平線分成十二個方位，分別用十二支來表示：正北為子，東北為丑、寅，正東為卯，東南為辰、巳，正南為午，西南為未、申，正西為酉，西北為戌、亥。169牛頭山　在當時建業城的正南方，今江蘇江寧西南。170直宮城之午位　正對著皇城的南門。直，正對著。午位，正南方。171廢帝即位　廢帝即孝武帝的兒子劉子業，孝武帝死後，劉子業即位，未滿一年，被明帝劉彧所廢，事在西元四六五年，詳見後文。172五路　皇帝乘坐的五種車子，指玉路、金路、象路、革路、木路。173依金根車　依照秦朝皇帝所乘坐的金根車的樣子。沈約曰：「秦閱三代之車，獨取殷制，古曰桑根車，秦曰金根車。」174加羽葆蓋　在秦朝金根車的底盤上，增加了以鳥羽為裝飾的車篷。蓋，車篷。175正月甲子朔　正月初一是甲子日。176改元和平　在此之前拓跋濬的年號是太安（西元四五五—四五九年）。177乙亥　正月十二。178上耕籍田　孝武帝親自去耕種籍田。耕籍田是古代皇帝所做出的一種顯示重視農業的表演活動。籍田，皇帝親自耕種的示範田。179己卯　正月十六。180初乘玉路　第一次乘坐玉路車。181庚寅　正月二十七。182子勛為晉安王　劉子勛是劉駿的第三子，封地晉安郡，郡治即今福州。183子房為尋陽王　劉子房為劉駿的第六子，封地尋陽郡，郡治即今江西九江市。(184)子項為歷陽王　劉子項為劉駿的第七子，封地歷陽郡，郡治即今安徽和縣。(185)子鸞為襄陽王　劉子鸞為劉駿的第八子，封地襄陽郡，郡治即今湖北襄樊之襄陽區。以上四人的傳記均見於《宋書》卷八十。(186)來聘　來劉宋王朝做友好訪問。(187)樂安王良　拓跋良，拓跋嗣之孫，拓跋範之子，魏主拓跋濬之叔。傳見《魏書》卷十七。(188)河西叛胡　在黃河以西反抗魏國統治的匈奴族人。據胡注，此「河西」指今陝西、山西交界上的黃河以西的今陝西東部地區。(189)北陰平　郡名，郡治在今四川江油東北。當時屬劉宋管轄。(190)孔堤　郡名，郡治在今甘肅康縣西北。當時屬劉宋管轄。(191)甲申　三月二十二。(192)皇后親桑　劉駿的皇后親自採桑養蠶，這是和皇帝親自耕種籍田同樣性質的一種表現統治者重視農業、與百姓同甘苦的禮節性活動。(193)皇太后觀禮　劉駿之母觀看皇后親自採桑養蠶的禮節儀式。(194)魏太后常氏　常氏原是魏主拓跋濬的乳母，先被尊為「保太后」，後又被尊為皇太后。事見本書卷一百二十九元嘉三十年。(195)五月癸丑　本年五月無「癸丑日」，「癸丑」應是四月二十二。(196)昭太后　即魏太后常氏，昭字是諡。(197)鳴雞山　即《史記・趙世家》所說的「磿笄山」，在今河北涿鹿境。(198)丙戌　五月二十五。(199)拾寅　繼慕利延之後的吐谷渾王，樹洛干之子。傳見《魏書》卷一百一。(200)兩受宋魏爵命　一方面向魏國稱臣，同時又向劉宋稱臣。爵命，爵位與指令。(201)擬於王者　與帝王的排場差不多。擬，相比。(202)保白蘭　依托在白蘭地區居住。保，依靠；依托。白蘭，古地區名，在今青海都蘭的西南方。(203)南山　白蘭地區的南側之山，即今所謂布爾汗布達山。(204)六月甲午　六月初四。(205)陽平王新成　拓跋新成，拓跋晃之子，拓跋濬之弟。傳見《魏書》卷十九上。(206)統萬高平　都是魏國的軍事重鎮，統萬即今陝西靖邊東北的白城子，當年赫連勃勃夏國的都城，高平即今寧夏固原。(207)涼州　魏國的州名，州治即今甘肅武威。(208)崔浩之誅　魏國大臣崔浩因寫史被殺事，在宋文帝元嘉二十七年，見本書前文卷一百二十五。(209)至是　到這時，指宋大明四年、魏和平元年（西元四六〇年）。(210)詣長安首罪　到長安自首服罪。長安，即今西安之西北部，當時為魏國軍事重鎮，也是魏國的行臺所在地。故叛亂者就近到長安請罪，願接受懲罰。(211)遣使如魏　回報魏國使者的來訪。(212)甲戌　七月十四。(213)壬午　七月二十二。(214)西平　魏郡名，郡治即今青海西寧。(215)會疾疫　正趕上鬧流行病。會，正碰上。(216)引還　自動撤軍而回。(217)庚午　九月十一。(218)丁亥　九月二十八。(219)新安王　封地新安郡，新安郡的郡治始新，在今浙江淳安西北。(220)十月庚寅　十月初一。(221)廬陵內史周朗　廬陵是郡名，郡治即今江西吉水縣北。周朗是一個秉性正直，敢於說真話的官吏。傳見《宋書》卷八十二。(222)上銜之　將其忌恨在心。(223)居母喪不如禮　在為母守孝時的行為不合禮法。不如禮，不合禮法規定。(224)傳送寧州　用驛車押解流放寧州。傳，驛車。寧州，州治同樂，在今雲南陸良東北，曲靖西南。(225)方在直　正好在侍中省裡值班。直，同「值」。值班。(226)請與朗別　請假出去給周朗送別。(227)坐白

衣領職　因此犯罪被削去官職，仍以平民的身分履行侍中的職責。[228]盧度世　盧玄之子，魏國的文學之臣。傳見《魏書》卷四十七。[229]顏師伯　顏竣的族兄，孝武帝劉駿的寵臣。傳見《宋書》卷七十七。[230]諂佞　諂媚、巧佞。[231]樗蒱　古代的賭博遊戲，類似今擲骰子。[232]雉　樗蒱的彩頭名稱。博戲骰子共五枚，上黑下白，有梟、盧、雉、犢、塞，作為勝負的彩頭。白者刻二叫做雉，是較好的勝彩。[233]次擲　跟著投擲。[234]得盧　骰子還在轉著，眼看就要成為盧。樗蒱五枚骰子扔出去如果都是黑的，叫做盧，是最勝的彩頭。[235]遽斂子　趕緊把骰子收住，不讓它確定為盧。遽，趕忙；立即。[236]幾作盧　差點就要成為盧了。故意裝出遺憾、失敗的樣子，讓自己輸錢，以博得皇帝高興。[237]柔然　也寫作「蠕蠕」，蒙古國一帶地區的少數民族名，是魏國北部的主要敵人，與魏國長期作戰，失敗的次數居多。傳見《魏書》卷一百三。[238]高昌　西域國名，都城在今新疆吐魯番東南。[239]沮渠安周　北涼政權頭領沮渠蒙遜的幼子，沮渠牧犍之弟。沮渠牧犍繼其父位為北涼王，於西元四三九年被魏所滅。其弟沮渠無諱與沮渠安周率殘部逃入西域，在高昌一帶輾轉活動，對魏國時叛時降，至此乃失敗被殺。事見《魏書》卷九十九。[240]闞伯周　出身不詳，應是闞爽的族人。闞爽曾為高昌郡的太守，被西來的沮渠無諱打敗後，逃到柔然，其後下落不明。今柔然消滅沮渠家族後，立闞伯周為高昌王。事見《魏書》卷九十九。

【校　記】①疏　原作「書」。據章鈺校，甲十一行本、乙十一行本、孔天胤本皆作「疏」，今據改。②刀　據章鈺校，孔天胤本作「召」。③奮　原作「蹈」。據章鈺校，甲十一行本、乙十一行本、孔天胤本皆作「奮」，今據改。④眾　原作「諸」。據章鈺校，甲十一行本、乙十一行本、孔天胤本皆作「眾」，今據改。⑤等　原無此字。據章鈺校，甲十一行本、乙十一行本、孔天胤本皆有此字，張敦仁《通鑑刊本識誤》同，今據補。⑥史　據章鈺校，甲十一行本、乙十一行本皆無此字。⑦濟陽　原作「濮陽」。據章鈺校，甲十一行本、乙十一行本、孔天胤本皆作「濟陽」，今據改。⑧前行　原作「行前」。據章鈺校，甲十一行本、乙十一行本、孔天胤本二字皆互乙，今據改。⑨孔堤　原誤作「朱提」。嚴衍《通鑑補》改作「孔堤」，今據以校正。⑩言　據章鈺校，甲十一行本、乙十一行本皆無此字。⑪二十　原作「三十」。據章鈺校，甲十一行本、乙十一行本、孔天胤本皆作「二十」，今據改。

【語　譯】世祖孝武皇帝下

大明三年（己亥　西元四五九年）

春季，正月初一日己巳，宋國兗州的軍隊與魏國皮豹子所率領的魏軍在高平開戰，宋國的兗州軍被魏軍打敗。〇二十一日己丑，宋孝武皇帝劉駿任命擔任驃騎將軍的柳元景為尚書令，任命擔任右僕射的劉遵考為領軍將軍。

二月十一日己酉，魏國河南公伊馛去世。

三月乙卯日，宋國把丹楊、淮南、宣城、吳郡、吳興、義興六個郡作為都城的郊區郡，把東揚州改稱為揚州，把揚州治所遷到會稽郡的郡治所在地，所以要採取這些措施，還是因為去年出現的「熒惑星守南斗」的形象變化。

三月二十三日庚寅，宋孝武帝任命擔任義興郡太守的垣閬為兗州刺史。垣閬，是垣遵的兒子。

夏季，四月初八日乙巳，北魏文成帝拓跋濬任命自己的弟弟拓跋子推為京兆王。

宋國竟陵王劉誕知道孝武帝對自己心懷忌恨，便暗中做好了防備。劉誕趁魏軍入侵的機會，加固城牆，深挖護城河，囤積糧食，打造兵器。在竟陵王劉誕手下擔任記室參軍的江智淵看出了劉誕心存不軌，便向劉誕請假先行返回了京師建康，孝武帝任命江智淵為中書侍郎。江智淵，是江夷弟弟的兒子，他從小就能堅守節操，品行高尚，沈懷文經常稱讚江智淵說：「人所應該具備的，他全都具備，人所不應該具備的，他全都沒有，這樣的人恐怕只有江智淵一個人吧！」

當時，到處都在傳說竟陵王劉誕要謀反。正遇上吳郡的百姓劉成上書給朝廷說：「我的兒子劉道龍過去曾經侍奉過竟陵王劉誕，他親眼看見劉誕擔任揚州刺史時在石頭城打造皇帝所用的各種器物，派人練習給皇帝出行時在前邊喝道戒嚴。劉道龍對此感到非常憂慮和恐懼，就私下裡跟同伴們說了這件事情，劉誕就把劉道龍殺死了。」又有一個豫章郡的百姓名叫陳談之的上書給朝廷說：「我的弟弟陳詠之侍奉在竟陵王劉誕身邊，他看見劉誕書寫了陛下的年齡、姓名後，就到巫師鄭師憐家裡祈禱鬼神詛咒陛下。陳詠之祕密把這件事情報告給了皇上，劉誕就誣陷陳詠之藉酒發瘋，辱罵王爺，而殺死了陳詠之。」於是，孝武帝就命令有關部門的官員公開舉報劉誕的罪惡，將劉誕交付給廷尉審訊定罪。四月十八日乙卯，孝武帝下詔貶竟陵王劉誕為侯爵，打發他回到自己的封國去。在詔書沒有下達之前，先派擔任兗州刺史的垣閬統領著羽林禁兵，讓他以到兗州刺史的軍府上任為名，與擔任給事中的戴明寶一同前往廣陵襲擊劉誕。

兗州刺史垣閬率領羽林禁兵到達廣陵時，竟陵王劉誕還沒有明白他的來意。給事中戴明寶在夜間通知在劉誕屬下擔任典籤的蔣成，讓蔣成第二天早晨打開城門作為內應。蔣成把這件事告訴了竟陵王府的舍人許宗之，許宗之趕緊進府報告了劉誕，劉誕大吃一驚，立即從床上跳起來，招呼左右的侍從人員以及平素所豢養的幾百名親兵逮捕了典籤蔣成，然後調集軍隊進行自衛。天快黎明的時候，給事中戴明寶與兗州刺史垣閬率領著幾百名精兵突然到達廣陵城下，然而城門緊閉，沒有人來為他們打開城門。而劉誕已經布署了軍隊，並登上廣陵城的城牆，在城門上親自殺死了蔣成，又赦免了那些被判處徒刑從事勞役的人以及關在獄中的所有囚犯，然後打開城門出擊垣閬，把垣閬殺死，戴明寶從小路逃回了京師建康。孝武帝下詔，宣布京城內外實行戒嚴，孝武帝任命始興公沈慶之為車騎大將軍、開府儀同三司、南兗州刺史，率領軍隊討伐劉誕。四月二十七日甲子，孝武帝親自率領禁衛軍住宿在宣武堂。

擔任司州刺史的劉季之，原本是劉誕手下的將領，一向與擔任都督的宗慤有矛盾，他聽說了竟陵王劉誕謀反的消息以後，恐怕受到牽連而被宗慤藉機殺害，於是便放棄官職，抄小路自行返回朝廷。當劉季之經過盱眙郡的時候，擔任盱眙郡太守的鄭瑗懷疑劉季之與劉誕一同謀反，就派人在途中攔住劉季之，把劉季之殺死了。

沈慶之率軍抵達距離廣陵西南六十里處的歐陽，竟陵王劉誕派遣沈慶之的族人沈道愍攜帶著自己的親筆書信去勸說沈慶之歸順自己，並賞賜給沈慶之一把珍貴的玉環刀。沈慶之打發沈道愍返回廣陵城，一條一條地列數劉誕的罪惡。劉誕下令燒毀了城牆外面的居民區，把所有的居民都驅趕到廣陵城內，然後緊閉城門進行堅守，又派人到四處投送檄文，邀集遠近的州郡起兵響應。當時擔任山陽內史的梁曠，家在廣陵，劉誕便逮捕了梁曠的妻兒，然後派遣使者邀請梁曠順從自己，梁曠殺死劉誕所派的使者，拒絕了劉誕的邀請。劉誕於是勃然大怒，遂誅滅了梁曠的全家。

劉誕把寫給孝武帝的奏章投到城外，他在奏章中說：「陛下任用奸佞小人，聽信讒言，故而派遣無名小輩前來進行偷襲。我因為無法忍受你們對我的冤枉和殘酷對待，所以當時就把他們殺掉了。麻雀、老鼠這樣的小動物尚且知道貪生，我在迫不得已的情況下只得公然違抗你的命令，如今我親自率領我的部下，鎮守與捍衛我所管轄的徐、兗二州。先前是託了什麼福分，使我們能夠同生在一個皇帝之家？如今又是遭了什麼罪孽，使我們成了誓不兩立的冤家對頭？我冒著槍林箭雨向前衝鋒，豈顧萬死？掃蕩平定的時間，希望今天就能決出勝負，定個誰死誰活。」又說：「陛下宮闈中的醜聞，豈能堵住別人的嘴，不讓人家說出去？」孝武帝看了劉誕的奏章之後不禁大怒，於是凡是在劉誕身邊擔任過侍從、親信，以及因為血緣關係近而被列入譜籍的、服喪一年的親屬，當時凡是在建康的一併誅殺，因此被殺死的有上千人。有的人家人都已被孝武帝殺死，才從廣陵城內逃出來。

沈慶之到達廣陵城下，劉誕登上城樓對沈慶之說：「沈公已經到了白髮下垂的年齡，何苦還要到這裡來？」沈慶之回答說：「朝廷因為你的狂妄愚蠢，不值得勞動少壯之人前來征討，所以才派我這個老頭來。」

孝武帝擔心劉誕逃往魏國，就讓沈慶之切斷了劉誕北逃的道路。沈慶之把軍隊轉移到白土駐紮，白土距離廣陵城只有十八里，又向廣陵城外的新亭進攻。擔任豫州刺史的宗慤、擔任徐州刺史的劉道隆全都率領屬下的軍隊前來與沈慶之會師。擔任兗州刺史的沈僧明，是沈慶之哥哥的兒子，他也派遣軍隊前來幫助沈慶之攻打廣陵。先前，劉誕曾經誆騙他的手下人說：「豫州刺史宗慤一定會來幫助我。」宗慤來到廣陵之後，便騎在馬上圍繞著廣陵城大聲呼喊說：「我就是宗慤！」

劉誕看到各路大軍全都雲集到了廣陵城下，就想拋棄廣陵城向北逃走。他留下擔任中兵參軍的申靈賜守衛廣陵城，自己親自率領著幾百名步兵和騎兵，所有的親信全都跟隨著他，聲稱是出城作戰，出城之後便斜著向東北方向的海陵逃竄，沈慶之派遣擔任龍驤將軍的武念率軍追趕劉誕。劉誕向前跑了十多里，跟隨的人都不願意離開廣陵，全都請求劉誕返回廣陵城。劉誕說：「我回廣陵很容易，你們能夠為我盡力嗎？」眾人都異口同聲地表示願意。劉誕於是又返回廣陵城，他築起一座高壇，在自己的嘴上抹上牲畜的鮮血，與眾人宣誓，凡是屬下各部門的文武官員一律提升官爵的等級。劉誕任命擔任主簿的劉琨之為中兵參軍；劉琨之，是劉遵考的兒子，劉琨之向劉誕推辭說：「忠孝不能兩全。我的老父親還健在，我不敢接受您的任命。」劉誕把劉琨之囚禁了十多天，劉琨之始終不肯接受他的任命，劉誕就把劉琨之殺死了。

宋國擔任右衛將軍的垣護之、擔任虎賁中郎將的殷孝祖等人率軍反擊魏軍後返回，到達廣陵，孝武帝劉駿讓他們全都接受沈慶之的調度指揮。沈慶之指揮軍隊向前推進，已經逼近廣陵城。劉誕派遣一百多人從廣陵城北門出來贈送食物給沈慶之。沈慶之連打開看一眼都沒有，就讓人全部拿去燒掉了。劉誕又將一封用函套裝著的上給朝廷的表章從城上傳下來，請求沈慶之代他轉交給孝武帝，沈慶之回覆他說：「我接受皇帝的詔命前來討伐叛逆之賊，不能為你送交表章。你如果想要歸降朝廷，向朝廷請死，你就應當打開城門，派遣入朝請降的使者，我負責為你護送他們前往建康。」

擔任東揚州刺史的顏竣因為遇上母親去世，遂親自護送母親的靈柩返回都城，孝武帝對他的恩遇很優厚，顏竣當時對他的親友、故舊有些怨言，有時言談中也會涉及到朝政的得失。正趕上王僧達犯了罪，王僧達懷疑是顏竣在孝武帝面前說了自己的壞話，他在臨死的時候，便向孝武帝詳細地述說了顏竣前前後後那些怨恨、誹謗朝廷的言論。於是孝武帝就指派擔任御史中丞的庾徽之彈劾、舉報顏竣，遂罷免了顏竣的官職。顏竣更加恐懼，就上書向皇帝認罪，請求孝武帝給自己留一條活命。孝武帝更加惱怒，便下詔答覆顏竣說：「你嘲笑、誹謗朝政，發洩自己的憤怒與怨恨，已經辜負了我本來對你的期望，現在竟然過分地憂思煩亂，擔心不能保全自己的性命，這難道是臣下侍奉皇帝所應有的態度嗎！」等到竟陵王劉誕謀反，孝武帝就誣陷顏竣與劉誕串通一氣謀反作亂。五月，下令逮捕了顏竣，把顏竣交付給廷尉進行審訊，先砍斷顏竣的雙腳，然後賜顏竣自殺。把顏竣的妻兒全部流放交州，流放途中，到達宮亭湖的時候，又把顏竣家族中的男性全部扔進湖中淹死。

六月十二日戊申，北魏文成皇帝拓跋濬前往陰山一帶巡視。

宋孝武帝命令沈慶之在桑里修建三個烽火臺，如果是攻克了廣陵城的外城，就點燃一個烽火臺；如果是攻克了廣陵內城，就點燃二個烽火臺；如果是捉住了劉誕，就點燃三個烽火臺。孝武帝所派遣攜帶著蓋有皇帝印璽文書的使者一個接著一個，一刻不停地催促沈慶之進攻廣陵。沈慶之出兵焚毀了廣陵城的東門，填平了廣陵的護城河，制定攻城的方法，立起高與城齊的可以推送士兵登上城牆的樓車、在城下堆起土山以及各種攻城的用具，卻又恰逢陰雨連綿，很長時間不放晴，因而無法攻城。孝武帝就指使御史中丞庾徽之上書奏請免去沈慶之的官職，孝武帝再下詔，表示對沈慶之的罪責不予追究，想以此來激將沈慶之。不料大雨從四月一直下到七月才停止，廣陵城仍然沒有被攻克。孝武帝大怒，命令太史選擇日期，準備親自率軍渡過長江去討伐劉誕。擔任太宰的劉義恭一再勸阻，孝武帝才沒有付諸行動。

劉誕在開始的時候緊閉城門拒絕朝廷的使者入城，在劉誕屬下擔任記室參軍的山陰人賀弼堅決勸諫，劉誕大怒，抽出刀來指向賀弼，賀弼才閉口不言。劉誕派遣軍隊出城與朝廷軍作戰，卻屢戰屢敗，將佐中有許多人都越城而出向朝廷軍投降。有人也勸說賀弼應當早點出城向朝廷軍投降，賀弼說：「竟陵王發兵向朝廷宣戰，在這件事情上我已經不可能聽命於他；然而我蒙受竟陵王的大恩，在道義上又不能違背他，我只有以死來表明我的心跡而已！」於是就喝下毒藥自殺了。擔任參軍的何康之等人密謀打開城門接納官軍，未能成功，於是就殺死了守門的將士出城投降了朝廷軍。劉誕搭建了一座高樓，把何康之的母親放在高樓之上，讓她風吹日曬，又不給飲食，何康之的母親大聲呼叫何康之，幾天之後就被折磨死了。劉誕任命擔任中軍長史的濟陽人范義為左司馬，范義的母親、妻兒都在廣陵城內，有人對范義說：「竟陵王的事情已經不可挽救，你還是逃走吧！」范義回答說：「我，是竟陵王屬下的小官吏，作為兒子我不能拋棄母親，作為屬吏我不能背叛自己的主人。如果一定要像何康之那樣的活著，我是不會那樣做的。」

沈慶之率領軍隊進攻廣陵城，他自己身先士卒，親自冒著被城上射下的箭和拋下的石塊射死、砸死的危險奮勇攻城，乙巳日，終於攻克了竟陵城的外城。於是一鼓作氣乘勝進攻，又攻克了小城。劉誕聽說沈慶之的軍隊已經攻進城內，就向後園逃跑，擔任一隊之長的沈胤之等人追上前去，把劉誕擊傷，劉誕墜落水中，沈胤之等人把劉誕從水中拉出來殺死。劉誕的母親、妻子全都自殺身亡。

孝武帝聽說廣陵的叛亂已經平息，就走出宣陽門，命令左右侍從人員都高呼萬歲。擔任侍中的蔡興宗陪同孝武帝乘坐在輦車上，孝武帝回頭看了一下蔡興宗說：「為何只有你不高呼萬歲呢？」蔡興宗神情嚴肅地說：「今天陛下應該為誅殺兄弟而流下眼淚，以表示自己因為不得已而大義滅親，怎麼能全都高呼萬歲呢！」孝武帝聽了以後很不高興。

宋孝武帝下詔，將劉誕開除族譜，讓他姓留氏，廣陵城中不論官吏還是百姓，也不論年齡大小一律下令處死。沈慶之請求將身高不滿五尺的人全部赦免，其他的男子一律處死，女人則賞給平叛有功的士兵，即使這樣還是殺死了三千多口人。擔任長水校尉的宗越當監斬官，他先令人把犯人的肚子剖開、眼珠挖去，或者用竹板擊打犯人的臉頰、用鞭子抽打犯人的腹部，再用酒往犯人的傷口上澆，然後才砍下犯人的頭顱。而宗越面對這樣的情景，竟然欣喜若狂，好像從中得到了些什麼似的。孝武帝下令，把砍下的人頭堆積在石頭城南岸，封土成為一座高高的大冢，以炫耀自己的武功，擔任侍中的沈懷文對此進行勸阻，而孝武帝根本不聽勸告。

當初，劉誕知道自己即將敗亡，就派太監呂曇濟與自己身邊的親信侍從帶著世子劉景粹藏匿於民間，劉誕對他們說：「如果我起兵反抗朝廷的事情不能成功，就希望你們能想辦法保全世子劉景粹脫離危險；如果最終不能使他免於一死，你們就把他的屍體深深地埋葬起來。」臨別的時候，又分別送給他們每人一些金銀財寶。沒想到出門以後，這些人就一哄而散，分別逃命去了，只有太監呂曇濟沒有逃走，他攜帶著劉景粹到處躲避了十多天，終於被朝廷軍捕獲，一起被殺。

擔任臨川內史的羊璿因為一向與劉誕關係友好而受到牽連被逮捕入獄，死在獄中。

宋孝武帝擢升擔任山陽內史的梁曠為後將軍，追贈劉琨之為給事黃門侍郎。

擔任侍中的蔡興宗奉孝武帝的旨意前往廣陵城慰勞平定廣陵之亂的軍隊。蔡興宗與范義一向關係友善，就趁機收殮了范義的屍體，把他的靈柩送回豫章郡老家安葬。孝武帝對蔡興宗說：「你怎麼竟敢故意地觸犯王法呢？」蔡興宗義正辭嚴地回答說：「陛下殺死的是背叛自己的逆賊，臣埋葬的是自己的故友，這有什麼不可以呢！」孝武帝臉上流露出了慚愧的神色。

擔任長水校尉的宗越訓練軍隊非常嚴格，善於紮營布陣。每次好幾萬人安營紮寨，宗越自己騎馬向前走，讓軍人在後邊跟隨，等他騎的馬停下來的時候，全軍的大營也就紮好了，沒有一點錯亂不周的地方。

七月初五日辛未，宋國實行大赦。〇初十日丙子，宋孝武帝任命擔任丹楊尹的劉秀之為尚書右僕射。〇二十日丙戌，任命擔任南兗州刺史的沈慶之為司空，南兗州刺史的職務保持不變。

八月十五日庚戌，北魏文成皇帝前往雲中一帶視察。二十七日壬戌，返回平城。

九月二十七日壬辰，宋國在玄武湖北邊修建上林苑。

當初，晉朝人在建康城郊外東南方位上修建了皇帝祭天時所用的壇臺，擔任尚書右丞的徐爰認為不符合古代禮儀，於是孝武帝下詔把祭壇改建在建康城正南方的牛頭山的西邊，正對著皇城的南門。等到後來廢帝劉子業即位，認為祭壇原來所在的位置吉利，於是就又把祭壇遷回原址。孝武帝又命擔任尚書左丞的荀萬秋製造帝王使用的玉路、金路、象路、革路、木路五種車子，依據秦朝皇帝所乘坐的金根車的樣子，再在上面增加上以鳥羽為裝飾的車篷。

四年（庚子　西元四六〇年）

春季，正月初一日甲子，魏國實行大赦，改年號為和平元年。

正月十二日乙亥，宋孝武帝親自去耕種籍田，宋國實行大赦。〇十六日己卯，宋孝武帝下詔，到郊外的祖廟進行祭祀，第一次乘坐玉路車。〇二十七日庚寅，宋孝武帝封皇子劉子勛為晉安王，劉子房為尋陽王，劉子頊為歷陽王，劉子鸞為襄陽王。

魏國派遣擔任散騎侍郎的馮闡到宋國進行友好訪問。

二月，魏國擔任衛將軍的樂安王拓跋良率軍討伐黃河以西地區起兵反抗魏國統治的匈奴族人。

三月，魏國人進入宋國所屬的北陰平郡進行掠奪，宋國擔任孔堤太守的楊歸子率軍將魏國人打敗。

三月二十二日甲申，宋國孝武帝的皇后親自到建康城的西郊舉行採桑養蠶活動，皇太后到場觀禮。

夏季，四月，魏國皇太后常氏去世。五月癸丑日，魏國把昭太后安葬在鳴雞山。

五月二十五日丙戌，宋國擔任尚書左僕射的褚湛之去世。

吐谷渾王慕容拾寅一面向宋國稱臣，接受了宋國封賞的爵位和指令，又向魏國稱臣，接受了魏國賞賜的爵位和指令，無論是居住休息的王宮，還是出入時使用的儀仗，其排場都與帝王差不多，魏國人對此感到非常憤怒。魏國定陽侯曹安上表給朝廷說：「如今吐谷渾王慕容拾寅盤踞在白蘭地區，如果我們派遣軍隊分別從他的左右兩側進行攻擊，他必定會逃到白蘭地區南面的山中據守，不超過十天，他的人馬就會缺乏食物，到那時就可以一舉把他消滅。」六月初四日甲午，魏國派遣擔任征西大將軍的陽平王拓跋新成等人率領統萬、高平的各軍從南路出發，南郡公中山人李惠等人統領涼州地區的各軍從北路出發，同去出擊吐谷渾王慕容拾寅。

魏國司徒崔浩因為撰寫歷史被誅殺以後，史官也同時被廢除，到現在又恢復設置史官。〇魏國黃河以西地區起兵反抗魏國統治的匈奴族人到長安自首服罪，魏國朝廷派使者前去安撫他們。

秋季，七月，宋國派遣使者到魏國進行回訪。

七月十四日甲戌，宋國開府儀同三司何尚之去世。

七月二十二日壬午，北魏文成皇帝前往黃河以西地區進行巡視。

魏國討伐吐谷渾的軍隊到達西平，吐谷渾王慕容拾寅果然率領吐谷渾人退到白蘭地區南部的山區進行據守。九月，魏軍渡過黃河追擊慕容拾寅，正遇上當時瘟疫流行，魏軍只得退軍，此行繳獲各種牲畜二十多萬頭。〇十一日庚午，北魏文成帝從河西地區回到平城。

九月二十八日丁亥，宋國的孝武帝改封襄陽王劉子鸞為新安王。

冬季，十月初一日庚寅，宋國孝武帝下詔，命令沈慶之率軍去討伐長江沿岸的蠻族人。

宋國前任廬陵內史周朗，上書言事懇切率直，孝武帝劉駿非常忌恨他，就指使有關部門的官員上疏彈劾周朗在為自己的母親守孝期間，行為不合乎禮法的規定，於是便以此罪名用驛車把周朗押解流放到寧州，在去寧州的路上把周朗殺害了。在周朗被發配去寧州的時候，擔任侍中的蔡興宗正好在侍中省裡值班，遂請假出去為周朗送別，蔡興宗竟然因為此事而被免去官職，但仍然以平民的身分履行侍中的職責。

十一月，魏國擔任散騎常侍的盧度世等人前來宋國進行友好訪問。

這一年，宋國孝武帝徵調擔任青、冀二州刺史的顏師伯為侍中。顏師伯憑藉自己善於諂媚、為人巧佞而受到孝武帝的寵愛與信任，在這方面，滿朝的文武群臣沒有人能夠比得上他，顏師伯大量收受賄賂，家中因此積累了上千斤的黃金。孝武帝曾經與顏師伯一起擲骰子賭博，孝武帝先擲出一個「雉」，遂自以為勝券在握；顏師伯跟著投擲，眼看著還在旋轉的骰子就要成為「盧」，孝武帝立時變了臉色。顏師伯急忙把骰子收住，說：「差點就要成為『盧』！」僅這一天，顏師伯就輸給孝武帝一百萬錢。

柔然人進攻高昌，殺死了佔據高昌的沮渠安周，滅掉了沮渠氏，任命闞伯周為高昌王。高昌從這時起開始稱王。

五年（辛丑　西元四六一年）

春，正月戊午朔❶，朝賀。雪落太宰義恭衣，有六出❷，義恭奏以為瑞，上悅。義恭以上猜暴❸，懼不自容，每卑辭遜色❹，曲意祗奉❺。由是終上之世❻，得免於禍。

二月辛卯❼，魏主如中山。丙午❽，至鄴❾，遂如信都❿。

三月，遣使如魏。

魏主發并、肆州民⓫五千人治河西獵道⓬。辛巳⓭，還平城。

夏，四月癸巳⑭，更⑮以西陽王子尚⑯為豫章王⑰。〇庚子⑱，詔經始明堂⑲，直⑳作大殿於丙、己之地㉑，制如太廟，唯十有二間為異。

雍州刺史海陵王休茂㉒，年十七，司馬㉓新野庾深之行府事㉔。休茂性急，欲自專處決㉕，深之及主帥㉖每禁之，常懷忿恨。左右㉗張伯超有寵，多罪惡，主帥屢責之。伯超懼，說休茂曰：「主帥密疏官過失㉘，欲以啓聞㉙，如此恐無好㉚。」休茂曰：「為之柰何？」伯超曰：「惟有殺行事㉛及主帥，舉兵自衛㉜。此去都數千里㉝，縱大事不成，不失入虜中為王㉞。」休茂從之。

丙午㉟夜，休茂與伯超等帥夾轂隊㊱，殺典籤楊慶於城中，出金城㊲，殺深之及典籤戴雙。徵集兵眾，建牙馳檄㊳，使佐吏上己㊴為車騎大將軍，開府儀同三司，加黃鉞㊵。侍讀博士荀詵諫，休茂殺之。伯超專任軍政，生殺在己，休茂左右曹萬期挺身斫休茂，不克而死。

休茂出城行營㊶，諮議參軍沈暢之等帥眾閉門拒之。休茂馳還，不得入。義成太守㊷薛繼考為休茂盡力攻城，克之，斬暢之及同謀數十人。其日，參軍尹玄慶復起兵攻休茂，生擒斬之，母、妻㊸皆自殺，同黨伏誅。城中擾亂，莫相統攝㊹。中兵參軍劉恭之，秀之㊺之弟也，眾共推行府州事㊻。繼考以兵脅恭之，使作啓事(47)，言繼考立義(48)。自乘驛還都(49)，上以為北中郎諮議參軍(50)，賜爵冠軍侯。事尋泄(51)，伏誅，以玄慶為射聲校尉(52)。

上自即位以來，抑黜(53)諸弟，既克廣陵(54)，欲更峻其科(55)。沈懷文曰：「漢明(56)不使其子比光武之子(57)，前史以為美談。陛下既明管、蔡之誅(58)，願崇唐、衛之寄(59)。」及襄陽平，太宰義恭探知上旨(60)[1]，復上表[2]請裁抑諸王(61)，不使任邊州(62)，及悉輸器甲(63)，禁絕賓客。沈懷文固諫以為不可，乃止。

上畋遊無度(64)，嘗出夜還，敕開門，侍中謝莊居守(65)，以棨信或虛(66)，執不奉旨(67)，須墨敕(68)乃開。上後因燕飲(69)從容(70)曰：「卿欲效郅君章邪(71)？」對曰：「臣聞王者祭祀、畋遊，出入有節(72)。今陛下晨往宵歸，臣恐不逞之徒(73)，妄生矯詐(74)，是以伏須神筆，乃敢開門耳。」

魏大旱，詔：「州郡境內，神無大小，悉灑掃致禱(75)，俟豐登，各以其秩祭之(76)。」於是羣祀之廢者(77)皆復其舊。

秋，七月戊寅(78)，魏主立其弟小新成為濟陽王(79)，加征東大將軍，鎮平原(80)；天賜(81)為汝陰王，加征南大將軍，鎮虎牢(82)；萬壽(83)為樂浪王，加征北大將軍，鎮和龍(84)；洛侯(85)為廣平王。

壬午[86]，魏主巡山北。八月丁丑[87]，還平城。

戊子[88]，立皇子子仁為永嘉王[89]，子真為始安王[90]。

九月甲寅朔[91]，日有食之。

沈慶之固讓司空，柳元景固讓開府儀同三司，詔許之。仍[92]命慶之朝會位次司空[93]，俸祿依三司[94]，元景在從公[95]之上。

慶之目不知書，家素富，產業累萬金[96]，童奴千計，再[97]獻錢千萬，穀萬斛[98]。先有四宅，又有園舍在婁湖[99]。慶之一夕攜子孫及中表親戚[100]徙居婁湖，以四宅輸官[101]。慶之多蓄妓妾，優游無事，盡意歡娛，非朝賀不出門。車馬率素[102]，從者不過三五人，遇之者不知其[3]三公也。

甲戌[103]，移南豫州治于湖[104]。丁丑[105]，以潯陽王子房[106]為南豫州刺史。

閏月戊子[107]，皇太子妃何氏卒，諡曰獻妃。

壬寅[108]，更[109]以歷陽王子頊[110]為臨海王[111]。

冬，十月甲寅[112]，以南徐州刺史劉延孫為尚書左僕射，右僕射劉秀之為雍州刺史。

乙卯[113]，以新安王子鸞[114]為南徐州刺史[115]。子鸞母殷淑儀寵傾後宮，子鸞愛冠諸子[116]，凡為上所眄遇者[117]，莫不入子鸞之府[118]。及為南徐州，割吳郡以屬之[119]。

初，巴陵王休若[120]為北徐州刺史，以山陰令[121] [4] 張岱為諮議參軍，行府、州、國事[122]。後臨海王子頊為廣州[123]，豫章王子尚為揚州，晉安王子勛[124]為南兗州[125]，岱歷為三府諮議、三王行事[126]，與典籤、主帥共事[127]，事舉而情不相失[128]。或謂岱曰：「主王[129]既幼，執事多門[130]，而每能緝和公私[131]，云何致此[132]？」岱曰：「古人言：『一心可以事百君。』我為政端平[133]，待物以禮[134]，悔吝之事，無由而及[135]，明闇短長，更是才用之多少耳[136]。」及子鸞為南徐州，復以岱為別駕[137]、行事。岱，永[138]之弟也。

魏員外散騎常侍游明根[139]等來聘。明根，雅[140]之從祖弟也。○魏廣平王洛侯卒。

十二月壬申[141]，以領軍將軍劉遵考為尚書右僕射。

甲戌[142]，制民戶歲輸布四匹[143]。

是歲，詔士族雜婚[144]者皆補將吏[145]。士族多避役逃亡，乃嚴為之制，捕得即斬之，往往奔竄湖山[146]為盜賊。沈懷文諫，不聽。

六年（壬寅　西元四六二年）

春，正月癸未[147]，魏樂浪王萬壽[148]卒。

辛卯[149]，上初祀五帝[150]於明堂，大赦。○丁未[151]，策秀、孝[152]于中堂[153]。揚州秀才顧法對策曰：「源清則流潔，神王則形[5]全[154]。躬化易於上風[155]，體訓速於草偃[156]。」上覽之，惡其諒[157]也，投策於地。

二月乙卯[158]，復百官祿[159]。

三月庚寅[160]，立皇子子元為邵陵王[161]。

初，侍中沈懷文數以直諫忤旨[162]，懷文素與顏竣、周朗[163]善，上謂懷文曰：「竣若知我殺之，亦當不敢如此。」懷文嘿然[164]。侍中王彧，言次[165]稱竣、朗人才之美，懷文與相酬和[166]，顏師伯以白上[167]，上益不悅。上嘗出射雉，風雨驟至，懷文與王彧、江智淵約相與諫[168]，會召入雉場[169]。懷文曰：「風雨如此，非聖躬[170]所宜冒。」彧曰：「懷文所啓，宜從。」智淵未及言，上注弩[171]作色曰：「卿欲效顏竣邪[172]，何以恆知人事[173]？」又曰：「顏竣小子，恨不先鞭其面[174]！」每上燕集[175]，在坐者皆令沈醉，嘲謔[176]無度。懷文素不飲酒，又不好戲調[177]，上謂故欲異己[178]。謝莊嘗戒懷文曰：「卿每與人異，亦何可久[179]？」懷文曰：「吾少來如此，豈可一朝而變！非欲異物[180]，性所得耳[181]。」上乃出[182]懷文為晉安王子勛征虜長史(183)，領廣陵太守(184)。

懷文詣建康朝正(185)，事畢遣還(186)，以女病求申期(187)，至是猶未發(188)，為有司所糾(189)〔6〕，免官，禁錮十年(190)。懷文賣宅(191)，欲還東(192)。上聞之〔7〕，大怒，收付廷尉(193)，丁未(194)，賜懷文死。懷文三子澹、淵、沖，行哭(195)為懷文請命(196)，見者傷之(197)。柳元景欲救懷文，言於上曰：「沈懷文三子，塗炭不可見(198)，願陛下速正其罪(199)。」上竟殺之(200)。

夏，四月，淑儀殷氏(201)卒，追拜貴妃，謚曰宣。上痛悼不已，精神為之罔罔(202)，頗廢政事。

五月壬寅(203)，太宰義恭解領司徒(204)。

六月辛酉(205)，東昌文穆公劉延孫(206)卒。

庚午(207)，魏主如陰山。

魏石樓胡賀略孫(208)反，長安鎮將陸真(209)討平之。魏主命真城長蛇鎮(210)。氐豪仇傉檀(211)反，真討平之，卒城(212)而還。

秋，七月壬寅(213)，魏主如河西。

乙未(214)，立皇子子雲為晉陵王(215)。是日卒，謚曰孝。

初，晉庾冰[216]議使沙門敬王[217]者，桓玄[218]復述其議，並不果行[219]。至是，上使有司奏曰：「儒、法枝派[220]，名、墨條分[221]，至於崇親嚴上[222]，厥猷靡爽[223]。唯浮圖為教[224]，反經提傳[225]，拘文蔽道[226]，在末彌扇[227]。夫佛以謙儉[8]自牧[228]，忠虔為道[229]，寧有[230]屈膝四輩[231]而簡禮二親[232]，稽顙耆臘[233]而直體萬乘[234]者哉？臣等參議[235]，以為沙門接見[236]，比當盡虔[237]；禮敬之容[238]，依其本俗[239]。」九月戊寅[240]，制沙門致敬人主[241]。及廢帝即位，復舊[242]。

乙未[243]，以尚書右僕射劉遵考為左僕射，丹楊尹王僧朗[244]為右僕射。僧朗，彧之父也。

冬，十月壬申[245]，葬宣貴妃於龍山[246]。鑿岡通道數十里，民不堪役，死亡[247]甚眾，自江南葬埋之盛，未之有也。又為之別立廟[248]。

魏員外散騎常侍游明根等來聘[249]。

辛巳[250]，加尚書令柳元景司空。

壬寅[251]，魏主還平城[252]。

南徐州從事史[253]范陽祖沖之[254]上言，何承天元嘉曆[255][9]疏舛[256]猶多，更造新曆[257]，以為：「舊法，冬至日有定處[258]，未盈百載[259]，輒差二度[260]。今令冬至日度，歲歲微差[261]，將來久用，無煩屢改。又，子為辰首，位在正北[262]，虛[263]為北方列宿之中。今曆，上元[264]日度，發自虛一[265]。又，日辰之號[266]，甲子為先[267]，今曆上元歲在甲子[268]。又，承天法，日、月、五星各自有元[269]。今法，交會、遲疾[270]，悉以上元歲首為始[271]。」上令善曆者難之[272]，不能屈[273]。會上晏駕[274]，不果施行[275]。

【章　旨】以上為第二段，寫孝武帝大明五年（西元四六一年）、六年共兩年間的大事。主要寫了宋文帝劉義隆之子雍州刺史劉休茂因不願受典籤的挾制，在其親信張伯超的慫恿下，攻殺典籤楊慶、戴雙，佔據襄陽自稱車騎大將軍，後被其參軍尹玄慶生擒，斬之。劉休茂的部下義成太守薛繼考先曾為劉休茂攻殺持正守城的沈暢之，在劉休茂被殺後，又轉而威逼劉休茂的部下寫信證明自己是「立義」平定襄陽之亂的功臣。薛繼考入都後先被孝武帝賜爵冠軍侯，後來事實弄清，薛繼考被殺，尹玄慶被任為射聲校尉；寫了劉宋的直正之臣沈懷文先是勸諫孝武帝不要過於嚴厲地抑黜諸弟，勸他「既明管、蔡之誅，願崇唐、衛之寄」，孝武帝不聽；沈懷文素與因正直敢言被殺的顏竣、周朗相善，又因勸阻孝武帝不要冒著風雨出獵；又因為沈懷文素不飲酒、不好戲謔，遂被孝武帝認是「故與異己」，被放出為征虜長史；又因為沈懷文入建康朝正，事畢未按時離京而被免官禁錮，最後竟無辜被殺；寫了張岱先後在巴陵王劉休若、臨海王劉子頊、豫章王劉子尚、晉安王劉子勛的部下為僚屬，他「執事多門，而每能緝和公私」，他自己標榜這是「一心可以事百君」，這的確也是一種難得的為人處事的學問；此外還寫了孝武帝為安葬其寵妃竟「鑿岡通道數十里，民不堪役，死亡甚眾，自江南葬埋之盛，未之有也」等等。

【注　釋】❶正月戊午朔　正月初一是戊午日。❷六出　雪花成六角形。❸猜暴　猜疑、殘暴。❹卑辭遜色　說謙卑討好的話，表現出一種低聲下氣的樣子。❺曲意祗奉　變著法地謙恭討好。祗，恭敬。奉，捧；吹捧。❻終上之世　在孝武帝的整個在位期間。❼二月辛卯　二月初四。❽丙午　二月十九。❾鄴　古城名，在今河北臨漳西南。❿信都　即今河北冀州，當時為魏國冀州的州治所在地。⓫并肆州民　并、肆二州的百姓。并州的州治晉陽，在今太原的西南側，肆州的州治在今山西忻州西北。⓬河西獵道　在今山西、陝西二省間的黃河以西供魏國皇帝打獵用的通道。⓭辛巳　三月二十五。⓮四月癸巳　四月初七。⓯更　改；改任。⓰西陽王子尚　劉子尚，孝武帝劉駿的第二子，六歲時被封為西陽王。西陽郡的郡治在今湖北黃岡東。⓱豫章王　封地豫章郡，郡治即今南昌。⓲庚子　四月十四。⓳經始明堂　開始建造明堂。經始，意即經營、建造。明堂，是古代帝王舉行典禮，發布政教的場所。⓴直　只。㉑丙己之地　古代以十二天干表示方位，丙指正南方，己指正中央。《玉海》卷九十五引《五經異義》稱講學大夫淳于登說：「明堂在國之陽，丙、己之地，三里之外，十里之內，而祀之就陽位。」㉒海陵王休茂　劉休茂，文帝劉義隆的第十四子。傳見《宋書》卷七十九。海陵郡是封地名，郡治即今江蘇泰州。㉓司馬　劉休茂屬下的司馬官，在軍中主管司法。㉔行府事　代理劉休茂海陵王府的事務。行，代理。以低級別代理高職務叫「行」。㉕自專處決　自己處理、決定。㉖主帥　主管軍務的官員，這裡即指典籤。胡三省注：「主帥，典籤也。又齋內亦有主帥，謂之齋帥。」典籤，原意如同記錄員、書記員，是刺史、督軍屬下的僚屬，後來逐漸權大，甚至發展到轄制其主官。㉗左右　劉休茂的身邊親信人員。㉘密疏官過失　祕密地把您的過失都記下來。疏，記；逐條列出。官，以稱主子劉休茂。㉙欲以啓聞　想把您的這些過失上奏皇帝。㉚恐無好　恐怕前景不妙。㉛行事　即行府事職務的庾深之。㉜舉兵自衛　實即起兵對抗朝廷。㉝去都數千里　雍州的州治襄陽，離建康水路四千多里。㉞不失入虜中為王　最不好的結果還可以逃到北方的敵國去接受封王。虜，指北魏。㉟丙午　四月二十。㊱夾轂隊　指左右親兵，出行時護擁在王車的周圍。轂，車輪中心承受車軸的部位，通常即用以代稱車輪、車駕。㊲金城　疑是當時襄陽的城門名。㊳建牙馳檄　樹起牙旗，派使者送文書於各州郡。牙，用象牙裝飾的大旗，這裡即指旗。檄，向天下人發布的文告。㊴上己　擁戴、推尊自己。㊵加黃鉞　帝王授與出征大將的一種銅製大斧，象徵他是正義之師，也象徵他有生殺之權。此外黃鉞也是加給權貴大臣的一種儀仗，象徵他的地位崇高。㊶行營　視察軍營。行，巡行視察。㊷義成太守　義成郡的郡治也在襄陽，故其太守薛繼考能為劉休茂盡力攻城。㊸母妻　指劉休茂之母與劉休茂之妻。劉休茂之母為文帝的蔡美人。㊹莫相統攝　誰也管不了誰。㊺秀之　劉秀之，劉裕的元勳劉穆之之姪，文帝以來的優秀地方官，此時任尚書右僕射。傳見《宋書》卷八十一。㊻行府州事　臨時管理劉休茂海陵王府與雍州刺史府的一切事宜。㊼作啓事　給朝廷寫報告。㊽繼考立義　是薛繼考堅持正義立場，殺掉了舉行叛亂的劉休茂。㊾乘驛還都　乘驛車回到了建康城。主語是薛繼考。㊿北中郎諮議參軍　北中郎將的諮議參軍。當時朝廷設東西南北四個中郎將，掌率軍征伐之事。51尋泄　不久敗露。52射聲校尉　軍官名，秩二千石，以管理騎兵，能聞聲即射而命名。53抑黜　壓抑、貶斥。54克廣陵　指平定竟陵王劉誕的叛亂事。55更峻其科　把管理、打擊劉氏諸王的法令弄得更加嚴酷。56漢明　漢明帝，名莊，東漢光武帝劉秀之子，西元五八—七五年在位。57不使其子比光武之子　漢明帝於永平十五年（西元七二年）封自己的兒子為王時，所封的領地只有自己兄弟們的一半大小。馬皇后提出是不是太小了，明帝說：「我的兒子怎麼能與先帝的兒子們享受同等的待遇呢？」58管蔡之誅　指西周初期，周公輔佐年幼的周成王治理國家，周公的弟兄管叔鮮、蔡叔度勾結殷紂王的兒子武庚發動叛亂，反對朝廷，被周公大義滅親，將他們殺掉。這裡是用以比喻孝武帝劉駿的平息廣陵叛亂，殺了自己的兄弟竟陵王劉誕。59崇唐衛之寄　指周公滅了管叔、蔡叔後，改封自己的弟弟康叔於衛，封成王的弟弟叔虞於唐，教導他們盡心藩衛周王室。這裡是以此隱喻孝武帝劉駿要對自己的弟兄友好相待，提拔重用，不要一味地懷疑、鎮壓。崇……之寄，加強對……的親善與委任。60上旨　孝武帝劉駿的心思。61復上表請裁抑諸王　請，向孝武帝劉駿提出建議。裁抑，裁制、壓抑。62不使任邊州　不讓他們擔任邊疆地區的州刺史，以防止他們與其他國家相勾結，以及叛亂失敗後向別國逃逸等等。63悉輸器甲　讓他們把自己部下的武器鎧甲都交給朝廷，使之再沒有任何造反的能力。64畋遊無度　愛好打獵嬉遊，沒個節制。65居守　守衛宮門。66以棨信或虛　由於懷疑他們的出入證是假的。棨信，木製的出入證。或，可能。67執不奉旨　堅持不聽招呼，不給他們開門。68墨敕　皇帝的手諭。69燕飲　不拘禮節的宴飲。燕，安；安閒。70從容　隨意的；自然的。71卿欲效郅君章邪　你也想學做漢代的郅惲嗎。郅君章，名惲，字君章，東漢光武時代的名臣。有一次漢光武出獵夜還，致惲看管洛陽的上東門，閉門不開，漢光武只好改從別的城門進入洛陽。72出入有節　出入城門都要有一定的限制。73不逞之徒　由於內心不滿而圖謀不軌的人。不逞，不順心；不得志。74妄生矯詐　指假傳聖旨、假造憑證等等。75灑掃致禱　灑掃廟宇，祭祀祈禱。76各以其秩祭之　再按照祂們各自的等級進行祭祀。秩，指神的大小品級。77羣祀之廢者　早已廢棄多年的壇臺廟宇。胡三省曰：「魏罷羣祀，見前文卷一百二十五文帝元嘉二十七年。」78七月戊寅　七月二十四。79小新成為濟陽王　小新成是拓跋晃之子，拓跋濬之弟。傳見《魏書》卷十九上。但據《魏書》，此小新成乃是「濟陰王」，與《通鑑》說異。80平原　縣名，也是古黃河上的渡口名，在今山東平原縣西南。81天賜　拓跋天賜，拓跋晃之子，拓跋濬之弟。傳見《魏書》卷十九上。82虎牢　關塞名，舊址在今河南滎陽西北的古汜水鎮。83萬壽　拓跋萬壽，拓跋晃之子，拓跋濬之弟。傳見《魏書》卷十九上。84和龍　古城名，又名龍都、黃龍城，前燕、後燕、北燕都曾建都於此，即今遼寧朝陽。85洛侯　拓跋洛侯，拓跋晃之子，拓跋濬之弟。傳見《魏書》卷十九上。86壬午　七月二十八。87八月丁丑　本年的八月無「丁丑」日，應為「己丑」。己丑是八月初五。(88)戊子　八月初四。(89)子仁為永嘉王　劉子仁的事跡見《宋書》卷八十。永嘉郡的郡治即今浙江溫州。(90)子真為始安王　劉子真的事跡見《宋書》卷八十。始安郡的郡治即今廣西桂林。(91)九月甲寅朔　九月初一是甲寅日。(92)仍　依舊。(93)朝會位次司空　在上朝的時候站在司空的位置。次，處；站立在。(94)三司　指司空、司徒、太尉，亦即古時的三公，劉宋時代只是虛銜，用為加官。(95)從公　比正式的公爵低一級，「從」猶如今之所謂准尉、准將的「准」。胡三省曰：「晉制，文官光祿三大夫，武官驃騎、車騎、衛將軍及諸大將軍開府者，位從公。」(96)累萬金　有數萬金。古時的一金，相當銅錢一萬枚。(97)再　兩次。(98)斛　古量名，一斛相當於十斗。(99)婁湖　舊址在今南京內。(100)中表親戚　父親方面的親戚稱「中」，母親方面的親戚稱「表」。(101)輸官　交給了國家。輸，獻納。官，公家；政府。(102)率素　簡單、樸素。(103)甲戌　九月二十一。(104)于湖　即今安徽當塗。南豫州的州治此前在今安徽壽縣。(105)丁丑　九月二十四。(106)潯陽王子房　劉子房，孝武帝劉駿的第六子，先封為松滋侯，後封為潯陽王。傳見《宋書》卷八十。(107)閏月戊子　閏九月初五。(108)壬寅　閏九月十九。(109)更　又；改任。(110)歷陽王子頊　劉子頊，孝武帝劉駿的第七子。傳見《宋書》卷八十。歷陽王的封地歷陽郡，郡治即今安徽和縣。(111)臨海王　封地臨海郡，郡治章安，在今浙江臨海東南。(112)十月甲寅　十月初二。(113)乙卯　十月初三。(114)新安王子鸞　劉子鸞，孝武帝劉駿的第八子，先封為襄陽王，後改為新安王。傳見《宋書》卷八十。新安郡的郡治始新，在今浙江淳安西北。(115)南徐州刺史　南徐州的州治在今江蘇鎮江市。(116)愛冠諸子　受寵愛的程度居諸皇子之首。(117)凡為上所眄遇者　凡是受孝武帝劉駿寵愛、賞識的大臣。眄遇，看中；賞識。(118)入子鸞之府　派到劉子鸞的王府或刺史府中任僚屬。(119)割吳郡以屬之　又將原屬揚州的吳郡（郡治即今蘇州）劃歸南徐州管轄。(120)巴陵王休若　劉休若，文帝劉義隆的第十九子。傳見《宋書》卷七十二。封地巴陵郡的郡治即今湖南岳陽。(121)山陰令　山陰縣的縣令。山陰縣的縣治即今浙江紹興。(122)行府州國事　同時兼理巴陵王府、北徐州刺史府，以及巴陵王封國的行政事務。胡三省曰：「諸少主臨州，率置行府、州事；此命岱並巴陵國事行之。」(123)為廣州　指為廣州刺史。(124)晉安王子勛　劉子勛，孝武帝劉駿的第三子。傳見《宋書》卷八十。晉安王的封地晉安郡，郡治即今福州。(125)南兗州　州治廣陵，即今江蘇揚州。(126)三王行事　為劉子頊、劉子尚、劉子勛三王「行府、州、國事」。(127)與典籤主帥共事　與三王的典籤等高級僚屬合作共事。主帥即指典籤。(128)事舉而情不相失　事情都辦得很好，又從來不傷感情。事舉，事情都能辦成。不相失，不鬧矛盾、不傷和氣。(129)主王　主子王爺，以稱所為服務的各位皇子。胡三省曰：「江左以來，諸王出鎮，僚屬呼為『主王』。」(130)執事多門　先後在多家王府管事。(131)緝和公私　都能把公事、私情處理得和和美美。(132)云何致此　你是如何做到這一步的。(133)端平　端正、公平。(134)待物以禮　以禮貌待人。物，這裡即指人。

135悔吝之事二句　指一舉一動都考慮周全，不做讓人悔恨的事情。悔吝，後悔、惋惜。136明闇短長二句　一個人所表現出的聰明愚蠢、長處短處，那更是取決於他自身才幹的高低。137別駕　州刺史的高級僚屬。因其在隨刺史出行時，能夠自己另乘一輛車而得名。138永　張永。事跡不詳。與劉宋三朝名將的張永非一人。139游明根　北魏的儒學之臣。傳見《魏書》卷五十五。140雅　游雅，游明根的堂祖父，拓跋燾時代的儒雅之臣。傳見《魏書》卷五十四。141十二月壬申　十二月二十。142甲戌　十二月二十二。143制民戶歲輸布四匹　下令讓全國百姓每戶每年向國家交納四匹布。制，皇帝的命令。歲，每年。輸，交納。144士族雜婚　指士族與工商雜戶通婚。145皆補將吏　都懲罰性派遣他們到軍中任職，或為將，或為吏。當時上流社會視當兵為賤事，故做如此規定。146奔竄湖山　胡三省曰：「水則入湖，陸則阻山，皆依險而為盜賊。」147正月癸未　正月初二。148樂浪王萬壽　拓跋萬壽，拓跋晃之子，拓跋濬之弟。傳見《魏書》卷十九上。149辛卯　正月初十。150初祀五帝　第一次祭祀五帝。五帝指青帝、赤帝、白帝、黑帝、黃帝，各自代表東、南、西、北、中五個方位的大神。151丁未　正月二十六。152策秀孝　考試秀才、孝廉。策，策問，皇帝出考題讓被舉薦者回答。因為秦漢時代的考試是將考題寫在簡策上，故稱「策問」。秀才，有良好才學的士子，指被各地區、各部門推薦來參加應試的人。153中堂　宮廷中的核心之堂，辦公、議事的主要所在。154神王則形全　精神旺盛則人體健康完好。神，中醫所說「精氣神」的「神」。王，這裡意思同「旺」。形，人體。155躬化易於上風　皇帝身體力行地做好事就能像風一樣地吹遍全國。躬化，親身帶頭向善。易於上風，比風吹草偃還容易。156體訓速於草偃　臣民接受皇帝的影響，其迅速程度比草隨風偃還要快。體訓，接受教育，蒙受影響。《論語．顏淵》有所謂「君子之德風，小人之德草，風行草上必偃。」胡三省曰：「顧法對策之意，欲帝慎其身於宮帷、衽席之間，則可以化天下。」157惡其諒　討厭他的說話太直露。諒，實在；坦直。158二月乙卯　二月初四。159復百官祿　恢復文武百官原來的俸祿。文帝元嘉二十七年，因戰爭需要曾削減了內外百官俸祿的三分之一，今乃恢復其原來待遇。160三月庚寅　三月初十。161子元為邵陵王　劉子元為孝武帝劉駿的第十三子。傳見《宋書》卷八十。其封地為邵陵郡，郡治即今湖南邵陽。162數以直諫忤旨　屢次因給皇帝提意見而惹得皇帝不高興。數，屢；多次。忤旨，與皇帝的心思相衝突。163顏竣周朗　都是孝武帝時期的直臣，因直言敢諫而先後被孝武帝所殺，事見前文。164嘿然　不再說話。165言次　說話之間帶出。166酬和　彼此響應。167以白上　把他們的說話稟告了皇帝。168約相與諫　約定好一道去給皇帝提意見。169會召入雉場　正好叫他們進入了射雉的獵場。170聖躬　猶言「皇帝您」。171注弩　張弓搭箭。注，搭箭上弓，瞄準將射發。172欲效顏竣邪　想和顏竣一樣前來找死嗎。173何以恆知人事　為什麼總是來管別人的事情。恆，總是。知人事，管別人的事。174先鞭其面　先用鞭子抽他的臉，意思是恨他為人不識相。(175)每上燕集　每逢劉駿聚集人宴會暢飲。(176)嘲謔　相互嘲弄、開玩笑。(177)戲調　相互戲弄、取笑。(178)上謂故欲異己　劉駿以為他是故意和自己不合群。謂，以為。(179)亦何可久　這樣下去怎麼能長久。(180)非欲異物　我並不是故意要與大家不合群。異物，與別人不同。(181)性所得耳　生來就是這個樣子的。性，生；生來。(182)出　外放，使其離開朝廷。(183)征虜長史　當時晉安王劉子勛任征虜將軍，沈懷文為其做長史。長史是將軍屬下的高級僚屬。(184)領廣陵太守　兼任廣陵太守。以高級別兼任低職務叫「領」。劉子勛當時任南兗州刺史，州治廣陵，故沈懷文可以為劉子勛做長史，又可以同時任廣陵太守。廣陵郡上屬南兗州。(185)朝正　參加正月初一舉行的對皇帝的朝拜典禮。朝正是歷代封建王朝每年都要舉行的重大典禮。(186)遣還　被朝廷打發回廣陵任所。(187)求申期　請求延長在京城逗留的日期。(188)至是猶未發　到現在已是三月了還沒有動身。發，出發，動身去廣陵。(189)為有司所糾　被主管相關事務的官員所糾彈。糾，彈劾。(190)禁錮十年　被懲罰十年內不得為官。禁錮，禁止、封殺，不准進入官場。(191)賣宅　賣掉京城裡的宅子。(192)欲還東　想回東方的老家為民。沈懷文為吳興郡人，郡治即今浙江湖州，在建康東南。(193)收付廷尉　送交司法部門查辦。廷尉是全國最高的司法長官，即後來的刑部尚書。(194)丁未　三月二十七。(195)行哭　邊走邊哭。(196)請命　請求免其一死。(197)見者傷之　看見的人都為之傷心落淚。(198)塗炭不可見　言其身在塗炭之中，情形慘不忍睹。塗炭，水深火熱之中。不可見，不忍睹。(199)速正其罪　趕緊給他定罪。胡三省曰：「言『速正其罪』者，婉而導之，謂若正其罪，當不至於死也。」(200)上竟殺之　劉駿最後還是將沈懷文殺掉了。(201)淑儀殷氏　《南史》曰：「殷淑儀，南郡王義宣女也。義宣死後，帝密取之，假姓殷氏。左右言泄者多死。」(202)罔罔　恍惚、昏亂的樣子。(203)五月壬寅　五月二十三。(204)解領司徒　解除其所兼任的司徒職務。本書上卷孝建三年十月曾有所謂「太傅義恭進位太宰，領司徒」，今則解去司徒職。(205)六月辛酉　六月十二。(206)東昌文穆公劉延孫　劉延孫是劉裕的同族劉道產之子。傳見《宋書》卷七十八。劉延孫被封為東昌公，文穆二字是其謚。(207)庚午　六月二十一。(208)石樓胡賀略孫　石樓胡即石樓縣所居住的匈奴人，也稱「吐京胡」。石樓縣在今山西境內。賀略孫是該支匈奴人的頭領。(209)陸真　拓跋燾時代以來的魏國名將。傳見《魏書》卷三十。(210)城長蛇鎮　在長蛇鎮的周圍修築城牆。長蛇鎮在今陝西寶雞西北。(211)氐豪仇傉檀　氐族的豪強姓仇名傉檀。氐族聚居在今陝、甘鄰近地區的武都、成縣一帶，其頭領楊氏兩屬於魏國與劉宋王朝。(212)卒城　最後修成了長蛇鎮的城牆。(213)七月壬寅　七月二十四。(214)乙未　七月十七。(215)子雲為晉陵王　劉子雲是孝武帝劉駿的第十九子。傳見《宋書》卷八十。其封地為晉陵郡，郡治即今江蘇常州。(216)庾冰　東晉的大權貴，庾亮之弟。傳見《晉書》卷七十三。(217)議使沙門敬王　建議應讓和尚對皇帝行禮。(218)桓玄　東晉末期的大權貴，曾造反稱帝，最後被劉裕所滅。傳見《晉書》卷九十九。(219)並不果行　都沒有行通。(220)儒法枝派儒家、法家雖分出許多支派。儒家創始者是孔丘，後來分成許多支派，見《荀子》的〈非十二子〉。法家的代表人物有李悝、商鞅、韓非等，各自的主張也有區別。(221)名墨條分　名家、墨家雖然也有許多分支。名家也稱形名之家，主要代表人物為惠施、公孫龍，以辯論名實為主題。墨家的創始人為墨翟，主張貴儉、兼愛、尚賢、尚同、非命、尊鬼等。(222)崇親嚴上　尊崇父母，恭敬帝王。嚴，敬。(223)厥猷靡爽　其原則都是一樣的。猷，規矩；章程。靡爽，沒有不同。(224)浮圖為教　佛教的教規。(225)反經提傳　違背原來的經典，而抬高門徒的解說。胡三省曰：「釋氏以自西天竺來者為經，中國沙門譯而演其義者為傳。」提，拈出；摘出。(226)拘文蔽道　拘泥於表面文字，掩蓋了真正的教義。(227)在末彌扇　越往後這種風氣就越惡劣。(228)以謙儉自牧　本來是很講究謙虛節儉自律的。(229)忠虔為道　是以忠厚、虔誠為準則。(230)寧有　哪有；怎能。(231)屈膝四輩　只對四種尊者下跪。四輩，也稱「四聖」，佛教頂禮膜拜的四種神靈，即佛、菩薩、緣覺、聲聞。(232)簡禮二親　對父母反而禮節簡慢。(233)稽顙耆臘　對著老和尚磕頭。稽顙，磕頭到地，這裡即指磕頭。耆臘，出家年數多的老僧。僧人從出家受戒之年開始算歲數，「臘」即僧齡。(234)直體萬乘　面對皇帝不彎腰、不行禮。萬乘，指帝王。(235)參議　討論、建議。(236)沙門接見　和尚在被皇帝或高官接見的時候。(237)比當盡虔　他們應該盡量表現出虔恭。比，應作「彼」。(238)禮敬之容　至於這種應有的虔恭怎麼表現。容，行禮的樣子，如磕頭、敬禮、作揖、打躬等等。(239)依其本俗　可以按他們舊有的習慣。(240)九月戊寅　九月初一。(241)制沙門致敬人主　聖旨規定和尚見皇帝時要向皇帝行禮。(242)復舊　又回到了「直體萬乘」的樣子。(243)乙未　九月十八。(244)王僧朗　王彧之父。傳見《宋書》卷八十五。(245)十月壬申　十月二十五。(246)龍山　在今江蘇江寧南。(247)死亡　累死者與逃跑者。(248)別立廟　古制，皇帝的嬪妃死後都只能在墳墓的旁邊立廟，不能另外立廟。「別立廟」表現了劉駿寵愛此女的極其反常。(249)來聘　來劉宋王朝做友好訪問。(250)辛巳　十一月初五。(251)壬寅　十一月二十六。(252)還平城　由河西返回平城。(253)從事史　官名，州刺史的僚屬。(254)范陽祖沖之　范陽是郡名，郡治即今河北涿州。祖沖之，字文遠，我國古代著名科學家。精研曆算之學，曾注《九章》、造《綴術》數十篇。又推求圓周率為三・一四一五九二六—三・一四一五九二七，比西人於西元一五七九年僅算到十位小數早一千多年。還創造了指南車、木牛流馬、千里船等。傳見《南齊書》卷五十二。(255)何承天元嘉曆　何承天修訂的《元嘉曆》，見本書卷一百二十四文帝元嘉二十一年。(256)疏舛　疏漏、差錯。(257)更造新曆　重新制定了一部新曆法。(258)日有定處　太陽有其固定位置。(259)未盈百載　在不到一百年的時段裡。(260)輒差二度　總有二度的誤差。(261)今令冬至日度二句　東晉虞喜發現太陽從今年的冬至環行一周到明年冬至時，並沒有回到原地。天文學將這種現象稱為歲差。祖沖之新曆把歲差計算在內，使冬至時太陽所在位置逐年變動。(262)子為辰首二句　子是十二地支的第一位，處於正北方位。辰，十二地支的通稱。263虛　二十八宿之一，是北方玄武七宿的第四宿，位於正中，由二星組成。264上元　曆家分上元、中元、下元甲子，各六十年，凡一百八十年，下元甲子結束，又從上元甲子開始。265發自虛一　從虛宿的第一星算起。266日辰之號　天干、地支的各個名號。日指天干，辰指地支。267甲子為先　甲是十天干的第一位，子是十二地支的第一位。268上元歲在甲子　古人推算曆元，求日、月經緯度正好相同，五大行星聚在同一方位的時刻，叫做上元。即若干天文週期的共同起點，把這一年定為甲子年。269日月五星各自有元　日月及金木水火土五大行星的運行各有推算的起點。270交會遲疾　指日月五星運動時相交、會合及快慢速度。271悉以上元歲首為始　都以上元那一年的第一個月算起。一年第一月為歲首，古代歲首所指的月分不一樣。272難之　向他提出不同意見。273不能屈　都說不倒他。274會上晏駕　正好這時孝武帝劉駿死了。晏駕，宮車晚出，隱指帝王之死。275不果施行　新曆法未能公布實行。

【校記】1旨　原作「指」。據章鈺校，甲十一行本、乙十一行本、孔天胤本皆作「旨」，今據改。2復上表　原無此三字。據章鈺校，甲十一行本、乙十一行本、孔天胤本皆有此三字，今據補。3其　原作「其為」。據章鈺校，甲十一行本、乙十一行本、孔天胤本皆無「為」字，今據刪。4令　原無此字。據章鈺校，甲十一行本、乙十一行本、孔天胤本皆有此字，今據補。5形　原作「刑」。胡三省注云：「『刑』當作『形』。」據章鈺校，孔天胤本作「形」，今據改。6為有司所糾　原無此五字。據章鈺校，甲十一行本、乙十一行本、孔天胤本皆有此五字，張敦仁《通鑑刊本識誤》同，今據補。7之　原無此字。據章鈺校，甲十一行本、乙十一行本、孔天胤本皆有此字，張敦仁《通鑑刊本識誤》同，今據補。8儉　原作「卑」。據章鈺校，甲十一行本、乙十一行本、孔天胤本皆作「儉」，張敦仁《通鑑刊本識誤》同，今據改。9元嘉曆　原無「元嘉」二字。據章鈺校，甲十一行本、乙十一行本、孔天胤本皆有此二字，張敦仁《通鑑刊本識誤》、張瑛《通鑑校勘記》同，今據補。

【語　譯】五年（辛丑　西元四六一年）

春季，正月初一日戊午，宋國舉行朝賀典禮。雪花飄落在擔任太宰兼任司徒的江夏王劉義恭的衣服上，形成六角形，劉義恭於是上奏說是天降祥瑞，孝武帝劉駿非常高興。劉義恭因為孝武帝為人猜忌、殘暴，懼怕他容不下自己，所以在孝武帝面前總是低聲下氣，說一些謙恭討好的話，恭恭敬敬變著法的吹捧孝武帝，向孝武帝討好。因此在孝武帝的整個在位期間，劉義恭得免於禍。

二月初四日辛卯，北魏文成帝拓跋濬前往中山進行巡視。十九日丙午，拓跋濬抵達鄴城，隨後又前往信都。

三月，宋孝武帝派遣使者前往魏國進行友好訪問。

北魏文成帝徵調并州、肆州的五千名百姓修建通往黃河以西地區供魏國皇帝行圍打獵用的道路。三月二十五日辛巳，文成帝從信都返回平城。

夏季，四月初七日癸巳，宋國孝武帝改封西陽王劉子尚為豫章王。〇十四日庚子，孝武帝下詔，開始建造明堂，在正南方與中央之地只修建大殿，形制就像太廟，只有十二間與太廟有所不同。

宋國擔任雍州刺史的海陵王劉休茂，現在已經十七歲，擔任司馬的新野人庾深之代管劉休茂海陵王府的事務。劉休茂性情急躁，想要自己專權處理決定王府的事務，而庾深之以及主管軍務的官員卻往往對他加以禁止，因此劉休茂心中對庾深之充滿了怨恨。侍奉在劉休茂身邊的張伯超很受劉休茂的寵信，而張伯超多行不軌，罪惡極多，主管軍務的官員曾經多次責備過張伯超。張伯超因此非常恐懼，就對劉休茂說：「主管軍務的官員祕密地把您的過失全都一一地記錄下來，準備把您的這些過失上奏給皇上，這樣的話恐怕對您沒有什麼好處。」劉休茂問他說：「那我該怎麼辦呢？」張伯超說：「只有殺掉代行府事的庾深之以及主管軍務的官員，然後起兵對抗朝廷才能保住自己。我們這裡距離都城建康有好幾千里，即使我們的大事不能成功，最不好的結果還可以逃往北方投降敵國去接受封王。」劉休茂竟然聽從張伯超的意見。

四月二十日丙午夜間，劉休茂與自己的親信張伯超等人率領左右親兵，在襄陽城中殺死了擔任典籤的楊慶，從金城門衝出去之後，又殺死了擔任司馬的庾深之以及擔任典籤的戴雙。然後招集兵眾，樹起牙旗，派遣使者給各州郡發送檄文，同時讓自己的僚屬推戴自己為車騎大將軍、開府儀同三司，加授象徵正義與生殺大權的銅製大斧。擔任侍讀博士的荀詵極力進行勸阻，劉休茂就把荀詵殺死。張伯超於是獨攬軍政大權，讓誰生、讓誰死全部取決於他一個人，在劉休茂身邊擔任侍從的曹萬期挺身而出砍殺劉休茂，沒有成功，遂遇害身亡。

劉休茂離開襄陽城去視察軍營，擔任諮議參軍的沈暢之等人率領眾人緊閉襄陽城門抵抗劉休茂。劉休茂策馬而回，因為襄陽城門已經關閉而無法進城。擔任義成郡太守的薛繼考率領軍隊竭盡全力幫助劉休茂攻打襄陽城，將襄陽城攻破之後，便殺死了沈暢之以及和沈暢之同謀的幾十個人。就在當天，擔任參軍的尹玄慶又率領軍隊攻打劉休茂，將劉休茂活捉斬首，劉休茂的母親、妻子全都自殺而死，劉休茂的同黨全部被誅殺。此時襄陽城中已經陷入一片混亂，互相之間誰也管不了誰，沒有人能夠控制這種混亂局面。擔任中兵參軍的劉恭之，是擔任尚書右僕射的劉秀之的弟弟，眾人遂共同推舉劉恭之暫時代管海陵王府與雍州刺史府中的一切事務。薛繼考率領軍隊以武力脅迫劉恭之，讓劉恭之給皇帝上書，說義成太守薛繼考堅持正義立場，誅殺了舉兵叛變的劉休茂。然後薛繼考就乘上驛站的馬車回到都城建康，孝武帝任命薛繼考為北中郎諮議參軍，封為冠軍侯。不久，事情真相洩露出來，薛繼考遂被誅殺，孝武帝任命尹玄慶為射聲校尉。

宋孝武帝自從登上皇帝寶座以來，極力壓制、貶黜自己的各個兄弟，攻克廣陵之後，就想把管制、打擊劉氏諸王以及宗室的法令弄得更加嚴酷。擔任侍中的沈懷文對孝武帝說：「漢明帝劉莊不讓自己兒子們的封國、待遇超過漢光武帝劉秀的兒子們，前代史學家都把這件事作為美談。陛下既然明白周公誅殺自己的兄弟管叔、蔡叔的原因，所以希望陛下也能夠像周公滅掉管叔、蔡叔之後，把自己的弟弟姬康叔改封於衛，把周成王的弟弟姬叔虞改封於唐那樣，更加善待和委任自己的兄弟，教導他們盡心地藩衛皇室。」等到襄陽海陵王劉休茂被消滅之後，擔任太宰的江夏王劉義恭探聽清楚孝武帝的意圖之後，就又上表給孝武帝，建議進一步裁減諸王的封地、抑制諸王的權力，不讓諸王擔任邊疆地區的州刺史，並且要求諸王把自己部下的武器、鎧甲都交給朝廷，同時禁止諸王結交賓客。沈懷文極力進行勸阻，認為絕對不可以這樣做，孝武帝才沒有採納劉義恭的建議。

宋孝武帝愛好打獵嬉遊，而且沒有節制，他曾經出城打獵，一直到深夜才返回，此時城門早已關閉，孝武帝派人把出入憑證交給門衛，敕令門衛打開城門，當時擔任侍中的謝莊正在守衛城門，他懷疑來人的出入證可能是假的，因此堅決不聽招呼，拒絕給他們開門，必須要有皇帝的手諭才能開門。後來孝武帝在一次便宴上，很隨意地對謝莊說：「你難道想要效法漢代的郅惲嗎？」謝莊回答說：「我聽說君主無論是出去祭祀，還是出去打獵，出入城門都有一定的限制。如今陛下早晨出城夜晚才回來，我擔心那些由於心懷不滿而圖謀不軌的人是否在假傳聖旨，所以一定要看到陛下的親筆手諭，才敢開門罷了。」

魏國境內遭遇大旱，文成帝下詔說：「各州各郡境內，神靈無論大小，全都要灑掃廟宇，進行祭祀，祈禱神靈降雨，等到五穀豐登之時，再按照神靈品級的大小進行祭祀。」於是那些已經被廢棄了多年的神壇廟宇又全都恢復成了過去的樣子。

秋季，七月二十四日戊寅，北魏文成帝立自己的弟弟拓跋小新成為濟陽王，加授征東大將軍，負責鎮守平原；封拓跋天賜為汝陰王，加授征南大將軍，負責鎮守虎牢；封拓跋萬壽為樂浪王，加授征北大將軍，負責鎮守和龍；封拓跋洛侯為廣平王。

七月二十八日壬午，北魏文成帝前往山北巡視。八月丁丑日，返回平城。

八月初四日戊子，宋孝武帝封自己的兒子劉子仁為永嘉王，封劉子真為始安王。

九月初一日甲寅，發生日蝕。

沈慶之堅決請求辭去司空的職務，柳元景堅決請求辭去開府儀同三司的待遇，孝武帝下詔批准了他們的請求。但仍然讓沈慶之在上朝時站在司空的位置，享受與司空、司徒、太尉同樣的俸祿，柳元景在上朝時所站的位置以及享受的俸祿在從公之上。

沈慶之目不識丁，但家資一向豐厚，積累的資產有數萬金，家中的童僕家奴有上千人，兩次向朝廷貢獻一千萬錢，一萬斛穀。先前就有四處宅院，在婁湖還有花園別墅。有一天，沈慶之攜帶著自己的子孫以及中表親戚遷居到婁湖的別墅中，而把其他四處宅院全都獻給了國家。沈慶之蓄養了很多伎妾，平常悠閒自得、無事可做的時候，就盡情地與伎妾一起尋歡作樂，除非是遇有慶典需要上朝參加慶賀，平時從不出門。乘坐的車馬非常簡單、樸素，跟隨的侍從不超過三、五個，遇到他的人都不知道他是位列三公的高官。

九月二十一日甲戌，宋孝武帝把南豫州的州治遷到了于湖。二十四日丁丑，任命潯陽王劉子房為南豫州刺史。

閏九月初五日戊子，宋國皇太子劉子業的妃子何氏去世，被謚為獻妃。

閏九月十九日壬寅，宋孝武帝又改封歷陽王劉子項為臨海王。

冬季，十月初二日甲寅，宋孝武帝任命擔任南徐州刺史的劉延孫為尚書左僕射，任命擔任右僕射的劉秀之為雍州刺史。

十月初三日乙卯，宋孝武帝任命新安王劉子鸞為南徐州刺史。新安王劉子鸞的母親殷淑儀在後宮最受寵愛，因此劉子鸞在諸王子中受孝武帝寵愛的程度超過了其他所有皇子，因此凡是被孝武帝所寵愛、賞識的大臣，全部被送到了劉子鸞的王府或刺史府中擔任僚屬。等到劉子鸞當上了南徐州刺史的時候，孝武帝又把吳郡劃歸南徐州管轄。

當初，宋國的巴陵王劉休若擔任北徐州刺史的時候，任用擔任山陰縣令的張岱為諮議參軍，代管巴陵王王府、北徐州刺史府以及巴陵王封國之內的各種行政事務。後來臨海王劉子項擔任了廣州刺史，豫章王劉子尚擔任了揚州刺史，晉安王劉子勛擔任了南兗州刺史，張岱歷任這三個王府的諮議參軍，代管這三個王府、刺史府的行政事務，與三王屬下的典籤、主管軍事的官員一起共事，事情都辦得很好而且又從來不傷和氣。於是就有人向張岱詢問說：「主子王爺的年紀都很幼小，你先後在多家王府擔任管事，而你卻總能把公事和私情都處理得很好，你是如何能夠做到這一點的呢？」張岱回答說：「古人曾經說過：『一顆忠心可以侍奉一百個君主。』我主持政務端正、公平，接人待物總是以禮相待，一舉一動都要考慮周全，從來不做那些讓人感到悔恨、惋惜的事情，一個人在處世方面所表現出來的聰明愚蠢、長處短處，那更是取決於他自己才幹的高低。」等到新安王劉子鸞擔任南徐州刺史的時候，又任命張岱為別駕，代管新安王府、南徐州刺史府的各種行政事務。張岱，是張永的弟弟。

魏國派遣擔任員外散騎常侍的游明根等人到宋國進行友好訪問。游明根，是游雅的堂弟。○魏國的廣平王拓跋洛侯去世。

十二月二十日壬申，宋國任命擔任領軍將軍的劉遵考為尚書右僕射。

十二月二十二日甲戌，宋國孝武帝下令，讓全國的百姓每家每戶每年向國家繳納四匹布。這一年，宋孝武帝下詔，凡是士族與工商雜戶互通婚姻的，都要懲罰他們到軍隊中任職，或為將，或為吏。於是就有許多士族為了躲避服役而逃亡，官府便嚴厲執法，一旦將逃亡的士族抓獲就立即處死，這些為躲避服役的士族往往靠著湖水近的就進入湖中，挨著山近的就逃入山中做起了強盜。擔任侍中的沈懷文雖然極力進行勸阻，但孝武帝不肯聽從。

六年（壬寅　西元四六二年）

春季，正月初二日癸未，魏國的樂浪王拓跋萬壽去世。

正月初十日辛卯，宋孝武帝第一次在明堂祭祀東、西、南、北、中五個方位的大帝，大赦天下。〇二十六日丁未，宋孝武帝在中堂親自出題對各地區、各部門推舉上來的秀才、孝廉進行考試。揚州秀才顧法回答皇帝的策問時寫道：「水源清澈則水流清潔，精神旺盛則人體健康完好。皇帝身體力行地做好事就能像風一樣地吹遍全國，臣民接受皇帝的影響，其迅速的程度比草隨風倒還要快速。」孝武帝看了顧法的答卷之後，因為討厭他所說的話太過直露，便把他的答卷扔在了地上。

二月初四日乙卯，宋孝武帝下詔恢復了百官原來的俸祿。

三月初十日庚寅，宋孝武帝封自己的兒子劉子元為邵陵王。

當初，擔任侍中的沈懷文因為多次給孝武帝提意見而惹得孝武帝不高興，沈懷文又一向與顏竣、周朗關係友好，孝武帝就對沈懷文說：「如果顏竣知道我會殺死他，他一定不敢那樣做。」沈懷文聽後沉默無語。擔任侍中的王彧在言談話語中經常稱讚顏竣、周朗的才能和人品，沈懷文與王彧一唱一和，顏師伯便把這種情況報告了孝武帝，孝武帝更加不高興。孝武帝曾經外出射獵野雞，疾風暴雨突然而至，沈懷文與王彧、江智淵約好一道去給孝武帝提意見，恰好此時孝武帝叫他們進入射擊野雞的獵場。沈懷文遂趁機對孝武帝說：「風雨交加，天氣如此的惡劣，陛下不應該親冒風雨。」王彧也趁機勸諫說：「沈懷文所奏請的，陛下應當聽從才是。」江智淵還沒有來得及說話，而孝武帝此時已經張弓搭箭，準備瞄準射擊，他聽了王彧的話以後，馬上沉下臉來說：「你想要效法顏竣前來找死嗎，為什麼總是來管別人的事情？」接著又說：「顏竣那小子，恨我沒有先用鞭子抽打他的臉！」每逢孝武帝聚集群臣宴飲的時候，都要讓在座的群臣喝得大醉，彼此之間互相嘲弄、開玩笑，不受任何約束以取樂。沈懷文一向不飲酒，又不喜好戲謔調笑，孝武帝便認為沈懷文是故意和自己唱反調。擔任侍中的謝莊曾經警告沈懷文說：「你總是和別人不一樣，怎麼能夠長久呢？」沈懷文回答說：「我從小就是如此，怎麼能一朝改變呢！我並不是故意想要與眾不同，而是生來就是這個樣子罷了。」孝武帝遂將沈懷文外放，讓他去給晉安王劉子勛擔任征虜長史，兼任廣陵太守。

沈懷文到京師建康參加正月初一舉行的朝拜皇帝的典禮，事情完畢之後仍舊被朝廷打發回廣陵任所，他因為自己的女兒有病，遂向朝廷請求延長在京城逗留的時間，所以到現在還沒有離開建康動身前往任所，因此遭到有關部門官員的彈劾，被免去官職，被懲罰十年之內不許出來做官。沈懷文賣掉了自己在京師的住宅，準備回到自己東方的老家吳興去做一個普通百姓。孝武帝聽說之後，大怒，立即下令把沈懷文逮捕起來交付給廷尉進行審訊，三月二十七日丁未，孝武帝下詔令沈懷文自殺。沈懷文的三個兒子沈澹、沈淵、沈沖，他們邊走邊哭，四處奔走，請求能夠免父親一死，凡是看見的人都為之傷心落淚。擔任尚書令的柳元景想救沈懷文，於是便對孝武帝說：「沈懷文的三個兒子，身在塗炭之中，其情形慘不忍睹，希望陛下趕緊給他定罪。」而孝武帝還是把沈懷文殺死了。

夏季，四月，殷淑儀去世，孝武帝追封殷淑儀為貴妃，諡為宣貴妃。孝武帝對殷淑儀的死感到悲痛不已，精神上因為受此打擊也變得恍惚、昏亂起來，以至於朝政荒廢。

五月二十三日壬寅，太宰劉義恭被解除了所兼任的司徒職務。

六月十二日辛酉，東昌文穆公劉延孫去世。

六月二十一日庚午，北魏文成帝前往陰山一帶進行考察。

居住在魏國石樓縣境內的匈奴人頭領賀略孫聚眾謀反，擔任長安鎮將的陸真率領軍隊將賀略孫的叛亂鎮壓下去。北魏文成帝命令陸真在長蛇鎮的周圍修築城牆。氐族人首領仇傉檀聚眾謀反，陸真平定了仇傉檀的叛亂，完成了在長蛇鎮周圍修築城牆的任務後返回自己的任所。

秋季，七月二十四日壬寅，北魏文成帝前往黃河以西地區進行巡視。

七月十七日乙未，宋孝武帝封自己的兒子劉子雲為晉陵王。就在加封的當天，晉陵王劉子雲去世了，諡號為孝。

當初，東晉時期的權臣庾冰曾經建議讓和尚對皇帝行禮，另一權臣桓玄又復議庾冰的建議，然而並沒有得到實行。到現在，宋孝武帝讓有關部門的官員奏報說：「儒家、法家雖然分出許多的支派，名家、墨家雖然也有許多分支，但是在尊崇父母、恭敬帝王方面，無論是儒家、法家各支派，還是名家、墨家各分支都是一樣的。只有佛教的教規，違背了佛經原來的本意，而抬高門徒的解說，只是拘泥於表面文字，而掩蓋了真正的教義，越往後，這種風氣就越惡劣。佛教本來是很講究謙虛節儉自律的，把忠厚、虔誠作為修煉的準則，怎麼可能只對佛、菩薩、緣覺、聲聞這四種尊者屈膝下跪，而對自己的生身父母禮節簡慢；只對著老和尚磕頭行禮，而面對皇帝時卻挺身不拜的道理呢？我等建議，認為和尚在被皇帝或者高官接見的時候，他們都應該盡量地表現出他們的虔誠；至於這種應有的虔誠應該怎樣表現，可以按照佛教舊有的習慣。」九月初一日戊寅，孝武帝下詔，規定和尚在覲見皇帝時要向皇帝行禮。等到廢帝劉子業繼承皇位以後，就又恢復到從前的樣子了。

九月十八日乙未，宋孝武帝任命擔任尚書右僕射的劉遵考為左僕射，任命擔任丹楊尹的王僧朗為右僕射。王僧朗，是王彧的父親。

冬季，十月二十五日壬申，宋孝武帝將宣貴妃殷淑儀埋葬在龍山。為此專門徵調百姓開鑿了幾十里的山道，百姓承受不了這種艱苦的勞役，被累死以及逃亡的人很多，自從江南有葬禮以來，這次葬禮規模的隆重盛大是從來沒有過的。又在別處為宣貴妃修建了寢廟。

魏國派遣擔任員外散騎常侍的游明根等人來宋國進行友好訪問。

十一月初五日辛巳，宋孝武帝加授擔任尚書令的柳元景為司空。

十一月二十六日王寅，北魏文成帝從陰山回到都城平城。

宋國擔任南徐州從事史的范陽人祖沖之上書給孝武帝，說何承天所修訂的《元嘉曆》有很多的疏漏和錯誤，現在自己又重新編制了一部新曆法，祖沖之認為：「舊的曆法中，冬至日的那一天，太陽有其固定的位置，但在不到一百年的時段裡，太陽的位置就會有二度的誤差。如今的新曆法把這種誤差計算在內，讓冬至的那一天，太陽所在的位置，每年都有些微的變動，這樣一來，曆法就可以長久使用，而不需要屢次修改。再有，子是十二地支的第一位，處於正北方位，二十八宿之一的虛是北方玄武七宿的第四宿，位於正中。如今編制的新曆法，上元甲子那一年太陽所在的位置，是從虛宿的第一星開始算起。再有，天干、地支的各個名號，甲是十天干的第一位，子是十二地支的第一位，如今我所編制的新曆法上元的第一年在甲子。再有，按照何承天的曆法，日月以及金、木、水、火、土五大行星的運行各有推算的起點。如今的新曆法，日、月、五星運動時的相交、會合以及速度的快慢，全都從上元那一年的第一個月開始算起。」孝武帝命令那些懂得曆法的專家向祖沖之提出各種不同的意見，要求祖沖之進行解答，所有的提問都沒有難倒祖沖之。正好此時孝武帝駕崩，祖沖之編制的新曆法沒有能夠公布實行。

七年（癸卯　西元四六三年）

春，正月丁亥❶，以尚書右僕射王僧朗為太常❷，衛將軍顏師伯為尚書僕射。

上每因晏集❸，好[1]使❹羣臣自相嘲訐❺以為樂。吏部郎江智淵❻素恬雅❼，漸不會旨❽。嘗使智淵以王僧朗戲其子彧❾，智淵正色曰：「恐不宜有此戲！」上怒曰：「江僧安癡人，癡人自相惜❿。」僧安，智淵之父也。智淵伏席流涕⓫，由是恩寵大衰。又議殷貴妃諡曰懷⑫，上以為不盡美，甚銜⑬之。它日與羣臣乘馬至貴妃墓，舉鞭指墓前石柱⑭，謂智淵曰：「此上不容有『懷』字⑮！」智淵益懼，竟以憂卒⑯。

己丑⑰，以尚書令柳元景為驃騎大將軍、開府儀同三司。

二月甲寅⑱，上巡南[2]豫、南兗二州⑲。丁巳⑳[3]，校獵於烏江㉑。壬戌㉒，大赦。甲子㉓，如瓜步山㉔。壬申㉕，還建康。

夏，四月甲子㉖，詔：「自非臨軍戰陳㉗，並不得專殺㉘。其罪應重辟㉙者，皆先上須報㉚，違犯者以殺人論。」

五月丙子㉛，詔曰：「自今刺史、守、宰㉜，動民興軍㉝，皆須手詔㉞施行。唯邊隅外警㉟及姦釁內發㊱，變起倉猝㊲者，不從此例。」○戊寅㊳[4]，以左民尚書㊴蔡興宗、左衛將軍袁粲㊵為吏部尚書㊶。粲，淑㊷之兄子也。

上好狎侮㊸羣臣，自太宰義恭以下，不免穢辱㊹。常呼金紫光祿大夫王玄謨為老傖㊺，僕射劉秀之為老慳㊻，顏師伯為齴㊼，其餘短、長、肥、瘦，皆有稱目㊽。黃門侍郎宗靈秀體肥，拜起不便，每至集會，多所賜與，欲其瞻謝傾踣㊾，以為歡笑。又寵一崑崙奴㊿，令以杖擊羣臣，尚書令柳元景以下皆不能免；唯憚(51)蔡興宗方嚴(52)，不敢侵媟(53)。顏師伯謂儀[5]曹郎(54)王耽之曰：「蔡尚書常免昵戲(55)，去人實遠(56)。」耽之曰：「蔡豫章(57)昔在相府(58)，亦以方嚴不狎(59)，武帝宴私(60)之日，未嘗相召。蔡尚書今日可謂能負荷(61)矣。」

壬寅(62)，魏主如陰山(63)。

六月戊辰(64)，以秦郡(65)太守劉德願為豫州刺史。德願，懷慎(66)之子也。上既葬殷貴妃，數與羣臣至其墓，謂德願曰：「卿哭貴妃，悲者當厚賞。」德願應聲慟哭，撫膺擗踊(67)，涕泗交流。上甚悅，故用為[6]豫州刺史以賞之。上又令醫術人羊志哭貴妃，志亦嗚咽極悲。它日有問志者曰：「卿那得此副急淚？」志曰：「我爾日自哭亡妾(68)耳。」

上為人，機警勇決，學問博洽(69)，文章華敏，省讀(70)書奏，能七行俱下(71)。又善騎射，而奢欲無度。自晉氏渡江以來，宮室草創，朝宴(72)所臨，東、西二堂而已。晉孝武(73)末，始作清暑殿。宋興，無所增改。上始大修宮室，土木被錦繡，嬖妾幸臣(74)，賞賜傾府藏(75)。壞(76)高祖所居陰室(77)，於其處起玉燭殿。與羣臣觀之(78)，牀頭有土障(79)，壁上挂葛燈籠(80)、麻蠅拂(81)。侍中袁顗因盛稱(82)高祖儉素之德(83)，上不答，獨曰：「田舍公(84)得此，已為過(85)矣。」顗，淑之兄子也。

秋，八月乙丑[86]，立皇子子孟為淮南王[87]，子產為臨賀王[88]。

丙寅[89]，魏主畋于河西；九月辛巳[90]，還平城。

庚寅[91]，以新安王子鸞兼司徒。丙申[92]，立皇子子嗣為東平王[93]。

冬，十月癸亥[94]，以東海王禕[95]為司空。○己巳[96]，上校獵姑孰[97]。

魏員外散騎常侍游明根等來聘。明根奉使三返[98]，上以其長者，禮之有加。

十一月癸巳[99]，上習水軍於梁山[100]。

十二月丙午[101]，如歷陽[102]。○甲寅[103]，大赦。○己未[104]，太宰義恭加尚書令。

○癸亥[105]，上還建康。

八年（甲辰　西元四六四年）

春，正月丁亥[106]，魏主立其弟雲為任城王[107]。

戊子[108]，以徐州刺史新安王子鸞領司徒。

夏，閏五月壬寅[109]，太宰義恭領太尉。

上末年尤貪財利，刺史、二千石[110]罷還[111]，必限使獻奉[112]，又以蒲戲取之[113]，要令罄盡乃止[114]。終日酣飲，少有醒時。常憑几[115]昏睡，或外有奏事，即肅然整容，無復酒態。由是內外畏之，莫敢弛惰[116]。庚申[117]，上殂於玉燭殿。遺詔：「太宰義恭解尚書令，加中書監[118]；以驃騎將軍、南兗州刺史柳元景領尚書令，入居城內[119]。事無巨細，悉關二公[120]，大事與始興公沈慶之參決[121]；若有軍旅，悉委慶之；尚書中事[122]，委僕射顏師伯；外監[123]所統，委領軍將軍王玄謨。」是日，太子[124]即皇帝位，年十六，大赦。吏部尚書蔡興宗親奉璽綬[125]，太子受之，傲惰無戚容[126]。興宗出，告人曰：「昔魯昭[127]不戚，叔孫知其不終[128]。家國之禍，其在此乎！」

甲子[129]，詔復以太宰義恭錄尚書事，柳元景加開府儀同三司，領丹楊尹，解南兗州。

六月丁亥[130]，魏主如陰山。

秋，七月己亥[131]，以晉安王子勛為江州刺史。

柔然處羅可汗卒，子予成立，號曰[7]受羅部真[132]可汗，改元永康。部真帥眾侵魏。辛丑[133]，魏北鎮遊軍[134]擊破之。

壬寅[135]，魏主如河西[136]。高車五部[137]相聚祭天，眾至數萬，魏主親往臨視之，高車大喜。

丙午[138]，葬孝武皇帝于景寧陵[139]，廟號世祖。◯庚戌[140]，尊皇太后曰太皇太后，皇后曰皇太后。○乙卯[141]，罷南北二馳道[142]及孝建以來所改制度，還依元嘉。尚書蔡興宗於都座[143]慨然謂顏師伯曰：「先帝雖非盛德之主，要以道始終[144]。三年無改[145]，古典所貴。今殯宮始撤[146]，山陵未遠[147]，而凡諸制度興造，不論是非，一皆刊削[148]，雖復禪代[149]，亦不至爾[150]。天下有識[151]，當以此窺人[152]。」師伯不從。

太宰義恭素畏戴法興、巢尚之[153]等，雖受遺輔政，而引身避事[154]，由是政歸近習[155]。法興等專制朝權，威行近遠，詔敕[156]皆出其手。尚書事無大小，咸取決[157]焉，義恭與顏師伯但守空名而已。

蔡興宗自以職管銓衡[158]，每至上朝，輒為義恭陳登賢進士之意[159]，又箴規得失[160]，博論朝政。義恭性恇撓[161]，阿順法興[162]，恆慮失旨[163]，聞興宗言，輒戰懼無答[164]。興宗每奏選事[165]，法興、尚之等輒點定回換[166]，僅有在者[167]。興宗於朝堂謂義恭、師伯曰：「主上諒闇[168]，不親萬機，而選舉密事，多被刪改，復非公筆[169]，亦不知是何天子意[170]？」數與義恭等爭選事，往復論執[171]。義恭、法興皆惡之，左遷[172]興宗新昌[173]太守。既而以其人望[174]，復留之建康。

丙辰[175]，追立何妃[176]曰獻皇后[177]。○乙丑[178]，新安王子鸞解領司徒[179]。戴法興等惡王玄謨剛嚴[180]，八月丁卯[181]，以玄謨為南徐州刺史。

王太后(182)疾篤(183)，使呼廢帝。帝曰：「病人間(184)多鬼，那可往？」太后怒，謂侍者：「取刀來，剖我腹(185)，那得生寧馨兒(186)！」己丑(187)，太后殂。

九月辛丑(188)，魏主還平城(189)。

癸卯(190)，以尚書左僕射劉遵考為特進(191)、右光祿大夫。○乙卯(192)，葬武[8]穆皇后于景寧陵。

冬，十二月壬辰(193)，以王畿諸郡(194)為揚州，以揚州為東揚州(195)。癸巳(196)，以豫章王子尚為司徒、揚州刺史。

是歲，青州移治東陽(197)。

宋之境內，凡有州二十二，郡二百七十四，縣千二百九十九，戶九十四萬有奇(198)。東方諸郡(199)連歲旱饑，米一升錢數百，建康亦至百餘錢，餓死者[9]什六七(200)。

【章旨】以上為第三段，寫孝武帝大明七年（西元四六三年）、八年共兩年間的大事。主要寫了孝武帝的為人好戲謔、好陵侮群臣，連年長位高的劉義恭也不能幸免，並當眾侮辱江智淵，致江智淵憂懼而死；又令崑崙奴擊打朝臣，連柳元景也不放過，獨蔡興宗方嚴不狎，不受侵侮；寫孝武帝有勇武、有文才，但奢欲無度，自東晉建國以來，宮室簡略，宋代受禪，亦無增改。唯自孝武帝始大修宮室，土木被錦繡，並戲稱其祖劉裕為「田舍公」；孝武帝又極貪婪，示意進京諸臣向其進貢，或以蒲戲為名，必盡取其財而後已；寫孝武帝三十五歲死，其子劉子業即位，年已十六歲而臨喪無戚容；又盡改其父之政，恢復元嘉舊章，處事過於匆忙；又其母病重而竟不看視，凡此種種皆為下卷被其叔劉彧所推翻設下伏筆；寫顧命大臣劉義恭引身避事，由此政歸近習，戴法興、巢尚之等掌控朝權，蔡興宗公心持正，遂被小人所罷免，劉宋之朝廷政局亦面臨重大危機。此外還寫了柔然族的處羅可汗死，其子受羅部真可汗即位，以及部真率眾侵魏，被魏國邊兵擊退等等。

【注釋】❶正月丁亥　正月十二。❷太常　官名，九卿之一，掌管禮樂與郊廟、社稷的祭祀等。王僧朗原為尚書右僕射，今乃為太常，是屬於降職。❸晏集　集會宴飲。❹好使　喜歡讓。❺自相謿訐　相互嘲笑、揭底。訐，揭人陰私。❻吏部郎江智淵　吏部郎猶如後代的吏部尚書。江智淵原是竟陵王劉誕的部下，見劉誕防備朝廷，遂離劉誕而歸朝。傳見《宋書》卷五十九。❼恬雅　恬靜、文雅。❽漸不會旨　越來越不合皇帝的心思。會，合。❾以王僧朗戲其子彧　用王僧朗的事情來開他兒子王彧的玩笑。❿癡人自相惜　意謂你的父親是傻瓜，所以你對王僧朗這個傻瓜深表同情，不忍心傷害。⓫伏席流涕　當時的風氣是不能當面提人家父親的名字，如果聽到別人提起自己父親的名字時，這個人就得立即伏地痛哭。類似的故事見《世說新語》。⓬又議殷貴妃謚曰懷　當初殷貴妃剛死，群臣給殷貴妃議謚時，江智淵提出用「懷」字。⓭銜　記恨在心。⓮墓前石柱　即殷貴妃的墓碑。⓯此上不容有懷字　這個碑上不能用你提出的那個「懷」字。視文意，當初為殷妃議謚時，江智淵首先提出用「懷」字，孝武帝不滿意，故群臣改用了「宣」字。由於孝武記恨江智淵，故而在已經用了「宣」字的墓碑前，還向江智淵吼起當初議謚時的往事。據《謚法解》「執義揚善曰懷」、「慈仁短折曰懷」；「聖善周聞曰宣」。⓰以憂卒　因憂懼而死。⓱己丑　正月十四。⓲二月甲寅　二月初九。⓳南豫南兗二州　南豫州的州治在今安徽當塗，南兗州的州治廣陵，即今江蘇揚州。⓴丁巳　二月十二。㉑烏江　縣名，縣治在今安徽和縣東北的烏江鎮。㉒壬戌　二月十七。㉓甲子　二月十九。㉔瓜步山　在今南京六合區的長江北岸。㉕壬申　二月二十七。㉖四月甲子　四月二十。㉗臨軍戰陳　意即在戰場上。陳，同「陣」。㉘並不得專殺　一律不准擅自殺人。並，一律；一概。專，獨自；擅自。㉙重辟　嚴刑，意即死刑。㉚先上須報　先向上報告，等朝廷批准後再行刑。上，上報。須，等候。㉛五月丙子　五月初二。㉜守宰　太守、縣令。㉝動民興軍　徵調百姓服役與派兵打仗。㉞手詔　皇帝親筆下令。㉟邊隅外警　邊境有外敵入侵。隅，邊方；角落。㊱姦釁內發　國內有人造反。姦釁，奸細、壞人。內發，從內部發動叛亂。㊲變起倉猝　意想不到地發生變亂。㊳戊寅　五月初四。㊴左民尚書　即日後的民部尚書、戶部尚書，管理全國百姓的戶籍以及賦稅等事。㊵袁粲　劉宋的守節之臣。傳見《宋書》卷八十九。(41)吏部尚書　原為一人，自孝武帝劉駿始，改設為二人，見本書上卷。(42)淑　袁淑，文帝後期為太子左衛率，死於元凶劉劭之亂。傳見《宋書》卷七十。(43)狎侮　捉弄、戲侮。(44)不免穢辱　都免不了受其侮辱。(45)老傖　猶今所謂「土老冒」、「土豹子」。當時江南人呼中原人為「傖父」。王玄謨是太原郡人，故有此稱。(46)老慳　猶今所謂「老摳兒」、「吝嗇鬼」。(47)齴　大齜牙。(48)皆有稱目　都有個叫法。(49)瞻謝傾踣　瞻，看；環顧看人的樣子。謝，叩拜謝恩的樣子。傾，因其行動不便，歪歪斜斜的樣子。踣，站立不穩，突然摔倒的樣子。(50)崑崙奴　古代泛指中印半島南部及南洋諸島的居民為崑崙，特徵是捲髮黑膚，淪為奴婢，則稱崑崙奴。胡三省曰：「崑崙奴者，言其狀似崑崙國人也。崑崙國在林邑南。」林邑是古代小國名，在今越南國的南部。(51)憚　敬畏。(52)方嚴　方正而嚴肅。(53)不敢侵媟　不敢侮辱挑逗。媟，戲弄。(54)儀曹郎　掌管禮法儀容的官員，上屬於祠部尚書。(55)常免昵戲　能夠不被皇帝所戲弄、狎侮。昵，不莊重的親近。(56)去人實遠　比一般人可高得多了。去，距離；高出。(57)蔡豫章　以稱蔡興宗的父親蔡廓，曾為豫章太守。傳見《宋書》卷五十七。(58)昔在相府　指當初宋武帝劉裕為晉安帝的丞相，蔡廓給劉裕任司徒左長史的時候。(59)方嚴不狎　為人方正而不苟言笑。(60)宴私　不拘禮法的飲食戲樂，以及與後宮妃嬪的私情相處等等。(61)能負荷　能繼承其先人的品行與才幹。《左傳》昭公七年有所謂「其父析薪，其子不克負荷。」(62)壬寅　五月二十八。(63)陰山　橫亙在內蒙古境內的東西走向的大山，在今包頭與呼和浩特的北方，其地有魏國皇帝的行宮，故魏主屢屢到那裡去。(64)六月戊辰　六月二十五日。(65)秦郡　郡治在今南京六合區。(66)懷慎　劉懷慎，劉裕的開國元勳。傳見《宋書》卷四十五。(67)撫膺擗踊　捶胸頓足，極度哀痛的樣子。(68)我爾日自哭亡妾　我那天是哭我剛死的小老婆。(69)博洽　博指廣博，看的書多。洽指對問題理解得深入。(70)省讀　閱讀。省，看。(71)能七行俱下　極言其閱讀的速度之快，其實一目十行、七行俱下云云是不可能的。(72)朝宴　上朝與舉行宴會。(73)晉孝武　東晉司馬曜的廟號，西元三七三—三九六年在位。(74)嬖妾幸臣　受寵愛的妃嬪與受寵任的臣子。嬖，不莊重的親愛。(75)傾府藏　盡其府庫所有。(76)壞　拆除。(77)高祖所居陰室　劉裕生前所住的宮殿，死後改為收藏諸御物的房子。胡三省曰：「江左諸帝既崩，以其所居殿為陰室，藏諸御物。」(78)與羣臣觀之　指觀看劉裕生前所居住的宮室。(79)有土障　有一段小土牆。(80)葛燈籠　用葛布為罩的燈籠。葛布是古代窮人用來製作衣帽的材料。(81)麻蠅拂　麻線製作的蠅拂。拂，用以揮土或驅趕蚊蠅的工具。(82)因盛稱　於是便大加稱讚。(83)儉素之德　節儉樸素的美德。(84)田舍公　猶今所謂「老農民」、「鄉巴佬」。(85)已為過　已經超出了他的希望。(86)八月乙丑　八月二十三。(87)子孟為淮南王　封地淮南郡，郡治即今安徽當塗。(88)子產為臨賀王　封地臨賀郡，郡治在今廣西賀州東南。(89)丙寅　八月二十四。(90)九月辛巳　九月初九。(91)庚寅　九月十八。(92)丙申　九月二十四。(93)子嗣為東平王　劉子嗣是劉駿的第二十七子。傳見《宋書》卷八十。封地東平郡，郡治無鹽，在今山東東平東。(94)十月癸亥　十月二十二。(95)東海王禕　劉禕，文帝劉義隆的第八子，先被封為東海王，又改封為廬江王。傳見《宋書》卷七十九。(96)己巳　十月二十八。(97)姑孰　縣名，即今安徽當塗。(98)奉使三返　三次出使宋朝。(99)癸巳　十一月二十二。(100)梁山　即今安徽當塗西南三十里的天門山，因兩山夾大江相對如門而得名。其東者曰博望山，其西者曰梁山。(101)十二月丙午　十二月初六。(102)歷陽　縣名，即今安徽和縣，當時為歷陽郡的郡治所在地。(103)甲寅　十二月十四。(104)己未　十二月十九。(105)癸亥　十二月二十三。(106)正月丁亥　正月十七。(107)雲為任城王　拓跋雲是拓跋晃之子。傳見《魏書》卷十九中。封地任城郡，郡治即今山東濟寧。(108)戊子　正月十八。(109)閏五月壬寅　閏五月初五。(110)二千石　指郡太守與諸侯國相。(111)罷還　任滿回京。(112)限使獻奉　規定讓他們給皇帝進貢。(113)又以蒱戲取之　還要用賭博的方式變著法地向他們索取錢財。蒱戲，賭博。蒱，即樗蒱，古代賭博用的工具，類似今之骰子。(114)要令罄盡乃止　關鍵的是一定要把他們的錢財全部刮光才算完事。要，重要的是；關鍵是。罄，盡。(115)憑几　靠著小桌。几，小桌，古人可倚之、憑之，作為休息。(116)弛惰　鬆懈、懶惰。(117)庚申　閏五月二十三。(118)加中書監　改任為中書省的副長官。中書省為皇帝起草文件、詔令。(119)入居城內　進住到皇城之內。城，即通常所謂臺城、皇城，為皇宮及朝廷各部機構的所在之地。(120)悉關二公　都要向劉義恭、柳元景二人請示。關，請示；通過。(121)參決　商量決定。(122)尚書中事　尚書省的一切事務。(123)外監　臺城以外的各路駐軍的管理部門。胡三省注引李延壽有所謂「若徵兵動眾，大興人役，優劇遠近，斷於外監之心」。(124)太子　劉子業，孝武帝劉駿的長子。(125)親奉璽綬　親自捧著皇帝的印璽。綬，印璽上所繫的彩色絲條。(126)無戚容　沒有一點悲傷的樣子。(127)魯昭　魯昭公，春秋後期魯國的諸侯，西元前五三一－前五一〇年在位。(128)叔孫知其不終　魯國大臣叔孫穆子根據魯昭公的臨父喪而無戚容，預言魯昭公日後一定不會有好的下場，後來魯昭公果然被魯國的權臣季氏趕出國外，流浪而死。事見《左傳》與《史記・魯世家》。(129)甲子　閏五月二十七。(130)六月丁亥　六月二十。(131)七月己亥　七月初二。(132)受羅部真　當時的北魏語，是「恩惠」的意思。(133)辛丑　七月初四。(134)北鎮遊軍　魏國北方軍鎮的游動部隊。(135)壬寅　七月初五。(136)河西　此指內蒙古的準噶爾、東勝一帶的黃河以西。(137)高車五部　高車族的五個部落。高車是當時活動在今內蒙古與蒙古國一帶的少數民族名，也稱「敕勒」，以喜乘高車而得名。其歸附於魏國的部分居住在今內蒙古的二連浩特以南。(138)丙午　七月初九。(139)景寧陵　在今江蘇江寧秣陵鎮的岩山上。(140)庚戌　七月十三。(141)乙卯　七月十八。(142)南北二馳道　孝武帝大明五年修，南起閶闔門至朱雀門，北起承明門至玄武湖。(143)都座　相當於「都堂」，是尚書省內各部尚書的集中會議之所。(144)要以道始終　總的看來還是遵守大道有始有終的。要，大體上；總的說來。(145)三年無改　指三年內不改變先帝所定的措施。《論語・學而》有所謂「三年無改於父之道，可謂孝矣。」(146)殯宮始撤　停放靈柩的靈堂剛剛拆除。殯宮，靈堂。(147)山陵未遠　老皇帝剛剛下葬不久。山陵，已死皇帝的陵墓，這裡即指老皇帝。(148)一皆刊削　全部廢棄不用。(149)雖復禪代　即使是傳位給另一個族姓的人，如曹氏之篡劉氏，司馬之篡曹氏等等。(150)亦不至爾　也不至於像今天這樣。(151)有識　有識之士。(152)當以此窺人　會從這些問題的處理上看出執政者的水平高低。窺人，看人，對人做出評論。(153)戴法興巢尚之　都是孝武帝劉駿身邊的佞幸。傳見《宋書》卷九十四。(154)引身避事　遇事不出頭，不說話、不掌權。(155)近習　皇帝身邊的受寵小人。(156)詔敕　以皇帝名義發出的各種文告。(157)咸取決　都由他來定。(158)職管銓衡　當時蔡興宗任吏部尚書，主管評定與選拔官吏。(159)陳登賢進士之意　講推賢進士的道理。陳，講述。登，推之使進。(160)箴規得失　規勸朝廷的失誤之處。箴規，勸導。得失，偏義複詞，即指失誤。(161)恇撓　怯懦、屈軟。(162)阿順法興　一味地曲從戴法興。阿，曲順。(163)恆慮失旨　只怕違背其心意。(164)輒戰懼無答　總是緊張得說不出話來。(165)每奏選事　每次呈上任命官員的名單。(166)輒點定回換　總要做很多更改退換。(167)僅有在者　原有的人選保留不了幾個。(168)主上諒闇　皇帝在守孝期間。諒闇，服喪、守孝。按古禮，帝王在守孝期間不問政事，一切政事交由大臣管理。(169)復非公筆　而且這些更改又不是義恭先生您的筆跡。公，以稱劉義恭。(170)不知是何天子意　不知這是哪位皇帝的意見。(171)往復論執　翻來覆去地堅持自己的主張。執，堅持。(172)左遷　下調；降任。(173)新昌郡名，郡治范信，在今越南河內的西北方。(174)人望　是個眾望所歸的人物。(175)丙辰　七月十九。(176)何妃　劉子業為太子時的嬪妃，死於孝武帝大明五年。(177)獻皇后　獻字是謚。據《謚法解》：「聰明睿哲曰獻」、「知智有聖曰獻」。(178)乙丑　七月二十八。(179)解領司徒　解除其所兼任的司徒之職。(180)剛嚴　剛正、嚴厲。(181)八月丁卯　八月初一。(182)王太后　即孝武文穆王皇后，劉子業的生母。傳見《宋書》卷四十一。(183)疾篤　病重。(184)病人間　病人住的地方。(185)剖我腹　意即看看我的肚子裡有什麼奇怪之處。(186)那得生寧馨兒　怎麼會生了這樣的一個兒子。寧馨，晉、宋時期的江南口語，意同「如此」、「這樣」。(187)己丑　八月二十三。(188)九月辛丑　九月初五。(189)魏主還平城　由高車族回到平城。(190)癸卯　九月初七。(191)特進　加官名，功德隆盛之大臣，年高應退者，賜位特進，位在三公下，無實權，只參加一些朝會典禮。劉遵考原任尚書左僕射，位同副宰相，今賜位特進，乃奪其實職。(192)乙卯　九月十九。(193)十二月壬辰　十二月二十八。(194)王畿諸郡　孝武帝大明三年，以丹楊、淮南、宣城、吳郡、吳興、義興六郡為王畿。王畿即京城的郊區。(195)以揚州為東揚州　把原來名叫東揚州，大明三年將其改稱為揚州的浙東五郡，仍復原稱東揚州，州治仍在會稽，即今紹興。(196)癸巳　十二月二十九。(197)青州移治東陽　劉宋青州的州治在本書上卷孝建三年曾遷到歷城，即今山東濟南，今乃又遷回到東陽，即今山東青州。(198)有奇　有餘；有零頭。按，以上州、郡、縣、戶口的數字大抵根據沈約的《宋書・州郡志》。(199)東方諸郡　指江蘇的三吳，即吳郡、吳興、義興；及浙江東部的五郡，即會稽郡、東陽郡、永嘉郡、臨海郡、新安郡。(200)什六七　十分之六七。

【校　記】①好　原無此字。據章鈺校，甲十一行本、乙十一行本、孔天胤本皆有此字，張敦仁《通鑑刊本識誤》同，今據補。②巡南　據章鈺校，甲十一行本、乙十一行本、孔天胤本二字皆互乙。按，下文有「南兗二州」，此處應為州名。③丁巳　原作「丁卯」，今據嚴衍《通鑑補》改作「丁巳」。④戊寅　原誤作「戊辰」。嚴衍《通鑑補》改作「戊寅」，今據以校正。⑤儀　據章鈺校，甲十一行本、乙十一行本、孔天胤本皆作「議」。按，《宋書》作「議」，《南史》作「儀」。《通典》有「儀曹郎」條。作「儀」義長。⑥為　原無此字。張敦仁《通鑑刊本識誤》認為當有此字，嚴衍《通鑑補》同，今據補。⑦曰　原無此字。據章鈺校，甲十一行本、乙十一行本、孔天胤本皆有此字，今據補。⑧武　原作「文」。嚴衍《通鑑補》改作「武」，今據以校正。⑨者　原無此字。據章鈺校，甲十一行本、乙十一行本、孔天胤本皆有此字，今據補。

【語　譯】七年（癸卯　西元四六三年）

春季，正月十二日丁亥，宋孝武帝劉駿任命擔任尚書右僕射的王僧朗為太常，任命衛將軍顏師伯為尚書僕射。

宋孝武帝往往趁著集會宴飲的機會，喜歡讓群臣互相嘲弄、互相揭發隱私以取樂。擔任吏部郎的江智淵生性恬靜、文雅，不喜歡開玩笑，因此越來越不合孝武帝的心思。孝武帝曾經讓江智淵用王僧朗的事情來開他兒子王彧的玩笑，江智淵神情嚴肅地說：「恐怕不應該開這樣的玩笑吧！」孝武帝立即大怒說：「你的父親江僧安就是一個大傻瓜，所以你才會對王僧朗這個傻瓜深表同情。」江僧安，是江智淵的父親。江智淵聽到孝武帝奚落自己的父親，就伏在席子上痛哭流涕，江智淵竟然因為此事而失去了皇帝的恩寵。江智淵又建議殷貴妃的謚號應該稱「懷」，孝武帝認為給殷貴妃的謚字為「懷」不足以表現殷貴妃的完美，因此心裡更加記恨江智淵。有一天，孝武帝與群臣一起騎馬來到殷貴妃的墓前，他舉起手中的馬鞭，指著墓前的石碑對江智淵說：「這墓碑上邊不容許有『懷』字！」江智淵更加恐懼，竟因憂慮恐懼致病而死。

正月十四日己丑，宋孝武帝任命擔任尚書令的柳元景為驃騎大將軍、開府儀同三司。

二月初九日甲寅，宋孝武帝前往南豫州、南兗州進行巡視。十二日丁巳，宋孝武帝在烏江縣進行圍獵活動。十七日壬戌，實行大赦。十九日甲子，前往瓜步山。二十七日壬申，回到建康。

夏季，四月二十日甲子，宋孝武帝下詔說：「如果不是在戰場上，任何官員一律不許擅自殺人。其罪應當處以死刑的，都必須先將其罪行上報，等待朝廷批准後再行刑，違背此項規定的按照殺人罪論處。」

五月初二日丙子，宋孝武帝下詔說：「從今以後，各州刺史、各郡太守、各縣縣令，在徵調百姓服役與派兵打仗的時候，都必須有皇帝的親筆詔令才能實行。只有當邊境上有外敵入侵以及國內發生叛亂，確實屬於突發事件的，不在此規定之例。」○初四日戊寅，宋孝武帝任命擔任左民尚書的蔡興宗、左衛將軍的袁粲為吏部尚書。袁粲，是袁淑哥哥的兒子。

宋孝武帝生性喜好捉弄、戲侮群臣，從太宰劉義恭以下，所有群臣中沒有一個人能夠免遭孝武帝的侮辱。孝武帝經常稱金紫光祿大夫王玄謨為老傖，稱擔任僕射的劉秀之為吝嗇鬼，稱擔任尚書僕射的顏師伯為大齙牙，其他的大臣無論是長得矮、長得高、長得胖、長得瘦，都有個叫法。擔任黃門侍郎的宗靈秀身體肥胖，跪拜起身都不太方便，每次群臣集會的時候，孝武帝都要故意地多賞賜給他一些東西，為的就是要看他環顧四周、叩拜謝恩時歪歪斜斜、站立不穩而突然跌倒的狼狽相，以此來取樂。孝武帝又寵幸一個崑崙奴，他讓崑崙奴用杖擊打群臣，從尚書令柳元景以下的文武官員都不能避免；崑崙奴只敬畏蔡興宗一個人，因為蔡興宗為人方正而嚴肅，所以不敢輕易戲弄他。顏師伯對擔任儀曹郎的王耽之說：「蔡尚書經常能夠不被皇帝所戲弄、狎侮，確實比一般人高得多了。」王耽之說：「蔡興宗的父親、擔任豫章太守的蔡廓過去在丞相府任職的時候，也是因為為人方正、不苟言笑，所以宋武帝私下宴請賓客的時候，從來不召請他參加。蔡尚書現在可稱得上是能繼承其先人的品行了。」

五月二十八日壬寅，北魏文成帝拓跋濬前往陰山一帶巡視。

六月二十五日戊辰，宋國朝廷任命擔任秦郡太守的劉德願為豫州刺史。劉德願，是劉懷慎的兒子。宋孝武帝安葬殷貴妃之後，曾經多次與群臣一起到殷貴妃的墓前，孝武帝對劉德願說：「你去哭弔貴妃，如果哭得很悲痛，我一定重重地賞賜你。」劉德願立即放聲痛哭起來，同時捶胸頓足，涕泣橫流，表現出極其哀痛的樣子。孝武帝非常高興，所以就把豫章刺史這一職位賞賜給了劉德願。孝武帝又讓醫生羊志去哭弔殷貴妃，羊志也嗚嗚咽咽地哭得極其悲痛。一天，有人問羊志說：「你那天說哭就哭，那些眼淚是從哪裡來的？」羊志說：「我那天是在哭我剛死去的小老婆啊。」

宋孝武帝的為人，既機靈警覺，又勇於決斷，在學問方面，不僅讀過很多書，而且對問題又有很深入的理解，文章華麗，思維敏捷，閱讀奏章，能夠一目七行。又善於騎馬射箭，然而卻奢侈淫欲毫無節度。自從東晉南渡長江以來，宮殿都是草草創建起來的，朝廷上朝與舉行宴會的地方，只有東、西二堂而已。到了東晉孝武帝司馬曜末年，才開始修建清暑殿。宋國建國之後，也沒有什麼增加和改建。孝武帝劉駿執政以來才開始大興土木，建造宮室，宮殿都是用錦繡作裝飾，對所寵愛的妃嬪和寵任的臣子，賞賜起來那可是竭盡府庫之所有，毫不吝惜。拆除了宋高祖劉裕生前所居住的宮殿，在其原址上興建玉燭殿。在劉裕生前所住的宮殿被拆毀之前，孝武帝帶領群臣前來觀看，看見床頭有一段小土牆，土牆上掛著一盞用葛布做燈罩的燈籠，還有一柄用麻線製作的蠅拂。擔任侍中的袁顗於是便對高祖節儉樸素的品德大加稱讚起來，孝武帝沒有答話，卻自言自語地說：「一個鄉巴佬能夠得到這些，已經超過了他的希望。」袁顗，是袁淑哥哥的兒子。

秋季，八月二十三日乙丑，宋孝武帝封自己的兒子劉子孟為淮南王，封劉子產為臨賀王。

八月二十四日丙寅，北魏文成帝在黃河以西地區進行打獵；九月初九日辛巳，返回平城。

九月十八日庚寅，宋孝武帝任命新安王劉子鸞兼任司徒。二十四日丙申，宋孝武帝封自己的兒子劉子嗣為東平王。

冬季，十月二十二日癸亥，宋孝武帝任命東海王劉禕為司空。○二十八日己巳，宋孝武帝在姑孰縣舉行狩獵活動。

魏國派遣擔任員外散騎常侍的游明根等人來宋國進行友好訪問。游明根先後三次奉命出使宋國，宋孝武帝因為他是一個德高望重的人，所以對他優禮相待。

十一月二十二日癸巳，宋孝武帝在梁山主持訓練水軍。

十二月初六日丙午，宋孝武帝前往歷陽縣巡視。○十四日甲寅，宋國實行大赦。○十九日己未，宋孝武帝加授擔任太宰的江夏王劉義恭為尚書令。○二十三日癸亥，宋孝武帝從歷陽縣返回京師建康。

八年（甲辰 西元四六四年）

春季，正月十七日丁亥，北魏文成帝封自己的弟弟拓跋雲為任城王。

正月十八日戊子，宋孝武帝任命擔任徐州刺史的新安王劉子鸞兼任司徒。

夏季，閏五月初五日壬寅，宋孝武帝任命太宰劉義恭兼任太尉。

宋孝武帝到了晚年尤其貪圖財利，各州的刺史以及俸祿在二千石的官員一旦任滿回京，孝武帝規定他們必須給皇帝進貢，還要運用賭博的方式變著法地向他們索取財物，關鍵是一定要把他們的錢財全部刮光才算完事。孝武帝整天開懷暢飲，很少有清醒的時候。他經常靠在小桌上昏睡，有時外面有人入宮奏事，他就立即驚醒，神情肅然，衣冠齊整，再也沒有一點酒態。因此，宮內宮外的人都很敬畏他，沒有人敢鬆懈、怠惰。

閏五月二十三日庚申，孝武帝在玉燭殿駕崩。他留下遺詔說：「免去太宰劉義恭所擔任的尚書令職務，改任他為中書監；任命擔任驃騎將軍、南兗州刺史的柳元景為代理尚書令，進住皇城之內。朝中事務無論大小都要向劉義恭、柳元景二人請示，重大事情讓始興公沈慶之參與商議決定；如果有出兵打仗之事，就全權委託沈慶之負責處理；尚書省的一切事務全部委託給尚書僕射顏師伯；由外監所主管的皇城以外的一切事務，委託給領軍將軍王玄謨負責。」當天，皇太子劉子業即皇帝位，就是宋廢帝，劉子業當年年僅十六歲，大赦天下。擔任吏部尚書的蔡興宗親手捧著皇帝玉璽、綬帶敬獻給皇太子劉子業，皇太子劉子業在接受皇帝玉璽、綬帶的時候，神情傲慢、懶散，沒有一點哀傷的樣子。蔡興宗出宮後告訴別人說：「過去的魯昭公在為自己的父王守喪期間不悲哀，魯國大臣叔孫穆子根據這件事預言魯昭公日後一定不會有好下場。國家的禍患，大概從此開始了吧！」

閏五月二十七日甲子，宋廢帝劉子業下詔任命擔任太宰的江夏王劉義恭錄尚書事，加封柳元景開府儀同三司，兼任丹楊尹，免去柳元景南兗州刺史的職務。

六月二十日丁亥，北魏文成帝前往陰山一帶進行巡視。

秋季，七月初二日己亥，宋廢帝任命晉安王劉子勛為江州刺史。

柔然處羅可汗郁久閭吐賀真去世，他的兒子郁久閭予成繼位，號稱受羅部真可汗，改年號為永康元年。受羅部真可汗郁久閭予成率領自己的部眾入侵魏國。七月初四日辛丑，魏國北方軍鎮的游擊部隊將受羅部真可汗所率領的柔然軍打敗。

七月初五日壬寅，北魏文成帝前往黃河以西地區進行巡視。正遇上高車族的五個部落相聚在一起舉行祭天活動，人數有好幾萬，北魏文成帝親臨高車人的祭祀現場觀看他們的祭天儀式，高車人感到非常高興。

七月初九日丙午，宋國將孝武皇帝劉駿安葬於景寧陵，廟號世祖。〇十三日庚戌，宋廢帝尊奉自己的祖母皇太后為太皇太后，尊奉皇后為皇太后。〇十八日乙卯，宋國廢棄了兩條御用的南北道路，廢除了孝武帝孝建年間以來所改定的各種制度，恢復使用宋文帝元嘉年間所制定的各種規章制度。擔任吏部尚書的蔡興宗在尚書省的會議室感慨地對尚書僕射顏師伯說：「先帝雖然不是道德品行非常高尚的皇帝，但總體看來還是遵守大道有始有終的。三年之內不改變先帝所制定的各種措施，是古代典籍中所尊崇和讚揚的行為。如今先帝停放遺體的靈堂剛剛拆除，安葬的時間還沒有多久，而先帝所制定和修改的各項規章制度，不論其正確與否，一律廢棄不用，即使是把皇位傳給另外一個族姓的人，也不至於像今天這個樣子吧。天下的有識之士，會從這些問題的處理上看出執政者的水平高低。」顏師伯不同意蔡興宗的看法。

擔任太宰的江夏王劉義恭一向懼怕戴法興、巢尚之等人，他雖然接受了孝武帝臨終時的遺詔，輔佐朝政，然而他遇事不肯出頭，處處退縮、躲避，因此朝政大權逐漸落到皇帝身邊那些受寵的小人手中。戴法興等人專擅朝政，他們的威勢遠近皆知，皇帝的詔書敕令全都是出自他們之手。尚書省的各種政務，不論大小，都由他們決定，太宰劉義恭與尚書僕射顏師伯只不過擁有一個輔政的虛名而已。

擔任吏部尚書的蔡興宗認為自己負有評定與選拔官吏的職責，所以每到上朝的時候，就向劉義恭講述推賢舉士的道理，又對朝政的得失進行規勸，對朝政的方方面面進行評論。劉義恭生性懦弱，容易屈服，所以他一味地阿諛順從戴法興，經常擔心自己的所作所為不合戴法興的心意，聽到蔡興宗與自己說話，就緊張得連話也說不出來。蔡興宗每次呈上選用官吏的名單，戴法興、巢尚之等人總要對其進行多處更改撤換，原有的人選保留不了幾個。蔡興宗遂在朝堂之上對劉義恭、顏師伯說：「皇上正在守孝期間，不能親自處理朝中的各種政務，而選用官員，原本是朝廷的機密大事，選部所呈上的任命官員名單大多被任意刪改，而且又不是劉義恭您的親筆，也不知道是哪一位皇帝的意見？」蔡興宗多次地與劉義恭等人爭論推舉選用官吏的事情，翻來覆去地堅持自己的主張。劉義恭、戴法興都非常厭惡他，於是便將蔡興宗降職為新昌太守。不久，又因為蔡興宗是一個眾望所歸的人物，便又把蔡興宗留在了京師建康。

七月十九日丙辰，宋廢帝追封自己為太子時去世的太子妃何氏為獻皇后。〇二十八日乙丑，宋國新安王劉子鸞被解除了所兼任的司徒職務。戴法興等人對領軍將軍王玄謨的剛正嚴厲非常厭惡，於是在八月初一日丁卯，調任王玄謨為南徐州刺史。

宋廢帝的母親王太后病重，派人召喚廢帝劉子業。廢帝竟然說：「病人的房間裡有很多鬼怪，我怎麼能到那裡去呢？」王太后聽了非常生氣，就對侍奉在自己身邊的人說：「拿刀來，剖開我的肚子看看，怎麼會生了這樣的一個兒子！」八月二十三日己丑，王太后去世。

九月初五日辛丑，北魏文成帝從河西地區返回平城。

九月初七日癸卯，宋國任命擔任尚書左僕射的劉遵考為特進、右光祿大夫。〇十九日乙卯，宋國將武穆皇后安葬在景寧陵。

冬季，十二月二十八日壬辰，把京城郊區的六個郡改稱為揚州，把揚州的浙東五郡，仍舊恢復其為東揚州。二十九日癸巳，宋廢帝任命豫章王劉子尚為司徒、揚州刺史。

這一年，宋國把青州的州治從歷城遷到了東陽。

宋國境內總計有二十二個州，二百七十四個郡，一千二百九十九個縣，九十四萬多戶。東方各郡由於連年乾旱，糧食欠收，糧價飛漲，一升米需要好幾百錢才能買到，就連建康城內一升米也漲到一百多錢，餓死的人有十分之六七。

【研　析】本卷寫宋孝武帝大明三年（西元四五九年）至大明八年共六年間的劉宋與北魏的大事，其中最可議論的是關於宋竟陵王劉誕在廣陵發動叛亂的諸多問題。

宋孝武帝劉駿首先起兵討伐元凶劉劭，並首先攻克建康，殺死了萬惡的劉劭、劉濬，他的做皇帝應該是無可非議的。但劉駿的門內淫荒，多為群臣所不滿；而劉誕知書達禮，作風清正，也在討伐元凶劉劭的過程中立有功勞，多為人們所稱道，因此引起劉駿的忌恨猜疑。劉誕因恐懼而築城聚糧，謀取自守，並非有推翻劉駿、篡取帝位的陰謀；而劉駿迫不及待地先是降其爵位，罷其官職；接著又派人統兵前去襲捕；又因襲捕不成而派沈慶之統大兵前往討伐。統觀前因後果，讀史者討厭劉駿而同情劉誕是很自然的。其實劉誕愚頓無能，身邊既無謀士，又無得力將領，說是聚兵城守，實無任何韜略籌謀。他本人優柔寡斷，躊躇不定，根本沒有背城一戰的決心。但就是面對這樣一種敵人，身為劉宋名將的沈慶之竟然攻城三個月而不下。劉駿為此大怒，他對沈慶之使用激將法，而沈慶之又「身先士卒，親犯矢石」地經過苦戰，才攻克其外城、內城，最終將劉誕殺死，平定了廣陵之亂。歷史家在描寫這場內戰過程所使用的材料、所運用的筆法是混亂的、矛盾的。

但也有非常清晰的使人明白無誤的事件描寫，這就是孝武帝劉駿對其弟劉誕的痛恨，和他必欲致劉誕於死地的決心。他為了不使劉誕北逃投魏而讓沈慶之預先斷絕其逃路；又命沈慶之「為三烽於桑里，若克外城，舉一烽；克內城，舉兩烽；擒劉誕，舉三烽。璽書督趣，前後相繼。」準備得是多麼周到，心情又是多麼急切！待至攻克廣陵之後，劉駿命令沈慶之要將整個廣陵城中的士民，「無大小悉殺之」，經過沈慶之的再三請求，才改為「五尺以下全之，其餘男子皆死，女子以為軍賞，猶殺三千餘口」。劉駿還把這些被殺者的頭堆集在石頭城的南岸以為京觀。這是什麼樣的世界！統治者的兄弟之間鬧矛盾，迫使無辜的百姓為之當兵打仗還不算，又讓這些手無寸鐵的城中百姓受此屠戮，這是一種慘無人道的蛇蠍心腸！無獨有偶，六百年前的西漢王朝發生過一回吳楚七國之亂，過程與此大同小異，而鎮壓叛亂的漢景帝的表現與這時的劉駿完全相同。漢景帝給鎮壓七國之亂的大將周亞夫下命令，讓他一定要「深入多殺」，捉到三百石以上的官吏，都要不問情由通通殺掉，誰敢對此命令提出疑問一律腰斬。這前面的漢景帝劉啟，與後面的宋孝武帝劉駿是一樣的狼子野心！

說起這沈慶之的為人，也有些讓人難以捉摸。沈慶之是劉宋中期少有的名將，是推動劉駿最先起兵討伐劉劭的大功臣，但是他早在四年前已經退休了，而且退得非常堅決。他「表疏數十上，又面自陳，乃至稽顙泣涕」，劉駿沒辦法才答應了他。不久，劉駿派了先已退休，後又重新請了回來的尚書令何尚之去請沈慶之，勸說沈慶之也回朝做官。何尚之轉達了皇帝的意思後，沈慶之笑了笑說：「我不會學你的樣子，退休了還再出來。」說得何尚之慚愧臉紅。沈慶之不知為什麼這回又來了勁，在劉駿與劉誕兄弟之間鬧矛盾的時候，又出來逞能呢？這次劉駿是如何請他「出山」的，沈慶之又為何要出來為劉駿服務，書上都沒做交代。在廣陵城破，百姓慘遭屠戮的時候，沈慶之肯為廣陵百姓請求寬免；但他的部將宗越在命令士兵對這些無辜百姓進行屠殺時，「皆先刳腸抉眼，或笞面鞭腹，苦酒灌創，然後斬之。越對之，欣欣若有所得」，對於這些，沈慶之難道就沒有辦法管理一下？凡此種種，都使讀者對沈慶之其人感到不可理解。

歷史家通過曲折的筆法對劉駿、劉誕這樁歷史公案流露了自己的態度，他寫劉誕的屬下呂曇濟的事跡說：「初，誕自知將敗，使黃門呂曇濟與左右素所信者將世子景粹匿於民間，謂曰：『事若不濟，思相全脫；如其不免，可深埋之。』各分以金寶齎送。既出門，並散走，唯曇濟不去，攜負景粹十餘日，捕得，斬之。」又寫其僚屬賀弼事跡說：「誕初閉城拒使者，記室參軍山陰賀弼固諫，誕怒，抽刀向之，乃止。誕遣兵出戰屢敗，將佐多踰城出降。或勸弼宜早出，弼曰：『公舉兵向朝廷，此事既不可從；荷公厚恩，又義無違背，唯當以死明心耳！』乃飲藥自殺。」又寫其僚屬范義的事跡說：「誕以中軍長史濟陽范義為左司馬，義母妻子皆在城內，或謂義曰：『事必不振，子其行乎！』義曰：『吾，人吏也，子不可以棄母，吏不可以叛君。

必若何康之而活，吾弗為也。』」文章又寫廣陵之亂平定後，劉宋的正直官吏蔡興宗奉旨慰勞廣陵的事情說：「陛下自殺賊，臣自葬故交，何不可之有！』上有慙色。」筆法曲折，態度隱微，但傾向還是清楚的。

本卷還寫了當時的官僚張岱其人，文章說：「初，巴陵王休若為北徐州刺史，以山陰令張岱為諮議參軍，行府、州、國事。後臨海王子頊為廣州，豫章王子尚為揚州，晉安王子勛為南兗州，岱歷為三府諮議、三王行事，與典籤、主帥共事，事舉而情不相失。或謂岱曰：『主王既幼，執事多門，而每能緝和公私，云何致此？』岱曰：『古人言：「一心可以事百君。」我為政端平，待物以禮，悔吝之事，無由而及，明闇短長，更是才用之多少耳。』及子鸞為南徐州，復以岱為別駕、行事。」言裡言外，表現了作者對張岱的欣賞之情。其實這是很有問題的。清代王夫之《讀通鑑論》對此評論說：「張岱之歷事宋之諸王，皆敗度之紈絝也，岱咸得其歡心，免於咎惡，而自詡曰：『吾一心可事百君。』夫一心而可事百君，於仕為巧宦，於學為鄉愿。斯言也，以惑人心、壞風俗，君子之所深惡也。岱曰『明闇短長，更是才用之多少耳』，才可以隨方詭合，遇明與之明，遇闇與之闇，假令桀為傾宮，將為之飾土木；紂為炮烙，將為之執爐炭乎？遊其心以逢君，無所往而不保其祿位，此心也，胡廣、孔光、馮道之心也。全軀保榮利，而亂臣賊子夷狄盜賊亦何不可事哉？」說得好極了，但凡有一點正直之心，有一點是非之感，有一點為官任職，有一點責任心的人，他能夠以一人事百君，而不發生一點衝突嗎？《莊子．養生主》有所謂「今臣之刀十九年矣，所解數千牛矣，而刀刃若新出於硎。彼節者有間，而刀刃者無厚，以無厚入有間，恢恢乎其於遊刃必有餘地矣。」這大概就是張岱之流所以能永遠保證其官運亨通而無任何風險的訣竅！

卷第一百三十

宋紀十二　旃蒙大荒落（乙巳　西元四六五年），一年。

【題　解】本卷寫宋明帝泰始元年（西元四六五年），實際上也就是廢帝劉子業永光元年，後來又改稱景和元年這一年間的劉宋與北魏等國的大事。主要寫了宋廢帝劉子業幼而猖暴，為了自己的掌權而誅殺與罷免了前朝的寵臣戴法興、巢尚之、奚顯度等，柳元景與顏師伯陰謀廢掉劉子業而改立劉義恭，結果被沈慶之告密，劉義恭、柳元景、顏師伯等一齊被殺；寫了廢帝劉子業殺了其弟劉子鸞，並將其叔徐州刺史義陽王劉昶逼反，在沈慶之率兵討伐時，劉昶逃向魏國；寫了廢帝劉子業慘殺其舅王藻，又殺良吏孔靈符，又納其姑新蔡長公主為妃，長公主之夫何邁怒欲殺帝，被廢帝所殺；寫沈慶之自昵於廢帝，蔡興宗為沈慶之分析形勢，勸說沈慶之發動起義，廢昏立明，沈慶之不從，結果被廢帝所殺；寫蔡興宗又先後勸說將軍王玄謨、劉道隆起行廢立，王玄謨、劉道隆皆畏怯不敢；寫廢帝忌恨其諸叔，尤其忌恨湘東王劉彧、建安王劉休仁、山陽王劉休祐，而對湘東王劉彧特別陵辱、迫害至極點；寫廢帝因其祖劉義隆、其父劉駿都是以排行老三而起家為帝，故而忌恨其三弟劉子勛，擔心劉子勛也會因排行第三而奪了他的皇帝位，於是派人往殺劉子勛，結果導致劉子勛的僚屬鄧琬等在江州發動了討伐廢帝的武裝起事；寫了湘東王劉彧的親信阮佃夫、王道隆與廢帝身邊的柳光世、壽寂之等串連政變，趁廢帝在華林園荒淫行樂之際將其殺死，擁立湘東王劉彧做了皇帝；寫劉彧稱帝後，大力任用文帝諸子，使之掌握朝廷大權；接著劉彧又殺了廢帝之胞弟劉子尚，並對廢帝的其他兄弟進行裁抑；

又殺了廢帝寵信的將領宗越、譚金、童太一等；寫劉彧以加官進爵招撫已在江州起事反朝廷的劉子勛、鄧琬等人，鄧琬等不聽招撫，堅持擁立劉子勛為帝，於是雍州刺史袁顗與在郢州行府州事的荀卞之、在荊州行府州事的孔道存等皆奉其諸王，起兵以應劉子勛。此外還寫了魏主拓跋濬死，其子拓跋弘即位，因拓跋弘年幼，權臣乙渾把持國政，誅殺了大臣楊保年、賈愛仁、張天度、陸麗、穆多侯等等。

太宗明皇帝上之上

泰始元年（乙巳　西元四六五年）

春，正月乙未朔❶，廢帝改元永光❷，大赦。

丙申❸，魏大赦。

二月丁丑❹，魏主如樓煩宮❺。

自孝建以來❻，民間盜鑄濫錢❼，商貨不行❽。庚寅❾，更鑄二銖錢，形式轉細❿。官錢每出，民間即模效⓫之，而更薄小，無輪郭⓬，不磨鑢⓭，謂之「耒子⓮」。

三月乙巳⓯，魏主還平城。

夏，五月癸卯⓰，魏高宗殂⓱。初，魏世祖⓲經營四方，國頗虛耗⓳，重以內難⓴，朝野楚楚㉑。高宗嗣之，與時消息㉒，靜以鎮之，懷集㉓中外，民心復安。

甲辰㉔，太子弘㉕即皇帝位，大赦，尊皇后曰皇太后。

顯祖㉖時年十二，侍中、車騎大將軍乙渾專權，矯詔殺尚書楊保年、平陽公賈愛仁、南陽公張天度于禁中。侍中、司徒、平原王陸麗㉗治疾於代郡溫泉㉘，乙渾使司衞監穆多侯㉙召之。多侯謂麗曰：「渾有無君之心。今宮車晏駕㉚，王德望素重㉛，姦臣所忌，宜少淹留㉜以觀之，朝廷安靜，然後入，未晚也。」麗曰：「安有聞君父之喪，慮患㉝而不赴者乎！」即馳赴平城。乙渾所為多不法，麗數爭之㉞。戊申㉟，渾又殺麗及穆多侯。多侯，壽㊱之弟也。己酉㊲，魏以渾為太尉、錄尚書事，東安王劉尼為司徒，尚書左僕射代人和其奴㊳為司空。殿中尚書順陽公郁㊴謀誅乙渾，渾殺之㊵。

壬子㊶，魏以淮南王它㊷為鎮西大將軍、儀同三司，鎮涼州㊸。

六月[1]，魏開酒禁。

壬午㊹，加柳元景南豫州刺史，加顏師伯丹楊尹。

秋，七月癸巳㊺，魏以太尉乙渾為丞相，位居諸王上，事無大小，皆決於渾。

廢帝幼而狷暴㊻，及即位，始猶難㊼太后、大臣及戴法興等，未敢自恣㊽。太后既殂，帝年漸長，欲有所為，法興輒抑制之，謂帝曰：「官所為如此㊾，欲作營陽邪㊿！」帝稍不能平[51]。所幸閹人[52]華願兒，賜與無算[53]，法興常加裁減，願兒恨之。帝使願兒於外察聽風謠，願兒言於帝曰：「道路皆言『宮中有二天子：法興為[2]真天子，官為贗天子[54]。』且官居深宮，與人物不接，法興與太宰、顏、柳[55]共為一體[56]，往來門客恆有數百，內外士庶莫不畏服。法興是孝武左右，久在宮闈，今與它人作一家，深恐此坐席非復官有[57]。」帝遂發詔免法興官[3]，遣還田里，仍徙遠郡[58]。八月辛酉[59]，賜法興死，解巢尚之舍人[60]。

員外散騎侍郎東海奚顯度，亦有寵於世祖。常典作役[61]，課督苛虐[62]，捶扑慘毒，人皆苦之。帝常[63]戲曰：「顯度為百姓患，比當除之[64]。」左右因唱諾[65]，即宣旨殺之。

尚書右僕射、領衛尉卿[66]、丹楊尹顏師伯居權日久，海內輻湊[67][4]，驕奢淫恣，為衣冠[68]所疾。帝欲親朝政[69]，庚午[70]，以師伯為尚書左僕射，解卿、尹[71]，以吏部尚書王彧為右僕射，分其權任。師伯始懼。

初，世祖多猜忌，王公、大臣，重足屏息[72]，莫敢妄相過從[73]。世祖殂，太宰義恭等皆相賀曰：「今日始免橫死[74]矣。」甫過山陵[75]，義恭與柳元景、顏師伯等聲樂酣飲，不捨晝夜[76]，帝內不能平[77]。既殺戴法興，諸大臣無不震慴[78]，各不自安。於是元景、師伯密謀廢帝，立義恭，日夜聚謀，而持疑不能決。元景以其謀告沈慶之，慶之與義恭素不厚，又師伯常專斷朝事，不與慶之參懷(79)，謂令史(80)曰：「沈公，爪牙(81)耳，安得預政事(82)？」慶之恨之，乃發其事(83)。

癸酉(84)，帝自帥羽林兵討義恭，殺之，并其四子。斷絕義恭支體，分裂腸胃，挑取眼睛，以蜜漬之，謂之「鬼目粽(85)」。別遣使者稱詔召柳元景，以兵隨之(86)，左右奔告：「兵刃非常(87)。」元景知禍至，入辭其母，整朝服乘車應召。弟車騎司馬(88)叔仁戎服，帥左右壯士欲拒命，元景苦禁之。既出巷，軍士大至。元景下車受戮，容色恬然，并其八子、六弟及諸姪。獲顏師伯於道，殺之，并其六子。又殺廷尉(89)劉德願。改元景和，文武進位二等。遣使誅湘州刺史江夏世子伯禽(90)。自是公卿以下，皆被捶曳(91)如奴隸矣。

初，帝在東宮，多過失，世祖欲廢之而立新安王子鸞(92)，侍中袁顗(93)盛稱太子好學，有日新之美(94)，世祖乃止，帝由是德(95)之。既誅羣公，欲引進顗，任以朝政，遷為吏部尚書，與尚書左[5]丞徐爰(96)皆以誅義恭等功，賜爵縣子(97)。

徐爰便僻(98)善事人，頗涉書傳(99)，自元嘉(100)初，入侍左右，豫參顧問(101)，既長於附會(102)，又飾以典文(103)，故為太祖(104)所任遇；大明之世(105)，委寄(106)尤重。時殿省(107)舊人多見誅逐，唯爰巧於將迎(108)，始終無迕(109)，廢帝待之益厚，羣臣莫及。帝每出，常與沈慶之及山陰公主[110]同輦，爰亦預[111]焉。

山陰公主，帝姊也，適[112]駙馬都尉何戢。戢，偃[113]之子也。公主尤淫恣，嘗謂帝曰：「妾與陛下，男女雖殊，俱託體先帝[114]。陛下六宮萬數，而妾唯駙馬一人，事太不均。」帝乃為公主置面首[115]左右三十人，進爵會稽郡長公主[116]，秩[117]同郡王。吏部郎[118]褚淵貌美，公主就帝請以自侍[119]，帝許之。淵侍公主十日[6]，備見逼迫[120]，以死自誓，乃得免。淵，湛之[121]之子也。

帝令太廟別畫祖考之像[122]，帝入廟，指高祖像曰：「渠大英雄[123]，生擒數天子[124]。」指太祖像曰：「渠亦不惡[125]，但末年不免兒斫去頭[126]。」指世祖像曰：「渠大齇鼻[127]，如何不齇[128]？」立召畫工令齇之。

以建安王休仁為雍州刺史[129]，湘東王彧為南豫州刺史[130]，皆留不遣[131]。○甲戌[132]，以司徒、揚州刺史豫章王子尚[133]領尚書令。乙亥[134][7]，以始興公沈慶之為侍中、太尉，慶之固辭。徵[135]青、冀二州刺史王玄謨為領軍將軍。

魏葬文成皇帝于金陵[136]，廟號高宗。

九月癸巳[137]，帝如湖熟[138]。戊戌[139]，還建康。

新安王子鸞有寵於世祖，帝疾[140]之。辛丑[141]，遣使賜子鸞死，又殺其母弟南海王子師及其母妹，發殷貴妃墓[142]，又欲掘景寧陵[143]，太史以為不利於帝，乃止。

初，金紫光祿大夫謝莊[144]為殷貴妃誄[145]曰：「贊軌堯門[146]。」帝以莊比貴妃於鉤弋夫人，欲殺之[147]。或說帝曰：「死者人之所同，一往之苦[148]，不足為困[149]。莊生長富貴，今繫之尚方[150]，使知天下苦劇[151]，然後殺之，未晚也。」帝從之。

徐州刺史義陽王昶[152]，素為世祖所惡，民間每訛言[153]昶當反。是歲，訛言尤甚，廢帝常謂左右曰：「我即大位以來，遂未嘗戒嚴[154]，使人邑邑[155]！」昶使典籤蘧法生奉表詣建康，求入朝[156]，帝謂法生曰：「義陽與太宰謀反[157]，我正欲討之。今知求還，甚善！」又屢詰問法生：「義陽謀反，何故不啓？」法生懼，逃還彭城，帝因此用兵。己酉[158]，下詔討昶，內外戒嚴。帝自將兵渡江，命沈慶之統諸軍前驅。

法生至彭城，昶即聚兵反。移檄[159]統內諸郡[160]，皆不受命，斬昶使，將佐文武悉懷異心。昶知事不成，棄母、妻，攜愛妾，夜與數十騎開北門奔魏。昶頗涉學[161]，能屬文，魏人重之，使尚公主，拜侍中、征南將軍、駙馬都尉，賜爵丹楊王。

吏部尚書袁顗，始為帝所寵任，俄而失指[162]，待遇頓衰，使有司糾奏其罪，白衣領職(163)。顗懼，詭辭求出(164)。甲寅(165)，以顗為[8]督雍・梁等四州[9]諸軍事、雍州刺史。顗舅蔡興宗謂之曰：「襄陽星惡(166)，何可往(167)？」顗曰：「白刃交前，不救流矢(168)。今者之行，唯願生出虎口耳。且天道(169)遼遠，何必皆驗！」

是時，臨海王子頊(170)為都督荊・湘等八州諸軍事、荊州刺史，朝廷以興宗為子頊長史、南郡太守，行府、州事(171)，興宗辭不行。顗說興宗曰：「朝廷形勢(172)，人所共見。在內大臣，朝不保夕，舅今出居陝西(173)，為八州行事(174)，顗在襄、沔(175)，地勝兵彊，去江陵咫尺(176)，水陸流通。若朝廷有事，可以共立桓、文之功(177)，豈比受制凶狂(178)、臨不測之禍乎？今得間不去(179)，後復求出，豈可得邪！」興宗曰：「吾素門平進(180)，與主上甚疏，未容[10]有患。宮省內外，人不自保，會應有變(181)。若內難得弭(182)，外釁未必可量(183)。汝欲在外求全，我欲居中免禍(184)，各行其志，不亦善乎！」

顗於是狼狽上路(185)，猶慮見追(186)，行至尋陽(187)，喜曰：「今始免矣(188)。」鄧琬(189)為晉安王子勛鎮軍長史(190)、尋陽內史，行江州事(191)。顗與之款狎過常(192)，每清閒，必盡日窮夜。顗與琬人地本殊(193)，見者知其有異志(194)矣。尋(195)復以興宗[11]為吏部尚書(196)。

戊午[197]，解嚴[198]。帝因自白下[199]濟江至瓜步[200]。

沈慶之復啓[201]聽民私鑄錢[202]，由是錢貨亂敗[203]。千錢長不盈三寸[204]，大小稱此[205]，謂之「鵝眼錢」；劣於此者，謂之「綖環錢[206]」；貫之以縷[207]，入水不沈[208]，隨手破碎。市井不復料數[209]，十萬錢不盈一掬[210]，斗米一萬，商貨不行。

【章　旨】以上為第一段，寫宋明帝泰始元年（西元四六五年）一至九月的大事。本卷標為「泰始元年」，其實本卷的開頭本是宋廢帝劉子業的「永光元年」，本年八月，劉子業又改為「景和元年」，至本年的十一月，劉子業被政變者所殺，十二月新上臺的劉彧又改稱本年為「泰始元年」。由於劉彧的皇位從此坐得較穩，故歷史家遂統稱此年為「泰始元年」。本年的前九個月主要寫了宋廢帝幼而猖暴，為了自己掌權而誅殺了前朝的寵臣戴法興，罷免了巢尚之，殺死奚顯度，又貶抑顏師伯；柳元景與顏師伯陰謀廢掉劉子業而改立劉義恭，結果被沈慶之告密，劉義恭、柳元景、顏師伯等一齊被殺；寫了新安王劉子鸞因其母殷貴妃生前被孝武帝所寵，曾使劉子業的太子地位受到威脅，故而這時遂殺劉子鸞，掘殷貴妃墓，並將當年曾寫誄文歌頌過殷貴妃的文學家謝莊下了監獄；寫了徐州刺史義陽王劉昶，因被廢帝所逼而聚兵謀反，劉子業派沈慶之率兵討伐，劉昶遂逃向魏國；寫了廢帝劉子業寵愛佞幸徐爰、袁顗，二人權勢，群臣莫及；又因袁顗失寵，被放出為雍州刺史，袁顗上任途經尋陽時，與江州刺史臨海王劉子頊的別駕鄧琬情感投合、思想一致，結為了同盟；此外還寫了劉宋自孝武帝時起國家的鑄錢制度混亂，民間私自盜鑄，導致商業交易難以進行；寫了魏主拓跋濬死，其子拓跋弘即位，因拓跋弘年幼，權臣乙渾把持國政，誅殺了大臣楊保年、賈愛仁、張天度、陸麗、穆多侯等等。

【注 釋】❶正月乙未朔　正月初一是乙未日。❷改元永光　西元四六五年原是廢帝劉子業的永光元年。因這年的十一月劉子業被其叔劉彧所殺，當年劉彧又改稱泰始元年，故歷史記事遂通年以泰始元年相稱。胡三省曰：「是歲八月，殺江夏王義恭、柳元景、顏師伯，改元「景和」；既殺廢帝，改元「泰始」，一歲凡三改元。」❸丙申　正月初二。❹二月丁丑　二月十四。❺樓煩宮　魏國帝王修築在樓煩縣的宮殿。樓煩是漢縣名，在今山西神池縣南，原平西北。❻孝建以來　即指宋孝武帝劉駿的在位期間。劉駿始號「孝建」，後稱「大明」，共在位十一年。❼濫錢　分量不足，質量很壞的銅錢。❽商貨不行　在商業貿易中不能流通，賣東西的人都不願接受這種錢。❾庚寅　二月二十七。❿轉細　改小。⓫模效　按其樣子偷著鑄造。⓬無輪郭　沒有厚起的邊緣。⓭不磨鑢　錢面也不平整。⓮耒子　杜佑《通典》稱作「來子」。⓯三月乙巳　三月十二。⓰五月癸卯　五月十一。⓱魏高宗殂　魏國皇帝拓跋濬死。拓跋濬是拓跋燾之孫，拓跋晃之子。拓跋濬在位時的年號先後稱興安、興光、太安、和平，共在位十四年，廟號高宗文成皇帝。⓲魏世祖　即拓跋燾，廟號世祖。⓳虛耗　因耗費太大而國庫空虛。⓴重以內難　再加上內部叛亂，指宗愛弒世祖拓跋燾，又弒南安王拓跋余。重，再加上。㉑楚楚　悲傷、酸苦的樣子。㉒與時消息　自己清靜無為，順著時勢休養生息。消息，該消則消，該息則息。消，休。息，這裡是「生」的意思。㉓懷集　安撫、團聚。㉔甲辰　五月十二。㉕太子弘　拓跋弘，拓跋濬之子，即歷史上所稱的獻文帝。㉖顯祖　即太子弘，死後廟號顯祖，諡獻文帝。㉗陸麗　魏國名臣陸俟之子，擁立拓跋濬有功。傳見《魏書》卷四十。㉘代郡溫泉　胡三省引《魏土地記》曰：「代城北九十里有桑乾城，城西渡桑乾水，去桑乾城十里，有溫湯，療疾有驗。」當時的桑乾城在今山西山陰東，在桑乾水的岸邊。㉙穆多侯　魏國名臣穆崇之孫。傳見《魏書》卷二十七。時任司衛監，掌管宮廷宿衛之事。㉚宮車晏駕　敬稱魏高宗之死。㉛王德望素重　您的威望一向崇高。指陸麗當初扶立高宗有功，並忠誠事君。㉜宜少淹留　應在外面停留一些時日。少，意思通「稍」。淹留，逗留；故意躲避在外。㉝慮患　擔心禍患。㉞數爭之　屢次與之爭執，表示反對。㉟戊申　五月十六。㊱壽　穆壽，穆崇之子。傳見《魏書》卷二十七。㊲己酉　五月十七。㊳和其奴　人名，拓跋濬、拓跋弘時代的忠良之臣。傳見《魏書》卷四十四。㊴順陽公郁　于郁，被封為順陽公。㊵渾殺之　胡三省曰：「主少國疑，奸臣擅命，屠戮忠良，魏之不亡者幸也。」㊶壬子　五月二十。㊷淮南王它　拓跋它，被封為淮南王。㊸涼州　州治即今甘肅武威。㊹壬午　六月二十一日。㊺七月癸巳　七月初二。㊻狷暴　心胸狹隘，脾氣暴躁。㊼難　畏懼；顧忌。㊽自恣　放縱自己，獨斷專行。㊾官所為如此　您做這樣的事情。官，也稱「官家」，對皇帝的稱呼，這裡即稱劉子業。㊿欲作營陽邪　莫非是想走營陽王的道路嗎。營陽王即劉義符，宋武帝劉裕的太子，即位後不久，先被徐羨之、傅亮等廢為營陽王，又將其殺害。事見本書前文卷一百二十文帝元嘉元年。胡三省曰：「廢帝固狂暴，戴法興此言亦足以取死。」(51)帝稍不能平　劉子業越來越不能忍受。稍，漸；越來越。(52)所幸閹人　被劉子業寵愛的太監。幸，寵愛。(53)賜與無筭　平常賞賜給他的財物之多無法計算。(54)官為贗天子　您是個假皇帝、掛名皇帝。贗，假的。(55)太宰顏柳　太宰劉義恭與顏師伯、柳元景。(56)共為一體　勾結在一起。當時劉義恭錄尚書事，柳元景為尚書令，顏師伯為僕射，而事皆法興專決。(57)深恐此坐席非復官有　我真怕您的這個坐位要坐不久了。(58)仍徙遠郡　又把他流放到遠遠的邊郡。仍，意思同「乃」。(59)八月辛酉　八月初一。(60)解巢尚之舍人　免去巢尚之中書通事舍人的職務，巢尚之自孝武帝時以來一直任此職。(61)常典作役　經常主管一些勞動工程。(62)課督苛虐　管理勞工殘酷暴虐。(63)常　同「嘗」。曾經。(64)比當除之　不久我要除掉他。比，近；不久。(65)唱諾　齊聲吆喝、慫恿。(66)領衛尉卿　兼任衛尉一職。衛尉為秦漢時的九卿，掌護衛宮廷。(67)海內輻湊　極言向其行賄的人員之多，如車輻之歸向於車轂。(68)衣冠　指有地位、有身分的士大夫。(69)親朝政　親自管理政權，發號施令。(70)庚午　八月初十。(71)解卿尹　解除了他所兼任的最有實權的衛尉卿與丹楊尹。(72)重足屏息　並足而立，不敢喘息，極言其小心、恐懼之狀。重足，並足。屏息，不敢呼吸。(73)妄相過從　輕易地相互往來。(74)橫死　死於非命；不得好死。指犯罪被殺。(75)甫過山陵　孝武帝剛剛下葬。(76)不捨晝夜　晝夜不停。(77)內不能平　內心懷恨。(78)震慴　震驚、恐懼。(79)不與慶之參懷　不與沈慶之商量、不徵求沈慶之的意見。按，孝武帝死前的遺詔有「令慶之參決大事」之語。(80)令史　文書小吏。(81)爪牙　武將，此處是鄙稱，猶言「武夫」。(82)安得預政事　有什麼資格過問朝廷大事。預，過問。(83)發其事　舉報了他們謀反的事情。(84)癸酉　八月十三。(85)鬼目粽　鬼眼珠做的粽子。胡三省曰：「宋人以蜜漬物叫做粽。」(86)以兵隨之　暗中派兵跟在使者的後面。又是當年孝武帝想襲取竟陵王劉誕的伎倆。(87)兵刃非常　意謂來人皆手持兵器，非同尋常。(88)車騎司馬　車騎將軍的司馬官。司馬是將軍的僚屬，在軍中主管司法。(89)廷尉　國家的最高司法官，即後世的刑部尚書。(90)江夏世子伯禽　江夏王劉義恭的嫡子劉伯禽。世子，意同「太子」，帝王的未來接班人。(91)皆被捶曳　被想打就打，想拖就拖。曳，拉，在地上拖行。(92)新安王子鸞　劉子鸞，劉駿之子，劉子業之弟。傳見《宋書》卷八十。(93)袁顗　袁淑之姪。傳見《宋書》卷八十四。(94)有日新之美　有能發現錯誤、改正錯誤的美德。《易・繫辭》上有所謂：「日新之謂盛德。」日新，指不斷改進，不斷提高。(95)德　感人之恩。(96)徐爰　宋文帝、宋孝武帝兩朝的佞臣。傳見《宋書》卷九十四。(97)賜爵縣子　賞賜他為子爵，封地為一個縣。通常是侯爵的封地為一個縣，此子爵封地一縣，足見給予的俸祿之多。(98)便僻　諂媚逢迎、為人不正的樣子。(99)頗涉書傳　看過一些各類的書籍。頗，看過一些。涉，涉覽；不求甚解的閱讀。(100)元嘉　文帝劉義隆的年號（西元四二四—四五三年），共三十年。(101)豫參顧問　接受過皇帝的一些詢問。102長於附會　善於似是而非的把一些歪理說圓。附會，強拉硬扯往一起湊，使不相聯屬的事物相合為一。103又飾以典文　又能引經據典地說得冠冕堂皇。104太祖　文帝劉義隆的廟號。105大明之世　孝武帝劉駿在位年間。大明是劉駿的年號（西元四五七—四六四年），共八年。106委寄　信任、寄託。107殿省　指朝廷的各部門，如中書省、尚書省、門下省等等。108巧於將迎　善於鑽營取巧。將營，將就、迎合。109無迕　不與皇帝起衝突、鬧矛盾。迕，爭持不下；違背。110山陰公主　劉駿之女，劉子業之妹，名楚玉。傳見《宋書》卷八十。111亦預　也曾參與其中。指與劉子業、沈慶之、山陰公主等同乘一輛車。胡三省曰：「徐爰得志於大明、景和之間，宜也；而啟寵實在於元嘉，便僻之足以惑人，雖明君不能免也。漢宣用恭、顯而遺禍於元帝，事正如此。」112適　嫁給……為妻。113偃　何偃，劉宋時代的無恥官僚何尚之的兒子，何偃亦與其父同侍文帝、元凶劉劭、孝武帝三朝而皆獲顯職。傳見《宋書》卷五十九。114俱託體先帝　都是同一個皇帝的子女。115面首　男寵。胡三省曰：「面，取其貌美；首，取其髮美。」116會稽郡長公主　封地為會稽郡，稱號為長公主。長公主，加給皇帝之姐妹的稱號。如是皇帝之姑，則稱「大長公主」。117秩　等級；級別。118吏部郎　有如後代的吏部天官，主管官員的選拔任用。119請以自侍　請求讓他來侍候自己。120備見逼迫　受夠了種種壓迫。121湛之　褚湛之，宋文帝、宋孝武兩朝的佞幸之臣，曾先後娶宋高祖劉裕的兩個女兒為妻。傳見《宋書》卷五十二。122別畫祖考之像　分別把祖先的人像都畫出來。祖指祖父，考指父親。祖考在這裡泛指祖先、祖輩。123渠大英雄　他可是一位大英雄。渠，他。124生擒數天子　指劉裕曾先後破擒東晉的農民頭領盧循、叛亂稱帝的桓玄、南燕的君主慕容超、後秦的君主姚泓等等。125渠亦不惡　他也不壞。126不免兒斫去頭　沒鬧好讓兒子把自己的人頭砍走了。指文帝被其太子劉劭所殺。127渠大齇鼻　他本來是個大酒糟鼻子。128如何不齇　為何不把酒糟鼻的樣子畫出來。129建安王休仁為雍州刺史　劉休仁，劉子業之叔。雍州的州治襄陽，即今湖北襄樊之襄陽區。130湘東王彧為南豫州刺史　劉彧是文帝劉義隆的第十一子，劉子業之叔。南豫州的州治在今安徽當塗。131皆留不遣　都留在建康城裡，不讓他們出朝上任，亦即不給他們實際權力。132甲戌　八月十四。133豫章王子尚　劉子尚，孝武帝劉駿的第二子，劉子業之弟。傳見《宋書》卷八十。134乙亥　八月十五。135徵　調……進京，到朝廷任職。136金陵　帝王生前為自己預先修好等待使用的陵墓例稱「金陵」。137九月癸巳　九月初三。138湖熟　縣名，縣治在今江蘇江寧東南湖熟鎮。139戊戌　九月初八。140疾　忌恨。141辛丑　九月十一。142發殷貴妃墓　掘了殷貴妃的墳墓，足見其恨之深。殷貴妃相傳為劉義宣之女，劉駿淫而娶之為妃，為避人議論，改稱曰殷貴妃。生子子鸞，深受劉駿之寵，曾有奪取太子之位的可能，故劉子業對其母子深惡痛絕。143景寧陵　孝武帝劉駿的陵墓。144謝莊　晉宋時期的大官僚謝弘微的兒子，當時著名的文學家，其代表性的作品是〈月賦〉。傳見《宋書》卷八十五。(145)殷貴妃誄　謝莊秉承孝武帝的旨意為殷貴妃寫作的讚美與悼念性的文章。誄，文體名，為死者進行歌功頌德的文字。(146)贊軌堯門　謝莊〈殷貴妃誄〉中的一個句子，指殷貴妃能效法當年的鉤弋夫人給皇帝做賢內助。贊，協助；輔佐。軌，效法；依照。堯門，指堯母門，這裡代指居住在堯母門內的鉤弋夫人。鉤弋夫人是漢武帝的寵妃，傳說她初見漢武帝時兩手的五指都不能伸開，武帝幫她一捋，她的五指就隨之伸開了，於是武帝遂稱她為「鉤弋夫人」，封之為婕妤。後來她懷孕十四個月生了劉弗陵。因為古代傳說唐堯之母懷孕生堯時就是懷了十四個月，於是漢武帝就給鉤弋所住的院門題名為「堯母門」，這一方面表現了漢武帝對鉤弋夫人的極度恩寵，同時也流露出漢武帝將小兒子劉弗陵比做堯，準備日後讓劉弗陵繼位為皇帝的念頭。劉弗陵即日後歷史上所稱的漢昭帝。(147)欲殺之　因為謝莊既比殷貴妃為堯母，自然也將殷貴妃所生的兒子劉子鸞比成了漢昭帝，這就明顯地表現了謝莊建議孝武帝改立劉子鸞為太子，這就將危及到了原接班人劉子業的地位，所以劉子業對謝莊懷恨在心，必欲殺之。(148)一往之苦　指一刀將謝莊殺死。(149)不足為困　不能讓他嘗到更多的苦頭。(150)繫之尚方　關在尚方署裡做苦工。尚方署是主管為宮廷製造各種生活用品的部門，其中有些勞動是由被關押的犯人來完成的。故繫之尚方，意即編入勞改隊。(151)苦劇　極度的痛苦。劇，重度；極度。(152)義陽王昶　劉昶，文帝劉義隆的第九子，劉子業即位後，任之為徐州刺史。傳見《宋書》卷七十二。(153)訛言　流言；傳說。(154)遂未嘗戒嚴　一直還未曾調兵用武。遂，一直；從來。戒嚴，這裡即指軍事行動。(155)使人邑邑　讓我悶悶不樂。邑邑，同「悒悒」。鬱悶不樂的樣子。(156)求入朝　請求進朝拜見皇帝。(157)義陽與太宰謀反　你們義陽王與太宰劉義恭串通造反。(158)己酉　九月十九。(159)移檄　發布文告。檄，文體的一種，用於聲討某人某事。(160)統內諸郡　徐州刺史統轄範圍內的各郡。(161)頗涉學　稍稍地接觸過一些學術書。頗，稍稍；有一些。(162)失指　不合皇帝心意。指，同「旨」。(163)白衣領職　已被罷官，但以白丁的身分仍暫時代理此職。(164)詭辭求出　轉彎抹角地找理由請求下放到外地任職。詭辭，編造說法。(165)甲寅　九月二十四。(166)襄陽星惡　雍州的州治襄陽，即今湖北襄樊之襄陽區，從襄陽分野的星象看，那個地區近來不太妙。(167)何可往　怎麼能答應去這個地區任職呢。(168)白刃交前二句　如果面前有刀子逼著，那就不可能再考慮躲避別的危險了。意即只能先顧眼前，離開朝廷。(169)天道　上天的意思，指星變所預示的人世災難。(170)臨海王子頊　劉子頊，孝武帝劉駿的第七子，劉子業之弟。傳見《宋書》卷八十。(171)行府州事　兼管劉子頊都督府與刺史府內的有關事務。(172)朝廷形勢　指皇帝劉子業多行酷暴，群臣不安，國家的形勢險惡。(173)出居陝西　到處於西方的有如當年周公的大臣手下工作，指給劉子頊去當長史。西周初期周公與召公兩位威望最高的大臣分治天下，以陝縣（今河南三門峽市）劃界，陝縣以東由周公管理，陝縣以西由召公管理。這裡的「陝西」是代指荊州刺史的地位在當前之重要。東晉以來西部的荊州刺史與東部國家都城所在的揚州刺史歷來由國家的重臣分別擔任。長史雖只是督軍、刺史的僚屬，但地位很高，權力很大。174為八州行事　西方八個州的刺史都在你的掌控之中。175襄沔　襄陽重鎮與漢水流域地區。176去江陵咫尺　指袁顗所處的襄陽與蔡興宗所任職的荊州軍鎮相隔不遠，可以相互呼應。177桓文之功　像春秋時代的齊桓公、晉文公那樣所建立的尊天子以討伐作亂諸侯的功勳。齊桓公與晉文公是春秋時代的兩個霸主，其挾天子以令諸侯的事跡詳見《左傳》與《史記》之〈齊太公世家〉與〈晉世家〉。178受制凶狂　被朝廷裡的狂悖小人所制約。179得間不去　有機會離開朝廷還不趕緊離開。180素門平進　出身於寒賤之門，又是一步一步平穩地升上來的。素門，是與世家豪門相對而言，並不指下層平民。181會應有變　肯定的是要發生政變。會，必定；肯定。182內難得弭　朝廷內部的變亂得以平息。內難指廢帝的殘暴荒淫。183外釁未必可量　那時朝廷外面的起事未必能濟事。按，蔡興宗這段話的實際意思是他對劉子頊今後也不看好。後廢帝被弒，明帝劉彧即位，逐一討平諸王的反叛，果如其言。184居中免禍　留在朝廷裡頭尋求避禍。185狼狽上路　急急忙忙地離開朝廷，前往襄陽。狼狽，這裡是手忙腳亂的樣子。186猶慮見追　還怕朝廷派人來把他追回去。187尋陽　即今江西九江市。188今始免矣　我現在才算逃離開朝廷了。189鄧琬　晉安王劉子勛的積極擁護者，此時任尋陽內史。傳見《宋書》卷八十四。190鎮軍長史　鎮軍將軍劉子勛的長史。191行江州事　代理江州刺史的事務。192款狎過常　超乎尋常的親密投合。款，彼此交心，以誠相待。狎，親近。193人地本殊　人品門第原不是一路人。袁顗有清白名聲，出自名門。鄧琬性貪鄙，又出身寒族。194異志　非同尋常的志願，指圖謀稱帝。195尋　不久。196復以興宗為吏部尚書　這句的主語是朝廷，意即收回了任蔡興宗為荊州長史的前命。197戊午　九月二十八。198解嚴　解除軍事狀態，因劉昶叛亂的問題已經結束。199白下　地名，當時建康城北郊的軍事重鎮，也是重要的長江渡口名，在今南京北的金川門外，幕府山南麓，北臨大江。200瓜步　瓜步山，長江北岸的小山名，在今南京六合區的南側，當時的建康城東北，與建康城隔江相望。201復啓　又上表請求。沈慶之第一次持此主張見本書卷一百二十八孝武帝孝建二年。202聽民私鑄錢　允許百姓可以私下鑄造銅錢。聽，允許；放任不管。203錢貨亂敗　貨幣整個亂了套。204千錢長不盈三寸　一千銅錢串起來，其長度不到三寸，可見其薄到了何等程度。205大小稱此　其錢體的大小與其薄度相稱。206綖環錢　極言其錢體之小，如同是用絲線串起來的小圈圈。綖，同「線」。207貫之以縷　用一根絲線串起來。貫，穿；串。縷，絲線。208入水不沈　扔到水裡不下沉，極言這種銅錢的小而薄。沈，同「沉」。209不復料數　做買賣時不再仔細數數，只粗粗用個量具量一下就行了。料，數；清點。210不盈一掬　不滿一捧。

【校　記】①六月　原無此二字。據章鈺校，甲十一行本、乙十一行本、孔天胤本皆有此二字，張敦仁《通鑑刊本識誤》、張瑛《通鑑校勘記》同，今據補。②為　原無此字。據章鈺校，甲十一行本、乙十一行本、孔天胤本皆有此字，今據補。③官　原無此字。胡三省注云：「免者，免其居官也。」據章鈺校，孔天胤本有此字，張敦仁《通鑑刊本識誤》同，今據補。④海內輻湊　原無此四字。據章鈺校，甲十一行本、乙十一行本、孔天胤本皆有此四字，張敦仁《通鑑刊本識誤》、張瑛《通鑑校勘記》同，今據補。⑤左　原作「右」。據章鈺校，甲十一行本、乙十一行本、孔天胤本皆作「左」，熊羅宿《胡刻資治通鑑校字記》同，今據改。⑥十日　原作「十餘日」。據章鈺校，甲十一行本、乙十一行本、孔天胤本皆無「餘」字，今據刪。⑦乙亥　原無此二字。據章鈺校，甲十一行本、乙十一行本、孔天胤本皆有此二字，張敦仁《通鑑刊本識誤》同，今據補。⑧為　原無此字。據章鈺校，甲十一行本、乙十一行本、孔天胤本皆有此字，今據補。⑨等四州　原無此三字。據章鈺校，甲十一行本、乙十一行本、孔天胤本皆有此三字，張敦仁《通鑑刊本識誤》同，今據補。⑩容　原作「由」。據章鈺校，甲十一行本、乙十一行本、孔天胤本皆作「容」，張敦仁《通鑑刊本識誤》、張瑛《通鑑校勘記》同，今據改。⑪興宗　原作「蔡興宗」。據章鈺校，甲十一行本、乙十一行本、孔天胤本皆無「蔡」字，今據刪。

【語　譯】太宗明皇帝上之上

泰始元年（乙巳　西元四六五年）

春季，正月初一日乙未，宋廢帝劉子業將年號改為永光，大赦天下。

正月初二日丙申，魏國實行大赦。

二月十四日丁丑，北魏文成皇帝拓跋濬前往修建在樓煩縣的宮殿。

宋國自從孝武帝劉駿孝建年間以來，民間那些私下裡偷偷鑄造的分量不足、質量很壞的銅錢，在商業貿易中已經不能流通。二月二十七日庚寅，朝廷下令改鑄二銖錢，而形制改得更小。官府每次鑄造出新式銅錢，民間就立即按其樣子偷著鑄造，而且這些偷著鑄造的銅錢更薄更小，既沒有厚起的邊緣，錢面也沒有磨光銼平，民間遂把這種盜鑄的銅錢叫做「耒子」。

三月十二日乙巳，北魏文成帝從樓煩宮回到京師平城。

夏季，五月十一日癸卯，魏高宗拓跋濬去世。當初，魏世祖拓跋燾為了開拓疆土而對四方用兵，因為耗費巨大而導致國庫空虛，再加上國家內部發生叛亂，所以無論是朝廷還是民間都感到痛苦不堪。魏高宗拓跋濬繼承皇位之後，採取了清靜無為的策略，順應時勢的變化，與民休養生息，朝廷不再採取大的行動，讓百姓能夠平靜地生活，同時團結朝廷內外、安撫百姓，民心於是逐漸安定下來。十二日甲辰，皇太子拓跋弘登上了皇帝寶座，大赦天下，尊皇后為皇太后。

魏顯祖拓跋弘即皇帝位時只有十二歲，擔任侍中、車騎大將軍的乙渾專擅朝政，他假傳皇帝的詔命在皇宮中殺死了擔任尚書的楊保年、平陽公賈愛仁、南陽公張天度。當時，擔任侍中、司徒的平原王陸麗正在代郡的溫泉治病，乙渾派遣擔任司衛監的穆多侯前往代郡的溫泉召請平原王陸麗。穆多侯對陸麗說：「乙渾有廢立君主的野心。如今高宗去世，大王您一向德高望重，是奸臣所敬畏的人，大王不要急於進京，應當在這裡稍微停留一些時日，靜觀事態的發展，如果朝中安然無事，您再進京也不算晚。」陸麗說：「豈有聽到皇帝去世的噩耗之後，卻因為擔心自己遭遇禍患而不去奔喪的道理呢！」陸麗立即奔赴京師平城。乙渾的所作所為有許多屬於違法亂紀，陸麗曾經多次與乙渾發生爭執，反對他的做法。五月十六日戊申，乙渾殺死了平原王陸麗和司衛監穆多侯。穆多侯，是穆壽的弟弟。十七日己酉，魏國任命乙渾為太尉、錄尚書事，任命東安王劉尼為司徒，任命擔任尚書左僕射的代郡人和其奴為司空。擔任殿中尚書的順陽公于郁密謀除掉乙渾，不料密謀洩露，乙渾遂殺死了順陽公于郁。

五月二十日壬子，魏國任命淮南王拓跋它為鎮西大將軍、開府儀同三司，負責鎮守涼州。

六月，魏國取消了禁酒令。

六月二十一日壬午，宋國加授柳元景為南豫州刺史，加授顏師伯為丹楊尹。

秋季，七月初二日癸巳，魏國任命擔任太尉的乙渾為丞相，地位在諸王之上，朝中政事無論大小，全都由乙渾說了算。

宋廢帝在幼年的時候就心胸狹隘，脾氣暴躁，等到坐上皇帝寶座之後，開始的時候對皇太后、朝中大臣以及戴法興等人還有些畏懼，所以還不敢太放縱自己，獨斷專行。太后去世以後，廢帝也逐漸長大成人，心裡就想要有所作為，卻總是遭到戴法興的阻攔和限制，戴法興對廢帝說：「官家做這樣的事情，是不是想要走營陽王劉義符的道路啊！」廢帝心裡越來越感到無法忍受。廢帝寵信太監華願兒，平時賞賜給華願兒的財物簡直多得無法計算，而戴法興經常予以裁減，所以華願兒也很怨恨戴法興。廢帝派華願兒到宮外的街頭巷尾去探聽民間對朝廷的議論，華願兒回宮後就對廢帝說：「路上的人們都說『皇宮之中有兩個天子：戴法興是真天子，陛下是假天子。』況且陛下居住在深宮之內，與大臣不接觸，戴法興與擔任太宰的江夏王劉義恭、顏師伯、柳元景共同勾結在一起，經常出入他們府第的門客就有好幾百人，朝廷內外的大小官員、平民百姓沒有不懼怕他們的。戴法興是孝武帝身邊的人，在皇宮中任職的時間很長，現在卻與別人親如一家，我真擔心這個皇帝寶座陛下還能坐多久。」廢帝於是下詔，罷免了戴法興的官職，將戴法興遣回鄉里，不久又把戴法興流放到更加遙遠的邊郡。八月初一日辛酉，廢帝下詔令戴法興自殺，還免去了巢尚之中書通事舍人的職務。

宋國擔任員外散騎侍郎的東海人奚顯度，也曾經受到宋世祖劉駿的寵信。奚顯度經常主管一些勞動工程，他管理、監督勞工非常殘酷暴虐，動不動就鞭抽棍打，手段殘忍狠毒，人們都吃盡了他的苦頭。廢帝曾經開玩笑說：「奚顯度成了百姓的禍患，不久我就準備除掉他。」左右的侍從趁機齊聲附和、慫恿，廢帝立即下旨殺死了奚顯度。

宋國擔任尚書右僕射兼任衛尉、丹楊尹的顏師伯由於在朝中掌權的時間已經很久，於是向他行賄的人多得就像車輪上的輻條歸向車轂一樣，顏師伯便逐漸驕奢淫逸、為所欲為起來，那些有地位、有身分的士大夫恨透了他。廢帝想要親自處理朝政，發號施令，八月初十日庚午，廢帝任命顏師伯為尚書左僕射，解除了他所兼任的衛尉、丹楊尹職務，任命吏部尚書王彧為尚書右僕射，用以削弱顏師伯的權力。顏師伯開始有了恐懼感。

當初，宋世祖劉駿性好猜忌，王公、大臣害怕得並足而立，就連呼吸也要屏住聲息，更沒有人敢隨便互相往來。世祖劉駿去世後，擔任太宰的劉義恭等人全都互相慶賀說：「現在我們才算幸免死於非命了。」孝武帝劉駿剛剛下葬完畢，太宰劉義恭就開始與柳元景以及顏師伯等人，不論白天黑夜不停地奏樂歌舞，開懷暢飲，廢帝對他們的行為懷恨在心。等到廢帝殺了戴法興之後，滿朝的文武大臣無不感到震驚和恐懼，人人都感到自己的處境很不安全。於是柳元景、顏師伯便密謀廢掉劉子業，擁立太宰劉義恭為皇帝，他們日夜聚集在一起進行商議，卻遲遲疑疑下不了決心。柳元景把他們的謀劃告訴了始興公沈慶之，沈慶之一向與劉義恭交情不深，再加上顏師伯專斷朝政，重大事情從不徵求沈慶之的意見，不與沈慶之商量，還對令史說：「沈公，只不過是一個武夫罷了，有什麼資格過問朝廷大事？」沈慶之因此對顏師伯懷恨在心，於是就向廢帝告發了劉義恭、顏師伯等人準備廢立皇帝的陰謀。

八月十三日癸酉，宋廢帝親自率領羽林軍討伐太宰劉義恭，把劉義恭和他的四個兒子全部殺死。還把劉義恭的四肢砍下，剖開肚腹，把腸胃砍成一段一段的，又剜出眼球，用蜂蜜把眼球醃漬起來，稱之為「鬼目粽」。又一面派遣使者去宣詔，令柳元景入宮，一面卻暗中派軍隊緊隨在使者的後面，劉元景的親信飛快地跑來向柳元景報告說：「來人都手持兵器，非同尋常。」柳元景知道自己已經大禍臨頭，就到後堂辭別了母親，然後穿戴好官服，坐上車子，奉詔前往。柳元景的弟弟、擔任車騎司馬的柳叔仁一身戎裝，率領身邊的勇士準備抗拒皇命，柳元景苦苦地勸阻了他。柳元景走出巷口之後，廢帝派來的大批軍隊已經來到。柳元景下車接受殺戮時，神情鎮靜坦然，柳元景的八個兒子、六個弟弟以及諸多姪子全部被殺。廢帝所派的軍隊又在路上逮捕了顏師伯，將顏師伯和他的六個兒子全部殺死。又殺死了擔任廷尉的劉德願。改年號為景和，文武官員全都晉升二級。廢帝又派人誅殺了江夏王劉義恭的長子、擔任湘州刺史的劉伯禽。從此以後，廢帝劉子業對待公卿以下，全都是想打就打，想拖就拖，就像對待奴隸一樣。

當初，宋廢帝在東宮當太子的時候就犯有很多過失，宋世祖劉駿想把他廢掉，改立新安王劉子鸞為太子，擔任侍中的袁顗極力稱讚劉子業，說太子喜好學習，有發現錯誤、改正錯誤的美德，宋世祖劉駿才沒有廢掉劉子業的太子地位，廢帝為此非常感激袁顗的大恩。他誅殺了大臣之後，就想提拔袁顗，把主持朝政的大權交給袁顗掌管，於是提升袁顗為吏部尚書，與擔任尚書左丞的徐爰等人都因為參與誅殺劉義恭等人有功，遂賞賜他為封地一個縣的子爵。

尚書左丞徐爰善於在皇帝面前逢迎諂媚，卻閱覽過一些各類書籍，從宋文帝劉義隆元嘉初年入朝為官開始，就一直侍奉在皇帝的身邊，接受過皇帝的一些詢問，他既善於似是而非地把一些歪理說圓，又能引經據典地加以修飾，說得冠冕堂皇，所以受到太祖劉義隆的信任和恩遇；孝武帝劉駿在位期間，對他尤其信任與倚重。當時朝廷各部門的舊臣多數人都被誅殺和驅逐，只有徐爰善於鑽營取巧，始終不與皇帝起衝突、鬧矛盾，廢帝待他更加恩寵厚愛，群臣沒有人能比得上他。廢帝每次出宮，經常與始興公沈慶之以及山陰公主同坐一輛車，徐爰也參與其中。

山陰公主，是廢帝的姐姐，嫁給擔任駙馬都尉的何戢。何戢，是何偃的兒子。山陰公主尤其淫蕩放縱，她曾經對廢帝說：「我與陛下，雖然男女不同，但都是先帝所生。陛下的六宮之中有上萬的嬪妃宮女，而我卻只有駙馬一個人，事情太不公平。」廢帝於是就為公主安置了三十個男寵，陪侍在山陰公主的身邊，封山陰公主為長公主，封地為會稽郡，級別與郡王相同。擔任吏部郎的褚淵長得很美貌，長公主就向廢帝請求讓褚淵來侍候自己，廢帝答應了她的請求。褚淵在長公主身邊侍候了十天，雖然受到公主的種種逼迫，但褚淵發誓寧死不從，長公主才放了他。褚淵，是褚湛之的兒子。

宋廢帝命人在太廟中分別把祖先的人像都畫出來，竣工之後，廢帝進入太廟，他指著高祖劉裕的畫像說：「他可是一個大英雄，活捉了好幾位天子。」然後指著太祖劉義隆的畫像說：「他也不壞，只可惜晚年不能幸免被自己的兒子砍下了腦袋。」最後指著世祖劉駿的畫像說：「他原本是個大酒糟鼻子，為什麼不把他酒糟鼻的樣子畫出來？」立即召來畫工將世祖劉駿的鼻子改畫成酒糟鼻。

宋廢帝任命建安王劉休仁為雍州刺史，任命湘東王劉彧為南豫州刺史，然而卻將他們留在建康城中，不讓他們前往任所赴任。〇八月十四日甲戌，宋廢帝任命擔任司徒、揚州刺史的豫章王劉子尚兼任尚書令。十五日乙亥，任命始興公沈慶之擔任侍中、太尉，沈慶之堅決辭讓。廢帝又徵調擔任青、冀二州刺史的王玄謨進京，任命王玄謨為領軍將軍。

魏國把文成皇帝拓跋濬安葬在金陵，廟號高宗。

九月初三日癸巳，宋廢帝前往湖熟縣。初八日戊戌，從湖熟縣回到京師建康。

宋新安王劉子鸞曾經受到世祖劉駿的寵愛，廢帝因此對劉子鸞心懷忌恨。九月十一日辛丑，廢帝派遣使者令劉子鸞自殺，又殺死了劉子鸞的同母弟南海王劉子師以及劉子鸞的同母妹妹，挖了殷貴妃的墳墓，還想挖自己的父親孝武帝劉駿的景寧陵，太史認為那樣做對皇帝本人不利，廢帝才作罷。

當初，擔任金紫光祿大夫的謝莊撰寫了〈殷貴妃誄〉，他在這篇悼文中說殷貴妃「能效法西漢的鉤弋夫人給皇帝做賢內助。」廢帝認為謝莊把殷貴妃比作了鉤弋夫人，於是就想殺掉謝莊。有人對廢帝說：「人人都有一死，大家都一樣，如果一刀將謝莊殺死，就不能使他嘗到更多的痛苦。謝莊生長在富貴之家，如果把他關在尚方署裡做苦工，讓他知道天下還有極其痛苦的事情，然後再殺死他也不算晚。」廢帝聽從了那個人的意見，這才使謝莊保住了一條命。

宋國擔任徐州刺史的義陽王劉昶，一向被世祖劉駿所厭惡，民間不斷傳言說劉昶即將造反。這一年，傳言說得更加厲害，廢帝經常對自己身邊的人說：「我自從登上皇帝寶座以來，還一直沒有調兵用武，真讓人感到鬱悶！」義陽王劉昶派遣擔任典籤的蘧法生攜帶著表章前往京師建康，請求入朝拜見皇帝，廢帝對蘧法生說：「你們義陽王劉昶與太宰劉義恭串通謀反，我正準備出兵前去討伐他。如今他知道自己錯了，主動請求回來，這很好！」廢帝又屢次責問蘧法生說：「義陽王劉昶謀反，你為什麼不向我報告？」蘧法生非常恐懼，就逃回了彭城，廢帝遂以此為藉口動用武力。九月十九日己酉，廢帝下詔出兵討伐義陽王劉昶，朝廷內外立即進入緊急狀態。廢帝親自率領軍隊渡過長江，命令始興公沈慶之率領各軍作為先行部隊。

典籤蘧法生逃回彭城之後，義陽王劉昶立即調集軍隊起兵造反。他向自己統轄範圍內的各郡發布文告，號召他們起兵響應，但各郡都不接受劉昶的命令，他們殺死了劉昶派去的使者，劉昶手下的文武將佐也都不願意跟隨劉昶一同造反。劉昶知道自己造反之事肯定不能成功，於是就拋下母親、妻子，只攜帶著自己最喜歡的小老婆，在夜間與數十名騎兵打開彭城北門投降了魏國。劉昶稍微接觸過一些學術方面的書籍，又能寫作文章，魏國人很敬重他，就讓他娶了魏國的公主做妻子，還任命他為侍中、征南將軍、駙馬都尉，封他為丹楊王。

宋國擔任吏部尚書的袁顗，開始的時候還很受廢帝的寵愛與信任，但沒過多久就不合廢帝的心意了，給袁顗的待遇立即衰減，廢帝還讓有關部門的官員搜集、舉報袁顗的罪過，於是罷了袁顗所擔任的吏部尚書職務，讓袁顗以平民的身分暫時代理吏部尚書之職。袁顗很恐懼，就拐彎抹角地尋找理由請求讓自己離開朝廷到外地任職。九月二十四日甲寅，廢帝任命袁顗為都督雍、梁等四州諸軍事、雍州刺史。袁顗的舅舅蔡興宗對袁顗說：「從星象上來看，雍州治所所在地襄陽近來情況不妙，你怎麼能答應去那裡任職呢？」袁顗回答說：「如果面前有刀子逼著，就顧不上再考慮躲避流矢的危險了。如今前去，只是希望能夠活著逃出虎口罷了。況且天象變化所預示的災難遙遠深奧，也不一定都能應驗！」

當時，臨海王劉子頊擔任都督荊、湘等八州諸軍事、荊州刺史，朝廷任命蔡興宗擔任劉子頊的長史、南郡太守，負責處理臨海王府、都督府、荊州刺史府的各種事務，蔡興宗推辭不去。袁顗便勸說蔡興宗說：「朝廷現在的這種局面，大家都是有目共睹的。在朝廷之內的大臣，全都處境危險，朝不保夕，舅舅如果能夠離開朝廷，到地處西方的有如當年周公那樣的大臣手下任職，則西方八個州的刺史便都在你的掌控之中，而我所在的襄陽重鎮與漢水流域地區，那裡地勢險要，兵力強盛，距離荊州軍鎮所在的江陵只有咫尺之遙，水、陸交通暢行無阻。一旦朝廷有事，我們就可以像春秋時代的齊桓公、晉文公那樣建立尊天子令諸侯的功業，這和受制於朝廷中的狂悖小人、面臨著不可預測的災禍相比較，哪一個更好呢？現在有了離開朝廷的機會還不趕緊離開，以後即使再請求離開，恐怕也不能夠了！」蔡興宗說：「我出身寒門，是一步一步平穩地升上來的，與皇帝的關係又很疏遠，大禍未必會降到我的頭上。朝廷和尚書省內外的官員，人人不能自保，這種形勢必然會有人起來發動政變。如果朝廷內部的變亂得以平息，這時在朝廷外部的舉事未必能成氣候。你想在朝廷以外使自己得到保全，而我則想在朝廷之內尋求避禍，咱們各行其志，不是也很好嗎！」

袁顗急急忙忙地離開京師建康，前往襄陽上任，一路之上還總是擔心朝廷會派人把自己追回去，當他到達尋陽的時候，不禁高興地說：「我從現在開始總算可以免除災禍了。」鄧琬在晉安王劉子勛手下擔任鎮軍長史、尋陽內史，代管江州刺史府的事務。袁顗與鄧琬超乎尋常的親密投合，每當閒暇無事的時候，必定會白天黑夜地聚在一起。袁顗與鄧琬相比，人品門第原本是不一樣的，看見他們如此親密的人都知道他們心存異志。不久，廢帝再次任命蔡興宗擔任吏部尚書。

九月二十八日戊午，宋國朝廷解除了緊急軍事狀態。廢帝趁機從白下鎮向北渡過長江抵達瓜步山。

宋國的始興公沈慶之又上表給廢帝，請求允許百姓私下裡鑄造銅錢，從此宋國的貨幣又開始進入混亂時期。一千個銅錢串起來，其長度還不到三寸，錢體的大小與其厚度相稱，所以人們都管這種錢叫「鵝眼錢」；把比這質量更差的銅錢叫作「綖環錢」；用一根絲線把銅錢串起來，扔到水裡都不下沉，用手一捏就會破碎。集市、商鋪做買賣時不再仔細數數，只是粗略地用量具量一量就行了，十萬錢都不滿一捧，買一斗米需要一萬錢，商人做買賣都不要這種錢。

冬，十月丙寅❶，帝還建康❷。○帝舅東陽太守王藻❸尚世祖女臨川長公主❹。公主妬，譖藻於帝❺。己卯❻，藻下獄死。

會稽太守孔靈符，所至有政績，以忤犯❼近臣，近臣譖之，帝遣使鞭殺靈符，并誅其二子。

寧朔將軍何邁，瑀之子也，尚帝姑新蔡長公主❽。帝納公[1]主於後宮❾，謂之謝貴嬪，詐言公主薨，殺宮婢，送邁第殯葬❿，行喪禮⓫。庚辰⓬，拜貴嬪為夫人⓭，加鑾輅龍旂⑭，出警入蹕⑮。邁素豪俠⑯，多養死士⑰，謀因帝出遊，廢之，立晉安王子勛。事泄，十一月壬辰⑱，帝自將兵誅邁。

初，沈慶之既發顏、柳之謀，遂自昵於帝⑲，數⑳盡言規諫，帝浸不悅㉑。慶之懼禍[2]，杜門㉒不接賓客。嘗遣左右范羨至吏部尚書蔡興宗所，興宗使羨謂慶之曰：「公閉門絕客，以避悠悠請託者㉓耳。如興宗，非有求於公者也，何為見拒㉔？」慶之使羨邀興宗。

興宗往見慶之，因說之曰：「主上比者所行㉕，人倫道盡㉖，率德改行㉗，無可復望㉘。今所忌憚㉙，唯在於公；百姓喁喁㉚，所瞻賴㉛者，亦在公一人而已。公威名素著㉜，天下所服。今舉朝遑遑㉝，人懷危怖㉞，指麾之日㉟，誰不響應？如猶豫不斷㊱，欲坐觀成敗，豈惟旦暮[3]及禍㊲，四海重責將有所歸㊳！僕蒙眷異常㊴，故敢盡言，願公詳思其計。」慶之曰：「僕誠知今日憂危，不復自保，但盡忠奉國㊵，始終以之㊶，當委任天命㊷耳。加老退私門㊸，兵力頓闕㊹，雖欲為之，事亦無成。」興宗曰：「當今懷謀思奮㊺者，非欲邀功賞富貴，正求脫㊻朝夕之死耳。殿中將帥，唯聽外間消息，若一人唱首㊼，則俯仰可定㊽。況公統戎累朝㊾，舊日部曲㊿，布在宮省(51)，受恩者多，沈攸之(52)輩皆公家子弟耳，何患不從！且公門徒、義附[53]，並三吳[54]勇士。殿中將軍陸攸之，公之鄉人[55]，今入東討賊，大有鎧仗[56]，在青溪未發[57]。公取其器仗以配衣麾下[58]，使陸攸之帥以前驅[59]。僕在尚書中，自當帥百僚按前世[4]故事[60]，更簡賢明[61]以奉社稷[62]，天下之事立定[63]矣。」又，朝廷諸所施為[64]，民間傳言公悉豫之[65]。公今不決[66]，當有先公起事者，公亦不免附從之禍[67]。聞車駕[68]屢幸貴第[69]，酣醉淹留，又聞屏左右[70]，獨入閤內[71]。此萬世一時[72]，不可失也。」慶之曰：「感君至言。然此大事，非僕所能行，事至[73]，固當抱忠以沒[74]耳。」

青州刺史沈文秀[75]，慶之弟子也，將之鎮[76]，帥部曲出屯白下，亦說慶之曰：「主上狂暴如此，禍亂不久[77]，而一門受其寵任[78]，萬物[79]皆謂與之同心[80]。且若人[81]愛憎無常，猜忍特甚[82]，不測之禍，進退難免。今因此眾力圖之[83]，易於反掌。機會難值[84]，不可失也。」再三言之，至於流涕，慶之終不從[85]。文秀遂行。

及帝誅何邁，量慶之必當入諫，先閉青溪諸橋以絕之[86]。慶之聞之，果往，不得進而還。帝乃使慶之從父兄子直閤將軍攸之[87]賜慶之藥，慶之不肯飲，攸之以被揜殺之[88]，時年八十。慶之子侍中文叔欲亡[89]，恐如太宰義恭被支解[90]，謂其弟中書郎文季曰：「我能死，爾能報[91]。」遂飲慶之之藥而死。弟祕書郎昭明[92]

亦自經(93)死。文季揮刀馳馬而去，追者不敢逼，遂得免。帝詐言慶之病薨，贈侍中、太尉，諡曰忠武公(94)，葬禮甚厚。

領軍將軍王玄謨數流涕諫帝以刑殺過差(95)，帝大怒。玄謨宿將(96)，有威名，道路訛言(97)玄謨已見誅。蔡興宗嘗為東陽太守，玄謨典籤包法榮家在東陽，玄謨使法榮至興宗所。興宗謂法榮曰：「領軍殊當憂懼(98)！」法榮曰：「領軍比日殆不復食(99)，夜亦不眠，恆言收己在門(100)，不保俄頃(101)。」興宗曰：「領軍憂懼，當為方略(102)，那得坐待禍至(103)？」因使法榮勸玄謨舉事(104)。玄謨使法榮謝曰：「此亦未易可行，期當(105)不泄君言。」

右衛將軍劉道隆(106)，為帝所寵任，專典禁兵。興宗嘗與之俱從帝夜出，道隆過興宗車後，興宗曰：「劉君！比日思一閒寫(107)。」道隆解其意，掐興宗手曰：「蔡公勿多言(108)！」

壬寅(109)，立皇后路氏，太皇太后弟道慶(110)之女也。

帝畏忌諸父(111)，恐其在外為患，皆聚之建康，拘於殿內，毆捶陵曳(112)，無復人理(113)。湘東王彧(114)、建安王休仁(115)、山陽王休祐(116)，皆肥壯，帝為竹籠，盛而稱之(117)。以彧尤肥，謂之「豬王」，謂休仁為「殺王」，休祐為「賊王」。以三王年長，尤惡之，常錄以自隨[118]，不離左右。東海王禕[119]性凡劣[120]，謂之「驢王」，桂陽王休範[121]、巴陵王休若[122]年尚少，故並得從容[123]。嘗以木槽盛飯，并雜食攪之[124]，掘地為阬，實以泥水[125]，裸或內阬中[126]，使以口就槽食之，用為歡笑。前後欲殺三王以十數[127]，休仁多智數[128]，每以談笑佞諛說之[129]，故得推遷[130]。

少府[131]劉曚妾孕臨月[132]，帝迎入後宮，俟其生男[133]，欲立為太子。或嘗忤旨，帝裸之，縛其手足，貫之以杖[134]，使人擔付太官[135]。曰：「今日屠豬！」休仁笑曰：「豬未應死。」帝問其故，休仁曰：「待皇太[5]子生，殺豬取其肝肺。」帝怒乃解，曰：「且付廷尉[136]。」一宿，釋之[137]。丁未[138]，曚妾生子，名曰皇子，為之大赦，賜為父後者爵一級[139]。

帝又以太祖、世祖在兄弟數皆第三[140]，江州刺史晉安王子勛亦第三，故惡之，因何邁之謀[141]，使左右朱景雲送藥賜子勛死。景雲至湓口[142]，停不進。子勛典籤謝道邁、主帥[143]潘欣之、侍書[144]褚靈嗣聞之，馳以告長史鄧琬，泣涕請計。琬曰：「身南土寒士[145]，蒙先帝[146]殊恩，以愛子見託[147]，豈得惜門戶百口[148]，期當以死報效。幼主昏暴，社稷危殆，雖曰天子，事猶獨夫[149]。今便指帥文武，直造京邑[150]，與羣公卿士廢昏立明[151]耳！」戊申[152]，琬稱子勛教[153]，令所部戒嚴。子勛戎服出聽事[154]，集僚佐，使潘欣之口宣旨諭之[155]。四座未對，錄事參軍陶亮首請效死前驅，眾皆奉旨。乃以亮為諮議參軍[156]，領中兵[157]，總統軍事；功曹張沈為諮議參軍，統作舟艦[158]；南陽太守沈懷寶、岷山太守薛常寶、彭澤令陳紹宗等並為將帥。初，帝使荊州錄送[159]前軍長史、荊州行事張悅[160]至湓口[161]，琬稱子勛命，釋其桎梏[162]，迎以所乘車，以為司馬。悅，暢[163]之弟也。琬、悅二人共掌內外眾事，遣將軍俞伯奇帥五百人斷大雷[164]，禁絕商旅及公私使命。遣使上諸郡民丁[165]，收斂器械，旬日之內，得甲士五千人，出頓[166]大雷，於兩岸築壘。又以巴東、建平二郡[167]太守孫沖之為諮議參軍，領中兵，與陶亮並統前軍。移檄遠近[168]。

戊午[169]，帝召諸妃、主[170]列於前，彊左右使辱之[171]。南平王鑠[172]妃江氏不從，帝怒，殺妃三子南平王敬猷[173]、廬陵王敬先[174]、安南侯敬淵[175]，鞭江妃一百。

先是民間訛言湘中出天子[176]，帝將南巡荊、湘二州以厭[177]之。明旦，欲先誅湘東王彧，然後發。

初，帝既殺諸公，恐羣下謀己，以直閤將軍宗越、譚金、童太一[178]、沈攸之等有勇力，引為爪牙，賞賜美人、金帛，充牣[179]其家。越等久在殿省，眾所畏服，皆為帝盡力。帝恃之，益無所顧憚[180]，恣為不道[181]，中外騷然[182]。左右宿衛之士皆有異志，而畏越等不敢發。時三王久幽[183]，不知所為。湘東王彧主衣[184]會稽阮佃夫[185]、內監[186]吳興[6]王道隆[187]、學官令[188]臨淮李道兒與直閤將軍柳光世[189]及帝左右琅邪淳于文祖[190]等陰[7]謀弒帝。帝以立后故[191]，假諸王閹人[192]，彧左右錢藍生亦在中，彧密使候帝動止[193]。

先是帝遊華林園竹林堂[194]，使宮人倮相逐[195]，一人不從命，斬之。夜，夢在竹林堂，有女子罵曰：「帝悖虐[196]不道，明年不及熟[197]矣！」帝於宮中求得一人似所夢者斬之。又夢所殺者罵曰：「我已訴上帝矣！」於是巫覡[198]言竹林堂有鬼，是日晡時[199]，帝出華林園。建安王休仁、山陽王休祐、會稽公主並從，湘東王彧獨在祕書省[200]，不被召，益憂懼。

帝素惡主衣吳興壽寂之[201]，見輒切齒，阮佃夫以其謀告寂之及外監典事[202]東陽朱幼[203]、細鎧主[204]南彭城姜產之[205]、細鎧將晉陵[206]王敬則、中書舍人戴明寶[207]、寂之等聞之，皆響應。幼豫約勒內外[208]，使錢藍生密報休仁、休祐。時帝欲南巡，腹心宗越等並聽[209]出外裝束[210]，唯隊主樊僧整[211]防華林閤[212]。柳光世與僧整鄉人[213]，因密邀之，僧整即受命，凡同謀十餘人。阮佃夫慮力少不濟，更欲招合[214]，壽寂之曰：「謀廣或泄[215]，不煩多人。」其夕，帝悉屏侍衛，與羣巫及綵女[216]數百人射鬼於竹林堂。事畢，將奏樂，壽寂之抽刀前入，姜產之次之，淳于文祖等皆隨其後。休仁聞行聲甚疾[217]，謂休祐曰：「事作[218]矣！」相隨奔景陽山[219]。帝見寂之至，引弓射之，不中。綵女皆迸走[220]，帝亦走，大呼寂寂者三，寂之追而弒之。宣令宿衛曰：「湘東王受太皇太后令，除狂主，今已平定。」殿省惶惑，未知所為。

休仁就祕書省見湘東王，即稱臣，引升西堂[221]，登御座，召見諸大臣。于時事起倉猝，王失履，跣至西堂[222]，猶著烏帽[223]。坐定，休仁呼主衣以白帽代之[224]。令備羽儀[225]，雖未即位，凡事悉稱令書[226]施行。宣太皇太后令，數[227]廢帝罪惡，命湘東王纂承皇極[228]。及明，宗越等始入，湘東王撫接甚厚[229]。廢帝母弟[230]司徒、揚州刺史豫章王子尚[231]，頑悖[232]有兄風，己未[233]，湘東王以太皇太后令，賜子尚及會稽公主死，建安王休仁等始得出居外舍[234]，釋謝莊之囚。廢帝猶橫尸太醫閤口[235]，蔡興宗謂尚書右僕射王彧曰：「此雖凶悖，要是天下之主[236]，宜使喪禮粗足[237]，若直如此[238]，四海必將乘人[239]。」乃葬之秣陵縣南[240]。

初，湘東王母沈婕妤[241]早卒，路太后[242]養之。王事太后甚謹，太后愛王亦篤[243]。王既弒廢帝，欲慰太后心，下令以太后弟子休之為黃門侍郎[244]，茂之為中書侍郎[245]。

論功行賞，壽寂之等十四人皆封縣侯、縣子[246]。

十二月庚申朔[247]，以東海王禕為中書監[248]、太尉，進鎮軍將軍、江州刺史晉安王子勛為車騎將軍、開府儀同三司。癸亥[249]，以建安王休仁為司徒、尚書令、揚州刺史，以山陽王休祐為荊州刺史，桂陽王休範為南徐州刺史。乙丑[250]，徙[251]安陸王子綏[252]為江夏王。

丙寅[253]，湘東王即皇帝位，大赦，改元[254]。其廢帝時昏制謬封[255]，並皆刊削[256]。

庚午[257]，以右衛將軍劉道隆為中護軍[258]。道隆嘗無禮於建安太妃[259]，至是[260]，建安王休仁求解職[261]，明帝乃賜道隆死。

宗越、譚金、童太一等雖為上所撫接，內不自安，上亦不欲使居中[262]，從容謂之曰：「卿等遭罹暴朝[263]，勤勞日久，應得自養之地[264]，兵馬大郡，隨卿等所擇。」越等素已自疑，聞之，皆相顧失色，因謀作亂，以告沈攸之，攸之以聞。上收越等，下獄死。攸之復入直閤[265]。

辛未[266]，徙臨賀王子產[267]為南平王，晉熙王子輿[268]為廬陵王。○壬申[269]，以尚書右僕射王景文[270]為尚書僕射。景文，即彧也，避上名，以字行[271]。

乙亥[272]，追尊沈太妃[273]曰宣太后，陵曰崇寧。

初，豫州刺史山陽王休祐入朝，以長史、南梁郡[274]太守陳郡[8]殷琰行府州事[275]。及休祐徙荊州，即以琰為督豫、司二州諸軍事、豫州刺史。

有司奏路太后宜即前號[276]，移居外宮，上不許。戊寅[277]，尊路太后為崇憲皇太后，居崇憲宮，供奉禮儀，不異舊日。立妃王氏為皇后。后，景文之妹也。

罷二銖錢，禁鵝眼、綖環錢，餘皆通用。

江州佐吏得上所下令書，皆喜，共造鄧琬[278]曰：「暴亂既除，殿下[279]又開黃閤[280]，實為公私大慶。」琬以晉安王子勛次第居三[281]，又以尋陽起事與世祖同符[282]，謂事必有成[283]。取令書投地曰：「殿下當開端門[284]，黃閤是吾徒事[285]耳！」眾皆駭愕[286]。琬更與陶亮等繕治器甲，徵兵四方。

袁顗既至襄陽，即與諮議參軍劉胡[287]繕修兵械，簡集[288]士卒，詐稱被太皇太后令[289]，使其起兵，即建牙馳檄[290]，奉表勸子勛即大位。

辛巳[291]，更以山陽王休祐為江州刺史，荊州刺史臨海王子頊即留本任。

先是，廢帝以邵陵王子元[292]為湘州刺史[293]，中兵參軍沈仲玉為道路行事[294]，至鵲頭[295]，聞尋陽兵起，不敢進。琬遣數百人劫迎之，令子勛建牙於桑尾[296]，傳檄建康，稱：「孤[297]志遵前典[298]，黜幽陟明[299]。」又謂上「矯害明茂[300]，篡[9]竊大寶[301]，干我昭穆[302]，寡我兄弟[303]，藐孤同氣[304]，猶有十三[305]，聖靈何辜[306]，而當之饗[307]。」

郢州刺史安陸王子綏承子勛初檄[308]，欲攻廢帝，聞廢帝已殞[309]，即解甲下標[310]。既而聞江、雍猶治兵[311]，郢府行事荀卞之[312]大懼[313]，即遣諮議、領中兵參軍[314]鄭景玄帥軍[10]馳下，并送軍糧。荊州行事孔道存奉刺史臨海王子頊[315]，會稽將佐[316]奉太守尋陽王子房[317]，皆舉兵以應子勛。

【章　旨】以上為第二段，寫宋明帝泰始元年九月至十二月共三個月間的大事。主要寫了宋廢帝劉子業慘殺其舅王藻，又殺良吏孔靈符，又納其姑新蔡長公主為妃，長公主之夫何邁怒欲殺帝，被廢帝所殺；又指使侍從、警衛肆意侮辱其諸叔的王妃、公主，壞事做盡；寫沈慶之自昵於廢帝，蔡興宗為沈慶之分析形勢，勸說沈慶之發動起義，廢昏立明，沈慶之不從，結果被廢帝所殺；寫蔡興宗先後又勸說將軍王玄謨、劉道隆起行廢立，王玄謨、劉道隆皆畏怯不敢；寫廢帝忌恨其諸叔，尤其忌恨湘東王劉彧、建安王劉休仁、山陽王劉休祐，特別對湘東王劉彧陵辱、迫害至極點；寫廢帝因其祖劉義隆、其父劉駿都是以排行第三而起家為帝，故而忌恨其三弟劉子勛，擔心劉子勛也會因排行第三而奪了他的皇帝位，於是派人赴江州殺劉子勛，結果導致劉子勛的僚屬鄧琬等在江州發動了討伐廢帝劉子業的武裝起事；寫湘東王劉彧的親信阮佃夫、王道隆與廢帝身邊的柳光世、壽寂之等串連政變，趁廢帝在華林園荒淫行樂之際將其殺死，擁立湘東王劉彧做了皇帝；寫劉彧稱帝後，大力任用文帝諸子，使之掌握朝廷大權；接著劉彧又殺了廢帝之胞弟劉子尚，又對廢帝的其他兄弟進行了若干裁抑；寫劉彧準備將廢帝寵信的將領宗越、譚金、童太一等逐出朝廷，宗越、譚金、童太一等圖謀作亂，被沈攸之告密所殺；寫劉彧以加官進爵招撫已在江州起事反朝廷的劉子勛、鄧琬等人，鄧琬等不聽招撫，堅持擁立劉子勛為帝，於是雍州刺史袁顗與在郢州行府州事的苟卞之、在荊州行府州事的孔道存等皆奉其刺史，起兵以應劉子勛。

【注　釋】❶十月丙寅　十月初七。❷帝還建康　由瓜步山返回建康。❸帝舅東陽太守王藻　王藻是東晉丞相王導的玄孫，是廢帝之母王太后之弟。此時王藻為東陽太守，東陽郡的郡治即今浙江金華。❹臨川長公主　孝武帝劉駿之女，廢帝劉子業之妹。凡皇帝之女稱公主，皇帝之姐妹稱長公主。❺譖藻於帝　在皇帝跟前說王藻的壞話。❻己卯　十月二十。❼忤犯　冒犯；得罪。❽新蔡長公主　宋文帝劉義隆之女，封地新蔡郡，郡治即今河南的汝南縣，當時汝南、新蔡二郡的郡治都在汝南縣。新蔡長公主是廢帝劉子業之姑，凡皇帝之姑稱長公主。❾帝納公主於後宮　廢帝將新蔡長公主收在自己身邊，作為姬妾。❿送邁第殯葬　將殺死的宮婢以新蔡長公主的名義送到何邁家，讓其家為之出殯、埋葬。殯，指設靈堂供人祭弔。⓫行喪禮　指廢帝劉子業為這個被殺的宮婢服喪行禮，因為她頂著皇帝姑姑的名義。⓬庚辰　十月二十一。⓭拜貴嬪為夫人　正式拜授假冒謝貴嬪的新蔡長公主為夫人。「夫人」是后妃的封號名，低於皇后，位同朝臣中的三公。⓮鸞輅龍旂　以鸞鳥龍旗為裝飾的車駕。旂，同「旗」。⓯出警入蹕　在出行與回宮的時候都要清道戒嚴。警蹕，為保衛貴人的安全而清道戒嚴。⓰豪俠　指重義氣，敢作敢為。⓱死士　能為主子或朋友豁出死命的勇士。⓲十一月壬辰　十一月初三。⓳自昵於帝　向廢帝劉子業靠近討好。昵，親密。⓴數　屢次。㉑浸不悅　漸漸地越來越不高興。浸，逐漸。㉒杜門　閉門。㉓悠悠請託者　絡繹不絕的走後門、拉關係的人。悠悠，接連不斷的樣子。請託，送禮行賄，託人情、拉關係地求人幫著辦事。㉔何為見拒　為什麼也斷絕和我的往來。這裡是蔡興宗向沈慶之示意，希望沈慶之能向他發出邀請。㉕比者所行　近來的所作所為。㉖人倫道盡　完全是沒有人倫的禽獸之行。㉗率德改行　看來要想讓他改變行為，遵守道德。㉘無可復望　是再也沒有希望的了。㉙今所忌憚　如今他所敬畏的人。㉚喁喁　群魚仰口向上，等著人們拋食的樣子。這裡是形容百姓急切地仰望自己的救星降臨。㉛瞻賴　瞻仰、依賴。㉜素著　一向如雷貫耳，深入人心。㉝舉朝遑遑　整個朝廷上下焦急不安。舉，全體。遑遑，焦慮不安的樣子。㉞人懷危怖　每個人都陷於危急恐怖之中。㉟指麾之日　如果您什麼時候能夠出來振臂一呼。指麾，意即成為大家的領頭人。㊱如猶豫不斷　如果您到現在還遲疑不決。㊲豈惟旦暮及禍　豈只您說不定哪一天要被廢帝所懲治。㊳四海重責將有所歸　而且天下人都要憤怒地起來討伐您。將有所歸，意即天下人的矛頭都要指向您。胡三省曰：「言慶之自昵於廢帝，今忤帝意，不惟行且及禍；若他人舉事，必謂慶之從君於昏，慶之何所逃其責？」㊴蒙眷異常　承蒙您對我非同尋常的關照。眷，關心；照顧。㊵奉國　報國。㊶始終以之　始終一心無二地幹下去。㊷委任天命　放棄一切人為的努力，靜候天命的降臨，意即聽天由命。㊸加老退私門　再加上我如今已退休在家。老，古代即指退休。㊹兵力頓闕　既沒有人力，也沒有武器。兵指武器，力指人員，頓指武器不好，闕指沒有人手。㊺懷謀思奮　胸懷大計，很想出來幹一場。㊻脫　擺脫；避免。㊼唱首　帶頭大喊一聲。㊽俯仰可定　一俯一仰之間，大事即可完成。俯仰，形容成事之省時省力。㊾統戎累朝　已經在好幾代的皇帝手下統領大兵。沈慶之統率軍事歷經文帝、孝武帝、廢帝三朝。㊿部曲　古時的軍隊編制單位，一個將軍下轄五部，部的長官稱校尉；一個部下轄五曲，曲的長官稱軍候。部曲在這裡即指部下、下屬。(51)布在宮省　指在朝廷統領禁軍。如當時禁軍的統領宗越、譚金等都曾是沈慶之的部下。(52)沈攸之　沈慶之的堂姪。傳見《宋書》卷七十四。(53)義附　慕義而歸附於門下的人，如賓客、食客之類。(54)三吳　指吳郡、吳興、義興三郡。(55)鄉人　同鄉。沈慶之與陸攸之都是吳興郡人。(56)大有鎧仗　鎧甲兵器多得很。(57)在青溪未發　眼下駐紮在青溪，尚未出發東下。青溪是河水名，發源於今南京城東的鍾山，下游流入秦淮河。(58)配衣麾下　把你的部下裝備起來。配指發給他們武器用，衣指發給他們鎧甲穿。(59)帥以前驅　率領軍隊進攻朝廷。(60)按前世故事　依照前世廢黜舊皇帝、另立新皇帝的做法。(61)更簡賢明　重新挑選出一個賢明的劉姓子弟。(62)以奉社稷　以主持社稷與宗廟的祭祀，亦即充當君主。(63)立定　立即就可以安定下來。(64)朝廷諸所施為　現今皇帝的這些所作所為。朝廷，指皇帝劉子業。(65)民間傳言公悉豫之　民間傳說您都是參與了的。按，「民間傳言」是婉轉說法，實際意思即「你都是參與了的」，你推脫不了。(66)公今不決　意謂如您再不決心搶先發動起事。(67)不免附從之禍　到那時你就再也難逃夥同廢帝共同作惡的罪名。附從，跟同昏君為惡。(68)車駕　這裡即指宋廢帝劉子業。(69)屢幸貴第　多次到您家裡來。幸，以言皇帝之所臨、所親。(70)屏左右　支開身邊的用人。(71)獨入閤內　你們兩人單獨地進入小屋。以言其策劃眾人所不知曉的事情。(72)此萬世一時　這可是您表現自己、搶先立功的千載難逢的好時機。(73)事至　如果你所說的那種情況一旦降臨。(74)抱忠以沒　秉持著對宋廢帝的忠心，死而後已。(75)沈文秀　沈慶之之姪。傳見《宋書》卷八十八、《魏書》卷六十一。(76)將之鎮　剛準備到青州上任。青州的州治即今山東青州。鎮，軍事指揮部的所在地。當時的刺史往往同時又任督軍，故稱刺史上任曰「之鎮」。(77)禍亂不久　災難不久即將發生。(78)受其寵任　受宋廢帝劉子業的寵信。(79)萬物　所有的人。物，即指人。(80)皆謂與之同心　都說我們沈家一門與宋廢帝是一丘之貉。(81)若人　那個人，指宋廢帝。(82)猜忍特甚　猜疑、殘忍到了極點。(83)因此眾力圖之　借用這股勢力推翻他。(84)難值　難逢。值，趕上。(85)慶之終不從　胡三省曰：「沈慶之之從君於昏狂，杜門以待死，伊、霍之事，固非常人所能行也。」(86)以絕之　不讓沈慶之過青溪進入臺城。絕，堵塞其交通。當時沈慶之退休在家，住在城外。(87)直閤將軍攸之　沈攸之，時任直閤將軍，負責在皇帝辦公的殿閣值勤。(88)以被揜殺之　用被將其悶死了。揜，掩；捂住。胡三省曰：「攸之隨慶之討隨王誕有功，慶之抑其賞，由是恨之，故果於殺。」(89)欲亡　想往國外逃跑。(90)支解　同「肢解」。被拆卸成碎塊。(91)我能死二句　我可以陪著父親死，但你要活下去，日後為父親與我報仇。沈文叔在這裡是用了春秋時伍尚所說的話。伍尚的父親伍奢被楚平王所殺後，楚平王又派兵來殺伍尚兄弟二人。伍尚對其弟伍員說：「可去矣！汝能報殺父之讎，我將歸死。」(92)祕書郎昭明　沈昭明，時為祕書郎，掌管國家圖書館的經書校勘等事。(93)自經　上吊自殺。(94)忠武公沈慶之生前被封為始興郡公，諡曰忠武，故可稱之為忠武公。(95)刑殺過差　殺人過多，刑法過酷。(96)宿將　老將。實則軍功不多，元嘉時的北伐中為最高統帥，其腐朽無能導致的敗軍之罪，可謂死有餘辜。(97)訛言　傳說。(98)領軍殊當憂懼　領軍將軍玄謨先生近來大概很是擔驚受怕吧。殊當，大概很是。(99)比日殆不復食　近些天幾乎吃不下飯。殆，幾乎。(100)恆言收已在門　嘴裡總是念叨皇帝派來抓我的人已到門口了吧。(101)不保俄頃　看來活不了多久。俄頃，轉眼之間。(102)當為方略　應該給他想個辦法。(103)那得坐待禍至　怎麼能乾等著大禍臨頭呢。(104)舉事　起兵辦廢掉劉子業的事。(105)期當　必當；一定會做到。(106)劉道隆　劉裕的開國元勳劉懷慎之姪，時為右衛將軍，主管宮廷衛隊。傳見《宋書》卷四十五。(107)比日思一閒寫　過幾天找工夫一起聊聊。比日，近幾天。閒寫，聊聊天；談談心。(108)蔡公勿多言　胡三省曰：「廢昏立明，非常之謀也。蔡興宗建非常之謀，既以告沈慶之，又以告王玄謨，又以擿發劉道隆，而人不敢泄其言，何也？昏暴之朝，人不自保，『時日害喪，予及汝皆亡。』蓋人心之所同然也。」(109)壬寅　十一月十三。(110)太皇太后弟道慶　孝武帝之母路太后之弟路道慶。(111)諸父　各位叔父，即文帝劉義隆之子，孝武帝劉駿的諸弟。(112)毆捶陵曳　毆打、陵辱、拖拽。曳，在地上拖拉。(113)無復人理　不把他們當人看。(114)湘東王彧　劉彧，文帝的第十一子，即日後的宋明帝。事跡見《宋書》卷八。(115)建安王休仁　劉休仁，文帝的第十二子，被封為建安王。傳見《宋書》卷七十二。(116)山陽王休祐　劉休祐，文帝的第十三子，被封為山陽王。傳見《宋書》卷七十二。(117)盛而稱之　把他們裝在籠子裡過秤。稱，用秤量其體重。(118)錄以自隨　把他們帶在身邊。錄，收；拘押。(119)東海王禕　劉禕，文帝的第八子，開始被封為廬江王，後又改封為東海王。傳見《宋書》卷七十九。(120)凡劣　平庸、鄙陋。(121)桂陽王休範　劉休範，文帝的第十八子，開始被封為順陽王，後又改封為桂陽王。傳見《宋書》卷七十九。(122)巴陵王休若　劉休若，文帝的第十九子，被封為巴陵王。傳見《宋書》卷七十二。(123)並得從容　指拘管得略為寬鬆，不像其他親王那樣備受陵辱。(124)并雜食攪之　和一些其他食物攪拌在一起。(125)實以泥水　坑裡灌滿泥水。(126)裸彧內阬中　扒下劉彧的衣服，將其推入坑內。內，同「納」。推進。(127)以十數　有十多次。(128)多智數　有心計；辦法多。(129)每以談笑佞諛說之　往往常用一種插科打諢的話、一種奉承開心的話來討得劉子業高興。說，同「悅」。(130)故得推遷　故而能使他們的死期一次次地向後推延。(131)少府　為皇家理財與管理各種生活事務、用品製造的官員，級別大約相當於各部尚書。(132)孕臨月　懷孕到了分娩的時候。(133)俟其生男　等她分娩看，如果是生的男孩。俟，等候。(134)貫之以杖　穿上槓子，以便讓人抬。貫，穿。(135)擔付太官　抬去交給廚房管理員。太官，為皇帝管理廚房、伙食的官員。(136)且付廷尉　暫且交給刑部關押起來。廷尉，即後來的刑部尚書，全國最高的司法官員。(137)一宿二句　過了一夜，第二天就又把他放了。(138)丁未　十一月十八。(139)賜為父後者爵一級　給普天下父親的繼承人都長一級，以示同慶。為父後者，即嫡長子，父親家業的合法繼承人。百姓有爵級是秦漢時期的章程，劉子業這樣說話大概就是給「為父後者」每人發一些獎勵。(140)太祖世祖在兄弟數皆第三　太祖文帝劉義隆在劉裕的兒子裡排行第三；世祖孝武帝劉駿在劉義隆的兒子中又是排行第三。(141)因何邁之謀　趁著不久前何邁曾經陰謀廢掉劉子業，改立劉子勛的「罪惡」活動。(142)湓口　鄱陽湖入長江之口，離當時的尋陽，即今之九江市不遠。(143)主帥　刺史、諸王屬下的大吏，胡三省曾說「即典籤」，但這裡既與典籤並出，應是指刺史、諸王住宿及其辦公區域的衛士長官，即所謂「齋帥」。《宋書》卷八十正作「齋帥」。(144)侍書　官名，負責教導諸王念書。(145)身南土寒士　我本身是出生於南方的一個寒門之家。身，猶言「我」，自稱之詞。鄧琬家在南昌，出身寒素。(146)先帝　指孝武帝劉駿。(147)以愛子見託　即派自己任晉安王劉子勛的長史。劉子勛此時方十一歲。(148)豈得惜門戶百口　哪裡還能顧及自己的一家老小。(149)事猶獨夫　他所做的事情簡直就是一個獨夫民賊。(150)直造京邑　逕直地向著京城殺過去。(151)廢昏立明　廢掉昏君，更立明君。(152)戊申　十一月十九。(153)稱子勛教　以劉子勛的名義發布命令。(154)出聽事　從辦公的廳堂裡走出來。聽事，升堂理事的地方。(155)口宣旨諭之　口頭地宣布劉子勛的意思，告誡大家。(156)諮議參軍　主管軍事謀略、負責行兵作戰的事務。(157)領中兵　統領主力部隊。(158)統作舟艦　主管打造戰船。(159)錄送　押送。(160)張悅　張暢之弟，當時任劉子勛部下的前軍長史，並代理荊州刺史處理荊州事務。傳見《宋書》卷五十九。(161)至湓口　依前後文意，應是廢帝令荊州刺史將張悅押解到建康，當他們行經湓口的時候。(162)釋其桎梏　打開刑具，將張悅放了出來。桎梏，猶今所謂手銬腳鐐。用於雙手的曰桎，用於雙腳的曰梏。(163)暢　張暢，宋初名臣張禕之子，文帝北伐、拓跋燾南侵之際，張暢於戰於守、並在與魏國使臣的對話中均有傑出的表現，為當時之佼佼者，死於孝武帝在位時。傳見《宋書》卷五十九。(164)斷大雷　在大雷要塞設防，斷絕長江上下的聯繫。大雷是軍事要塞名，在今安徽望江縣，地處長江北岸。(165)遣使上諸郡民丁　派使者到江州所轄諸郡，將各郡的成丁男子一律徵調為士兵。上，登記；徵調。(166)出頓　駐紮。(167)巴東建平二郡　巴東郡的郡治在今重慶市奉節，建平郡的郡治在今重慶市巫山縣，當時二郡共設一個太守。168移檄遠近 向遠近各地區、各州郡的官吏軍民發出通告，號召大家理解、支持。169戊午 十一月二十九。170諸妃主 被廢帝所拘押的前述諸王的王妃與公主。171彊左右使辱之 命令自己身邊侍從、警衛過去侮辱她們。172南平王鑠 劉鑠，文帝劉義隆的第四子，前已被孝武帝劉駿所殺。傳見《宋書》卷七十二。173南平王敬猷 劉敬猷，劉鑠的長子，繼其父位為南平王。174廬陵王敬先 劉敬先，劉鑠的次子，過繼於廬陵王劉紹為後，繼劉紹為廬陵王。175安南侯敬淵 劉敬淵，劉鑠的第三子，被封為安南侯。當時諸王的兒子照例都封為侯，諸王的封地為一個郡，諸侯的封地為一個縣。176湘中出天子 湘州地區要出現新皇帝。177厭 意思同「壓」。古代的一種迷信活動。當古人發現有何種對自己不利的徵兆時，就設法用一種更強有力的辦法來壓住那種徵兆，使其不能為害於己。其實是用一種迷信對付另一種迷信，庸人自擾而已。178宗越譚金童太一 都是當時主要的將領，先曾為沈慶之部下，此時都在廢帝劉子業身邊任禁軍的頭領。傳並見《宋書》卷八十三。179充牣 充滿。180益無所顧憚 越發肆無忌憚。顧，顧忌；憚，害怕。181恣為不道 隨心所欲地幹壞事。恣，任意；為所欲為。182中外騷然 朝廷內外一片惶恐不安。騷然，惶恐動盪的樣子。183久幽 長時間地被關押。184主衣 官名，為帝王管理服飾。185阮佃夫 會稽郡人，為湘東王劉彧主管服飾。傳見《宋書》卷九十四。186內監 也稱「齋監」，為帝王臨督其屬下的各種服務人員。187吳興王道隆 吳興郡人姓王名道隆。傳見《宋書》卷九十四。188學官令 侍候諸王讀書，並管理該封國的教育事業。189柳光世 柳元景的堂弟，時為廢帝身邊的直閤將軍。傳見《宋書》卷七十七。190琅邪淳于文祖 琅邪郡人姓淳于，名文祖。191以立后故 由於新立路氏為皇后，宮內缺少太監。192假諸王閹人 向前述諸王的家中借調一些太監使用。193候帝動止 監視廢帝的一舉一動。候，觀察；偵察。動止，做什麼與不做什麼。194華林園竹林堂 華林園是當時建康城內的皇家園林，竹林堂是華林園的後堂。195倮相逐 赤裸著身體奔跑追逐。196悖虐 不講道理而且殘暴。悖，不講道理。197不及熟 等不到新糧食成熟就要死去。198巫覡 男女巫的合稱，一種以迷信為職業，自稱能溝通天人，能降妖驅鬼的人員。巫是女巫，覡是男巫。199晡時 申時，即午後的三至五時。200祕書省 宮廷中保存圖書檔案的場所。201吳興壽寂之 吳興郡人姓壽名寂之。傳見《宋書》卷九十四。202外監典事 官名，主管到宮外搜集情報的人員。203東陽朱幼 東陽郡人名叫朱幼。東陽郡的郡治即今浙江金華。204細鎧主 與下文「細鎧將」都是皇帝身邊的衛隊將領。205南彭城姜產之 南彭城郡人姜產之，曾為龍驤將軍。傳見《宋書》卷九十四。南彭城是僑郡名，在當時的晉陵郡內。206晉陵 晉陵郡的郡治即今江蘇鎮江市東南的丹徒鎮。207戴明寶 孝武帝時任侍中，廢帝即位後受到冷落。傳見《宋書》卷九十四。208豫約勒內外 預先聯絡、安排好宮內宮外的人員。約，聯絡；約定。勒，布置；部署。209聽 允許；任其自由。210出外裝

束　出宮回家整理行裝。(211)隊主樊僧整　廢帝的衛士隊長。(212)防華林閤　防守華林閤的門戶。(213)與僧整鄉人　與樊僧整是同鄉。胡三省曰：「柳氏本河東人，僑居襄陽；樊僧整蓋亦河東人也。」(214)更欲招合　還想招集更多的人。(215)謀廣或泄　同謀的人一多就可能洩密。(216)綵女　從宮外新挑選來的民間女子。(217)行聲甚疾　走路的聲音很急。(218)事作　暴動的事情開始了。(219)景陽山　華林園內的假山。(220)皆迸走　都四散逃走。(221)西堂　當時皇帝升殿會見群臣，有東西二堂，此在西堂。(222)跣至西堂　光著腳走到西堂。(223)猶著烏帽　頭上還戴著一頂平民、罪犯所戴的帽子。(224)以白帽代之　給他換上了一頂白色的紗帽。東晉及南朝皇帝在閒暇的時候都戴白紗帽。(225)令備羽儀　派人取來皇帝所用的全副儀仗。羽儀，用羽毛裝飾的幡傘之類。(226)悉稱令書　都以中書令、尚書令的口氣下達。(227)數　逐條列舉地譴責。(228)纂承皇極　繼承先帝的皇位。纂承，繼承。皇極，皇綱；皇帝的統緒。(229)撫接甚厚　安慰、接待的感情、禮數很誠摯、很友好。(230)母弟　一母所生的弟弟。(231)豫章王子尚　劉子尚。傳見《宋書》卷八十。(232)頑悖　頑固荒謬，不講道理。(233)己未　十一月三十。(234)出居外舍　回到宮外自己的家裡住。(235)太醫閣口　皇帝御醫所在的門口。(236)要是天下之主　畢竟是一個曾經君臨天下的皇帝。(237)宜使喪禮粗足　應該讓他的喪禮能夠勉強過得去。粗足，大體完備。(238)若直如此　如果一直這樣下去。(239)四海必將乘人　天下人必將起來討伐我們。乘，攻擊。因為我們對待廢帝的做法太過分了。胡三省曰：「王彧，湘東王妃兄也，故蔡興宗與之言。」(240)秣陵縣南　胡三省注：「葬於秣陵縣南郊壇西。」按，秣陵縣即今之南京。(241)沈婕妤　姓沈，封號為婕妤。婕妤為九嬪之一，在皇后與夫人之下。(242)路太后　孝武帝劉駿之母，原為文帝之嬪妃，劉駿稱帝後，封之為太后。(243)篤　感情深厚。(244)黃門侍郎　門下省的副長官，管理後宮的事務。(245)中書侍郎　中書省的副長官，主管為皇帝起草文件。(246)縣侯縣子　封地為一個縣的侯爵，與封地為一個縣的子爵。(247)十二月庚申朔　十二月初一是庚申日。(248)中書監　中書省的副長官，位在中書侍郎上。(249)癸亥　十二月初四。(250)乙丑　十二月初六。(251)徙　改封。(252)安陸王子綏　劉子綏，孝武帝劉駿之子，被封為安陸王。傳見《宋書》卷八十。(253)丙寅　十二月初七。(254)改元　從此時起改元曰泰始。凡太子繼位為皇帝，通常皆轉年改元；凡推翻前任皇帝自行稱帝者，通常皆當年改元。(255)昏制謬封　昏亂的制度與荒謬的加封。(256)刊削　廢除。(257)庚午　十二月十一。(258)中護軍　軍官名，位在中領軍之下，主管對諸將軍的監督管理。級別較右衛將軍為高。(259)建安太妃　文帝之妃，建安王劉休仁之母，隨其子之封為號。(260)至是　當劉彧晉升劉道隆為中護軍時。(261)求解職　請求辭去尚書令之職，以表示對劉道隆的反對。(262)居中　在朝廷之內為官。(263)遭罹暴朝　經歷過那個殘暴的朝廷。(264)應得自養之地　應該選一個能讓自己休養的地方。(265)復入直閤　又進入宮廷在內閣值勤。胡三省曰：「沈攸之繼此有平尋陽之功，遂總戎北討，歷居方面之任。」(266)辛未　十二月十二。(267)臨賀王子產　劉子産，孝武帝劉駿之子，被封為臨賀王。傳見《宋書》卷八十。[268]晉熙王子輿　劉子輿，孝武帝劉駿之子，初被封為晉熙王，後過繼於廬陵王劉禕為後。傳見《宋書》卷八十。[269]壬申　十二月十三。[270]王景文　即前文所說的王彧，字景文，宋明帝時代的顯貴之臣。傳見《宋書》卷八十五。[271]避上名二句　為給宋明帝劉彧避諱，故時人對王彧遂以其字王景文相稱。[272]乙亥　十二月十六。[273]沈太妃　劉彧的生母，生前隨其子之封號稱為湘東王太妃。[274]南梁郡　僑郡名，郡治即今安徽壽州。[275]行府州事　代理督軍府與豫州刺史的職務。行，代理。[276]宜即前號　還用未稱太后以前的稱號。意即免去路氏的太后封號。[277]戊寅　十二月十九。[278]共造鄧琬　共同到鄧琬處。造，到……處。[279]殿下　以稱晉安王劉子勛。[280]開黃閤　即上文所說的劉彧進封劉子勛為車騎將軍，加開府儀同三司。開府，即俗所謂開黃閤。[281]次第居三　在眾兄弟的排行中名列第三。第一劉子業，第二劉子尚，第三即劉子勛。這一點與當初孝武帝劉駿在其眾兄弟中排行第三相同。[282]尋陽起事與世祖同符　當年武陵王劉駿討伐元凶劉劭時，就是在尋陽起兵，現在劉子勛的討伐劉子業又是在尋陽起兵。同符，意即完全相同，像兵符、契約一樣對得上。[283]謂事必有成　以為爭取做皇帝的事情一定能成。[284]當開端門　意即做皇帝。端門是皇帝宮殿的正南門。[285]黃閤是吾徒事　做儀同三司是我們這些人的事情。[286]駭愕　驚訝。[287]劉胡　文帝以來的著名將領，多有戰功。傳見《宋書》卷八十四。[288]簡集　挑選、招集。[289]被太皇太后令　接到太皇太后的密令。被，蒙受；接到。太皇太后，即前文所說的路太后，孝武帝劉駿之母，劉子勛的祖母。[290]建牙馳檄　樹起大旗，發出文告。牙，牙旗，泛指大旗。檄，檄文；文告。[291]辛巳　十二月二十二。[292]邵陵王子元　劉子元，孝武帝劉駿之子，被封為邵陵王，封地邵陵郡，郡治即今湖南邵陽。[293]湘州刺史　湘州的州治即今長沙。[294]為道路行事　在赴州任的道路上，管理旅途中的一應事務。[295]鵲頭　即今安徽銅陵北側的鵲頭山，是長江上的險固要塞。[296]桑尾　桑落洲尾，桑落洲是長江中的小洲名，在今江西九江市東北。[297]孤　劉子勛自稱。[298]志遵前典　立志遵照前輩的典章行事。[299]黜幽陟明　廢除昏君，改立明君。陟，升。[300]矯害明茂　假傳太皇太后的命令，殺害了既有明德，又是至親的豫章王劉子尚。明茂，明德茂親。茂，美。[301]篡竊大寶　篡奪皇位。[302]干我昭穆　擾亂了我們劉氏皇族的父子承傳的秩序。皇家太廟裡供奉七個牌位，中間是始祖，左邊三個為「昭」，右邊的三個為「穆」。一昭一穆都是父子相傳地交插排列下去。劉裕是始祖，劉義隆是其子，為昭；劉駿是劉義隆之子，為穆。再往下排，應該是劉駿的兒子才對，現在你劉彧插了進來，你是孝武帝之弟，不合「昭」、「穆」關係。[303]寡我兄弟　殺害我的弟兄，使我的弟兄人數減少。寡，使之減少。[304]藐孤同氣　眼中沒有我們兄弟。藐，瞧不起；目中無人。同氣，即指兄弟。[305]猶有十三　而我們兄弟還有十三個人。按，孝武帝有二十八子，尚存者十三人，即子勛、子綏、子房、子頊、子仁、子真、子元、子輿、子孟、子嗣、子趨、子期、子悅。306聖靈何辜　我們的父親有什麼罪。聖靈，敬稱其父孝武帝的亡靈。307而當乏饗　竟然斷絕了後人對他的祭祀。孝武帝的十三個兒子中如果無人為帝，那別人為帝是不會再祭祀他的。308承子勛初檄　接到劉子勛第一次發出的討伐廢帝的檄文。承，接；接到。309已隕　已被朝中的起事人殺死。310解甲下標　脫去鎧甲、撤去標幟，指收兵息事。標，旗幡之類，招引人同做某事。311江雍猶治兵　江州的鄧琬、雍州的袁顗仍在繼續堅持反對朝廷的活動。猶治兵，仍未收兵息事。312郢府行事荀卞之　郢州刺史府的代理州事者姓荀名卞之。郢州的州治在今武漢。按，「荀卞之」也有本作「苟卞之」。313大懼　因郢州地處江州與雍州之間，故怕兩州夾攻。314諮議領中兵參軍　原職為諮議參軍，現又兼任中兵參軍。領，兼任。315奉刺史臨海王子頊　擁戴著荊州刺史劉子頊。奉，捧。當時的刺史諸王率皆年齡幼小，故一切大事都是「行府州事」者做主，由他們打著該王的名義辦理。316會稽將佐　會稽太守部下的武將與文官。317奉太守尋陽王子房　擁戴著名義上是會稽太守的尋陽王劉子房。

【校記】 1公　原無此字。據章鈺校，甲十一行本、乙十一行本、孔天胤本皆有此字，今據補。2禍　原無此字。據章鈺校，甲十一行本、乙十一行本、孔天胤本皆有此字，張敦仁《通鑑刊本識誤》同，今據補。3暮　原作「夕」。據章鈺校，甲十一行本、乙十一行本、孔天胤本皆作「暮」，今據改。4世　原作「代」。據章鈺校，甲十一行本、乙十一行本皆作「世」，今據改。5太　原無此字。據章鈺校，甲十一行本、乙十一行本、孔天胤本皆有此字，今據補。6吳興　原作「始興」。據章鈺校，甲十一行本、乙十一行本、孔天胤本皆作「吳興」，張敦仁《通鑑刊本識誤》同，今據改。7陰　原無此字。據章鈺校，甲十一行本、乙十一行本、孔天胤本皆有此字，張敦仁《通鑑刊本識誤》同，今據補。8陳郡　原無此二字。據章鈺校，甲十一行本、乙十一行本、孔天胤本皆有此二字，張敦仁《通鑑刊本識誤》同，今據補。9篡　原作「纂」。據章鈺校，甲十一行本、乙十一行本皆作「篡」，張敦仁《通鑑刊本識誤》同，今據改。10軍　原作「眾」。據章鈺校，甲十一行本、乙十一行本、孔天胤本皆作「軍」，今據改。

【語譯】 冬季，十月初七日丙寅，宋廢帝劉子業從江北的瓜步山回到京師建康。○廢帝的舅舅東陽太守王藻娶了宋世祖劉駿的女兒臨川公主為妻。公主生性忌妒，就在自己的哥哥廢帝面前說王藻的壞話。二十日己卯，王藻被逮捕入獄，竟死了在獄中。

宋國擔任會稽太守的孔靈符，所到之處都留有政績，因為他冒犯了廢帝身邊的親信，這些親信便在廢帝面前說孔靈符的壞話，廢帝遂派遣使者前往會稽郡，用鞭子抽死了孔靈符，還殺死了孔靈符的二個兒子。

宋國擔任寧朔將軍的何邁，是何瑀的兒子，何邁娶了廢帝的姑姑新蔡長公主為妻。廢帝把新蔡長公主收入後宮做自己的姬妾，改稱新蔡長公主為謝貴嬪，對外詐稱新蔡長公主逝世，他殺死了宮中的一個婢女，冒充是新蔡長公主，送到何邁的府中，讓何邁家為她出殯，廢帝還為她服喪行禮。十月二十一日庚辰，廢帝正式冊封假冒謝貴嬪的新蔡長公主為夫人，特許謝夫人乘坐用鸞鳥龍旗做裝飾的車子，在出行與回宮的時候都要清道戒嚴。何邁一向重義氣、敢作敢為，豢養了很多願意為他拼死效力的勇士，密謀趁廢帝出遊的時候，將他除掉，擁立晉安王劉子勛為皇帝。事情洩露，十一月初三日壬辰，廢帝親自率兵誅殺了何邁。

當初，始興公沈慶之揭發了顏師伯、柳元景的陰謀之後，就主動向廢帝劉子業靠近討好，他屢次知無不言、言無不盡地規勸廢帝，廢帝漸漸地越來越不高興。沈慶之害怕發生災禍，就閉門不出，也不接待賓客。他曾經派遣自己的親信范羨到擔任吏部尚書的蔡興宗的住所，蔡興宗讓范羨對沈慶之說：「始興公閉門謝客，為的是躲避那些絡繹不絕的走後門、託關係的人。而我蔡興宗，並不是有求於始興公的人，為什麼始興公也拒絕和我往來呢？」沈慶之就派范羨去邀請蔡興宗。

蔡興宗應邀前往拜訪沈慶之，他趁機對沈慶之說：「皇上近來的所作所為，完全是沒有人倫的禽獸之行，看來要讓他改變行為、遵守道德，恐怕是沒有希望了。如今，皇上所敬畏的人只有您一個人；百姓所急切仰望、依賴、信任的也只有您一個人而已。您的威名一向如雷貫耳，深入人心，天下的人都敬服您。如今整個朝廷上下焦慮不安，人人都陷於危急恐懼之中，您如果站出來振臂一呼，天下人誰不立即響應？如果還猶豫不決，當斷不斷，想坐觀成敗，豈只是您自己說不定哪一天就會大禍臨頭，而且，全天下的人都會把罪責歸結到您的頭上而憤怒地起來討伐您！承蒙您對我非同尋常的關照，所以我才敢把全部的心裡話講給您聽，希望您仔細認真地考慮我的意見。」沈慶之說：「我確實知道自己現在處境的危險，我連自己的性命也難以保全，但盡忠報國，這是我始終遵循的原則，至於結果如何，我只能靜候天命的安排了。再加上我現在已經年老退休在家，手裡既沒有人力又沒有武器，即使想要有所作為，恐怕事情也沒有成功的希望。」蔡興宗說：

「如今那些胸懷大計，很想出來大幹一場的人，並非是為了邀功請賞求取富貴，而是為了擺脫隨時都有可能發生的殺頭之禍而已。殿中的將帥，正在探聽外面的消息，如果有一個人首先站出來大喊一聲，那麼只在一俯一仰之間，大事就可以獲得成功。況且您已經在好幾代皇帝手下統率過大軍，舊日的部下，分布在朝廷的各個部門，接受您恩惠的人很多，而像沈攸之這些人又都是您的宗族子弟，難道還擔心他們會不聽從於您嗎！何況您的門徒以及那些因為慕義而歸附於門下的人，全都是三吳的勇士。擔任殿中將軍的陸攸之，又是您的同鄉，如今他正率領著軍隊準備到東邊討賊，他手下擁有大量的鎧甲兵器，現在正駐紮在青溪，還沒有出發。您用他那裡的鎧甲兵器，把自己的部下武裝起來，讓陸攸之率領著作為您進攻朝廷的前鋒。我利用在尚書省任職的有利條件，自然會率領著文武百官，按照前世廢黜舊皇帝、另立新皇帝的做法，重新挑選出一位賢明的劉姓子弟出來主持社稷與宗廟的祭祀，天下的局勢立即就可以安定下來。再有，現今皇帝的這些作為，民間都傳說您是參與了的。您現在如果不能痛下決心，搶先發動起事，肯定會有先於您而起事的人，到那時您就再也無法擺脫夥同皇帝共同作惡的罪名而遭到被處死的災禍。我聽說皇帝曾經多次到您的家裡去，喝醉酒以後就在您的家中留宿，還聽說皇帝在您的家中支開身邊所有的侍從，獨自與您進入小屋謀劃。這可是您表現自己、搶先立功的萬年不遇的好機會，千萬不可錯過啊。」沈慶之說：「我對你的肺腑之言很感激。然而這種廢立皇帝的大事，不是我能夠做得出來的，如果你所說的那種事情一旦發生，我只能抱著一顆對宋國皇帝的忠心，死而後已。」

宋國擔任青州刺史的沈文秀，是沈慶之的姪子，他準備到青州赴任，正率領自己的部下離開京城駐紮在白下，他也來對沈慶之說：「皇上如此的狂妄暴虐，禍亂不久就會發生，而沈家一門全都受到當今皇帝的寵愛與信任，所有的人都認為我們沈家與當今皇帝是一丘之貉。況且皇上愛憎無常，為人殘忍、猜忌之心極重，我們面臨著難以預料的災禍，是進是退都無法避免。如果借助於眾人的這股力量，將劉子業廢黜，簡直是易如反掌。機會很難遇到，千萬不可坐失良機。」沈文秀再三勸說沈慶之，以至於痛哭流涕，然而沈慶之始終不為所動，沈文秀只得前往青州赴任去了。

等到宋廢帝誅殺寧朔將軍何邁的時候，他估計沈慶之一定會入宮勸阻，便先封鎖了青溪各橋，不讓沈慶之過青溪進入臺城。果然不出廢帝所料，沈慶之聞訊後立即前往臺城準備勸阻，因為過不了青溪才返回自己的家中。廢帝派沈慶之的堂姪、擔任直閤將軍的沈攸之把毒藥賞賜給沈慶之，沈慶之不肯喝，沈攸之就用被子把沈慶之活活悶死了，當時沈慶之已經是一位八十歲的老人。沈慶之的兒子、擔任侍中的沈文叔想要逃往國外，擔心被捉住後會像太宰劉義恭那樣被碎屍萬段，於是就對自己的弟弟、擔任中書郎的沈文季說：「我可以陪著父親去死，但你要活下來，日後好為父兄報仇。」說完，便喝下了廢帝賞賜給沈慶之的毒藥而死。沈文叔的弟弟、擔任祕書郎的沈昭明也上吊自殺。沈文季揮刀飛馬而去，廢帝派去追趕的人因為不敢逼近，沈文季才得以逃脫性命。廢帝對外謊稱沈慶之是自己病死的，還追贈沈慶之為侍中、太尉，諡為忠武公，葬禮非常隆重。

擔任領軍將軍的王玄謨因為廢帝刑罰過酷、殺人過多而屢次痛哭流涕地進行勸諫，廢帝因此而大怒。王玄謨是久經戰陣的老將，一向享有很高的聲望，路上的行人都在傳說王玄謨已經被廢帝殺死。吏部尚書蔡興宗曾經擔任過東陽郡太守，在王玄謨屬下擔任典籤的包法榮家在東陽郡，王玄謨就派包法榮前往蔡興宗的住所拜訪。蔡興宗詢問包法榮說：「領軍將軍王玄謨近來大概很擔驚受怕吧！」包法榮回答說：「領軍將軍近日幾乎連飯都吃不下，夜裡也睡不著覺，嘴裡總是念叨皇帝派來抓他的人已經到了門口，看來活不了多久了。」蔡興宗說：「領軍將軍既然如此地擔憂恐慌，我應當趕緊為他想個辦法，怎麼能讓他坐等著大禍臨頭呢？」蔡興宗趁機讓包法榮前去勸說王玄謨起兵廢黜劉子業另立新皇帝。王玄謨就讓包法榮替他向蔡興宗轉達自己的想法說：「這件事情不大好辦，但是請你放心，我一定不會把你說過的話洩露出去。」

擔任右衛將軍的劉道隆，深受廢帝的寵信，專門負責掌管禁衛軍。蔡興宗曾經與劉道隆一起陪同廢帝深夜出宮，劉道隆從蔡興宗的車後經過時，蔡興宗趁機對劉道隆說：「劉先生！如果近日有閒暇的話，就請到我的家中好好聊聊天。」劉道隆理解蔡興宗的心思，就掐了一下蔡興宗的手說：「蔡先生不用再多說了！」

十一月十三日壬寅，宋廢帝立路氏為皇后，皇后路氏，是太皇太后的弟弟路道慶的女兒。

宋廢帝懼怕、猜忌自己的幾位叔父，擔心他們會在外面發動叛亂，於是就把他們全都召回京師建康，拘押在皇宮裡，對他們百般毆打、陵辱、拖拽，一點都不把他們當人看待。湘東王劉彧、建安王劉休仁、山陽王劉休祐，都身體肥胖強壯，廢帝就專門為他們編織了竹籠，把他們裝入籠中稱他們的體重。因為湘東王劉彧身體最重，廢帝就把他叫作「豬王」，把建安王劉休仁叫作「殺王」，把山陽王劉休祐叫作「賊王」。因為這三位王爺年紀大，所以廢帝最厭惡他們，經常把他們三個人帶在身邊，從不讓他們離開左右，以防範他們採取非常行動。東海王劉禕，才能平庸、品行鄙陋，廢帝劉子業遂管他叫「驢王」，桂陽王劉休範、巴陵王劉休若當時年紀還小，所以對他們兩個人的拘管就顯得略微寬鬆一些，不像其他親王那樣備受陵辱。廢帝曾經把飯放入木槽中，與其他一些食物攪拌在一起，又在地上挖一個坑，把坑裡灌滿泥水，把湘東王劉彧身上的衣服扒光推入泥坑之中，讓劉彧把嘴伸到木槽裡像豬那樣吃東西，以此來取樂。廢帝前後有十多次想要殺掉三位王叔，建安王劉休仁足智多謀，每次都以詼諧幽默的插科打諢或奉承開心的話來討得廢帝的高興，所以才使得他們的死期一次次地向後拖延，終於免遭殺戮。

擔任少府的劉曚的小老婆懷孕到了即將分娩的時候，廢帝就把劉曚的小老婆接入後宮，想等她生下男孩，就把這個男孩立為皇太子。湘東王劉彧曾經違背了廢帝的旨意，廢帝就下令剝光了劉彧的衣服，把劉彧的兩手兩腳捆起來，然後穿上槓子，讓人抬到主管皇帝膳食的官員那裡，說：「今天殺豬！」建安王劉休仁馬上笑著說：「這個豬還不該死。」廢帝問他為什麼，劉休仁回答說：「等到皇太子出生的時候，再殺這頭豬取出他的肝肺也不晚。」廢帝的怒氣這才消了一些，說：「暫且把他交付給廷尉。」過了一宿，第二天就又把劉彧放了。十一月十八日丁未，劉曚的小老婆果然生了一個男孩，廢帝說是生了一個皇子，於是大赦天下，給普天之下父親家業的合法繼承人每人晉升一級。

宋廢帝又認為太祖劉義隆、世祖劉駿在兄弟排行中都是位居第三，而擔任江州刺史的晉安王劉子勛在兄弟排行中也位居第三，所以廢帝對晉安王劉子勛就很憎惡，遂趁著不久前何邁曾經想要廢掉劉子業，改立劉子勛之事，派自己的親信朱景雲把毒藥賜給劉子勛，令劉子勛自殺。朱景雲到達湓口時，便停止不前。在劉子勛屬下擔任典籤的謝道邁、主管軍事的潘欣之、負責教導諸王念書的褚靈嗣聽到消息後，便飛馬把此事告訴了擔任鎮軍長史的鄧琬，他們痛哭流涕地向鄧琬請求拯救劉子勛的計策。鄧琬說：「我出身於南方的寒素之家，承蒙先帝的特殊恩遇，將自己最疼愛的兒子託付給我，我豈能因為顧及自家的一百多口人而置晉安王劉子勛的安危於不顧，我定當以死來報效先帝的恩遇。幼主劉子業昏庸殘暴，國家社稷已經危在旦夕，雖然名義上是天子，而他的所作所為簡直就是一個獨夫民賊。現在我就率領文武官員，逕直殺向京師，與王公九卿一道共同廢掉昏君，另立明主！」十一月十九日戊申，鎮軍長史鄧琬以晉安王劉子勛的名義發布命令，命令所管轄的部隊進入緊急狀態。劉子勛身穿戎服從辦公的地方走出來，鄧琬集合僚佐，派遣潘欣之口頭宣布了晉安王劉子勛的旨意。在座的人還都沒有反應，擔任錄事參軍的陶亮首先發言，表示願意效忠晉安王劉子勛，並請求作前部先鋒，眾人於是全部表示服從命令。鄧琬遂任命陶亮為諮議參軍，統領主力部隊，負責全面指揮調度軍隊；任命擔任功曹的張沈為諮議參軍，全面負責打造戰船；擔任南陽太守的沈懷寶、岷山太守的薛常寶、彭澤縣令的陳紹宗等人全都擔任將帥。當初，廢帝命令荊州刺史將擔任前軍長史、荊州行事的張悅押解到建康，當張悅等途經湓口的時候，鄧琬稱說自己是奉了晉安王劉子勛的命令，為張悅打開了身上的刑具，將張悅釋放，並用自己所乘坐的車子把張悅迎接到府中，任命張悅為司馬。張悅，是張暢的弟弟。鄧琬、張悅二人共同掌管晉安王府和江州刺史府內外的各種事務，他們派將軍俞伯奇率領五百人在大雷要塞設防，斷絕長江上下的聯繫，禁止商人、遊客以及公私使者通行。同時派遣使者到江州所轄諸郡緊急徵兵，搜集各種兵器，十天之內，就徵集到了五千名全副武裝的士兵，派往大雷駐紮，在長江兩岸修築營壘。又任用擔任巴東、建平二郡太守的孫沖之為諮議參軍，率領主力，與陶亮一同統率前軍。又向遠近各地區、各州郡的官吏軍民發布通告，號召大家起來響應。

十一月二十九日戊午，廢帝讓所拘押的諸王的王妃、公主排列在自己面前，強迫左右的侍從、警衛過去侮辱她們。南平王劉鑠的妃子江氏堅決不肯屈從，廢帝大怒，立即下令殺死了江氏的三個兒子南平王劉敬猷、廬陵王劉敬先、安南侯劉敬淵，鞭打江妃一百皮鞭。

先前民間就曾經傳言說湘州地區要出新皇帝，所以廢帝就準備到南方的荊、湘二州去巡視，以鎮壓那裡的天子氣。計劃第二天清晨，先殺掉湘東王劉彧，然後就出發前往荊、湘。

當初，廢帝誅殺了始興公沈慶之等人之後，便擔心群臣算計自己，因為擔任直閤將軍的宗越、譚金、童太一、沈攸之等人勇敢有力氣，就把他們作為自己的心腹爪牙，賞賜給他們美女、金銀布帛，使他們的家中充滿了這些東西。宗越等人長期以來一直在朝廷擔任禁軍頭領，眾人因此而懼怕他們、聽從他們，都表示願意為廢帝盡心效力。廢帝依仗他們的擁護，就越發的肆無忌憚，隨心所欲的胡作非為，朝廷內外一片惶恐不安。其實在廢帝身邊擔任宿衛的將士都有背叛廢帝的心志，只是因為懼怕宗越等人而不敢動手。當時湘東王劉彧、建安王劉休仁、山陽王劉休祐三人長時間被關押，卻束手無策。在湘東王劉彧屬下擔任主衣的會稽人阮佃夫、擔任內監的吳興人王道隆、擔任學官令的臨淮人李道兒與擔任直閤將軍的柳光世以及廢帝的近衛侍從琅邪人淳于文祖等人私下裡密謀刺殺廢帝。廢帝因為冊立皇后，便向諸王家中借用一些太監使用，劉彧的親信太監錢藍生也在借用的人員當中，劉彧遂趁機祕密地讓錢藍生暗中伺查廢帝的一舉一動。

此前，廢帝在遊覽華林園竹林堂的時候，曾經讓宮女們赤裸著身體在園中奔跑追逐，有一個宮女因為不肯服從命令而被斬首。夜裡，廢帝夢見自己在竹林堂中，有一個女子辱罵他說：「皇上既不講道理，又很殘暴，你等不到明年莊稼成熟的時候就該死了！」廢帝便在宮中搜尋出一名和夢中所見的女子長得很相似的宮女，把她殺死了。然而廢帝又夢見新被殺死的宮女罵他說：「我已經在上帝面前告發了你！」於是巫婆、神漢都說竹林堂鬧鬼，當天下午三、四點鐘左右，廢帝離開了華林園。建安王劉休仁、山陽王劉休祐、會稽公主都跟隨著廢帝，只有湘東王劉彧獨自被留在祕書省，沒有被召去跟隨廢帝劉子業，劉彧因此更加擔憂恐懼，坐臥不安。

廢帝一向厭惡擔任主衣的吳興人壽寂之，他一看到壽寂之就恨得咬牙切齒，阮佃夫就把他們準備謀殺皇帝的計畫告訴了壽寂之以及擔任外監典事的東陽郡人朱幼、擔任細鎧主的南彭城郡人姜產之、擔任細鎧將的晉陵郡人王敬則、擔任中書舍人的戴明寶、壽寂之等人聽到這個消息之後，全都積極響應。朱幼預先聯絡、安排好了皇宮內外的人員，然後讓錢藍生祕密地報告給建安王劉休仁、山陽王劉休祐。當時廢帝正準備南巡，他的心腹爪牙宗越等人都已經自行出宮回家整理行裝，只有擔任隊主的樊僧整一人防守華林閣的門戶。直閤將軍柳光世與樊僧整是同鄉，於是便祕密地邀請樊僧整參加自己的行動，樊僧整立即接受了命令，總計同謀的有十多人。主衣阮佃夫擔心人少了不能成功，還想召集更多的人，壽寂之說：「同謀的人多了容易走漏消息，用不著動用很多人。」當天晚上，廢帝將所有的侍衛支開，獨自與一群巫婆和幾百名剛從宮外挑選來的民間女子在竹林堂中射鬼。射鬼儀式完成之後，正準備奏樂的時候，主衣壽寂之抽出佩刀帶頭闖入華林堂，細鎧主姜產之緊隨其後，淳于文祖等人也都隨後衝入華林堂。建安王劉休仁聽到來人走路的聲音非常急迫，就對山陽王劉休祐說：「暴動的事情開始了！」兩人前後相隨直奔景陽山。廢帝看見壽寂之到來，拉弓搭箭就向壽寂之射去，卻沒有射中。那些女子全都四散逃走，廢帝也慌忙逃走，他一連呼叫了三聲寂寂，壽寂之追上廢帝，手舉刀落就把他殺死了。然後向宿衛的士兵宣布說：「湘東王接受太皇太后的命令，剷除暴君，如今已經將暴君除掉。」宮廷內外一片惶恐，因為不知道事實真相，因而全都不知該如何是好。

建安王劉休仁來到祕書省拜見湘東王劉彧，一見面就向劉彧稱臣，他把劉彧迎入西堂，扶他登上皇帝寶座，然後召見文武大臣。由於當時事起倉促，湘東王劉彧在驚亂中跑丟了鞋子，他是光著腳來到西堂的，當時他的頭上還戴著一頂平民、罪犯所戴的黑帽。劉彧坐好之後，劉休仁叫主管衣帽的官員給劉彧換上一頂白色的紗帽。劉休仁又令人取來皇帝所用的全副儀仗，雖然劉彧還沒有正式登基稱帝，但此時朝中的各種事務都是以尚書令、中書令的口氣下達。宣布太皇太后的命令，一條一條地列數廢帝劉子業的種種罪惡，命湘東王劉彧繼承先帝的皇位。等到天明時分，廢帝的心腹宗越等人才進入皇宮，湘東王對他們安撫、接待的禮數很誠摯友好。廢帝的同母弟弟、擔任司徒、揚州刺史的豫章王劉子尚，其兇頑荒謬就像他的哥哥一樣，十一月三十日己未，湘東王以太皇太后的命令，令豫章王劉子尚和會稽公主自殺，建安王劉休仁等人這才得以離開皇宮回到自己的府第居住，劉彧命令將金紫光祿大夫謝莊釋放。廢帝此時還橫屍在御醫所在的門口。吏部尚書蔡興宗對擔任尚書右僕射的王彧說：「這個人雖然兇頑荒謬，但畢竟曾經是一個君臨天下的皇帝，還是應該讓他的喪葬之禮能夠勉強過得去，如果一直這樣下去，天下必將有人以此為藉口而起兵討伐我們。」遂把廢帝埋葬在秣陵縣的南郊。

當初，湘東王劉彧的母親沈婕妤很早就去世了，是路太后把劉彧撫養成人。湘東王侍奉路太后非常恭敬周到，路太后對待劉彧也是感情深厚。湘東王除掉廢帝之後，就想安慰安慰路太后，於是下令任命路太后弟弟的兒子路休之為黃門侍郎，路茂之為中書侍郎。朝廷論功行賞，參與謀劃除掉廢帝的壽寂之等十四個人都被封為封地為一個縣的侯爵或封地為一個縣的子爵。

十二月初一日庚申，宋朝廷任命東海王劉禕為中書監、太尉，提升擔任鎮軍將軍、江州刺史的晉安王劉子勛為車騎將軍、開府儀同三司。初四日癸亥，任命建安王劉休仁為司徒、尚書令、揚州刺史，任命山陽王劉休祐為荊州刺史，任命桂陽王劉休範為南徐州刺史。初六日乙丑，改封安陸王劉子綏為江夏王。

十二月初七日丙寅，湘東王劉彧即皇帝位為宋明帝，大赦天下，改年號為泰始元年。廢帝稱帝時所制定的昏亂制度和荒謬的加封全部廢除。

十二月十一日庚午，任命擔任右衛將軍的劉道隆為中護軍。劉道隆親近廢帝，曾經對建安王劉休仁的母親無禮，等到宋明帝晉升劉道隆為中護軍時，建安王劉休仁遂請求辭去自己所擔任的職務，表示自己對劉道隆的不滿，宋明帝於是令劉道隆自殺而死。

擔任直閤將軍的宗越、譚金、童太一等人雖然受到宋明帝的安撫和接待，然而內心仍然感到很不安，宋明帝也不想讓他們繼續在朝廷之內任職，於是就很隨意似地對他們說：「你們都經歷過那個殘暴的朝廷，辛苦勤勞了很久，應該選一個能讓自己休養的地方，兵馬強盛的大郡，任憑你們挑選。」宗越等人本來已經疑慮重重，恐怕性命不保，聽了宋明帝的這番話之後，不禁大驚失色，你看看我、我看看你，於是就密謀作亂，他們把自己謀反的計畫告訴沈攸之，沈攸之立即把這個消息報告給了宋明帝。宋明帝下令逮捕了宗越等人，宗越等遂死在了獄中。沈攸之又進入宮廷在內閣執勤。

十二月十二日辛未，宋明帝改封臨賀王劉子産為南平王，改封晉熙王劉子輿為廬陵王。〇十三日壬申，宋明帝任命擔任尚書右僕射的王景文為尚書僕射。王景文，就是王彧，因為避諱明帝劉彧名字中的「彧」字，所以人們不再叫他的名而只稱呼他的字。

十二月十六日乙亥，宋明帝追尊自己的生母沈太妃為宣太后，追尊沈太妃的陵墓為崇寧陵。

當初，擔任豫州刺史的山陽王劉休祐入朝的時候，令擔任長史、南梁郡太守的陳郡人殷琰代管山陽王府和豫州刺史府的各種事務。等到山陽王劉休祐被改任為荊州刺史之後，朝廷就任命殷琰為都督豫、司二州諸軍事、豫州刺史。

宋國有關部門的官員奏請路太后應該改稱未稱太后以前的稱號，遷到外宮居住，宋明帝沒有批准。十二月十九日戊寅，宋明帝尊路太后為崇憲皇太后，居住在崇憲宮，供奉禮儀，和往日一樣。宋明帝封妃子王氏為皇后。王皇后，是王景文的妹妹。

宋國朝廷取消二銖錢，禁止使用鵝眼錢、綖環錢，其餘的銅錢全都繼續流通使用。

江州刺史晉安王劉子勛的僚屬得到湘東王劉彧以尚書令、中書令的口氣所下達的公文之後，都感到非常高興，他們全都來到擔任鎮軍長史的鄧琬那裡說：「暴君已經被除掉，晉安王劉子勛殿下又被封為車騎將軍、開府儀同三司，不論於公於私都是一件值得大慶特慶的事情。」而鄧琬則認為晉安王劉子勛在眾兄弟當中的排行位居第三，又因為當年的武陵王劉駿討伐元凶劉劭時，是在尋陽起兵，現在晉安王劉子勛討伐廢帝劉子業又是在尋陽起兵，前後形勢完全相同，遂認為晉安王劉子勛爭取做皇帝的事情一定能夠成功。於是鄧琬就把劉彧送來的令書拿過來扔到地上說：「晉安王殿下應該走端門，做開府儀同三司是我們這些人的事情！」眾人聽了鄧琬的這番話都感到很驚愕。鄧琬遂與諮議參軍陶亮等人加緊打造兵器、修繕鎧甲，四處徵兵，擴充軍隊。

袁顗到達襄陽任所之後，立即與擔任諮議參軍的劉胡一起打造兵器、器械，招集、挑選士卒，謊稱接到太皇太后路氏的密令，讓他們起兵，於是立即樹起牙旗，發布文告，上表給晉安王劉子勛，勸說他即皇帝位。

十二月二十二日辛巳，宋明帝改封山陽王劉休祐為江州刺史，擔任荊州刺史的臨海王劉子頊則繼續留任荊州刺史。

先前，廢帝劉子業任命邵陵王劉子元為湘州刺史，令擔任中兵參軍的沈仲玉為他負責管理赴任途中的一應事務，當他們到達鵲頭的時候，聽說尋陽的晉安王劉子勛已經起兵，因此不敢再繼續前進。鄧琬派遣幾百人假裝前來迎接而將他們劫持而去，鄧琬讓劉子勛在桑落洲尾樹起牙旗，向建康發出檄文，說：「孤立志遵循前人的典章行事，廢除昏君，另立明主。」又指責當今皇帝劉彧「假傳太皇太后的命令，殺害了既有明德、又是至親的豫章王劉子尚，篡奪了皇位，擾亂了我們劉氏皇族父子承傳的秩序，殺害了我的弟兄，無視我們兄弟的存在，而我們兄弟現在還有十三個人在世，我們的父親孝武帝劉駿的亡靈有什麼罪過，竟然斷絕了後人對他的祭祀。」

擔任郢州刺史的安陸王劉子綏接到晉安王劉子勛第一次發出的討伐廢帝的檄文之後，就積極響應，準備出兵進攻廢帝，後來廢帝聽說已經被朝中起事的人殺死，就立即下令軍隊脫去鎧甲、撤去標幟。不久之後又聽說江州長史鄧琬、雍州刺史袁顗仍然在招募、訓練軍隊，堅持反抗朝廷的活動，在郢州代管安陸王府與郢州刺史府事務的苟卞之感到非常恐懼，他立即派遣擔任諮議參軍兼中兵參軍的鄭景玄率領軍隊順流而下，為江州的鄧琬、雍州的袁顗運去軍糧。在荊州代管臨海王府和荊州刺史府事務的孔道存擁戴著擔任荊州刺史的臨海王劉子頊，會稽太守屬下的將佐擁戴著名義上是會稽太守的尋陽王劉子房，全都起兵響應晉安王劉子勛，對抗剛剛在建康城中坐上皇帝寶座的宋明帝劉彧。

【研　析】本卷寫宋明帝劉彧泰始元年（西元四六五年），實際上也就是宋廢帝劉子業永光元年，後來又改稱景和元年的這一年間的劉宋與北魏的大事。主要是寫了宋廢帝殘暴不仁，朝內朝外醞釀政變，以及最後政變成功，宋明帝劉彧捷足先登搶得帝位，宋孝武帝諸子又不肯買帳，起兵與其叔爭奪帝位的一系列事件。

首先，史家寫廢帝劉子業的殘暴不仁、作惡多端是異常具體、異常可惡，而且又喪盡天良，毫無人性的。劉子業迫害、殘殺的人主要有四類，第一類是妨礙他掌權，妨礙他肆意而為的人，如前朝的寵臣戴法興、巢尚之、顏師伯、沈慶之等等；第二類是劉子業的各位叔父，如劉昶、劉彧、劉休仁、劉休祐等等，因為這些人既血緣關係近，又年長而權位高，對他的權力、帝位具有某種影響，故而被他視為眼中釘；第三類是他的同父異母兄弟劉子鸞、劉子勛，因為前者曾獲得其父之寵，有過奪嫡的危險；後者排行老三，而他們的祖父、父親又恰好都以排行老三而起家為皇帝的，出於一種心理作用的擔心，於是也必欲置他們於死地；第四類是對他殘暴荒淫不滿，想要政變推翻他的人，如柳元景、顏師伯、何邁等等。這些都事出有因，可以理解。但史家也說了許多不可理解的損人而不利己的殘暴荒唐，如說「湘東王彧、建安王休仁、山陽王休祐，皆肥壯，帝為竹籠，盛而稱之。以彧尤肥，謂之『豬王』，謂休仁為『殺王』，休祐為『賊王』。以三王年長，尤惡之，常錄以自隨，不離左右。……嘗以木槽盛飯，并雜食攪之，掘地為阬，實以泥水，裸彧內阬中，使以口就槽食之，用為歡笑」；又說「帝召諸妃、主列於前，彊左右使辱之。南平王鑠妃江氏不從，帝怒，殺妃三子南平王敬猷、廬陵王敬先、安南侯敬淵，鞭江妃一百」等等，為什麼要這樣做？其可靠程度究竟有多大？《論語》中曾說：「紂之不善，不如是之甚也，是以君子惡居下流，天下之惡皆歸焉。」當年劉裕的長子劉義符被人推翻，潑了一身汙水，並被用棍子打死了，現在劉駿長子的下場又是如此。劉子業可能真是得罪的人不少，所以成了眾怨所歸。但劉彧既然推翻了他，而自己做皇帝的理由又不是非常硬氣，故而必須下大工夫把他說得很壞，以此來襯出自己做皇帝的合理性，道理不難理解。

其二，關於沈慶之其人，清代王夫之曾充滿感情地讚頌說：「沈慶之縛綺以入而收劉彬，斥顏竣而決誅逆劭，何其決也？及子業昏虐，柳元景首倡廢立之謀，而慶之發之；蔡興宗苦說以舉事，沈文秀流涕以固請，而慶之終執不從，坐待暴君之鴆，又何濡軟不斷以自斃也？嗚呼，六代之臣，能自靖以不得罪於名教者，慶之一人而已。慶之三朝宿將，威望行於南北，扶孝武以誅元凶，位三公而冠百辟，將吏皆出其門，撲子業之洊凶，以解朝野之焚溺，此乃秉時以收人心而獵大位之一機也。嚮令獨夫已殄，眾望聿歸，且有騎虎不下之勢，宋太祖所謂『黃袍加身不由汝』者，劉氏之宗社且移於沈而不可辭。慶之慮此，而忍以其身為莽、操乎？進則帝矣，退而死矣，決之於心，而安於抱忠以死，故曰『抱孤志以質鬼神』。六代之臣，慶之一人而已。」

簡直可以忠比周公，廉如伯夷了。其實，劉駿本沒有太好的人緣，是沈慶之把他捧上了皇帝的大位；劉駿上臺後，其他弟兄不服，又是沈慶之為之效忠，幫劉駿平定了竟陵王劉誕的叛亂；終沈慶之一生，幾乎想不出他為劉駿糾正過什麼偏差，或是拉著劉駿為黎民百姓做過什麼重要的好事；歷史上寫得清清楚楚的是沈慶之在參加元嘉時期的北伐時，為臨戰敗逃、喪師辱國的統帥王玄謨說情，使其逃過了應得的嚴懲；又三番五次地請求讓百姓私鑄錢，以至於使劉宋的貨幣混亂，使國家的商業交易難以進行；早在劉駿上臺不久時，沈慶之就曾清高地辭官退隱了。劉駿捨不得，派了辭官後又二次出山的何尚之去勸沈慶之也再出山幹一把，沈慶之擲地有聲表明自己並嘲弄何尚之說：「沈公不效何公，往而復返！」好，有志氣！等到劉駿發兵討伐劉誕，兄弟之間窩裡爭鬥時，沈慶之竟又按捺不住地自己走出來幫著劉駿對劉誕大張撻伐，成了屠殺無辜廣陵人的劊子手；接著又率軍為劉子業的前驅，討伐義陽王劉昶，逼得劉昶北逃魏國。如果說沈慶之是「助紂為虐」，可能言過其實；如果說他堅持過什麼原則，似乎又沒有。正如一個母親生了個壞兒子，那就不論這個兒子多麼可惡、討厭，她也總不願把他送到監牢裡去。更何況沈慶之剛剛又昧著天良地告發了柳元景、顏師伯兩個大功臣、大近臣的推翻劉子業、改立劉義恭的陰謀，將一批試圖搞廢立的頂尖大臣送上了斷頭臺。就是這樣一個沈慶之，蔡興宗卻一股勁地勸著他來起兵搞廢立，這難道不有點找錯了對象麼？儘管他「舊日部曲，布在宮省」，但剛剛告過了別人，接著就又來自己發倡，難道他就不思量一下會有誰來信他、聽他，他就不怕「反」字剛一出口，匕首立即刺入他的喉嚨麼？也許不該把沈慶之講得這麼壞，但無論如何也不應該把他估計得像王夫之所說的那樣好。

其三是關於劉義恭其人。劉義恭在宋文帝、宋孝武帝、宋廢帝三朝都是權位極高，但實際又是個極其平庸怯懦、極其膽小自私的傢伙。早在文帝組織北伐時，劉義恭為最高統帥，坐鎮徐州，他先是坐失機宜，縱容王玄謨等人的潰敗逃跑；等魏軍師老糧絕從長江回撤時，他又坐放敵去而不邀擊；待朝廷派人命令其出擊時，他又消極敷衍，一無所獲。等元凶劉劭殺了宋文帝，劉義恭便做了劉劭的官；當劉駿討殺了劉劭，劉義恭又轉臉討好劉駿；劉駿死後，劉子業上臺，劉義恭更變本加厲地諂媚逢迎，引導著劉子業做壞事。柳元景、顏師伯既然想搞廢立，何不挑選一個好點的，而竟想擁立這樣的一個傢伙。所以其鬧不成也是活該，只是下場略微太慘了點。書上說：「帝自帥羽林兵討義恭，殺之，并其四子。斷絕義恭支體，分裂腸胃，挑取眼睛，以蜜漬之，謂之『鬼目粽』。」王夫之對此評論說：「孝武以藩王起兵，而受臣民之推戴，德望素為諸王所輕，不自安也，於是殺鑠、誅義宣，忍削本支，以快其志。江夏王義恭諉逆濬棄南岸，單騎南奔，上表勸進，斬逆劭，厥功大矣，於是畏禍之及己也，條奏裁損王侯九事，以希合孝武未言之隱，剗削諸王以消疑忌。義恭以有功居百僚之上，誠危矣，而遠嫌以消疑忌，固無難也。自謝不敏，翩然而去之，養疾丘園，杜口朝政，則於以自全焉有餘矣，而何事導君以殘刻，而己為不仁之俑哉？唯其欲為功以固榮寵也，而違心以行顛倒之政，引君以益其慝，斂眾怨以激其爭，而後天理亡，民彝絕，國亦以危矣。身雖苟免，其喙息亦何異於禽獸哉？其究也，逃孝建、大明之網羅，翱翔百僚之上，而終授首於子業，狂者之自斃也，未有免者也。」此評論倒是不差。劉義恭可謂既是「逢君之惡」，又是「為虎作倀」，在劉裕的兒子裡應該說是最壞的一個。

卷第一百三十一

宋紀十三 柔兆敦牂（丙午 西元四六六年），一年。

【題解】本卷寫宋明帝泰始二年（西元四六六年）一年間的劉宋與北魏等國的大事。主要寫了宋明帝劉彧因其原在京城，故而捷足先登地取得帝位，而劉駿諸子部下的將佐與各州郡的軍政長官因中國古代是以皇位傳子為正統的觀念，紛紛起兵支持劉駿的第三子晉安王劉子勛稱帝於尋陽，於是一時之間使建康的劉彧政權陷入風雨飄搖之中。當時擁護劉子勛的勢力一是荊、郢、江、雍、梁、益等州的長江上游地區，其首領是鄧琬、袁顗、張悅等；二是處於東部地區的會稽、義興、吳興、吳郡、晉陵等諸郡，其首領是孔覬、庾業、劉延熙等；三是處於北部地區的徐、青、冀等州，其首領是劉宋的名將薛安都、崔道固等；四是合肥、壽陽一帶地區的殷琰等等。在當時地方軍政要員中起兵支持劉彧政權的是兗州刺史殷孝祖，他的入援建康，使劉彧朝廷鬆了一口氣。劉彧朝廷的將領吳喜、任農夫、張永、王道隆等率軍東討，大破庾業、劉延熙，俘獲孔覬，東方諸郡被平定；在西部戰線，鄧琬命孫沖之、陶亮、劉胡等沿江東下；劉彧政權派劉休仁、殷孝祖、沈攸之等沿江而上，兩軍會戰於赭圻、鵲尾、濃湖一線，殷孝祖被尋陽軍射死，朝廷遂命沈攸之為總督前鋒軍事；朝廷名將張興世與沈攸之等連破尋陽軍，尋陽將劉胡、袁顗先後棄軍逃走，中途被殺，濃湖軍營遂被沈攸之等佔據，納降卒十餘萬；鄧琬在尋陽憂惶無策，被其部下張悅所殺；沈攸之進駐尋陽，殺劉子勛，尋陽政權遂滅；荊州的宗景殺荊州行事劉道憲，執其主子劉子頊以降朝廷軍；湘州行事何慧文兵敗不屈而死；孝武帝劉駿之子劉子綏、劉子頊、劉子元以及劉順等擁戴劉子勛的將領皆被劉彧所殺，荊、湘地區平定；益州刺史蕭惠開據城為劉子勛政權堅守，益州之民攻之不下，劉彧朝廷遣使赦其罪，蕭惠開歸順朝廷，益州平定；朝廷軍的劉勔、呂安國、黃回等大破壽陽殷琰的部將進兵包圍了壽陽，殷琰之主簿勸殷琰接受朝廷勸諭，殷琰遂率部投降，劉勔應時厚撫之，壽陽民大悅；徐州刺史薛安都、兗州刺史畢眾敬、汝南太守常珍奇等見尋陽已被削平，遂率眾歸降朝廷，劉彧欲趁勢向北部州郡示威，派沈攸之、張永率大軍北上，於是薛安都、常珍奇等恐被其所滅，遂皆轉而以徐州、汝南降魏；此外還寫了魏國的馮太后誅其權臣乙渾，以源賀為太尉，引高允、高閭、賈秀共參大政，以及魏主以拓跋石、尉元統兵救薛安都於徐州、救常珍奇於懸瓠；於是青州、兗州、徐州、豫州等大片領土皆入於魏等等。

太宗明皇帝上之下

泰始二年（丙午　西元四六六年）

春，正月己丑朔❶，魏大赦，改元天安❷。○癸巳❸，徵會稽太守尋陽王子房❹為撫軍將軍❺，以巴陵王休若代之❻。

甲午❼，中外戒嚴。以司徒建安王休仁都督征討諸軍事，車騎將軍、江州刺史王玄謨副之❽。休仁軍於南州❾，以沈攸之為尋陽太守，將兵屯虎檻❿。時玄謨未發，前鋒凡十軍，絡繹繼至，每夜各立姓號⓫，不相稟受⓬。攸之謂諸將曰：「今眾軍姓號不同，若有耕夫、漁父夜相呵叱，便致駭亂，取敗之道也。請就一軍取號⑬。」眾咸從之。

鄧琬稱說符瑞⑭，詐稱受路太后⑮璽書，帥將佐⑯上尊號於晉安王子勛⑰。乙未⑱，子勛即皇帝位於尋陽，改元義嘉⑲。以安陸王子綏⑳為司徒、揚州刺史；尋陽王子房、臨海王子頊並加開府儀同三司；以鄧琬為尚書右僕射，張悅為吏部尚書，袁顗加尚書左僕射。自餘將佐及諸州郡，除官進爵號各有差㉑。

丙申㉒，以征虜司馬㉓申令孫為徐州刺史。令孫，坦㉔之子也。置司州於義陽㉕，以義陽內史㉖龐孟虯為司州刺史。

徐州刺史薛安都㉗、冀州刺史㉘清河崔道固㉙皆舉兵應尋陽。上徵兵於青州刺史沈文秀，文秀遣其將平原[1]劉彌之等將兵赴建康。會薛安都遣使邀文秀㉚，文秀更令彌之等應安都。濟陰太守申闡據睢陵㉛應建康，安都遣其從子直閤將軍索兒㉜、太原太守㉝清河傅靈越㉞等攻之。闡，令孫之弟也。安都壻裴祖隆守下邳㉟，劉彌之至下邳，更以所領㊱應建康，襲擊祖隆。祖隆兵敗，與征北參軍垣崇祖㊲奔彭城。崇祖，護之㊳之從子也。彌之族人北海太守懷恭㊴、從子善明皆舉兵以應彌之，薛索兒聞之，釋睢陵，引兵擊彌之。彌之戰敗，走保北海。申令孫進據淮陽㊵，請降於索兒。龐孟虯亦不受命㊶，舉兵應尋陽。

帝召尋陽王長史行會稽郡事孔覬為太子詹事(42)，以平西司馬庾業代之(43)，又遣都水使者孔璪(44)入東慰勞(45)。璪說覬以「建康虛弱，不如擁五郡(46)以應袁、鄧(47)。」覬遂發兵，馳檄奉尋陽(48)。吳郡太守顧琛(49)、吳興太守王曇生、義興太守劉延熙、晉陵太守袁標皆據郡應之。上又以庾業代延熙為義興(50)，業至長塘湖(51)，即與延熙合。

益州刺史蕭惠開(52)，聞晉安王子勛舉兵，集將佐謂之曰(53)：「湘東，太祖之昭；晉安，世祖之穆(54)；其於當璧，並無不可(55)。但景和(56)雖昏，本是世祖之嗣，不任社稷，其次猶多(57)。吾荷世祖之眷(58)，當推奉九江(59)。」乃遣巴郡太守費欣壽將五千人東下。於是湘州行事何慧文、廣州刺史袁曇遠、梁州刺史柳元怙(60)、山陽太守(61)程天祚皆附於子勛。元怙，元景之從兄也。

是歲(62)，四方貢計(63)皆歸尋陽，朝廷所保(64)，唯丹楊、淮南(65)等數郡，其間諸縣或應子勛(66)。東兵(67)已至永世(68)，宮省危懼。上集羣臣以謀成敗，蔡興宗曰：「今普天同叛，人有異志〔2〕，宜鎮之以靜，至信待人(69)。叛者親戚布在宮省(70)，若繩之以法(71)，則土崩立至(72)，宜明罪不相及之義(73)。物情既定(74)，人有戰心(75)，六軍精勇，器甲犀利，以待不習之兵(76)，其勢相萬(77)耳。願陛下勿憂。」上善之。

建武司馬[78]劉順說豫州刺史殷琰[79]使應尋陽。琰以家在建康，未許。右衛將軍柳光世[80]自省內[81]出奔彭城[82]，過壽陽，言建康必不能守。琰信之，且素無部曲[83]，為土豪前右軍參軍杜叔寶等所制，不得已而從之。琰以叔寶為長史，內外軍事，皆叔寶專之。上謂蔡興宗曰：「諸處未平，殷琰已復同逆，頃日[84]人情云何[85]？事當濟不[86]？」興宗曰：「逆之與順，臣無以辨[87]。今商旅斷絕，米甚豐賤[88]，四方雲合，而人情更安[89]，以此卜之[90]，清蕩可必[91]。但臣之所憂，更在事後，猶羊公[92]言：『既平之後，方當勞聖慮耳[93]。』」上曰：「誠如卿言。」上知琰附尋陽非本意，乃更[3]厚撫其家以招之。

汝南、新蔡二郡太守[94]周矜起兵於懸瓠以應建康。袁顗誘矜司馬汝南常珍奇執矜，斬之，以珍奇代為太守。

上使宂從僕射垣榮祖[95]還徐州說薛安都[96]，安都曰：「今京都無百里地[97]，不論攻圍取勝[98]，自可拍手笑殺[99]，且我不欲負孝武[100]。」榮祖曰：「孝武之行，足致餘殃[101]。今雖天下雷同[102]，正是速死，無能為也。」安都不從，因[103]留榮祖使為將。榮祖，崇祖之從父兄也。

兗州刺史殷孝祖[104]之甥司徒[4]參軍潁川[5]葛僧韶請殷孝祖[6]入朝，上遣之[105]。

時薛索兒屯據津逕[106]。僧詔間行[107]得至，說孝祖曰：「景和凶狂，開闢未有[108]；朝野危極，假命漏刻[109]。主上[110]夷兇翦暴[111]，更造[112]天地，國亂朝危，宜立長君[113]。而羣迷相煽[114]，搆造無端[115]，貪利幼弱[116]，競懷希望[117]。使天道助逆[118]，羣凶事申[119]，則主幼時艱，權柄不一[120]，兵難互起，豈有自容之地[121]！舅少有立功之志，若能控濟義勇[122]，還奉朝廷[123]，非唯匡主靜亂，乃可以垂名竹帛。」孝祖具問[124]朝廷消息，僧詔隨方訓譬[125]，并陳兵甲精彊，主上欲委以前驅之任。孝祖即日委妻子於瑕丘[126]，帥文武二千人，隨僧詔還建康。時四方皆附尋陽，朝廷唯保丹楊一郡，而永世令孔景宣復叛，義興兵垂至延陵[127]，內外憂危，咸欲奔散。孝祖忽至，眾力不少[128]，並傖楚壯士[129]，人情大安。甲辰[130]，進孝祖號撫軍將軍，假節[131]、督[7]前鋒諸軍事，遣向虎檻，寵賚[132]甚厚。

初，上遣東平畢眾敬[133]詣兗州募人，至彭城，薛安都以利害說之，矯上命[134]以眾敬行兗州事[135]，眾敬從之。殷孝祖使司馬劉文石守瑕丘，眾敬引兵擊殺之。安都素與孝祖有隙[136]，使眾敬殺[8]孝祖諸子。州境皆附之[137]，唯東平太守申纂據無鹽[138]，不從。纂，鍾[139]之曾孫也。

丙午[140]，上親總兵[141]，出頓中堂[142]。辛亥[143]，以山陽王休祐為豫州刺史，督輔國將軍彭城劉勔[144]、寧朔將軍廣陵呂安國等諸軍西討殷琰。巴陵王休若督建威將軍吳興沈懷明、尚書張永、輔國將軍蕭道成[145]等諸軍東討孔覬。時將士多東方人，父兄子弟皆已附覬。上因送軍[146]，普加宣示曰：「朕方務德簡刑，使父子兄弟罪不相及，助[9]順同逆者[147]，一以所從為斷[148]。卿等當深達此懷[149]，勿以親戚為慮也。」眾於是大悅，凡叛者親黨在建康者，皆使居職如故。

壬子[150]，路太后殂[151]。

孔覬遣其將孫曇瓘[152]等軍於晉陵九里[153]，部陳[154]甚盛。沈懷明至奔牛[155]，所領寡弱，乃築壘自固。張永至曲阿[156]，未知懷明安否，百姓驚擾，永退還延陵，就巴陵王休若，諸將帥咸勸休若退保破岡[157]。其日，大寒，風雪甚猛，塘埭[158]決壞，眾無固心[159]。休若宣令：「敢有言退者斬！」眾小定，乃築壘息甲[160]。尋[161]得懷明書，賊定未進[162]，軍主[163]劉亮又至，兵力轉盛，人情乃安。亮，懷慎[164]之從孫也。

殿中御史吳喜[165]以主書[166]事世祖，稍[167]遷至[10]河東太守[168]。至是，請得[169]精兵三百，致死於東[170]。上假喜[171]建武將軍，簡羽林勇士配之。議者以「喜刀筆主者，未嘗為將，不可遣。」中書舍人巢尚之[172]曰：「喜昔隨沈慶之，屢經軍旅，性既勇決，又習戰陳，若能任之，必有成績。諸人紛紜[173]，皆是不別才[174]耳。」乃遣之。喜先時數奉使東吳，性寬厚，所至(175)人並懷之。百姓聞吳河東來，皆望風降散，故喜所至克捷。

永世人徐崇之攻孔景宣，斬之，喜版(176)崇之領縣事(177)。喜至國山(178)，遇東軍，進擊，大破之。自國山進屯吳城(179)，劉延熙遣其將楊玄等拒戰。喜兵力甚弱，玄等眾盛，喜奮擊，斬之，進逼義興(180)。延熙柵斷長橋(181)，保郡自守，喜築壘與之相持。

庾業於長塘湖口夾岸築城，有眾七千人，與延熙遙相應接(182)。沈懷明、張永與晉陵軍(183)相持，久不決。外監(184)朱幼舉(185)司徒參軍、督護任農夫(186)驍果[11]有膽力，上以四百人配之，使助東討。農夫自延陵出長塘(187)，庾業築城猶未合，農夫馳往攻之，力戰，大破之，庾業棄城走義興(188)。農夫收其船仗，進向義興助吳喜。二月己未朔(189)，喜渡水(190)攻郡城，分兵擊諸壘，登高指麾，若令四面俱進者。義興人大懼，諸壘皆潰，延熙赴水死，遂克義興。

魏丞相太原王乙渾專制朝權，多所誅殺。安遠將[12]賈秀(191)掌吏曹(192)事，渾屢言於秀，為其妻求稱公主，秀曰：「公主豈庶姓(193)所宜稱？秀寧取死今日，不可取笑後世！」渾怒，罵曰：「老奴官，慳(194)！」會侍中拓跋丕告渾謀反，庚申(195)，馮太后[196]收渾，誅之。秀，彝之子；丕，烈帝[197]之玄孫也。太后臨朝稱制，引中書令高允[198]、中書侍郎漁陽[13]高閭[199]及賈秀共參大政。

沈懷明、張永、蕭道成等軍於九里西，與東軍相持。東軍聞義興敗，皆震恐。上遣積射將軍[200]濟陽江方興[201]、御史王道隆至晉陵視東軍形勢。孔覬將孫曇瓘、程扞宗等[14]列五城，互相連帶，扞宗城猶未固，王道隆與諸將謀曰：「扞宗城既[15]未立，可以藉手[202]，上副聖旨[203]，下成眾氣[204]。」辛酉[205]，道隆帥所領急攻，拔之，斬扞宗首。永等因乘勝進擊曇瓘等，壬戌[206]，曇瓘等兵敗，與袁標俱棄城走，遂克晉陵。

吳喜軍至義鄉[207]。孔璪屯吳興[208]南亭，太守王曇生詣璪計事，聞臺軍[209]已近，璪大懼，墮牀[210]，曰：「懸賞所購，唯我而已，今不遽走，將為人擒！」遂與曇生奔錢唐[211]。喜入吳興，任農夫引兵向吳郡[212]，顧琛棄郡奔會稽[213]。上以四郡[214]既平，乃留吳喜使統沈懷明等諸將東擊會稽，召張永等北擊彭城，江方興等南擊尋陽。

以吏部尚書蔡興宗為左僕射，侍中褚淵[215]為吏部尚書。

丁卯[216]，吳喜至[16]錢唐，孔璪、王曇生奔浙東。喜遣彊弩將軍任農夫等引兵向黃山浦[217]，東軍據岸結寨，農夫等擊破之。喜自柳浦[218]渡，取西陵[219]，擊斬庾業。會稽人大懼，將士多奔亡[220]，孔覬不能制。戊寅[221]，上虞令王晏起兵攻郡[222]，覬逃奔嵴山[223]，車騎從事中郎張綏[224]封府庫以待吳喜。己卯[225]，王晏入城，殺綏，執尋陽王子房[226]於別署[227]。縱兵大掠，府庫皆空，獲孔璪，殺之。庚辰[228]，嵴山民縛孔覬送晏，晏謂之曰：「此事孔璪所為，無預卿事[229]，可作首辭[230]，當相為申上[231]。」覬曰：「江東處分[232]，莫不由身[233]，委罪求活[234]，便是君輩行意[235]耳。」晏乃斬之。顧琛、王曇生、袁標等詣吳喜歸罪[236]，喜皆宥之[237]。東軍主[238]凡七十六人，於[17]陳[239]斬十七人，其餘皆原宥。

薛索兒攻申闡，久不下，使申令孫入睢陵說闡，闡出降，索兒并令孫殺之[240]。

○山陽王休祐在歷陽[241]，輔國[18]將軍劉勔進軍小峴[242]。殷琰所署南汝陰太守[19]裴季[20]以合肥[243]來降。

鄧琬性鄙闇貪吝[244]，既執大權，父子賣官鬻爵，使婢僕出市道販賣[245]；酣歌博弈，日夜不休；大自矜遇[246]，賓客到門[21]，歷旬不得前[247]。內事悉委褚靈嗣等三人[248]，羣小橫恣，競為威福。於是士民忿怨，內外離心。

琬遣孫沖之[249]帥龍驤將軍薛常寶、陳紹宗、焦度等兵一萬為前鋒，據赭圻[250]。

沖之於道與晉安王子勛書曰：「舟檝已辦[251]，器械[252][22]亦整，三軍踴躍，人爭效命；便欲沿流挂帆[253]，直取白下[254]。願速遣陶亮眾軍兼行相接[255]，分據新亭、南州[256]，則一麾定[257]矣。」子勛加沖之左衛將軍[23]，以陶亮為右衛將軍，統郢、荊、湘、梁、雍五州兵合二萬人，一時俱下。陶亮本無幹略[258]，聞建安王休仁自上[259]，殷孝祖又至，不敢進，屯軍鵲洲[260]。

殷孝祖負其誠節[261]，陵轢[262]諸將，臺軍有父子兄弟在南[263]者，孝祖悉欲推治[264]。由是人情乖離[265]，莫樂為用。寧朔將軍沈攸之，內撫將士，外諧羣帥，眾並賴之。孝祖每戰，常以鼓蓋[266]自隨，軍中人相謂：「殷統軍[267]可謂死將[268]矣！今與賊交鋒，而以羽儀[269]自標顯，若善射者十人共射之，欲不斃[24]，得乎？」

【章旨】以上為第一段，寫宋明帝泰始二年（西元四六六年）一、二兩個月間的大事。主要寫了宋明帝劉彧因其原在京城，故而捷足先登地取得帝位，而劉駿諸子部下的將佐與各州郡的軍政長官也因中國古代是以皇位傳子為正統的觀念，紛紛起兵支持劉駿的第三子晉安王劉子勛稱帝於尋陽，於是一時之間使建康的劉彧政權陷入風雨飄搖之中。當時擁護劉子勛的勢力主要有三方面，一是荊、郢、江、雍、梁、益等州的長江上游地區，其首領是鄧琬、袁顗、張悅等；二是處於東部地區的會稽、義興、吳興、吳郡、晉陵諸郡，其首領是孔覬、庾業、劉延熙等；三是處於北部地區的徐、青、冀等州，其首領是劉宋的名將薛安都、崔道固等。在當時地方軍政要員中起兵支持劉彧政權的是兗州刺史殷孝祖，他的入援建康，使劉彧朝廷大大鬆了一口氣。在劉彧朝廷內自告奮勇願率兵討敵的是殿中御史吳喜，吳喜率兵出討東部諸郡，與督護任農夫大破庾業、劉延熙之軍於義興；建康政權的張永、王道隆等大破孔覬的部將，攻克晉陵；吳喜、任農夫等進攻會稽，擊斬庾業，俘獲孔覬，孔覬不屈而死，東方諸郡被平定；在西部戰線，鄧琬命孫沖之率大軍為前鋒順江東進，派陶亮為後續率軍跟進；也寫了劉彧政權派劉休仁、殷孝祖、沈攸之等沿江而上，抵禦鄧琬的江州大軍，寫了殷孝祖的大自矜遇，預示了其日後的必死之由，與沈攸之的善撫士眾，預示其即將獲勝、受寵的前景；此外還寫了魏國的馮太后誅其權臣乙渾，引高允、高閭、賈秀共參大政等等。

【注釋】❶正月己丑朔　正月初一是己丑日。❷改元天安　魏國上一年的年號為拓跋濬太安六年，是年拓跋濬死，其子拓跋弘即位，今年改元，號曰天安。❸癸巳　正月初五。❹尋陽王子房　劉子房，孝武帝劉駿的第六子。傳見《宋書》卷八十。❺為撫軍將軍　意即免去其會稽太守之職，將其調回京城。撫軍將軍的地位略同於四鎮。❻以巴陵王休若代之　實即罷去劉子房的會稽太守職務，因上年會稽郡的將佐奉其太守劉子房應江州刺史劉子勛之反故也。巴陵王劉休若是文帝劉義隆的第十九子。傳見《宋書》卷七十二。❼甲午　正月初六。❽江州刺史王玄謨副之　胡三省曰：「使王玄謨拒尋陽之兵，因以為江州，不復用休祐。」❾南州　指南豫州，州治在今安徽當塗。❿虎檻　長江中的小洲名，在今安徽蕪湖市西南。⓫各立姓號　各以自己將軍的姓氏為軍中的口令。⓬不相稟受　互不統屬，各行其是。⓭請就一軍取號　請選擇一個大家中意的將軍，都統一使用他的號令。胡三省曰：「史言沈攸之有將帥之略，所以能立功。」⓮稱說符瑞　大講一些迷信的預言、徵兆之類。符瑞即陰陽家所講的好徵兆，如河出圖、洛出書、麒麟生、鳳凰降等等，皆預示聖人將出。⓯路太后　劉駿的生母，劉子勛的祖母。⓰帥將佐　率領本部以及來歸各部的文武百官。帥，同「率」。⓱上尊號於晉安王子勛　意即推尊劉子勛為皇帝。⓲乙未　正月初七。⓳改元義嘉　其兄劉子業於去年先稱「永光」，後改「景和」，今乃改稱「義嘉」，而不承認其叔劉彧的年號「泰始」。⓴安陸王子綏　劉子綏，劉駿之子，劉子勛之弟。傳見《宋書》卷八十。㉑除官進爵號各有差　加官進爵皆隨其功勞大小各有不同。除官，任命為官。各有差，各有大小不同。㉒丙申　正月初八。㉓征虜司馬　征虜將軍的高級僚屬，在軍中主管司法。㉔坦　申坦，申恬之子，宋代前期的著名將領。傳見《宋書》卷六十五。㉕置司州於義陽　將司州的州治設在義陽縣，義陽縣即今河南的信陽。胡三省曰：「文帝元嘉末，置司州於汝南。孝武大明中廢，今復置之。領義陽、隨陽、安陸、汝南四郡。」㉖義陽內史　位同義陽郡的太守。凡某郡封與某王為封地者，其郡的行政長官即稱內史，負責郡的行政事務。而所封之王，則只管收取該郡的錢糧以自奉養，不管郡內的政事。㉗薛安都　劉宋時期的名將，在與北魏作戰中立有赫赫戰功。傳見《宋書》卷八十八。㉘冀州刺史　劉宋的冀州州治在今山東青州，與青州同為一個刺史管轄。㉙崔道固　劉宋後期的知名將領。傳見《宋書》卷八十八。㉚邀文秀　邀請沈文秀一起響應晉安王劉子勛。㉛睢陵　縣名，縣治即今江蘇睢寧。㉜索兒　薛索兒，時為直閤將軍，皇帝的禁軍頭領。傳見《宋書》卷八十八。㉝太原太守　劉宋的太原郡設在今山東境內，下轄濟南、泰山二縣。㉞清河傅靈越　清河郡人傅靈越。清河是魏國境內的郡名，郡治在今河北臨清東北。㉟下邳　縣名，縣治在今江蘇睢寧西北古邳鎮東，地處沂、泗兩水交會處，自古為淮北戰場。㊱所領　所率領的軍隊。㊲征北參軍垣崇祖　垣崇祖是垣護之之姪，此時任征北將軍的參軍。㊳護之　垣護之，文帝時期的名將，在與魏國作戰中有傑出表現。傳見《宋書》卷五十。㊴北海太守懷恭　北海太守劉懷恭。劉宋北海郡的郡治即今山東濰坊。㊵淮陽　郡名，劉宋的淮陽郡治在今江蘇淮安西。㊶不受命　不受劉彧的朝廷之命為司州刺史。㊷召尋陽王長史行會稽郡事孔覬為太子詹事　調孔覬入朝為太子詹事。因當時孔覬任職的會稽郡太守已經起兵應江州刺史劉子勛。孔覬是劉宋中期一位有稜角、有風操的官吏。傳見《宋書》卷八十四。太子詹事是朝官名，為太子管理家務。㊸以平西司馬庾業代之　意即改派庾業到會稽郡穩定局勢。平西司馬即平西將軍部下的司馬官。㊹都水使者孔璪　都水使者是官名，主管河道溝渠的水利運輸等事，並監造船隻。孔璪事參見《宋書》卷八十四。㊺入東慰勞　到東部的會稽諸郡安撫勸說。㊻五郡　即所謂「浙東五郡」，指會稽、東陽、臨海、永嘉、新安五郡。㊼袁鄧　袁顗、鄧琬，以推戴劉子勛為名號召天下反對劉彧朝廷的主腦人物。㊽馳檄奉尋陽　發布文告於天下，表明自己擁戴江州的劉子勛。㊾顧琛　東晉名臣顧和的後代。傳見《宋書》卷八十一。㊿代延熙為義興　取代劉延熙為義興太守，因劉延熙已叛變故也。義興郡的郡治即今江蘇宜興。(51)長塘湖　又名洮湖，在當時義興郡的西北方，即今江蘇溧陽西北、金壇東南的長蕩湖。(52)蕭惠開　劉宋名將蕭思話之子。傳見《宋書》卷八十七。(53)湘東二句　湘東王劉彧是太祖劉義隆的兒子。(54)晉安二句　晉安王劉子勛是世祖劉駿的兒子。(55)其於當璧二句　要說做皇帝的資格，兩人都是有的。當璧，指接替為君主的徵兆與資格。春秋時代楚共王有寵子五人，拿不定主意立誰繼承王位，便將一塊玉璧埋在宗廟的祭壇之前，宣稱哪個兒子能正好跪在了埋璧的地方，就讓他當楚國的國王。結果五個兒子進殿參拜時，康王跨璧而過，靈王附在埋璧處，最小的平王被抱入參拜時，伏在了璧紐上。結果這三人便都先後當了一些時候的楚王。事見《左傳》昭公元年與《史記・楚世家》。(56)景和宋廢帝劉子業的年號。劉子業在上年正月改元永光；至八月又改元景和。這裡即指宋廢帝。(57)不任社稷二句　如果說劉子業不夠做皇帝的資格，那麼可供挑選的劉子業的弟弟們還有不少。社稷，這裡代指國家政權。(58)荷世祖之眷　蒙受世祖劉駿的恩寵，指在孝武帝駕下為臣。(59)當推奉九江　應該擁戴江州刺史劉子勛為皇帝。九江，說法甚多，且難得有一合適者，但又總是指同一個尋陽地區，即今之九江市。這裡即代指江州刺史。(60)梁州刺史柳元怙　柳元怙是已被宋廢帝所殺的名將柳元景之姪，時任梁州刺史。傳見《宋書》卷七十七。劉宋時期的梁州州治即今陝西漢中。(61)山陽太守　山陽郡的郡治即今江蘇淮安。(62)是歲　這一年，即宋明帝泰始二年（西元四六六年）。(63)四方貢計　全國各地區向朝廷進貢本地特產與各州郡向朝廷交納賦稅錢糧。貢，進貢。計，上計，指每年的年底各州郡的地方官派其僚屬到京城向朝廷彙報其地區的人口、賦稅、盜賊、獄訟等事，最重要的是交納錢糧。(64)所保　所保持；所擁有。(65)丹楊淮南　二郡名，丹楊即京城建業所在的郡，郡治在當時的建業，即今南京城內，淮南郡的郡治在今安徽當塗。(66)其間諸縣或應子勛　在這朝廷所擁有的僅僅幾個郡中，還有一些縣是擁護劉子勛的。或，有的。(67)東兵　從東方的會稽一帶殺來的擁戴劉子勛的軍隊。(68)永世　縣名，縣治在今江蘇溧陽南的古縣橋。(69)至信待人　言劉彧的朝廷應該以誠懇的態度對待天下人。(70)布在宮省　散布在朝廷的各個單位與皇帝身邊。(71)若繩之以法　倘若朝廷逮捕查辦這些叛者的親戚故舊。(72)土崩立至　整個朝廷土崩瓦解的局面就要到來。(73)宜明罪不相及之義　朝廷應該向天下人講明犯罪者只罪其身，而不牽連其親朋故舊的道理。不相及，不牽連到別人。(74)物情既定　人心一旦安定下來。物情，人心。(75)人有戰心　給朝廷當兵的人也就有了為朝廷作戰的決心。(76)不習之兵　沒有經過訓練的軍隊，指四方起而反對劉彧朝廷的人。(77)其勢相萬　雙方比較相差萬倍。(78)建武司馬　建武將軍殷琰部下的司馬官。(79)殷琰　一個善於保全自身的官僚，自文帝以來官運亨通，此時為豫州刺史。傳見《宋書》卷八十七。豫州的州治即下文所說的壽陽，今安徽壽縣。(80)柳光世　柳元景的堂弟。傳見《宋書》卷七十七。(81)省內　宮門以內。當時柳光世任劉彧的右衛將軍。(82)出奔彭城　因朝廷殺宗越、譚金等人，柳光世懷懼北逃投奔擁戴劉子勛的徐州刺史薛安都。(83)素無部曲　手下沒有自己的嫡系、親信。部曲，指依附、聽命其上屬，能為之效力的人，如賓客、食客、家奴、蔭戶等等。(84)頃日　近日。(85)人情云何　人們對當前的形勢怎麼看。(86)事當濟不　我們的事業能夠成功嗎。不，同「否」。(87)逆之與順二句　意謂湘東王您和晉安王子勛誰做皇帝算是正義，誰不正義，這個我沒法說。意思是誰都可以，都有合理性。(88)商旅斷絕二句　雖因戰爭商旅中斷，但京城太倉的糧食很多，故物價不高。(89)四方雲合二句　雖四方起兵反對朝廷的人不少，但京城的人心並不驚恐。雲合，極言反朝廷的區域之廣，人馬之多。胡三省曰：「湘東纂位，非其本心；尋陽起兵，名正言順，故曰『逆之與順，臣無以辨』。『商旅斷絕，米甚豐賤』者，前朝之積也；『四方雲合，人情更安』者，積苦於狂暴而驟樂寬政也。天下噭噭，新主之資，斯言豈不信哉？」(90)以此卜之　從這一點看來。卜，預測；推斷。(91)清蕩可必　一定能夠掃平天下。(92)羊公　魏末晉初的名將羊祜，為晉之滅吳預制方略者。傳見《晉書》卷三十四。(93)既平之後二句　意即滅東吳是不成問題的，滅東吳之後所產生的新問題就很難解決，就要讓你大傷腦筋了。羊祜此言見本書前文卷八十晉武帝咸寧四年。胡三省曰：「蔡興宗豈特以方嚴自將，蓋識時審勢者也。」(94)汝南新蔡二郡太守　汝南、新蔡是當時劉宋治下的兩個郡，郡分為二，但由一個太守管理，二郡的郡治都在懸瓠，即今河南汝南縣。(95)宂從僕射垣榮祖　宂從僕射是皇帝的侍從官員，垣榮祖是垣護之之姪。傳見《南史》卷二十五。(96)說薛安都　胡三省曰：「諸垣自略陽歸南，世在青、徐立效，為土人所信重，故使還說薛安都。」(97)無百里地　極言擁護劉彧朝廷的人士之少。(98)不論攻圍取勝　用不著派兵攻城，用不著使用武力。(99)自可拍手笑殺　單用拍手大笑，就可以嚇死劉彧與其周圍的一撮人。(100)不欲負孝武　意思是不能讓孝武帝劉駿的香火滅絕，一定要立劉駿的後代為皇帝。(101)孝武之行二句　孝武帝的罪行，足以殃及他的後代跟著倒楣。(102)天下雷同　天上一聲雷響，天下四海同震，極喻反劉彧朝廷的力量之多而大。(103)因　乃；於是。(104)殷孝祖　劉宋中期的知名將領。傳見《宋書》卷八十六。(105)上遣之　劉彧派葛僧韶往兗州迎殷孝祖。(106)屯據津逕　把守著重要的渡口要路。(107)間行　易服抄小道而行。(108)開闢未有　是從開天闢地以來所從未有過的。(109)假命漏刻　意即朝不保夕，數著鐘點過日子。漏刻，古代的計時器，將一晝夜分作一百刻。(110)主上　以稱宋明帝劉彧。(111)夷兇翦暴　消滅了暴君劉子業。夷、翦，都是消滅、除掉的意思。(112)更造　再造；重新安排。(113)宜立長君　應立年齡大的人為皇帝。(114)羣迷相煽　而一群糊塗愚妄之輩相互鼓吹煽動。(115)搆造無端　編造一些毫無道理的說法。無端，無理；無來由。(116)貪利幼弱　為便於控制而故意要立年紀幼小的孩子為君。按，晉安王子勛當時只有十一歲。(117)競懷希望　其實是每個人都懷著自己的心思。(118)使天道助逆　假如老天爺幫助壞人，意即這夥心懷不軌的傢伙們一旦得勢。(119)羣凶事申　叛逆們的陰謀得逞。(120)權柄不一　權力分散，政出多門。(121)豈有自容之地　哪裡還有我們的存身之地。(122)若能控濟義勇　如果能掌控好您部下這些濟水流域的軍隊。濟，濟水。離殷孝祖所管轄的兗州不遠。(123)還奉朝廷　把這支軍隊帶回朝廷、交給朝廷。(124)具問　詳細詢問；逐條詢問。(125)隨方詶譬　按著他提出的問題一一巧妙得體地給予了解釋與回答。自然是為劉彧說了許多好話。詶，通「酬」。(126)委妻子於瑕丘　將自己的妻、子留在原任所，表明自己並未放棄兗州的職務。瑕丘，縣名，當時兗州的州治所在地，在今山東兗州的東北側。(127)垂至延陵　很快就要到達延陵縣。延陵縣的縣治即今江蘇丹陽西南的延陵鎮，離當時的建康不到一百公里。(128)眾力不少　有許多年輕力壯的漢子。力，勞力；丁壯。(129)並傖楚壯士　都是一些粗壯的江北老冒。傖楚，江南人對中原人的蔑稱，猶今所謂「士老冒兒」。胡三省曰：「江南人謂中原人為『傖』，荊州人為『楚』。」(130)甲辰　正月初十。(131)假節　授予旌節。節是朝廷授予大臣或特派使者的一種信物，共分三等。一稱「使持節」，有此稱號者可以殺二千石以下的官員；其次稱「持節」，可殺無官位人；再次稱「假節」，在軍中可殺違犯軍令者。(132)寵賚　賞賜的東西。(133)東平畢眾敬　東平郡人姓畢名眾敬。東平郡的郡治無鹽，即今山東東平東北的無鹽村。(134)矯上命　假託皇帝劉子勛的命令。(135)行兗州事　代理兗州刺史的職務。行，代理。(136)有隙　有過節；不和睦。隙，隔閡；矛盾。(137)皆附之　都順從了畢眾敬的管轄。(138)據無鹽　意即據無鹽為劉彧朝廷堅守。(139)鍾　中鍾，東晉時期後趙石虎部下的著名官僚。(140)丙午　正月十八。(141)親總兵　親自統領軍隊。(142)出頓中堂　離開後宮妃嬪，住宿到與群臣謀劃軍務的辦公地點。頓，停留；住宿。中堂，宮廷前殿的中心議事之所。(143)辛亥　正月二十三。(144)劉劻　孝武帝時的將領，對劉彧政權的穩定頗有貢獻。傳見《宋書》卷八十六、《南史》卷二十九。(145)蕭道成　即日後篡宋建齊的齊高帝。(146)因送軍　趁著給東討大軍送行的時候。(147)助順同逆者　是幫助朝廷的人，還是跟著叛亂勢力走的人。(148)一以所從為斷　一律按其本人的行為表現來判斷，意即不株連別人。所從，指跟從哪一方。(149)當深達此懷　應該深刻理解我的這番心意。(150)壬子　正月二十四。(151)路太后殂　劉駿的生母路太后死。司馬光曰：「《宋略》、《南史》皆曰：『義嘉之難，太后心幸之，延上飲酒，置毒以進，侍者引上衣，上悟，起，以其巵上壽，是日太后崩，喪事如禮。』《宋書》無之，今不取。」按，劉子勛及各路起兵以反劉彧者，率皆以奉太后密旨為言，云劉彧殺之者，非無因也。(152)孫曇瓘　此時為寧朔將軍、越州刺史。傳見《宋書》卷八十三。(153)軍於晉陵九里　駐軍於晉陵縣西北的九里。晉陵縣即今江蘇常州。九里，因其離晉陵縣城九里而得名。(154)部陳　排列陣式。陳，同「陣」。(155)奔牛　即今江蘇武進西北的奔牛鎮，在當時運河的東岸。(156)曲阿　縣名，即今江蘇丹陽。(157)破岡　破岡瀆邊的村鎮名，在當時的延陵縣西，現在的江蘇句容東南。(158)塘埭　即指破岡瀆的堤壩。埭，堤壩。(159)無固心　無堅守之心。(160)築壘息甲　築起堡壘，讓士兵休息。(161)尋　不久；很快地。(162)賊定未進　反朝廷軍確實未發動進攻。(163)軍主　一支軍隊的部隊長。(164)懷慎　劉懷慎，劉裕的同族，跟隨劉裕打天下的元勳。傳見《宋書》卷四十五。(165)殿中御史吳喜　殿中御史是朝官名，主管在殿中糾察非法之事。吳喜，沈慶之的舊部。傳見《宋書》卷八十三。(166)主書　主管侍候皇帝讀書。(167)稍　逐漸。(168)河東太守　河東郡本在今之山西西南部，當時屬於魏國。劉宋的河東郡僑置在今湖北松滋。(169)請得　請求撥給。(170)致死於東　去跟東部的敵人拼死作戰。致死，與敵挑戰，這裡即指拼死作戰。(171)假喜　授予吳喜。假，給予；委任。(172)中書舍人巢尚之　中書舍人是中書令的屬官，主管為皇帝起草文件。巢尚之是孝武帝劉駿的寵臣，一度被廢帝所黜，今又進用。傳見《宋書》卷九十四。(173)紛紜　七嘴八舌的樣子。(174)不別才　不能識別人才。(175)所至　不論走到哪裡。(176)版　任命。因古代任命某人為官，須將委任命令寫在木櫝上，傳以示人，故稱。(177)領縣事　代理永世縣的縣令。領，代理；兼任。(178)國山　縣名，也是山名，縣治在今江蘇宜興西南的國山之西，章溪水的東岸。(179)吳城　也稱泰伯城，在今江蘇宜興西南。(180)義興　當時義興郡的郡治所在地，即今江蘇宜興。(181)柵斷長橋　在義興郡治西南的長橋用柵欄截斷荊溪的水面，以防止吳喜的水軍進攻義興郡城。胡三省曰：「此長橋蓋在荊溪之上。今宜興南二十步有荊溪，劉延熙曾蓋柵斷荊溪之橋以自保。」又，相傳此荊溪即晉時周處刺蛟之所在。(182)遙相應接　劉延熙在當時義興郡的西南方，庾業在義興郡的西北方，遙相響應。(183)晉陵軍　孔覬所派出的孫曇瓘的軍隊。(184)外監　官名，主管監察朝廷以外官民思想動態的官員。(185)舉　推薦；保舉。(186)司徒參軍督護任農夫　任農夫是劉宋中期的將領，助劉彧朝廷平定叛亂的功臣。傳見《宋書》卷八十三。時以督護的官銜任司徒劉休仁府的參軍。督護，軍官名，級別略當於都尉。(187)出長塘　渡過長塘湖攻擊反劉彧朝廷的庾業軍。(188)走義興　逃往義興城，與劉延熙會合。(189)二月己未朔　二月初一是己未日。(190)渡水　渡前文所說的荊溪水。(191)賈秀　賈彝之子，魏國的清廉正直之臣。傳見《魏書》卷三十三。(192)吏曹　猶如後代所說的吏部天官，負責選拔任命官職之事。(193)庶姓　皇室以外的家族。胡三省曰：「凡非國之同姓，皆謂之庶姓。」(194)慳　吝嗇；小氣鬼。(195)庚申　二月初二。(196)馮太后　魏高宗拓跋濬之皇后，獻文帝拓跋弘之母。(197)烈帝　拓跋翳槐，追謚烈皇帝。傳見《魏書》卷一。(198)高允　魏國的名臣，早在拓跋燾時代即任顯職。傳見《魏書》卷四十八。(199)高閭　魏國的儒雅之臣，先後受崔浩、高允之薦舉。傳見《魏書》卷五十四。(200)積射將軍　略高於雜號將軍，位居五品。(201)濟陽江方興　濟陽郡人姓江名方興。濟陽郡的郡治在今河南蘭考東北。(202)藉手　著手；動手。(203)上副聖旨　對上說可以滿足皇上的心願。副，符合。(204)下成眾氣　對下說可以鼓舞軍隊的士氣。(205)辛酉　二月初三。(206)壬戌　二月初四。(207)義鄉　縣名，縣治在今浙江長興西北。(208)吳興　郡名，郡治即今浙江吳興南的下菰城。(209)臺軍　朝廷軍。(210)墮牀　從坐椅上掉了下來。牀，坐椅。(211)錢唐　郡名，郡治即今浙江杭州。(212)吳郡　郡治即江蘇蘇州。(213)會稽　郡名，郡治即浙江紹興。(214)四郡　指晉陵、義興、吳興、吳郡。(215)褚淵　褚湛之之子，褚氏與劉氏皇室是姻親，褚湛之在孝武帝時代位居要職。傳見《宋書》卷五十二。(216)丁卯　二月初九。(217)黃山浦　也稱漁浦，在今浙江蕭山縣西南的錢塘江南岸。(218)柳浦　在今杭州城南的鳳凰山東麓。(219)西陵　即今浙江蕭山縣西北的西興鎮。(220)奔亡　奔逃。亡，逃跑。(221)戊寅　二月二十。(222)攻郡　攻打會稽郡城，即今浙江紹興。(223)嶀山　村名，在今浙江紹興境。《南史》稱「覬門生載覬以小船，竄入嶀山村」。(224)車騎從事中郎張綏　張綏是車騎將軍劉子房的僚屬，任從事中郎之職。(225)己卯　二月二十一。(226)尋陽王子房　孝武帝劉駿的第六子，被封為尋陽王，此時任會稽太守，年十一歲。(227)別署　其他官署。胡三省曰：「張綏蓋遷子房於別署，故王晏就執之。」(228)庚辰　二月二十二。(229)無預卿事　和你沒有關係。(230)可作首辭　可以寫一張自首服罪的供狀。(231)當相為申上　可以幫你向皇上申明原委。(232)江東處分　浙東地區所有反對朝廷活動的安排指揮。江東，錢塘江以東。處分，安排指揮。(233)莫不由身　沒有一件不是出自我的手。身，我；我自己。(234)委罪求活　把罪過推給別人，自己求得活命。(235)便是君輩行意　那就成了你們這些人的行為。君輩，你們這些人。行意，思想行為。(236)歸罪　投案請罪。(237)喜皆宥之　吳喜都寬饒了他們。宥，寬饒。(238)東軍主　浙東地區反朝廷的各支部隊長。軍主，一支軍隊的頭領，不管其級別的高低，與其所領部隊的人數。(239)於陳　在戰場上。(240)并令孫殺之　連派去勸降的中令孫也一同殺掉了。中令孫是申闡之兄。(241)歷陽　即今安徽和縣，當時為建康城西側的軍事要地。(242)小峴　小峴山，在今安徽含山縣西北。(243)合肥　縣名，劉宋南汝陰郡的郡治所在地，在今安徽合肥西北。(244)鄙闇貪吝　既狹隘糊塗，又貪婪吝嗇。(245)出市道販賣　到市場上去做買賣，以為其主子賺錢。(246)大自矜遇　自己的架子擺得很大。矜，誇耀。(247)不得前　到不了跟前，見不到其人。(248)褚靈嗣等三人　指褚靈嗣、潘欣之、沈光祖，當時皆為通事舍人，在劉子勛身邊供職。(249)孫沖之　晉朝史學家孫盛的曾孫，孝武帝時以破臧質有功為將軍。傳見《宋書》卷七十四。(250)赭圻　古城名，在今安徽繁昌西北的長江南岸。(251)已辦　已經準備好。(252)器械　武器。(253)沿流挂帆　意即順風順水，沿江而下。(254)白下　也稱「白下陂」、「白下城」，在當時建康城西側的長江邊，這裡即指當時的建康，今之南京。(255)兼行相接　提高速度趕上來跟在我的後面。兼行，一天行兩天的路程。(256)分據新亭南州　臨近建業時，一支軍隊佔據新亭，一支軍隊佔據南州。新亭在當時建康城外的西南方，南州即南豫州，在今安徽當塗。(257)一麾定　一揮而定；一舉成功。麾，大將的指揮旗，這裡用如動詞，即揮手、揮旗。(258)幹略　辦大事的能力。(259)自上　親自率軍溯長江而上迎戰。(260)鵲洲　在今安徽銅陵、繁昌之間長江中。(261)負其誠節　以自己對劉彧朝廷的忠誠、有操守自負。胡三省曰：「謂委鎮勤王，不顧妻子也。」(262)陵轢　藐視、欺壓。陵，侵侮。轢，傾軋；欺壓。(263)在南　在劉子勛的軍隊中。劉子勛的江州在建康的西南方。(264)悉欲推治　想全部地拘捕審查。推治，審問；治罪。(265)人情乖離　人心渙散，對之離心離德。(266)鼓蓋　鉦鼓與幡傘，泛指大將的儀仗。(267)殷統軍　以稱殷孝祖。統軍，猶言統帥。當時殷孝祖任撫軍將軍、假節、都督前鋒諸軍事。(268)死將　將死之將。因其常以鼓蓋相隨，敵軍一眼就能看到，必成眾矢之的。(269)羽儀　即指儀仗，因有些器物上面飾有羽毛，故稱羽儀。

【校　記】[1]平原　原無此二字。據章鈺校，甲十一行本、乙十一行本、孔天胤本皆有此二字，今據補。[2]人有異志　原無此四字。據章鈺校，甲十一行本、乙十一行本、孔天胤本皆有此四字，張敦仁《通鑑刊本識誤》同，今據補。③更　原無此字。據章鈺校，甲十一行本、乙十一行本、孔天胤本皆有此字，今據補。④司徒　原作「司法」。今據嚴衍《通鑑補》改作「司徒」。⑤潁川　原無此二字。據章鈺校，甲十一行本、乙十一行本、孔天胤本皆有此二字，張敦仁《通鑑刊本識誤》同，今據補。⑥殷孝祖　原作「徵孝祖」。胡三省注云：「『請』下當有『徵』字。」據章鈺校，甲十一行本、乙十一行本皆作「殷」，張瑛《通鑑校勘記》同，今據改。⑦督　原作「都督」。據章鈺校，甲十一行本、乙十一行本皆無「都」字，今據刪。⑧殺　原作「盡殺」。據章鈺校，甲十一行本、乙十一行本皆無「盡」字，今據刪。⑨助　原作「將」。據章鈺校，甲十一行本、乙十一行本、孔天胤本皆作「助」，張瑛《通鑑校勘記》、熊羅宿《胡刻資治通鑑校字記》同，今據改。⑩至　原無此字。據章鈺校，甲十一行本、乙十一行本、孔天胤本皆有此字，今據補。⑪果　原作「勇」。據章鈺校，甲十一行本、乙十一行本皆作「果」，今據改。⑫將　原作「將軍」。據章鈺校，甲十一行本、乙十一行本皆無「軍」字，今據刪。⑬漁陽　原無此二字。據章鈺校，甲十一行本、乙十一行本、孔天胤本皆有此二字，今據補。⑭等　原無此字。據章鈺校，甲十一行本、乙十一行本、孔天胤本皆有此字，張敦仁《通鑑刊本識誤》同，今據補。⑮既　原作「猶」。據章鈺校，甲十一行本、乙十一行本、孔天胤本皆作「既」，張敦仁《通鑑刊本識誤》同，今據改。⑯至　原作「軍至」。據章鈺校，甲十一行本、乙十一行本、孔天胤本皆無「軍」字，今據刪。⑰於　原作「臨」。據章鈺校，甲十一行本、乙十一行本、孔天胤本皆作「於」，今據改。⑱輔國　據章鈺校，甲十一行本、乙十一行本皆無「國」字。⑲太守　據章鈺校，甲十一行本、乙十一行本「守」下皆空一格。⑳裴季　原作「裴季之」。據章鈺校，甲十一行本、乙十一行本皆無「之」字，今據刪。㉑門　此下原有「者」字。據章鈺校，甲十一行本、乙十一行本、孔天胤本皆無「者」字，今據刪。㉒器械　原作「糧仗」。據章鈺校，甲十一行本、乙十一行本、孔天胤本皆作「器械」，今據改。㉓左衛將軍　據章鈺校，甲十一行本、乙十一行本皆無「將」字。按，下文陶亮封「右衛將軍」，則此處亦應有「將」字。㉔斃　據章鈺校，甲十一行本、乙十一行本皆作「弊」。

【語譯】太宗明皇帝上之下

泰始二年（丙午　西元四六六年）

春季，正月初一日己丑，魏國實行大赦，改年號為天安。○初五日癸巳，宋明帝劉彧徵調擔任會稽郡太守的尋陽王劉子房回京師擔任撫軍將軍，任命巴陵王劉休若接替尋陽王劉子房擔任會稽郡太守。

正月初六日甲午，宋國京師內外進入緊急軍事狀態。宋明帝任命擔任司徒的建安王劉休仁為都督征討諸軍事，任命擔任車騎將軍、江州刺史的王玄謨擔任副都督征討諸軍事。劉休仁率軍駐紮在南豫州，任命沈攸之為尋陽郡太守，率領軍隊駐紮在虎檻。當時王玄謨還沒有出發，而擔任前鋒的十路大軍已經絡繹不絕，相繼到達虎檻，每到夜間，各軍便以自己主帥的姓氏為口令，互相之間不統屬。沈攸之對諸將領說：「如今各軍口令不同，如果一旦有個農夫、漁父在夜間互相呵斥、責問，便會造成軍隊的驚慌與混亂，這是自取滅亡的做法。請全軍統一號令。」大家都聽從了他的意見。

鄧琬大肆宣傳符籙祥瑞，謊稱自己接受了路太后的璽書，於是便率領本部以及來歸各部的文官武將推尊晉安王劉子勛為皇帝。正月初七日乙未，劉子勛在尋陽即皇帝位，改年號為義嘉。被推戴為皇帝的劉子勛任命安陸王劉子綏為司徒、揚州刺史；尋陽王劉子房、臨海王劉子頊全被授予開府儀同三司；任命長史鄧琬為尚書右僕射，任命張悅為吏部尚書，加授袁顗為尚書左僕射。其餘的將佐以及各州、郡的官員，則根據他們功勞的大小，升官晉爵各有不同。

正月初八日丙申，宋明帝任命擔任征虜司馬的申令孫為徐州刺史。申令孫，是申坦的兒子。司州州治設在義陽，任命擔任義陽內史的龐孟虯為司州刺史。

擔任徐州刺史的薛安都、擔任冀州刺史的清河郡人崔道固全都起兵擁戴在尋陽稱帝的晉安王劉子勛。宋明帝向擔任青州刺史的沈文秀徵調軍隊，沈文秀奉命派遣屬下將領平原人劉彌之等人率領軍隊奔赴建康勤王。恰好遇上徐州刺史薛安都派遣使者前來邀請沈文秀一起擁戴劉子勛，沈文秀於是改變了主意，他讓劉彌之等人響應薛安都的號召。擔任濟陰太守的申闡佔據睢陵接受建康宋明帝的號令，徐州刺史薛安都便派遣自己的姪子、擔任直閤將軍的薛索兒、擔任太原太守的清河郡人傅靈越等人率軍進攻濟陰太守申闡。申闡，是申令孫的弟弟。薛安都的女婿裴祖隆負責鎮守下邳，劉彌之率軍來到下邳，他沒有按照沈文秀的命令響應薛安都，而是響應建康宋明帝的號召，率領自己的部下突然襲擊了裴祖隆。裴祖隆被劉彌之打敗之後，就與擔任征北參軍的垣崇祖一同投奔了彭城。垣崇祖，是垣護之的姪子。劉彌之的族人、擔任北海太守的劉懷恭、劉彌之的姪子劉善明全都起兵響應劉彌之，薛索兒聽到這個消息後，就放棄攻打據守睢陵的濟陰太守申闡，轉而率軍前往下邳攻打劉彌之。劉彌之作戰失敗，遂投奔了北海太守劉懷恭。中令孫攻佔了淮陽郡之後，便向薛索兒請求投降。龐孟虬也沒有接受宋明帝的任命去擔任司州刺史，而是起兵響應了在尋陽稱帝的劉子勛。

宋明帝徵召在尋陽王劉子房屬下擔任長史、代管會稽郡事務的孔覬回京師建康擔任太子詹事，同時派遣擔任平西司馬的庾業前往會稽郡接替孔覬所擔任的職務，又派遣擔任都水使者的孔璪到東部的會稽等諸郡進行安撫勸說。孔璪到了會稽郡之後便對孔覬說「建康城內的皇帝劉彧府庫空虛，力量薄弱，不如憑藉浙東五郡的力量，起兵響應尋陽袁顗、鄧琬的號召。」孔覬聽從了孔璪的意見，遂起兵響應袁顗、鄧琬，同時向天下發布文告，表明自己決心擁戴劉子勛稱帝的立場。擔任吳郡太守的顧琛、擔任吳興太守的王曇生、擔任義興太守的劉延熙、擔任晉陵太守的袁標全都據守各郡響應孔覬。宋明帝又任命庾業代替劉延熙為義興郡太守，不料庾業到了長塘湖之後，立即與義興太守劉延熙聯合起來反對宋明帝。

擔任益州刺史的蕭惠開，聽到晉安王劉子勛起兵反抗宋明帝的消息，立即召集屬下的文官武將說：「湘東王劉彧，是太祖劉義隆的兒子；晉安王劉子勛，是世祖劉駿的兒子；無論他們誰繼承皇位，都是合法的。但是年號為景和的廢皇帝劉子業雖然昏庸，畢竟是世祖劉駿的兒子，如果說劉子業不能夠勝任社稷之主的重任，但他的弟弟們還有很多可供挑選。我蒙受世祖劉駿的恩寵，所以應當擁戴九江的晉安王劉子勛為皇帝。」於是派遣擔任巴郡太守的費欣壽率領五千人沿長江東下。一時之間，擔任湘州行事的何慧文、擔任廣州刺史的袁曇遠、擔任梁州刺史的柳元怙、擔任山陽太守的程天祚都歸附了劉子勛。柳元怙，是柳元景的堂兄。

這一年，四方各州府、郡縣向朝廷進貢的地方特產以及向朝廷繳納的錢糧賦稅全都送到了在尋陽稱帝的劉子勛那裡，而建康朝廷所擁有的只有丹楊、淮南等數郡而已，就是這幾個郡當中也有的縣響應了劉子勛。從浙東會稽一帶殺來的擁戴劉子勛的軍隊已經到達永世縣，建康朝廷所面臨的形勢非常危險，人人心懷恐懼。宋明帝召集群臣分析天下的形勢，謀劃成功的辦法，蔡興宗說：「如今普天之下一同起兵叛變，人人都有謀反之心，陛下此時應當以鎮靜來穩定局勢，以誠懇的態度來對待天下人。背叛者的親屬分布在朝廷的各個單位以及皇帝的身邊，如果朝廷逮捕查辦這些背叛者的親朋故舊，整個朝廷土崩瓦解的局面立即就會到來，朝廷應當向天下講明只對叛變之人進行懲罰，而不牽連他們親朋故舊的道理。一旦人心安定下來，那些當兵的人也就有了為朝廷拼死作戰的決心。朝廷的軍隊精銳、勇敢，兵器犀利、盔甲堅固，用這樣的軍隊來迎戰沒有經過正規訓練的叛軍，雙方的力量將會相差一萬倍。希望陛下不要擔憂。」宋明帝認為蔡興宗的意見很對。

建武司馬劉順勸說豫州刺史殷琰起兵擁戴尋陽的晉安王劉子勛。殷琰因為自己的家在建康而沒有同意。擔任右衛將軍的柳光世從皇宮出逃，準備投奔彭城的徐州刺史薛安都，他在經過壽陽的時候，揚言說朝廷一定守不住建康城。殷琰一方面是因為相信了柳光世的話，一方面是因為手下沒有自己的私人武裝，受到土豪前右軍參軍杜叔寶等人的挾制，在迫不得已的情況下，遂聽從了劉順的意見。殷琰任命杜叔寶為長史，豫州刺史府內外的各種權力其實都掌握在杜叔寶手中。宋明帝對吏部尚書蔡興宗說：「各處的叛亂都還沒有平定，如今豫州刺史殷琰又歸附了叛軍，與他們一同造反，近日人們對當前的形勢怎麼看？我們的事業能成功嗎？」蔡興宗回答說：「關於陛下與晉安王劉子勛到底誰做皇帝算是正義，誰是不正義，我沒法分辨。如今雖然因為戰亂而使得商旅斷絕，然而京城之內的糧米卻非常充裕，而且價格不貴，雖然四方的叛軍很多，就像密布的陰雲一樣籠罩著京師，而民心反而更加安定，就憑這一點來推測，朝廷一定能夠掃平天下。但我所擔憂的，乃是在掃平叛亂之後，就像魏末晉初的名將羊祜當年所說的那樣：『天下平定之後所產生的新問題，才是使皇帝大傷腦筋的事情。』」宋明帝說：「確實像你分析的那樣。」宋明帝知道豫州刺史殷琰依附於尋陽的劉子勛並非出自本意，於是就用更加優厚的待遇安撫殷琰的家屬，以此來招安殷琰。

擔任汝南、新蔡二郡太守的周矜在懸瓠起兵擁戴建康的宋明帝。袁顗引誘周矜手下擔任司馬的汝南人常珍奇活捉周矜，袁顗殺死了周矜，任命常珍奇代替周矜擔任了汝南、新蔡二郡太守。

宋明帝派遣擔任亢從僕射的垣榮祖回到徐州勸說徐州刺史薛安都歸順朝廷，薛安都回答說：「如今京師建康所擁有的只是一塊方圓不足一百里的地方，根本用不著動用武力派兵攻城，單是拍手大笑，就能把劉彧和他身邊的那些人嚇死，況且我也不想讓孝武帝劉駿的香火斷絕。」垣榮祖對薛安都說：「孝武帝的惡行，足以殃及他的後代跟著倒楣。如今雖然天下反對建康朝廷的力量大得就像天上的一聲雷響，令四海一同感到震動，然而這只能加速他們的滅亡，他們不會有什麼作為。」薛安都沒有聽從垣榮祖的勸告，將垣榮祖留下，令其在自己的部下擔任將領。垣榮祖，是垣崇祖的堂兄。

兗州刺史殷孝祖的外甥、擔任司徒參軍的潁川人葛僧韶向宋明帝請求讓殷孝祖入朝，宋明帝便派葛僧韶為使者前往兗州召請殷孝祖。當時薛索兒正率軍把守著重要的渡口要道。葛僧韶換上平民的服裝抄小路才得以來到兗州刺史殷孝祖的刺史府，他對殷孝祖說：「年號為景和的廢皇帝劉子業為人兇惡狂暴，是開天闢地以來所從未有過的；不論是朝廷之內的文武百官還是民間的百姓，處境都極其危險，人人都感到朝不保夕，每天都在數著鐘點過日子，不知道下一刻鐘自己還能不能活在這個世上。當今的皇帝劉彧剷除了暴君劉子業，重新改造天地，功不可沒，當國家處在混亂、政權面臨危機的情況下，就應當擁戴年齡大一些的人為皇帝。而一群糊塗愚妄之輩相互鼓吹煽動，編造一些毫無道理的說法，他們為了自己的利益而故意要擁立一個年紀幼小、便於控制的孩子做皇帝，其實他們每個人都在為自己打著小算盤。假如老天爺幫助叛逆，讓叛逆者的陰謀得逞，到那時皇帝年幼，時局艱難，權力分散，政出多門，就會兵連禍結，哪裡還有我們的容身之地！舅舅您在年少的時候就有建立功名的志向，如果您能掌控好部下這些濟水流域的軍隊，把他們帶回建康，交給朝廷，不但能夠幫助建康的皇帝平息叛亂，而且還可以名垂青史。」殷孝祖詳細地向葛僧韶詢問朝廷方面的消息，葛僧韶便按照殷孝祖提出的問題一一巧妙得體地予以解釋和回答，並且向殷孝祖述說了朝廷武器精良、兵力強盛，以及宋明帝準備任用殷孝祖擔任前部先鋒的想法。殷孝祖當天便把妻、子留在任所瑕丘，親自率領二千名文武，跟隨葛僧韶回到京師建康。當時四方的郡縣全都依附了尋陽的晉安王劉子勛政權，建康朝廷只保有丹楊一個郡，而丹楊郡管轄之下的永世縣的縣令孔景宣又背叛了朝廷歸附了劉子勛政權，義興郡的叛軍很快就要到達延陵縣，朝廷內外憂愁恐懼，處境十分危險，文武百官全都做好了四處逃散的準備。此時兗州刺史殷孝祖突然率領二千人來到京城，他的部下有許多年輕力壯的漢子，都是江北一帶的精壯勇士，人心這才極大地安定下來。正月初十日甲辰，宋明帝晉升殷孝祖為撫軍將軍，假節、督前鋒諸軍事，然後派殷孝祖向虎檻進軍。宋明帝對殷孝祖非常恩寵，賞賜給他很多的東西。

當初，宋明帝派遣東平郡人畢眾敬前往兗州招募軍隊，畢眾敬抵達彭城，徐州刺史薛安都便為畢眾敬分析利害關係，並假託劉子勛的命令任命畢眾敬暫且代理兗州刺史的職務，畢眾敬於是聽從了薛安都。兗州刺史殷孝祖派手下擔任司馬的劉文石守衛瑕丘，畢眾敬率軍攻破瑕丘，殺死了劉文石。薛安都一向與殷孝祖有矛盾，於是便趁機令畢眾敬把殷孝祖留在瑕丘的兒子全部殺死。兗州境內各郡縣於是都順從了畢眾敬的管轄，只有擔任東平太守的申纂還在為劉彧朝廷堅守無鹽縣，不肯服從畢眾敬。申纂，是申鍾的曾孫。

正月十八日丙午，宋明帝親自統領軍隊，離開後宮的嬪妃，住宿到與群臣謀劃軍務的辦公地點中堂。二十三日辛亥，宋明帝任命山陽王劉休祐為豫州刺史，統領著擔任輔國將軍的彭城人劉勔、擔任寧朔將軍的廣陵人呂安國等各軍向西討伐背叛朝廷的豫州刺史殷琰。巴陵王劉休若率領著擔任建威將軍的吳興人沈懷明、擔任尚書的張永、擔任輔國將軍的蕭道成等各軍向東討伐孔覬。當時出征的朝廷將士大多數都是東方人，他們的父兄子弟都已經歸順了孔覬。宋明帝藉著為大軍出征送行的機會，廣泛地向他們宣示說：「我正在推行以德治國，精簡刑法，在懲治父子兄弟罪過的時候不會牽連到其他人，無論是幫助朝廷的人，還是跟著叛亂勢力走的人，一律按照他本人的行為表現來決定獎賞或懲罰。你們應當深切地體會我的這番心意，不要因為你們的親戚歸順了孔覬而感到憂慮。」眾人於是全都歡天喜地地出征了，那些留在建康的叛亂者的親朋鄉黨，宋明帝都讓他們像過去一樣擔任職務。

正月二十四日壬子，宋孝武帝劉駿的生母路太后去世。

孔覬派遣自己的部將孫曇瓘等人駐紮在晉陵縣西北的九里，排列的陣勢非常強大。建威將軍沈懷明到達奔牛，因為所率領的軍隊人數少，力量弱，於是就修築起堡壘用以保存實力。尚書張永到達曲阿之後，不知道建威將軍沈懷明那裡戰況如何，是否平安，因為看到百姓驚慌擾亂，張永遂退回到延陵，向巴陵王劉休若靠攏，諸將帥全都勸說巴陵王劉休若退到破岡進行堅守。當天，天氣特別寒冷，風颳得很大，雪下得很猛，破岡瀆的堤壩決裂損壞，眾人全都喪失了堅守的決心。劉休若於是宣布命令說：「誰再敢說退軍，一律殺無赦！」眾人才稍微安靜下來，於是就地修築起堡壘讓士兵休息。不久收到建威將軍沈懷明的來信，說叛軍確實沒有對其發動進攻，所率領的軍隊駐紮在奔牛沒有前進，此時軍主劉亮又率領一支軍隊趕到，朝廷軍的兵力逐漸增強，軍心才真正安定下來。劉亮，是劉懷慎的堂孫。

擔任殿中御史的吳喜在世祖劉駿執政時期曾經擔任主管侍候皇帝讀書的主書，逐漸升遷為河東太守。此時，吳喜主動請求宋明帝撥給他三百精兵，去跟東部各郡的叛軍拼死作戰，為國效勞。宋明帝遂授予吳喜建武將軍之職，並從羽林軍中挑選了一批勇士撥給他率領。參與決策的人認為「吳喜乃是一個主管公文案牘出身的文官，從來沒有擔任過率軍打仗的將領，所以不應該派他去領兵作戰。」擔任中書舍人的巢尚之說：「以前吳喜曾經跟隨沈慶之，屢經征戰，性情勇猛，處事果斷，又熟悉作戰陣法，如果能夠任用他，一定會取得輝煌的戰績。眾人議論紛紜，都是因為不瞭解他的才能所致。」於是宋明帝便派遣吳喜領軍出征。吳喜先前曾經多次奉命出使東吳，因為他為人寬宏仁厚，不論走到哪裡，人們都會懷念他。當東方的百姓聽說河東太守吳喜到來，全都望風歸降，或自行解散回家，所以吳喜所到之處，全都取得了勝利。

永世縣人徐崇之率領眾人進攻孔景宣，把孔景宣殺死，建武將軍吳喜便任命徐崇之暫且代理永世縣縣令。吳喜率軍到達國山縣的時候，遇到了東部的叛軍，吳喜立即向叛軍發起進攻，把叛軍打得大敗。吳喜從國山縣進駐吳城，義興太守劉延熙派遣他的部將楊玄等人迎戰吳喜軍。吳喜所率領的軍隊人數很少，相對而言力量顯得有些薄弱，而楊玄等人兵多勢眾，吳喜奮勇進擊，殺死了楊玄，然後快速逼近義興郡城。劉延熙在義興郡治西南的長橋用柵欄截斷荊溪的水面，然後堅守郡城以圖自保，吳喜則修築起堡壘與劉延熙展開對峙。

庾業率領著七千人在長塘湖口兩岸修築城堡，與劉延熙遙相呼應。建威將軍沈懷明、尚書張永率軍與孔覬派出的駐紮在晉陵的叛軍孫曇瓘相持，卻長時間不能決出勝負。擔任外監的朱幼向宋明帝舉薦擔任司徒參軍、督護的任農夫驍勇果敢善戰，既有膽識又有勇力，宋明帝就撥給任農夫四百人，讓他去援助東討的大軍。任農夫率領著這四百人從延陵渡過長塘湖進攻反抗劉彧朝廷的庾業軍，庾業修築的城牆還沒有合攏，任農夫飛速地前往攻打庾業，經過拼死作戰，終於把庾業打得大敗，庾業丟棄了未完成的城堡逃往義興去了。任農夫搜集起庾業丟棄的船隻、器械，然後向義興進軍以增援建武將軍吳喜作戰。二月初一日己未，吳喜渡過荊溪水進攻義興郡城，同時派出軍隊分頭攻打叛軍的各處堡壘，吳喜登上高處進行指揮，就好像指揮四面八方的軍隊同時發起總攻一樣。義興軍非常恐懼，各處營壘的敵軍很快就全部潰散，義興太守劉延熙跳入水中被淹死，吳喜於是攻克了義興郡。

魏國擔任丞相的太原王乙渾專擅朝政，誅殺了很多人。安遠將領賈秀擔任負責選拔任用官吏的吏曹，乙渾多次向賈秀提及要為自己的妻子求取公主的封號之事，賈秀說：「公主豈是皇室以外的家族所應該得到的封號？賈秀我寧可今日被殺死，也不能讓後世之人取笑我！」乙渾聽後勃然大怒，便辱罵賈秀說：「老奴官，小氣鬼！」正遇上擔任侍中的拓跋丕告發乙渾謀反，二月初二日庚申，馮太后下令逮捕了乙渾，把乙渾殺死。賈秀，是賈彝的兒子；拓跋丕，是烈皇帝拓跋翳槐的玄孫。此後馮太后便親自臨朝主持朝政，她援引擔任中書令的高允、擔任中書侍郎的漁陽人高閭以及擔任吏曹的安遠將軍賈秀共同參與處理朝政。

宋國建威將軍沈懷明、尚書張永、輔國將軍蕭道成等將軍隊駐紮在晉陵九里的西邊，與浙東的敵軍相對峙。東部敵軍聽到義興太守劉延熙已經被吳喜打敗，都感到非常的震驚和恐懼。宋明帝派擔任積射將軍的濟陽郡人江方興、擔任御史的王道隆到晉陵郡觀察東部敵軍的形勢。孔覬的部將孫曇瓘、程扞宗等人一連修築了五個城壘，這五個城壘之間互相連通，而程扞宗所修築的城壘此時還沒有加固好，御史王道隆遂與諸將商議說：「程扞宗的城壘既然沒有完工，可以先從他這裡下手，對上來說既可以滿足皇上的心意，對下來說又可以鼓舞軍隊的士氣。」二月初三日辛酉，王道隆率領自己屬下的軍隊對程扞宗的城壘發起猛攻，攻拔了程扞宗的城壘，斬下了程扞宗的人頭。尚書張永等人乘勝進攻孫曇瓘等，初四日壬戌，孫曇瓘等被打敗，他與袁標一起棄城逃走，朝廷軍遂攻克了晉陵。

建武將軍吳喜到達義鄉縣。都水使者孔璪率軍屯駐在吳興郡的南亭，吳興太守王曇生前往孔璪那裡商議軍情，當他們聽說朝廷的軍隊已經逼近南亭的消息之後，孔璪因為極度恐懼竟然從座椅上摔了下來，他說：「朝廷懸賞購買的人頭，只有我一個人，現在再不趕快逃走，就要被人活捉了！」於是便與王曇生一起逃往錢唐郡去了。建武將軍吳喜進入吳興，司徒參軍任農夫則率領軍隊殺向吳郡，吳郡太守顧琛丟下吳郡逃往會稽郡。宋明帝因為晉陵郡、義興郡、吳興郡、吳郡四郡都已經平定，就留下建武將軍吳喜，讓他統領建威將軍沈懷明等諸將繼續向東進軍攻打會稽郡，令尚書張永等人向北攻打彭城的徐州刺史薛安都，積射將軍江方興等人向南攻打尋陽的劉子勛。

宋明帝任命擔任吏部尚書的蔡興宗為尚書左僕射，任命擔任侍中的褚淵為吏部尚書。

二月初九日丁卯，建武將軍吳喜到達錢唐，逃到錢唐的孔璪、王曇生聞訊後又從錢唐逃往浙東。吳喜派遣擔任強弩將軍的任農夫等人率領軍隊進攻黃山浦，東部軍佔據著錢塘江沿岸安營紮寨，任農夫等人率軍將其打敗。吳喜率軍從柳浦渡江，攻取西陵，殺死了庾業。會稽人感到非常恐懼，許多將士都開了小差，孔覬此時已經無法控制局面。二十日戊寅，上虞縣令王晏起兵攻打會稽郡，孔覬逃奔嶀山村，在車騎將軍劉子房屬下擔任從事中郎的張綏封閉了府庫等待吳喜的到來。二十一日己卯，上虞縣令王晏首先進入會稽郡城，他殺死了張綏，在別的官署內捉住了尋陽王劉子房。王晏放縱士兵在城內大肆搶掠，府庫全部被搶劫一空，王晏又捉住了孔璪，並把孔璪殺死。二十二日庚辰，嶀山村村民將綁縛著的孔覬送給王晏，王晏對孔覬說：「會稽郡起兵反抗建康朝廷之事都是孔璪一個人幹的，和你沒有關係，你寫一張自首認罪的供狀，我可以替你向皇上申明原委。」孔覬說：「浙東地區所有反對朝廷活動的安排與指揮，沒有一件不是由我親自決定的，把罪責推給別人，自己求得活命，只有你們這類人才會做得出來。」王晏於是把孔覬殺死。顧琛、王曇生、袁標等人都到吳喜那裡投案請罪，吳喜全都寬恕了他們。浙東地區反對朝廷的軍隊負責人總計有七十六人，在戰場上被殺死的有十七人，其餘的都得到了寬恕。

薛索兒率軍進攻濟陰太守申闡所據守的睢陵，卻久攻不下，薛索兒於是派申闡的哥哥申令孫進入睢陵城去勸說申闡投降，申闡於是出城向薛索兒投降，薛索兒竟然把出降的申闡連同前去勸降的申令孫一同殺死。

○山陽王劉休祐率軍駐紮在歷陽，輔國將軍劉勔則率軍進攻小峴山。豫州刺史殷琰管轄下的南汝陰太守裴季獻出合肥縣城向朝廷軍投降。

鄧琬既狹隘糊塗，又貪婪吝嗇，他掌握了尋陽劉子勛政權的大權之後，便父子一同賣官鬻爵，還讓家中的奴婢、僕人到市場上去做買賣，為自己賺錢；鄧琬每天暢飲歡歌，賭博下棋，日夜不停；又擺出一副傲氣陵人的架子，賓客登門拜訪，即使等待十多天都到不了他的跟前，見不到他的人影。內部事務全部委託給褚靈嗣、潘欣之、沈光祖三人負責處理，而這群小人更是驕橫放縱，互相攀比著作威作福。於是不論是官吏還是百姓都對他們的行為感到氣憤與怨恨，劉子勛的小朝廷已經是內外人心離散。

鄧琬派遣將軍孫沖之率領著龍驤將軍薛常寶、陳紹宗、焦度等人帶著一萬名士兵充當前鋒，去據守赭圻城。孫沖之在行軍路上給晉安王劉子勛寫信說：「舟艦已經備辦妥當，兵器也都準備齊備，三軍將士士氣高漲，人人都爭著拼死效力；就應當順風順水，掣起舟艦上的風帆，順流而下，逕直奪取白下城。希望趕快派遣陶亮等眾軍倍道兼程趕上來跟隨在我的後面，分別佔據新亭、南州，我們就可以一舉成功了。」劉子勛遂加授孫沖之為左衛將軍，任命陶亮為右衛將軍，讓他們統領著郢州、荊州、湘州、梁州、雍州五個州的二萬人，同時沿長江順流而下。陶亮本來沒有幹大事的才幹，他聽說建安王劉休仁親自率軍溯長江而上前來迎戰，殷孝祖也率領大軍趕到，所以根本不敢前進，就把軍隊駐紮在鵲洲。

殷孝祖以自己對宋明帝忠誠，有操守而自負，他藐視、欺壓各路將領，朝廷軍中凡是有親屬在晉安王劉子勛那裡的，殷孝祖都想把他們拘捕治罪。因此，軍中人心渙散，對他離心離德，沒有人再願意為他賣命。而寧朔將軍沈攸之，對內安撫將士，對外團結各路將帥，諸將全都很信賴他。殷孝祖每次與敵軍作戰，總是讓鉦鼓、幡傘等大將儀仗跟隨著自己，軍中將佐、士兵互相議論說：「殷統帥可以稱得上是一個快要死的將領了！現在與賊兵交戰，他卻以羽蓋儀仗主動標明自己所處的位置，如果有十個善於射箭的人一齊向他射箭，他想不死，那可能嗎？」

三月庚寅❶，眾軍❷水陸並進，攻赭圻❸，陶亮等引兵救之，孝祖於陳❹為流矢所中❺，死。軍主范潛帥五百人降於亮。人情震駭，並謂沈攸之宜代孝祖為統❻。

時建安王休仁屯虎檻，遣寧朔將軍江方興❼、龍驤將軍襄陽劉靈遣❽各將三千人赴赭圻。攸之以為孝祖既死，亮等有乘勝之心，明日若不更攻，則示之以弱。方興名位相亞❾，必不為己下❿，軍政不壹⓫，致敗之由也。乃帥諸軍主詣方興曰：「今四方並反，國家所保⓬，無復百里之地。唯有殷孝祖為朝廷所委賴，鋒鏑裁交⓭，輿尸而反⓮，文武喪氣，朝野危心。事之濟否，唯在明旦一戰，戰若不捷，則[1]大事去矣。詰朝之事⓯，諸人或謂吾應統之，自卜懦薄⓰，幹略不如卿⓱。今輒相推為統⓲，但當相與戮力⓳耳。」方興甚悅，許諾。攸之既出，諸軍主並尤之⓴，攸之曰：「吾本以[2]濟國活家㉑，豈計此之升降㉒！且我能下彼㉓，彼必不能下我；共濟艱難㉔[3]，豈可自措同異也㉕？」

孫沖之謂陶亮曰：「孝祖梟將㉖，一戰便死，天下事定矣，不須復戰，便當直取京都㉗。」亮不從。

辛卯㉘，方興帥諸軍[4]進戰，建安王休仁又遣軍主郭季之、步兵校尉杜幼文㉙、屯騎校尉垣恭祖[5]、龍驤將軍京兆段佛榮㉚等三萬人往會戰，自寅及午㉛，大破之，追奔[6]至姥山㉜而還。幼文，驥之子也。

孫沖之於湖、白口㉝築二城，軍主竟陵張興世攻拔之。○壬辰㉞，詔以沈攸之為輔國將軍、假節，代殷孝祖督前鋒諸軍事。

陶亮聞湖、白二城不守，大懼，急召孫沖之還鵲尾，留薛常寶等守赭圻；先於姥山及諸岡分立營寨，亦悉[7]散還，共保濃湖㉟。

時軍旅大起，國用不足，募民上錢穀㊱者，賜[8]荒縣、荒郡㊲，或五品至三品散官㊳有差㊴。○軍中食少，建安王休仁撫循㊵將士，均其豐儉，弔死問傷，身親[9]隱卹㊶，故十萬之眾，莫有離心。

鄧琬遣其豫州刺史劉胡㊷帥眾三萬、鐵騎二千，東屯鵲尾，并舊兵㊸凡十餘萬。胡，宿將，勇健多權略，屢有戰功，將士畏之。司徒中兵參軍蔡那㊹，子弟在襄陽，胡每戰，懸之城外㊺，那進戰不顧。吳喜既定三吳，帥所領五千人，并運資實㊻，至于赭圻。

薛索兒將馬步萬餘人㊼自睢陵渡淮㊽，進逼青、冀二州刺史張永營㊾。丙申㊿，詔南徐州刺史桂陽王休範統北討諸軍事，進據廣陵，又詔蕭道成將兵救永。

戊戌(51)，尋陽王子房至建康(52)，上宥之，貶爵為松滋侯(53)。○庚子(54)，魏以隴西王源賀(55)為太尉。

上遣寧朔將軍劉懷珍帥龍驤將軍王敬則等步騎五千，助劉勔討壽陽[56]，斬廬江太守劉道蔚。懷珍，善明[57]之從子也。

中書舍人戴明寶[58]啓上，遣軍主竟陵黃回[59]募兵擊斬尋陽所署[60]馬頭太守[61]王廣元。○前奉朝〔10〕請壽陽鄭黑[62]，起兵於淮上[63]以應建康，東扞殷琰[64]，西拒常珍奇[65]。乙巳[66]，以黑為司州刺史[67]。

殷琰將劉順、柳倫、皇甫道烈、龐天生等馬步八千人東據宛唐[68]，劉勔帥眾軍並進，去順數里[69]立營。時琰所遣諸軍，並受順節度[70]，而以皇甫道烈[71]土豪，柳倫臺之所遣[72]，順本卑微，唯不使統督二軍[73]。勔始至，塹壘未立[74]，順欲擊之，道烈、倫不同，順不能獨進，乃止。勔營既立，不可復攻，因相持守。

壬子[75]，斷新錢[76]，專用古錢。

沈攸之帥諸軍圍赭圻。薛常寶等糧盡，告劉胡求救，胡以囊盛米，繫流查[77]及船腹[78]，陽覆船[79]，順風流下以餉之[80]。沈攸之疑其有異，遣人取船及流查，大得囊米。丙辰[81]，劉胡帥步卒一萬，夜，斫山開道，以布囊運米餉赭圻。平旦[82]，至城下，猶隔小塹，未能入[83]。沈攸之帥諸軍邀[84]之，殊死戰，胡眾大敗，捨糧棄甲，緣山走[85]，斬獲甚眾。胡被創[86]，僅得還營[87]。常寶等惶懼，夏，四月辛酉[88]，開城突圍，走還胡軍[89]。攸之拔[90]赭圻城，斬其寧朔將軍沈懷寶等，納降數千人，陳紹宗單舸奔鵲尾。建安王休仁自虎檻進屯赭圻。

劉胡等兵猶盛。上欲綏慰人情[91]，遣吏部尚書褚淵至虎檻，選用將士[92]。時以軍功除官者眾[93]，版不能供[94]，始用黃紙[95]。

鄧琬以晉安王子勛之命，徵袁顗下尋陽[96]，顗悉雍州之眾[97]馳下。琬以黃門侍郎劉道憲行荊州事[98]，侍中孔道存行雍州事。上庸太守柳世隆[99]乘虛襲襄陽，不克。世隆，元景之弟子也。

散騎侍郎明僧暠起兵，攻沈文秀[100]以應建康。壬午[101]，以僧暠為青州刺史。平原、樂安二郡[102]太守王玄默據琅邪[103]，清河、廣川二郡[104]太守王玄邈據盤陽城[105]，高陽、勃海二郡[106]太守劉乘民據臨濟城[107]，並起兵以應建康。玄邈，玄謨之從弟；乘民，彌之之從子也。沈文秀遣軍主解彥士攻北海[108]，拔之，殺劉彌之。乘民從弟伯宗，合帥鄉黨[109]，復取北海，因引兵向青州所治東陽城[110]。文秀拒之，伯宗戰死。僧暠、玄默、玄邈、乘民合兵攻東陽城，每戰輒為文秀所破，離而復合，如此者十餘，卒不能克。

杜叔寶謂[111]臺軍住歷陽，不能遽進[112]，及劉勔等至，上下震恐。劉順等始行[113]，唯賫[114]一月糧，既與勔久[11]相持，糧盡。叔寶發車千五百乘，載米餉順，自將[115]五千精兵送之。呂安國聞之，言於劉勔曰：「劉順精甲八千，而[12]我眾不能居半[116]。相持既久，彊弱勢殊[117]；更復推遷[118]，則無以自立。所賴者，彼糧行竭[119]，我食有餘耳。若使叔寶米至，非唯難可復圖[120]，我亦不能持久。今唯有間道[121]襲其米車，出彼不意，若能制之，將[13]不戰走矣。」勔以為然，以疲弱守營，簡精兵千人配[122]安國及龍驤將軍黃回，使從間道出順後，於橫塘抄之[123]。

安國始行，賫二日熟食，食盡，叔寶不至，將士欲還，安國曰：「卿等旦已一食，今晚米車不容不至[124]，若其不至，夜去不晚。」叔寶果至，以米車為函箱陳[125]，叔寶於外為遊軍[126]，幢主[127]楊仲懷將五百人居前，安國、回等擊斬之，及其士卒皆盡。叔寶至，回欲乘勝擊之，安國曰：「彼將自走，不假復擊[128]。」退三十里，止宿，夜遣騎參候[129]，叔寶果棄米車走。安國復夜往燒米車，驅牛二千餘頭而還。

五月丁亥朔[130]，夜，劉順眾潰，順[14]走淮西就常珍奇[131]。於是劉勔鼓行[132]，進向壽陽。叔寶斂居民及散卒，嬰城自守[133]，勔與諸軍分營城外[134]。

山陽王休祐與殷琰書，為陳利害，上又遣御史王道隆賫詔[135]宥琰罪。勔與琰書，并以琰兄瑗子邈書[136]與之。琰與叔寶等皆有降意，而眾心不壹，復嬰城固守。

弋陽西山蠻[137]田益之起兵應建康，詔以益之為輔國將軍，督[138]弋陽四山[15]事。壬辰[139]，以輔國將軍沈攸之為雍州刺史[140]。丁未[141]，以尚書左僕射王景文[142]為中軍將軍。庚戌[143]，以寧朔將軍劉乘民為冀州刺史。

甲寅[144]，葬昭太后[145]於脩寧陵。

張永、蕭道成等與薛索兒戰，大破之，索兒退保石梁[146]，食盡而潰，走向樂平[147]，為申令孫子孝叔[148]所斬。薛安都子道智走向合肥，詣裴季[16]降[149]。傅靈越走至淮西，武衛將軍沛郡王廣之生獲之，送詣勔[17]。勔詰[150]其叛逆，靈越曰：「九州唱義[151]，豈獨在我[152]！薛公[153]不能專任智勇，委付子姪[154]，此其所以敗也。人生歸於一死，實無面求活。」勔送詣建康。上欲赦之，靈越辭終不改，乃殺之。

鄧琬以劉胡與沈攸之等相持久不決，乃加袁顗督征討諸軍事。六月甲戌[155]，顗帥樓船千艘，戰士二萬，來入鵲尾。顗本無將略[156]，性又怯橈[157]，在軍中未嘗戎服，語不及戰陳，唯賦詩談義[158]而已，不復撫接諸將[159]。劉胡每論事，酬對甚簡[160]，由此大失人情，胡常切齒恚恨[161]。胡以南運米[162]未至，軍士匱乏，就顗借襄陽之資，顗不許，曰：「都下兩宅未成[163]，方應經理[164]。」又信往來之言[165]，云「建康米貴，斗至數百」，以為將不攻自潰，擁甲以待之[166]。

田益之帥蠻眾萬餘人圍義陽[167]，鄧琬使司州刺史龐孟虯帥精兵五千救之，益之不戰潰去。○安成太守[168]劉襲，始安內史[169]王識之，建安內史[170]趙道生，並舉郡來降[171]。襲，道憐[172]之孫也。

蕭道成世子賾[173]為南康贛令[174]，鄧琬遣使收繫[175]之。門客蘭陵桓康[176]擔賾妻裴氏及其子長懋、子良逃於山中，與賾族人蕭欣祖等結客得百餘人，攻郡[177]，破獄出賾[178]。南康相[179]沈肅之帥將吏追賾，賾與戰，擒之。賾自號寧朔將軍，據郡[180]起兵，與劉襲等相應。琬以中護軍殷孚為豫章太守[181]，督上流五郡[182]以防襲等。

衡陽內史[183]王應之起兵應建康，襲擊湘州[18]行事何慧文於長沙。應之與慧文捨軍身戰[184]，斫慧文八創，慧文斫應之斷足，殺之。

始興人[185]劉嗣祖等據郡起兵應建康，廣州刺史袁曇遠遣其將李萬周等討之。嗣祖誑萬周云「尋陽已平[186]」，萬周還襲番禺[187]，擒曇遠，斬之。上[188]以萬周行廣州事[189]。

初，武都王楊元和[190]治白水[191]，微弱不能自立，棄國奔魏。元和從弟僧嗣復自立，屯葭蘆[192]。

費欣壽193至巴東194，巴東人任叔兒據白帝195，自號輔國將軍，擊欣壽，斬之，叔兒遂阻守三峽196。蕭惠開197復遣治中程法度198將兵三千出梁州199，楊僧嗣帥羣氐斷其道，間使以聞200。

【章　旨】以上為第二段，寫宋明帝泰始二年（西元四六六年）三、四、五、六共四個月間的大事。主要寫了劉彧朝廷軍的殷孝祖被殺於戰場，沈攸之推奉江方興為統軍，大破尋陽的孫沖之軍，朝廷遂命沈攸之為總督前鋒軍事；朝廷的將領吳喜平定東方後，率軍來援西線；寫了尋陽軍的陶亮、孫沖之等退保濃湖，尋陽軍的劉胡率軍東屯鵲尾；寫了沈攸之大破薛常寶、劉胡軍，進佔赭圻；寫了鄧琬調袁顗率雍州兵東下，抵達鵲尾，而袁顗迂腐傲慢，不得眾心；寫了青、冀地區的擁戴朝廷勢力進攻青州的擁戴劉子勛的沈文秀，被沈文秀所敗；寫了朝廷軍的劉動、呂安國、黃回等大破壽陽殷琰的部將杜叔寶、劉順等軍，進兵包圍了壽陽城；寫了朝廷軍的張永、蕭道成等破殺徐州薛安都之姪薛索兒，薛安都之子薛道智投降，部將傅靈越不屈而死；此外還寫了益州地區、江州的南部地區、湘州的南部地區，以及廣州地區的擁戴劉子勛的勢力相繼受挫等等。

【注　釋】❶三月庚寅　三月初三。❷眾軍　指劉彧朝廷方面的軍隊。❸攻赭圻　時劉子勛方面的孫沖之等率軍屯於赭圻，在今安徽繁昌西北的長江南岸。❹於陳　在尚未開戰前的部隊行列中。陳，同「陣」。隊列。❺為流矢所中　與上文「死將」云云相呼應。流矢，不知從哪裡來的箭。❻為統　為統領、統帥。❼江方興　濟陽郡人，劉彧朝廷的重要將領。傳見《宋書》卷八十四。❽劉靈遺　襄陽郡人，因破劉子勛功成為劉彧朝廷的重臣。傳見《宋書》卷八十四。❾名位相亞　官號與權位都與自己不相上下。當時沈攸之和江方興都是寧朔將軍，名位相同。❿必不為己下　必定不肯接受自己的統領。⓫軍政不壹　軍中沒有統一的領導。軍政，即軍令，軍中的指揮權。⓬所保　所擁有；所保持。⓭鋒鏑裁交　作戰雙方剛剛交鋒。鋒鏑，泛指刀槍。鏑，箭頭。⓮輿尸而反　就被拉著屍體回去了。輿，車子，這裡用如動詞。反，同「返」。⓯詰朝之事　明天早晨的這一仗。詰朝，明天早晨。⑯自卜懦薄　我感到自己懦弱無能。自卜，估量自己。⑰幹略不如卿　辦大事的能力不如您。幹略，才幹方略。卿，敬稱對方。⑱今輒相推為統　現在我們就共同推您為統帥。⑲相與勠力　彼此共同努力。勠力，努力。⑳並尤之　都責備沈攸之。㉑吾本以濟國活家　我考慮的是國事、家事的安全。㉒豈計此之升降　哪在乎官位的高低。㉓下彼　處於他的領導下。㉔共濟艱難　大家都處在艱難危險的局勢下。共濟，共度，這裡實即同處。㉕豈可自措同異也　怎麼能夠自己製造矛盾呢。措，安排；製造。同異，矛盾；紛爭。也，同「耶」。反問語詞。㉖梟將　勇猛之將。㉗便當直取京都　胡三省曰：「孫沖之狃殷孝祖之死，便欲順流長驅，輕敵如此，使陶亮從其計，必與沈攸之等遇，亦將以輕敵取敗矣。」㉘辛卯　三月初四。㉙杜幼文　劉彧即位初期的有功之臣，晉朝名將杜預的後代，其父杜驥，曾為青、冀二州刺史。父子傳見《宋書》卷六十五。㉚京兆段佛榮　京兆郡的段佛榮。京兆郡的郡治長安，即今西安。段佛榮是劉宋後期的重要將領。傳見《宋書》卷八十四。㉛自寅及午　從淩晨的四點鐘左右一直打到中午。天亮前的三點到五點鐘為寅時，上午十一點至下午一點為午時。㉜姥山　在今安徽繁昌東北。㉝湖白口　即巢湖之口與白水之口。巢湖在今安徽巢湖市的西北側，白水方位不詳，應離巢湖不遠。㉞壬辰　三月初五。㉟濃湖　湖水名，在當時的鵲尾旁邊，今安徽繁昌西，今已堙。㊱上錢穀　向劉彧朝廷交納錢財與糧食。㊲賜荒縣荒郡　意即賞給他們到邊遠少人的郡縣去任郡守、縣令之職。㊳或五品至三品散官　或者是讓他們擔任比郡守、縣令更高級別的有職無權之官。㊴有差　意即隨著他們上錢穀的數量多少而確定對他們賞官的大小。㊵撫循　安撫、慰問。㊶身親隱卹　親自向他們表示關懷、同情。㊷劉胡　劉宋自文帝以來的著名將領。傳見《宋書》卷八十四。㊸并舊兵　連同以前派出的孫沖之、陶亮等部。㊹冠軍蔡那　冠軍縣人姓蔡名那。冠軍縣的縣治在今河南鄧州西北。蔡那，此時任司徒劉休仁的中兵參軍。傳見《宋書》卷八十三。㊺懸之城外　即懸縛之於蔡那所攻的城牆之外。意謂劉胡拘捕蔡那留在襄陽的子弟，將其帶在軍中，每到交戰時，將之置於軍前，以阻止蔡那軍的進攻。㊻資實　軍需物資，指兵器、糧食等。㊼馬步萬餘人　騎兵步兵共萬餘人。㊽自睢陵渡淮　由睢陵縣渡過淮河。睢陵縣即今江蘇睢寧。㊾張永營　張永與吳喜等平定浙東諸郡後，劉彧任張永為青、冀二州刺史，率軍北上討伐薛安都諸部，其紮營地址不詳。㊿丙申　三月初九。(51)戊戌　三月十一。(52)至建康　劉子房在會稽被王晏所俘，至此押送入建康。按，此時劉子房年十歲。(53)松滋侯　封地松滋縣，在今安徽霍丘東。(54)庚子　三月十三。(55)源賀　南涼王禿髮傉檀之子，因及早降魏，又引導魏國滅北涼，被拓跋燾所寵信，改名源賀。傳見《魏書》卷四十一。(56)討壽陽　當時豫州刺史殷琰在壽陽以州應劉子勛，由其部下杜叔寶主事。壽陽即今安徽壽縣。(57)善明　劉善明，劉彌之的姪子。(58)戴明寶　孝武帝劉駿的寵臣，廢帝期間一度受黜，今又改投劉彧政權。傳見《宋書》卷九十四。59黃回　劉宋後期的將領，以討壽陽反劉彧之勢力有功，受到劉彧升賞。傳見《宋書》卷八十三。60尋陽所署　被劉子勛政權所委任。61馬頭太守　馬頭郡的郡治即今安徽懷遠南淮河南岸的馬頭城。62前奉朝請壽陽鄭黑　曾任過奉朝請一職的壽陽人鄭黑。奉朝請，閒散官名，只在有典禮活動的時候進宮朝拜皇帝，平時沒有具體事務。鄭黑，《宋書・殷琰傳》作「鄭墨」。63淮上　淮水流域、淮河岸邊。胡三省曰：「以鄭黑東扞西拒觀之，則起兵淮上，蓋在東西正陽之間。」64東扞殷琰　向東抵禦壽陽的殷琰。65西拒常珍奇　向西抵抗常珍奇。時常珍奇被劉子勛政權任命為汝南、新蔡二郡太守，駐兵於今之河南汝南縣。66乙巳　三月十八。67司州刺史　劉宋時的司州州治懸瓠，即上述之河南汝南縣。68宛唐　一名死虎塘，在今安徽壽縣東南四十里。69去順數里　在離劉順只有幾里遠的地方。70受順節度　接受劉順的指揮、調遣。71皇甫道烈　姓皇甫，名道烈，是當地的豪紳。72柳倫臺之所遣　柳倫是朝廷派來的將領。臺，此指建康朝廷。73不使統督二軍　不讓他統一指揮皇甫道烈與柳倫的兩支部隊。74塹壘未立　戰鬥工事還沒有修好。塹，壕溝。壘，城牆；營寨。75壬子　三月二十五。76斷新錢　禁止使用劉宋以來鑄造的銅錢。胡三省曰：「并元嘉四銖、孝建四銖，皆斷不用也。」77繫流查　拴在江流中的浮木上。查，通「楂」。水中的浮木。78船腹　船艙。79陽覆船　假裝成一種翻了的船的樣子。陽，同「佯」。假裝。覆，翻，船底朝上。80以餉之　以供應薛常寶。81丙辰　三月二十九。82平旦　平明，天剛剛亮。83未能入　未能進入赭圻城。84邀截擊。85緣山走　沿著山路逃去。86被創　受傷。創，兵器造成的傷口。87僅得還營　差點沒死在半道上。88四月辛酉　四月初四。89走還胡軍　逃回了劉胡的大營。90拔　攻下；取得。91綏慰人情　安慰與收買人心。綏，安撫。92選用將士　提拔有功的將官與士兵。93除官者眾　受任命的人員很多。除，被選拔；受任命。94版不能供　空頭的委任狀不夠用。胡三省引程大昌曰：「魏晉到梁陳，授官有版，長一尺二寸，厚一寸，闊七寸。授官之辭，在於版上，為鵠頭書。」95始用黃紙　開始用黃紙書寫委任狀。96下尋陽　率領人馬到尋陽來。97悉雍州之眾　率領著雍州治下的全部兵馬。98行荊州事　暫時代理荊州刺史的職務。99上庸太守柳世隆　柳世隆是劉宋名將柳元景之姪，時為上庸太守，屬劉彧朝廷的一方。傳見《南史》卷三十八。上庸郡的郡治在今湖北竹山縣西南。100攻沈文秀　時沈文秀任青州刺史，屬於擁戴劉子勛的一方。青州的州治即今山東青州。101壬午　四月二十五。102平原樂安二郡　平原郡的郡治原在山東平原縣西南，樂安郡的郡治在今山東鄒平東北。劉宋時期由同一個太守管理。103琅邪　郡名，劉宋時的郡治在今山東莒縣西南。104清河廣川二郡　清河郡的郡治原在今河北臨清東北，廣川郡的郡治原在今河北棗強東北。劉宋時期都在魏國境內。劉宋時設一個太守遙管二郡，僑立的郡治即下文的盤陽城。105盤陽城　即漢代的般陽縣城，在今山東淄博西南的淄川。南朝宋移治今山東臨朐東南。106高陽勃海二郡　高陽郡的郡治博陸，在今河北博野西南，勃海郡的郡治在今河北南皮北。劉宋時期二郡都在魏國境內。但劉宋仍設一個太守遙管二郡，僑立的郡治即下文的臨濟城。(107)臨濟城　臨濟縣城，在今山東高青東南。(108)北海　郡名，郡治劇縣，在今山東昌樂西北。

(109)合帥鄉黨　招集並率領著一些鄉里鄉親。鄉、黨，都是古代的居民單位名，這裡即指同鄉。(110)青州所治東陽城　青州州治所在的東陽城，即今山東青州，過去曾稱益都縣。(111)謂　原以為。(112)不能遽進　不可能一下子打到跟前。當時杜叔寶在壽陽城，即今安徽壽縣。(113)始行　當初出發的時候。(114)齎　攜帶。(115)自將　親自率領。(116)不能居半　不夠人家的一半。(117)彊弱勢殊　雙方強弱的差別就顯出來了。(118)更復推遷　如果再拖延一段時間。(119)行竭　將要用完。(120)難可復圖　難得再有妙著打敗他。(121)間道　抄小道。(122)配　派給。(123)於橫塘抄之　在橫塘地區抄他的後路。橫塘，水泊名，在今安徽壽縣東。(124)不容不至　不可能不來。(125)為函箱陳　意即將運糧車圍在四周，以運糧車為依托，擺成一個方形的陣式。(126)於外為遊軍　在運米車陣的外面派出一支巡邏、游動的部隊。(127)幢主　一幢之主，大致相當於一個比都尉、校尉略低的軍官，部下有一幢。幢是儀仗的一種，似傘而細長，用做一支軍隊的標誌。後代都改為用旗。(128)不假復擊　用不著我們再打了。(129)參候　偵察、探聽。(130)五月丁亥朔　五月初一是丁亥日。(131)就常珍奇　當時常珍奇據守淮水西側的懸瓠，即今河南汝南縣。(132)鼓行　搖旗擂鼓，大搖大擺地進軍。(133)嬰城自守　依托城牆，據險而守。嬰城，環城。(134)分營城外　分別地紮營於城外，意即尚未對壽陽進行包圍。

(135)齎詔　攜帶詔書前去宣告。齎，攜帶。(136)琰兄瑗子邈書　殷琰之兄殷瑗的兒子殷邈的書信。(137)弋陽西山蠻　弋陽郡西部山區的少數民族頭領。弋陽郡的郡治在今河南潢川縣西。(138)督　主管；管理。(139)壬辰　五月初六。(140)為雍州刺史　原來的雍州刺史是袁顗，因其擁戴劉子勛，故劉彧朝廷改任沈攸之為雍州刺史。(141)丁未　五月二十一。(142)王景文　原名王彧，因與宋明帝劉彧同名，故以其字行，劉宋時期的名臣。傳見《宋書》卷八十五。(143)庚戌　五月二十四。(144)甲寅　五月二十八日。(145)昭太后　即路太后，謚曰昭。路太后是孝武帝劉駿之母，因擁戴劉子勛稱帝者多稱奉路太后之詔，故路太后之死，人多稱是被劉彧朝廷所殺。(146)石梁　城名，在今江蘇六合西。(147)走向樂平　逃往樂平縣。樂平原是山西的縣名，在魏國境內，此處所說的樂平乃是劉宋時期僑縣，在今安徽鳳陽東。(148)申令孫子孝叔　申令孫的兒子申孝叔。按，前文寫薛索兒殺申令孫，今則申孝叔殺薛索兒，報殺父之仇。(149)詣裴季降　向裴季投降。詣，到；向。(150)詰　責問。(151)九州唱義　全國許多地方舉義起兵。

(152)豈獨在我　難道只是我一個人嗎。(153)薛公　指薛安都。(154)委付子姪　只顧委任他的子姪，如薛索兒等。(155)六月甲戌　六月十八。(156)將略　作為將軍應有的勇敢與謀略。(157)怯橈　怯懦，不堅定。(158)談義　談論詩書的義理。(159)不復撫接諸將　從不接近部下的將領。撫接，撫慰、接待。按，袁顗的迂腐、傲慢，一似東晉的謝萬，任命這種人為將，是拿國家與百姓的生死存亡開玩笑。(160)酬對甚簡　袁顗對人家態度冷淡。酬對，回答。(161)恚恨　惱怒；怨憤。(162)南運米　江州政權應供應的糧食。(163)都下兩宅未成　在襄陽我還有兩所房子沒有蓋好。都下，此指他所管轄的襄陽。(164)方應經理　正在等著辦理，意即拿不出錢物。經理，經營；辦理。(165)往來之言　人來人往的傳言。(166)擁甲以待之　按兵不動，靜等建康的自破投降。(167)義陽　郡名，郡治即今河南信陽。(168)安成太守　安成郡的郡治平都，在今江西安福東南。(169)始安內史　始安郡的郡治即今廣西桂林。因此郡是始安王的封地，故其行政長官稱內史。(170)建安內史　建安郡的郡治即今福建建甌。因此郡是建安王的封地，故其行政長官稱內史。(171)舉郡來降　帶著他們所管轄的郡縣歸順劉彧朝廷。(172)道憐　劉道憐，宋高祖劉裕之弟，幫著劉裕打天下，被封為長沙王。傳見《宋書》卷五十一。(173)蕭道成世子賾　蕭道成的長子蕭賾。蕭道成即未來的南齊開國皇帝。傳見《南齊書》卷三。此時蕭氏父子尚是一般將佐，寫史者勢利眼，故提前稱其子蕭賾為「世子」，世子與太子同義，即嫡長子，未來的繼承人。(174)南康贛令　南康郡內的贛縣縣令。南康郡的郡治雩都，在今江西于都東北，贛縣即今江西贛州。(175)收繫　逮捕、關押起來。(176)蘭陵桓康　蘭陵郡人桓康。蘭陵郡的郡治在今山東棗莊西北。(177)攻郡　攻打南康郡。(178)出賾　救出了蕭賾。(179)南康相　南康郡的行政長官。因南康也是諸侯王的封地，故其行政長官不稱太守。諸侯王相與太守同級。(180)據郡　佔據南康郡。(181)豫章太守　豫章郡的郡治即今江西南昌。(182)上流五郡　指贛江上游的五個郡，即豫章、南康、廬陵（郡治在今江西吉安西南）、臨川（郡治在今江西撫州西）、安成（郡治在今江西安福東南）。(183)衡陽內史　衡陽郡的郡治湘西縣，在今湖南衡陽東北。(184)捨軍身戰　不令部下的將士參加，只是兩個將軍單人對戰。身，親自。(185)始興人　始興郡人。始興郡的郡治在今廣東韶關市的西南側。(186)尋陽已平　劉子勛政權已被消滅。(187)番禺　縣名，縣治即今廣州，當時廣州的州治所在地。(188)上　以稱宋明帝劉彧。(189)行廣州事　代理廣州刺史的職務。(190)楊元和　武都地區氐族的頭領，其家族長期在這一帶地區把持地方政權，晉宋統治者與魏國政權也都對之實行拉攏、收買政策，封之為公、為王等等。傳見《宋書》卷九十八。(191)治白水　以白水縣為其都城。白水縣的縣治在今甘肅武都北。(192)屯葭蘆　率眾屯聚於葭蘆縣。葭蘆縣在今甘肅武都東南。(193)費欣壽　時為巴郡太守，已宣布擁戴劉子勛為帝，並出兵沿江東下。事見本年正月。(194)巴東　郡名，郡治即今重慶市奉節。(195)白帝　古城名，在今重慶市奉節城東的白帝山上，當年劉備託孤之所。(196)阻守三峽　憑險扼守三峽地區。三峽指瞿塘峽、巫峽、西陵峽，在重慶市奉節以下，湖北宜昌以上。(197)蕭惠開　時為益州刺史，前已宣告擁戴劉子勛為帝，並派其屬下郡守費欣壽率兵東出。事見本年正月。(198)治中程法度　蕭惠開的高級僚屬。治中，治中從事史的簡稱，協助刺史處理州中的各種事務。(199)出梁州　從漢中地區出兵東下。梁州的州治即今陝西漢中。(200)間使以聞　派使者抄小路以報告劉彧朝廷。

【校　記】1則　原無此字。據章鈺校，甲十一行本、乙十一行本、孔天胤本皆有此字，張敦仁《通鑑刊本識誤》同，今據補。2以　原無此字。據章鈺校，甲十一行本、乙十一行本、孔天胤本皆有此字，張敦仁《通鑑刊本識誤》同，今據補。3共濟艱難　原無此四字。據章鈺校，甲十一行本、乙十一行本、孔天胤本皆有此四字，張敦仁《通鑑刊本識誤》、張瑛《通鑑校勘記》同，今據補。4軍　原作「將」。據章鈺校，甲十一行本、乙十一行本、孔天胤本皆作「軍」，今據改。5垣恭祖　「祖」下原有「濟地頓生」四字。胡三省注云：「『濟地頓生』四字必誤。」當是，今據刪。6奔　原作「北」。據章鈺校，甲十一行本、乙十一行本、孔天胤本皆作「奔」，今據改。7悉　原作「各」。據章鈺校，甲十一行本、乙十一行本、孔天胤本皆作「悉」，今據改。8賜　原作「賜以」。據章鈺校，甲十一行本、乙十一行本、孔天胤本皆無「以」字，今據刪。9親　原作「自」。據章鈺校，甲十一行本、乙十一行本、孔天胤本皆作「親」，張瑛《通鑑校勘記》同，今據改。10奉朝　據章鈺校，甲十一行本、乙十一行本二字皆互乙。11久　原無此字。據章鈺校，甲十一行本、乙十一行本、孔天胤本皆有此字，今據補。12而　原無此字。據章鈺校，甲十一行本、乙十一行本、孔天胤本皆有此字，今據補。13將　原作「當」。據章鈺校，甲十一行本、乙十一行本、孔天胤本皆作「將」，今據改。14順　原無此字。據章鈺校，甲十一行本、乙十一行本、孔天胤本皆有此字，張瑛《通鑑校勘記》同，今據補。15四山　原作「西蠻」。據章鈺校，甲十一行本、乙十一行本、孔天胤本皆作「四山」，今據改。16裴季　原作「裴季之」，「季之」並刻一格。據章鈺校，甲十一行本、乙十一行本皆無「之」字，張敦仁《通鑑刊本識誤》以為不宜夾寫，今據刪。17劻　原作「劉劻」。據章鈺校，甲十一行本、乙十一行本、孔天胤本皆無「劉」字，今據刪。18湘州　據章鈺校，甲十一行本、乙十一行本、孔天胤本皆作「襄州」。按，《宋書・州郡志》「湘州」條曰：「湘州刺史，晉懷帝永嘉元年，分荊州之長沙……江州之桂陽八郡立。」後文亦有「於長沙」，可知應作「湘州」。

【語　譯】三月初三日庚寅，宋明帝劉彧派遣的各路大軍從水路、陸路同時進發，目標直指赭圻，陶亮等趕緊率領軍隊趕來援救赭圻，殷孝祖在開戰之前就在自己部隊的行列中被不知從哪裡飛來的亂箭射中身死。朝廷軍中有一支部隊的首領名叫范潛的便率領著自己部下的五百人投降了陶亮。朝廷軍因而震恐驚駭，都認為寧朔將軍沈攸之應該接替殷孝祖作為全軍的統帥。

當時建安王劉休仁率軍屯駐在虎檻，他派遣擔任寧朔將軍的江方興、擔任龍驤將軍的襄陽郡人劉靈遺各自率領三千人趕赴赭圻增援朝廷軍。寧朔將軍沈攸之認為殷孝祖已經陣亡，敵軍將領陶亮等一定會乘勝進攻的計畫，如果明天再不向敵軍發起進攻，就是向敵軍顯弱。沈攸之還認為江方興的官號與權位都與自己不相上下，江方興一定不肯接受自己的指揮，軍隊的指揮如果不統一，就會導致軍事上的失敗。於是沈攸之就主動率領各路軍隊的主將來到江方興的指揮部，沈攸之對江方興說：「如今四方到處起兵反對朝廷，目前朝廷所擁有的地盤，方圓已經不足一百里。只有殷孝祖是朝廷所依賴，然而作戰雙方才一交鋒，殷孝祖就命喪沙場，被人拉著屍體回去了，文官武將全都因此而情緒沮喪，士氣低落，不論朝野，人人都感到了形勢的危險。戰爭能否取得勝利，就取決於明日清晨的一戰，如果明日作戰不能取勝，則大事就完了。明天早晨的這一仗，諸將中有人提議說由我負責指揮，我感到自己懦弱無能，才幹和謀略都不如您。現在我們共同推舉您作為全軍的統帥，我們應該同心協力打好這一仗。」江方興非常高興，就同意了沈攸之的建議，擔任了軍隊的統帥。沈攸之告辭出來以後，各軍軍主全都埋怨他不該把軍隊的指揮權讓給江方興，沈攸之向諸將解釋說：「我的本意就是為了拯救國家，保住家人的性命，豈能計較權位的高低呢！再說我能服從他的指揮，而他一定不肯接受我的指揮；我們大家目前都處在艱難危險的局勢之下，怎麼能夠自己內部再互相製造矛盾呢？」孫沖之對右衛將軍陶亮說：「殷孝祖是一員勇猛善戰的將領，第一次作戰就被我們射死了，由此看來，天下大局已定，用不著再在這裡與沈攸之等作戰，我們應當率領大軍逕直去攻取京城建康。」陶亮沒有聽從孫沖之的意見。

三月初四日辛卯，寧朔將軍江方興率領各路軍隊進軍作戰，建安王劉休仁又派遣擔任軍主的郭季之、擔任步兵校尉的杜幼文、擔任屯騎校尉的垣恭祖、擔任龍驤將軍的京兆郡人段佛榮等率領三萬人前來參加會戰，敵我雙方從淩晨四點左右一直激戰到正午，朝廷軍將擁戴劉子勛的軍隊打得大敗，朝廷軍一直追趕到姥山才返回。杜幼文，是杜驥的兒子。

孫沖之在巢湖口和白水河口修築了二座城壘，被朝廷軍中一位擔任軍主的竟陵人張興世率軍攻破。〇三月初五日壬辰，宋明帝下詔，任命沈攸之為輔國將軍、假節，接替殷孝祖督前鋒諸軍事。

陶亮聽說孫沖之在巢湖口與白水河口修建的兩個城壘已經失守的消息，非常恐懼，急忙叫孫沖之把軍隊撤回鵲尾，只留下龍驤將軍薛常寶等人防守赭圻；此前陶亮曾經在姥山以及諸岡分別設立了營寨，現在也讓這些營寨全部撤回，集中力量共同守衛濃湖。

當時由於國內戰火蜂起，國家財用不足，宋明帝便號召百姓向朝廷交納錢財與糧食，朝廷對那些交納錢財糧食的人，就賞賜他們到邊遠少人的郡縣去做郡守、縣令，或者是讓他們擔任比郡守、縣令更高級別的五品、四品，或是三品等有職無權的閒散官職。〇朝廷軍中糧食短缺，建安王劉休仁便安撫、慰問全軍將士，調劑軍糧，弔唁死者，撫慰傷員，親自向他們表示關懷和同情，所以十萬大軍，沒有一個人離心離德。

尚書右僕射鄧琬派遣屬下擔任豫州刺史的劉胡率領三萬軍隊、二千精銳騎兵，到東邊的鵲尾駐紮，連同原先派出的右衛將軍陶亮、左衛將軍孫沖之等所率領的部隊總計有十多萬人。劉胡，是一位久經沙場的老將，勇敢強健又有權術謀略，多次建立戰功，將士都很敬畏他。在建康朝廷擔任司徒中兵參軍的冠軍縣人蔡那，他的子弟都在襄陽，劉胡每次與蔡那交戰，都要把蔡那的子弟抓來吊掛在城牆之外，而蔡那照樣向前衝殺，毫不顧忌。建武將軍吳喜平定了三吳之後，也率領著自己部下的五千人，帶著作戰物資，抵達赭圻。

薛索兒率領一萬多名騎兵、步兵從睢陵渡過淮河，進逼青、冀二州刺史張永的軍營。三月初九日丙申，宋明帝下詔，任命擔任南徐州刺史的桂陽王劉休範為統北討諸軍事，進駐廣陵，又下詔命令輔國將軍蕭道成率軍救援張永。

三月十一日戊戌，尋陽王劉子房回到京師建康，宋明帝雖然寬恕了他，還是取消了他的尋陽王爵位，將他貶為松滋侯。〇十三日庚子，魏國任命隴西王源賀為太尉。

宋明帝派遣寧朔將軍劉懷珍率領著龍驤將軍王敬則等五千步騎兵，幫助輔國將軍劉勔討伐壽陽，斬殺了廬江太守劉道蔚。劉懷珍，是劉善明的姪子。

中書舍人戴明寶奏報宋明帝，派遣擔任軍主的竟陵人黃回招募軍隊，斬殺了尋陽晉安王劉子勛政權所委任的馬頭郡太守王廣元。〇曾經擔任過奉朝請一職的壽陽人鄭黑，在淮河流域起兵擁戴宋明帝，他向東抵禦殷琰，向西抵抗常珍奇。三月十八日乙巳，宋明帝任命鄭黑為司州刺史。

殷琰的部將劉順、柳倫、皇甫道烈、龐天生等八千名騎兵、步兵向東佔據了宛唐，輔國將軍劉勔率領眾軍齊頭並進，在距離劉順所佔據的宛唐只有幾里遠的地方安下營寨。當時殷琰所派遣的各路軍馬全都接受劉順的調遣、指揮，而皇甫道烈原本是土豪出身，柳倫又是宋明帝所派遣的將領，而劉順出身卑微，所以殷琰就沒有讓劉順統一指揮皇甫道烈與柳倫這兩支部隊。劉勔的軍隊剛剛到達，戰壕、營壘都還沒有修好，劉順想趁劉勔立足未穩的機會對劉勔發起進攻，而皇甫道烈、柳倫二人堅決不同意劉順的意見，劉順不能單獨對劉勔發動進攻，只得作罷。劉勔的軍營建好之後，劉順再也找不到有利機會對劉勔發起進攻，因此兩軍便在宛唐互相對峙起來。

三月二十五日壬子，建康朝廷禁止使用元嘉和孝建時期所鑄造的銅錢，只允許使用古錢。

沈攸之率領諸軍圍困了赭圻。據守赭圻的薛常寶等人軍中糧食消耗已盡，便向豫州刺史劉胡告急，請求運糧支援，劉胡把糧食裝在袋子裡，然後把糧袋捆在江流中的浮木上以及船艙裡，假裝成一種翻了船的樣子，使這些糧袋能夠順風順流而下以供應薛常寶。沈攸之看到江中有這麼多木板船片順流而下感到很懷疑，就派人將浮木、翻船打撈上來，得到了很多裝滿糧食的袋子。三月二十九日丙辰，劉胡率領一萬步兵，在夜間開鑿山路，用布袋運送糧米供給赭圻。天明的時候，劉胡的運糧隊到達赭圻城下，但因為中間還隔著一條小河溝，所以不能入城。沈攸之率領諸軍進行截擊，全軍將士拼死作戰，劉胡的軍隊被打得大敗，他們拋棄了糧食，丟棄了盔甲，沿著山路逃走，沈攸之的軍隊斬殺了很多敵軍，繳獲了大量的物資。劉胡身受重傷，差一點沒死在半路之上。薛常寶等人在赭圻城中惶恐不安，夏季，四月初四日辛酉，薛常寶打開城門率軍突圍，逃回到劉胡的軍營。沈攸之遂攻佔了赭圻城，斬殺了敵軍中的寧朔將軍沈懷寶等人，接納了好幾千名投降的士兵，另一敵軍將領陳紹宗則乘坐著一條小船逃往鵲尾。建安王劉休仁率領軍隊從虎檻拔營進駐赭圻城。

豫州刺史劉胡的軍隊依然還很強盛。宋明帝為了撫慰與收買人心，就派遣擔任吏部尚書的褚淵來到虎檻，提拔選用有功的將官與士兵。當時因為建立軍功而受到提拔任用的人很多，填寫委任狀的授官板不夠用，就開始用黃紙書寫。

鄧琬以晉安王劉子勛的名義，徵調雍州刺史袁顗率領人馬到尋陽來，袁顗率領著雍州治下的全部人馬飛速趕往尋陽。鄧琬任命擔任黃門侍郎的劉道憲暫時代理荊州刺史的職務，任命擔任侍中的孔道存暫時代理雍州刺史的職務。上庸太守柳世隆乘虛進攻襄陽，沒有取勝。柳世隆，是柳元景弟弟的兒子。

擔任散騎侍郎的明僧暠率眾起兵，攻打沈文秀，以支持宋明帝的建康朝廷。四月二十五日壬午，宋明帝任命明僧暠為青州刺史。擔任平原、樂安二郡太守的王玄默佔據著琅邪，擔任清河、廣川二郡太守的王玄邈佔據著盤陽城，擔任高陽、勃海二郡太守的劉乘民佔據著臨濟城，他們全都起兵擁戴宋明帝。王玄邈，是王玄謨的堂弟；劉乘民，是劉彌之的姪子。青州刺史沈文秀派遣軍主解彥士率領一支軍隊攻克了北海郡，殺死了劉彌之。劉乘民的堂弟劉伯宗，招集並率領著一些鄉里鄉親奪回了北海郡，並乘勝率領著這些鄉民進攻青州州府所在的東陽城。青州刺史沈文秀出兵抵抗劉伯宗的進攻，劉伯宗戰死。明僧暠、王玄默、王玄邈、劉乘民聯合起來攻打東陽城，但每次進攻都被沈文秀打敗，聯軍被打散以後便又迅速地集結起來，再次組織進攻，就這樣反反覆覆地組織了十多次進攻，卻始終沒有能夠攻克東陽城。

杜叔寶原以為建康朝廷的軍隊駐紮在歷陽，不可能一下子打到自己所在的壽陽，等到輔國將軍劉勔等人率軍到達後，杜叔寶的軍中上上下下都感到非常震驚和恐懼。劉順等人當初率軍出發的時候，只攜帶了一個月的糧食，等到與劉勔在宛唐對峙很久，劉順軍中所帶的糧食已經吃完了。杜叔寶派出一千五百輛車子，滿載著糧食運往劉順的軍營，他親自率領五千精兵跟著押送。寧朔將軍呂安國打聽到這個消息後，就對輔國將軍劉勔說：「劉順所率領的精兵有八千人，而我軍的數量還不到人家的一半。我們與敵軍對峙時間一久，雙方強弱的差別就顯現出來了；如果再拖延下去，我們將無法立足。現在我們所仰仗的是他們的糧食即將用完，而我軍的糧食還有富餘。如果讓杜叔寶把糧食順利地運送給劉順，我們不僅很難再有妙著打敗他，恐怕我們也不能堅持長久。現在只有抄小路偷襲杜叔寶的運糧車，攻他個出其不意，如果能夠取勝，敵軍將會不戰而逃走。」劉勔認為呂安國說得很對，就留下老弱士兵堅守營寨，挑選了一千名精兵派給呂安國和龍驤將軍黃回，讓他們率領著這一千人從小路抄到劉順軍隊的後方，在橫塘地區埋伏好，專等襲擊杜叔寶的運糧車隊。

呂安國率領軍隊出發的時候，只攜帶了兩天的熟食，然而熟食吃完之後，杜叔寶的運糧車隊卻還沒有出現，將士們都想撤回去，呂安國說：「你們早晨已經吃了一頓飯，今天晚上杜叔寶的運糧車不可能不來，如果到了晚上運糧的車隊還不到，夜裡再撤軍也不算晚。」杜叔寶的運糧車隊果然在當天到達，把運糧食的車輛排在四周，作為依托，擺成一個方形的陣式，杜叔寶在米車陣的外圍還派出了一支負責巡邏的游擊部隊，擔任幢主的楊仲懷率領五百人在車隊前邊開路，寧朔將軍呂安國、龍驤將軍黃回等人把楊仲懷和他所率領的五百人全部殺了個乾乾淨淨。杜叔寶聞訊趕到，黃回主張乘勝攻擊杜叔寶，呂安國說：「他們會自動逃走，用不著我們再攻打他。」於是後退了三十里宿營，夜間派騎兵前去偵察杜叔寶運糧車隊的消息，發現杜叔寶果然拋棄運糧車逃走了。呂安國在當天夜間率軍前往把運米的車輛全部燒毀，驅趕著二千多頭牛勝利返回宛唐。

五月初一日丁亥，當天夜間，建武司馬劉順的軍隊全部潰退，劉順逃往淮西去依靠常珍奇。輔國將軍劉勔於是令軍士搖旗擂鼓，大搖大擺地向壽陽進發。杜叔寶聚集起壽陽的居民和散兵遊勇，依托壽陽城牆，進行堅守，劉勔與諸軍則分別在壽陽城外安營紮寨。

山陽王劉休祐寫信給豫州刺史殷琰，為他分析利害關係，宋明帝又派遣擔任御史的王道隆攜帶著詔書前去宣告，赦免殷琰的罪過。劉勔也寫信給殷琰，並且把殷琰哥哥殷瑗的兒子殷邈寫給殷琰的信一同交給殷琰。殷琰與杜叔寶等人都有投降朝廷的意願，然而由於眾人的意見不統一，所以只好暫且繼續堅守壽陽城。

弋陽郡西部山區裡的蠻族人首領田益之起兵擁戴宋明帝，宋明帝遂下詔任命田益之為輔國將軍，主管弋陽周圍山區蠻族人的事務。五月初六日壬辰，宋明帝任命輔國將軍沈攸之為雍州刺史。二十一日丁未，宋明帝任命擔任尚書左僕射的王景文為中軍將軍。二十四日庚戌，宋明帝任命寧朔將軍劉乘民為冀州刺史。

五月二十八日甲寅，宋明帝把昭太后安葬在脩寧陵。

青、冀二州刺史張永、輔國將軍蕭道成等人率軍與薛索兒作戰，大敗薛索兒，薛索兒率軍撤退到石梁城固守，石梁城內的糧食已經吃盡，薛索兒的軍隊立即潰敗，薛索兒逃往樂平縣，被申令孫的兒子申孝叔殺死。

徐州刺史薛安都的兒子薛道智逃往合肥，向南汝陰太守裴季投降。太原太守傅靈越逃到淮西，被擔任武衛將軍的沛郡人王廣之活捉，押送給輔國將軍劉勔。劉勔責問傅靈越為何背叛朝廷，傅靈越回答說：「全國許多地方都舉兵起義，反抗湘東王劉彧，難道只是我一人嗎！薛安都不能專門任用賢才，只顧把權力交給他的子姪掌握，這是他失敗的原因。人生總歸都有一死，我實在沒有臉面請求活命。」劉勔便把傅靈越押赴建康。宋明帝想要赦免傅靈越，而傅靈越卻始終不肯改變他的供詞，宋明帝只得把傅靈越殺死。

鄧琬因為豫州刺史劉胡與雍州刺史沈攸之等相持不下，久久不能決出勝負，遂又加授袁顗為督征討諸軍事。六月十八日甲戌，袁顗率領著一千艘樓船，二萬名戰士，進入鵲尾。袁顗本來就沒有做將軍應有的勇敢與謀略，再加上性情怯懦，容易屈從於人，在軍隊當中從來沒有穿過軍服，所說的話也從來沒有涉及過有關作戰布陣的內容，只知道一味地賦詩，談論一些詩書的義理，從來不去接觸部下的將領。劉胡每次到袁顗的軍營討論軍務，袁顗對他都是冷淡以對，因此，大失人心，劉胡經常怨憤得咬牙切齒。劉胡因為從南方運送的米糧還未到，軍中缺乏糧食，就去向袁顗借用襄陽的存糧，袁顗不同意，他說：「我在襄陽還有兩所房子沒有建成，正在等著經營辦理。」袁顗又聽信往來之人的傳言，說「建康的米價非常昂貴，一斗米需要好幾百錢才能買到」，就認為建康不用進攻就會自然崩潰，因而按兵不動，靜待建康的自破投降。

田益之率領一萬多名蠻族人圍攻義陽，鄧琬派遣擔任司州刺史的龐孟虯率領五千精兵趕赴義陽救援，田益之沒等與龐孟虯的軍隊交戰就自行潰散而去。〇擔任安成郡太守的劉襲、擔任始安內史的王識之、擔任建安內史的趙道生，全都帶著他們所管轄的郡縣歸順了建康朝廷。劉襲，是劉道憐的孫子。

輔國將軍蕭道成的嫡長子蕭賾正在擔任南康郡轄下的贛縣縣令，鄧琬派人把蕭賾逮捕關押起來。蕭賾的門客蘭陵郡人桓康用擔子挑著蕭賾的妻子裴氏和蕭賾的兩個兒子蕭長懋、蕭子良逃往山中，他與蕭賾的族人蕭欣祖等召集起一百多名門客，攻入南康郡，打開監獄，救出了蕭賾。擔任南康郡相的沈肅之率領郡中的將吏追趕蕭賾，蕭賾帶領賓客與沈肅之交戰，活捉了沈肅之。蕭賾遂自稱寧朔將軍，佔據南康郡起兵，與安成郡太守劉襲等人遙相呼應。鄧琬任命擔任中護軍的殷孚為豫章太守，統領贛江上游五個郡的兵馬，防備劉襲等人的進攻。

擔任衡陽內史的王應之起兵擁戴建康的宋明帝，他在長沙襲擊了擔任湘州行事的何慧文。王應之親自出馬與何慧文單獨交戰，他八次砍傷了何慧文，何慧文則砍斷了王應之的腳，把王應之殺死。

始興郡人劉嗣祖等佔據始興郡起兵擁戴建康的宋明帝，擔任廣州刺史的袁曇遠派遣手下將領李萬周等人討伐劉嗣祖。劉嗣祖誆騙李萬周說「尋陽的晉安王劉子勛所建立的政權已經被消滅」，李萬周於是回軍襲擊番禺縣，活捉了袁曇遠，把袁曇遠斬首。宋明帝任命李萬周代理廣州刺史職務。

當初，武都王楊元和把白水縣作為自己的都城，因為實力太弱無法獨立存在，便拋棄了他的國土投奔了魏國。楊元和的堂弟楊僧嗣便自立為王，率領自己的部眾駐紮在葭蘆縣。

擔任巴郡太守的費欣壽率軍五千人來到巴東，巴東郡人任叔兒佔據著白帝城，自稱輔國將軍，他率領著自己的部眾襲擊了巴郡太守費欣壽，把費欣壽殺死，任叔兒趁勢憑險阨守住通往三峽的道路。蕭惠開又派遣擔任治中的程法度率領三千軍隊從梁州出兵東下，楊僧嗣率領各氐族部落截斷了程法度的去路，同時派使者抄小路前往建康向宋明帝報告。

秋，七月丁酉❶，以僧嗣為北秦州刺史、武都王❷。

諸軍與袁顗相拒於濃湖，久未決。龍驤將軍張興世❸建議曰：「賊據上流，兵彊地勝，我雖持之有餘❹而制之不足❺。若以奇兵數千潛出其上❻，因險而壁❼，見利而動❽，使其首尾周遑❾，進退疑阻❿，中流既梗⓫，糧運自艱，此制賊之奇也。錢溪⓬江岸最狹，去大軍不遠⓭，下臨洄洑⓮，船下必來泊岸⓯；又有橫浦⓰

可以藏船，千人守險，萬夫不能過。衝要⑰之地，莫出於此⑱。」沈攸之、吳喜並贊其策。會龐孟虯引兵來助殷琰⑲，劉勔遣使求援甚急，建安王休仁欲遣興世救之。沈攸之曰：「孟虯蟻聚，必無能為，遣別將馬步數千，足以相制。興世之行⑳，是安危大機，必不可輟㉑。」乃遣段佛榮將兵救勔，而選戰士七千、輕舸二百配興世。

興世帥其眾泝流稍上㉒，尋復退歸㉓，如是者累日㉔。劉胡聞之，笑曰：「我尚不敢越彼下取揚州，張興世何物人㉕，欲輕據我上㉖！」不為之備。一夕，四更，值便風㉗，興世舉帆直前，渡湖、白㉘，過鵲尾㉙。胡既覺，乃遣其將胡靈秀將兵於東岸，翼之而進㉚。戊戌夕㉛，興世宿景洪浦㉜，靈秀亦留。興世潛遣其將黃道標帥七十舸徑趣錢溪㉝，立營寨。己亥㉞，興世引兵進據之㉟，靈秀不能禁。庚子㊱，劉胡自將水步二十六軍㊲來攻錢溪。將士欲迎擊之，興世禁之曰：「賊來尚遠㊳，氣盛而矢驟㊴；驟既易盡㊵，盛亦易衰，不如待之。」令將士治城㊶如故。俄而胡來轉近㊷，船入洄洑；興世命壽寂之、任農夫帥壯士數百擊之，眾軍相繼並進，胡敗走，斬首數百，胡收兵而下。時興世城寨未固，建安王休仁慮袁顗并力更攻㊸錢溪，欲分其勢㊹。辛丑㊺，命沈攸之、吳喜等以皮艦㊻進攻濃湖，斬獲千數。是日，劉胡帥步卒二萬、鐵馬(47)一千，欲更攻興世。未至錢溪數十里(48)，袁顗以濃湖之急，遽追之(49)，錢溪城由此得立。胡遣人傳唱(50)「錢溪已平」，眾並懼，沈攸之曰：「不然。若錢溪實敗，萬人中應有一人逃亡得還者，必是彼戰失利，唱空聲以惑眾耳。」勒軍中(51)不得妄動，錢溪捷報尋至。攸之以錢溪所送胡軍耳鼻示濃湖(52)，袁顗駭懼。攸之日暮引歸(53)。

龍驤將軍劉道符攻山陽(54)，程天祚(55)請降。

龐孟虯進至弋陽，劉勔遣呂安國等迎擊於蓼潭(56)，大破之。孟虯走向義陽，王玄謨之子曇善起兵據義陽以應建康，孟虯走死蠻中。

劉胡遣輔國將軍薛道標襲合肥，殺汝陰太守裴季(57)[1]，劉勔遣輔國將軍垣閎擊之。閎，閬(58)之弟。道標，安都之子也。

淮西人鄭叔舉起兵擊常珍奇以應鄭黑，辛亥(59)，以叔舉為北豫州(60)刺史。○崔道固為土人所攻，閉門自守(61)。上遣使宣慰，道固請降。甲寅(62)，復以道固為徐州刺史。

八月，皇甫道烈等聞龐孟虯敗，並開門出降(63)。

張興世既據錢溪，濃湖軍(64)乏食。鄧琬大送資糧，畏興世，不敢進。劉胡帥輕舸四百，由鵲頭內路[65]欲攻錢溪，既而謂長史王念叔曰：「吾少習步戰[66]，未閑水鬪[67]。若步戰，恆在數萬人中[68]；水戰在一舸之上，舸舸各進，不復相關，正在三十人中[69]，此非萬全之計，吾不為也。」乃託瘧疾，住鵲頭不進，遣龍驤將軍陳慶將三百舸向錢溪，戒慶不須戰：「張興世吾之所悉，自當走[70]耳。」陳慶至錢溪，軍於梅根[71]。

胡遣別將[72]王起將百舸攻興世，興世擊起，大破之。胡帥其餘舸馳還[73]，謂顗曰：「興世營寨已立，不可猝攻[74]，昨日小戰，未足為損[75]。陳慶已與南陵、大雷[76]諸軍共遏其上[77]，大軍在此，鵲頭諸將又斷其下流[78]，已墮圍中[79]，不足復慮。」顗怒胡不戰，謂曰：「糧運鯁塞[80]，當如此何[81]？」胡曰：「彼尚得泝流越我而上，此運何以不得[82]沿流越彼而下邪！」乃遣安北府司馬[83]沈仲玉將千人步趣南陵[84]迎糧。

仲玉至南陵，載米三十萬斛，錢布數十舫[85]，豎榜為城[86]，規欲突過[87]。行至貴口[88]，不敢進，遣間信報胡[89]，令遣重軍援接。張興世遣壽寂之、任農夫等將三千人至貴口擊之，仲玉走還顗營，悉虜其資實[90]。胡眾駭懼，胡將張喜來降[91]。

鎮東中兵參軍[92]劉亮進兵逼胡營，胡不能制[93]。袁顗懼曰：「賊入人肝脾裏，何由得活[94]！」胡陰謀遁去[95]，己卯[96]，誑顗云：「欲更帥步騎二萬，上取錢溪，兼下大雷餘運[97]。」令顗悉選馬配之[98]。其日，胡委顗去[99]，徑趣梅根[100]。先令薛常寶辦船[101]，悉發南陵諸軍[102]，燒大雷諸城而走。至夜，顗方知之，大怒，罵曰：「今年為少子[2]所誤[103]！」呼取常所乘善馬「飛鷰[104]」，謂其眾曰：「我當自出[3]追之！」因亦走[105]。

庚辰[106]，建安王休仁勒兵入顗營，納降卒十萬，遣沈攸之等追顗。顗走至鵲頭，與戍主[107]薛伯珍并所領數千人偕去[108]，欲向尋陽。夜，止山間，殺馬以勞將士，顧謂伯珍曰：「我非不能死，且欲一至尋陽，謝罪主上[109]，然後自刎耳。」因慷慨叱左右索節[110]，無復應者。及旦，伯珍請屏人言事，遂斬顗首，詣錢溪馬[4]軍主襄陽俞湛之。湛之因斬伯珍，并送首以為己功。

劉胡帥二萬人向尋陽，詐[111]晉安王子勛云：「袁顗已降，軍皆散，唯己帥所領獨返[112]。宜速處分[113]，為一戰之資[114]。當停據湓城[115]，誓死不貳[116]。」乃於江外[117]夜趣沔口[118]。

鄧琬聞胡去，憂惶無計，呼中書舍人褚靈嗣等謀之，並不知所出。張悅詐稱疾，呼琬計事，令左右伏甲帳後，戒之：「若聞索酒，便出。」琬既至，悅曰：

「卿首唱此謀，今事已急，計將安出？」琬曰：「正當斬晉安王，封府庫，以謝罪[119]耳。」悅曰：「今日寧可賣殿下求活邪！」因呼酒。子洵[120]提刀出斬琬。中書舍人潘欣之聞琬死，勒兵而至。悅使人語之曰：「鄧琬謀反，今已梟戮[121]。」欣之乃還。取琬子，並殺之。悅因單舸齎琬首[122]馳下，詣建安王休仁降。尋陽亂。蔡那之子道淵在尋陽被繫作部[123]，脫鎖入城，執子勛，囚之。沈攸之等[5]諸軍至尋陽，斬晉安王子勛，傳首建康[124]，時年十一。

初，鄧琬遣臨川內史[125]張淹自鄱陽嶠道[126]入三吳[127]，軍于上饒[128]，聞劉胡敗，軍副鄱陽太守費曄斬淹以降。淹，暢[129]之子也。

廢帝之世，衣冠[130]懼禍，咸欲遠出[131]，至是流離外難[132]，百不一存，眾乃服蔡興宗之先見[133]。

九月壬辰[134]，以山陽王休祐為荊州刺史。○癸巳[135]，解嚴[136]，大赦。

庚子[137]，司徒休仁至尋陽，遣吳喜、張興世向荊州[138]，沈懷明向郢州[139]，劉亮及寧朔將軍南陽張敬兒向雍州[140]，孫超之向湘州[141]，沈思仁、任農夫向豫章[142]，平定餘寇。

劉胡逃至石城[143]，捕得，斬之。郢州行事[144]張沈變形為沙門[145]，潛走，追獲，殺之。荊州行事劉道憲聞濃湖平，散兵，遣使歸罪[146]。荊州治中宗景[147]等勒兵入城[148]，殺道憲，執臨海王子頊以降。孔道存[149]知尋陽已平，遣使請降。尋聞柳世隆、劉亮當至，眾悉逃潰[6]，道存及三子皆自殺。上以何慧文才兼將吏[150]，使吳喜宣旨赦之。慧文曰：「既陷逆節[151]，手害忠義[152]，何面見天下之士[153]！」遂自殺。安陸王子綏、臨海王子頊、邵陵王子元並賜死[154]，劉順及餘黨在荊州者[155]皆伏誅。詔追贈諸死節之臣，及封賞有功者各有差。

己酉[156]，魏初立郡學，置博士、助教[157]、生員[158]，從中書令高允、相州刺史李訢之請也。訢，崇[159]之子也。

上既誅晉安王子勛等，待世祖諸子猶如平日。司徒休仁還自尋陽，言於上曰：「松滋侯兄弟尚在，將來非社稷計[160]，宜早為之所[161]。」冬，十月乙卯[162]，松滋侯子房、永嘉王子仁、始安王子真、淮南王子孟、南平王子產、廬陵王子輿、子趨、子期、東平王子嗣、子悅並賜死[163]，及鎮北諮議參軍路休之[164]、司徒從事中郎路茂之、兗州刺史劉祇、中書舍人嚴龍皆坐誅。世祖二十八子於此盡矣。祇，義欣[165]之子也。

劉勔圍壽陽，垣閎攻合肥，俱未下。勔患之，召諸將會議。馬隊主[166]王廣之曰：「得將軍所乘馬[167]，判能平合肥[168]。」幢主皇甫肅怒曰：「廣之敢奪節下[169]馬，可斬！」勔笑曰：「觀其意，必能立功。」即推鞍下馬與之。廣之往攻合肥，三日，克之，薛道標突圍奔淮西歸常珍奇。勔擢廣之為軍主。廣之謂肅曰：「節下若從卿言，何以平賊？卿不賞才[170]，乃至於此！」肅有學術[171]，及勔卒，更依廣之[172]，廣之薦於齊世祖為東海太守[173]。

沈靈寶[174]自廬江引兵攻晉熙[175]，晉熙太守閻湛之棄城走。

徐州刺史薛安都、益州刺史蕭惠開、梁州刺史柳元怙、兗州刺史畢眾敬、豫章太守殷孚、汝南太守常珍奇，並遣使乞降。上以南方已平，欲示威淮北，乙亥[176]，命鎮軍將軍張永、中領軍沈攸之將甲士五萬迎薛安都[177]。蔡興宗曰：「安都歸順，此誠非虛[178]，正須單使尺書[179]。今以重兵迎之，勢必疑懼，或能[180]招引北虜[181]，為患方深[182]。若以叛臣罪重，不可不誅，則鄉之所宥[183]亦已多矣。況安都外據大鎮[184]，密邇邊陲[185]，地險兵彊，攻圍難克[186]，考之國計[187]，尤宜馴養[188]；如其外叛，將為朝廷旰食之憂[189]。」上不從，謂征北司馬行南徐州事[190]蕭道成曰：「吾今因此[191]北討，卿意以為何如？」對曰：「安都狡猾有餘，今以兵逼之，恐非國之利。」上曰：「諸軍猛銳，何往不克？卿勿多言！」安都聞大兵北上，懼，遣使乞降於魏，常珍奇[192]亦以懸瓠降魏，皆請兵自救。

戊寅[193]，立皇子昱[194]為太子。

薛安都以其子為質於魏[195]，魏遣鎮東大將軍代人尉元[196]、鎮東將軍魏郡孔伯恭[197]等帥騎一萬出東道，救彭城；鎮西大將軍西河公石[198]、都督荊・豫・南雍州諸軍事張窮奇出西道，救懸瓠。以安都為都督徐・兗[7]等五州諸軍事、鎮南大將軍、徐州刺史、河東公，常珍奇為平南將軍、豫州刺史、河內公。

兗州刺史申纂[199]詐降於魏，尉元受之而陰為之備。魏師至無鹽[200]，纂閉門拒守。

薛安都之召魏兵也，畢眾敬[201]不與之同[202]，遣使來請降[203]，上以眾敬為兗州刺史。眾敬子元賓在建康，先坐它罪誅[204]。眾敬聞之，怒，拔刀斫柱曰：「吾皓首唯一子，不能全，安用獨生[205]！」

十一月壬子[206]，魏師至瑕丘[207]，眾敬請降於魏。尉元遣部將先據其城，眾敬悔恨，數日不食。元長驅而進，十二月己未[208]，軍于秺[209]。

西河公石至上蔡[210]，常珍奇帥文武出迎。石欲頓軍汝北[211]，未即入城[212]，中書博士鄭羲[213]曰：「今珍奇雖來，意未可量[214]。不如直入其城，奪其管籥[215]，據有府庫，制其腹心[216]，策之全者也。」石遂策馬入城，因置酒嬉戲。義曰：「觀珍奇之色甚不平，不可不為之備。」乃嚴兵設備。其夕，珍奇使人燒府屋[217]，欲為變，以石有備而止。義，豁[218]之曾孫也。

淮西七郡[219]民多不願屬魏，連營南奔[220]。魏遣建安王陸馛[221]宣慰新附[222]，民有陷軍為奴婢者，馛悉免之，新民乃悅。

乙丑[223]，詔坐依附尋陽削官爵禁錮者[224]，皆從原蕩[225]，隨才銓用[226]。

劉勔圍壽陽，自首春至于末冬，內攻外禦[227]，戰無不捷，以寬厚得將士心。尋陽既平，上使中書為詔[228]諭殷琰[229]，蔡興宗曰：「天下既定，是琰思過之日。陛下宜賜手詔數行[230]以相慰引[231]。今直中書為詔[232]，彼必疑謂非真[233]，非所以速清方難[234]也。」不從。琰得詔，謂劉勔詐為之，不敢降。杜叔寶閉絕尋陽敗問[235]，有傳者即殺之，守備益固。凡有降者，上輒送壽陽城下，使與城中人語，由是眾情離沮[236]。

琰欲請降於魏，主簿譙郡夏侯詳[237]說琰曰：「今日之舉[238]，本効忠節[239]。若社稷有奉[240]，便當歸身朝廷，何可北面左衽[241]乎？且今魏軍近在淮次[242]，官軍[243]未測吾之去就[244]，若遣[8]使歸款[245]，必厚相慰納[246]，豈止免罪而已。」琰乃使詳出見劉勔。詳說勔曰：「今城中士民知困而猶固守者，畏將軍之誅，皆欲自歸於魏。願將軍緩而赦之[247]，則莫不相帥而至[248]矣。」勔許諾，使詳至城下，呼城中人，諭以勔意。丙寅[249]，琰帥將佐面縛出降[250]，勔悉加慰撫，不戮一人。入城，約勒[251]將士，士民貲財，秋毫無所失，壽陽人大悅。魏兵至師水[252]，將救壽陽，聞琰已降，乃掠義陽[253]數千人而去。久之，琰復仕至少府[254]而卒。

蕭惠開在益州多任刑誅[255]，蜀人猜怨。聞費欣壽敗沒，程法度不得前，於是晉原一郡反[256]，諸郡皆應之，合兵圍成都。城中東兵[257]不過[9]二千，惠開悉遣蜀人出，獨與東兵拒守。蜀人聞尋陽已平，爭欲屠城，眾至十餘萬人。惠開每遣兵出戰，未嘗不捷。

上遣其弟惠基自陸道使成都，赦惠開罪。惠基至涪[258]，蜀人遏留惠基，不聽進[259]。惠基帥部曲擊之，斬其渠帥[260]，然後得前。惠開奉旨歸降，城圍得解。

上遣惠開宗人寶首[261]自水道慰勞益州。寶首欲以平蜀為己功，更獎說[262]蜀人使攻惠開。於是處處蜂起，凡諸離散者一時還合[263]，與寶首進逼成都，眾號二十萬。惠開欲擊之，將佐皆曰：「今慰勞使至而拒之，何以自明？」惠開曰：「今表啟路絕[264]，不戰則何以得通使京師？」乃遣宋寧太守[265]蕭惠訓等將萬兵與戰，大破之，生擒寶首，因於成都，遣使言狀。上使執送寶首[266]，召惠開還建康。既至[10]，上問以舉兵狀。惠開曰：「臣唯知逆順[267]，不識天命[268]；且非臣不亂，非臣不平[269]。」上釋之。

是歲，僑立兗州，治淮陰[270]；徐州治鍾離[271]；青、冀二州共一刺史，治鬱洲[272]。鬱洲在海中，周數百里，累石為城，高八九尺，虛置郡縣，荒民無幾。

張永、沈攸之進兵逼彭城，軍于下礚[273]，分遣羽林監[274]王穆之將卒五千守輜重於武原[275]。

魏尉元至彭城，薛安都出迎。元遣李璨與安都先入城，收其管籥，別遣孔伯恭以精甲二千安撫內外，然後入。其夜，張永攻南門，不克而退。

元不禮於薛安都，安都悔降，復謀叛魏，元知[11]之[276]，不果發[277]。安都重賂元等，委罪於女壻裴祖隆而殺之。元使李璨[12]與安都守彭城，自將兵擊張永，絕其糧道，又破王穆之於武原。穆之帥餘眾就永，元進攻之。

【章旨】以上為第三段，寫宋明帝劉彧泰始二年（西元四六六年）七至十二月六個月的大事。主要寫了宋明帝的朝廷軍與尋陽軍相持於濃湖，朝廷將張興世率軍從下游衝過濃湖，佔據了尋陽將袁顗、劉胡等上游的錢溪，袁顗、劉胡的後勤供應被切斷，劉胡派軍攻錢溪，以及派沈仲玉到南陵取糧，均被張興世等擊敗；劉胡見取勝無望，遂棄袁顗而逃；袁顗見景惶恐，亦棄軍逃跑，中途被殺，濃湖的尋陽軍營遂被沈攸之等佔據，納降卒十餘萬；劉胡逃至尋陽，又偷偷上逃至石城，被朝廷軍所捕殺；鄧琬在尋陽憂惶無策，欲殺其主劉子勛投降朝廷，結果被其部下張悅所殺；尋陽大亂，被囚禁的蔡那之子蔡道淵乘機襲捕了劉子勛，繼而沈攸之進駐尋陽，殺劉子勛，尋陽政權遂滅；接著荊州的宗景殺荊州行事劉道憲，執其主子劉子頊以降朝廷軍；湘州行事何慧文兵敗不屈而死；孝武帝劉駿之子劉子綏、劉子頊、劉子元以及劉順等皆被劉彧所殺，荊、湘地區平定；益州刺史蕭惠開據城為劉子勛政權堅守，益州之民攻之不下，劉彧朝廷遣使赦其罪，蕭惠開歸順朝廷，益州平定；朝廷將劉勔攻壽陽，與殷琰相持經時，殷琰之主簿勸殷琰接受朝廷勸諭，殷琰遂率部投降，劉勔應時厚撫之，壽陽民大悅；徐州刺史薛安都、兗州刺史畢眾敬、汝南太守常珍奇等見尋陽已被削平，遂率眾歸降朝廷，劉彧見他處皆平，欲趁勢向北部州郡示威，派沈攸之、張永率大軍北上，於是薛安都、常珍奇等恐被其所滅，遂皆轉而以徐州、汝南降魏；魏主以拓跋石、尉元統兵救薛安都於徐州、救常珍奇於懸瓠；於是青州、兗州、徐州、豫州等大片領土皆入於魏；此外還寫了魏國以源賀為太尉，魏國建立太學等等。

【注釋】❶七月丁酉　七月十二。❷以僧嗣為北秦州刺史武都王　本句的主語是劉彧朝廷。武都是郡名，郡治在今甘肅成縣的西北側。❸張興世　孝武帝劉駿的舊部，後來在保衛劉彧朝廷的戰鬥中有大功。傳見《宋書》卷五十。❹持之有餘　在與敵相持方面有長處。❺制之不足　如果想克敵制勝則明顯力不從心。❻潛出其上　偷偷地繞到他們的後方。上，上游，亦即尋陽軍的後方。❼因險而壁　尋找險要之處，紮下營盤。❽見利而動　窺測有利時機騷擾其後方。❾首尾周遑　意即兩頭照顧不暇。周遑，意同「張惶」。惶恐不安。❿進退疑阻　進退都不得勁，都有牽掛。⓫中流既梗　長江中的運輸一旦令其受阻。中流，江中；江上。梗，不通。⓬錢溪　又稱梅根港，即今安徽貴池縣東北長江的支流梅根河。⓭去大軍不遠　距離我軍大部隊的駐紮之地不是很遠。去，距離。⓮下臨洄洑　再往下走就是漩渦眾多之處。胡三省曰：「漩流曰洄，伏流曰洑。」洑，暗流。⓯船下必來泊岸　上游下來的船到此必然要靠岸略做休息。⓰橫浦　江邊的港灣名。浦，水邊的陸地。⓱衝要　要衝；必經之地。⓲莫出於此　沒有比它更重要的了。出，超過。⓳來助殷琰　胡三省曰：「龐孟虯自義陽來援壽陽。」⓴與

世之行　指「潛出其上」，襲據錢溪的軍事行動。㉑必不可輟　絕對不能放棄。輟，中止；放棄。㉒泝流稍上　逆流而上，前進了一段。㉓尋復退歸　沒過多久，又退回到原來的地點。㉔如是者累日　像這樣上上下下地折騰了好多天。㉕何物人　是個什麼樣子的人，意即也不是長著三頭六臂。㉖欲輕據我上　想輕而易舉地駐兵到我的上頭去。㉗值便風　趁著順風。㉘渡湖白　衝過了湖口、白水口。㉙過鵲尾　也衝過了兩岸駐有重兵的鵲尾渡口。㉚翼之而進　在河岸上與之相傍並行而進。翼，在其左右；在其旁邊。㉛戊戌夕　七月十三的傍晚。㉜宿景洪浦　停宿在景洪浦。景洪浦的具體方位不詳，總之是在當時的錢溪下游，今安徽貴池縣以下的長江邊上。㉝徑趣錢溪　直奔錢溪。趣，意思同「趨」。㉞己亥　七月十四。㉟進據之　前進佔領了錢溪。㊱庚子　七月十五。㊲水步二十六軍　水軍、步軍共二十六股。㊳賊來尚遠　敵兵離我們的距離還遠。㊴氣盛而矢驟　敵兵的士氣旺盛，射出的箭也密集。驟，急促；密集。㊵驟既易盡　箭射得急，便容易用盡。㊶治城　修城；加固城牆。㊷轉近　越來越近。㊸更攻　再次攻擊。㊹欲分其勢　想分散尋陽方面對錢溪的攻勢。㊺辛丑　七月十六。㊻皮艦　用牛皮包蒙遮以防箭石的戰船。㊼鐵馬　披著鐵甲的戰馬。㊽未至錢溪數十里　行至離錢溪還有幾十里的時候。㊾遽追之　立即派人來叫他們回去。遽，急；立即。㊿傳唱　彼此大聲吆喝。(51)勒軍中　命令全軍。勒，約束。(52)示濃湖　讓濃湖的尋陽軍觀看。(53)引歸　引軍返回營地。(54)山陽　郡名，郡治即今江蘇淮安。(55)程天祚　當時任山陽太守，此前曾宣布擁戴劉子勛稱帝。(56)蔞潭　水泊名，在今河南固始東南。(57)殺汝陰太守裴季　裴季於本年二月以合肥降劉勔。(58)閬　垣閬，劉宋名將垣護之的堂弟。傳見《宋書》卷五十。(59)辛亥　七月二十六。(60)北豫州　州治壽春，即今安徽壽縣。(61)閉門自守　崔道固在本年正月宣布擁戴劉子勛為帝，據歷陽以守之。(62)甲寅　七月二十九日。(63)開門出降　開壽陽城門出降。胡三省曰：「死虎師潰，皇甫道烈蓋奔還壽陽。」按，「死虎」即死虎塘，一名宛唐，在今安徽壽縣東南四十里。(64)濃湖軍　駐紮在濃湖的袁顗、劉胡的軍隊。(65)鵲頭內路　胡三省曰：「鵲頭在江中，江水分流，故有內路外路。」船行附南岸稱內路，船行附北岸稱外路。(66)少習步戰　從小熟悉的是在陸地上作戰。(67)未閑水鬬　不熟悉在船上作戰。閑，同「嫻」。熟練。(68)恆在數萬人中　總在千軍萬馬中衝殺。(69)正在三十人中　意即一個人頂多不過指揮三十人。(70)自當走　他自己就會逃去。(71)軍於梅根　在梅根河邊紮下營寨。按，梅根在錢溪的上方。(72)別將　不是他自己編制之內的其他下級將領。(73)馳還　逃回濃湖的袁顗大軍。(74)不可猝攻　不是一下子就能攻下。猝，突然；一下子。(75)未足為損　不算什麼損失。(76)南陵大雷　南陵、大雷戍。南陵戍在今安徽繁昌西北的長江邊，大雷戍在今安徽潛山縣西南的長江邊，是歷來的駐兵之處。(77)共遏其上　共同控制住了張興世的上游去路。(78)斷其下流　截斷了張興世回下游去的通路。(79)已墮圍中　張興世已經落進了我們的包圍之中。(80)糧運鯁塞　運糧的通道已被截斷。鯁塞，如魚刺之卡了喉嚨。(81)當如此何　即當奈此何，意即對此該怎麼辦。(82)何以不得　怎麼就不能。(83)安北府司馬　安北將軍袁顗部下的司馬官。司馬在軍中主管司法。(84)步趣南陵　步行前往南陵戍。(85)錢布數十舫　錢財布匹裝滿了幾十條船的船艙。舫，有艙的船。(86)豎榜為城　在船的四周豎起木板，做成圍牆的樣子。(87)規欲突過　計劃著就是從江心一直衝過去。規，計劃；打算。突，衝。(88)貴口　古城名，即今安徽貴池縣西北的池口鎮。(89)遣間信報胡　派祕密使者前往報告劉胡。間信，祕密使者。(90)悉虜其資實　將沈仲玉所押送的糧食物資全部繳獲。(91)來降　來向沈攸之的大營投降。(92)鎮東中兵參軍　鎮東將軍的中兵參軍。(93)不能制　不能打退；不能抵抗。(94)何由得活　那人還怎麼能活下去。(95)陰謀遁去　心裡琢磨如何逃走。遁，逃。(96)己卯　八月二十四。(97)兼下大雷餘運　並順帶把大雷戍剩餘的漕運物資取回來。(98)悉選馬配之　全部地給他配備騎兵。(99)委顗去　拋棄袁顗，自己逃走。(100)徑趣梅根　直奔梅根找他所派出的陳慶。(101)辦船　準備船隻。(102)悉發南陵諸軍　全部集合起南陵戍的所有軍隊。(103)今年為少子所誤　句中「年」字似應作「乃」，《宋書・袁顗傳》也作「年」，沒有道理。乃，竟；竟然。「年」、「乃」聲音相近。(104)飛鶩　取名以形容其奔跑之快。(105)因亦走　於是也偷偷地逃掉了。因，於是。(106)庚辰　八月二十五。(107)戍主　軍事據點的頭領。(108)偕去　一起逃跑。(109)謝罪主上　向主子當面請罪。(110)索節　尋找出兵時劉子勛授予他的旌節。索，尋找；討要。節，古代帝王授予大臣或使者的一種信物，一起證明作用，二表現其身分高貴。(111)詐　欺騙。(112)帥所領獨返　率領著我的部下逃了回來。(113)宜速處分　應趕緊做出安排、決定。(114)為一戰之資　為最後一戰做好準備。(115)當停據湓城　我也要在湓城停留下來。湓城，即指當時的尋陽，今之江西九江市。(116)誓死不貳　立誓戰死，再沒有其他心思。(117)江外　江水的外側。(118)夜趣沔口　連夜逃到了漢口。沔口，沔水入長江之口；沔水也稱漢水，沔口即今武漢三鎮之漢口。(119)以謝罪　以此向劉彧政權請罪。(120)子洵　張悅之子張洵。(121)梟戮　這裡即指斬首。梟，指懸首高竿。戮，殺死。(122)齎琬首　帶著鄧琬的人頭。(123)被繫作部　被關押在製作兵器的部門。作部，作坊，製造器械的手工工場。(124)傳首建康　通過驛站將劉子勛的人頭送到建康朝廷。(125)臨川內史　臨川郡的郡治在今江西撫州西側。因此郡是諸侯王的封地，故其行政長官稱內史。(126)自鄱陽嶠道　從鄱陽郡的郡治經由山路……。劉宋時代的鄱陽郡治廣晉，在今江西鄱陽之正北方、景德鎮之西北方。(127)三吳　指吳興、義興、吳郡，泛指建康城以東的諸郡縣。(128)上饒　縣名，即今浙江上饒，當時屬於鄱陽郡。(129)暢　張暢，劉宋文帝時期的名臣，在魏主拓跋燾大軍南侵時，張暢為將、為使都有絕好的表現。傳見《宋書》卷五十九。(130)衣冠　指官僚士大夫一類的人。(131)咸欲遠出　都想離開建康城。(132)流離外難　原在京城因害怕白色恐怖而逃到外地的官紳，現又遭遇外地的戰亂。(133)蔡興宗之先見　見本書上卷泰始元年蔡興宗與袁顗對話的所謂「若內難得弭，外釁未必可量」。(134)九

月壬辰　九月初八。(135)癸巳　九月初九。(136)解嚴　解除全國的緊急軍事狀態。(137)庚子　九月十六。(138)荊州　州治江陵，今湖北之荊州，轄今湖北的西北部地區。(139)郢州　州治江夏，今湖北武漢，轄今湖北的南部地區。(140)雍州　州治襄陽，今湖北襄樊，轄今湖北北部和與之鄰近的河南南部地區。(141)湘州　州治即今長沙，轄今湖南的大部地區。(142)豫章　即今南昌，當時為豫章郡的郡治所在地。(143)石城　縣名，即今湖北鍾祥。(144)郢州行事　代理郢州刺史事務的長官，此時為張沈，乃劉子勛政權所委任。(145)變形為沙門　化裝成和尚。(146)歸罪　向劉彧政權認罪。(147)荊州治中宗景　劉子勛政權任命的荊州刺史的僚屬姓宗名景。治中是官名，刺史的僚屬，協助刺史處理一應眾事。(148)入城　進入荊州州治即江陵城。(149)孔道存　劉子勛政權所任命的雍州行事。(150)才兼將吏　既有將才，又有行政長官之才。(151)既陷逆節　指參與了擁戴劉子勛的軍事活動。(152)手害忠義　指殺死了衡陽內史王應之。(153)何面見天下之士　說話如此，實乃不肯向劉彧政權低頭。胡三省曰：「史言何慧文不肯苟活。」(154)並賜死　安陸王劉子綏被殺時年十一歲；臨海王劉子頊被殺時年十一歲；邵陵王劉子元被殺時年九歲。前面晉安王劉子勛被殺時亦十一歲，是其眾兄弟中最年長的。(155)劉順及餘黨在荊州者　胡三省曰：「劉順從死虎奔淮西，又自淮西奔荊州。」劉順在宛唐與劉彧政權的將領劉勔、呂安國、黃回等作戰失敗後，逃到荊州。(156)己酉　九月二十五。(157)博士助教　都是太學裡的教官名，正式教一門儒家經典課的教官稱作博士；不能獨立開課，只能做輔助工作的稱為助教。(158)生員　在太學裡受教的學生。(159)崇　李崇，原是北燕馮跋的部下，拓跋燾伐燕，李崇歸魏，遂在魏國為官。傳見《魏書》卷四十六。魏國又有名將李崇，與此非一人。(160)將來非社稷計　日後對國家的安定不利。(161)宜早為之所　應該及早給他們找一個合適的地方，意即處死他們。(162)十月乙卯　十月初一。(163)並賜死　全都把他們殺死。按，上述松滋侯劉子房、永嘉王劉子仁、始安王劉子真、淮南王劉子孟、南平王劉子產、廬陵王劉子輿、東平王劉子嗣，還有尚未封王的劉子趨、劉子期、劉子悅，都是孝武帝劉駿的兒子，見於《宋書》卷八十。這些孩子被殺時，最大的十歲，最小的四歲。(164)路休之　與下文所說的路茂之，都是孝武帝劉駿之母路太后的姪子。(165)義欣　劉義欣，高祖劉裕之弟劉道憐的兒子，文帝劉義隆的堂兄弟。傳見於《宋書》卷五十一。(166)馬隊主　騎兵部隊的統領。馬隊主不是官名，此指其職務而言。(167)得將軍所乘馬　如果您能把您的坐騎賜給我。(168)判能平合肥　我一定能攻下合肥。(169)節下　對劉勔的敬稱。當時劉勔任輔國將軍，似乎還應有「假節」或「持節」的稱號。因為此後不久就加之為「使持節」了。見《宋書·劉勔傳》。(170)不賞才　不能識別人才。賞，識；分辨。(171)有學術　有知識、有學問。(172)更依廣之　改屬於王廣之的部下。(173)薦於齊世祖為東海太守　把皇甫肅推薦給蕭道成，蕭道成任之為東海太守。這是後話，一併說在了這裡。蕭道成當前是劉宋的將領，日後篡宋建齊後，被稱為齊世祖。東海郡的郡治即今江蘇漣水縣。(174)沈靈寶時為劉彧政權的廬江太守，廬江郡的郡治在今安徽廬江縣西南。175 晉熙　郡名，郡治即今安徽潛山縣。176 乙亥　十月二十一。177 迎薛安都　接受其投降，接管其軍隊，並接之進京。實際是想消滅他。178 此誠非虛　是真心投降，不是虛心假意。179 單使尺書　一個使者帶一封信，以表示對他深信不疑。180 或能　還有可能。181 招引北虜　如果薛安都懷疑朝廷要消滅他，他就會投降魏國，與魏國結成聯盟。182 為患方深　那今後的麻煩可就大啦。183 曩之所宥　過去所赦免的叛臣。曩，過去。宥，寬饒。184 外據大鎮　在外地任大州刺史、大州的督軍。185 密邇邊陲　緊靠著國境線。邊陲，邊境。186 攻圍難克　要想包圍徐州、攻下徐州，那都是很難的。187 考之國計　從國家的安危大計做考慮。188 尤宜馴養　特別應該實行招安撫慰的政策。馴養，像對待牛馬一樣，給牲吃的，招引牲歸屬於己。189 旰食之憂　不能按時吃飯的大麻煩。旰食，指忙得不能按時吃飯。190 征北司馬行南徐州事　既任征北將軍的司馬，又代理南徐州刺史的職務。南徐州的州治在今江蘇鎮江市。191 因此　指南方已平，趁此向北方的州郡示威。192 常珍奇　與薛安都等一同推戴劉子勛為帝，佔據懸瓠以抗劉彧的朝廷軍。傳見《魏書》卷六十一。193 戊寅　十月二十四。194 皇子昱　劉昱，即歷史上所說的宋後廢帝，被蕭道成所滅者。事見《宋書》卷九。按，相傳明帝劉彧不能生子，此劉昱者，乃劉彧令其宮妾與外人相通，懷孕生子，而令皇后養大者。195 為質於魏　送到魏國做人質，以換取魏兵的救援。196 尉元　魏國拓跋燾以來的名將。傳見《魏書》卷五十。197 孔伯恭　魏國名將，與皮豹子、封敕文等齊名。傳見《魏書》卷五十一。198 西河公石　拓跋石，魏平文帝拓跋鬱律的玄孫，曾隨拓跋燾南征至瓜步。傳見《魏書》卷十四。199 申纂　原是劉宋的東平太守，不隨薛安都擁立劉子勛而單獨堅守，後被劉彧授為兗州刺史。傳見《魏書》卷六十一。200 無鹽　縣名，在今山東東平東南，當時為申纂的東平郡治所在地。201 畢眾敬　原為劉宋的泰山太守，後隨薛安都擁戴劉子勛為帝，被薛安都任為行兗州事。傳見《魏書》卷六十一。202 不與之同　不贊成薛安都的降魏。203 來請降　來向劉彧朝廷請降。204 先坐它罪誅　在此之前因犯別的罪被劉彧政權殺了。205 安用獨生　我還一個人活著有何用。206 十一月壬子　十一月二十九。207 瑕丘　古城名，在今山東兗州之東北側，當時為兗州的州治所在地，畢眾敬任兗州刺史，在此駐守。208 己未　十二月初六。209 秺　古縣名，縣治在今山東成武西北。210 上蔡　縣名，在今河南上蔡西南。東距常珍奇所據的懸瓠不遠，在常珍奇的管轄區內。211 汝北　汝水之北。212 未即入城　未進懸瓠城。懸瓠城在汝水之南。213 鄭羲　拓跋石的僚屬，原在朝任中書博士之職。傳見《魏書》卷五十六。214 意未可量　其內心是否真的歸魏不好估計。215 奪其管籥　意即接管他的守城任務。管籥，鎖城門用的鑰匙。216 制其腹心　控制住他的要害部門。217 府屋　刺史的衙門、官舍。懸瓠是新蔡、汝南二州刺史的州治所在地，即今河南汝南縣。218 豁　鄭豁，曾在後燕慕容垂的部下為官。傳見《魏書》卷五十六。219 淮西七郡　淮河西北側的七個郡，指汝南、新蔡、汝陽、汝陰、陳郡、南頓、穎川。(220)連營南奔　成群結隊地向南逃。當時社會動亂，許多平民也結成半軍事狀態的堡塢，故用「連營」以稱整個村落、部落。(221)陸馛　魏國名臣陸俟之子，陸麗之兄。傳見《魏書》卷四十。(222)宣慰新附　向這些新歸降地區的民眾進行宣傳撫慰。(223)乙丑　十二月十二。(224)坐依附尋陽削官爵禁錮者　凡是因擁戴劉子勛為帝之罪而被削去官爵或是被禁止不得做官的人。禁錮，指因犯罪而被禁止進入官場。(225)皆從原蕩　一律給予原諒、赦免。蕩，滌除其汙瑕，允許其棄舊圖新。(226)隨才銓用　按照其才幹選拔任用。銓，選拔。(227)內攻外禦　意即既要攻打被包圍之壽陽，又要攔截、抵抗外來的增援者。禦，抵抗。(228)使中書為詔　讓中書省代皇帝起草一份詔書。中書，即中書省，主管為皇帝起草政令的部門，其長官曰中書令，位同丞相。(229)諭殷琰　勸告殷琰，令其投降。按，在此之前，殷琰已經想要投降，只因部下的意見不一，故而一直未能行動。(230)手詔數行　親筆寫一封幾行字的信。(231)以相慰引　以安其心，以為之引路。(232)今直中書為詔　現在如果只是讓中書省給他發一封詔書。(233)彼必疑謂非真　他們一定會懷疑詔書不是說真話。(234)非所以速清方難　不是快速地平定一方戰亂的辦法。(235)閉絕尋陽敗問　封鎖劉子勛政權已被平定的消息。敗問，失敗的消息。問，這裡同「聞」。(236)眾情離沮　人心沮喪、渙散。(237)主簿譙郡夏侯詳　殷琰手下的主簿官譙郡人姓夏侯名詳。主簿，將軍或刺史手下的文祕官員。譙郡的郡治即今安徽亳州。(238)今日之舉　指擁戴劉子勛為皇帝。(239)本効忠節　本來是要表現我們對國家的忠心與氣節。(240)社稷有奉　國家的社稷壇有人祭祀，代指國家已經有了皇帝。只有皇帝才有主持祭祀社稷壇的資格。(241)何可北面左衽　怎麼能向著北邊的少數民族俯首稱臣呢。左衽，指胡服，這裡代指古代的少數民族。(242)淮次　淮水邊上，指魏國西河公拓跋石的軍隊近在汝南。(243)官軍　指朝廷軍。(244)未測吾之去就　意即還不知道我們想北投魏國。(245)遣使歸款　派出使團把我們的誠意報告給朝廷。(246)必厚相慰納　朝廷必然會真誠地安慰我們、接待我們。(247)緩而赦之　一方面別再急著攻城，一方面又宣告赦免壽陽過去的反朝廷之罪。(248)相帥而至　相互結伴而來。相帥，同「相率」。相互招呼；相互跟從。(249)丙寅　十二月十三。(250)面縛出降　自縛雙手，出城投降。面縛，兩手反綁在背後而臉向前，表示請罪。(251)約勒　約束。(252)師水　一作沸水，即今河南南部淮河的支流獅河。(253)義陽　郡名，郡治即今河南信陽。(254)復仕至少府　又在劉彧朝廷做官做到九卿一級的少府。少府是為皇帝的私家理財，並為宮廷製造所需一切器物的官員。(255)多任刑誅　刑罰酷刻，殺人過多。(256)晉原一郡反　晉原郡一個郡的人都造反了。晉原郡治在今四川崇慶西北的懷遠鎮。(257)東兵　隨刺史蕭惠開由東方來的軍隊。(258)涪　縣名，縣治在今四川綿陽東。(259)不聽進　不讓蕭惠基繼續前進。(260)渠帥　魁首；大頭領。(261)惠開宗人寶首　蕭惠開同族人蕭寶首。(262)更獎說　重又鼓勵慫恿。(263)一時還合　一時之間重又集合起來。(264)表啓路絕　向朝廷說明情況的道路已經被阻斷。(265)宋寧太守　胡三省引沈約曰：

「文帝元嘉十年，免吳營，僑立宋寧郡，寄治成都。」266執送寶首　押解蕭寶首到建康。267唯知逆順　意即當初只知道擁戴劉子勛是正義的。逆，指叔起奪姪之位。順，指父死立其子。268不識天命　不知陛下您又是奉天命而為帝。269非臣不亂二句　亂因我而起，也因我而平息。意思是我既有過，但也有功。270治淮陰　以淮陰縣為兗州的州治所在地，因原來的州治瑕丘已落魏人之手。當時的淮陰縣已成為今江蘇淮安的淮陰區。271徐州治鍾離　以鍾離縣為徐州的州治所在地，因原來的州治彭城已落魏人之手。當時的鍾離縣在今安徽鳳陽東。272鬱洲　古代海邊的小洲名，在今江蘇海州東。273下磕　古城名，在今江蘇徐州東南。274羽林監　軍官名，宮廷宿衛部隊的監軍。275武原　縣名，縣治在今江蘇邳州西北的泇口鎮。276元知之　尉元知道了薛安都的籌謀。277不果發　薛安都未能發動兵變。

【校　記】[1]裴季　原作「裴季之」。據章鈺校，甲十一行本、乙十一行本皆無「之」字，今據刪。[2]少子　原作「小子」。據章鈺校，甲十一行本、乙十一行本皆作「少子」，今據改。[3]出　原無此字。據章鈺校，甲十一行本、乙十一行本、孔天胤本皆有此字，張敦仁《通鑑刊本識誤》同，今據補。[4]馬　原無此字。據章鈺校，甲十一行本、乙十一行本、孔天胤本皆有此字，張瑛《通鑑校勘記》同，今據補。[5]等　原無此字。據章鈺校，甲十一行本、乙十一行本、孔天胤本皆有此字，今據補。[6]眾悉逃潰　原無此四字。據章鈺校，甲十一行本、乙十一行本、孔天胤本皆有此四字，張敦仁《通鑑刊本識誤》、張瑛《通鑑校勘記》同，今據補。[7]兗　原作「雍」。據章鈺校，甲十一行本、乙十一行本皆作「兗」，張敦仁《通鑑刊本識誤》同，今據改。[8]遣　原作「建」。胡三省注云：「『建』當作『遣』。」據章鈺校，乙十一行本作「遣」，張敦仁《通鑑刊本識誤》同，今據改。[9]過　原作「滿」。據章鈺校，甲十一行本、乙十一行本、孔天胤本皆作「過」，今據改。[10]既至　原無此二字。據章鈺校，甲十一行本、乙十一行本、孔天胤本皆有此二字，張敦仁《通鑑刊本識誤》同，今據補。[11]知　原作「和」。嚴衍《通鑑補》改作「知」，今據以校正。[12]李璨　原作「李珠」。據章鈺校，甲十一行本、乙十一行本、孔天胤本皆作「李璨」，張瑛《通鑑校勘記》同，今據改。

【語　譯】秋季，七月十二日丁酉，宋明帝劉彧封任氏族人首領楊僧嗣為北秦州刺史、武都王。

建康朝廷的各軍與袁顗在濃湖展開對峙，久久不能決出勝負。龍驤將軍張興世建議說：「賊軍佔據長江上游，兵力強大又佔據著有利的地勢，我軍與他們相持雖然佔有一定的優勢，但是要想克敵制勝，則顯得有些力不從心。如果我們派遣幾千名奇兵偷偷地繞到他們的上游，尋找險要之處紮下營寨，然後尋找有利時機騷擾敵軍的後方，使他們首尾兩頭都感到彷徨不安，進退都因為有所牽掛而感到不得勁，一旦使他們在長江中的運輸受阻，糧食運輸自然就很艱難，這是制服賊兵的奇謀妙計。錢溪江岸處的水面最狹窄，距離我軍大部隊的駐地又不太遠，再往下游就是漩渦眾多之處，上游下來的船隻來到此處必然要靠岸略做休息；又有橫浦這個天然港口可以隱蔽船隻，只要派一千人守住那裡的險要，就是有一萬敵軍也休想衝得過去。要衝之地，沒有比這個地方更重要的了。」沈攸之、建武將軍吳喜都非常贊成龍驤將軍張興世的計策。恰好義陽內史龐孟虯此時率領軍隊從義陽趕往壽陽援救殷琰，劉勔立即派使者緊急求援，建安王劉休仁想派龍驤將軍張興世率軍去援助劉勔。沈攸之說：「龐孟虯的軍隊就像一群聚集在一起的螞蟻一樣，肯定不會有什麼作為，派別的將領率領幾千名騎兵、步兵，就完全可以制服龐孟虯。讓張興世率領軍隊襲佔錢溪的軍事行動，是關係我軍安危的關鍵，絕對不能放棄。」建安王劉休仁遂派龍驤將軍段佛榮率軍去援助劉勔，同時精心挑選了七千名士兵、二百艘戰船撥給張興世去襲佔錢溪。

張興世率眾逆流而上，前進了一段之後，沒過多久，就又退回到原來的地點，就這樣前進了又後退地折騰了好幾天。劉胡聽說後，笑著說：「就連我尚且不敢越過錢溪險要處到下游去奪取揚州，張興世是個什麼樣的人物，就想輕而易舉地駐兵到我的上游去！」因此沒有做什麼防備。一天夜裡，四更天的時候，正趕上順風，張興世揚起風帆逕直逆水而上，衝過了湖口、白水口，也衝過了兩岸駐有尋陽重兵的鵲尾渡口。劉胡發覺後，就派他的部將胡靈秀率領一支軍隊沿著河的東岸與張興世的船隊相傍著並行而上。七月十三日戊戌的傍晚，張興世停宿在景洪浦，岸上的胡靈秀也停下來休息。張興世悄悄地派遣他的部將黃道標率領著七十艘戰船直奔錢溪，搶先修築起了營寨。十四日己亥，張興世率軍前進佔據了錢溪，胡靈秀無法禁止。十五日庚子，劉胡親自率領水軍、步兵總計二十六支軍隊前來攻打錢溪。張興世屬下的將士都要求出兵迎戰劉胡軍，張興世阻止他們說：「賊兵距離我們這裡還遠，敵軍的士氣旺盛，射出的箭也很密集；箭射得密集就容易把箭射光，士氣旺盛也就容易衰落，不如等待他們弓矢射盡、士氣衰落的時候再攻打他們。」於是命令將士照舊加緊修築城牆。不久，劉胡的戰船越來越近，並進入了滿是漩渦的水域；張興世便命令壽寂之、任農夫率領幾百名精壯的勇士率先攻擊劉胡的水軍，其餘眾軍也相繼向劉胡軍發起進攻，劉胡敗走，這一戰斬殺了劉胡好幾百人，劉胡收集起殘敗的軍隊順流撤回濃湖。當時張興世的城寨還沒有加固好，建安王劉休仁擔心袁顗會集中兵力再次進攻錢溪，就準備派兵分散尋陽方面對錢溪的攻勢。十六日辛丑，劉休仁命令沈攸之、吳喜等用牛皮包裹的艦艇進攻濃湖，斬殺了上千名敵軍。當天，劉胡率領二萬名步兵，一千匹披著鐵甲的戰馬，想要再次對張興世佔領的錢溪發動進攻。他們行進到距離錢溪還有幾十里的地方，袁顗因為沈攸之、吳喜等攻打濃湖甚急，便立即派人追趕劉胡，讓他們趕緊撤回，張興世因此贏得了時間，得以將錢溪城修成、加固。劉胡派人彼此大聲吆喝說「錢溪已經被平定」，朝廷軍聽了都很恐懼，沈攸之分析說：「這是不可能的事情。如果錢溪確實已經失敗，一萬人當中總會有一個人活著逃回來，一定是尋陽軍打了敗仗，所以傳播流言蜚語以蠱惑人心。」於是命令全軍不得輕舉妄動，不久錢溪方面就送來了捷報。沈攸之把錢溪送來的劉胡軍人的耳朵、鼻子拿給濃湖的尋陽軍觀看，袁顗看後非常驚駭恐懼。沈攸之直到傍晚才率軍返回營地。

龍驤將軍劉道符率領朝廷軍進攻山陽郡，程天祚向劉道符請求投降。

義陽內史龐孟虬率軍抵達弋陽，輔國將軍劉勔派遣寧朔將軍呂安國等人前往蓼潭迎戰龐孟虬，把龐孟虬打得大敗。龐孟虬逃回義陽，王玄謨的兒子王曇善佔據義陽起兵擁戴宋明帝，龐孟虬無法在義陽立足，就逃到蠻族人聚居區，最後死在了那裡。

豫州刺史劉胡派遣擔任輔國將軍的薛道標前往襲擊合肥，殺死了汝陰太守裴季，劉勔派遣輔國將軍垣閎攻打薛道標。垣閎，是垣閬的弟弟。薛道標，是薛安都的兒子。

淮西郡人鄭叔舉聚眾起兵攻打常珍奇，以響應鄭黑，七月二十六日辛亥，宋明帝任命鄭叔舉為北豫州刺史。○崔道固遭到當地土著居民的攻擊，只得關閉城門以自保。宋明帝派使者前來安慰招撫，崔道固遂向朝廷請求投降。二十九日甲寅，宋明帝又任命崔道固為徐州刺史。

八月，皇甫道烈等聽說龐孟虬已經失敗，便打開壽陽城門出來向朝廷軍投降。

龍驤將軍張興世佔據了錢溪以後，駐紮在濃湖的袁顗、劉胡軍缺乏糧食。鄧琬給濃湖運送了大批的軍糧，但因為懼怕張興世，所以不敢前進。劉胡率領四百艘戰船，準備沿著長江南岸前往進攻固守錢溪的張興世，後來他又對擔任長史的王念叔說：「我從小熟悉的是在陸地上作戰，不熟悉在船上作戰。如果是在陸地上作戰，我總是在千軍萬馬當中衝殺；而水戰只能待在一艘船上，每艘船都獨自進前衝殺，船與船之間互不照應，一個人頂多不過指揮三十個人，這不是萬無一失的好辦法，我不能那樣做。」於是劉胡就推說自己害了瘧疾，將軍隊駐紮在鵲頭不再前進，只派龍驤將軍陳慶率領三百艘戰船向錢溪進發，他告誡陳慶不要與張興世交戰，他對陳慶說：「我非常瞭解張興世，你不用打他，他自己就會主動逃走。」陳慶率領船隊到達錢溪，便在梅根河邊紮下營寨。

劉胡派遣另一支軍隊的將領王起率領一百艘戰船進攻張興世，張興世率軍迎戰王起，把王起打得大敗。劉胡率領其餘的船隻飛速逃回濃湖，他對袁顗說：「張興世的營寨已經建好，不可能一下子將其攻克，昨日打了一個小仗，沒有造成什麼損失。龍驤將軍陳慶已經與南陵、大雷等處的各軍共同控制了張興世通往上游的去路，我們的大軍駐紮在這裡，駐紮在鵲頭的諸將又截斷了張興世撤回下游的通路，張興世已經落入我們的包圍之中，不值得再為此感到憂慮。」袁顗對劉胡不肯出戰的行為感到非常惱怒，就對劉胡說：「運送糧食的通道已經被建康軍截斷，我們應當怎麼辦？」劉胡說：「他們能夠越過我們逆流而上，我們的運糧船為什麼就不能衝破他們的防線順流而下呢！」於是派遣在安北將軍袁顗的府中擔任司馬的沈仲玉率領一千人步行趕往南陵去迎接運糧的船隻。

沈仲玉到達南陵之後，裝載了三十萬斛米，還有好幾十艘裝滿了錢財、布匹的船隻，他在船的四周豎起木板，做成圍牆的樣子，打算從江心一直衝過去突破張興世的防線。然而沈仲玉的運糧船到達貴口城的時候，卻不敢再繼續前進，他派遣祕密使者前往濃湖給劉胡報信，讓劉胡派遣大軍前往貴口城增援，迎接船隊返回濃湖。龍驤將軍張興世趁機派壽寂之、任農夫等人率領三千人前往貴口城襲擊沈仲玉，沈仲玉逃回了袁顗的軍營，張興世則全部繳獲了沈仲玉所押運的糧食、錢財、布匹等物資。劉胡的部眾感到非常驚恐害怕，他手下的將領張喜前來投降了建康的朝廷軍。

擔任鎮東中兵參軍的劉亮率軍進逼劉胡的軍營，劉胡軍抵擋不住。袁顗惶恐地說：「賊軍已經進入我們的腹地，我們哪裡還能活得下去！」而劉胡已經暗地裡準備逃跑，八月二十四日己卯，劉胡欺騙袁顗說：「我準備再率領二萬名步兵、騎兵到上游去攻取錢溪，順帶著把大雷戍剩餘的漕運物資取回來。」他讓袁顗全部給他配備騎兵。就在當天，劉胡丟下了袁顗，自己逃走，直奔梅根。劉胡預先讓龍驤將軍薛常寶準備船隻，並帶走了南陵戍的全部軍隊，燒毀了大雷各城後逃走。到了夜間，袁顗才知道自己上了劉胡的當，不禁勃然大怒，罵道：「我今年被劉胡這小子所欺騙！」他呼喚侍從把自己經常騎坐的好馬「飛鷰」牽來，然後對眾人說：「我要親自出去把劉胡追回來！」於是騎上飛鷰也偷偷地逃走了。

八月二十五日庚辰，建安王劉休仁率軍進入濃湖袁顗的大營，接管了投降的十萬名士卒，又派遣沈攸之等人率軍追趕袁顗。袁顗逃到鵲頭，與鵲頭的守軍頭領薛伯珍以及自己所帶領的幾千人一起逃走，準備逃往尋陽。夜間，停留在山間，宰殺馬匹以慰勞隨行的將士，袁顗回過頭來對薛伯珍說：「我並非不能以死殉國，只是想一旦到達尋陽，向主子當面請罪之後，再自刎而死也不算晚。」於是慷慨陳詞，並叱令左右尋找出兵時劉子勛授予他的旌節，而此時已經沒有人聽從他。等到天明，薛伯珍請求袁顗屏退其他人，要求單獨與他商議事情，薛伯珍趁機砍下袁顗的人頭，然後帶著袁顗的人頭投奔了擔任錢溪馬軍主的襄陽人俞湛之。俞湛之便趁機砍下了薛伯珍的人頭，連同袁顗的人頭一起送到建安王劉休仁那裡作為自己的功勞。

劉胡率領二萬人向尋陽進發，到了尋陽之後，他欺騙晉安王劉子勛說：「袁顗已經向建康軍投降，濃湖的軍隊已經全部潰散，只剩下我自己率領著這支軍隊逃了回來。現在應該趕快做好安排，為最後一戰做好準備。我也要留在湓城堅守，立誓戰死，絕對沒有二心。」然而卻連夜沿著江岸逃往沔口。

鄧琬聽說豫州刺史劉胡已經逃走，憂懼惶恐卻無計可施，他召喚擔任中書舍人的褚靈嗣等人商議對策，大家都不知道該怎麼辦才好。張悅謊稱自己有病，招呼鄧琬到自己的帳中商議事情，他事先命令左右武士埋伏在軍帳後面，並告誡他們說：「如果聽見我說要酒，你們就趕緊出來動手。」鄧琬來到張悅的營帳，張悅說：「你首先倡議擁戴晉安王劉子勛稱帝，如今事情已經非常緊急，你打算怎麼辦？」鄧琬說：「我正打算殺掉晉安王劉子勛，封閉府庫，向建康朝廷請罪。」張悅說：「現在難道可以出賣晉安王殿下以求得自己的活命嗎！」於是大聲呼喊「拿酒來」。張悅的兒子張洵提刀從帳後衝出來斬殺了鄧琬。擔任中書舍人的潘欣之聽說鄧琬被張悅殺死，立即率軍趕到。張悅派人對潘欣之說：「鄧琬謀反，現在已經被我斬首。」潘欣之於是返回。張悅抓到鄧琬的兒子，也一同殺死。張悅獨自乘坐著一艘小船攜帶著鄧琬的人頭飛速地順流而下，到建安王劉休仁那裡請求投降。

尋陽立即大亂。司徒中兵參軍蔡那的兒子蔡道淵在尋陽被囚禁在製作兵器的作坊裡，他掙脫了身上的鎖鏈進入尋陽城，逮住晉安王劉子勛，把劉子勛囚禁起來。沈攸之等各路人馬到達尋陽，斬殺了晉安王劉子勛，把劉子勛的人頭送往京師建康，當時劉子勛年僅十一歲。

當初，鄧琬派遣擔任臨川內史的張淹從鄱陽郡的郡治經由山路進入三吳地區，駐紮在上饒縣，當聽到劉胡兵敗的消息之後，擔任軍副的鄱陽太守費曄立即殺死了張淹向建康軍投降。張淹，是張暢的兒子。

宋廢帝劉子業執政期間，官僚士大夫因為懼怕災禍，全都想遠遠地離開京城。到現在，逃到外地避難的那些官紳又遭遇了戰亂，流離失所，一百個人中很難有一個人能夠活下來，眾人這才感到蔡興宗確實有先見之明。

九月初八日壬辰，宋明帝任命山陽王劉休祐為荊州刺史。〇初九日癸巳，宋國解除了全國的緊急軍事狀態，實行大赦。

九月十六日庚子，擔任司徒的建安王劉休仁到達尋陽，他派遣建武將軍吳喜、龍驤將軍張興世進攻荊州，派建威將軍沈懷明進攻郢州，派鎮東中兵參軍劉亮和擔任寧朔將軍的南陽郡人張敬兒進攻雍州，派孫超之進攻湘州，派沈思仁、強弩將軍任農夫進攻豫章，分頭去平定殘餘的賊寇。

劉胡從尋陽逃往沔口途中經過石城縣的時候，被人抓獲、斬首。擔任郢州行事的張沈化裝成和尚，偷偷逃走，被追兵趕上殺死。擔任荊州行事的劉道憲聽說駐紮在濃湖的尋陽軍已經被建康軍消滅，便遣散了士兵，派使者向建康朝廷請罪。擔任荊州治中的宗景等人率軍進入江陵城，殺死了荊州行事劉道憲，逮捕了臨海王劉子頊，然後向建康朝廷投降。孔道存知道尋陽的劉子勛政權已經被消滅，也派使者向朝廷請求投降。不久聽說柳世隆、劉亮即將率軍到達，孔道存的部眾立即全部潰逃而去，孔道存和他的三個兒子全都自殺而死。宋明帝認為何慧文既有將才，又有擔任行政長官的才能，於是就派遣建武將軍吳喜去宣布皇帝的旨意，赦免了何慧文。何慧文說：「我既然陷入叛逆，已經失掉了臣節，又親手殺死了衡陽內史王應之這樣的忠義之士，我還有什麼臉面再見天下之人！」於是自殺而死。安陸王劉子綏、臨海王劉子頊、邵陵王劉子元全都被賜死，建武司馬劉順及其餘黨凡是在荊州的全被殺死。宋明帝下詔，追贈那些為朝廷死難的守節之臣，對平亂有功人員則根據他們功勞的大小給予不同等次的封贈和獎賞。

九月二十五日己酉，魏國開始設立郡學，並為學校設置博士、助教、生員，這是因為聽從了中書令高允、相州刺史李訢的建議而採取的措施。李訢，是李崇的兒子。

宋明帝誅殺了晉安王劉子勛等人之後，對待宋世祖劉駿的其他幾個兒子還和平常一樣。擔任司徒的建安王劉休仁從尋陽回到京師建康，他對宋明帝說：「松滋侯劉子房兄弟還活著，將來長大之後恐怕對國家的安定不利，應當及早給他們安排一個地方。」冬季，十月初一日乙卯，宋明帝把松滋侯劉子房、永嘉王劉子仁、始安王劉子真、淮南王劉子孟、南平王劉子產、廬陵王劉子輿、劉子趨、劉子期、東平王劉子嗣、劉子悅全部殺死，就連擔任鎮北諮議參軍的路休之、擔任司徒從事中郎的路茂之、兗州刺史劉祗、中書舍人嚴龍都因為受到牽連而遭到誅殺。世祖劉駿的二十八個兒子到現在已經全部死光了。劉祗，是劉義欣的兒子。

劉勔率軍攻打壽陽，垣閎率軍攻打合肥，都沒有攻克。劉勔非常憂慮，便召集諸將一同商議對策。騎兵部隊的統領王廣之說：「將軍如果能把您乘坐的戰馬賞給我，我一定能夠攻下合肥。」擔任幢主的皇甫肅大怒，說：「王廣之竟敢奪取將軍的戰馬，應當把他的人頭砍下來！」劉勔笑著說：「看他的意思，一定能夠立功。」立即將馬鞍放在馬身上把馬交給了王廣之。王廣之跨上劉勔的戰馬率領軍隊進攻合肥，只用了三天的時間，就攻下了合肥，薛道標突出包圍逃往淮西投奔汝南太守常珍奇。劉勔提拔王廣之為軍主。王廣之對皇甫肅說：「將軍如果聽從了你的話，我怎麼能夠平定得了賊寇呢？你不能識別人才，竟然到了這樣的程度！」

皇甫肅很有學問，後來劉勔去世，皇甫肅改屬於王廣之的部下，王廣之把皇甫肅推薦給了齊世祖蕭道成，蕭道成任命皇甫肅為東海太守。

沈靈寶從廬江率軍進攻晉熙郡，擔任晉熙太守的閻湛之棄城逃走。

徐州刺史薛安都、益州刺史蕭惠開、梁州刺史柳元怙、兗州刺史畢眾敬、豫章太守殷孚、汝南太守常珍奇，全都派遣使者到建康向朝廷請求投降。宋明帝因為南方各郡已經平定，就想向淮北地區示威，十月二十一日乙亥，命令鎮軍將軍張永、中領軍沈攸之率領五萬全副武裝的士兵去接受薛安都的投降。尚書左僕射蔡興宗說：「薛安都現在向朝廷請求投降，確實是出於真心而並非虛心假意，只需要派一個使者帶著一封書信前去就足夠了。現在卻派重兵前去迎接，勢必引起薛安都的懷疑和恐懼，還有可能會導致薛安都向北投降魏國，然後引領魏軍南下侵擾，那樣一來，今後的麻煩可就大了。如果認為叛臣薛安都的罪惡深重，不能不將他消滅，那麼過去所赦免的叛臣已經很多了。再說薛安都正在徐州這樣的大州擔任刺史、督軍，徐州又緊靠著邊境，那裡地勢險要，兵力強盛，無論是進攻還是包圍都很難取勝，從國家的安危大計考慮，尤其需要對他實行招安、撫慰的策略；如果他外逃投降魏國，將會給朝廷造成連吃飯都不得安寧的憂患。」宋明帝沒有採納蔡興宗的建議，他對擔任征北司馬兼代理南徐州刺史職務的蕭道成說：「我現在想趁南方已經平定的有利時機向北討伐薛安都，你認為怎麼樣？」蕭道成回答說：「薛安都性情非常狡猾，現在如果用大軍逼迫他，恐怕對國家不利。」宋明帝說：「朝廷諸軍勇猛精銳，何往而不勝？你不用再說什麼了！」薛安都聽說朝廷派大軍北上，感到非常恐懼，就派使者到魏國請求投降，汝南太守常珍奇也獻出懸瓠投降了魏國，他們全都向魏國請求出兵相救。

十月二十四日戊寅，宋明帝封皇子劉昱為皇太子。

薛安都把自己的兒子送到魏國充當人質，魏國派遣擔任鎮東大將軍的代郡人尉元、擔任鎮東將軍的魏郡人孔伯恭等人率領一萬騎兵從東路出發救援彭城的薛安都；派擔任鎮西大將軍的西河公拓跋石、擔任都督荊州、豫州、南雍州諸軍事的張窮奇從西路出發，救援懸瓠的常珍奇。魏國任命薛安都為都督徐州・兗州等五州諸軍事、鎮南大將軍、徐州刺史、河東公，任命常珍奇為平南將軍、豫州刺史、河內公。

宋國擔任兗州刺史的申纂向魏國詐降，魏國鎮東大將軍尉元表面上接受了申纂的投降，而暗中卻對他嚴加防備。魏軍到達申纂所在的無鹽縣，申纂緊閉城門堅守，拒絕尉元入城。

在薛安都投降魏國並招請魏國出兵這件事上，畢眾敬與薛安都的意見不一致，畢眾敬派使者到朝廷請求投降，宋明帝任命畢眾敬為兗州刺史。畢眾敬的兒子畢元賓在建康，在此之前因為犯了別的罪而被誅殺。畢眾敬聽到了這個消息，立即勃然大怒，他拔出佩刀就向柱子上砍去，說：「我現在連頭髮都白了，卻連唯一的兒子都不能保全，我一個人還活著做什麼！」

十一月二十九日壬子，魏軍到達瑕丘，畢眾敬向魏軍請求投降。魏國鎮東大將軍尉元派部將首先佔據了畢眾敬的城池，畢眾敬此時悔恨交加，一連幾天不吃不喝。而尉元則率領魏軍長驅而入，十二月初六日己未，駐紮在秺縣。

西河公拓跋石率領魏軍到達上蔡縣，常珍奇率領屬下的文官武將出城迎接。拓跋石想把大軍駐紮在汝水以北，所以沒有立即進入懸瓠城，拓跋石的僚屬、擔任中書博士的鄭羲說：「如今常珍奇雖然出城前來迎接，但他內心是否真的願意歸降魏國還不好估計。不如逕直進入懸瓠城，接管了他的守城任務，奪取了他的府庫，控制住他的要害部門，這才是萬全之策。」拓跋石聽從了鄭羲的建議，於是策馬入城，並擺設酒宴招待常珍奇，與他一起嬉戲。鄭羲說：「我觀察常珍奇的神色，覺得他很有些憤憤不平之氣，不能不預先做好防備。」於是，部署軍隊嚴加戒備。當天晚上，常珍奇果然派人燒毀了刺史衙門和官舍，準備發動變亂，因為拓跋石已經有了準備才沒有採取行動。鄭羲，是鄭豁的曾孫。

淮河西北側的汝南、新蔡、汝陽、汝陰、陳郡、南頓、潁川七個郡的百姓都不願意歸屬魏國，他們成群結隊地向南逃亡。魏軍派遣建安王陸馛向這些新歸附地區的民眾進行宣傳和撫慰，宋民中有陷入軍中被強迫充當奴婢的，陸馛就把他們全部釋放回家，新歸附的宋民這才高興起來。

十二月十二日乙丑，宋明帝下詔，凡是因為擁戴尋陽劉子勛為帝而獲罪被削去官爵或者被禁止不得做官的人，一律給予原諒，並按照他們的才能選拔任用。

輔國將軍劉勔率軍圍攻壽陽，從開春一直到冬末，無論是攻打被包圍的壽陽，還是阻擊、抵抗外部趕來增援壽陽的軍隊，全都戰無不勝，因為劉勔待人寬大仁厚，因而深得民心。尋陽平定之後，宋明帝讓中書省替自己起草一份詔書，勸說殷琰向朝廷投降，尚書左僕射蔡興宗說：「天下已經平定，正是殷琰思考自己過錯的時候。陛下應當親筆書寫幾行詔書給殷琰以安其心，引導他歸順。現在如果只讓中書省給他發一封詔書，他一定懷疑詔書不是說真話，這恐怕不是快速平定一方戰亂的好辦法。」宋明帝沒有採納蔡興宗的意見。殷琰接到中書省下發的詔書之後，果然懷疑這封詔書是劉勔所偽造，因而不敢投降。杜叔寶封鎖了尋陽劉子勛政權已經滅亡的消息，有誰傳播這個消息他就把誰殺死，因而壽陽城的防守戒備更加牢固。凡是有向朝廷投降的人，宋明帝就把他們送到壽陽城下，讓他們向城中的人喊話、通報外面的消息，城中守軍的情緒才開始沮喪起來，出現了離散的跡象。

殷琰準備向魏軍請求投降，擔任主簿的譙郡人夏侯詳勸阻殷琰說：「我們今天所以要擁戴晉安王劉子勛為皇帝，本來是為了表現我們對國家的忠誠與氣節。如今國家的社稷壇已經有了祭祀的主人，我們就應當歸順朝廷，怎麼能夠朝著北面的魏國俯首稱臣而改穿左邊開襟的胡服呢？況且如今魏軍近在淮河邊上，朝廷的軍隊還不知道我們想要投降魏國，如果派使者把我們的誠意報告給朝廷，朝廷必然會真誠地安慰我們、接納我們，又豈止是赦免我們的罪過呢。」於是殷琰便派夏侯詳出城去面見劉勔。夏侯詳對劉勔說：「現在壽陽城中的軍民明明知道守住壽陽城是很困難的，然而還在頑強地進行堅守，是因為他們懼怕投降後將軍會把他們殺掉，他們都準備投降魏軍。希望將軍一方面別再急著攻城，一方面赦免壽陽過去的反抗朝廷之罪，那麼就沒有人不相互跟隨著投奔到你這裡來了。」劉勔答應了夏侯詳的要求，並派夏侯詳到壽陽城下，向城中的人喊話，把劉勔的意思告訴給他們。十二月十三日丙寅，殷琰率領屬下的將佐反綁著雙手出城投降，劉勔對他們一一進行慰問和安撫，沒有殺戮一個人。劉勔率軍進入壽陽城之後，嚴格約束屬下的將士，士民的財產因此沒有受到絲毫的損失，壽陽的百姓非常高興。魏軍抵達師水，準備救援壽陽，聽說殷琰已經投降劉勔，就從義陽郡劫掠了幾千人之後離去。過了很久，殷琰又在劉彧的朝廷做官，一直做到九卿一級的少府才去世。

擔任益州刺史的蕭惠開在益州刑罰酷刻，殺人太多，蜀地的人對他充滿了猜忌和怨恨。百姓聽說巴郡太守費欣壽已經全軍覆沒，程法度前進受阻，於是晉原郡全郡的人全都起來造反，其他各郡也都起來響應，各郡的兵力會合在一起圍攻成都。成都城中跟隨蕭惠開從東方來的軍隊不過有二千人，蕭惠開把成都城中的蜀地人全都趕出城外，只留下東部隨行的軍隊據守成都。蜀地人聽說尋陽的劉子勛政權已經滅亡，就都爭先恐後地想要屠滅成都城，聚集的人眾多達十幾萬人。而蕭惠開每次派兵出城作戰，卻從來沒有失敗過。

宋明帝派遣蕭惠開的弟弟蕭惠基從陸路出使成都，赦免蕭惠開的罪過。蕭惠基到達涪縣的時候，被蜀地人截住，他們不讓蕭惠基繼續前進。蕭惠基率領自己的私人部隊襲擊這些蜀地人，殺死了他們的大頭領，然後才得以繼續前進。蕭惠開遵從宋明帝的旨意歸降了朝廷，圍困成都的軍民才解圍散去。

宋明帝派遣蕭惠開的族人蕭寶首從水路去慰勞益州的軍民。蕭寶首想把平定蜀地叛亂的功勞據為己有，他重又鼓動慫恿蜀地人，讓他們攻擊蕭惠開。於是到處紛紛起兵，那些剛剛撤離包圍成都的人一時之間又重新聚合在一起，與薛寶首一道進逼成都，人眾號稱有二十萬。蕭惠開準備出城迎擊，他手下的將佐們都勸阻他說：「如今朝廷派來慰勞的使者剛到我們就抵抗他們，怎麼能夠表明我們投降朝廷的誠意呢？」蕭惠開說：「如今我們向皇帝上表說明情況的道路已經被阻斷，我們不通過戰鬥怎麼能夠打通使者前往京城的道路呢？」於是派遣擔任宋寧太守的蕭惠訓等人率領一萬軍隊迎戰蕭寶首，把蕭寶首打得大敗，活捉了蕭寶首，把蕭寶首囚禁在成都城內，然後派使者向朝廷詳細奏明情況。宋明帝讓蕭惠開派人把蕭寶首押解到建康，同時召蕭惠開回建康。蕭惠開回到建康後，宋明帝向蕭惠開詢問當初起兵反抗朝廷的原因。蕭惠開回答說：「我當初只知道皇帝死了，就應該擁戴皇帝的兒子做皇帝，所以認為擁戴晉安王劉子勛做皇帝是正義的，而不知道陛下是奉天命而為帝；況且亂因我而起，也因我而平息。」宋明帝釋放了蕭惠開。

這一年，宋國設置僑兗州，治所設在淮陰；徐州的治所設在鍾離縣；青州、冀州共任用一位刺史，治所設在鬱洲。鬱洲在大海當中，周圍幾百里，用石頭建造了城牆，城牆高八九尺，只在名義上虛設郡縣，由於地處荒涼，並沒有幾個居民。

鎮軍將軍張永、中領軍沈攸之率領五萬軍隊進兵逼近彭城，駐紮在下礚，另外派擔任羽林監的王穆之率領五千士兵在武原縣守衛輜重。

魏國鎮東大將軍尉元率領魏軍到達彭城，徐州刺史薛安都親自出城迎接。尉元派遣李璨先與薛安都一同入城，接收薛安都交出的鎖鑰，另外派遣鎮東將軍孔伯恭率領二千精兵安撫彭城內外的軍民百姓，然後才進入彭城。當天夜間，宋國的鎮軍將軍張永率軍攻打彭城的南門，沒有攻克，遂率軍退去。

魏國的鎮東大將軍尉元對投降的徐州刺史薛安都很無禮，薛安都對自己投降魏國感到很悔恨，於是又陰謀背叛魏國，尉元知道了薛安都的籌謀，薛安都才沒有發動兵變。薛安都用重金賄賂尉元等人，而把準備背叛魏國的罪名推卸到自己的女婿裴祖隆身上而將裴祖隆殺死。尉元讓李璨與薛安都一同守衛彭城，自己則親自率領魏軍進攻宋國的鎮軍將軍張永，他截斷了張永運糧的道路，又在武原縣打敗了王穆之。王穆之率領殘餘的士兵向張永靠攏，尉元則繼續率軍對其發動進攻。

【研　析】本卷寫了宋明帝泰始二年（西元四六六年）一年間的劉宋與北魏的大事，說是大事，其實就是寫了宋國劉子勛與劉彧爭奪皇帝位的一件事。宋廢帝劉子業殘暴不仁，天下起兵而討之，是應該的；劉子業身邊的人發動政變將其殺死，也應該看做是義舉；劉彧是劉子業的叔叔，之前受盡了劉子業的陵辱，最後能活下來是很僥倖的。也正由於他被關押在宮廷，故而殺死劉子業的人就近與劉彧聯繫，並擁立劉彧做了皇帝，這也是很順理成章的事，沒有什麼不可以。但在劉子業的眾多弟兄中，首先應該輪到的是劉子勛，他是孝武帝的第三子。本著老皇帝死後首先應該考慮立其子為接班人的傳統，劉子業被殺後，許多人起而擁戴劉子勛，這也是很正常的事情。故而連劉彧身邊的大臣蔡興宗面對已經做了皇帝的劉彧都說：「您的做皇帝與晉安王劉子勛，『逆之與順，臣無以辨』。」說「無以辨」其實還是一種客氣的說法，更明確一點的說法應該是：「您做皇帝是可以的，但是劉子勛更有理由。」

不過話又說回來，依據當時的具體情勢而論，還是劉彧更合適一些，因為劉子勛的眾多弟兄都年紀太小了，最大的劉子勛，年方十一歲，而且是虛歲。其他十歲、八歲、四歲不等。本著「國家多事，宜立長君」的原則，立子勛兄弟是難以使政局穩定的。更何況這些小諸侯王的身邊都圍繞著一批野心家，諸如鄧琬、張悅等等哪一個是省油的燈呢？他們不過是以擁立劉子勛為名罷了，其實是想發展他們自己的勢力。試以袁顗而論，身統十萬大軍，幾次小敗之後，竟棄軍單身逃走，有一點對劉子勛的忠心嗎？再看劉子勛身邊的決策大臣鄧琬，當聽到前線的失敗消息時，他所想的就是殺掉劉子勛，帶著劉子勛的人頭去向朝廷投降。而尋陽集團中的另一個決策人張悅，則是聽到鄧琬如此打算，便立即組織人殺了鄧琬，帶著鄧琬的人頭去向朝廷請功了。可憐的是孝武帝的二十多個兒子，白白地給野心家們當了一陣子旗號，隨即便被宋明帝劉彧通通殺光了。

一心忠於劉子勛而不懷他念的人不是沒有，但不多，他們是孔覬、傅靈越、何慧文等等。孔覬當時任尋陽王長史，兼行會稽郡事，當東方數郡被劉彧的將領打敗，孔覬被王晏捉到時，王晏曾想救孔覬，「晏謂之曰：『此事孔璪所為，無預卿事，可作首辭，當相為申上。』覬曰：『江東處分，莫不由身，委罪求活，便是君輩行意耳。』於是引頸受誅，義無反顧。傅靈越原任太原太守，響應徐州刺史薛安都的號召，起兵擁戴劉子勛為帝，當傅靈越被劉彧的將領劉勔所縛時，劉勔責問傅靈越為何發動叛亂，「靈越曰：『九州唱義，豈獨在我！薛公不能專任智勇，委付子姪，此其所以敗也。人生歸於一死，實無面求活。』勔送詣建康，上欲赦之，靈越辭終不改，乃殺之。」何慧文原任湘州刺史，在與劉彧的將領作戰中英勇頑強，隻身搏鬥，在身中八創的情況下，殺死了衡陽內史王應之。當何慧文兵敗被俘時，「上以何慧文才兼將吏，使吳喜宣旨赦之。慧文曰：『既陷逆節，手害忠義，何面見天下之士！』遂自殺。」胡三省注《通鑑》至此特別標出曰：「史言何慧文不肯苟活。」可見這些人物是被寫史者與歷代讀史者所敬佩的。

劉子勛的起兵討伐劉子業，是在朝廷發生政變，劉彧被政變者擁立為帝之前，天下各州郡擁戴劉子勛的勢力又如此之多，地區是如此之廣，史文稱曰「四方貢計皆歸尋陽，朝廷所保，唯丹楊、淮南等數郡，其間諸縣或應子勛」。當時東方反朝廷諸郡的軍隊甚至率先打到了永世、延陵，也就是今天江蘇的溧陽、丹陽等一帶地區，距離建康城不過百里之遙。為什麼後來竟失敗得如此之快，如此之慘？看來有如下一些原因：一是各地一哄而起，沒有統一的協調指揮，各部缺少相互支援。東方數郡孤軍深入，暴露過早；二是尋陽方面的高層過於腐朽怯懦，如位高權大的雍州刺史袁顗，竟是一個極其腐朽空疏的荒唐貴族，與東晉時代的謝萬之流毫無二致：他「本無將略，性又怯橈，在軍中未嘗戎服，語不及戰陳，唯賦詩談義而已，不復撫接諸將。劉胡每論事，酬對甚簡，由此大失人情，胡常切齒恚恨。胡以南運米未至，軍士匱之，就顗借襄陽之資，顗不許，曰：『都下兩宅未成，方應經理。』」劉子勛身邊的決策人物鄧琬更是一個比袁顗還要貪婪自私的傢伙，他「鄙闇貪吝，既執大權，父子賣官鬻爵，使婢僕出市道販賣；酣歌博弈，日夜不休；大自矜遇，賓客到門，歷旬不得前。內事悉委褚靈嗣等三人，羣小橫恣，競為威福。於是士民忿怨，內外離心。」這樣的人怎麼能主持大事，尤其是怎麼能統兵作戰呢？他們都不是抓緊時機幹大事，而是在千鈞一髮的時刻還在千方百計為個人謀取蠅頭小利，而危難一旦來到時，或者是棄軍而逃，或者是準備賣主求活。這些人的所作所為，都簡直是一場荒誕卑汙的鬧劇。這些人死有餘辜，而跟著受罪的是那些下層的軍民，與劉子勛兄弟那一群孩子。明代袁俊德《通鑑綱目發明》說：「子勛前書『舉兵』者，子業無道，故子勛不以『反』書也。湘東既繼大統，則是『社稷已有奉，人民已有主』矣，子勛便當返旆還州，告諭諸郡以國已有君之意，如是則宗廟重安，境內無虞，豈不休哉？不是之思，遂乃正號稱尊，則是志在爭帝，非復前此避禍之意也。」說得很好，但這是十一歲的孩子所能做主的麼？其三是劉彧的朝廷軍中的確有幾名有智謀、有勇氣的傑出將領，他們是征東的吳喜、任農夫；征西的沈攸之、張興世；以及在江北作戰的劉勔等等。史文描寫沈攸之為團結諸路軍協調作戰而屈己推奉江方興，與張興世有勇有謀地衝過濃湖、上佔錢溪的一戰，都可謂有聲有色，不要因為他們生逢亂世就減低他們行為的卓犖與光輝。

讀過這一卷，令人為之遺憾不已的是劉宋的名將薛安都。薛安都與柳元景在宋文帝北伐的過程中都是別路失敗，而獨有他們這一路獲得勝利的名將，其中描寫薛安都的事跡尤為精彩，詳見本書前文〈宋紀七〉的文帝元嘉二十七年。遺憾的是柳元景竟在本書上卷被廢帝劉子業所殺；而薛安都則出於效忠於孝武帝而堅決地擁戴晉安王劉子勛。在袁顗、鄧琬被殺，尋陽失敗後，薛安都與周邊州郡都宣告歸順劉彧王朝。令人可恨的是劉彧不自量力，還非要出兵北討，於是薛安都等一些沿邊州郡遂一起轉而投降了魏國，從而使今之山東、河南，以及江蘇、安徽北部的大片領土落入了拓跋氏的政權下。薛安都等人的行動是讓寫史者感到遺憾的。《通鑑》本卷寫了夏侯詳的一段故事。夏侯詳是壽陽守將殷琰的僚屬，當殷琰看到其他各路反朝廷的軍隊相繼失敗後，準備率壽陽請降於魏，其主簿夏侯詳勸他說：「今日之舉，本効忠節。若社稷有奉，便當歸身朝廷，何可北面左衽乎？且今魏軍近在淮次，官軍未測吾之去就，若遣使歸款，必厚相慰納，豈止免罪而已。」於是殷琰便歸降了劉彧，得到了朝廷的厚待。王夫之《讀通鑑論》盛讚夏侯詳說：「自宋以來，貞人志士之言絕於天下，夏侯詳者名不顯於當時，而能昌言以救殷琰之失，殆跫然空谷之足音矣。殷琰在壽陽，畏明帝之誅己，欲降拓跋氏，詳曰：『今日之事，本效忠節，何可北面左衽乎？』至哉言乎！司馬楚之、王琳而知此，不為千載之罪人矣。」話是好話，但也總得本國有一個可以讓人活下去的朝廷政權。殷琰本來就與朝廷暗中聯絡，降後可以安然無事；薛安都歸降劉彧，能保證起碼的人身安全嗎？沈慶之、柳元景都被這個政權殺掉了，更何況起兵反過它的名將薛安都呢？辛棄疾在一首〈賀新郎〉詞中寫到李陵投降匈奴後送別蘇武時心中的苦楚，說：「啼鳥還知如許恨，料不啼清淚長啼血！」人生真是難哪！

古籍今注新譯叢書

【哲學類】

- 新譯四書讀本　謝冰瑩等編譯
- 新譯學庸讀本　王澤應注譯
- 新譯論語新編解義　胡楚生編著
- 新譯孝經讀本　賴炎元等注譯
- 新譯易經讀本　郭建勳注譯
- 新譯乾坤經傳通釋　黃慶萱著
- 新譯易經繫辭傳解義　吳　怡著
- 新譯禮記讀本　姜義華注譯
- 新譯儀禮讀本　顧寶田等注譯
- 新譯孔子家語　羊春秋注譯
- 新譯老子讀本　余培林注譯
- 新譯老子解義　吳　怡著
- 新譯莊子讀本　黃錦鋐注譯
- 新譯莊子讀本　張松輝注譯
- 新譯莊子本義　水渭松注譯
- 新譯莊子內篇解義　吳　怡著
- 新譯列子讀本　莊萬壽注譯
- 新譯管子讀本　湯孝純注譯
- 新譯墨子讀本　李生龍注譯
- 新譯公孫龍子　丁成泉注譯
- 新譯晏子春秋　陶梅生注譯
- 新譯鄧析子　徐忠良注譯
- 新譯荀子讀本　王忠林注譯
- 新譯尹文子　徐忠良注譯
- 新譯尸子讀本　水渭松注譯
- 新譯鬼谷子　王德華等注譯
- 新譯韓非子　傅武光等注譯
- 新譯呂氏春秋　朱永嘉等注譯
- 新譯韓詩外傳　孫立堯注譯
- 新譯淮南子　熊禮匯注譯
- 新譯春秋繁露　朱永嘉等注譯
- 新譯新書讀本　饒東原注譯
- 新譯新語讀本　王　毅注譯
- 新譯潛夫論　彭丙成注譯
- 新譯論衡讀本　蔡鎮楚注譯
- 新譯申鑒讀本　林家驪等注譯
- 新譯人物志　吳家駒注譯
- 新譯張載文選　張金泉注譯
- 新譯近思錄　張京華注譯
- 新譯傳習錄　李生龍注譯
- 新譯呻吟語摘　鄧子勉注譯
- 新譯明夷待訪錄　李廣柏注譯

【文學類】

- 新譯詩經讀本　滕志賢注譯
- 新譯楚辭讀本　傅錫壬注譯
- 新譯文心雕龍　羅立乾注譯
- 新譯世說新語　劉正浩等注譯
- 新譯昭明文選　周啟成等注譯
- 新譯古文觀止　謝冰瑩等注譯
- 新譯古文辭類纂　黃　鈞等注譯
- 新譯樂府詩選　溫洪隆注譯
- 新譯古詩源　馮保善注譯
- 新譯千家詩　邱燮友等注譯
- 新譯詩品讀本　成　林等注譯
- 新譯花間集　朱恒夫注譯
- 新譯南唐詞　劉慶雲注譯
- 新譯唐詩三百首　邱燮友注譯
- 新譯宋詞三百首　汪　中注譯
- 新譯宋詞三百首　劉慶雲注譯
- 新譯元曲三百首　賴橋本等注譯
- 新譯明詩三百首　趙伯陶注譯
- 新譯清詩三百首　王英志注譯
- 新譯清詞三百首　陳水雲等注譯
- 新譯唐人絕句選　卞孝萱等注譯
- 新譯唐才子傳　戴揚本注譯
- 新譯拾遺記　石　磊注譯
- 新譯搜神記　黃　鈞注譯
- 新譯唐傳奇選　束　忱等注譯
- 新譯宋傳奇小說選　束　忱注譯
- 新譯明傳奇小說選　陳美林等注譯
- 新譯容齋隨筆選　朱永嘉等注譯
- 新譯明散文選　周明初注譯
- 新譯人間詞話　馬自毅注譯
- 新譯白香詞譜　劉慶雲注譯
- 新譯幽夢影　馮保善注譯

新譯菜根譚　吳家駒注譯
新譯小窗幽記　馬美信注譯
新譯圍爐夜話　馬美信注譯
新譯郁離子　吳家駒注譯
新譯歷代寓言選　黃瑞雲注譯
新譯賈長沙集　林家驪注譯
新譯揚子雲集　葉幼明注譯
新譯諸葛亮集　朱永嘉等注譯
新譯曹子建集　曹海東注譯
新譯建安七子詩文集　韓格平注譯
新譯阮籍詩文集　林家驪注譯
新譯嵇中散集　崔富章注譯
新譯陸機詩文集　王德華注譯
新譯陶淵明集　溫洪隆注譯
新譯江淹集　羅立乾等注譯
新譯庾信詩文選　歸　青注譯
新譯初唐四傑詩集　李福標注譯
新譯駱賓王文集　黃清泉注譯
新譯王維詩文集　陳鐵民注譯
新譯孟浩然詩集　楊　軍注譯
新譯李白詩全集　郁賢皓注譯
新譯李白文集　郁賢皓注譯
新譯杜甫詩選　張忠綱等注譯
新譯杜詩菁華　林繼中注譯
新譯高適岑參詩選　孫欽善等注譯
新譯昌黎先生文集　周啟成等注譯
新譯劉禹錫詩文選　閻　琦注譯

新譯柳宗元文選　卞孝萱等注譯
新譯白居易詩文選　陶　敏等注譯
新譯元稹詩文選　郭自虎注譯
新譯李賀詩集　彭國忠注譯
新譯杜牧詩文集　張松輝注譯
新譯李商隱詩選　朱恒夫等注譯
新譯范文正公選集　王興華等注譯
新譯蘇洵文選　羅立剛注譯
新譯蘇軾文選　滕志賢注譯
新譯蘇軾詞選　鄧子勉注譯
新譯蘇轍文選　朱　剛注譯
新譯曾鞏文選　高克勤注譯
新譯王安石文選　沈松勤注譯
新譯柳永詞集　侯孝瓊注譯
新譯李清照集　姜漢椿等注譯
新譯陸游詩文選　韓立平注譯
新譯辛棄疾詞選　聶安福注譯
新譯歸有光文選　鄔國平注譯
新譯徐渭詩文選　周　群等注譯
新譯薑齋文集　平慧善注譯
新譯顧亭林文集　劉九洲注譯
新譯方苞文選　鄔國平等注譯
新譯袁枚詩文選　王英志注譯
新譯聊齋誌異全集　袁世碩等注譯
新譯聊齋誌異選　任篤行等注譯
新譯閱微草堂筆記　嚴文儒注譯
新譯浮生六記　馬美信注譯

新譯弘一大師詩詞全編　徐正綸編著

【歷史類】

新譯史記　韓兆琦注譯
新譯漢書　吳榮曾等注譯
新譯後漢書　魏連科等注譯
新譯三國志　吳樹平等注譯
新譯資治通鑑　韓兆琦等注譯
新譯史記—名篇精選　韓兆琦注譯
新譯尚書讀本　吳　璵注譯
新譯尚書讀本　郭建勳注譯
新譯周禮讀本　賀友齡注譯
新譯逸周書　牛鴻恩注譯
新譯左傳讀本　郁賢皓等注譯
新譯公羊傳　雪　克注譯
新譯穀梁傳　顧寶田注譯
新譯春秋穀梁傳　周　何注譯
新譯戰國策　溫洪隆注譯
新譯國語讀本　易中天注譯
新譯說苑讀本　左松超注譯
新譯說苑讀本　羅少卿注譯
新譯新序讀本　葉幼明注譯
新譯吳越春秋　黃仁生注譯
新譯西京雜記　曹海東注譯
新譯列女傳　黃清泉注譯
新譯越絕書　劉建國注譯
新譯燕丹子　曹海東注譯

新譯東萊博議　李振興等注譯
新譯唐六典　朱永嘉等注譯
新譯唐摭言　姜漢椿注譯

【宗教類】

新譯金剛經　徐興無注譯
新譯碧巖集　朱恒夫等注譯
新譯高僧傳　吳　平注譯
新譯百喻經　顧寶田注譯
新譯楞嚴經　賴永海等注譯
新譯梵網經　王建光注譯
新譯法句經　劉學軍注譯
新譯六祖壇經　李中華注譯
新譯禪林寶訓　李中華注譯
新譯維摩詰經　陳引馳等注譯
新譯經律異相　顏洽茂注譯
新譯阿彌陀經　蘇樹華等注譯
新譯無量壽經　邱高興注譯
新譯妙法蓮華經　張松輝注譯
新譯景德傳燈錄　顧宏義注譯
新譯大乘起信論　韓廷傑注譯
新譯釋禪波羅蜜　蘇樹華注譯
新譯八識規矩頌　倪梁康注譯
新譯永嘉大師證道歌　蔣九愚注譯
新譯華嚴經入法界品　楊維中注譯
新譯地藏菩薩本願經　李承貴注譯
新譯悟真篇　劉國樑等注譯

新譯无能子　張松輝注譯
新譯坐忘論　張松輝注譯
新譯列仙傳　張金嶺注譯
新譯抱朴子　李中華注譯
新譯神仙傳　周啟成注譯
新譯性命圭旨　傅鳳英注譯
新譯老子想爾注　顧寶田等注譯
新譯周易參同契　劉國樑注譯
新譯道門觀心經　王　卡注譯
新譯養性延命錄　曾召南注譯
新譯樂育堂語錄　戈國龍注譯
新譯沖虛至德真經　張松輝注譯
新譯長春真人西遊記　顧寶田等注譯
新譯黃庭經・陰符經　劉連朋等注譯

【軍事類】

新譯司馬法　王雲路注譯
新譯尉繚子　張金泉注譯
新譯三略讀本　傅　傑注譯
新譯六韜讀本　鄔錫非注譯
新譯吳子讀本　王雲路注譯
新譯孫子讀本　吳仁傑注譯
新譯李衛公問對　鄔錫非注譯

【教育類】

新譯爾雅讀本　陳建初等注譯
新譯顏氏家訓　李振興等注譯

新譯聰訓齋語　馮保善注譯
新譯曾文正公家書　湯孝純注譯
新譯三字經　黃沛榮注譯
新譯百家姓　馬自毅等注譯
新譯幼學瓊林　馬自毅注譯
新譯增廣賢文・千字文　馬自毅注譯
新譯格言聯璧　馬自毅注譯

【政事類】

新譯商君書　貝遠辰注譯
新譯鹽鐵論　盧烈紅注譯
新譯貞觀政要　許道勳注譯

【地志類】

新譯山海經　楊錫彭注譯
新譯水經注　陳橋驛等注譯
新譯佛國記　楊維中注譯
新譯大唐西域記　陳　飛等注譯
新譯洛陽伽藍記　劉九洲注譯
新譯徐霞客遊記　黃　珅注譯
新譯東京夢華錄　嚴文儒注譯